आदान प्रदान की कला

आदान प्रदान की कला

दूसरों की मदद करने से कैसे मिलती है कामयाबी

ऐडम ग्रांट

अनुवाद : विश्वदीप नाग

MANJUL

मंजुल पब्लिशिंग हाउस

MANJUL

मंजुल पब्लिशिंग हाउस

कॉरपोरेट एवं संपादकीय कार्यालय

• द्वितीय तल, उषा प्रीत कॉम्प्लेक्स, 42 मालवीय नगर, भोपाल-462 003

विक्रय एवं विपणन कार्यालय

• 7/ 32, अंसारी रोड, दरियागंज, नई दिल्ली-110 002

वेबसाइट : www.manjulindia.com

वितरण केन्द्र

अहमदाबाद, बेंगलुरू, भोपाल, कोलकाता, चेन्नई,
हैदराबाद, मुम्बई, नई दिल्ली, पुणे

ऐडम ग्रांट द्वारा लिखित मूल अंग्रेजी पुस्तक *गिव ऐंड टेक* का हिन्दी अनुवाद

यह हिन्दी संस्करण 2019 में पहली बार प्रकाशित

ISBN 978-93-89143-07-2

हिन्दी अनुवाद : विश्वदीप नाग

मुद्रण व जिल्दसाज़ी : थॉमसन प्रेस (इंडिया) लिमिटेड

मेरे मित्र जेफ़ ज़ास्लो की स्मृति में,
इस किताब के सिद्धांतों की तरह उन्होंने अपनी ज़िंदगी
एक अनुकरणीय व्यक्ति के तौर पर व्यतीत की।

पुस्तक की प्रशंसा में

♦2013 में ऐमेज़ॉन की सर्वश्रेष्ठ किताबों में शामिल ♦*ओपरा* की दिलचस्प किताबों की सूची में शामिल ♦*फ़ॉर्च्यून* ने पांच 'मस्ट रीड' श्रेणी की बिज़नेस पुस्तकों में स्थान दिया ♦*इंक.* की उद्यमियों के लिए की 2013 की सर्वश्रेष्ठ पुस्तकों में शामिल ♦*फ़ोर्ब्स* ने इसे 2013 की सर्वाधिक गतिशील सामाजिक अभिनव पहलों में से एक माना ♦*न्यू यॉर्क टाइम्स मैगज़ीन* के मुख्य लेख का शीर्षक था, "क्या किसी को कुछ देना ही आगे बढ़ने का मंत्र है?" ♦*न्यू यॉर्क टाइम्स, वॉल स्ट्रीट जर्नल, वॉशिंगटन पोस्ट, यूएसए टुडे, पब्लिशर्स वीकली* और अन्य प्रकाशनों की बेस्टसेलर सूची में स्थान ♦दो दर्ज़न से ज़्यादा भाषाओं में अनुवादित

"यह पुस्तक इस युवा सदी की सबसे महत्त्वपूर्ण किताब साबित हो सकती है। यह किताब पैनी दृष्टि के साथ ही मनोरंजक भी है, मानो मैल्कम ग्लैडवेल अपना सर्वश्रेष्ठ दे रहे हों। इस किताब में ऐसे ढेरों विवरण हैं कि हम अपने करियर का प्रबंधन कैसे कर सकते हैं, अपने मित्रों और रिश्तेदारों से कैसा व्यवहार कर सकते हैं, अपने बच्चों को कैसे बड़ा कर सकते हैं और अपनी संस्थाओं का ख़ाका कैसे तैयार कर सकते हैं। इस सर्वोत्तम कृति को पढ़ने का अपना एक आनंद है। इससे यह मिथक टूट जाता है कि लालच ही सफलता की ओर ले जाने वाला रास्ता है।"

—रॉबर्ट सटन, *द नो एसहोल रूल* और *गुड बॉस, बैड बॉस* के लेखक

"यह पुस्तक बहुत ही रोचक है... मैं इसे छोड़ नहीं सकता।"

—रायन सीक्रेस्ट, *अमेरिकन आइडल* के होस्ट, रेडियो पर्सनालिटी और निर्माता

"इस दिलचस्प और उत्कृष्ट किताब में ऐडम ग्रांट ने जीतने और आगे बढ़ने के लिए जो परंपरागत ज्ञान था, उसे पूरी तरह पलटकर रख दिया है। पाठकों में सतत जिज्ञासा पैदा करने वाले किस्सों और अकाट्य अध्ययनों के साथ यह पुस्तक उन सभी आश्चर्यजनक शक्तियों का खुलासा करती है, जो सफलता के पीछे होती हैं। इससे उन क़दमों का पता भी चलता है जो हम अपनी शक्तियां बढ़ाने के लिए उठा सकते हैं।"

—लैज़लो बॉक, वरिष्ठ उपाध्यक्ष, पीपल ऑपरेशन्स, गूगल

"यह पुस्तक पढ़ने का अपना एक आनंद है। इसमें असाधारण रूप से उपयोगी जानकारियों का समावेश है। ऐसा संभव है कि आने वाले समय में यह कार्यस्थल नेतृत्व और प्रबंधन के विषय पर छपने वाली सबसे उत्कृष्ट किताबों में शामिल हो जाए। मैं अपने पेशेवर और

व्यक्तिगत रिश्तों को किस नज़रिए से देखता हूं, उसमें इस किताब ने बदलाव ला दिया है।"

—जेफ़ एश्बी, नासा अंतरिक्ष यान के कमांडर

"अग्रणी शोध, ठोस उदाहरणों और गहन परख के साथ यह पुस्तक असाधारण रूप से विचारोत्तजक और अक्सर आश्चर्यजनक निष्कर्ष प्रस्तुत करती है कि कैसे अन्य लोगों से संवाद हमारी सफलता और खुशी को गति प्रदान करता है। यह महत्त्वपूर्ण और आवश्यक रूप से पढ़ी जाने वाली किताब बड़ी सफलता पाने की पात्र है।"

—ग्रेचन रुबिन, *द हैपीनेस प्रोजेक्ट* और *हैपियर एट होम* की लेखिका

"यह पुस्तक उन सभी लीडर्स के लिए ज्ञानवर्द्धक किताब है, जो अपने-अपने वातावरण में सार्थक और सतत बदलाव लाने की आकांक्षा रखते हैं। ग्रांट ने दिखाया है कि दूसरों के प्रति उदार नीति किस तरह नेतृत्व क्षमता वाले सफल लोगों को उभारने और संगठन का कार्य निष्पादन बढ़ाने के लिए फ़ॉर्मूले की तरह काम कर सकती है। उनकी लेखनी क्लासरूम में उनकी शैली की तरह आनंद देने वाली है और पाठकों को बांधे रखती है।"

—केनेथ फ्रेज़ियर, चेयरमैन, अध्यक्ष एवं सीईओ, मर्क ऐंड कंपनी

"इस पुस्तक के माध्यम से ग्रांट ने व्यापार और जीवन में व्यक्तिगत सफलता के बारे में क्रांतिकारी सोच और कहीं-कहीं चौंकाने वाले अकाट्य प्रमाण सुव्यवस्थित तरीक़े से सामने रखे हैं। इसके अलावा जो मसला उन्होंने उठाया है, उसे मूल रूप से प्रेरणास्पद बना दिया है। सच में उन्होंने बहुत दिलचस्प तरीक़े से इसे प्रस्तुत किया है। पाठकों को ज़रूर बहुत आनंद आएगा। यह आवश्यक रूप से पढ़ी जाने वाली किताब है।"

—रॉबर्ट सियालडीनी, *इन्फ़्लुएन्स* के लेखक

"यह पुस्तक बाज़ार में घिसी-पिटी सामग्रियों के बीच सफलता की कला और उसके विज्ञान के बारे में ताज़गी भरा नया परिदृश्य प्रदान करती है। ऐडम ग्रांट ने परस्पर सहयोग और आदान-प्रदान से लक्ष्य अर्जित करने का अनूठा टूलकिट तैयार किया है, जो सभी को रखना ज़रूरी है।"

—विलियम पी लॉडर, एक्ज़ीक्यूटिव चेयरमैन, द एस्टी लॉडर कंपनीज़ इंक.

"अच्छे लोग हमेशा आगे रहते हैं और ऐडम ग्रांट जानते हैं ऐसा क्यों होता है। यह पुस्तक एक स्मार्ट आश्चर्य है। आप इसे छोड़ने की सोच भी नहीं सकते।"

—डेनियल गिल्बर्ट, *स्टम्बलिंग ऑन हैप्पीनेस* के लेखक

"यह किताब 2013 में हुई नई व्यापारिक खोजों में से मेरी पसंदीदा खोज है।"

—क्लेयर डिआज़-ओर्टिज़, सोशल इनोवेशन ट्विटर के मैनेजर
और *ट्विटर फ़ॉर गुड* के लेखक

"यह पुस्तक ऐसी उत्कृष्ट, व्यवस्थित और प्रेरक किताब है, जिसने इस धारणा को ग़लत साबित कर दिया है कि 'अच्छे लोग पिछड़ जाते हैं।' चित्ताकर्षक शोध और बांधने वाली

शैली और व्यावहारिक बुद्धिमत्ता के साथ यह एक ऐसा शानदार घोषणा-पत्र है, जो बताता है कि सार्थक बातों को कैसे किया जाए और उन्हें सतत रखा जाए।"

—डेविड ऐलन, *गैटिंग थिंग्स डन* के लेखक

"एक महत्त्वपूर्ण किताब, जो निश्चित ही 'क्लासिक' कहलाएगी।"

—स्टीफ़न रूलेक, *न्यू यॉर्क जर्नल ऑफ़ बुक्स*

"इस पुस्तक को उसकी वैज्ञानिक कठोरता... तर्कों की ताज़गी और लेखन के आनंद की वज़ह से ख़ूब प्रशंसा मिल रही है।"

—ली बुकैनन, *इंक.*

"यह पुस्तक अध्ययनों से परिपूर्ण है... जो आश्चर्य भी पैदा करती है और हमें सिखाती भी है..., विचारपूर्ण हैं और गहन शोध पर आधारित है... यह किताब का अर्थ कुछ ख़ास है।"

—ब्रायन अर्स्टेड, *ब्लूमबर्ग बिज़नेस वीक*

"ग्रांट की यह असाधारण कृति *क्वाइट* के बाद व्यवहार के विषय पर लिखी गई मेरी पसंदीदा किताब (है)।"

—केयर ऐंडरसन, *फ़ोर्ब्स*

"ग्रांट के शोध से मैं इतना प्रभावित हुआ कि मैंने देने की मेरी क्षमता बढ़ाने के लिए उनसे मदद लेने का फ़ैसला कर लिया।"

—जोएल स्टाइन, *टाइम*

"चूंकि मैं ऐडम ग्रांट की किताब पढ़ रही थी... तो मैं लोगों से जुड़ने की कोशिश के प्रति कहीं ज़्यादा आत्म जागरूक हो गई... मुझे आश्चर्य हुआ कि कैसे यह प्रक्रिया दोनों पक्षों के लिए परस्पर लाभप्रद साबित होती है।"

—सूज़न डॉमिनस, *न्यू यॉर्क टाइम्स*

"यह पुस्तक... सामाजिक विज्ञान अनुसंधान का एक बड़ा हथियार आपके हाथों में प्रदान करती है... जो इस विचारधारा को चुनौती देती है कि करियर में सफलता शून्य की संख्या के खेल के समान है, जिसमें आपका फ़ायदा मेरे नुक़सान के बराबर है... ग्रांट ने इस मिथक को तोड़ दिया है।"

—एमिली एस्फ़हानी स्मिथ, *द अटलांटिक*

"ऐसा लग सकता है कि शीर्ष पर पहुंचने का तरीक़ा यही है कि आप जब तक वहां पहुंच नहीं जाएं, तब तक अन्य लोगों से निर्दयतापूर्वक कुछ भी छीनते रहें। ग्रांट का शोध साधुवाद का पात्र है, जिससे खुलासा होता है कि सफलता का यह रास्ता *नहीं* है।"

—लॉरेन ग्रिलो, एमटीवी

“सहयोगियों, ग्राहकों और व्यापार को आगे बढ़ाने के नए तरीक़ों को रेखांकित करते हुए यह पुस्तक सफलता की ओर जाने वाले मार्ग को परिभाषित करती है।”

—टोनी शियह, सीईओ, ज़ापो डॉट कॉम और *डिलिवरिंग हैपीनेस* के लेखक

“जीवन के बड़े रहस्यों में से एक यह भी है कि जो विजय हासिल करते हैं, उनमें अक्सर वे लोग होते हैं, जो सबसे ज़्यादा देते हैं। अकाट्य प्रमाणों और यादें ताज़ा करने वाले उदाहरणों से परिपूर्ण इस शानदार और सहज किताब में ऐडम ग्रांट ने हमें दिखाया है कि ऐसा क्यों और कैसे संभव है। मैं इसकी अत्यधिक प्रशंसा करता हूं।”

—विलियम उरी, *गैटिंग टु यस* के सह लेखक और *पावर ऑफ़ अ पॉज़िटिव नो* के लेखक

“ऐडम ग्रांट ने एक ऐतिहासिक किताब लिखी है, जो इस बात का परीक्षण करती है कि असाधारण रूप से सफल कुछ व्यक्ति इतने महान कैसे बन जाते हैं। अत्यधिक प्रभावशाली हस्तियों से हमारा परिचय कराके ग्रांट ने यह साबित कर दिया है कि आम धारणा के विपरीत शीर्ष पर पहुंचने का सबसे अच्छा तरीक़ा यही है कि वहां अपने साथ अन्य लोगों को भी लेकर चलो। यह पुस्तक किताब 21वीं सदी में हमें सफलता का रास्ता दिखाती है।”

—मारिया ईटल, संस्थापक सीईओ और अध्यक्ष, नाइकी फ़ाउंडेशन

“यह पुस्तक इस सामान्य अवधारणा को दूर करती है, जिसमें देने वाले को कमज़ोर और लेने वाले को शक्ति के समकक्ष रखा गया है। ग्रांट ने दिखाया है कि समाज के अनुरूप व्यवहार को पोषित और प्रोत्साहित करने का क्या महत्त्व है।”

—डैन अरियाली, *प्रिडिक्टिबली इररैशनल* के लेखक

“यह पुस्तक सफलता के बारे में अभूतपूर्व नया परिदृश्य प्रस्तुत करती है। ऐडम ग्रांट ने चित्त को बांधे रखने वाले अभिनव सिद्धांतों की नई खिड़की प्रदान की है, जिसके माध्यम से किसी भी संगठन के प्रत्येक स्तर पर प्रभावशीलता अर्जित की जा सकती है। इस पर तुरंत अमल किया जा सकता है। दिलचस्प पठन-सामग्री के साथ ही यह किताब ज़्यादा संतुष्ट और उत्पादक कार्यस्थल, बेहतर ग्राहक संबंध और ज़्यादा लाभ की कुंजी भी है।”

—चिप कॉनली, जुआ द वीव्र होटल्स के संस्थापक, एयरबीएनबी के
ग्लोबल हॉस्पिटैलिटी हैड तथा *पीक* और *इमोशनल एक्वेशन्स* के लेखक

“ऐडम ग्रांट सकारात्मक मनोविज्ञान के उभरते सितारे हैं। उन्होंने विज्ञान और व्यापारिक सफलता-विफलता की कहानियों को बिना किसी जोड़ के इस तरह गूंथ दिया है, जिससे हमें विश्वास होता है कि व्यापार जगत में देना ही दीर्घ अवधि में सफलता का नुस्ख़ा है। मार्ग में आप स्वयं के जीवन का परीक्षण करते हुए भी दिखेंगे। आप स्वयं इस किताब को पढ़ें और इसकी प्रतियां उन लोगों को दें, जिनकी इस दुनिया में आप सबसे ज़्यादा चिंता करते हैं।”

—मार्टिन सेलिगमैन, *लर्न्ड ऑप्टिमिज़्म* और *फ़्लरिश* के लेखक

“सफलता के बारे में आपका जो दृष्टिकोण है, यह पुस्तक मूल रूप से उसे बदल देगी। दुर्भाग्य से अमेरिका में हम इस विश्व दर्शन को मान लेते हैं कि यदि हर व्यक्ति ने अपने स्वयं के

निहित स्वार्थों के अनुरूप काम किया है तो सब कुछ सही होगा। ऐडम ग्रांट ने गहन शोध और मनमोहक किस्सों के माध्यम से दिखाया है कि इसके अलावा बेहतर तरीक़ा भी है।"

—लेनी मेंडोंका, निदेशक, मैकिन्से ऐंड कंपनी

"यह पुस्तक विचारधारा में क्रांतिकारी बदलाव की प्रतीक है। ऐडम ग्रांट की सम्मोहक किताब से वह तरीक़ा बिलकुल बदल जाएगा, जिस तरह से चिकित्सक चिकित्सा करते हैं, प्रबंधक प्रबंधन करते हैं, शिक्षक अध्यापन करते हैं और बॉस अपना काम करते हैं। यह ऐसे समाज का निर्माण करेगी, जिसमें लोग बेहतर होकर बेहतर काम करेंगे। किताब को पढ़ें और उस तरीक़े को बदल दें, जिससे आप जीते हैं और काम करते हैं।"

—बैरी श्वार्ट्ज़, *द पैराडॉक्स ऑफ़ चॉइस* और *प्रैक्टिकल विज़डम* के लेखक

"यह पुस्तक बेहतरी के लिए व्यापार करने के नए मानदंड प्रस्तुत करती है, जो सभी के लिए लाभप्रद सफलता अर्जित करने के बारे में नया प्रेरक परिदृश्य प्रदान करते हैं। अनेक शानदार अध्ययनों और दिलचस्प किस्सों के माध्यम से ऐडम ग्रांट ने सभी लोगों, इस धरा और लाभ के पूरी तरह अनुकूल स्थिति पैदा करने के सिद्धांत तय करने के लिए बड़ा समर्थन दिया है। ये अध्ययन और किस्से आपको इस क़दर बांधे रखते हैं कि आपमें इस इच्छा का संचार हो जाता है कि आप लें कम और दें ज़्यादा।"

—जोचेन ज़ीट्ज, प्यूमा के पूर्व सीईओ और चेयरमैन

"यह पुस्तक एक वास्तविक उपहार है। ऐडम ग्रांट ने मानो तीन तरह की दावत दी है। पहली, ऐसी ज़ोरदार कहानियां जैसे कि कोई सुव्यवस्थित लिखा उपन्यास हो, दूसरी परिशुद्ध विज्ञान से निकाला गया आश्चर्यजनक ज्ञान तथा तीसरी स्वयं और संगठन को सफलता की ओर ले जाने के लिए उस ज्ञान के इस्तेमाल की सलाह। व्यापार और जीवन के लिए ज़्यादा सशक्त निहितार्थों के संबंध में मैं किसी अन्य किताब की कल्पना नहीं कर सकती।"

—टैरेसा एमेबाइल, *द प्रोग्रेस प्रिन्सिपल* की लेखिका

"उद्योग जगत की संस्कृति के लिए *द नो एसहोल रूल* ने जो काम किया, वहीं इस पुस्तक ने हम सबके लिए व्यक्ति के रूप में किया। ग्रांट ने उदारता और प्रथम आने के बीच प्रति-अंतःप्रज्ञात्मक संबंध को साक्ष्य के आधार पर प्रस्तुत किया है।"

—डगलस स्टोन और शीला हीन, *डिफ़िकल्ट कन्वर्सेशन्स* के लेखक

"ऐडम ग्रांट एक तरह से चमत्कारी व्यक्ति हैं। उन्होंने अपने क्षेत्र में हर प्रतिष्ठित शोध और अध्यापन अवार्ड जीते हैं। उनके कार्य ने उस ढंग में बदलाव ला दिया है, जिससे लोग दुनिया को देखते हैं। सफलता कैसे अर्जित की जाती है, यदि आप आश्चर्यचकित होना चाहते हैं और सुखद आश्चर्य चाहते हैं, तो यह पुस्तक किताब आपके लिए है। यदि आप दुनिया को एक बेहतर स्थान बनाना चाहते हैं, तो इस किताब को पढ़ें। यदि आप अपनी ज़िंदगी को बेहतर बनाना चाहते हैं, तो इस किताब को पढ़ें।"

—ताल बेन-शहर, *हैपियर* के लेखक

"हाल के वर्षों में मैंने जो किताबें पढ़ी हैं, उनमें से यह सर्वाधिक दिलचस्प और पैनी दृष्टि रखने वाली किताब है। इसके माध्यम से ऐडम ग्रांट ने सफलता के लिए आम धारणा से अलग रुख़ अपनाने के लिए प्रेरक तर्क प्रस्तुत किए हैं। यह पुस्तक तत्काल ही उत्कृष्ट कृति बन गई है। हर उस व्यक्ति को, जो ऑफ़िस और घर पर ज़्यादा उत्पादक और प्रसन्न बनना चाहता है, यह किताब ज़रूर पढ़नी चाहिए।"

—नोआ गोल्डस्टीन, *येस!* के लेखक

"यह पुस्तक यह बात बहुत दमदार तरीक़े से प्रस्तुत करती है कि जो लोग अन्य किसी से बदले में बिना कुछ अपेक्षा किए अपनी तरफ़ से कुछ देते हैं, वे वास्तव में ऐसा करके ना केवल ज़्यादा बेहतर महसूस करते हैं, बल्कि ज़्यादा सफल भी होते हैं।"

—टोनी श्वार्ट्ज़, *द पावर ऑफ़ फुल इंगेजमेन्ट* और *द आर्ट ऑफ़ द डील* के सह लेखक

"एक के बाद एक पृष्ठ के मनोहारी ज्ञान से परिपूर्ण होने की वज़ह से इस किताब ने सनसनी मचा दी। मैं अपने जीवन में जो कुछ भी तत्काल शामिल करना चाहता हूं, वह मैंने इससे काफ़ी सीखा है। इसके पाठों से आप ना केवल बेहतर व्यक्ति बनते हैं, बल्कि अन्य लोगों के लिए भी ज़्यादा अच्छा करने में सक्षम होते हैं।"

—रबी जोज़ेफ़ तेलुश्किन, *जूइश लिटरसी* और
अ कोड ऑफ़ जूइश एथिक्स के लेखक

"ऐडम ग्रांट पहले ऐसे व्यक्ति हैं, जिन्होंने यह सुपरिभाषित किया है कि डिजिटल युग में रिश्तों में क्या बदलाव आया है। उन्होंने इसे प्रयोग सिद्ध प्रमाणों के आधार पर प्रस्तुत किया है। इस पुस्तक के माध्यम से उन्होंने उत्कृष्ट तरीक़े से यह प्रदर्शित किया है कि हमारे गहराई से जुड़े संसार में सतत सफलता की जड़ें उन लोगों के लिए सफलता उत्पन्न करने में छिपी हैं, जो आपके नज़दीक हैं। यह एक ऐसी किताब है, जो ना केवल ज्ञान का आलोक देती है, बल्कि अत्यधिक व्यावहारिक भी है। आप इस किताब को पढ़ना चाहेंगे और हर साल इसका फिर अवलोकन करेंगे।"

—पॉल सफ़ो, फ़ॉरसाइट के एमडी और वर्ल्ड इकोनॉमिक फ़ोरम काउन्सिल ऑन स्ट्रेटेजिक फ़ॉरसाइट के सदस्य

अनुक्रम

1

अच्छे प्रतिफल

जितना आप पाते हैं, उससे ज़्यादा देने के ख़तरे और इनाम

आदान-प्रदान का सिद्धांत एक कूटनीति है कि आप सिर्फ़ एक दें और दस ले लें।

—मार्क ट्वेन, प्रसिद्ध लेखक

सिलिकॉन वैली में एक शनिवार की दोपहर धूप खिली हुई थी। एक फुटबॉल मैदान के किनारे गौरवान्वित महसूस कर रहे दो पिता खड़े थे। दोनों अपनी तरुण पुत्रियों को साथ खेलते हुए देख रहे थे। थोड़े समय पश्चात ही दोनों के बीच काम को लेकर बातचीत का दौर शुरू हो गया। दोनों में से जो ज़्यादा लंबे क़द के थे, उनका नाम था डैनी शेडर, वे एक के बाद एक कंपनी खड़ी करने वाले उद्यमी थे और नेटस्केप, मोटोरोला और ऐमेज़ॉन जैसी कंपनियों में अपनी सेवाएं दे चुके थे। डैनी शेडर में अपनी बात को प्रभावी ढंग से कहने का गुण था और वह व्यापार को लेकर लगातार बात करने की क्षमता रखते थे। शेडर ने जब अपनी पहली कंपनी शुरू की थी, तब वे उम्र के तीसरे दशक के उत्तरार्ध में थे। वे ख़ुद को 'इंटरनेट का बुजुर्ग व्यक्ति' कहलाना पसंद करते थे। उन्हें कंपनियों को स्थापित करना पसंद था और उनकी चौथी कंपनी प्रारंभ होने वाली थी।

शेडर अपने साथ खड़े दूसरी बच्ची के पिता से प्रभावित हो गए। उनका नाम था डेविड हॉर्निक। वे जीवनयापन के लिए कंपनियों में निवेश करते थे। पांच फ़ीट चार इंच ऊंचाई, काले बाल और हल्की दाढ़ी वाले हॉर्निक ने चश्मा पहन रखा था। वे विभिन्न क्षेत्रों में रुचि रखने वाले इंसान थे। वे *एलिस इन वंडरलैंड* की किताबें संग्रहीत किया करते थे। कॉलेज के दिनों में उन्होंने कंप्यूटर म्यूजिक में ख़ुद का विषय तैयार किया था, फिर उन्होंने अपराध विज्ञान में मास्टर्स डिग्री और बाद में क़ानून

की डिग्री हासिल की। लॉ फ़र्म में पसीना बहाने के बाद उन्होंने उद्यम के लिए पूंजी की फ़र्म में नौकरी का प्रस्ताव स्वीकार कर लिया, जहां उन्होंने अगला एक दशक बिताया। इस दौरान उन्होंने उद्यमियों के विचारों को सुना और फ़ैसले लिए कि उन्हें पूंजी दें या नहीं।

फुटबॉल के खेल में ब्रेक के दौरान शेडर, हॉर्निक की तरफ़ मुड़े और कहा, "मैं किसी प्रोजेक्ट पर काम कर रहा हूं। क्या आप विचार सुनना चाहेंगे?" इंटरनेट कंपनियों के बारे में हॉर्निक को विशेषज्ञता हासिल थी, तो शेडर को वे आदर्श निवेशक लगे। दोनों के हित साझे थे। ज़्यादातर लोग, जो व्यापार करने के विचार को लेकर आते हैं, वे पहली बार के उद्यमी होते हैं। उनकी सफलता का कोई रिकॉर्ड नहीं होता है। इसके विपरीत शेडर पर्याप्त विश्वसनीय उद्यमी थे, जिन्होंने ना सिर्फ़ एक बार, बल्कि दो बार जैकपॉट की तरह परिणाम दिए थे। 1999 में उनकी पहली स्टार्ट-अप accept.com का अधिग्रहण ऐमेज़ॉन ने 17.5 करोड़ डॉलर में किया था। उनकी अगली कंपनी गुड टेक्नोलॉजी को 2007 में मोटोरोला ने 50 करोड़ डॉलर में ख़रीदा था। शेडर के इतिहास को देखते हुए हॉर्निक सुनने के इच्छुक थे कि वे आगे क्या करने वाले हैं।

फुटबॉल मैच के कुछ दिन बाद शेडर सीधे हॉर्निक के दफ़्तर पहुंचे और अपना नवीनतम विचार उनके सामने रखा। क़रीब एक चौथाई अमेरिकी लोगों को ऑनलाइन ख़रीदारी करने में परेशानी होती थी। या तो उनका बैंक खाता नहीं था या उनके पास क्रेडिट कार्ड नहीं होता था। शेडर इस समस्या का अभिनव हल प्रस्तुत कर रहे थे। हॉर्निक उन पहले उद्यम पूंजीपतियों में से थे, जिन्होंने इस विचार को सुना था। उन्हें शुरू से यह विचार पसंद आ गया था। क़रीब एक सप्ताह के भीतर हॉर्निक ने उन्हें अपने साझीदारों से मिलवा दिया और शेडर के समक्ष टर्म शीट (ग़ैर बाध्यकारी समझौता) पेश कर दिया। हॉर्निक, शेडर की कंपनी में निवेश करना चाहते थे।

हॉर्निक हालांकि तेज़ी से आगे बढ़े थे, लेकिन शेडर मज़बूत स्थिति में थे। शेडर की प्रतिष्ठा और उनके विचार की गुणवत्ता को देखते हुए हॉर्निक जानते थे कि बहुत सारे निवेशक शेडर के साथ काम करने की ज़ोरदार मांग कर रहे होंगे। "किसी उद्यमी के सामने टर्म शीट प्रस्तुत करने वाले आप एकमात्र दुर्लभ निवेशक हैं।" हॉर्निक ने स्पष्ट करते हुए कहा, "आपकी प्रतिस्पर्द्धा देश की सर्वश्रेष्ठ उद्यम पूंजी कंपनियों से हो रही है और आप उद्यमियों को विश्वास दिलाने की कोशिश कर रहे हैं कि वे उनकी बजाय आपकी पूंजी लें।"

हॉर्निक के लिए शेडर की कंपनी में निवेश सुनिश्चित करने का सबसे अच्छा तरीक़ा यही था कि वे शेडर के लिए निर्णय लेने की कोई समय सीमा तय कर देते।

यदि हॉर्निक मामूली शर्त के साथ दमदार प्रस्ताव रखते, तो शेडर अन्य निवेशकों को अपना विचार सुनाने से पहले ही शायद उस पर दस्तख़त कर देते। अनेक पूंजी निवेशक संभावनाओं को अपने पक्ष में मोड़ने के लिए ऐसा करते हैं।

इसके विपरीत हॉर्निक ने शेडर के लिए कोई समय सीमा नहीं रखी। व्यावहारिक रूप से देखें, तो दरअसल हॉर्निक ने न्योता दे दिया था कि शेडर अपने विचार को लेकर अन्य निवेशकों के पास भी जाएं। हॉर्निक जानते थे कि उद्यमियों को अपने विकल्पों का मूल्यांकन करने के लिए समय की ज़रूरत होती है। इसलिए सिद्धांत के अनुरूप उन्होंने 'विस्फोटक प्रस्ताव' देने से इनकार कर दिया। उन्होंने कहा, "सही निर्णय लेने के लिए जितना समय लगता है, उतना लें।" हॉर्निक को आशा थी कि शेडर उनके साथ ही निवेश अनुबंध पर दस्तख़त करेंगे, फिर भी उन्होंने अपने से ज़्यादा शेडर के हितों को तवज़्ज़ो दी और शेडर को अन्य विकल्प तलाशने का मौक़ा दिया।

शेडर ने केवल वही किया। उन्होंने अगले कुछ सप्ताह अपने विचार को अन्य निवेशकों के समक्ष पेश करने में लगाए। इस बीच, हॉर्निक यह सुनिश्चित करना चाहते थे कि वे तगड़े दावेदार बने रहें, तो उन्होंने अपने सबसे महत्त्वपूर्ण संसाधन के रूप में चालीस लोगों की सूची शेडर को भेजी। ये वो लोग थे, जो निवेशक के तौर पर हॉर्निक की क्षमता को प्रमाणित कर सकते थे। हॉर्निक जानते थे कि उद्यमी किसी निवेशक में वही गुण खोजते हैं, जो हम वित्तीय सलाहकार में देखना चाहते हैं। ये गुण हैं कार्यनिर्वाह-क्षमता और विश्वसनीयता। जब कोई उद्यमी किसी निवेशक के साथ अनुबंध पर दस्तख़त करता है, तो निवेशक उस कंपनी के निदेशक मंडल में शामिल होकर विशेषज्ञ सलाह भी प्रदान करता है। हॉर्निक ने जो संदर्भ सूची भेजी थी, वह उद्यम पूंजी क्षेत्र में एक दशक से भी ज़्यादा समय तक हॉर्निक ने उद्यमियों के साथ जो ख़ून-पसीना बहाया था, उसे प्रतिबिंबित करती थी। हॉर्निक जानते थे कि सूची में शामिल उद्यमी उनकी क्षमता और व्यवहार की गारंटी लेंगे।

कुछ सप्ताह बाद हॉर्निक के फ़ोन की घंटी बजी। दूसरी तरफ़ शेडर थे, जो अपना निर्णय सुनाने वाले थे। शेडर ने कहा, "मुझे क्षमा करना, मैं दूसरे निवेशक के साथ अनुबंध कर रहा हूं।"

हॉर्निक और अन्य निवेशक के प्रस्तावों की वित्तीय शर्तें एक समान थीं। ऐसे में हॉर्निक ने अपने मिलने वाले चालीस उद्यमियों की जो सूची भेजी थी, उसका लाभ उन्हें मिलना चाहिए था। इन लोगों से बात करने के बाद शेडर को स्पष्ट हो गया था कि हॉर्निक बहुत अच्छे व्यक्ति हैं।

लेकिन उदारता की इसी भावना ने हॉर्निक के प्रस्ताव को बर्बाद कर दिया। शेडर को चिंता हुई कि हॉर्निक अपना ज़्यादा समय उन्हें चुनौती देने की बजाय

प्रोत्साहित करने में ख़र्च कर देंगे। हॉर्निक शायद इतने कठोर नहीं हो पाएंगे, जिससे उन्हें सफल व्यापार खड़ा करने में मदद मिले। इसके विपरीत दूसरे निवेशक की शानदार सलाहकार के रूप में प्रतिष्ठा थी। वे सवाल उठाते थे और उद्यमियों को प्रेरित करते थे। शेडर ने यह सोचकर निर्णय लिया, "मुझे निदेशक मंडल में ऐसे व्यक्ति को लेना चाहिए, जो मुझे चुनौती दे। हॉर्निक इतने मृदु भाषी हैं कि मुझे नहीं पता कि वे निदेशक मंडल की बैठकों में कैसे होंगे।" जब उन्होंने हॉर्निक को फ़ोन किया, तो स्पष्टीकरण देते हुए कहा, "मेरा दिल कहता है कि मैं आपके साथ जाऊं, लेकिन मेरा दिमाग़ कहता है कि मैं उनके साथ जाऊं, तो मैंने मेरे दिल की बजाय दिमाग़ के साथ जाने की निर्णय किया है।"

हॉर्निक स्तब्ध थे। उन्होंने अपने आप से फिर पूछना शुरू किया, "क्या मैं मूर्ख हूं। यदि मैं टर्म शीट स्वीकार करने का दबाव डालता तो हो सकता है, वे इसे स्वीकार कर लेते। मैंने एक दशक मेरी प्रतिष्ठा को बनाने में व्यतीत किया है। ऐसा नहीं होना था, लेकिन ऐसा क्यों हुआ?" डेविड हॉर्निक ने अपना सबक़ निष्ठुर तरीक़े से सीख लिया था। सबक़ था, अच्छे व्यक्ति अंतिम स्थान पर रहते हैं। क्या वे वास्तव में रहते हैं?

★★★

परंपरागत ज्ञान के मुताबिक़, अत्यधिक सफल लोगों में तीन बातें एक समान होती हैं : प्रेरणा, योग्यता और अवसर। यदि हम सफल होना चाहते हैं तो तीन बातों का संयोजन ज़रूरी है, कठिन परिश्रम, प्रतिभा और भाग्य। डैनी शेडर और डेविड हॉर्निक की कहानी से एक चौथे तत्व का पता चलता है। यह निर्णायक होता है, लेकिन अक्सर इसकी अनदेखी की जाती है। हमारी सफलता बहुत हद तक उस तरीक़े पर निर्भर करती है, जिससे हम अन्य लोगों से परस्पर व्यवहार करते हैं। कार्य के दौरान हम जब भी अन्य व्यक्ति से व्यवहार करते हैं, तो हमारे पास दो विकल्प होते हैं। पहला, क्या हम ज़्यादा से ज़्यादा मूल्य का दावा पेश करने की कोशिश करते हैं, या हम बिना यह चिंता किए कि बदले में हमें क्या मिल रहा है, ज़्यादा से ज़्यादा मूल्य का योगदान देने की कोशिश करें?

संगठन संबंधी मनोविज्ञानी और वॉर्टन के प्रोफ़ेसर होने के नाते मैंने गूगल से लेकर अमेरिकी वायु सेना तक इन विकल्पों के अध्ययन में अपने पेशेवर जीवन के दस साल से ज़्यादा समर्पित किए हैं। इन अध्ययनों से पता चला कि सफलता के उनके परिणाम आश्चर्यजनक रहे हैं। पिछले तीन दशक से भी ज़्यादा की अवधि में समाज विज्ञानियों ने जो एक के बाद एक अभूतपूर्व अध्ययन किए हैं, उनसे इस बात का खुलासा हुआ है कि पारस्परिक लेन-देन के मामलों में लोग नाटकीय रूप से अलग-अलग होते हैं। लेने और देने की उनकी मिश्रित इच्छा अलग-अलग होती

हैं। इन प्राथमिकताओं पर ज़्यादा प्रकाश डालने के लिए मैं आपका परिचय दो तरह के लोगों से कराता हूं, जो कार्य के दौरान आदान-प्रदान के वर्ण-पट पर एक-दूसरे के विपरीत छोर पर होते हैं। मैं उन्हें *लेने वाला* और *देने वाला* कहूंगा।

लेने वालों की एक ख़ास शैली होती है। वे कुछ देने से ज़्यादा लेना पसंद करते हैं। वे दूसरों की अपेक्षा ख़ुद के हितों को आगे रख कर पारस्परिक आदान-प्रदान का झुकाव अपने पक्ष में कर लेते हैं। लेने वाले लोगों का मानना है कि दुनिया में एक-दूसरे से आगे निकलने की होड़ मची है और सफल होने के लिए लोग एक-दूसरे को नुक़सान पहुंचाने से भी नहीं चूक रहे हैं। वे यह अनुभव करते हैं कि सफलता के लिए उनका दूसरों से बेहतर होना ज़रूरी है। अपनी कार्यनिर्वाह-क्षमता साबित करने के लिए वे स्वयं को बढ़ावा देते हैं और यह सुनिश्चित करते हैं कि उन्हें उनके प्रयासों के लिए ढेर सारा श्रेय मिले। आम तौर पर लेने वाले क्रूर नहीं होते और ना ही वे गलाकाट हथकंडे अपनाते हैं। वे सिर्फ़ सतर्कता बरतते हैं और आत्म रक्षात्मक होते हैं। देने वाले सोचते हैं, "यदि मैं ख़ुद सावधान नहीं रहा तो कोई इस दिशा में नहीं सोचेगा।" यदि डेविड हॉर्निक लेने वालों की श्रेणी में से एक होते, तो वे डैनी शेडर को एक समय सीमा देते। शेडर की लचीली समय सीमा की इच्छा के आगे वे निवेश करने के अपने लक्ष्य को रखते।

लेकिन हॉर्निक लेने वालों से ठीक विपरीत *देने वालों* की श्रेणी में से एक थे। कार्यस्थल पर देने वाले तुलनात्मक दृष्टि से दुर्लभ प्राणी होते हैं। वे पारस्परिक आदान-प्रदान को दूसरी दिशा में मोड़ देते हैं। उनकी प्राथमिकता लेने से ज़्यादा देने की होती है। लेने वाले जहां आत्म-केंद्रित होते हैं और वे इस बात का मूल्यांकन करते रहते हैं कि अन्य लोग उन्हें क्या दे सकते हैं, वहीं देने वाले अन्य-केंद्रित होते हैं। वे इस बात पर ज़्यादा ध्यान देते हैं कि दूसरे लोगों को उनसे क्या चाहिए। ये प्राथमिकताएं सिर्फ़ धन के बारे में नहीं होतीं। लेने और देने वालों में अंतर इस आधार पर नहीं किया जा सकता कि कितनी राशि किसी चैरिटी के लिए देते हैं या कितना वेतन वे अपने नियोक्ता से हासिल कर लेते हैं। लेने वालों और देने वालों में अंतर लोगों के प्रति उनके नज़रिए और व्यवहार में होता है। यदि आप लेने वाले हैं, तो आप एक रणनीति के हिसाब से लोगों की मदद तब करते हैं, जब आपको होने वाला लाभ आपके व्यक्तिगत ख़र्च से ज़्यादा होता है। यदि आप देने वालों की श्रेणी में से एक हैं, तो आप एक पृथक ख़र्च-लाभ की गणना के आधार पर काम करेंगे। आप लोगों की मदद तब करते हैं, जब लोगों को होने वाला लाभ आपके व्यक्तिगत ख़र्च से ज़्यादा होता है। विकल्प के तौर पर यह भी संभव है कि आप व्यक्तिगत ख़र्च के बारे में विचार ही नहीं करें। आप बदले में किसी की भी उम्मीद किए बिना लोगों की मदद कर सकते हैं। यदि आप कार्यस्थल पर देने वालों की श्रेणी में हैं, तो आप अपना समय, आपकी ऊर्जा, आपका ज्ञान, आपका कौशल, आपके

विचार और संपर्क ऐसे लोगों के साथ साझा करने की कोशिश करते हैं, जो उनसे लाभान्वित हो सकते हैं।

यह बड़ा ही आकर्षक लगता है कि हम देने वालों की श्रेणी का ठप्पा सिर्फ़ मदर टेरेसा और महात्मा गांधी जैसे विराट नायकों के लिए ही आरक्षित रखें, लेकिन दरअसल देने वाला बनने के लिए किसी असाधारण त्याग की ज़रूरत नहीं होती। इसमें सिर्फ़ दूसरों के हित में काम करने पर ध्यान केंद्रित करना होता है। जैसे दूसरों की मदद करना, परामर्श देना, श्रेय को बांट लेना और दूसरों के लिए संपर्क साधना। कार्यस्थल के बाहर इस तरह का व्यवहार बहुत ही सामान्य है। येल की मनोविज्ञानी मार्गरिट क्लार्क के नेतृत्व में किए गए शोध के मुताबिक़ नज़दीकी रिश्तेदारी में ज़्यादातर लोग देने वालों की तरह व्यवहार करते हैं। लाभ का आंकड़ा रखे बिना हम अपने परिवार और मित्रों की मदद करते हैं।

लेकिन कार्यस्थल पर आदान-प्रदान जटिल हो जाता है। पेशेवर तरीक़े से हम में से बहुत कम लोग विशुद्ध रूप से देने वाले या लेने वाले के रूप में व्यवहार करते हैं। इसकी बजाय हम एक तीसरी शैली पर चलते हैं। हम *संतुलन बैठाने वाले* बन जाते हैं। हमारी कोशिश होती है कि देने और लेने में बराबर का संतुलन रहे। संतुलन बैठाने वाले न्याय के सिद्धांत पर काम करते हैं। जब वे किसी की मदद करते हैं, तो बराबर के पारस्परिक आदान-प्रदान की मांग करके वे स्वयं की रक्षा करते हैं। यदि आप संतुलन बैठाने वालों में से एक हैं, तो आप 'जैसे को तैसा' के सिद्धांत में यक़ीन करेंगे। आपके संबंध बराबर की सहायता के आदान-प्रदान पर आधारित होंगे।

देना, लेना और संतुलन बैठाना समाज से हमारे संपर्क की तीन मूल शैलियां हैं, लेकिन इनके बीच कोई स्पष्ट विभाजन रेखा नहीं है। आप देखेंगे कि जब आप कार्यस्थल पर विभिन्न भूमिकाओं और रिश्तेदारी में भ्रमण करेंगे, तो आप पारस्परिक आदान-प्रदान की एक शैली से दूसरी में बदलते रहेंगे। यह कोई आश्चर्य की बात नहीं कि जब आप अपने वेतन को लेकर बातचीत करेंगे, तो आप लेने वाले के तौर पर व्यवहार करेंगे, अपने से कम अनुभवी किसी व्यक्ति को परामर्श देते वक़्त आप देने वाले की तरह व्यवहार करेंगे और जब किसी सहकर्मी से अनुभव साझा कर रहे होंगे, तो संतुलन बैठाने वाले के रूप में व्यवहार करेंगे। लेकिन साक्ष्यों के हिसाब से कार्यस्थल पर ज़्यादातर लोग पारस्परिक आदान-प्रदान की अपनी मौलिक शैली विकसित कर लेते हैं, जो यह दर्शाता है कि वे लोगों से ज़्यादातर किस तरीके से संपर्क करते हैं। यह मौलिक शैली हमारी सफलता में उतनी ही भूमिका निभा सकती है, जितनी कठिन परिश्रम, प्रतिभा और भाग्य की होती है।

असल में पारस्परिक आदान-प्रदान की शैलियों के आधार पर सफलता के स्वरूप उल्लेखनीय रूप से साफ़ हैं। यदि मैं आपसे यह अनुमान लगाने को कहूं कि सफलता की सीढ़ी में कौन सबसे निचले पायदान पर होगा, तो आप क्या कहेंगे, लेने वाला, देने वाला या संतुलन बैठाने वाला?

पेशेवर तौर पर पारस्परिक आदान-प्रदान की इन तीनों शैलियों के अपने लाभ और अपनी खामियां हैं, लेकिन एक शैली है, जो दो अन्य की अपेक्षा ज़्यादा महंगी साबित होती है। डेविड हॉर्निक के अनुभव के आधार पर आप भविष्यवाणी कर सकते हैं कि देने वालों के खाते में सबसे ख़राब परिणाम आता है और आप सही भी होंगे। शोध से पता चलता है कि देने वाले सफलता की सीढ़ी में सबसे नीचे रह जाते हैं। विभिन्न महत्त्वपूर्ण पेशों में देने वाले ही घाटे में रहते हैं। वे दूसरों को बेहतर बना देते हैं, लेकिन इस प्रक्रिया में ख़ुद की सफलता की कुर्बानी दे देते हैं।

इंजीनियरिंग के क्षेत्र में सबसे कम उत्पादक और कम प्रभावी इंजीनियर देने वालों की श्रेणी के होते हैं। एक अध्ययन के अंतर्गत कैलिफ़ोर्निया में 160 से ज़्यादा इंजीनियरों ने मदद देने और लेने के आधार पर एक दूसरे की रेटिंग की, तो सबसे कम सफल इंजीनियर वे निकले, जिन्होंने लेने से ज़्यादा अन्य लोगों को मदद दी थी। ये इंजीनियर अपने कार्यों में सबसे पीछे थे, जैसे तकनीकी रिपोर्ट तैयार करने और रेखाचित्र बनाने के मामले सबसे ख़राब अंक पाने वालों में शामिल थे। त्रुटियों, समय सीमा का पालन नहीं करना और धन की बर्बादी के बारे में तो उल्लेख नहीं करना ही बेहतर होगा। दूसरों की मदद करने के चक्कर में वे ख़ुद का काम पूरा नहीं कर पाए।

यही स्वरूप मेडिकल स्कूल में भी उभर कर सामने आया। बेल्जियम में छह सौ से ज़्यादा मेडिकल विद्यार्थियों पर किए गए अध्ययन के मुताबिक़ जिन विद्यार्थियों की सबसे ख़राब ग्रेड आए थे, उनके देने वालों के कथनों, जैसे "मुझे दूसरों की मदद करना अच्छा लगता है" और "मैं दूसरों की ज़रूरत का अनुमान लगा लेता हूं" पर असाधारण रूप से बहुत अच्छे अंक थे। देने वाले विद्यार्थियों ने पढ़ाई में अपने सहपाठियों की मदद की। अपने ज्ञान के कमज़ोर हिस्सों को सही करने की बजाय उन्होंने जो वे पहले से जानते थे, उसको अपने सहपाठियों के साथ साझा किया। इसका नतीज़ा यह हुआ कि उनके सहपाठियों को परीक्षा में इसका अतिरिक्त लाभ मिला। सेल्स के पेशे से जुड़े व्यक्ति भी अलग नहीं हैं। नॉर्थ कैरोलिना में मैंने सेल्स कर्मियों से संबंधित एक अध्ययन का नेतृत्व किया। लेने वालों और संतुलन बैठाने वालों की तुलना की। मैंने पाया कि देने वालों ने ढाई गुना कम वार्षिक सेल्स राजस्व अर्जित किया था। वे इस बात को लेकर बहुत ज़्यादा चिंतित थे कि उनके ग्राहकों के लिए सबसे अच्छा क्या है, इसकी वज़ह से वे आक्रामक ढंग से बिक्री नहीं कर सके।

विभिन्न पेशों को देखने से ऐसा प्रतीत होता है कि देने वाले दूसरों की बहुत ज़्यादा परवाह करने वाले और विश्वसनीय होते हैं। वे लोगों के लाभ के लिए ख़ुद के हितों को कुर्बान करने को तत्पर रहते हैं। ऐसे भी प्रमाण हैं कि लेने वालों की तुलना में देने वाले औसतन 14 फ़ीसदी कम धनराशि कमाते हैं। उनका किसी अपराध का शिकार बनने का ख़तरा दुगुना होता है। वे 22 फ़ीसदी कम ताक़तवर और प्रभुत्व जमाने की कम क्षमता वाले माने जाते हैं। यदि इस बात की संभावना ज़्यादा होती है कि देने वाले सफलता की सीढ़ी पर सबसे नीचे होते हैं, तो फिर शीर्ष पर कौन रहता है - लेने वाले या संतुलन बैठाने वाले?

इनमें से कोई नहीं। जब मैंने आंकड़ों का फिर अवलोकन किया, तो मैंने एक आश्चर्यजनक पैटर्न को पाया। *इस बार फिर देने वाले सामने थे।*

जैसा कि हमने देखा कि सबसे कम उत्पादक इंजीनियरों में से ज़्यादातर देने वाले थे, लेकिन जब हमने उच्च उत्पादकता वाले इंजीनियरों को देखा तो आंकड़ों से पता चला कि वे भी देने वालों में शामिल हैं। गुणवत्ता और मात्रा के परिणामों में लक्ष्य अर्जित करने में सर्वश्रेष्ठ अंक पाने वाले कैलिफ़ोर्निया के इंजीनियर वे थे, जिन्होंने अपने सहयोगियों से जितनी मदद ली, उससे कहीं ज़्यादा उनकी सतत मदद की। सर्वश्रेष्ठ प्रदर्शन करने वाले और सबसे ख़राब प्रदर्शन करने वाले दोनों में देने वाले शामिल थे। लेने वाले और संतुलन बैठाने वाले बीच में रह जाते हैं।

कुल-मिलाकर, यह पैटर्न सभी पर सही बैठता है। बेल्जियम के मेडिकल स्कूल में सबसे ख़राब ग्रेड पाने वाले विद्यार्थियों का देने वालों में आंकड़ा असाधारण रूप से ज़्यादा था। ऐसा सबसे *अच्छी* ग्रेड पाने वाले विद्यार्थियों के मामले में भी था। मेडिकल स्कूल में देने वाले विद्यार्थियों की 11 फ़ीसदी उच्च ग्रेड आई थीं। यहां तक कि सेल्स कर्मियों के मामले में भी मैंने पाया कि सबसे कम उत्पादक सेल्स कर्मियों के देने के अंक औसत प्रदर्शन करने वालों की अपेक्षा 25 फ़ीसदी ज़्यादा थे, लेकिन ऐसा ही सबसे ज़्यादा उत्पादक सेल्स कर्मियों के मामले में भी था। सर्वश्रेष्ठ प्रदर्शन करने वाले देने वालों की श्रेणी के थे। उनका वार्षिक राजस्व अर्जन लेने वालों और संतुलन बैठाने वालों की तुलना में 50 फ़ीसदी ज़्यादा था। देने वाले सफलता की सीढ़ी पर ना केवल निचले स्थान पर खूब होते हैं, बल्कि शीर्ष पर भी उनका ही दबदबा रहता है। यदि विभिन्न पेशों में आप पारस्परिक आदान-प्रदान की शैलियों और सफलता के बीच संबंध की पड़ताल करेंगे, तो पता चलेगा कि चैंपियन बनने की संभावना देने वालों में ज़्यादा होती है - वे सिर्फ़ मूर्ख नहीं बनते।

तो अनुमान लगाइए कि डेविड हॉर्निक क्या साबित होंगे?

डैनी शेडर ने जब अन्य निवेशक के साथ अनुबंध पर दस्तख़त कर दिए, तो उन्हें एक कष्टदायक अहसास होने लगा। वे सोचने लगे, "हमने एक बड़ी जीत अर्जित की। हमें तो जश्न मनाना चाहिए। उत्नी खुशी क्यों महसूस नहीं कर पा रहा? मैं अपने निवेशक के बारे में उत्साहित तो था, आख़िर वह असाधारण रूप से तीव्र बुद्धि वाला और प्रतिभाशाली है, लेकिन मैं हॉर्निक के साथ काम करने के अवसर को गंवा रहा हूं।" शेडर अब हॉर्निक को जोड़ने का तरीक़ा खोजना चाहते थे, लेकिन इसमें एक जटिलता थी। हॉर्निक को शामिल करने के लिए शेडर और उनके मुख्य निवेशक को कंपनी की कुछ हिस्सेदारी बेचनी पड़ती और अपना स्वामित्व कम करना पड़ता।

शेडर ने निर्णय लिया कि व्यक्तिगत रूप से यह क़ीमत उनके लिए लाभप्रद है। निवेश प्रक्रिया ख़त्म होने से पहले उन्होंने हॉर्निक को कंपनी में निवेश करने का न्योता दिया। हॉर्निक ने यह प्रस्ताव स्वीकार कर लिया और निवेश करके कंपनी का कुछ स्वामित्व प्राप्त कर लिया। हॉर्निक ने निदेशक मंडल की बैठकों में आना प्रारंभ कर दिया। नई दिशाओं पर विचार करने के लिए उन्हें प्रेरित करने की हॉर्निक की क्षमता से शेडर बहुत प्रभावित हुए। शेडर ने कहा, "मैंने हॉर्निक का बिलकुल अलग रूप को देखा है। पहले मैं उनके मृदुभाषी होने में उनकी इस क्षमता को नहीं देख पाया था।" हॉर्निक की सलाह को साधुवाद कि शेडर की स्टार्ट-अप शुरू हो गई। कंपनी का नाम था - *पे नियर मी।* इसके माध्यम से वे अमेरिकी भी बारकोड या कार्ड से ऑनलाइन क्रय कर सकते थे, जिनके पास बैंक खाता या क्रेडिट कार्ड नहीं था। ऑनलाइन क्रय के बाद वे सहयोगी प्रतिष्ठानों पर नक़द भुगतान कर सकते थे। इन सेवाओं को प्रदान करने के लिए शेडर को *7-इलेवन* और *ग्रे हाउंड* जैसी कंपनियों से बड़ी साझेदारी मिल गई। शुरू होने के डेढ़ साल के भीतर ही कंपनी 30 फ़ीसदी प्रति माह से ज़्यादा की दर से बढ़ रही थी। निवेशक होने के नाते इस विकास में हॉर्निक का भी थोड़ा हिस्सा था।

हॉर्निक ने उद्यमियों की अपनी संदर्भ सूची में अब शेडर को भी जोड़ लिया, जो सौदे से कहीं ज़्यादा मूल्यवान था। जब उद्यमी हॉर्निक के बारे में पूछने के लिए कॉल करते, तो शेडर उनसे कहते, "आप सोचते होंगे कि हॉर्निक सिर्फ़ एक अच्छे व्यक्ति हैं, लेकिन वे इससे कहीं ज़्यादा हैं। वे अद्भुत, बहुत ज़्यादा मेहनती और बेहद साहसी हैं। वे एक ही समय में चुनौतीपूर्ण और मददगार दोनों हो सकते हैं और वे अविश्वसनीय रूप से प्रतिक्रियाशील हैं। यह एक ऐसा गुण है, जो आप निवेशकों में पाते हैं। चाहे दिन हो या रात किसी भी वक़्त वे किसी भी अहम मसले पर आपको तत्काल जवाब देंगे।"

हॉर्निक को मिलने वाला दाम *पे नियर मी* के सौदे तक ही सीमित नहीं था। हॉर्निक की क्रियाशीलता को देखते हुए शेडर उद्यमियों के सर्वश्रेष्ठ हितों में काम

करने की उनकी प्रतिबद्धता की प्रशंसा करने लगे और उन्होंने हॉर्निक के लिए अन्य निवेश अवसरों पर काम करना शुरू कर दिया। एक मामले में एक कंपनी के सीईओ रॉकेट लॉयर से मिलने के बाद शेडर ने निवेशक के तौर पर हॉर्निक के नाम की सिफ़ारिश कर दी। इस सीईओ के पास हालांकि दूसरे निवेशक की टर्म शीट थी, तो भी हॉर्निक निवेश अवसर जीतने में सफल रहे।

डेविड हॉर्निक हालांकि नकारात्मक पहलुओं को स्वीकार करते हैं, लेकिन उनका मानना है कि उद्यम पूंजी क्षेत्र में उनकी सफलता के पीछे देने वाले की तरह व्यवहार करने ने एक प्रेरक शक्ति के रूप में काम किया है। हॉर्निक का अनुमान है कि जब अधिकतर उद्यम पूंजीपति उद्यमियों के समक्ष टर्म शीट पेश करते हैं, तो अनुबंध पर दस्तख़त होने की दर क़रीब 50 फ़ीसदी रहती है। "जो सौदे आप पेश करते हैं, यदि उनमें से आधे हासिल कर लेते हैं, तो आप बहुत अच्छा कर रहे हैं।" उद्यम पूंजीपति के तौर पर अपने 11 साल के अनुभव के दौरान हॉर्निक ने उद्यमियों के समक्ष 28 टर्म शीट रखीं। इनमें से 25 को उद्यमियों ने स्वीकार कर लिया। शेडर उन सिर्फ़ तीन उद्यमियों में से एक थे, जिन्होंने हॉर्निक से निवेश के प्रस्ताव को ठुकरा दिया था। अन्य 89 फ़ीसदी बार उद्यमियों ने हॉर्निक का निवेश स्वीकार कर लिया था। उनके निवेश और विशेषज्ञ सलाह के दम पर इन उद्यमियों ने अनेक बड़े स्टार्ट-अप खड़ा करने में सफलता अर्जित की। इनमें से एक कंपनी तो ऐसी थी, जिसकी क़ीमत 2012 में शेयर बाज़ार में उसके पहले दिन के व्यापार में ही तीन अरब डॉलर से ज़्यादा की आंकी गई। अन्य स्टार्ट-अप कंपनियों का अधिग्रहण गूगल, ओरेकल, टिकट मास्टर और मॉन्स्टर जैसी कंपनियों ने कर लिया।

हॉर्निक के कठिन परिश्रम और उनकी योग्यता के अलावा अपनी बेटी के फुटबॉल मैच के दौरान मैदान के सही छोर पर खड़े होने के उनके भाग्य ने अनजाने में डैनी शेडर के साथ सौदा होने में अहम भूमिका निभाई। लेकिन पारस्परिक आदान-प्रदान की उनकी शैली ने आख़िरकार उन्हें जीत दिलवाई। सिर्फ़ वे ही विजेता नहीं थे। शेडर भी जीते और वे कंपनियां भी, जिन्हें शेडर ने हॉर्निक के नाम की सिफ़ारिश की। देने वाले की तरह व्यवहार करके हॉर्निक ने अपने लिए एक मूल्य का सृजन कर लिया। उन्होंने अवसरों का ज़्यादा से ज़्यादा सृजन करके उस मूल्य का बाहरी प्रवाह सुनिश्चित कर लिया, ताकि उसका लाभ अन्य लोगों को मिल सके।

★★★

इस किताब में मैं आपको समझाना चाहता हूं कि हम डेविड हॉर्निक जैसे देने वाले लोगों की सफलता को कम करके आंकते हैं। यद्यपि हम देने वाले व्यक्तियों पर अक्सर मूर्ख और कमज़ोर होने की तख़्ती लटका देते हैं, लेकिन वे आश्चर्यजनक रूप से बहुत सफल साबित होते हैं। यह पता लगाने के लिए कि देने वाले लोगों का सफलता

की सीढ़ी के शीर्ष पर क्यों दबदबा होता है, हम चौंका देने वाले अध्ययनों और किस्सों की पड़ताल करेंगे। इससे इस बात पर प्रकाश पड़ेगा कि देना क्यों अधिकतर लोगों की सोच से ज़्यादा शक्तिशाली और कम ख़तरनाक होता है। इस प्रक्रिया के मार्ग में मैं आपका परिचय जीवन के विभिन्न क्षेत्रों में सफल हुए देने वाले लोगों से कराऊंगा। इनमें परामर्शदाता, वकील, चिकित्सक, इंजीनियर, सेल्स कर्मी, लेखक, उद्यमी, लेखाकार, शिक्षक, वित्तीय सलाहकार और खेल अधिकारी तक शामिल हैं। देने वालों की श्रेणी में शामिल इन लोगों ने इस आम अवधारणा को पलट दिया कि पहले सफलता अर्जित करो और फिर लोगों को कुछ दो। इससे इस संभावना को बल मिला कि जो लोग पहले देने की भावना रखते हैं, बाद में सफल होने के लिए वे बेहतर स्थिति में होते हैं।

लेकिन हम उन इंजीनियरों और सेल्स कर्मियों को नहीं भूल सकते, जो सफलता की सीढ़ी में सबसे निचले पायदान पर थे। यह बात सही है कि देने वालों में कुछ लोग भोले और मूर्ख बनकर रह जाते हैं। मैं इस बात की खोज करना चाहता हूं कि आख़िर वह क्या बात है, जो विजेताओं और मूर्खों को अलग करती है। इसका जवाब नैसर्गिक प्रतिभा और योग्यता में कम, बल्कि उन रणनीतियों में ज़्यादा छिपा है, जो देने वाले लोग इस्तेमाल करते हैं और जो विकल्प वे चुनते हैं। यह स्पष्ट करने के लिए कि देने की भावना रखने वाले लोग सफलता की सीढ़ी पर निचले पायदान पर जाने से कैसे बच जाते हैं, मैं देने वालों के बारे में दो आम मिथकों को तोड़ना चाहता हूं। मैं देने वालों के बारे में यह बताना चाहता हूं कि वे आवश्यक रूप से अच्छे नहीं होते। यह भी आवश्यक नहीं कि वे परोपकारी हों। देने वाले सफल लोग यह जान लेते हैं कि लेने और प्राप्त करने में बड़ा अंतर है। लेने का अर्थ सिर्फ़ अपने फ़ायदे के लिए दूसरों का इस्तेमाल करना ही है। प्राप्त करने का अर्थ किसी से इस इच्छा के साथ मदद स्वीकार करना है कि ज़रूरत पड़ने पर मदद दी भी जाएगी। जीवन में हम सबके व्यक्तिगत उपलब्धियों के लक्ष्य होते हैं। इससे पता चलता है कि देने वाले लोग जो उत्कृष्ट प्रदर्शन करते हैं, वे ज़रूरत पड़ने पर मदद मांग भी लेते हैं। देने वाले सफल लोग लेने वालों और संतुलन बैठाने वालों के समान ही महत्त्वाकांक्षी होते हैं। अपने लक्ष्य तक पहुंचने का उनका सिर्फ़ तरीक़ा अलग होता है।

यह बात मुझे तीसरे लक्ष्य की ओर ले जाती है। यह लक्ष्य इस बात को प्रकट करना है कि आख़िर देने वालों की सफलता में अनूठा क्या है? मैं यह स्पष्ट कर देना चाहता हूं कि देने वाले, लेने वाले और संतुलन बैठाने वाले सभी सफल हो सकते हैं, लेकिन जब देने वाले सफल होते हैं, तो निश्चित रूप से कुछ विशिष्ट होता है। इसका काफ़ी प्रचार और असर होता है। जब कोई लेने वाला विजेता होता है, तो सामान्य रूप से कोई पराजित व्यक्ति भी होता है। शोध से पता चलता है कि लोग लेने वाले सफल व्यक्ति से जलन रखते हैं और उन्हें गिराने के तरीक़े खोजते

रहते हैं। इसके विपरीत जब डेविड हॉर्निक जैसे देने वाले व्यक्ति जीतते हैं, तो लोग उन्हें प्रोत्साहित करते हैं और उनका समर्थन करते हैं। उनके पीछे नहीं पड़ते। जब देने वाले लोग जीतते हैं, तो एक तरंग और लहर जैसा असर पैदा होता है, जिससे उनके आस-पास के लोगों में सफल होने की संभावना बढ़ जाती है। आप देखेंगे कि अंतर इस बात में निहित है कि देने वाले सफल लोग मूल्य सृजित करते हैं, ना कि इसका दावा। जैसा कि उद्यम पूंजीपति रैंडी कॉमिसार टिप्पणी करते हैं, "यदि हर कोई आपको जीतते हुए देखना चाहता है, तो जीत अपेक्षाकृत आसान हो जाती है। यदि आप शत्रु पैदा नहीं करते हैं, तो सफल होना अपेक्षाकृत आसान होता है।"

लेकिन कुछ क्षेत्रों में ऐसा प्रतीत होता है कि देने की क़ीमत लाभ से स्पष्ट रूप से कहीं ज़्यादा होती है। उदाहरण के लिए राजनीति में जैसा कि मार्क ट्वेन के कथन से पता चलता है कि कूटनीति का अर्थ दस के बदले एक देना होता है। पूर्व राष्ट्रपति बिल क्लिंटन लिखते हैं, "राजनीति प्राप्त करने का एक कारोबार है। आपको समर्थन, सहयोग और वोट बार-बार प्राप्त करने होते हैं।" प्रतिस्पर्द्धात्मक चुनावों में लेने वालों को लॉबिंग करने और अपने प्रतिद्वंद्वियों को मात देने में बढ़त हासिल होनी चाहिए। संतुलन बैठाने वाले इस बात के लिए उपयुक्त हो सकते हैं कि वे राजनीतिक मांगों की बजाय कृपा हासिल करने का सतत व्यापार करते रहें। राजनीति की दुनिया में देने वालों के साथ क्या होता है?

सैम्पसन नामक प्रादेशिक नेता के राजनीतिक संघर्ष पर विचार करें। उनका कहना था कि उनका लक्ष्य "इलिनॉय का क्लिंटन" बनना था। उन्होंने सीनेट की एक सीट जीतने पर अपनी निगाह गड़ा रखी थी। सैम्पसन ने अपने जीवन के प्रारंभिक वर्ष खेत पर काम करके गुज़ारे थे। उनका किसी राजनीतिक पद के लिए उम्मीदवार होना असंभव था, लेकिन सैम्पसन बहुत ही महत्त्वाकांक्षी थे। प्रांतीय व्यवस्थापिका सभा की एक सीट के लिए उन्होंने पहली बार तब चुनाव लड़ा, जब वे सिर्फ़ 23 साल के थे। मैदान में कुल 13 उम्मीदवार थे और सिर्फ़ शीर्ष चार स्थानों पर रहने वाले चुने गए। सैम्पसन का प्रदर्शन फीका रहा और वे आठवें स्थान पर रहे।

चुनाव के मैदान में मात खाने के बाद सैम्पसन ने व्यापार शुरू किया। इसके लिए उन्होंने क़र्ज़ लेकर अपने एक दोस्त के साथ छोटी-सी दुकान शुरू की। उनका व्यापार चला नहीं और वे क़र्ज़ तक नहीं चुका पाए। इस पर स्थानीय अधिकारियों ने उनकी संपत्ति ज़ब्त कर ली। थोड़े समय बाद व्यापार में उनका साझेदार परलोक सिधार गया, लेकिन वह अपने पीछे कोई संपत्ति छोड़कर नहीं गया था, तो उसकी देनदारी भी सैम्पसन के माथे आ गई। सैम्पसन मज़ाक़ में अपनी देनदारियों को 'राष्ट्रीय क़र्ज़' कहा करते थे। उनकी देनदारियां वार्षिक आय से पंद्रह गुना ज़्यादा थीं। उन्हें कई वर्ष लगे, लेकिन उन्होंने अंततः एक-एक पाई चुका दी।

व्यापार में विफलता के बाद सैम्पसन ने प्रांतीय व्यवस्थापिका सभा के लिए फिर चुनाव लड़ा। उनकी आयु सिर्फ़ 25 वर्ष थी, तो भी वे दूसरे स्थान पर रहे और प्रांतीय व्यवस्थापिका सभा के लिए चुन लिए गए। सदन में अपने पहले सत्र के लिए उन्हें पहले सूट के लिए पैसे उधार लेने पड़े। अगले आठ वर्षों में सदन में अपनी सेवाएं देने के साथ-साथ उन्होंने क़ानून की डिग्री भी हासिल कर ली। आख़िरकार 45 साल की आयु तक पहुंचते-पहुंचते वे राष्ट्रीय स्तर पर अपना प्रभाव जमाने की स्थिति में आ गए थे और उन्होंने सीनेट के लिए दावा ठोक दिया।

सैम्पसन जानते थे कि वे कठिन संघर्ष कर रहे हैं। उनके दो मुख्य प्रतिद्वंद्वी थे। एक जेम्स शील्ड्स और दूसरे लाइमैन ट्रंबल। दोनों प्रांतीय सुप्रीम कोर्ट के जस्टिस रहे चुके थे और सैम्पसन की तुलना में कहीं ज़्यादा विशेषाधिकार प्राप्त वर्ग से थे। शील्ड्स सीनेटर थे और दोबारा चुनाव लड़ रहे थे और वे अमेरिकी संसद कांग्रेस के एक सदस्य के भतीजे थे। ट्रंबल येल से शिक्षा प्राप्त एक जाने-माने इतिहासकार के पौत्र थे। इनकी तुलना में सैम्पसन के पास बहुत कम अनुभव या राजनीतिक प्रभाव था।

पहले चुनाव में सैम्पसन 44 फ़ीसदी मतों के साथ आश्चर्यजनक रूप से पहले स्थान पर रहे। उनके ठीक पीछे 41 फ़ीसदी मतों के साथ शील्ड्स रहे, जबकि सिर्फ़ पांच फ़ीसदी मतों के साथ ट्रंबल काफ़ी पिछड़ गए। चुनाव की धारा उस वक़्त बदलने लगी, जब नए उम्मीदवार प्रांत के तत्कालीन गवर्नर जोएल मैटसन ने मैदान में प्रवेश किया। मैटसन काफ़ी लोकप्रिय थे और उनमें सैम्पसन और ट्रंबल दोनों के वोट खींचने की क्षमता थी। जब शील्ड्स ने दौड़ से हटने का फ़ैसला किया, तो मैटसन ने तुरंत बढ़त बना ली। इस बार मैटसन को 44 फ़ीसदी मत मिले, जबकि सैम्पसन के मत घटकर 38 फ़ीसदी रह गए। ट्रंबल सिर्फ़ नौ फ़ीसदी मत जुटा सके, लेकिन कुछ घंटों बाद ही ट्रंबल 51 फ़ीसदी मतों के साथ चुनाव जीत गए। उन्होंने कांटे की टक्कर में मैटसन को पछाड़ दिया, जिन्हें 47 फ़ीसदी मत मिले।

आख़िर सैम्पसन क्यों गिरे और ट्रंबल अचानक कैसे उठे? दोनों की स्थितियों में अचानक उलटफेर वह विकल्प था, जो सैम्पसन ने चुना था। वे मनमाने तरीक़े से देने की मानसिकता से ग्रस्त थे। मैटसन ने जब दौड़ में प्रवेश किया, तब सैम्पसन जीतने के लिए पर्याप्त मत जुटाने की ख़ुद की क्षमता पर संदेह करने लगे थे। वे जानते थे कि ट्रंबल के समर्थकों की संख्या भले ही कम हो, लेकिन वफ़ादार होने की वज़ह से वे ट्रंबल का साथ कभी नहीं छोड़ेंगे। सैम्पसन की स्थिति में ज़्यादातर लोग ट्रंबल के मत जुटाने के लिए लॉबिंग करते और उनसे पाला बदलने के लिए कहते। वैसे भी सिर्फ़ नौ फ़ीसदी समर्थन के साथ उनकी जीतने की संभावना बहुत कम थी।

लेकिन सैम्पसन की मुख्य चिंता निर्वाचित होना नहीं थी। वे मैटसन को जीतने से रोकना चाहते थे। सैम्पसन का मानना था कि मैटसन संदेहास्पद क्रिया-कलापों में लिप्त हैं। एक साल बाद वे सही भी साबित हुए, जब मैटसन को धोखाधड़ी के आरोप में दोषी ठहराया गया।

मैटसन के बारे में संदेह के अलावा सैम्पसन को ट्रंबल में विश्वास था क्योंकि अनेक मुद्दों को लेकर उनके बीच कुछ समानताएं थीं। सैम्पसन ने कई वर्षों तक पूरे जोश के साथ अपने प्रांत की सामाजिक और आर्थिक नीति में बड़े बदलाव के लिए अभियान चलाया था। उनके विचार से यह प्रांत के भविष्य के लिए महत्त्वपूर्ण था। इसमें वे और ट्रंबल एकजुट थे। ऐसे में उन्होंने ट्रंबल के मतों को अपने पक्ष में मोड़ने की कोशिश करने की बजाय आत्मघाती क़दम उठाने का फ़ैसला किया। वे मैदान से हट गए और उन्होंने अपने समर्थकों से ट्रंबल को मत देने को कह दिया। सैम्पसन की क़ीमत पर ट्रंबल की जीत सुनिश्चित करने के लिए यह पर्याप्त था।

यह पहला मौक़ा नहीं था, जब सैम्पसन ने ख़ुद की बजाय दूसरों के हित आगे रखे थे। सीनेट का चुनाव जीतने में ट्रंबल की मदद करने से पहले वकील के रूप में भी प्रशंसा अर्जित करने के बावजूद सैम्पसन की सफलता उत्तरदायित्व की तीव्र भावना के बीच दबकर रह गई थी। वे उन मुवक्किलों का बचाव करने के लिए तैयार नहीं हो पाते थे, जो उनकी नज़र में दोषी होते थे। एक मामले में तो वे आपराधिक ट्रायल के दौरान अपने सहयोगी की ओर झुक कर बोले, "यह आदमी दोषी है। आप उसका बचाव करो। मैं नहीं कर सकता।" सैम्पसन ने केस अपने सहयोगी को दे दिया और मोटी फ़ीस छोड़ दी। ऐसे फ़ैसलों से उन्हें प्रतिष्ठा ज़रूर मिली, लेकिन सवाल भी उठने लगे कि क्या वे इतने सख़्त हैं कि राजनेता के तौर पर कड़े फ़ैसले ले सकें।

उनके एक राजनीतिक प्रतिद्वंद्वी ने कहा, "सैम्पसन लगभग आदर्श व्यक्ति हैं, बस उनमें एक ही बात की कमी है।" प्रतिद्वंद्वी ने स्पष्ट करते हुए कहा कि सत्ता के साथ सैम्पसन पर विश्वास नहीं किया जा सकता क्योंकि उनके फ़ैसलों पर दूसरों के प्रति चिंता का आसानी से असर हो सकता है। राजनीति में देने वाले की तरह व्यवहार करने से सैम्पसन घाटे की स्थिति में आ गए। ख़ुद के हितों को आगे रखने की अनिच्छा की वज़ह से पहले उन्हें सीनेट का चुनाव हारना पड़ा। देखने वाले सोचने लगे कि क्या राजनीति जैसी निर्मम दुनिया के लिए सैम्पसन पर्याप्त शक्तिशाली हैं? ट्रंबल तीव्र ढंग से बहस करने वाले नेता थे, जबकि सैम्पसन सरल थे। चुनाव के बाद एक स्थानीय रिपोर्टर ने लिखा कि सैम्पसन की तुलना में ट्रंबल "असल में ज़्यादा प्रतिभा और ऊर्जा के व्यक्ति हैं।"

लेकिन सैम्पसन पीछे हटने को तैयार नहीं थे। लाइमैन ट्रंबल को चुनाव में जितवाने के चार साल बाद सैम्पसन सीनेट के लिए फिर खड़े हुए थे। वे इस बार भी

हार गए, लेकिन मतदान से पहले के हफ़्तों में सैम्पसन के सबसे मुखर समर्थक कोई और नहीं, बल्कि ट्रंबल ख़ुद थे। सैम्पसन के त्याग से उन्होंने सद्भावना अर्जित की। ट्रंबल एकमात्र विरोधी नहीं थे, जो सैम्पसन की त्याग की भावना से उनके समर्थक बन गए थे। सीनेट के लिए पहली चुनावी दौड़ में जब सैम्पसन को 47 फ़ीसदी मत मिले थे और वे जीत के निकट थे, तब नॉर्मन जड नामक शिकागो के वकील और राजनेता उन पांच फ़ीसदी समर्थकों का नेतृत्व कर रहे थे, जिनकी ट्रंबल के प्रति वफ़ादारी अटूट थी। सैम्पसन ने जब सीनेट के लिए दूसरी बार दावा ठोका, तब जड उनके तगड़े समर्थक बन गए।

सीनेट की दौड़ में दो बार विफल रहने के बाद दो वर्ष के पश्चात सैम्पसन आख़िरकार राष्ट्रीय स्तर पर अपना पहला चुनाव जीत गए। एक टिप्पणीकार के मुताबिक़ जड, सैम्पसन के "उदारवादी व्यवहार" को कभी नहीं भूले और उन्होंने सैम्पसन का नामांकन सुनिश्चित करने के लिए सबसे ज़्यादा कोशिश की।

राजनीति को कवर करने वाले *सी-स्पैन* केबल टीवी नेटवर्क ने 1999 में एक हज़ार से ज़्यादा सुविज्ञ दर्शकों में सर्वे किया। उन्होंने सैम्पसन और समान पदों की दौड़ में शामिल तीन दर्जन अन्य राजनेताओं की उनकी क्षमताओं के हिसाब से रेटिंग की। सर्वे में सैम्पसन शीर्ष पर रहे। उनकी मूल्यांकन रिपोर्ट सर्वश्रेष्ठ थी। हार के बावजूद वे सूची में शामिल अन्य नेताओं से ज़्यादा लोकप्रिय थे। आप देखते हैं कि सैम्पसन का घोस्ट एक छद्म नाम था, जिसका इस्तेमाल प्रांतीय व्यक्ति ने पत्रों में किया था। उनका असली नाम अब्राहम लिंकन था।

1830 में लिंकन इलिनॉय के डीविट क्लिंटन बनने की कोशिश में जुटे थे। डीविट क्लिंटन एक अमेरिकी सीनेटर और न्यू यॉर्क के गवर्नर थे, जिन्होंने एरी नहर के निर्माण के लिए चलाए गए अभियान का नेतृत्व किया था। लाइमैन ट्रंबल को जिताने के लिए लिंकन जब पहली बार सीनेट के चुनाव की दौड़ से हटे थे, तब दास प्रथा का उन्मूलन करने के प्रति उनकी साझा प्रतिबद्धता थी। दासों का उद्धार करने, इस लक्ष्य के लिए अपने राजनीतिक अवसरों का त्याग करने और दोषी प्रतीत होने वाले मुवक्किलों का बचाव करने से इनकार करने जैसे क़दम उठाकर लिंकन ने लगातार अच्छाई के लिए काम किया। जब इतिहास, राजनीति शास्त्र और मनोविज्ञान के विशेषज्ञों ने राष्ट्रपति पद को सुशोभित करने वाली हस्तियों की रेटिंग की, तो लिंकन की पहचान स्पष्ट रूप से देने की भावना रखने वालों की श्रेणी में की। दो विशेषज्ञों ने लिखा, "असहज स्थिति होने पर भी लिंकन आगे बढ़कर लोगों की मदद करते थे, जो प्रत्येक नागरिक के कल्याण के प्रति उनकी चिंता को दर्शाता था।" ध्यान देने योग्य बात यह है कि लिंकन को अब तक के सबसे कम आत्मकेंद्रित, सबसे कम अहंकारी और सबसे कम आत्मश्लाघी राष्ट्रपति के तौर पर देखा जाता है। राष्ट्रपति पद को सुशोभित करने वाली हस्तियों में से लिंकन की जीवनी को दूसरों को श्रेय

देने और दूसरों के हित में काम करने के मामले में स्वतंत्र रेटिंग में वॉशिंगटन और फ़िलमोर के साथ शीर्ष तीन में स्थान मिला था। लिंकन के साथ काम कर चुके एक सैन्य जनरल के शब्दों में, "उनमें किसी भी अन्य की अपेक्षा महानता और अच्छाई के ज़्यादा गुण थे।"

राष्ट्रपति कार्यालय में लिंकन देशहित को अपने अहंकार से ऊपर रखने के लिए कृत संकल्प रहते थे। 1860 में जब लिंकन ने राष्ट्रपति पद का चुनाव जीता, तो उन्होंने पार्टी के ऐसे तीन नेताओं को विदेश मंत्री, वित्त मंत्री और अटॉर्नी जनरल बनने का न्योता दिया, जिन्हें उन्होंने रिपब्लिकन पार्टी की ओर से राष्ट्रपति पद की उम्मीदवारी हासिल करने की दौड़ में शिकस्त दी थी। *द टीम ऑफ़ राइवल्स* में इतिहासकार डोरिस केयर्न्स गुडविन ने लिखा है कि लिंकन का कैबिनेट कितना अनूठा था। "प्रशासन का प्रत्येक सदस्य सार्वजानिक जीवन में लिंकन की तुलना में ज़्यादा जाना-माना, ज़्यादा शिक्षित और ज़्यादा अनुभवी था। कैबिनेट में उनकी मौजूदगी से प्रशंसा के पात्र, किंतु कम प्रसिद्धि वाले वकील की चमक निस्तेज होने का ख़तरा था।"

लिंकन की स्थिति में यदि कोई लेने वालों की श्रेणी का व्यक्ति होता, तो वह "हां में हां" मिलाने वाले लोगों को अपने साथ जोड़ने का न्योता देकर अपने अहंकार और अपनी ताक़त को बचाने को प्राथमिकता देता। संतुलन बैठाने वाला व्यक्ति उन सहयोगियों को नियुक्तियां देता, जिन्होंने उसका समर्थन किया था, लेकिन लिंकन ने अपने सबसे कट्टर प्रतिस्पर्द्धियों को न्योता दिया। लिंकन ने आश्चर्य की दृष्टि से देख रहे एक रिपोर्टर से कहा था, "हमें कैबिनेट में पार्टी के सबसे प्रभावशाली व्यक्तियों की ज़रूरत है। मुझे कोई अधिकार नहीं है कि मैं देश को उनकी सेवाओं से वंचित करूं।" इनमें से कुछ विरोधियों ने लिंकन का तिरस्कार किया और कुछ अन्य ने उन्हें अक्षम व्यक्ति के तौर पर देखा, लेकिन लिंकन सभी का दिल जीतने में सफल रहे। केयर्न्स गुडविन के मुताबिक़, "अपने कैबिनेट के सदस्यों के बड़े अहंकार निपटने में लिंकन की सफलता यह दर्शाती है कि सच में एक महान राजनेता के हाथ में उसके गुण समान रूप से उसकी शालीनता से जुड़े होते हैं। नैतिकता, करुणा, संवेदनशीलता, दया भाव, ईमानदारी और दूसरों के दुःख-दर्द समझने की क्षमता भी प्रभावशाली राजनीतिक संसाधन हो सकते हैं।"

जब देने की भावना रखने वाले व्यक्तियों के लिए राजनीति एक उर्वर क्षेत्र हो सकता है, तो ऐसा संभव है कि देने वाले किसी भी काम में सफल हो सकते हैं। देने की प्रक्रिया प्रभावशाली है या कठिन है, यह इस बात पर निर्भर करता है कि किस प्रकार के आदान-प्रदान में इसे प्रयुक्त किया गया है। हम इस किताब में जैसे-जैसे विचारों का विश्लेषण करेंगे, वैसे-वैसे देने की यह एक महत्त्वपूर्ण विशेषता ध्यान में रखने की ज़रूरत है। किसी एक विशेष मामले में देना सफलता के हिसाब से असंगत हो सकता है। विशुद्ध रूप से शून्य के आंकड़े वाली स्थिति और हार-जीत की स्थिति

में देना मुश्किल से ही लाभ देता है। यह एक ऐसा सबक़ था, जो लिंकन ने हर बार तब सीखा, जब उन्होंने अपनी क़ीमत पर दूसरों को देने का विकल्प चुना। लिंकन कहते थे, "मुझ में एक अवगुण है और मैं इसे और कुछ नहीं कहूंगा, बल्कि अवगुण यह है कि मैं ना नहीं कह सकता।"

लेकिन जीवन में ज़्यादातर परिस्थितियों में शून्य का आंकड़ा नहीं रहता है और ना ही संतुलन बैठाने की स्थिति होती है। जो लोग देने को अपनी पारस्परिक आदान-प्रदान की मुख्य शैली बना लेते हैं, उन्हें आख़िरकार इसका लाभ मिलता है। लिंकन के लिए, हॉर्निक की तरह, स्वयं के हितों का त्याग करने वाले उनके फ़ैसले आख़िरकार उनके लिए लाभ के साबित हुए। हमने प्रारंभ में निष्कर्ष निकाल लिया कि लिंकन और हॉर्निक हार गए हैं, लेकिन हमने समय के क्षितिज को पर्याप्त तरीक़े से विस्तार नहीं दिया। देने वालों के लिए ख्याति और विश्वास अर्जित करने में समय लगता है, लेकिन अंततः वे प्रतिष्ठा और संपर्क स्थापित कर लेते हैं, जो उनकी सफलता को बढ़ाने में मदद देते हैं। सच तो यह है कि जैसा कि आप सेल्स और मेडिकल स्कूल के मामलों में देखेंगे कि देने वालों का लाभ समय के साथ बढ़ता है। लंबे समय के मामले में देना शक्तिशाली और ख़तरनाक दोनों हो सकता है। उद्यमी और जुआ द वीव्र होटल समूह के संस्थापक चिप कॉनली के शब्दों में, "100 गज़ की दौड़ में देने वाला बनना ठीक नहीं है, लेकिन मैराथन में यह मूल्यवान साबित हो सकता है।"

लिंकन के युग में मैराथन दौड़ में बहुत वक़्त लगता था। टेलीफ़ोन, इंटरनेट और तीव्र गति के परिवहन के बिना संपर्क और ख्याति स्थापित करना बहुत ही धीमी प्रक्रिया थी। कॉनली कहते हैं, "पुरानी दुनिया में आप किसी को पत्र भेज सकते थे और किसी को पता तक नहीं चलता था।" उनका मानना था कि आज की संपर्कों से गुंथी हुई दुनिया में संबंध और प्रतिष्ठा ज़्यादा दृष्टिगोचर होते हैं। देने वाले इस गति को बढ़ा सकते हैं। डॉकर्स की पूर्व अध्यक्ष बॉबी सिल्टेन कहती हैं, "आपको अब चुनना नहीं पड़ता। आप देने वालों की श्रेणी में शामिल होकर भी सफल हो सकते हैं।" वे इन दिनों गैप इंक. के लिए वैश्विक स्तर पर सामाजिक और पर्यावरण संबंधी दायित्व निभा रही हैं।

लंबी दौड़ अब छोटी होती जा रही है। सिर्फ़ यही एक कारक नहीं है, जिसकी वज़ह से देना अब पेशेवर रूप से पहले से ज़्यादा उत्पादक हो गया है। हम एक ऐसे युग में जी रहे हैं, जब काम के ढांचे और इसे आकार देने वाली तकनीक में बड़े पैमाने पर बदलाव हो रहा है। इसने देने वाले लोगों के लाभ को और विस्तार दिया है। आज की दुनिया में आधी से ज़्यादा अमेरिकी और यूरोपीय कंपनियां कार्य को पूरा कराने के लिए नियमित रूप से तीनों का इस्तेमाल करती है। कारों और मकानों के निर्माण, ऑपरेशन करने, विमानों को उड़ाने, युद्ध लड़ने, संगीत यंत्रों को चलाने,

न्यूज़ रिपोर्ट्स तैयार करने, ऑडिट करने और परामर्श सेवाएं प्रदान करने के लिए हम टीमों पर निर्भर रहते हैं। टीमें सूचना साझा करने, स्वेच्छा से अलोकप्रिय कार्य करने और मदद उपलब्ध कराने के लिए देने की भावना रखने वालों पर निर्भर करती हैं।

लिंकन ने जब विरोधियों को अपने कैबिनेट में काम करने का न्योता दिया, तो उन्हें नज़दीक से यह देखने का अवसर मिला कि लिंकन अन्य लोगों और देश के लिए अपना योगदान देने में कितना तत्पर रहते हैं। लिंकन के राष्ट्रपति बनने से कई साल पहले उनके एक विरोधी एडविन स्टैंटन ने उन्हें एक ट्रायल में सहयोगी वकील के तौर पर लेने से मना कर दिया था। यही नहीं, लिंकन को "लंबे हाथ वाला बेडौल वानर" भी कहा गया, लेकिन लिंकन के साथ काम करने के बाद स्टैंटन ने उन्हें दुनिया का सबसे बढ़िया शासक बताया। जैसे-जैसे हम ज़्यादा लोगों को टीमों में संगठित करते हैं, वैसे-वैसे देने वालों के पास अपनी क़ीमत दिखाने का ज़्यादा मौक़ा रहता है। लिंकन ने ऐसा ही किया।

यदि आप किसी टीम में काम नहीं करते, तो भी संभावनाएं यही रहती हैं कि आपके पास सेवा संबंधी कोई काम होगा। हमारे दादा-परदादा वस्तुओं के उत्पादन जैसे स्वतंत्र काम से जुड़े थे। उन्हें हमेशा अन्य लोगों के साथ संपर्क स्थापित करने की ज़रूरत नहीं रहती थी। इसलिए देने वाला पूरी तरह से निष्फल रहता था, लेकिन अब लोगों का एक बड़ा प्रतिशत आपस में जुड़े हुए काम करता है, जो लोगों को सेवाएं प्रदान करते हैं। '80 के दशक में सेवा क्षेत्र की दुनिया के सकल घरेलू उत्पाद में क़रीब आधी हिस्सेदारी थी। 1995 तक आते-आते दुनिया के सकल घरेलू उत्पाद में सेवा क्षेत्र की हिस्सेदारी लगभग दो-तिहाई हो गई। आज 80 फ़ीसदी से ज़्यादा अमेरिकी सेवा क्षेत्र से जुड़े हैं।

जैसे-जैसे सेवा क्षेत्र का विस्तार हो रहा है, वैसे-वैसे ज़्यादा से ज़्यादा लोग उन प्रदाताओं की क़द्र कर रहे हैं, जिन्होंने देने वालों के रूप में संपर्क और प्रतिष्ठा स्थापित कर ली है। आपका पारस्परिक आदान-प्रदान का तरीक़ा चाहे मुख्य रूप से देने वाले का हो, लेने वाले का हो या संतुलन बैठाने वाले का हो, लेकिन मैं इतना कहना चाहूंगा कि आप अपने मुख्य सेवा प्रदाता के रूप में देने वाले को ही लेना चाहेंगे। आप आशा करेंगे कि आपका चिकित्सक, आपका वकील, आपका शिक्षक, आपका दंत रोग विशेषज्ञ, नल ठीक करने वाला और रियल एस्टेट एजेंट आपको मूल्य देने पर ध्यान केंद्रित करे, ना कि आपसे मूल्य का दावा करने पर। यही कारण था कि डेविड हॉर्निक की सफलता की दर 89 फ़ीसदी थी। उद्यमियों को पता था कि जब हॉर्निक निवेश का प्रस्ताव देते हैं, तो उद्यमियों का सर्वोच्च हित उनके दिल में रहता है। अन्य उद्यम पूंजीपति, जहां बिना मांगे सहायता पर विचार तक नहीं करते और उन लोगों और विचारों पर बहुत कम समय देते हैं, जिन्होंने पहले ही क्षमता को प्रदर्शित कर दिया होता है, वहीं हॉर्निक पूरी तरह से अज़नबी लोगों के ई-मेल

का भी व्यक्तिगत रूप से जवाब देते हैं। उनका कहना है, "चाहे मेरा कोई आर्थिक हित नहीं हो, तो भी मुझे जितना संभव हो सके, उतनी मदद करके ख़ुशी होगी।" हॉर्निक के मुताबिक़, "उद्यम पूंजीपति सेवा प्रदाता है। उद्यमी, पूंजीपतियों की सेवा के लिए नहीं हैं। हम उद्यमियों की सेवा के लिए हैं।"

सेवा क्षेत्र की अर्थव्यवस्था का उदय इस बात पर प्रकाश डालता है कि मेडिकल स्कूल में देने वाले विद्यार्थियों के सबसे घटिया और सबसे अच्छी ग्रेड क्यों थी। बेल्जियम के मेडिकल स्कूल में देने वालों की श्रेणी वाले विद्यार्थियों ने स्कूल के पहले वर्ष काफ़ी घटिया प्रदर्शन किया। स्कूल में देने वाले विद्यार्थी घाटे की स्थिति में थे। देने के आंकड़े और ग्रेड में पारस्परिक नकारात्मक संबंध धूम्रपान और उससे फेफड़ों का कैन्सर होने की संभावना से भी ज़्यादा शक्तिशाली था।

मेडिकल स्कूल के पहले वर्ष में ही देने वालों की श्रेणी के विद्यार्थियों ने ख़राब प्रदर्शन किया। दूसरे वर्ष के आते-आते उन्होंने इस अंतर को पाट दिया। अब वे अपने सहपाठियों से थोड़ा-सा बेहतर प्रदर्शन कर रहे थे। छठे वर्ष तक देने वाले विद्यार्थी अपने साथियों से कहीं ज़्यादा उच्च ग्रेड अर्जित कर रहे थे। देने वालों की छह वर्ष पहले मापी गई शैली से मेडिकल स्कूल ग्रेड का अनुमान लगाया जा सकता था, जो धूम्रपान का फेफड़ों के कैन्सर की दर (धूम्रपान छोड़ने पर निकोटिन इस्तेमाल करने का प्रभाव ठीक हो जाता है) पर प्रभाव से बेहतर अनुमान था। मेडिकल स्कूल के सातवें वर्ष में जब देने वाले विद्यार्थी डॉक्टर बने, तब वे सफलता की सीढ़ी पर और आगे निकल गए। मेडिकल स्कूल के अंतिम वर्ष में देने का प्रभाव विद्यार्थियों के प्रदर्शन पर धूम्रपान के उपरोक्त असर से भी ज़्यादा शक्तिशाली था। आक्रामक व्यवहार पर मदिरापान का जो असर होता है, यह उससे अधिक था।

देने की भावना रखने वाले विद्यार्थियों की घाटे की स्थिति इतनी मज़बूती में कैसे बदल गई?

देने वालों के संबंध में कुछ नहीं बदला, लेकिन उनका प्रोग्राम बदल गया। मेडिकल स्कूल में जैसे-जैसे वे आगे बढ़े, तो वे स्वतंत्र कक्षाओं से क्लीनिकल रोटेशन में जाने लगे, उन्होंने इंटर्नशिप की और वे रोगियों को संभालने लगे। वे जितना आगे बढ़े, उनकी सफलता टीम वर्क और सेवा पर निर्भर रहने लगी। लेने वाले उन स्वतंत्र भूमिकाओं में कभी-कभी जीत जाते हैं, जिनमें प्रदर्शन को सिर्फ़ व्यक्तिगत नतीज़े के रूप में देखा जाता है। इसके विपरीत देने वाले उन परस्पर निर्भर भूमिकाओं में पनपते हैं, जहां परस्पर सहयोग की ज़रूरत होती है। मेडिकल स्कूल में जैसे-जैसे कक्षा के काम का ढांचा बदला, वैसे-वैसे देने वालों को अपनी नैसर्गिक प्रवृत्ति का लाभ मिला। वे अन्य मेडिकल पेशेवरों से प्रभावी ढंग से सहयोग स्थापित कर सके और रोगियों के लिए चिंता व्यक्त कर सके।

सेवा भूमिकाओं में देने वालों की लाभ की यह स्थिति शायद ही चिकित्सा के पेशे तक सीमित हो। अपने परिवार को सहारा देने के लिए कैट कोल ने सिर्फ़ 15 साल की आयु में काम करना शुरू कर दिया था। हाई स्कूल के दौरान वे सेवा संबंधी दो नौकरियां एक साथ करती थीं। वे एक मॉल स्टोर में कपड़े बेचती थीं और एक रेस्टोरेंट में भोजन परोसती थीं। अपने कॉलेज जीवन में भी वे वेटर के तौर पर काम करती रहीं। वे हमेशा मदद करने के लिए आगे आतीं। जब रसोइयों की कमी पड़ जाती, तो वे काम देखतीं। जब प्रबंधक चला जाता, तो वे पूरी समय-सारणी को व्यवस्थित करतीं। वे अपने सहकर्मियों की मदद करने में इतनी व्यस्त रहने लगीं कि कॉलेज में अपनी कक्षाएं छोड़ने लगीं। आख़िरकार उन्होंने कॉलेज जाना ही बंद कर दिया।

देने की प्रवृत्ति यद्यपि अल्प अवधि में निष्फल रहती है, लेकिन लंबी अवधि में यह उत्पादक साबित होती है। 32 साल की उम्र में कोल सिनबॉन इंक. नामक ब्रांड की अध्यक्ष बन गईं। उनके नेतृत्व में सिर्फ़ तीन साल बाद 2013 में ब्रांड की क़ीमत एक अरब डॉलर तक पहुंच गई।

कोल का उदय 19 साल की आयु में शुरू हुआ, जब उन्हें ऑस्ट्रेलिया में कंपनी का पहला रेस्टोरेंट खोलने की ज़िम्मेदारी दी गई। उनसे ज़्यादा शिक्षित और अनुभवी उम्मीदवार थे, लेकिन कोल एकमात्र ऐसी उम्मीदवार थीं, जिन्होंने रेस्टोरेंट में लगभग हर काम किया था। कोल कहती हैं, "जब रसोइए ने छोड़ा, तो मैंने सीखा कि रसोई कैसे चलाई जाती है। जब प्रबंधक ने छोड़ा, तो मैंने सीखा कि शिफ़्ट कैसे संचालित की जाती है।"

उन्होंने जिस समय का दूसरों की समस्याओं को हल करने में निवेश किया, वही उनके ख़ुद के विकास के लिए निवेश बन गया। वहीं से उनका करियर तेज़ी से आगे बढ़ा। ऑस्ट्रेलिया के बाद उन्होंने कंपनी के लिए लैटिन अमेरिका, अफ़्रीका और एशिया में रेस्टोरेंट खोले और वे कॉर्पोरेट ट्रेनिंग की प्रमुख बन गईं। मज़बूत संबंध विकसित करने और प्रतिष्ठा अर्जित करने के अलावा कोल का अनुभव दर्शाता है कि देने वालों को सीखने का लाभ भी मिलता है। दूसरों की समस्याओं का हल करने से ख़ुद के ज्ञान और कौशल का विस्तार भी होता है।

जब कोल ऑस्ट्रेलिया में थीं, तब स्टीव जोन्स नाम के एक बैंक एक्ज़ीक्यूटिव यह जानना चाहते थे कि वे क्या कारक हैं, जो वित्तीय सलाहकारों को सफल बनाते हैं। उनकी टीम ने वित्तीय विशेषज्ञता और प्रयासों जैसे अहम कारकों का अध्ययन किया था, लेकिन जोन्स ने बताया, "एक सबसे प्रभावशाली कारक यह है कि क्या वित्तीय सलाहकार कंपनी और उसके ख़ुद के हितों से भी ऊपर ग्राहक के सर्वोच्च हितों को दिल में रखता है। यह मूल्य विकसित करना मेरी तीन प्रमुख प्राथमिकताओं

में से एक होता है। यह प्रदर्शित होना चाहिए कि ग्राहकों से ऐसा व्यवहार सभी के हित में है।"

देने की भावना रखने वाली शैली की मिसाल थे वित्तीय सलाहकार पीटर ऑडेट। चौड़े कंधे वाले यह ऑस्ट्रेलियाई कभी बॉन जॉवी जैसे दिखते थे। वे सिर और कान पर कम और पीछे ज़्यादा बाल रखते थे। उन्होंने अपना करियर एक बड़ी बीमा कंपनी में ग्राहक सेवा प्रतिनिधि के तौर पर शुरू किया था। वे फ़ोन पर जवाब दिया करते थे। नियुक्ति के एक साल बाद ही उन्होंने ग्राहकों की मदद करने के अपने जोश के दम पर सैकड़ों अन्य कर्मचारियों को मात देकर *पर्सनालिटी ऑफ़ द ईयर* का अवार्ड जीत लिया। वे पूरी कंपनी में सबसे कम उम्र के विभागीय सुपरवाइज़र बन गए। कई साल बाद जब पीटर आदान-प्रदान की प्रक्रिया के तहत 15 एक्ज़ीक्यूटिवों के एक समूह में शामिल हुए, तब एक एक्ज़ीक्यूटिव औसतन तीन सहयोगियों की मदद कर रहा था, लेकिन पीटर ने उन सभी 15 एक्ज़ीक्यूटिवों की मदद करने का प्रस्ताव रखा। पीटर देने वाले ऐसे व्यक्ति हैं, जो नौकरी के लिए आवेदन करने वाले उन उम्मीदवारों की मदद भी करते हैं, जिन्हें उन्होंने नियुक्ति नहीं दी होती है। वे ऐसे उम्मीदवारों के लिए अवसर तलाशने के वास्ते संपर्क साधने में घंटों ख़र्च करते हैं।

2011 में पीटर जब वित्तीय सलाहकार के तौर पर काम कर रहे थे, तब उनके पास एक ऑस्ट्रेलियाई ग्राहक का कॉल आया। वह ग्राहक 70 हज़ार डॉलर के अपने पेंशन फ़ंड की योजना में बदलाव चाहता था। इस ग्राहक से बात करने के लिए स्टाफ़ के एक सदस्य की ड्यूटी लगाई गई, लेकिन जब उसने देखा कि ग्राहक सिर्फ़ धातु का कबाड़ी है, तो उसने ग्राहक के पास जाने से मना कर दिया। उसने संतुलन बैठाने वालों की तरह सोचा। यह समय की बर्बादी है। यह निश्चित रूप से पीटर के समय देने के लायक़ भी नहीं है। उनकी विशेषज्ञता ज़्यादा फ़ंड वाले ग्राहकों में है, जिनके फ़ंड का मूल्य हज़ार गुना ज़्यादा है। उनके सबसे बड़े ग्राहक के फ़ंड की क़ीमत 10 करोड़ डॉलर से भी ज़्यादा थी। यदि आप डॉलर के हिसाब से पीटर के समय की गणना करें, तो उस धातु के कबाड़ी के फ़ंड की क़ीमत इतनी भी नहीं थी कि उसके घर तक वाहन चलाकर ले जाने में समय लगाया जाए। "वह इतना छोटा ग्राहक था कि कोई उससे मिलना नहीं चाहता था। वह हरेक के स्तर से नीचे था।" पीटर ने याद करते हुए कहा, "आप किसी की अनदेखी सिर्फ़ इसलिए नहीं कर सकते क्योंकि आप नहीं समझते हैं कि वह पर्याप्त महत्त्वपूर्ण है।"

पीटर ने इस धातु के कबाड़ी से मिलने के लिए समय तय किया, ताकि उसकी वित्तीय योजना में बदलाव को लेकर मदद कर सकें। जब वह उसके घर पहुंचे, तो उन्हें आश्चर्य हुआ। मुख्य द्वार मकड़ी के जालों से ढंका था और उसे महीनों से खोला नहीं गया था। वे पिछले दरवाज़े की तरफ़ गए, जहां 34 साल के एक व्यक्ति

ने दरवाज़ा खोला। ड्रॉइंग रूम कीड़ों से भरा था। यह साफ़ दिख रहा था कि पूरी छत उखड़ चुकी है। ग्राहक ने फ़ोल्डिंग कुर्सियों की तरफ़ हल्का-सा इशारा किया। पीटर ने ग्राहक की योजना में संभावित बदलाव पर काम करना शुरू कर दिया। यह ग्राहक ईमानदारी से कठोर परिश्रम करके कमाने वाला व्यक्ति लगता था। उसके प्रति सहानुभूति रखते हुए पीटर ने एक उदार प्रस्ताव रखा। पीटर ने कहा, "जब मैं यहां हूं, तो आप अपने बारे में कुछ बताते क्यों नहीं। मैं देखूंगा कि क्या मैं आपकी कोई अन्य मदद भी कर सकता हूं।"

ग्राहक ने जब कारों के प्रति अपने लगाव का ज़िक्र किया और वह उन्हें घर के पीछे बने गंदे से शेड में ले गया, तो पीटर ने ख़ुद को ग़रीबी के एक और अवसाद भरे प्रदर्शन के लिए तैयार कर लिया। उन्होंने कल्पना की कि उन्हें जंग लगे लोहे के ढेर देखने को मिलेंगे। पीटर ने जब शेड के भीतर प्रवेश किया, तो वे चकित रह गए। उनके सामने बेदाग़ हालत में पहली पीढ़ी की शैवी कमेरो कार खड़ी थी, जो 1966 में बनी थी। एक हज़ार हॉर्स पावर के इंजन वाली ऑस्ट्रेलिया की दो वैल्यन्ट विंटेज कारें भी वहां थीं, जो छोटी दूरी की रेस के लिए उपयुक्त थीं। इसके अलावा बेहतर की गई एक बग्घी टाइप की कार और *मैड मैक्स* फ़िल्म में प्रयुक्त फ़ोर्ड बग्घी टाइप कार भी वहाँ थी। ग्राहक धातु का कबाड़ी नहीं था, बल्कि उसका ख़ुद का कबाड़ का शानदार कमाई का व्यापार था। उसने यह मकान हाल ही ख़रीदा था और उसकी मरम्मत बाक़ी थी। यह मकान 11 एकड़ में फैला था। उसकी क़ीमत 14 लाख डॉलर थी। पीटर ने अगला एक साल ग्राहक के व्यापार को पुनः व्यवस्थित करने में बिताया, जिससे उसकी टैक्स की स्थिति में सुधार हुआ। यही नहीं, मकान की मरम्मत कराने में भी पीटर ने ग्राहक की मदद की। पीटर कहते हैं, "मैंने जो कुछ किया, इसकी शुरुआत करुणा के वशीभूत होकर कुछ करने से हुई थी। दूसरे दिन जब मैं ऑफ़िस गया, तो अपने सहयोगी पर हँसा, जो इस ग्राहक से मिलने तक को तैयार नहीं था।" इस ग्राहक के साथ पीटर के मज़बूत संबंध स्थापित हो गए। अगले साल इस ग्राहक की फ़ीस सौ गुना के हिसाब से बढ़ गई। पीटर को उम्मीद है कि वह इस ग्राहक के साथ कई दशकों तक काम कर सकते हैं।

अपने करियर के दौरान देने की भावना ने पीटर ऑडेट की पहुंच उन अवसरों तक करा दी, जिन्हें लेने और संतुलन बैठाने वाले अक्सर गंवा देते हैं, लेकिन पीटर को इसकी भारी क़ीमत भी चुकानी पड़ी है। जैसा कि आप अध्याय 7 में देखेंगे कि लेने की प्रवृत्ति वाले दो लोगों ने उनका शोषण किया और उन्हें व्यापार से बाहर धकेल दिया। इसके बावजूद पीटर सफलता की निचली सीढ़ी से शीर्ष पायदान तक पहुंचने सफल रहे और ऑस्ट्रेलिया के सफल वित्तीय सलाहकारों में से एक बन गए। उनका मानना है कि कुंजी इस बात में निहित थी कि देने के लाभों को काम में लाना सीखा और इसकी क़ीमत कम से कम रखी। जेनेसिस वेल्थ एडवाइज़र्स के प्रबंध निदेशक

होने के नाते उन्होंने अपनी फ़र्म को ना केवल दिवालिया होने से बचा लिया, बल्कि उसे अग्रणी भी बना दिया। वे अपनी सफलता का श्रेय देने की भावना को देते हैं। पीटर कहते हैं, "इसमें कोई संदेह नहीं है कि मैं व्यापार में इसलिए सफल हुआ हूं, क्योंकि मैं अन्य लोगों को देने की भावना रखता हूं। यह मेरी पसंद का हथियार है। जब व्यापार के लिए मेरा और दूसरे सलाहकार का सीधा मुक़ाबला होता है, तो लोग बताते हैं कि मैं इसीलिए जीतता हूं।"

यद्यपि तकनीकी और संगठनात्मक बदलावों ने देने को लाभ की प्रवृत्ति बना दिया है, फिर भी इसकी एक विशेषता है, जो शाश्वत है। जब हम जीवन में अपने मार्गदर्शी सिद्धांतों को प्रतिबिंबित करते हैं, तो सहज भाव से ही हम लोगों में से अधिकतर का झुकाव देने की तरफ़ होता है। जाने-माने मनोविज्ञानी शैलोम श्वार्ट्ज़ ने पिछले तीन दशक से भी ज़्यादा समय के दौरान उन मूल्यों और मार्गदर्शी सिद्धांतों का अध्ययन किया है, जिन्हें दुनियाभर में विभिन्न संस्कृतियों से जुड़े लोग महत्त्व देते हैं। उन्होंने अपने अध्ययनों में से एक में यथोचित नमूने के तौर पर ऑस्ट्रेलिया, चिली, फ़िनलैंड, फ़्रांस, जर्मनी, इज़राइल, मलेशिया, नीदरलैंड, दक्षिण अफ़्रीका, स्पेन, स्वीडन और अमेरिका में हज़ारों वयस्कों का सर्वेक्षण किया। उन्होंने अपने सर्वेक्षण का एक दर्जन भाषाओं में अनुवाद कराया और जवाब देने वालों से महत्ता के हिसाब से विभिन्न मूल्यों की रेटिंग करने को कहा। कुछ उदाहरण निम्नलिखित हैं :

सूची 1

- संपत्ति (धन और भौतिक क़ब्ज़ा)
- ताक़त (प्रभुत्व, अन्य लोगों पर नियंत्रण)
- आनंद (जीवन का लुत्फ़ उठाना)
- जीतना (अन्य लोगों से बेहतर करना)

सूची 2

- मदद करने की भावना (अन्य लोगों के कल्याण के लिए काम करना)
- ज़िम्मेदारी (भरोसेमंद होना)
- सामाजिक न्याय (सुविधाहीन लोगों की चिंता करना)
- करुणा (दूसरों की ज़रूरत के प्रति क्रियाशील रहना)

लेने वाले जहां पहली सूची के मूल्यों के पक्ष में होते हैं, वहीं देने वाले दूसरी सूची के मूल्यों को प्राथमिकता देते हैं। श्वार्ट्ज़ यह जानना चाहते थे कि कहां-कहां ज़्यादातर

लोग देने के मूल्यों का अनुमोदन करते हैं। पूर्वोक्त 12 देशों पर फिर नज़र डालें। कहां ज़्यादातर लोग लेने वालों की अपेक्षा देने वालों के मूल्यों का अनुमोदन करते हैं?

इन सभी 12 देशों में लोगों ने देने की भावना को अपना सबसे महत्त्वपूर्ण मूल्य बताया है। ये लोग ताक़त, उपलब्धि, उत्तेजना, स्वतंत्रता, परंपरा, अनुरूपता, सुरक्षा और आनंद से ज़्यादा चिंता देने की भावना की करते हैं। तथ्य तो यह है कि दुनिया के 70 से ज़्यादा देशों में यह बात सत्य बैठती थी। अर्जेंटीना से लेकर अर्मीनिया, बेल्जियम से लेकर ब्राजील और स्लोवाकिया से लेकर सिंगापुर तक ज़्यादातर देशों में ज़्यादातर लोगों ने देने की भावना को अपने जीवन का पहला मार्गदर्शी सिद्धांत बताया। अमेरिका सहित दुनिया की ज़्यादातर संस्कृतियों में ज़्यादातर लोगों ने देने को अपना एक सबसे महत्त्वपूर्ण मार्गदर्शी सिद्धांत बताया।

कुछ हद तक इस निष्कर्ष से कोई आश्चर्य नहीं होता है। अभिभावक होने के नाते हम अपने बच्चों की *द गिविंग ट्री* जैसी किताबें पढ़ते हैं और चीज़ों को बांटने तथा लोगों की चिंता करने पर ज़ोर देते हैं, लेकिन हमारी प्रवृत्ति होती है कि हम देने का वर्गीकरण कर देते हैं। कार्य क्षेत्र के लिए कुछ अलग मूल्य नियत कर देते हैं। अपने बच्चों के लिए तो हम शेल सिल्वरस्टीन को पसंद कर सकते हैं, लेकिन रॉबर्ट ग्रीन्स की *48 लॉज ऑफ़ पावर* की लोकप्रियता और सन ज़ू की *द आर्ट ऑफ़ वॉर* समेत बिज़नेस गुरुओं के प्रति सम्मोहन यह दर्शाता है कि पेशेवर जीवन में देने वालों के मूल्यों के लिए ज़्यादा जगह नहीं है।

इसका नतीज़ा यह होता है कि कार्यस्थल पर जो लोग देने वाले की तरह व्यवहार करते हैं, वे इसे स्वीकार करने से डरते हैं। 2011 की गर्मियों में मैं एक प्रतिष्ठित वित्तीय सेवा फ़र्म में शेरियन प्लेसी नामक महिला से मिला। वे वहां एक्ज़ीक्यूटिव थीं। प्लेसी स्पष्ट रूप से देने वाले लोगों की श्रेणी में थीं। वे अपने जूनियर सहकर्मियों को परामर्श देने में घंटों बितातीं। उन्होंने स्वेच्छा से महिला नेतृत्व पहल के एक अभियान की प्रमुख बनना स्वीकार किया था। यही नहीं, वे अपनी फ़र्म में चैरिटी के लिए फ़ंड जुटाने वाली एक बड़ी पहल की भी प्रमुख बन गईं। वे कहती हैं, "मेरा पहले से चयनित विकल्प लोगों को देना ही है। मैं बदले में कुछ भी प्राप्त नहीं करना चाहती। मैं बदलाव लाना चाहती हूं और प्रभाव लाना चाहती हूं। मैं उन लोगों पर मेरा ध्यान केंद्रित करती हूं, जो मेरी मदद से सबसे ज़्यादा लाभान्वित हो सकते हैं।"

अपनी व्यापारिक कुशाग्रता को बढ़ाने के लिए प्लेसी ने छह हफ़्तों के लिए अपनी नौकरी छोड़ दी और दुनियाभर की कंपनियों के साठ एक्ज़ीक्यूटिवों के साथ एक लीडरशिप प्रोग्राम में ख़ुद का नाम लिखवा दिया। अपने मज़बूत पहलुओं की पहचान के लिए उन्होंने अपना व्यापक मनोवैज्ञानिक आकलन कराया। उन्हें यह

जानकर अत्यधिक आश्चर्य हुआ कि उनकी सबसे बड़ी पेशेवर शक्तियां दया और करुणा थीं। प्लेसी को भय हुआ कि इस आकलन के परिणाम सख़्त और सफल नेता के तौर पर उसकी प्रतिष्ठा को नुक़सान पहुंचा सकते हैं, तो उन्होंने इसके बारे में किसी को नहीं बताने का फ़ैसला किया। प्लेसी ने गुप्त रूप से स्वीकार भी किया, "मैं किसी पागल की तरह नहीं दिखना चाहती थी। मुझे डर था कि लोग मुझे दूसरे ढंग से देखने लगेंगे, शायद कम गंभीर एक्ज़ीक्यूटिव के रूप में मुझे देखेंगे। मुझे सिखाया गया था कि मैं अपनी मानवीय भावनाओं को घर के दरवाज़े पर ही छोड़कर आऊं और जीत हासिल करूं। मैं चाहती थी कि कठोर परिश्रम और परिणामोन्मुखी होने को ही लोग मेरे मुख्य कौशल के तौर पर देखें, ना कि दया और करुणा को। व्यापार में आपको कभी-कभी अलग-अलग मुखौटे पहनने पड़ते हैं।"

कार्यस्थल पर कमज़ोर और सीधे-साधे व्यक्ति के तौर पर देखे जाने का भय भी बहुत लोगों को देने वाले के रूप में काम करने से रोकता है। बहुत से लोग, जो जीवन में देने की भावना रखते हैं, वे भी कार्यस्थल पर संतुलन बैठाने को अपनी मुख्य पारस्परिक आदान-प्रदान शैली बना लेते हैं। वे देने और लेने में संतुलन खोजने लगते हैं। एक अध्ययन के दौरान सर्वेक्षण में लोगों से पूछा गया कि कार्यस्थल पर संबंधों के मामले उनकी पहले से चयनित पारस्परिक आदान-प्रदान शैली क्या है, देने वाला, लेने वाला या संतुलन बैठाने वाला? इसमें सिर्फ़ 8 फ़ीसदी लोगों ने ही ख़ुद को देने वाली श्रेणी में बताया। शेष 92 फ़ीसदी लोग कार्यस्थल पर उससे ज़्यादा देने के इच्छुक नहीं थे, जितना उनको बदले में मिलने वाला होता था। एक अध्ययन में मैंने पाया कि कार्यालयों में देने वालों की तुलना में तीन गुना से ज़्यादा लोग संतुलन बैठाने वाले होते हैं।

जो लोग देने वाला और संतुलन बैठाने वाला बनने को प्राथमिकता देते हैं, वे यदि किसी कार्यस्थल की स्थिति को शून्य आंकड़े वाला मानते हैं, तो उन पर लेने वाला बनने की दिशा में जाने का दबाव होता है। चाहे कोई अनिवार्य रैंकिंग सिस्टम वाली कंपनी हो, एक ही ग्राहक समूह से व्यापार करने के लिए मुक़ाबला कर रहीं फ़र्मों का समूह हो, चाहे ग्रेडिंग वक्र वाला स्कूल हो, वांछित नौकरियों के लिए आपूर्ति से ज़्यादा मांग की स्थिति हो, तो यह स्वाभाविक ही है कि लोगों का झुकाव देने से ज़्यादा लेने की ओर होगा। स्टैनफ़ोर्ड के मनोविज्ञानी डेल मिलर स्पष्ट करते हुए कहते हैं, "जब वे अन्य लोगों की तरफ़ से स्वार्थी व्यवहार का अनुमान लगाते हैं, तो लोगों में डर बैठ जाता है कि यदि उन्होंने देने वालों की तरह काम किया, तो उनका शोषण किया जा सकता है। ऐसे में वे इस निष्कर्ष पर पहुंच जाते हैं कि प्रतिस्पर्द्धात्मक अनुकूलन के हिसाब से काम करना ही तर्कसंगत और उचित है।" ऐसे भी प्रमाण हैं कि सिर्फ़ बिज़नेस सूट पहनना और हॉर्वर्ड बिज़नेस स्कूल के एक केस का विश्लेषण करना ही इस बात के लिए पर्याप्त है कि लोगों का ध्यान अपने

संबंधों और अन्य लोगों के हितों के प्रति काफ़ी घट जाएगा। कॉर्नेल के अर्थशास्त्री रॉबर्ट फ्रैंक लिखते हैं, "लेने वालों के हाथों शोषण का भय इतना व्यापक है कि हमें प्रोत्साहित किया जाता है कि हम दूसरों में सबसे ख़राब बर्ताव की उम्मीद करें, इससे हमारा सबसे ख़राब बर्ताव निकलकर सामने आता है। मूर्खों की भूमिका के डर की वज़ह से हम अक्सर अपनी श्रेष्ठ सहज वृत्तियों की नहीं सुनते हैं।"

जब आप लेने वाले श्रेणी के लोगों के साथ व्यवहार कर रहे होते हैं, तो देना विशेष रूप से जोखिम भरा हो जाता है। हॉर्निक का मानना है कि दुनिया के ज़्यादातर सफलतम उद्यम पूंजीपति लेने वालों की तरह व्यवहार करते हैं। वे उद्यमियों के स्टार्ट-अप में अनुपातहीन रूप से ज़्यादा शेयर की मांग करते हैं और जब उनका निवेश सफल हो जाता है, तो अनुचित रूप से श्रेय का दावा करते हैं। हॉर्निक इन मानकों को बदलने के लिए कृत संकल्प हैं। जब एक वित्तीय प्लानर ने उनसे पूछा कि वे जीवन में क्या अर्जित करना चाहते हैं, तो हॉर्निक ने जवाब दिया, "अन्य बातों के अलावा मैं यह प्रदर्शित करना चाहता हूं कि यह ज़रूरी नहीं कि सफलता दूसरे की क़ीमत पर हासिल होती है।"

इसे साबित करने के लिए हॉर्निक ने उद्यम पूंजी व्यापार के दो सबसे पवित्र नियमों को तोड़ दिया। 2004 में हॉर्निक ब्लॉग शुरू करने वाले पहले उद्यम पूंजीपति बने। उद्यम पूंजी क्षेत्र ब्लैक बॉक्स की तरह जटिल था। उसके आंतरिक कामकाज को छिपाया गया था, तो हॉर्निक ने उद्यमियों को इसके भीतर आने का न्योता दिया। उन्होंने खुलकर अपनी जानकारी ऑनलाइन साझा करना शुरू कर दिया। हॉर्निक उद्यमियों की मदद करने लगे, ताकि वे उद्यम पूंजीपतियों की सोच की गहन समझ हासिल करके अपने व्यापारिक विचारों का प्रस्तुतिकरण बेहतर कर सकें। हॉर्निक के साझीदारों और उनकी कंपनी के वकील ने उन्हें ऐसे करने से हतोत्साहित किया। वे कहने लगे कि आख़िर हॉर्निक अपनी व्यापार की गुप्त बातों को क्यों बताना चाहते हैं? यदि अन्य निवेशकों ने उनका ब्लॉग पढ़ लिया, तो वे बदले में कुछ साझा किए बिना ही विचार चुरा सकते हैं। यह विचार ही पागलपन माना गया कि कोई उद्यम पूंजीपति यह बात करने लगे कि वह क्या कर रहा है। इसके विपरीत हॉर्निक ने आत्मविश्वास से कहा, "मैं वास्तव में उद्यमियों के बड़े समूह के साथ संवाद के माध्यम से जुड़कर उनकी मदद करना चाहता था।" उनके आलोचक सही साबित हुए। "बहुत सारे उद्यमियों ने ब्लॉग पढ़ लिया। जब मैंने कुछ ख़ास कंपनियों के बारे में चर्चा की, जिनको लेकर मैं उत्साहित था, वहां सौदा पटना ज़्यादा प्रतिस्पर्द्धी हो गया।" लेकिन यह एक क़ीमत थी, जो हॉर्निक देने के लिए राज़ी थे। वे कहते हैं, "मेरा पूरा ध्यान उद्यमियों के लिए मूल्य का सृजन करने पर था।" और उन्होंने वह ब्लॉग पूरे आठ साल तक चलाया।

हॉर्निक का दूसरा अपरंपरागत क़दम सम्मेलनों में नीरस वक्ताओं के प्रति उनकी निराशा से प्रेरित हुआ। उन्होंने कॉलेज के दिनों में एक स्पीकर्स ब्यूरो चलाने के लिए एक प्रोफ़ेसर के साथ टीम बनाई थी, ताकि वे रोचक वक्ताओं को कॉलेज परिसर में आने का न्योता दे सकें। उनके कॉलेज आने वाले वक्ताओं में डंजन्स ऐंड ड्रैगन्स गेम के अविष्कारक, यो यो के विश्व विजेता और वार्नर ब्रदर्स के लिए वाइली कोयोटी और रोड रनर जैसे कार्टून चरित्र रचने वाले एनिमेटर शामिल थे। इसकी तुलना में उद्यम पूंजी और तकनीकी सम्मेलनों के वक्ता कहीं नहीं ठहर रहे थे। "मैंने पाया कि मैंने वक्ताओं को सुनने जाना ही बंद कर दिया है। मैं लॉबी में बैठकर लोगों से बातचीत करके अपना समय व्यतीत करता। मैं उनसे बात करता कि वे क्या कर रहे हैं। इस तरह के आयोजनों की वास्तविक सार्थकता लोगों के बीच संवाद और संपर्क में थी, जो इनसे निर्मित होते थे। क्या हो, जब सम्मेलन सिर्फ़ संवाद करने और संपर्क स्थापित करने के लिए ही हों, उसकी कोई विषय वस्तु नहीं हो?"

हॉर्निक ने 2007 में अपने पहले वार्षिक सम्मेलन की योजना बनाई। उन्होंने इसे लॉबी नाम दिया। इसका लक्ष्य नए मीडिया पर विचार साझा करने के लिए उद्यमियों को साथ लाना था। हॉर्निक इस पर 400,000 डॉलर ख़र्च कर रहे थे। लोगों ने इस पर उनसे बात करने की कोशिश की। उन्होंने चेताया, "आप अपनी फ़र्म की प्रतिष्ठा को बर्बाद कर सकते हैं।" यह इस बात का संकेत था कि यदि सम्मेलन विफल रहा, तो हॉर्निक का ख़ुद का करियर तबाह हो जाएगा, लेकिन हॉर्निक आगे बढ़ते रहे और जब न्योते भेजने का समय आया, तो हॉर्निक ने वह किया, जिसकी कोई कल्पना तक नहीं कर सकता था। उन्होंने प्रतिद्वंद्वी फ़र्मों के उद्यम पूंजीपतियों को भी सम्मेलन में बुलाया।

अनेक सहयोगियों ने सोचा कि हॉर्निक का दिमाग़ सही स्थिति में नहीं है। उन्होंने पूछा, "दूसरे उद्यम पूंजीपतियों को आप सम्मेलन में क्यों आने देना चाहते हो?" यदि हॉर्निक लॉबी में किसी उद्यमी से मिलते और उसके पास कोई नया विचार होता, तो हॉर्निक के पास निवेश का अच्छा मौक़ा होता। आख़िर वे अपनी लाभ की स्थिति को क्यों गंवाना चाहते हैं और अपने प्रतिस्पर्द्धियों को अवसर उपलब्ध कराने में उनकी मदद करना चाहते हैं। हॉर्निक ने नकारात्मक सोच रखने वालों को फिर नज़रअंदाज़ कर दिया। उन्होंने कहा, "मैं एक ऐसा अनुभव देना चाहता हूं, जिसमें सभी को लाभ हो, सिर्फ़ मुझे नहीं।" लॉबी में भाग लेने वाले उनके एक प्रतिद्वंद्वी उद्यम पूंजीपति को यह विचार इतना पसंद आया कि उन्होंने लॉबी की तरह ही अपना एक सम्मेलन कर डाला, लेकिन उन्होंने हॉर्निक और किसी अन्य उद्यम पूंजीपति को न्योता नहीं दिया। उनके साझेदारों ने ऐसा नहीं करने दिया। इसके बावजूद हॉर्निक उद्यम पूंजीपतियों को लॉबी के लिए न्योता भेजते रहे।

डेविड हॉर्निक देने वाले की तरह व्यवहार करने की क़ीमत स्वीकार करते हैं। वे कहते हैं, "कुछ लोग सोचते हैं कि मैंने भ्रांतियां पाल रखी हैं। ऐसे लोगों का मानना है कि लेने वाला बनकर ही आप कुछ अर्जित कर सकते हैं।" यदि वे लेने वाले ज़्यादा होते, तो बिना मांगे गए विचारों को शायद कभी स्वीकार नहीं करते, अनेक ई-मेल का व्यक्तिगत रूप से कभी जवाब नहीं देते, अपने प्रतिस्पर्द्धियों के साथ ब्लॉग पर सूचना साझा नहीं करते और लॉबी सम्मेलन से लाभ उठाने के लिए अपने विरोधियों को न्योता कभी नहीं देते। वे अपने समय की बचत करते, अपने ज्ञान की रक्षा करते और ज़्यादा सावधानी से अपने संपर्कों का लाभ उठाते। यदि वे संतुलन बैठाने वाले होते, तो उस उद्यम पूंजीपति से बदले में कुछ मांगते, जिसने 'लॉबी' में भाग लिया था, लेकिन अपने ख़ुद के सम्मेलन में हॉर्निक को न्योता नहीं दिया था। इसके विपरीत हॉर्निक ने इस बात पर ज़्यादा ध्यान दिया कि अन्य लोगों की ज़रूरतें क्या हैं, बजाय इसके कि उन्हें बदले में क्या मिलेगा। अपने मूल्यों का पालन करके हॉर्निक उद्यम पूंजीवादी के तौर पर अत्यधिक सफल रहे। उनकी उदारता के लिए उनका बहुत सम्मान किया जाता है। हॉर्निक कहते हैं, "यह सभी के लिए लाभ की स्थिति है। मैं एक ऐसा वातावरण बनाता हूं, जहां अन्य लोगों को भी सौदे मिल सकें और वे संबंधों का निर्माण कर सकें और मैं ऐसी दुनिया में रहता हूं, जहां मैं जीना चाहता हूं।" उनके अनुभव से इस अवधारणा को बल मिलता है कि पेशेवर दृष्टि से देना सिर्फ़ जोख़िम भरा ही नहीं होता, बल्कि फ़ायदेमंद भी हो सकता है।

इस पुस्तक का केंद्र बिंदु इस बात को समझाना है कि देना कैसे ताक़तवर और जोख़िम भरा दोनों हो सकता है। पहले खंड में देने वालों की सफलता के सिद्धांतों का खुलासा किया गया है। इसमें खुलासा किया गया है कि देने वाले सफलता के शीर्ष पर क्यों और कैसे पहुंचे। मैं आपके समक्ष रखूंगा कि देने वाले सफल लोग चार महत्त्वपूर्ण क्षेत्रों में पारस्परिक क्रिया के कौन से अनूठे तरीक़े अपनाते हैं। ये क्षेत्र हैं, नेटवर्किंग, सहयोग, मूल्यांकन और प्रभाव डालना। नेटवर्किंग पर पैनी नज़र डालने से पता चलता है कि इसमें नए संपर्कों से संबंध विकसित करने और पुराने संपर्कों से संबंध मज़बूत करने के लिए नए रुख़ की ज़रूरत होती है। सहयोग की पड़ताल करने से पता चलता है कि सहयोगियों के साथ उत्पादक रूप से काम करने और उनका सम्मान अर्जित करने के लिए किन तत्वों की ज़रूरत होती है। हम लोगों का मूल्यांकन कैसे करते हैं, इसका विश्लेषण करने से हमें आम धारणा के विपरीत ऐसी तकनीकें प्राप्त होती हैं, जिनके माध्यम से हम अन्य लोगों से सर्वश्रेष्ठ परिणाम प्राप्त करने के लिए उनकी प्रतिभा की पहचान करके उसे विकसित कर सकते हैं। लोगों पर प्रभाव छोड़ने की प्रक्रिया का विश्लेषण करने से

इस बात का पता चलता है कि प्रस्तुत करने, बेचने, लोगों को राज़ी करने और उनसे बातचीत की कौन-कौन सी अनूठी रणनीतियां हैं। इन सभी के पीछे भावना यह है कि हम हमारे हितों और विचारों के समर्थन के लिए लोगों को कैसे विश्वास दिलाएं। इन चारों क्षेत्रों में आप देखेंगे कि देने वाले सफल लोग क्या अलग तरीक़े से करते हैं और लेने तथा संतुलन बैठाने वाले उनसे क्या सीख सकते हैं। इस प्रक्रिया में आप देखेंगे कि अमेरिका के सर्वश्रेष्ठ नेटवर्कर ने अपने संपर्कों को कैसे विकसित किया, टीवी के इतिहास के सबसे सफल कार्यक्रमों में से एक के पीछे काम करने वाले जीनियस ने कितने साल गुमनामी में पसीना बहाया, कैसे बास्केटबॉल के एक एक्ज़ीक्यूटिव ने हालात को बदला, जबकि वह आशा के अनुरूप प्रदर्शन नहीं करने के मामले में इतिहास के सबसे घटिया उदाहरणों में से एक बन गया था। क्या एक वकील जो बोलते वक़्त लड़खड़ाता है, ऐसे वकील को मात दे सकता है, जो आत्मविश्वास से बोलता है और सिर्फ़ फ़ेसबुक प्रोफ़ाइल देखकर आप कैसे किसी लेने वाले की पहचान कर सकते हैं।

किताब के दूसरे खंड में केंद्र बिंदु देने के लाभों से बदलकर इसकी क़ीमत और उसके प्रबंधन पर चला जाता है। मैं इस खंड में पड़ताल करूंगा कि देने वाले थककर चूर होने से ख़ुद को कैसे बचाते हैं। और वे कैसे बचते हैं कि कोई उनको धकियाकर आगे नहीं बढ़ पाए और अपमानजनक तरीक़े से उनका इस्तेमाल नहीं कर पाए। आप देखेंगे कि कैसे एक शिक्षिका ने लेने से ज़्यादा देने वालों की तरह काम करके ख़ुद के थककर चूर होने की संभावना को कम कर दिया और कैसे एक अरबपति ने देने वाले की तरह काम करके दौलत कमाई। यदि आप ज़्यादा खुश रहना चाहते हैं और ज़्यादा जीना चाहते हैं, तो स्वेच्छा से काम करने के आदर्श घंटे कितने हैं? आप देखेंगे कि कैसे देने वालों की तरह काम करने से एक परामर्शदाता की साझेदार बनने की प्रक्रिया धीमी पड़ गई, जबकि दूसरे की बढ़ गई। कौन देने वाला है और कौन लेने वाला, हम इसकी ग़लत पहचान क्यों करते हैं तथा मोल-भाव की मेज़ पर देने वाले ख़ुद की रक्षा कैसे करते हैं। आपको इस बात का भी ज्ञान होगा कि देने वाले सफलता की सीढ़ी पर निचले पायदान पर आने से कैसे बचते हैं और कैसे वे लोगों को लेने की प्रवृत्ति से थोड़ा-सा दूर हटा कर उन्हें देने की ओर मोड़कर सफलता के शीर्ष पर पहुंच जाते हैं। आप नब्बे मिनट की उस गतिविधि के बारे में भी जानेंगे, जो देने की भावना को उल्लेखनीय तरीक़े से उन्मुक्त कर देती है, आपको यह भी पता चलेगा कि लोग क्यों उन चीज़ों को मुफ़्त में दे देते हैं, जिन्हें वे क्रेगलिस्ट पर बेचकर आसानी से लाभ कमा सकते हैं। क्यों कुछ रेडियोलॉजिस्ट बेहतर हो जाते हैं, तो कुछ घटिया बन जाते हैं। सुपरमैन के बारे में सोचने से स्वेच्छा से कुछ करने की संभावना क्यों कम हो जाती है और डेनिस नाम वाले लोग असामान्य रूप से से दंत रोग विशेषज्ञ ही क्यों बनते हैं।

जब आप इस किताब को पढ़ना ख़त्म करेंगे, तब आप शायद सफलता के बारे में अपनी मूल पूर्वधारणा पर पुनर्विचार कर रहे होंगे। यदि आप ख़ुद के हितों की कुर्बानी देने वालों में से हैं, तो आपको सफलता के निचले पायदान से शीर्ष पर पहुंचने के लिए प्रचुर ज्ञान मिलेगा। यदि आप देने वालों के मूल्यों का अनुमोदन करते हैं, लेकिन कार्यस्थल पर संतुलन बैठाने वालों की तरह व्यवहार करते हैं, तो आपको अपनी सफलता पर समझौता किए बिना अपने मूल्यों की अभिव्यक्ति और दूसरों की मदद में सार्थकता के अवसरों की बहुलता से सुखद आश्चर्य हो सकता है। पहले सफल होने और बाद में कुछ देने का लक्ष्य निर्धारित करने की बजाय आप फ़ैसला कर सकते हैं कि पहले देना बाद में सफलता अर्जित करने का भरोसेमंद मार्ग है। यदि वर्तमान में आपका झुकाव लेने की तरफ़ है, तो आप देने वाला बनने की दिशा में जाने के प्रति आकर्षित हो सकते हैं। आप लगातार बढ़ रहे ऐसे लोगों की उस योग्यता में महारत हासिल करने की कोशिश करने लगेंगे, जो दूसरों के प्रति योगदान देकर ही सफलता अर्जित करते हैं।

लेकिन यदि आप ऐसा सिर्फ़ सफलता अर्जित करने के लिए करेंगे, तो संभवतः यह काम नहीं करेगा।

2

मोर और पांडा

कैसे लेने वाले, देने वाले और संतुलन बैठाने वाले नेटवर्क तैयार करते हैं

प्रत्येक व्यक्ति को यह तय करना चाहिए कि वह रचनात्मक निःस्वार्थ भावना के प्रकाश में चलेगा या स्वार्थ की विनाशकारी प्रवृत्ति के अंधेरे में रहेगा।

—मार्टिन लूथर किंग जूनियर, नागरिक अधिकार नेता और शांति के लिए नोबेल पुरस्कार के विजेता

कई दशक पहले एक व्यक्ति, जिन्होंने अपनी प्रारंभिक ज़िंदगी ग़रीबी में बिताई थी, आख़िरकार वे एक आदर्श अमेरिकी की तरह सपने साकार करने में सफल रहे। उनकी पृष्ठभूमि काफ़ी दीन-हीन थी। वे मिज़ूरी के खेती से जुड़े कस्बों में बढ़े हुए, जहां घरों में पाइपलाइन की फ़िटिंग भी नहीं थी। इस युवक ने अपना घर चलाने में मदद के लिए घंटों खेतों में काम करना और समाचार पत्र बांटना शुरू कर दिया। उन्होंने मिज़ूरी विश्वविद्यालय से संबद्ध कॉलेज में अध्ययन किया। वे फ़ाई बीटा कापा के स्नातक बने और अपनी मास्टर्स डिग्री पूरी की। इसके बाद उन्होंने अर्थशास्त्र में डॉक्टरेट की। सार्वजनिक सेवा में अपने जीवन को आगे बढ़ाते हुए वे नौसेना में शामिल हो गए और इसके बाद उन्होंने अमेरिकी सरकार में कई अहम पदों पर काम किया। उन्हें नौसेना का प्रशस्ति पदक और राष्ट्रीय रक्षा सेवा पदक भी प्रदान किए गए। इसके बाद उन्होंने ख़ुद की कंपनी स्थापित की, जिसके वे पंद्रह साल तक चेयरमैन और सीईओ रहे। जब उन्होंने यह पद छोड़ा, तब दुनियाभर के 40 देशों में उनके 20 हज़ार से भी ज़्यादा कर्मचारी थे और कंपनी की क़ीमत 110 अरब डॉलर थी। लगातार पांच वर्षों तक *फ़ॉर्च्यून* ने उनकी कंपनी को "अमेरिका की सर्वाधिक अभिनव कंपनी" के तौर पर चुना। उनकी कंपनी को अमेरिका में काम

करने के 25 सबसे अच्छे स्थानों में से एक के तौर पर भी चुना गया। जब उनसे उनकी सफलता के बारे में पूछा गया, तो उन्होंने सम्मान की महत्ता को स्वीकार किया। उन्होंने कहा, "आदर... स्वर्णिम सिद्धांत... पूर्ण ईमानदारी है... हर कोई जानता है कि व्यक्तिगत रूप से मेरी कड़ी आचार संहिता है, जिसका मैं पालन करता हूं।" उन्होंने एक पारिवारिक चैरिटी फ़ाउंडेशन की स्थापना की, जिनके माध्यम से 25 लाख डॉलर 250 से ज़्यादा संगठनों को दिए। यही नहीं, कंपनी के वार्षिक लाभ का एक फ़ीसदी हिस्सा भी उन्होंने चैरिटी के लिए दान किया। उनके परोपकार ने पूर्व अमेरिकी राष्ट्रपति जॉर्ज डब्ल्यू. बुश का ध्यान भी अपनी ओर खींच लिया। बुश ने "अच्छा व्यक्ति" और "उदार" कहकर उनकी प्रशंसा की।

इसके बाद उन्हें दोषी करार दे दिया गया।

उनका नाम कैनेथ ले था। उन्हें मुख्य रूप से एनरॉन घोटाले के प्रमुख खलनायक के तौर पर याद किया जाता है। एनरॉन कंपनी ऊर्जा, वस्तु और शेयर कारोबार से जुड़ी थी, जिसका मुख्यालय ह्यूस्टन में था। अक्टूबर 2001 की तीसरी तिमाही में एनरॉन ने 61.8 करोड़ डॉलर का घाटा दर्शाया, जिससे शेयर बाज़ार में उसे 1.2 अरब डॉलर का नुक़सान हुआ। अमेरिकी इतिहास में कमाई के हिसाब से बदलने वाला यह सबसे बड़ा आंकड़ा था। दिसंबर में कंपनी को दिवालिया घोषित कर दिया गया। 20 हज़ार कर्मचारियों को नौकरी गंवानी पड़ी। कंपनी के पतन से बहुत से लोगों की जीवनभर की बचत एक झटके में ख़त्म हो गई। जांचकर्ताओं ने पाया कि कंपनी ने फ़र्जी लाभ दर्शाकर लोगों को धोखा दिया और एक अरब डॉलर से ज़्यादा के क़र्ज़ को छिपाया। कंपनी ने कैलिफ़ोर्निया और टेक्सास के ऊर्जा बाज़ार में हेरा-फेरी की। विदेशी सरकारों को रिश्वत देकर अंतर्राष्ट्रीय ठेके हासिल किए। ले को षड्यंत्र और धोखाधड़ी के छह आरोपों में अपराधी करार दिया गया।

हम बहस कर सकते हैं कि ले को एनरॉन की अवैध गतिविधियों की वास्तव में कितनी जानकारी थी, लेकिन इस बात का खंडन करना मुश्किल है कि वे लेने वालों की श्रेणी में थे। कई प्रेक्षकों को हालांकि देने वाला लग सकते हैं, लेकिन वह फ़र्जी थे। छद्मवेश में लेने वाले थे। ले समझते थे कि वह एनरॉन के संसाधनों को व्यक्तिगत लाभ के लिए इस्तेमाल करने की पात्रता रखते हैं। जैसा कि बैथनी मैक्लीन और पीटर एल्किंड ने *स्मार्टेस्ट गाइज इन द रूम* में लिखा कि ले ने सामान्य से बहुत ज़्यादा क़र्ज़ ले लिया था। वे अपने स्टाफ़ को कहते थे कि सैंडविच चांदी की प्लेट और चीन की शानदार क्रॉकरी में परोसे जाएं। कंपनी की एक सेक्रेटरी ने एक बार व्यापारिक काम के लिए एक एक्ज़ीक्यूटिव के वास्ते विमान आरक्षित कराने की कोशिश की, तो उसे पता चला कि ले का परिवार अपनी निजी यात्राओं के लिए एनरॉन के तीन विमान इस्तेमाल कर रहा है। 1997 से 1998 के बीच एनरॉन से कमीशन के तौर पर 45 लाख डॉलर एक ट्रेवल एजेंसी को दे दिए गए। यह एजेंसी

ले की बहन की थी। ऐसे भी आरोप हैं कि कंपनी के दिवालिया होने से ठीक पहले उन्होंने सात करोड़ डॉलर के शेयर बेच दिए। इस तरह उन्होंने डूबते जहाज से भी ख़ज़ाना हथिया लिया। उनके इस व्यवहार का पूर्व आभास 1970 के दशक में ही हो गया था, जब वे एक्सान में काम करते थे। एक बॉस ने उनकी अत्यधिक सिफ़ारिश करते हुए संदर्भ लिखा और चेताया, "वे बहुत ज़्यादा महत्त्वाकांक्षी हो सकते हैं।" प्रेक्षकों का अब मानना है कि 1987 में ही ले ने एनरॉन ऑयल के मामले में दो व्यापारियों की गतिविधियों को स्वीकृति दी और उसे छिपाया। इन व्यापारियों ने फ़र्जी कंपनियां बनाकर 38 लाख डॉलर की हेराफेरी की, इससे एनरॉन को बड़ा व्यापारिक घाटा टालने में मदद मिली। जब घाटे का वास्तव में पता चला, तब एनरॉन ऑयल को 8.5 करोड़ डॉलर की मार झेलनी पड़ी। ले ने किसी भी तरह की जानकारी होने और ज़िम्मेदारी लेने से इनकार कर दिया। उन्होंने कहा, "यदि कोई कह सकता है कि मुझे पता था, तो उन्हें खड़ा होने दो," लेकिन मैक्लीन और एल्किंड के मुताबिक़, जब एक व्यापारी ने खड़ा होना शुरू किया, तो उनके दो साथियों ने उसे पकड़ कर रोक दिया।

आख़िर लेने वाला एक व्यक्ति इतना सफल कैसे हो गया? वे किसी को जानते थे। दरअसल, वे कइयों में से बहुत सारे लोगों को जानते थे। केन ले ने कंपनी के वित्तीय संसाधनों पर अपना दावा किया, इससे उन्हें बहुत लाभ हुआ, लेकिन अपनी कंपनी को आगे बढ़ाने में उनकी ज़्यादातर सफलता पुराने तरीक़े से ही आई। उन्होंने प्रभावशाली लोगों से संपर्कों का एक नेटवर्क तैयार कर लिया और अपने लाभ के लिए उनका इस्तेमाल किया। ले नेटवर्क बनाने में शुरू से माहिर थे। उन्होंने कॉलेज में अर्थशास्त्र के प्रोफ़ेसर पिंकनी वॉकर को प्रभावित कर दिया और वे उनके संपर्कों के कंधों पर सवार होकर बढ़ने लगे। वॉकर ने पेंटागन में एक अर्थशास्त्री के तौर पर काम पाने में ले की मदद की। इसके बाद निक्सन प्रशासन में वॉकर ने व्हाइट हाउस में चीफ़ असिस्टेंट का पद पाने में भी ले की मदद की।

अस्सी के दशक के मध्य में एक विलय के बाद कंपनी के ह्यूस्टन शिफ़्ट होने पर वे कंपनी के प्रमुख बन गए। जैसे-जैसे उनकी ताक़त बढ़ी, तो उन्होंने राजनीति के उन दलालों के साथ मेलजोल बढ़ाना शुरू कर दिया, जो एनरॉन के हितों को लाभ पहुंचा सकते थे। उन्होंने पिंकनी वॉकर के भाई चार्ल्स को एनरॉन के निदेशक मंडल में शामिल कर लिया और जॉर्ज एच. डब्ल्यू. बुश से संपर्क स्थापित कर लिए। बुश उस वक़्त राष्ट्रपति पद की दौड़ में थे। 1990 में उन्होंने बुश के लिए ह्यूस्टन में औद्योगिक राष्ट्रों के महत्त्वपूर्ण शिखर सम्मेलन की सह अध्यक्षता की। यह काफ़ी चकाचौंध कर देने वाला कार्यक्रम था। इससे उन्होंने अतिथियों का दिल जीत लिया। इनमें ब्रिटेन की तत्कालीन प्रधानमंत्री मारग्रेट थैचर, जर्मनी के तत्कालीन चांसलर हेल्मुट कोल और फ़्रांस के तत्कालीन राष्ट्रपति फ़्राँस्वा मितरां शामिल थे। जब बुश

अगले चुनाव में बिल क्लिंटन से हार गए, तो ले ने बिना समय गंवाए अपने एक मित्र से संपर्क साधना शुरू कर दिया। यह मित्र नवनिर्वाचित राष्ट्रपति का अहम सहायक था। यह मित्र नर्सरी में क्लिंटन का सहपाठी था। बहुत जल्दी ही ले नए राष्ट्रपति के साथ गोल्फ़ खेल रहे थे। इसके कई साल बाद जब जॉर्ज डब्ल्यू. बुश ने सत्ता हासिल की, तब उन्होंने ऊर्जा विनियमन में ढील के लिए अपने संपर्कों का इस्तेमाल करके लॉबिंग की। उन्होंने अपने समर्थकों को टेक्सास और व्हाइट हाउस में अहम सरकारी पदों पर नियुक्त करा दिया, ताकि एनरॉन के पक्ष में नीतियों को प्रभावित किया जा सके। अपने करियर के लगभग प्रत्येक चरण में ले अपनी कंपनी या ख़ुद की संभावनाओं में नाटकीय रूप से सुधार लाने में सफल रहे। इसके लिए उन्होंने अपने नेटवर्क के सुस्थापित संपर्कों का इस्तेमाल किया।

कई सदियों से हम नेटवर्क बनाने की महत्ता को स्वीकार करते रहे हैं। नॉर्थवेस्टर्न विश्वविद्यालय के प्रबंधन के प्रोफ़ेसर ब्रायन उज़्ज़ी के मुताबिक़ नेटवर्क के तीन बड़े फ़ायदे होते हैं - निजी सूचना, कौशल में विविधता और ताक़त। मज़बूत नेटवर्क तैयार करके लोग ज्ञान, विशेषज्ञता और प्रभाव तक अमूल्य पहुंच हासिल कर सकते हैं। व्यापक शोध से पता चलता है कि जिन लोगों का समृद्ध नेटवर्क होता है, वे कार्य निष्पादन के मामले में उच्च रेटिंग अर्जित करते हैं, तेज़ी से पदोन्नत होते हैं और ज़्यादा पैसा कमाते हैं। ये नेटवर्क चूंकि परस्पर क्रिया और संबंधों पर आधारित होते हैं, इसलिए सफलता पर पारस्परिक आदान-प्रदान की शैली के असर को समझने के सशक्त माध्यम हो सकते हैं। अपने नेटवर्कों में लोग दूसरे से कैसे संबद्ध होते हैं और वह नेटवर्किंग के उद्देश्य को कैसे देखते हैं?

एक तरफ़ तो नेटवर्किंग की पूरी अवधारणा ही नकारात्मक संकेत देती है। जब हम किसी नए ऐसे व्यक्ति से मिलते हैं, जो हमसे जुड़ने के प्रति उत्साह व्यक्त करता है, तो हम ख़ुद से बार-बार पूछते हैं कि क्या वह वास्तव में ऐसा संबंध विकसित करने में रुचि रखता है, जो परस्पर लाभ का हो या वह हमसे कुछ चाहता है। अपने जीवन में आपको किसी मौक़े पर मीठा बोलने वाले ऐसे धूर्त लोगों से निपटने का निराशापूर्ण अनुभव शायद हुआ होगा, जो आपके सामने तभी अच्छे होते हैं, जब उन्हें कोई कृपा चाहिए होती है, लेकिन बाद में वे आपके साथ विश्वासघात कर देते हैं या जो वे चाहते हैं, उसे हासिल करने के बाद आपकी अनदेखी शुरू कर देते हैं। नेटवर्किंग की यह ढोंगी शैली इस पूरे उद्यम को कपटपूर्ण बना देती है। स्वयं के हितों को पूरा करने वाली यह गतिविधि ऐसी होती है, जिसमें लोग सिर्फ़ ख़ुद के हितों को आगे बढ़ाने के लिए संपर्क स्थापित करते हैं। दूसरी तरफ़ देने वाले और संतुलन बैठाने वाले लोगों को नेटवर्किंग अन्य लोगों और विचारों से जुड़ने का आकर्षक माध्यम लगता है। हम अपने पेशेवर और व्यक्तिगत जीवन में कई लोगों से मिलते हैं। चूंकि हम सब के पास अलग-अलग ज्ञान और संसाधन होते हैं, इसलिए यह

सार्थक लगता है कि हम इन लोगों के साथ मदद, सलाह और परिचय आदान-प्रदान के लिए इनसे जुड़ें। इससे एक मूल सवाल उत्पन्न होता है कि क्या लोग ऐसे नेटवर्क तैयार कर सकते हैं, जिनमें गहराई तक अलग-अलग पारस्परिक आदान-प्रदान की शैलियां हों या एक शैली सतत रूप से एक समृद्ध नेटवर्क तैयार कर सकती है?

इस अध्याय में मैं यह पड़ताल करना चाहता हूं कि देने वाले, लेने वाले और संतुलन बैठाने वाले लोग कैसे मूल रूप से अलग-अलग नेटवर्क तैयार करते हैं और इन नेटवर्कों के भीतर उनकी पारस्परिक क्रियाओं की अलग-अलग विशेषताएं और परिणाम क्यों होते हैं। आप देखेंगे कि देने वाले और लेने वाले कैसे अलग-अलग तरीक़े से अपने नेटवर्क तैयार करते हैं और उनका प्रबंधन करते हैं। आप उन संकेतों के बारे में भी जानेंगे, जो ऐसे लोग अपनी राह में देते हैं। इनमें वे संकेत भी शामिल हैं, जिनके आधार पर हम एनरॉन के पतन से चार साल पहले कंपनी में लेने वाले लोगों की पहचान कर सकते थे। अंत में मैं यह तर्क देना चाहता हूं कि देने और लेने वालों के समान रूप से बड़े नेटवर्क हो सकते हैं, लेकिन देने वाले अपने नेटवर्कों के माध्यम से कहीं ज़्यादा स्थायी मूल्य उत्पन्न करने सफल रहते हैं। कई तरीक़ों में तो ऐसा प्रत्यक्ष रूप से दिखाई भी नहीं देता।

2011 में *फ़ॉर्च्यून* ने नेटवर्किंग करने वाले अमेरिका के सर्वश्रेष्ठ व्यक्ति की पहचान के लिए व्यापक शोध किया। इस शोध का मक़सद ऑनलाइन सोशल मीडिया नेटवर्क के माध्यमों से यह पता लगाना था कि अमेरिका के सबसे ताक़तवर लोगों के साथ किसके सबसे ज़्यादा संपर्क हैं। इसके लिए स्टाफ़ ने *फ़ॉर्च्यून 500* में शामिल कंपनियों के सीईओ, तकनीक के क्षेत्र में *फ़ॉर्च्यून* की सूची के 50 सबसे अधिक स्मार्ट लोगों, 50 सबसे ज़्यादा ताक़तवर महिलाओं और व्यापार के क्षेत्र में चालीस से कम उम्र के सबसे तेज़ी से उभरते सितारों की सूची संकलित की। सबसे ज़्यादा ताक़तवर इन 640 लोगों की सूची का बाद में लिंक्डइन के नौ करोड़ लोगों के संपूर्ण डेटाबेस से क्रॉस रिफ़रेंस किया गया।

विजेता नेटवर्कर *फ़ॉर्च्यून* के 640 सबसे ताक़तवर लोगों से लिंक्डइन पर दुनिया के किसी भी अन्य व्यक्ति की अपेक्षा सबसे ज़्यादा जुड़ा था। विजेता के लिंक्डइन पर 3,000 से ज़्यादा संपर्क थे। इनमें नेटस्केप के सह संस्थापक मार्क एंड्रीसेन, ट्विटर के सह संस्थापक ईवान विलियम्स, फ़्लिकर की सह संस्थापक कैटरीना फ़ेक, फ़ेसबुक के सह संस्थापक डस्टिन मॉस्कोविट्ज़, नैपस्टर के सह संस्थापक सीएन पारकर और हाफ़ डॉट कॉम के संस्थापक जॉश कोपलमैन जैसे लोग शामिल थे। इसके अलावा उनके संपर्कों में ग्रेटफुल डैड के पूर्व शेफ़ का नाम भी था। आप बाद में देखेंगे कि नेटवर्क के मामले में यह असाधारण व्यक्ति देने वालों की श्रेणी में था। लिंक्डइन के संस्थापक रीड हॉफ़मैन लिखते हैं, “यह भले ही आम सोच के विपरीत लगे, लेकिन सत्य यह है कि आप जितने अपने व्यवहार में परोपकारी होंगे, उतना ही लाभ आपको

संबंधों से मिलेगा। जब आप लोगों की मदद करके आगे बढ़ेंगे, तो आपकी ख़ुद की प्रतिष्ठा भी तेज़ी से बढ़ेगी और अवसरों के आपके क्षितिज का विस्तार हो जाएगा।" इसके एक हिस्से में मैं तर्क पेश करूंगा कि नेटवर्क कैसे बदल गए हैं और बदल रहे हैं। मेरी विवेचना के मूल में उन प्रयोजनों की पड़ताल करना है, जिनके आधार पर हम नेटवर्क से जुड़ते हैं और ये प्रयोजन इन नेटवर्कों की ताक़त और पहुंच को कैसे आकार देते हैं। कैसे इन नेटवर्कों में से ऊर्जा निकलती है।

देने वाले के वेश में लेने वाले को पहचानना

यदि आपने कभी किसी नए सहयोगी से मिलते वक़्त ज़्यादा रक्षात्मक रुख़ अपनाया होगा, तो आपने ऐसा इसलिए किया होगा, क्योंकि आपको उसके स्वार्थी उद्देश्यों की गंध आ गई होगी। जब हम किसी लेने वाले व्यक्ति को आता देखते हैं, तो हम अपने नेटवर्कों को बंद करके उससे अपनी रक्षा करते हैं। उसके प्रति अपनी मदद और विश्वास को भी हम रोक देते हैं। ऐसी स्थिति में किसी नेटवर्क में प्रवेश की संभावना ख़त्म नहीं हो, इसलिए लेने वाले लोग कपट का सहारा लेते हैं। वे उदार होने का अभिनय करते हैं, ताकि वे आपके नेटवर्क में प्रवेश कर सकें। इसके लिए वे देने वाला और संतुलन बैठाने वाला होने का ढोंग रचते हैं। दो दशकों तक ले के लिए इस फ़ॉर्मूले ने अच्छे ढंग से काम किया। उनकी कृपा और चैरिटी सहयोग की वज़ह से लोग उन्हें सकारात्मक रूप से देखते रहे। इससे नए संपर्कों और मदद के संसाधनों के दरवाज़े खुलते रहे।

अपनी सभी पारस्परिक क्रियाओं में अपना मुखौटा बरकरार रखना देने वालों के लिए कठिन हो सकता है। ले जब वॉशिंगटन में ताक़तवर लोगों से मिलते-जुलते थे, तब वे काफ़ी सौम्य रहते थे, लेकिन उनके बहुत से सहयोगियों और अधीनस्थ कर्मचारियों ने उनका असली चेहरा देख लिया था। याद करते हुए एनरॉन के पूर्व कर्मचारी ने कहा, "यदि आप चाहते थे कि ले बैठक में आएं, तो आपको किसी महत्त्वपूर्ण व्यक्ति को न्योता देना होता था।" हॉलैंड के एक मुहावरे से इन दो रूपों वाले चरित्र को सुंदर तरीक़े से समझा जा सकता है, "ऊपर से चुंबन करो, नीचे लात मारो।" लेने वालों में यह प्रवृत्ति होती है कि वे अपने अधीनस्थों पर बहुत ही ज़्यादा प्रभुत्व जमाते हैं और उन्हें नियंत्रण में रखते हैं, लेकिन अपने से वरिष्ठ अधिकारियों के प्रति वे बहुत ही दब्बू और आदरसूचक होते हैं। जब उनका संपर्क ताक़तवर लोगों के साथ होता है, तो वे बहुत ही विश्वसनीय ढोंग करने वाले बन जाते हैं। लेने वाले लोगों को यह अच्छा लगता है कि प्रभावशाली बड़े लोग उनकी तारीफ़ करें, इसलिए वे ज़रूरत से ज़्यादा चापलूसी करते हैं और अपना जादू चलाने की कोशिश करते हैं, जिसका नतीज़ा यह होता है कि ताक़तवर लोगों की नज़र में इन लेने वालों की शानदार छवि बन जाती है। जर्मनी के तीन मनोविज्ञानियों ने यह

पाया है कि लोग जब पहली बार किसी अज़नबी से मिलते हैं, तो वे सबसे ज़्यादा उन लोगों को पसंद करते हैं, "जिनमें अधिकार जमाने की भावना होती है, जो हेराफेरी करने की प्रवृत्ति रखते हैं और दूसरों का शोषण करते हैं।"

जब चुंबन लेने का काम हो, लेने वाले बहुत अच्छे ढोंगी बन जाते हैं। 1998 में जब *वॉल स्ट्रीट जर्नल* के विश्लेषकों ने एनरॉन का दौरा किया, तो इससे पहले ले ने सत्तर कर्मचारियों की नियुक्ति शेयर बाज़ार के व्यस्त व्यापारियों के तौर पर दिखावा करने के लिए कर दी। वे ऊर्जा क्षेत्र के उत्पादक शेयर कारोबार की छवि से विश्लेषकों पर प्रभाव डालना चाहते थे। ले ने ख़ुद विश्लेषकों के समक्ष इस खेल का नेतृत्व किया। उन्होंने कर्मचारियों से कह दिया था कि वे अपनी-अपनी फ़ोटो लाएं और इमारत की विभिन्न मंज़िलों पर प्रदर्शित कर दें, ताकि ऐसा लगे कि वे वहां काम करते हैं। इन कर्मचारियों ने झूठे फ़ोन कॉल्स किए, ताकि ऐसा छल किया जा सके कि वे ऊर्जा और गैस के शेयरों की ख़रीद-बिक्री करने वाले बहुत ही व्यस्त कारोबारी हैं। यह एक अन्य संकेत था कि ले लेने वालों की श्रेणी में थे। वे इस बात को लेकर बहुत आसक्त रहते थे कि ऊपर के लोगों पर उनका अच्छा प्रभाव पड़े, लेकिन उन्हें इस बात की परवाह नहीं थी कि उनके अधीन काम करने वाले लोग उनके बारे में क्या सोचते हैं। जैसा कि सैमुअल जॉनसन ने लिखा है, "किसी व्यक्ति का असली अंदाज़ा इस बात से लगता है कि वह उन लोगों से कैसा व्यवहार करता है, जो उसके लिए कुछ भी नहीं कर सकते।"

लेने वाले लोग भले ही चुंबन करके आगे बढ़ते हों, लेकिन जब वे लात मारने की हरकत करते हैं, तो अक्सर उनका पतन हो जाता है। ले ने जब *वॉल स्ट्रीट जर्नल* के विश्लेषकों को प्रभावित करने की कोशिश की, तो ऐसा उन्होंने अपने कर्मचारियों का शोषण करके किया। उन्होंने अपने कर्मचारियों से उनकी सत्यनिष्ठा से समझौता करके छल की ऐसी दीवार खड़ी करने को कहा, जिससे विश्लेषकों को धोखा दिया जा सके। शोध से पता चलता है कि जब लोगों के पास ताक़त आ जाती है, तो वे ख़ुद को बड़ा महसूस करने लगते हैं और उन्हें लगता है कि सब कुछ उनके नियंत्रण में है। वे कम बंधन महसूस करते हैं और अपनी स्वाभाविक प्रवृत्तियों को अभिव्यक्त करने में पहले से ज़्यादा मुक्त महसूस करते हैं। लेने वाले श्रेणी के लोग जब ताक़त अर्जित कर लेते हैं, तो वे इस बात की काफ़ी कम परवाह करते हैं कि अधीनस्थ और उनसे बड़े उन्हें कैसे देखते हैं। वे महसूस करने लगते हैं कि ख़ुद के स्वार्थों को पूरा करना उनका अधिकार है और जितनी क़ीमत वे वसूल कर सकते हैं, वे करते हैं। समय के साथ अपने सहयोगियों और अधीनस्थों से सही ढंग से व्यवहार नहीं करने की वज़ह से उनके संबंध और प्रतिष्ठा पर बुरा असर होता है। कुल मिलाकर ज़्यादातर लोग संतुलन बैठाने वाले होते हैं। उनके मुख्य मूल्य न्यायोचित व्यवहार, समानता और बराबर का परस्पर आदान-प्रदान होते हैं। जब लेने वाले लोग इन

सिद्धांतों का उल्लंघन करते हैं, तो नेटवर्क में संतुलन बैठाने वाले लोग बदले की भावना पर चलने लगते हैं, जिससे न्याय सुनिश्चित हो सके।

ज़्यादा व्याख्या करने के लिए कल्पना कीजिए कि आप प्रिंसटन के नोबेल पुरस्कार से सम्मानित मनोविज्ञानी डेनियल कानामन के नेतृत्व में हो रहे एक शोध में भाग ले रहे हैं। आप ऐसे गेम में भाग ले रहे हैं, जिसे *अल्टीमेटम* कहा जाता है। आप एक अज़नबी के साथ मेज़ के दूसरी तरफ़ बैठ जाते हैं। इस अज़नबी को 10 डॉलर दिए गए हैं। उसका दायित्व यह है कि वह ऐसा प्रस्ताव पेश करे कि आप दोनों के बीच रक़म कैसे बांटी जाएगी। आप चाहें, तो प्रस्ताव स्वीकार कर सकते हैं, चाहे प्रस्ताव जैसा भी हो और उसके अनुरूप धनराशि आपस में बांट सकते हैं। आप चाहें, तो प्रस्ताव अस्वीकार कर सकते हैं, आप दोनों में से किसी को कुछ नहीं मिलेगा। हो सकता है आप दोनों फिर कभी नहीं मिलें, इसीलिए वह लेने वाले की तरह व्यवहार करता है। खुद आठ डॉलर रख लेता है और आपको सिर्फ़ दो डॉलर का प्रस्ताव देता है। ऐसे में आप क्या करेंगे?

शुद्ध लाभ के हिसाब से यह तर्कसंगत होगा कि आप प्रस्ताव को स्वीकार कर लें। आख़िरकार कुछ नहीं मिलने से तो दो डॉलर ही अच्छे हैं, लेकिन यदि आप ज़्यादातर अन्य लोगों की तरह हैं, तो आप इसे स्वीकार नहीं करेंगे। अन्यायपूर्ण होने के लिए लेने वाले को दंड देने की इच्छा की वज़ह से आप इस रक़म का त्याग कर देंगे। आप उसे आठ डॉलर जीतने से रोकने के लिए वहां से बिना कुछ लिए ही चल देंगे। यह साक्ष्य दर्शाता है कि ज़्यादातर लोग इस स्थिति में प्रस्ताव को नामंजूर कर देंगे, जो रक़म बांटने वाले के पक्ष में 80 फ़ीसदी के हिसाब से असंतुलित हो।

अन्यायपूर्ण होने के लिए हम लेने वाले लोगों को दंड क्यों देते हैं? यह कोई द्वेष नहीं है। हमारा फ़ायदा उठाने की कोशिश करने के लिए लेने वाले लोगों से हम कोई प्रतिशोध नहीं ले रहे हैं। यह सब कुछ न्याय को लेकर है। यदि आप संतुलन बैठने वाले हैं, तो दूसरों के प्रति अन्यायपूर्ण व्यवहार करने के लिए आप भी लेने वालों को दंड देंगे। लेखिका ग्रेच रुबिन संतुलन बैठाने वालों को "कर्म पुलिस" बताती हैं। कानामन के नेतृत्व में हुए एक अन्य अध्ययन में लोगों के पास विकल्प था कि वे 12 डॉलर समान रूप से उस लेने वाले व्यक्ति के साथ बांट लें, जिसने पहले असंतुलित प्रस्ताव दिया था। उनके पास दूसरा विकल्प था कि वे 10 डॉलर उस संतुलन बैठाने वाले के साथ बांट लें, जिसने पहले न्यायपूर्ण प्रस्ताव दिया था। इसमें 80 फ़ीसदी लोगों ने संतुलन बैठाने वाले के साथ 10 डॉलर बराबर बांटने को प्राथमिकता दी। लेने वाले को छह डॉलर लेने से रोकने लिए उन्होंने छह की बजाय पांच डॉलर लेना स्वीकार किया।

नए शोध से खुलासा हुआ है कि नेटवर्कों में जब लोग लेने वालों से थक जाते हैं, तब वे उन्हें प्रतिष्ठा संबंधी सूचना साझा करके दंड देते हैं। सामाजिक विज्ञानी मैथ्यू फींबर्ग, जोए चेंग और रॉब विलर लिखते हैं, "अफवाह फैलाना दंड के व्यापक, प्रभावशाली और कम ख़र्चीले तरीक़े का प्रतिनिधित्व करता है।" जब प्रतिष्ठा संबंधी सूचना से संकेत मिलता है कि किसी में अन्य लोगों से लेने की प्रवृत्ति है, तो हम उस व्यक्ति में विश्वास व्यक्त करने से रुक सकते हैं और ख़ुद को शोषण से बचाने के उपाय कर सकते हैं। कुछ समय की अवधि में जब ऐसी प्रतिष्ठा फैलने लगती है, तो लेने वालों के वर्तमान रिश्ते टूटने लगते हैं और संभावित नए संपर्कों से सेतु ध्वस्त होने लगता है। जब ले की लेने की प्रवृत्ति का खुलासा हुआ, तो बुश परिवार सहित अनेक समर्थकों ने उनसे दूरी बना ली। मिशिगन विश्वविद्यालय के समाजशास्त्री और नेटवर्किंग के विशेषज्ञ वेन बेकर स्पष्ट करते हुए कहते हैं, "यदि हम सिर्फ़ कुछ पाने के मक़सद से नेटवर्क तैयार करते हैं, तो हमें कभी सफलता नहीं मिलेगी। हम नेटवर्कों के लाभ का लक्ष्य प्राप्त नहीं कर सकते। लाभ सार्थक गतिविधियों और संबंधों में निवेश से निकल कर आता है।"

इससे पहले कि हम संबंधों में निवेश की शुरुआत करें, हमें इस योग्य होने चाहिए कि हम दैनिक कामकाज में लेने वालों की पहचान कर सकें। हम लोगों में से अनेक के लिए नेटवर्किंग की चुनौती इस बात में निहित होती कि वे नए संपर्कों के प्रयोजनों और उनकी मंशा का अनुमान कैसे लगाएं, विशेषकर ऐसे हालात में जब हमने देखा है कि लेने वाले देने वालों की तरह ढोंग करने में माहिर होते हैं, जब उन्हें बदले में कुछ पाने की संभावना होती है। क्या अगला व्यक्ति, जिससे आप मिलते हैं, वह वास्तव में संपर्क बनाने के प्रति इच्छुक है या सिर्फ़ व्यक्तिगत लाभ की उम्मीद रखता है। क्या इस अंतर को बताने वाला कोई अच्छा तरीक़ा है? सौभाग्य की बात यह है कि शोध बताते हैं कि लेने वाले लोग संकेत दे ही देते हैं। बहुत निश्चित रूप से लेने वाले 'लेक्किंग' जैसा संकेत देते हैं।

जानवरों की दुनिया में 'लेक्किंग' शब्द का अभिप्राय ऐसे रिवाज से है, जिसमें नर सहवास के प्रति अपनी अनुकूलता का प्रदर्शन करता है। समागम के समय वे सभी एक स्थान पर जमा हो जाते हैं और अपनी-अपनी तय जगह ले लेते हैं। इसके बाद वे मादाओं को रिझाने के लिए अत्यधिक प्रदर्शन करते हैं। कुछ संगम नृत्य करने लगते हैं। कुछ मनोहारी गीत गाते हैं, तो कुछ उछल-कूद करने लगते हैं। 'लेक्किंग' का सबसे आकर्षक प्रदर्शन मोरों के मामले में देखने को मिलता है। समागम के हर मौसम में नर अपनी जगह ग्रहण कर लेते हैं और अपने पंख दिखाने लगते हैं। वे इठला कर चलने लगते हैं और अपने पंख फैलाने लगते हैं। अपनी पूंछ का शानदार प्रदर्शन करने के लिए तेज़ी से घूमते भी हैं।

सीईओ की दुनिया में लेने वाले जो नृत्य करते हैं, वह आश्चर्यजनक ढंग से ऐसा ही होता है।

एक ऐतिहासिक शोध में रणनीति के प्रोफ़ेसर अरिजीत चटर्जी और डोनाल्ड हैंब्रिक ने कंप्यूटर हार्डवेयर और सॉफ़्टवेयर कंपनियों के 100 से ज़्यादा सीईओ का अध्ययन किया। उन्होंने एक दशक से भी ज़्यादा समय तक प्रत्येक कंपनी की वार्षिक रिपोर्ट का विश्लेषण किया, जिनमें उन्होंने 'लेक्किंग' के संकेतों को खंगाला। अध्ययन से जो निष्कर्ष निकला, वह नेतृत्व के चेहरे को हमेशा के लिए बदल देगा।

यह पता चला 1997 के आस-पास ही हम केन ले से मिले बिना और आंकड़ों को देखे बिना ही एनरॉन के पतन का अनुमान लगा सकते थे। कंपनी की हक़ीक़त का पता चलने से चार साल पहले ली गई एक फ़ोटो में चेतावनी के संकेत दिखाई दे रहे थे। नीचे दो सीईओ के चित्रों को देखें, जो उनकी कंपनियों की वार्षिक रिपोर्टों से लिए गए हैं। उन दोनों ने अपना प्रारंभिक जीवन ग़रीबी में काटा। दोनों ने निक्सन प्रशासन में काम किया, ख़ुद की कंपनियां स्थापित कीं और धनाढ्य सीईओ बने। दोनों ने कमाई का बड़ा हिस्सा चैरिटी के लिए दान किया।

क्या उनके चेहरे और कपड़े देख कर आप बता सकते हैं कि इनमें से कौन लेने वालों की श्रेणी का है?

बाईं तरफ़ जो हस्ती है, उनका नाम है जॉन हंट्समैन सीनियर। वे देने वालों की श्रेणी में से हैं, जिनसे हम छठे अध्याय में मिलेंगे। यह चित्र उनकी कंपनी की 2006 की वार्षिक रिपोर्ट से लिया गया है। दाईं तरफ़ का चित्र केन ले का है। हज़ारों विशेषज्ञों ने एनरॉन के वित्तीय आंकड़ों का विश्लेषण किया है, लेकिन वे एक महत्त्वपूर्ण तथ्य की अनदेखी कर गए। एक चित्र वास्तव में हज़ार शब्दों के बराबर होता है। यदि हमने एनरॉन की रिपोर्टों को ज़्यादा सावधानी से देखा होता, तो हम लेने वालों की 'लेक्किंग' शैली के भेद खोलने वाले नृत्य की पहचान कर सकते थे।

लेकिन ये संकेत वहां नहीं मिले, जहां मैं इन्हें प्राप्त करने की आशा कर रहा था। ये संकेत सीईओ के चेहरों और कपड़ों में नहीं मिले। कंप्यूटर इंडस्ट्री में सीईओ

के अध्ययन के दौरान चटर्जी और हैंब्रिक ने ऐसे लोगों के बारे में अपने सहज बोध के आधार पर अनुमान लगाया, जो अपनी कंपनियों के सौरमंडल में ख़ुद को सूर्य के समान समझते थे। इस दौरान उन्हें शीर्ष पर लेने की मानसिकता रखने वालों के 'लेक्किंग' शैली के नृत्य के अनेक संकेत मिले। एक संकेत सीईओ के साथ लिए गए साक्षात्कार से मिला। चूंकि लेने वालों की प्रवृत्ति आत्मलीन होने की होती है, इसलिए इस बात की संभावना ज़्यादा रहती है कि वे एकवचन सर्वनामों जैसे मैं, मेरा और मैं स्वयं का प्रयोग ज़्यादा करेंगे। वे बहुवचन सर्वनामों जैसे हम, हम सब, हमारा और हम लोग का इस्तेमाल कम करते हैं। कंप्यूटर इंडस्ट्री में कंपनी के बारे में बातचीत करने के दौरान औसतन 21 फ़ीसदी सीईओ ने एकवचन सर्वनामों का इस्तेमाल किया। बहुत ज़्यादा लेने वालों की श्रेणी में 39 फ़ीसदी ने एकवचन सर्वनामों का इस्तेमाल किया। लेने वालों की श्रेणी के सीईओ ने जो दस शब्द बोले, उनमें से चार सिर्फ़ ख़ुद के बारे में थे और किसी के नहीं।

एक अन्य संकेत प्रतिफल था। लेने की श्रेणी वाले सीईओ अपनी-अपनी कंपनियों के वरिष्ठ एक्ज़ीक्यूटिवों से भी कहीं ज़्यादा पैसा कमाते थे। लेने वाले ख़ुद को अधिक ऊंचा मानते थे, लिहाज़ा वे इसे अपना अधिकार मानते थे कि उनके पक्ष में बहुत ज़्यादा वेतन विसंगतियां हों। कंप्यूटर इंडस्ट्री में एक विशिष्ट शैली का लेने वाला सीईओ कंपनी में किसी की भी तुलना में तीन गुना ज़्यादा वार्षिक वेतन और बोनस लेता था। वैसे कंप्यूटर इंडस्ट्री में सीईओ औसतन अपने से ठीक निचले की अपेक्षा डेढ़ गुना ज़्यादा ही कमाते थे। लेने वाले सीईओ के पास अपने से ठीक नीचे के अधिकारी से सात गुना ज़्यादा ग़ैर नक़द विकल्प जैसे शेयर आदि होते थे। इंडस्ट्री में यह औसत ढाई गुना ज़्यादा का था।

लेकिन सबसे ज़्यादा रोचक संकेत उन वार्षिक रिपोर्टों में था, जो कंपनियां हर साल शेयर धारकों के लिए जारी करती थीं। पृष्ठ के निचले हिस्से में केन ले और जॉन हंट्समैन सीनियर के चित्र हैं। मैंने पहले भी ये चित्र दिखाए थे, लेकिन अब वे एक संदर्भ में हैं।

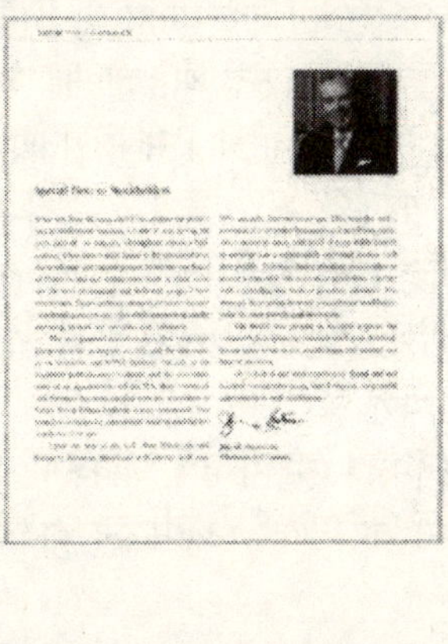

बाईं तरफ़ हंट्समैन का चित्र है, जो 2006 की वार्षिक रिपोर्ट पर छपा था। उनका चित्र छोटा था, जिसने पृष्ठ का 10 फ़ीसदी से भी कम हिस्सा लिया। दाईं तरफ़ एनरॉन की 1997 की वार्षिक रिपोर्ट में छपा केन ले का चित्र है, जिसने पूरे पृष्ठ को घेर लिया था। चटर्जी और हैंब्रिक ने जब कंप्यूटर कंपनियों की वार्षिक रिपोर्टों का अध्ययन किया, तो उन्होंने सीईओ के चित्रों की प्रमुखता में असाधारण अंतर पाया। कुछ वार्षिक रिपोर्टों में तो सीईओ का चित्र ही नहीं था। कुछ अन्य रिपोर्टों में अकेले सीईओ का ही पूरे पेज का चित्र था। ऐसे में अनुमान लगाइए कि लेने वाला कौन है?

लेने वाले सीईओ के मामले में सब कुछ 'मैं' को लेकर था। बड़े चित्र का मतलब आत्म महिमामंडन था। इसका मक़सद लोगों में साफ़ संदेश भेजना था कि मैं ही इस कंपनी में केंद्रीय हस्ती हूं, लेकिन क्या यह साफ़ तौर पर लेने का भी संकेत था? यह पता लगाने के लिए चटर्जी और हैंब्रिक ने सुरक्षा विश्लेषकों को न्योता दिया कि वे सीईओ की रेटिंग करें। इन विश्लेषकों की सूचना प्रौद्योगिकी क्षेत्र में विशेषज्ञता थी। इन विश्लेषकों ने इस आधार पर सीईओ की रेटिंग की कि क्या उनमें आत्महित की अत्यधिक भावना है, जो ख़ुद को ऊंचा समझने, अधिकार जमाने, लगातार लोगों के ध्यान में रहने और प्रशंसा की ज़रूरत अनुभव करने के रूप में प्रकट होती है। ...वे लोगों के आकर्षण का केंद्र रहने में आनंद महसूस करते हैं, वे चाहते हैं कि लोग उनका बहुत ज़्यादा सम्मान करें, दिखावा करना उन्हें पसंद होता है और वे अहंकारी होते हैं। विश्लेषकों ने जो रेटिंग की, वह सीईओ के चित्रों के आकार से लगभग पूरी तरह सह संबद्ध थी।

एनरॉन की 1997 की उस भविष्यदर्शी रिपोर्ट में केन ले केंद्र बिंदु थे। पहले नौ पृष्ठों में से दो पर ले और तत्कालीन सीओओ जेफ़ स्किलिंग के पूरे पृष्ठ के चित्र थे। 1998 और 1999 में भी यही पैटर्न चला और ले तथा स्किलिंग के पूरे पृष्ठ के चित्र आते रहे। 2000 में ले और स्किलिंग चौथे और पांचवें पृष्ठ पर पहुंच गए, हालांकि उनके चित्रों का आकार छोटा हो गया था। उन दोनों में से प्रत्येक के चार-चार अलग-अलग चित्र थे। यह एक फ़िल्म स्ट्रिप की तरह था, जो सिर्फ़ किसी कार्टून पात्र के लिए उपयुक्त था। ले के तीन चित्र लगभग एक समान थे, जिनसे किसी एक ऐसे एक्ज़ीक्यूटिव की कपटी और दंभी मुस्कान झलकती थी, जो यह जानता था कि वह ख़ास है। ले के जीवन में सुखद अंत नहीं लिखा था। सज़ा सुनाए जाने से पहले दिल का दौरा पड़ने से उनकी मौत हो गई।

लेने वाले लोगों को पहचानने के दो तरीक़े हमने अब तक देखे हैं। पहला, जब प्रतिष्ठा से जुड़ी सूचना तक हमारी पहुंच हो, तो हम देख सकते हैं कि नेटवर्कों में लोग अन्य लोगों से कैसा व्यवहार करते हैं। दूसरा तब, जब हमें लेने वाले लोगों की हरकतों और उनकी छाप को देखने का मौक़ा मिले। ऐसे में हम 'लेक्किंग' के संकेतों को देख सकते हैं। स्वयं का महिमामंडन करने वाले चित्र, आत्मलीन बातचीत और

वेतन-भत्तों में बहुत ज़्यादा अंतर बिलकुल सटीक और विश्वसनीय संकेत दे सकते हैं कि अमुक व्यक्ति लेने वाला है। दुनिया में 2001 के बाद आए नाटकीय बदलावों से इन संकेतों को पहचानना पहले की तुलना में कहीं ज़्यादा आसान हो गया है। नेटवर्क पहले की अपेक्षा ज़्यादा पारदर्शी हो गए हैं। इनसे हमें ऐसा माध्यम मिल गया है, जहां हम लोगों की प्रतिष्ठा और उनकी 'लेक्किंग' की गतिविधियों को देख सकते हैं।

पारदर्शी नेटवर्क

2002 में एनरॉन के पतन के कुछ महीने बाद जोनाथन अब्राम्स नाम के एक कंप्यूटर विज्ञानी ने फ्रैंडस्टर की स्थापना की, जो दुनिया का पहला ऑनलाइन सोशल नेटवर्क था। फ्रैंडस्टर से लोगों के लिए यह संभव हुआ कि वे अपनी प्रोफ़ाइल ऑनलाइन पोस्ट कर सकते थे और अपने संपर्कों का प्रसारण दुनिया भर में कर सकते थे। अगले दो वर्षों में उद्यमियों ने लिंक्डइन, मायस्पेस और फ़ेसबुक की शुरुआत की। अज़नबी अब एक-दूसरे की साख और संबंधों तक पहुंच रखने लगे। 2012 तक दुनिया की आबादी सात अरब तक पहुंच चुकी थी। उसी दौरान फ़ेसबुक के एक्टिव यूजर्स की संख्या भी एक अरब तक पहुंच गई थी। इसका मतलब दुनिया के 14 फ़ीसदी से ज़्यादा लोग फ़ेसबुक से जुड़ गए थे। मनोविज्ञानी बेंजामिन क्रोज़ियर, ग्रेगोरी वेबस्टर और हेली डिलोन लिखते हैं, "सोशल नेटवर्कों का अस्तित्व हमेशा से था। हाल ही इंटरनेट ने इसके इलेक्ट्रॉनिक विस्फोट का मार्ग प्रदान किया है... साधारण संवाद से लेकर अपना जीवनसाथी पाने और राजनीतिक क्रांतियों को भड़काने के लिए नेटवर्कों के रिश्ते एक वाहिका की तरह काम करते हैं, जिनके माध्यम से सूचना और संसाधनों को फैलाया जाता है।"

इन ऑनलाइन संपर्कों ने पुरानी दुनिया की एक महत्त्वपूर्ण विशेषता को प्रोत्साहित किया है। इससे पहले कि तकनीकी क्रांति फ़ोन, ई-मेल के माध्यम से संवाद करने और कार तथा विमान से यात्रा करने में हमारी मदद करती तुलनात्मक दृष्टि से लोगों के सामाजिक संपर्कों की संख्या ऐसे होती थी, जिनका प्रबंधन किया जा सकता था। ये संपर्क मज़बूत और पारदर्शी होते थे। आवरण वाले इन नेटवर्कों में लोग साख संबंधी सूचना आसानी से जुटा सकते थे और 'लेक्किंग' गतिविधियों को देख सकते थे, लेकिन जैसे-जैसे संचार और परिवहन आसान होता गया, जनसंख्या का आकार बढ़ता गया, परस्पर क्रियाएं ज़्यादा छितराई हुई और गुमनाम होती गईं, वैसे-वैसे साख और 'लेक्किंग' कम दृष्टिगोचर होने लगीं।

यही कारण रहा कि केन ले लेने की अपनी प्रवृत्ति को काफ़ी हद तक छिपाने में सफल रहे क्योंकि वे पद और संगठन बदलते रहे, ऐसे में उनके संपर्कों की एक-दूसरे तक पहुंच आसान नहीं रही। उनके नेटवर्क में शामिल होने वाले नए लोगों को उनकी साख के बारे में ज़्यादा जानकारी नहीं मिल पाई। एनरॉन के भीतर उनके

बिना तैयारी के किए गए क्रिया-कलापों के प्रमाणों को यूट्यूब पर नहीं डाला जा सका, ट्विटर पर प्रसारित नहीं किया जा सका, गूगल सर्च में आसानी से सूचीबद्ध नहीं किया जा सका या गुमनाम तरीक़े से इंटरनल ब्लॉग या कंपनी के इंट्रानेट पर डाला नहीं जा सका।

लेने की मानसिकता वाले लोगों के लिए अब ढोंग रचकर निकल जाना और लोगों की नज़रों में देने की भावना रखने वाला बने रहने के लिहाज से धूल झोंकना बहुत ज़्यादा मुश्किल है। सार्वजनिक डेटाबेस का इस्तेमाल करके हम अपने संपर्कों की प्रतिष्ठा संबंधी जानकारी जुटा सकते हैं। लेने वालों को पहचानने के लिए अब किसी कंपनी की वार्षिक रिपोर्ट की ज़रूरत नहीं है, क्योंकि लोगों की सोशल नेटवर्क प्रोफ़ाइल में 'लेक्किंग' अपने विभिन्न आकारों और स्वरूपों में भरी पड़ी है। शब्दों और चित्रों जैसे छोटे संकेत भी हमारे बारे में अथाह संकेतों का खुलासा कर सकते हैं। शोध से पता चलता है कि सामान्य लोग अन्य लोगों की सिर्फ़ फ़ेसबुक प्रोफ़ाइल देखकर ही लेने वालों की पहचान कर सकते हैं। एक अध्ययन में मनोविज्ञानियों ने लोगों से सर्वेक्षण में पूछा कि वे जांचें कि क्या वे लेने वाले हैं? मनोविज्ञानियों ने इसके बाद अज़नबियों को उन लोगों के फ़ेसबुक पेज पर विजिट के लिए भेजा। अज़नबी लोगों ने लेने वालों को आश्चर्य पैदा करने वाली सटीकता से पहचान लिया था।

लेने वालों ने ऐसी सूचना ज़्यादा पोस्ट कर रखी थी, जो ख़ुद को बढ़ाने वाली, आत्मलीन दिखाने वाली और ख़ुद को महत्त्वपूर्ण दर्शाने वाली थी। प्रोफ़ाइल पर प्रयुक्त कथनों को आत्मश्लाघा और अहंकार से भरा माना गया। लेने वालों के बहुत ज़्यादा मित्र थे, जिनसे उनके सतही संपर्क ज़्यादा दिखते थे। इसके माध्यम से वे ख़ुद का विज्ञापन कर सकते थे और संपर्क में रह कर लाभ हासिल कर सकते थे। वे ख़ुद ऐसे चित्र ज़्यादा लगाते थे, जिनसे घमंड झलकता था और चित्र प्रशंसापूर्ण होते थे।

ग्रुपऑन में दक्षिण चीन के पूर्व प्रमुख हॉवर्ड ली उन लोगों में से एक हैं, जिन्होंने लेने वाले लोगों को पहचानने के लिए सोशल मीडिया का इस्तेमाल किया है। जब ली सेल्स कर्मियों का चयन करते थे, तब अनेक मज़बूत उम्मीदवार बहुत ज़्यादा आक्रामक होते थे, इससे उनके लिए मिलनसार और स्वप्रेरित में से लेने वालों को पहचानना मुश्किल हो जाता था। ली एक उम्मीदवार से बहुत ज़्यादा प्रभावित हो गए। उसका व्यक्तिगत विवरण असाधारण था। उसने साक्षात्कार का प्रवीणता से सामना किया। उसके संदर्भ व्यक्ति भी शानदार थे। मुमकिन था कि उम्मीदवार ढोंग कर रहा हो। ली ने सोचा, "साक्षात्कार से पहले एक घंटे तक किसी से बात करना सिर्फ़ इसका संकेत देता है। बहुत बड़ी जटिलता की सिर्फ़ छोटी-सी झलक। संदर्भ व्यक्तियों के नाम भी ख़ुद ने ही चुन लिए थे।" लेने वाले ख़ुद का गुणगान करने के लिए बड़े लोग आसानी से खोज लेते हैं।

ऐसे में ली ने उस उम्मीदवार की लिंक्डइन प्रोफ़ाइल और फ़ेसबुक नेटवर्क को खंगाला। इससे उन्होंने एक परस्पर संपर्क खोज निकाला। उसने उम्मीदवार के बारे में परेशान करने वाली जानकारी साझा की। उसने बताया, "वह लेने वालों की श्रेणी में प्रतीत होता है और बहुत ज़्यादा प्रभावशाली है। यदि वह एक कंपनी में निर्दयी रहा हो, तो क्या मैं उसके साथ काम करना चाहूंगा?" ली का मानना है कि ऑनलाइन सोशल नेटवर्क ने ग्रुपऑन की भर्ती प्रक्रिया में क्रांति ला दी है। "आजकल किसी की साख के बारे में पता लगाने के लिए मुझे किसी कंपनी को फ़ोन नहीं करना पड़ता। हर कोई अविश्वसनीय रूप से जुड़ा हुआ है।" ली स्पष्ट करते हुए कहते हैं, "एक बार उम्मीदवार जब तकनीकी दौर से निकल जाते हैं, तो हम उनकी लिंक्डइन और फ़ेसबुक प्रोफ़ाइल को देखते हैं। कभी-कभी हमारे परस्पर मित्र होते हैं, हम एक ही स्कूल में पढ़े होते हैं या हमारी टीम में से किसी सदस्य का उनसे कोई संपर्क होता है। मित्र समूह के स्तर पर आप किसी की साख को तेज़ी और आसानी से समझ सकते हैं।" जब आपके संबंध और आपकी साख दुनिया के सामने होती है, तो लेने वाला बनकर सतत सफलता हासिल करना मुश्किल हो जाता है।

सिलिकॉन वैली में पांडा जैसे दिखने वाले एक शांतचित्त व्यक्ति पारदर्शी नेटवर्कों को नए स्तरों पर ले जा रहे हैं। उनका नाम है ऐडम फ़ॉरेस्ट रिफ़्किन। उन्हें प्रोग्रामिंग की दुनिया का विशालकाय पांडा कहा जाता है। वह स्वयं को संकोची और अंतर्मुखी मानते हैं, जो बुद्धिमान, किंतु एकनिष्ठ व्यक्ति हैं। उनकी दो पसंदीदा भाषाएं हैं। पहली, कंप्यूटर प्रोग्रामिंग की भाषा जावा स्क्रिप्ट और दूसरी, क्लिंगन जो *स्टार ट्रैक* में दूसरे ग्रह के लोगों द्वारा बोली जाने वाली भाषा है। रिफ़्किन को "अक्षरों को व्यवस्थित करने का जुनून" है। अपने नाम में आने वाले अक्षरों को फिर व्यवस्थित करने में उन्होंने अनगिनत घंटे बिताए हैं, ताकि ऐसा कोई शब्द हासिल कर सकें, जो उन्हें सबसे ज़्यादा आकर्षित करे। उन्होंने *ऑफ़र रेडियंट स्मिर्क* और *फ़ेमिनिस्ट राडार फ़ॉर्क* जैसे कैंडिडेट उत्पन्न किए। रिफ़्किन ने कंप्यूटर साइंस में दो मास्टर्स डिग्री हासिल की हैं। उनके नाम के पेटेंट भी है। उन्होंने नासा के लिए अनेक सुपर कंप्यूटर एप्लीकेशन और माइक्रोसॉफ़्ट के लिए इंटरनेट सिस्टम विकसित किए हैं। नई सहस्राब्दी के आगमन के साथ ही उन्होंने रोहित खरे के साथ सॉफ़्टवेयर स्टार्ट-अप 'नो नाउ' की स्थापना की। यह स्टार्ट-अप सूचना के ज़्यादा कुशल और लाभप्रद ढंग से प्रबंधन में अन्य कंपनियों की मदद करती थी। पांच करोड़ डॉलर की उद्यम पूंजी के साथ 'नो नाउ' ने एक दशक तक ख़ूब सफलता अर्जित की। 2009 तक पहुंचते-पहुंचते रिफ़्किन जब अपनी उम्र के तीसरे दशक में थे, तब उन्होंने सेवानिवृत्ति की घोषणा कर दी।

रिफ़्किन की प्रोफ़ाइल पर मेरी नज़र तब पड़ी, जब मैं डेविड हॉर्निक के लिंक्डइन संपर्कों को देख रहा था। उद्यम पूंजीपति हॉर्निक से आप पिछले अध्याय

में मिल चुके हैं। जब मैंने रिफ़्किन की प्रोफ़ाइल पर क्लिक किया, तो मुझे पता चला कि वे सेवानिवृत्ति के बाद पांडा व्हेल नामक स्टार्ट-अप शुरू करने जा रहे हैं। इसका लक्ष्य उस सूचना का सार्वजनिक और स्थायी रिकॉर्ड तैयार करना था, जिसका आदान-प्रदान लोग करते हैं। चूंकि रिफ़्किन ख़ुद नेटवर्कों में पारदर्शिता के पक्के हितैषी रहे हैं, तो मैं यह जानने को उत्सुक था कि उनका ख़ुद का नेटवर्क कैसा दिखता है। ऐसे में स्वाभाविक रूप से मैंने वही किया, जैसा कि जुड़ी हुई ऑनलाइन दुनिया में किया जाता है। मैंने गूगल में सिर्फ़ "ऐडम रिफ़्किन" टाइप किया। जैसे-जैसे मैं सर्च के नतीज़ों को देखने लगा, तो 16 वें लिंक पर आकर मेरी नज़र टिक गई। इसके मुताबिक़ ऐडम रिफ़्किन *फ़ॉर्च्यून* के सर्वश्रेष्ठ नेटवर्कर रह चुके हैं।

जैसे कर्म करोगे, वैसा ही फल मिलेगा

2011 में ऐडम रिफ़्किन के *फ़ॉर्च्यून* की 640 सबसे ताक़तवर लोगों की सूची में दुनिया के किसी भी व्यक्ति की अपेक्षा सबसे ज़्यादा लिंक्डइन संपर्क थे। उन्होंने डेल कंप्यूटर कंपनी के अरबपति संस्थापक माइकल डेल और लिंक्डइन के सीईओ जेफ़ वीनर जैसे दिग्गजों को पछाड़ दिया था। मैं आश्चर्यचकित था कि एक संकोची व्यक्ति, जो *स्टार ट्रैक* को पसंद करता है और अक्षरों को व्यवस्थित करने वाले गेम सॉफ़्टवेयर का दीवाना है, उसने एक ऐसा नेटवर्क तैयार कर लिया है, जिसमें फ़ेसबुक, नेटस्केप नैपस्टर, ट्विटर, फ़्लिकर और हाफ़ डॉट कॉम के संस्थापक शामिल थे।

ऐडम रिफ़्किन ने अपना नेटवर्क एक वास्तविक देने वाले के तौर पर काम करके तैयार किया। रिफ़्किन बताते हैं, "मेरा नेटवर्क धीरे-धीरे विकसित हुआ। दरअसल, कई वर्षों में हर थोड़े-थोड़े भाव व्यक्त करके और नेकी के काम करके इसका विकास हुआ। इच्छा थी कि मैं जिन लोगों से जुड़ा हूं, उनकी ज़िंदगी को बेहतर कर सकूं।" 1994 से रिफ़्किन ने विभिन्न ऑनलाइन समुदायों में एक नेता और उन पर नज़र रखने वाले एक व्यक्ति के तौर पर अपनी सेवाएं दीं। इस दौरान उन्होंने कर्मठता से लोगों के संपर्कों को मज़बूत करने और लोगों के बीच पनपने वाले ऑनलाइन संघर्षों को दूर करने का काम किया। जॉयस पार्क के साथ रेन्कू नामक स्टार्ट-अप के सह संस्थापक के तौर पर उन्होंने एप्लीकेशन तैयार किए, जिनका इस्तेमाल फ़ेसबुक और माय स्पेस पर 3.6 करोड़ लोगों ने 50 करोड़ से ज़्यादा बार किया। अपनी लोकप्रियता के बावजूद वे संतुष्ट नहीं थे। वे कहते हैं, "जब करोड़ों लोग आपके सॉफ़्टवेयर का इस्तेमाल कर रहे हैं, तो आपको वास्तव में कुछ सार्थक करना चाहिए। ऐसा कुछ जो दुनिया को बदल सके। सच कहूं, तो मैं चाहता हूं कि ज़्यादा लोग अन्य लोगों की मदद करें।" उन्होंने रेन्कू को बंद करने और पूर्णकालिक देने वाला बनने का फ़ैसला किया, ताकि स्टार्ट-अप कंपनियों का मार्गदर्शन किया जा सके और इंजीनियरों तथा उद्यमियों को बड़ी कंपनियों के

उद्योगपतियों से जोड़ा जा सके। अपने इस लक्ष्य की प्राप्ति के लिए रिफ़्किन और जॉयस पार्क ने 2005 में 106 माइल्स की स्थापना की। संवाद के माध्यम से उद्यमी इंजीनियरों को शिक्षित करने के सामाजिक मिशन के साथ यह एक पेशेवर नेटवर्क था। इस नेटवर्क के साथ पांच हज़ार से ज़्यादा उद्यमी जुड़ गए, जो एक माह में दो बार एक मंच पर आकर एक-दूसरे की सीखने में मदद करते थे, ताकि सफलता अर्जित की जा सके। रिफ़्किन गंभीरता के साथ कहते हैं, "मैं अन्य उद्यमियों को निःशुल्क परामर्श देने में शामिल हो गया। आमतौर पर ऐसे परामर्श का मूल्य उससे कम होता है, जितना वे भुगतान करते हैं, लेकिन लोगों की मदद करना मेरा पसंदीदा काम है।"

इस नज़रिए से दो बड़ी बातें हुईं। ना सिर्फ़ रिफ़्किन के लिए, बल्कि उन लोगों के लिए भी जिनकी उन्होंने मदद की। 2001 में रिफ़्किन प्रारंभिक ब्लॉग प्रकाशन सेवा ब्लॉगर के बहुत बड़े प्रशंसक थे। ब्लॉगर के पास पूंजी ख़त्म हो गई थी, तो रिफ़्किन ने ब्लॉगर के संस्थापक के समक्ष एक अनुबंध रखा कि वे उनके पहले स्टार्ट-अप नो नाउ के लिए कुछ काम करें। रिफ़्किन कहते हैं, "हमने उन्हें इसलिए रखा क्योंकि हम चाहते थे कि ब्लॉगर का अस्तित्व बचा रहे। हमने उन्हें कंपनी के लिए ऐसा कुछ तैयार करने का अनुबंध दिया, जिसे हम मॉडल के तौर पर काम में ले सकें और वह ब्लॉगर चला सकें।" अनुबंध से मिली रक़म से उन्हें ब्लॉगर को जारी रखने में मदद मिली और आगे चलकर वह ट्विटर नामक कंपनी के सह संस्थापक बने। कई अन्य लोग भी थे, जिन्होंने ईवान विलियम्स से अनुबंध किया, ताकि वह अपनी कंपनी जारी रख सकें। वे कहते हैं, "आपको नहीं पता होता कि कौन कहां ख़त्म हो जाएगा। मामला सिर्फ़ ख़ुद की साख बनाने का ही नहीं है, बल्कि वास्तव में अन्य लोगों के लिए खड़ा होना भी ज़रूरी है।"

फ़ॉर्च्यून के सर्वश्रेष्ठ नेटवर्कर की खोज के दौरान जब विजेता के रूप में रिफ़्किन का नाम उभरा, तो स्टोरी कर रही रिपोर्टर जेसिका शम्बोरा ख़ूब ज़ोर से हँसी। उन्होंने कहा, "कोई आश्चर्य नहीं है। मैं पहले उनसे मिल चुकी हूं। वर्चुअल वस्तुओं और नेटवर्कों पर जब मैं एक स्टोरी कर रही थी, तब किसी ने मुझे उनके नाम का सुझाव दिया था।" अब फ़ेसबुक में काम कर रही शम्बोरा कहती हैं, "रिफ़्किन एक संपूर्ण नेटवर्कर हैं। वे वहां तक किसी पर्वतारोही की तरह या कोई हिसाब लगाकर नहीं पहुंचे हैं। लोग ऐडम के पास इसलिए जाते हैं क्योंकि उन्हें मालूम होता है कि ऐडम का दिल सही है।" जब उन्होंने सिलिकॉन वैली की तरफ़ रुख़ किया, तो रिफ़्किन ने महसूस किया कि देने की भावना ही उनके खोल से निकलने का स्वाभाविक रास्ता है। वे कहते हैं, "बहुत ही संकोची और सुरक्षित कंप्यूटर एक्सपर्ट होने के नाते नेटवर्क की अवधारणा मेरा सबसे प्रिय काम था। जब आपके पास कुछ नहीं होता, तो आप सबसे पहले क्या करने की कोशिश करते हैं?

आप कोई संपर्क बनाने की कोशिश करते हैं और कोई संबंध बनाना चाहते हैं, जो आपको किसी अन्य के लिए कुछ करने का अवसर प्रदान करे।"

रिफ़्किन के लिंक्डइन पेज पर उनका आदर्श वाक्य है, "मैं दुनिया को बेहतर बनाना चाहता हूं और यह करते हुए मैं अच्छा महसूस करना चाहता हूं।" सितंबर, 2012 में लिंक्डइन पर 49 लोगों ने रिफ़्किन के नाम की सिफ़ारिश की। इन लोगों ने देने के उनके गुण का उल्लेख सबसे ज़्यादा किया। संतुलन बैठाने वाला कोई व्यक्ति होता, तो वह बदले में इन्हीं 49 लोगों की सिफ़ारिश कर देता। शायद वह कुछ अहम संपर्कों के लिए भी बिना मांगे ही सिफ़ारिश इस उम्मीद में कर देता कि वे बदले में ऐसा करेंगे। इसके विपरीत रिफ़्किन ने जो पाया, उसका पांच गुना लौटा दिया। उन्होंने 265 विभिन्न लोगों के लिए सिफ़ारिशें लिखीं। उद्यमी रेमंड रॉफ़ कहते हैं, "ऐडम कितनी मदद करते हैं, उसे सामान्य रूप से मापा ही नहीं जा सकता। जितना उन्हें मिलता है, वे उससे कहीं ज़्यादा लौटा देते हैं। मददगार होना उनके मंत्र का हिस्सा है।"

रिफ़्किन की नेटवर्किंग शैली इस बात की मिसाल है कि देने वालों का रुख़ नेटवर्कों के प्रति कैसा होता है। यह ठीक उसके विपरीत होता है, जिस ढंग से लेने और संतुलन बैठाने वाले अपने नेटवर्क तैयार करते हैं और अपने संपर्कों से क़ीमत वसूलते हैं। यह तथ्य मुख्य बिंदु है कि रिफ़्किन लेने से कहीं ज़्यादा देते हैं। लेने वाले और संतुलन बैठाने वाले भी नेटवर्कों के संदर्भ देते ही हैं, लेकिन उनकी प्रवृत्ति रणनीति के तहत देने की होती है। वे देते इस तरह से हैं कि उनका व्यक्तिगत लाभ उनके सहयोग से ज़्यादा या बराबर हो। जब लेने वाले और संतुलन बैठाने वाले नेटवर्क तैयार करते हैं, तो उनका ध्यान इस बात पर केंद्रित रहता है कि कौन उनकी निकट भविष्य में मदद कर सकता है। यह निर्धारित करता है कि क्या, कहां और कैसे वे देंगे। उनके क्रिया-कलाप दुनिया के सभी समाजों में व्याप्त उस परिपाटी का दोहन करते हैं, जिसमें लोग पारस्परिक आदान-प्रदान की चिर-परिचित शैली का पालन करते हैं। "आप मुझ पर कोई कृपा करोगे, तो मैं बदले में आप पर कृपा करूंगा। यदि आप मेरी मदद करेंगे, तो मैं आपके प्रति ऋणी रहूंगा। मैं इसे चुकाने लिए बाध्य हूं।" मनोविज्ञानी रॉबर्ट चाइल्डिनी के मुताबिक़, लोग पारस्परिक आदान-प्रदान की इस परिपाटी का लाभ उठा सकते हैं। वे लोगों को वह दे सकते हैं, जो वे बदले में पाना चाहते हैं। जिन लोगों ने पहले मदद की है, लेने वाले और संतुलन बैठाने वाले प्रतिक्रिया के तौर पर उन लोगों पर कृपा करने की बजाय उन लोगों को अति सक्रिय कृपा का प्रस्ताव देते हैं, जिनकी मदद उन्हें भविष्य में चाहिए होती है। जैसा कि नेटवर्किंग गुरु कीथ फ़र्राज़ी *नेवर ईट अलोन* में कहते हैं, "लेने से पहले देना बेहतर है।"

केन ले इस सिद्धांत के साथ जीते थे। उनमें बिना किसी आग्रह के ही कुछ देने की चालाकी भरी थी, ताकि महत्त्वपूर्ण व्यक्ति वैसी ही प्रतिक्रिया देने के लिए बाध्य महसूस करे। चुंबन लेने के वक़्त वे शक्तिशाली लोगों के लिए ज़रूरत से ज़्यादा आभार व्यक्त करते। ऐसे लोगों को वे बाद में कॉल करते थे। 1994 में जॉर्ज डब्ल्यू. बुश टेक्सास के गवर्नर पद की दौड़ में थे। बुश कम क्षमता के उम्मीदवार थे, इसके बावजूद ले ने 12,500 डॉलर का दान दिया। ऐसा ही उनकी पत्नी ने भी किया। जब बुश गवर्नर चुन लिए गए, तब ले ने उनकी साक्षरता संबंधी एक पहल का समर्थन किया और बदले में लॉबिंग करने के लिए एक दर्जन पत्र उन्हें लिखे। नागरिक मामलों पर नज़र रखने वाले एक नेता के मुताबिक़, "ले बदले में कुछ पाने पर पूरा नियंत्रण रखते थे। उन्होंने बुश की मदद की, ताकि बुश जन उपयोगी सेवाओं के विनियमन में ढील का समर्थन करें।" बुश को लिखे एक पत्र में उन्होंने सांकेतिक रूप से इस इच्छा का संकेत दिया कि यदि बुश उनके लक्ष्यों को आगे बढ़ाने में मदद करते हैं, तो पारस्परिक आदान-प्रदान का दौर जारी रहेगा। उन्होंने लिखा, "मुझे अवगत कराएं कि विद्युत पुनर्गठन बिल पारित होने में मदद करने के लिए एनरॉन कंपनी क्या कर सकती है। ना सिर्फ़ यह बिल, बल्कि आपका अन्य विधायी एजेंडा पूरा करने में भी।"

पारस्परिक आदान-प्रदान एक सशक्त क़ायदा है, लेकिन इसके दो नकारात्मक पहलू हैं। इनकी वज़ह से हम लोगों में से कई नेटवर्किंग में सावधानीपूर्वक क़दम बढ़ाते हैं। पहला नकारात्मक पहलू यह है कि जो लोग कुछ अप्रिय स्थिति में होते हैं, वे अक्सर महसूस करते हैं कि उनके साथ चालाकी की जा रही है। पूर्व ओलिंपिक स्पीड स्केटर डैन विंस्टीन वर्तमान में रिसोर्स सिस्टम्स ग्रुप के मार्केटिंग सलाहकार के रूप में काम कर रहे हैं। वे कहते हैं, "कुछ बड़ी प्रबंधन सलाहकार फ़र्मों के पास बड़े खेल आयोजनों के दौरान बॉक्स की सीटें होती हैं। जब ये कंपनियां अपने ग्राहकों को रेड सॉक्स टिकट देती हैं, तो ग्राहकों को पता होता है कि वे ऐसा क्यों कर रही हैं। कुछ अंश में ही सही ये कंपनियां बदले में कुछ पाने की उम्मीद रखती हैं।" जब उपकार शर्तों के साथ और अंतर्निहित शर्तों के साथ होता है, तो यह पारस्परिक क्रिया ख़राब प्रभाव छोड़ सकती है। यह किसी सार्थक संबंध की बजाय सौदा ज़्यादा लगता है। क्या आप वास्तव में मेरी मदद करना चाहते हैं या ऐसा कुछ करने की कोशिश कर रहे हैं कि आप बदले में कुछ मांग सकें?

स्पष्ट रूप से केन ले ने जॉर्ज डब्ल्यू. बुश पर ऐसा ही कुछ असर छोड़ा। जब बुश गवर्नर पद की दौड़ में थे, तब उन्होंने ले से उनके एक वित्तीय अभियान की अध्यक्षता करने को कहा। उस समय ले ने सोचा कि बुश की जीतने की कोई संभावना नहीं है, इसलिए उन्होंने इनकार कर दिया। उन्होंने तर्क दिया कि वे डेमोक्रेटिक पदाधिकारी एन रिचड्र्स की बिज़नेस काउंसिल से जुड़े हैं। सांत्वना

पुरस्कार के तौर पर उन्होंने 12,500 डॉलर का चंदा दे दिया। इसके बाद प्रचार अभियान के अंत में जब ऐसा लगने लगा कि बुश के जीतने की अच्छी संभावनाएं हैं, तो ले ने 12,500 डॉलर का चंदा और दे दिया। यद्यपि ले ने बुश को रिचड्र्स की तुलना में ज़्यादा चंदा दिया, लेकिन उनकी इस रणनीति ने संबंधों में एक नहीं मिटने वाली दरार डाल दी। एक पत्रकार ने लिखा कि इस फ़ैसले ने "ले को जॉर्ज डब्ल्यू. बुश के भीतरी नज़दीकी लोगों की परिधि से हमेशा के लिए बाहर कर दिया।" अंदर तक पहुंच रखने वाले एक दर्जन से ज़्यादा लोगों ने कहा कि "ले ने एक दूरी पैदा कर दी, जो वास्तव में कभी भरी नहीं जा सकी।" बुश ने कभी उन्हें अपने पिता की तरह व्हाइट हाउस में रुकने के लिए नहीं बुलाया। जब एनरॉन घोटाले का खुलासा हुआ, तब ले ने अनेक राजनेताओं से मदद के लिए संपर्क साधा, लेकिन बुश उनमें शामिल नहीं थे। दोनों के संबंध मज़बूत नहीं थे।

परस्पर आदान-प्रदान का दूसरा नकारात्मक पहलू भी है। यह ऐसा पहलू है जिसके प्रति संतुलन बैठाने वाले ज़्यादा कमज़ोर होते हैं। देने वालों और लेने वालों की अपेक्षा संतुलन बैठाने वाले छोटा नेटवर्क तैयार करते हैं। देने वाले सक्रिय रूप से बड़ी संख्या में लोगों की मदद करने की कोशिश करते हैं। लेने वाले इसलिए बड़ा नेटवर्क तैयार करते हैं, क्योंकि वे पिछले सौदों में टूट गए रिश्तों के सेतुओं की क्षतिपूर्ति करना चाहते हैं। लिंक्डइन के संस्थापक रीड हॉफ़मैन लिखते हैं कि संतुलन बैठाने वाले कई लोग इस सिद्धांत पर काम करते हैं, "मैं आपके लिए कुछ करूंगा, यदि आप मेरे लिए कुछ करेंगे। ऐसे में वे ख़ुद को ऐसे सौदों तक सीमित कर देते हैं, जिनमें उनका तात्कालिक लाभ उतना ही है, जितना दूसरों का... यदि आप जब भी लोगों की मदद करेंगे, तब बदले में कुछ चाहेंगे, तो आपका नेटवर्क अपेक्षाकृत छोटा ही होगा।" संतुलन बैठने वाले जब बदले में कुछ प्राप्त करने की उम्मीद में कुछ देते हैं, तो वे अपनी मदद उन लोगों की तरफ़ केंद्रित रखते हैं, जो उनकी नज़र में मदद कर सकते हैं। कुल-मिलाकर यदि आपको अपने उपकार के बदले कुछ नहीं मिलता, तो संतुलन बैठाने वाला होने का मूल्य ही क्या है?

विशुद्ध आदान-प्रदान की ये ख़ामियां लंबी अवधि में सामने आती हैं, लेकिन इससे उन नेटवर्कों की मात्रा और गुणवत्ता सीमित हो सकती है, जो लेने और संतुलन बैठाने वाले तैयार करते हैं। दोनों ख़ामियां नेटवर्कों के बारे में अदूरदर्शिता से उत्पन्न होती हैं, जिसमें लेने वाले और संतुलन बैठाने वाले ऐसी ना बदलने वाली पूर्वधारणा बना लेते हैं कि कौन बदले में सबसे ज़्यादा लाभ दे सकेगा। मूल रूप से देने वालों के रुख़ से पहुंच का विस्तार होता है। ऐसा करने से संभावित लाभ के क्षेत्रों का विस्तार भी होता है, हालांकि ये लाभ प्रेरणा का कारक नहीं होते। एपल के पूर्व मत प्रचारक और सिलिकॉन वैली के अहम व्यक्तित्व गाय कावासाकी कहते हैं, "जब आप लोगों से मिलते हैं, चाहे वे कोई भी हों, तो आपको अपने आपसे पूछना चाहिए कि

मैं कैसे अन्य व्यक्ति की मदद कर सकता हूं?" कुछ लोगों के लिए यह अन्य लोगों में ज़्यादा निवेश का एक तरीक़ा हो सकता है, लेकिन जैसा कि ऐडम रिफ़्किन ने कभी प्रभावशाली तरीक़े से सीखा था कि हम हमेशा इस बात की भविष्यवाणी नहीं कर सकते कि कौन हमारी मदद कर सकता है।

सो रहे शक्तिशाली लोगों को जगाना

1993 में कॉलेज के ग्राहम स्पेन्सर नामक एक छात्र ने अपने पांच सहयोगियों के साथ मिलकर एक इंटरनेट स्टार्ट-अप को शुरू किया। स्पेन्सर एक संकोची और अंतर्मुखी कंप्यूटर इंजीनियर थे। उनके बाल तेज़ी से कम हो रहे थे। वे बड़ा-सा चश्मा पहनते थे। उन्हें कॉमिक पुस्तकों का शौक़ था। उन्होंने याद करते हुए कहा, "सुपरमैन ने मुझे न्याय और नैतिकता सिखाई, 'एक्समैन' ने मुझमें उत्पीड़ित लोगों के लिए चिंता जगा दी और 'स्पाइडरमैन' ने मुझे समझाया कि महानायकों के समक्ष भी स्कूल में बुरा वक़्त आ सकता है।"

स्पेन्सर और उनके मित्रों ने एक्साइट नामक कंपनी की सह स्थापना की। बहुत पहले शुरू किया गया यह वेब पोर्टल और सर्च इंजन बहुत जल्दी ही इंटरनेट पर सबसे लोकप्रिय साइटों में शुमार हो गया। 1998 में एक्साइट को 6.7 अरब डॉलर में ख़रीदा गया। इसके सबसे बड़े शेयर धारक और मुख्य तकनीकी अधिकारी के तौर पर स्पेन्सर सफलता की बुलंदियों को छू रहे थे। 1999 में एक्साइट बेचने के कुछ समय पश्चात स्पेन्सर को अचानक ऐडम रिफ़्किन का एक ई-मेल मिला। रिफ़्किन स्टार्ट-अप के बारे में सलाह चाह रहे थे। दोनों कभी मिले नहीं थे, फिर भी स्पेन्सर ने स्वेच्छा से रिफ़्किन के साथ चर्चा करने का फ़ैसला किया। दोनों की मुलाक़ात के बाद स्पेन्सर ने रिफ़्किन को एक उद्यम पूंजीपति से मिलवा दिया, जिसने बाद में उनके स्टार्ट-अप में निवेश किया। रिफ़्किन आख़िर स्पेन्सर तक कैसे पहुंचे और स्पेन्सर ने क्यों उनकी मदद की?

स्पेन्सर से मदद मांगने से पांच साल पहले 1994 में रिफ़्किन तेज़ी से उभर रहे एक बैंड के दीवाने हो गए थे। वे चाहते थे कि बैंड ज़्यादा से ज़्यादा लोकप्रिय हो, तो इसके लिए उन्होंने अपनी कंप्यूटर योग्यता का इस्तेमाल करते हुए फ़ैन वेबसाइट तैयार कर दी और कॉल्टेक सर्वर पर इसकी होस्टिंग करा दी। "इसे संगीत के प्रति प्रेम की प्रामाणिक अभिव्यक्ति माना जाता था। मुझे संगीत पसंद है।" यह पेज ज़ोरदार ढंग से सफल रहा। लाखों लोगों ने इसे देखा और बैंड गुमनामी से उबरकर प्रसिद्धि हासिल कर ली। इस बैंड का नाम था 'ग्रीन डे।'

कमर्शियल इंटरनेट के विस्तार के दिनों में रिफ़्किन की फ़ैन साइट इतनी लोकप्रिय हुई कि 1995 में एक दिन 'ग्रीन डे' के प्रबंधकों ने उनसे संपर्क करके

पूछा, "क्या हम इस फ़ैन पेज को ले सकते हैं और इसे कंपनी आधिकारिक पेज बना सकते हैं?" रिफ़्किन याद करते हुए बताते हैं, "मैंने कहा, बहुत बढ़िया। यह आपका ही है। मैंने उन्हें पेज दे दिया।" इससे पिछली गर्मियों में, 1994 में लाखों लोगों ने रिफ़्किन की साइट को देखा था। इनमें से एक तगड़े पंक रॉक फ़ैन का मानना था कि 'ग्रीन डे' वास्तव में पॉप संगीत है। इस फ़ैन ने रिफ़्किन को ई-मेल करके उन्हें "वास्तविक" पंक रॉक के बारे में मानो शिक्षित किया था।

यह फ़ैन कोई और नहीं, बल्कि ग्राहम स्पेन्सर थे। स्पेन्सर ने सुझाव दिया था कि जब लोग इंटरनेट पर पंक रॉक की खोज करें, तो उन्हें 'ग्रीन डे' से ज़्यादा नतीज़े मिलने चाहिए। जब रिफ़्किन ने ई-मेल को पढ़ा, तो उन्होंने स्पेन्सर की कल्पना पंक रॉक के ऐसे पारंपरिक दीवाने के रूप में की, जिसकी हरी केश शैली 'मोहैक' होगी। रिफ़्किन को कोई अंदाज़ा नहीं था कि स्पेन्सर कभी उनकी मदद करेंगे। यह काफ़ी बाद में पता चला कि स्पेन्सर ने एक्साइट नामक कंपनी शुरू की। यदि कोई लेने वाला या संतुलन बैठाने वाला होता, तो स्पेन्सर की ई-मेल को नज़रअंदाज़ कर देता, लेकिन देने वाले व्यक्ति के तौर पर रिफ़्किन का स्वाभाविक झुकाव था कि वे पंक रॉक का प्रसार करने में स्पेन्सर की मदद करें, ताकि करियर में संघर्ष कर रहे बैंड भी फ़ैन बेस तैयार कर सकें। रिफ़्किन ने 'ग्रीन डे' की फ़ैन साइट पर अलग से एक पेज बना दिया, जिसमें स्पेन्सर के सुझाव के अनुरूप पंक बैंड से जुड़े लिंक्स थे।

ग्राहम स्पेन्सर के साथ ऐडम रिफ़्किन के अनुभवों में एक लालित्य है, जो संतुष्टि की ऐसी अनुभूति देता है, जैसे अच्छे कामों का पुरस्कार मिल गया हो। यदि हम गहराई से देखें, तो हमें यह किसी मिसाल की तौर पर दिखता है कि आख़िर देने वालों के नेटवर्क इतने शक्तिशाली क्यों होते हैं। इसमें रिफ़्किन की उदारता के साथ ही इसके बाद बीते पांच साल भी बहुत महत्त्वपूर्ण हैं। रिफ़्किन के अनुभवों से पता चलता है कि देने वाले अपने-अपने नेटवर्कों के अंतिम छोर तक पहुंचने की लाभ की स्थिति में क्यों होते हैं?

रिफ़्किन का सूत्रवाक्य है, "मैं कमज़ोर संपर्कों की ताक़त में यक़ीन करता हूं।" यह स्टैनफ़ोर्ड के सामाजिक विज्ञानी मार्क ग्रनोवेटर के उत्कृष्ट शोध के प्रति सम्मान है। मज़बूत संपर्क हमारे निकट मित्र और सहयोगी हैं, जिन पर हम वास्तव में भरोसा करते हैं। कमज़ोर संपर्क हमारे परिचित हैं, जिनसे हम यूं ही मिलते हैं। इस पूर्वधारणा को परखने के लिए कि हमें सबसे ज़्यादा मदद मज़बूत संपर्कों से मिलती है, ग्रनोवेटर ने पेशेवर, तकनीकी और प्रबंधकीय पेशों से जुड़े ऐसे लोगों का सर्वेक्षण किया, जिन्होंने हाल ही अपनी नौकरी बदली थी। क़रीब 17 फ़ीसदी ने उस नौकरी के बारे में अपने मज़बूत संपर्कों से सुना था। उनके मित्रों और भरोसेमंद सहयोगियों ने उन्हें ढेर सारी जानकारियां दी थीं। आश्चर्यजनक रूप से लोगों को कमज़ोर संपर्कों से ज़्यादा मदद मिलने की संभावना रहती है। सर्वेक्षण में 28 फ़ीसदी लोगों ने नई

नौकरी के बारे में कमज़ोर संपर्क से सुना था। मज़बूत संपर्क संबंध प्रदान करते हैं, लेकिन कमज़ोर संपर्क सेतु की तरह काम करते हैं। वे नई सूचना तक प्रभावी ढंग से पहुंच प्रदान करते हैं। हमारे मज़बूत संपर्क उन्हीं सामाजिक क्षेत्र में भ्रमण करते हैं और उन्हें उन्हीं अवसरों की जानकारी होती है, जैसा कि हमें होती है। हमारे कमज़ोर संपर्क विभिन्न नेटवर्कों तक हमारी पहुंच को सुगम बनाते हैं, जिनसे मौलिक सूचना मिलने का मार्ग प्रशस्त होता है। यहां एक छोटी-सी समस्या है। कमज़ोर संपर्कों से मदद मांगना कठिन होता है। यद्यपि कमज़ोर संपर्क नई जानकारियों तक पहुंचने के तेज़ मार्ग होते हैं, लेकिन हम उनकी मदद लेने में हमेशा सहज नहीं होते। परिचितों में परस्पर भरोसे के अभाव से एक मनोवैज्ञानिक बाधा पैदा होती है, लेकिन ऐडम रिफ़्किन जैसे देने वालों ने बचाव का एक रास्ता खोज लिया है। इन दोनों की दुनिया से हम सर्वश्रेष्ठ परिणाम ले सकते हैं, यदि हम मज़बूत संपर्कों के भरोसे और कमज़ोर संपर्कों की नई जानकारी को एक साथ जोड़ें, फिर से जुड़ना ही सफलता की कुंजी है। यही बड़ा कारण है कि लंबी अवधि में आख़िरकार देने वाले क्यों सफल हो जाते हैं।

1994 में स्पेन्सर के लिए 'ग्रीन डे' की साइट पर पंक लिंक्स देने और एक्साइट के चल निकलने के बाद रिफ़्किन ग्रेजुएट स्कूल लौट गए। पांच साल तक उनमें कोई संपर्क नहीं रहा। रिफ़्किन जब सिलिकॉन वैली जा रहे थे, तब उन्होंने पुराने ई-मेल संपर्कों को खंगाला और स्पेन्सर के लिए एक पत्र तैयार किया। उन्होंने लिखा, "पांच साल बाद आपको शायद मेरी याद नहीं होगी। मैं वही हूं, जिसने 'ग्रीन डे' की वेबसाइट में बदलाव किया था। मैं एक कंपनी शुरू करने जा रहा हूं और इसके लिए मैं सिलिकॉन वैली शिफ़्ट हो रहा हूं। मैं वहां ज़्यादा लोगों को जानता नहीं हूं। क्या आप मुझसे मिलकर कोई सलाह देना चाहेंगे?"

रिफ़्किन संतुलन बैठाने वालों में से नहीं थे। रिफ़्किन ने जब मूल रूप से स्पेन्सर की मदद की थी, तब कोई शर्त नहीं लगाई थी। बदले में कुछ मांगने की उनकी कोई इच्छा नहीं थी, लेकिन पांच साल बाद जब उन्हें मदद की ज़रूरत थी, तब उन्होंने सच्चे आग्रह के साथ स्पेन्सर से संपर्क साधा। स्पेन्सर को उनकी मदद करने में ख़ुशी हो रही थी। दोनों कॉफ़ी के लिए एक स्थान पर मिले। रिफ़्किन कहते हैं, "मैं अब भी कल्पना कर रहा था कि युवक लंबा-चौड़ा विशिष्ट केश विन्यास 'मोहैक' वाला होगा, लेकिन जब मैं उससे व्यक्तिगत रूप से मिला, तो उसने मुश्किल से कुछ कहा। वह मुझसे से भी ज़्यादा अंतर्मुखी था।" दूसरी मुलाक़ात में स्पेन्सर रिफ़्किन का परिचय एक उद्यम पूंजीपति से करा रहे थे। रिफ़्किन याद करते हुए कहते हैं, "1994 में जो आकस्मिक घटनाएं हुई थीं, उनसे 1999 में ई-मेल के माध्यम से स्पेन्सर से फिर जुड़ने में मदद मिली। इससे ही 2000 में मेरी कंपनी की स्थापना हुई। देने वाले भाग्यशाली होते हैं।"

ख़ैर, ऐसा मानने का कारण भी है कि रिफ़्किन जिसे भाग्य कहते हैं, वह कुछ हद तक पहले से तय होता है। यह एक पैटर्न है कि ज़्यादातर लोग देने वालों को ऐसा ही प्रतिसाद देते हैं। तीस साल पहले सामाजिक विज्ञानी फ़्रेड गोल्डनर ने लिखा था कि मानसिक उन्माद के विपरीत स्थिति को अनुभव करने का तात्पर्य क्या होता है। "मानसिक उन्माद एक भ्रांतिमूलक विचार है कि बाक़ी लोग आपके कल्याण के लिए काम कर रहे हैं या पीछे से आपके बारे में अच्छी बातें कह रहे हैं।"

यदि आप देने वालों की श्रेणी में हैं, तो यह विचार एक सच्चाई हो सकता है, भ्रांतिमूलक नहीं, लेकिन यदि अन्य लोग ऐडम रिफ़्किन जैसे लोगों की सफलता के लिए वास्तव में कोई योजना बना रहे हों, तो?

2005 में जब रिफ़्किन जॉयस पार्क के साथ रेन्कू कंपनी शुरू कर रहे थे, तब उनके पास ऑफ़िस की कोई जगह नहीं थी। वे रिफ़्किन की किचन से काम कर रहे थे। ऐसे में उनके एक सहयोगी ने उनका परिचय रीड हॉफ़मैन से कराया, जिन्होंने हाल ही लिंक्डइन की स्थापना की थी। उस समय लिंक्डइन में पचास से भी कम कर्मचारी थे। हॉफ़मैन एक रविवार को रिफ़्किन और पार्क से मिले तथा उन्हें लिंक्डइन में बिना किसी शुल्क के डेस्क देने की पेशकश की। ऐसे में सिलिकॉन वैली के बीच उन्हें बैठने का जगह मिल गई। रिफ़्किन बताते हैं, "2005 की गर्मियों में हमारे नज़दीक वाली कंपनी यूट्यूब थी। बड़ी कंपनी बनने से पहले यूट्यूब को हमें शैशव काल में देखने का मौक़ा मिला।"

रिफ़्किन के अनुभव से इस पुरानी कहावत पर नई रोशनी पड़ती है कि जैसा कर्म करोगे, वैसा ही फल मिलेगा। कर्म संबंधी इन सिद्धांतों को ऐसे समझा जा सकता है कि संतुलन बैठाने वाले इस कहावत को चरितार्थ करने के अभियान में जुटे हैं। संतुलन बैठाने वाले लेने की प्रवृत्ति वाले उन लोगों को दंड देने के लिए ख़ुद के हितों का भी परित्याग कर देंगे, जो अन्य लोगों के साथ स्वार्थी व्यवहार करते हैं। यही नहीं, वे देने वाले उन लोगों को पुरस्कार देने के लिए एक क़दम बढ़कर काम करते हैं, जो अन्य लोगों के साथ उदारता से पेश आते हैं। जब ऐडम रिफ़्किन ने अपने नेटवर्क में लोगों की मदद की, तो संतुलन बैठाने वालों ने सोचा कि उनके कल्याण की योजना बनाना उचित होगा। अपनी शैली पर खरे उतरते हुए रिफ़्किन ने लिंक्डइन में नए संपर्कों का इस्तेमाल करते हुए अपने नेटवर्क के अन्य लोगों के कल्याण की योजना बनानी शुरू कर दी। उन्होंने लिंक्डइन में नौकरी के लिए इंजीनियरों को रैफ़र करना शुरू कर दिया।

मई में बुधवार की एक शाम मुझे पांडा को ठीक उसके प्राकृतिक आवास में देखने का मौक़ा मिला। रेडवुड सिटी के एक बार में 106 माइल्स की एक बैठक के लिए सैन फ़्रांसिस्को जाइन्ट्स की जर्सी पहने रिफ़्किन मुस्कान बिखेरते हुए पहुंचे। उन्हें

तत्काल ही अनेक उद्यमियों ने घेर लिया। इनमें से कुछ सौम्य थे, तो कुछ रिफ़्किन को इतना चाहते थे कि अजीब व्यवहार कर रहे थे। क़रीब एक दर्जन उद्यमी जब एक बार में बैठे, तो रिफ़्किन ने मुझे उनमें से प्रत्येक की कहानी बताई। यह उस व्यक्ति के लिए कोई छोटी बात नहीं थी, जिसके पास हर रोज़ आठ सौ से ज़्यादा ई-मेल आती हों।

रिफ़्किन का राज़ बहुत साधारण था, जो थोड़ा भ्रम भी पैदा करता था। वे गहन सवाल पूछते और फिर उनके जवाब उल्लेखनीय धैर्य के साथ सुनते। उस शाम थोड़ा पहले उन्होंने एक उभरते उद्यमी से पूछा कि उसकी कंपनी कैसी चल रही है, तो वह उद्यमी बिना रुके 14 मिनट तक बोलता रहा। यह एक पक्षीय संवाद किसी जिज्ञासु कंप्यूटर विशेषज्ञ को भी थका सकता था, लेकिन रिफ़्किन ने कभी रुचि कम नहीं की। उन्होंने पूछा, "आपको कहां मदद की ज़रूरत है?" इस पर उद्यमी ने बताया कि उसे ऐसे कंप्यूटर प्रोग्रामर की ज़रूरत है, जिसकी कंप्यूटर की कठिन भाषा में विशेषज्ञता हो। इस पर रिफ़्किन ने अपने मानसिक रोलोडेक्स पर देखा और कुछ उम्मीदवारों के नामों की सिफ़ारिश की, जिनसे संपर्क किया जा सकता था। उसी शाम को एक उम्मीदवार वहां पहुंच भी गया और रिफ़्किन ने उसका परिचय कराया। भीड़ बढ़ने के बावजूद रिफ़्किन ने वहां प्रत्येक के साथ व्यक्तिगत बातचीत का समय निकाला। जब नए सदस्यों ने उनसे संपर्क किया, तो उन्होंने औसतन 15 या 20 मिनट उन्हें जानने में बिताए। रिफ़्किन ने पूछा कि क्या उन्हें प्रेरित करता है और कैसे वे उनकी मदद कर सकते हैं? उनमें से बहुत सारे लोग पूरी तरह अज़नबी थे, लेकिन जैसे उन्होंने 18 साल पहले बिना कोई सोच-विचार किए ग्राहम स्पेन्सर की मदद की थी, वैसे ही उन्होंने नए लोगों को नौकरी दिलाने की ज़िम्मेदारी ले ली। वे संभावित कंपनी संस्थापकों से उनका संपर्क कराते और उनकी कंपनियों में समस्याओं को दूर करने में मदद करते। हर बार जब उन्होंने कुछ दिया, तो उनके नए संपर्क बन गए, लेकिन क्या इन सभी संपर्कों से जुड़े रहना वास्तव में संभव है?

शिथिल संपर्क

चूंकि ऐडम रिफ़्किन का नेटवर्क बहुत बड़ा है, इसलिए उनके शिथिल संपर्कों की संख्या बढ़ती जा रही है। ऐसे संपर्क जिनसे वे बहुत मिलते थे, लेकिन अब संपर्क टूट गया है। प्रबंधन के प्रोफ़ेसर डेनियल लेविन, जॉर्ज वॉल्टर और कीथ मुरनीघन के मुताबिक़, "एक वयस्क अपने पूरे जीवन में हज़ारों संपर्क बनाता है, लेकिन इंटरनेट से पहले किसी भी दिए गए समय वह सक्रिय रूप से 100-200 से ज़्यादा निभा नहीं पाता था।" पिछले कई वर्षों से ये प्रोफ़ेसर एक्ज़ीक्यूटिवों से ऐसा कुछ करने को कह रहे हैं, जिससे वे डरते हैं कि अपने शिथिल संपर्कों को पुनर्जीवित करो। जब एक एक्ज़ीक्यूटिव को इस काम का पता चला, तो उसने पीड़ा के साथ कहा,

"यदि कुछ संपर्क शिथिल हैं, तो किसी कारण से ऐसे होंगे। ठीक है? तो मैं उनसे फिर क्यों जुड़ना चाहूंगा?"

इसके विपरीत प्रमाण कुछ अलग कहानी कहते हैं। एक अध्ययन में लेविन और उनके सहयोगियों ने दो सौ से ज़्यादा एक्ज़ीक्यूटिवों को अपने ऐसे संपर्कों को पुनर्जीवित करने को कहा, जो कम से कम तीन साल से शिथिल हों। प्रत्येक एक्ज़ीक्यूटिव ने अपने दो पुराने सहयोगियों से संपर्क किया और उनसे अपने वर्तमान प्रोजेक्ट के बारे में राय मांगी। मदद हासिल करने के बाद उन्होंने इसका मूल्यांकन किया कि किस हद तक सलाह ने समस्या को दूर करने में मदद की और कितने रेफ़रल वे प्राप्त कर सके? उन्होंने अपने दो वर्तमान संपर्कों से उसी प्रोजेक्ट पर प्राप्त सलाह का मूल्यांकन भी किया। आश्चर्यजनक रूप से वर्तमान संपर्कों की अपेक्षा शिथिल संपर्कों से प्राप्त सलाह ज़्यादा सहयोग मूल्य वाली थी। क्यों?

शिथिल संपर्कों ने वर्तमान संपर्कों की तुलना में ज़्यादा अनूठी सूचना दी। कई वर्षों तक जब वे आपस में जुड़े नहीं रहे, तब नए विचारों और परिप्रेक्ष्यों से उनका सामना हुआ। ऐसी संभावना ज़्यादा रहती है कि वर्तमान संपर्क उसी ज्ञान आधार और विचारों को साझा करें, जो एक्ज़ीक्यूटिवों के पास पहले से हों। एक एक्ज़ीक्यूटिव ने टिप्पणी की, "शिथिल संपर्कों से बात करने से पहले मैंने सोचा था कि उनके पास मैंने पहले से जो सोच लिया है, उससे परे जाकर देने के लिए कोई विचार नहीं होंगे, लेकिन मैं ग़लत साबित हुआ। उनके नए विचारों से मैं बहुत आश्चर्यचकित हुआ।"

शिथिल संपर्क अनूठी सूचना तक पहुंच की पेशकश करते हैं। कमज़ोर संपर्क इसे असहज स्थिति का सामना किए बिना जुटा सकते हैं। जैसा कि लेविन और उनके सहयोगी स्पष्ट करते हुए कहते हैं, "शिथिल संपर्कों से फिर जुड़ना कोई शुरू से नया संबंध बनाने जैसा नहीं है। लोग जब फिर जुड़ते हैं, तब भी उनमें विश्वास की भावना होती है।" एक एक्ज़ीक्यूटिव ने कहा, "मैं सहज महसूस कर रहा हूं... मुझे अनुमान नहीं लगाना पड़ता कि उनकी मंशा क्या है... वर्षों पहले हमने परस्पर विश्वास का जो माहौल तैयार किया था... उसने हमारी बातचीत को आसान बना दिया।" शिथिल संपर्कों को पुनर्जीवित करने में अपेक्षाकृत छोटी बातचीत की ज़रूरत होती है क्योंकि पहले से ही कुछ समान सतह तैयार हो चुकी होती है। एक्ज़ीक्यूटिवों को अपने शिथिल संपर्कों से संबंध प्रारंभ से विकसित करने में निवेश नहीं करना पड़ा, जैसा कि उनको कमज़ोर संपर्कों के साथ करना पड़ता।

लेविन और उनके सहयोगियों ने एक सौ से ज़्यादा एक्ज़ीक्यूटिवों के एक अन्य समूह से अपने दस शिथिल संपर्कों की पहचान करने को कहा। एक्ज़ीक्यूटिवों से कहा गया कि वे इन शिथिल संपर्कों को उनके द्वारा प्रदत्त संभावित मूल्य के हिसाब

से वरीयता दें। इसके बाद एक्ज़ीक्यूटिवों ने अपने सभी दस शिथिल संपर्कों को पुनर्जीवित कर दिया और बातचीत के मूल्य के हिसाब से मूल्यांकन किया। सभी दस शिथिल संपर्कों ने उच्च मूल्य प्रदान किया। वरीयता के हिसाब से उनमें कोई अंतर नहीं था। एक्ज़ीक्यूटिवों को अपने दसवें विकल्प से भी वही मूल्य मिला, जो उन्हें पहले विकल्प से मिला था। जब हमें नई सूचना की ज़रूरत होती है, तो कमज़ोर संपर्क बहुत जल्द ख़त्म हो सकते हैं, लेकिन यदि हमारे पास बड़ी संख्या में शिथिल संपर्क हैं, तो वे मददगार साबित हो सकते हैं। जैसे-जैसे हम बूढ़े होते हैं, वैसे-वैसे हमारे शिथिल संपर्क ज़्यादा होते हैं और ये ज़्यादा मूल्यवान होते हैं। लेविन और उनके सहयोगियों ने निष्कर्ष निकाला कि चालीस से पचास और पचास से साठ वर्ष के लोगों को शिथिल संपर्कों को पुनर्जीवित करने से तीस से चालीस वर्ष के लोगों की अपेक्षा ज़्यादा लाभ होता है। तीस से चालीस वर्ष के लोगों को बीस से तीस वर्ष के लोगों से ज़्यादा लाभ होता है। जिस एक्ज़ीक्यूटिव ने शिथिल संपर्कों को पुनर्जीवित करते समय पीड़ा व्यक्त की थी, उसने स्वीकार किया, "यह आंखें खोलने वाला साबित हुआ... इसने मुझे दिखाया है कि मेरे रोलोडेक्स में कितनी संभावनाएं हैं।"

शिथिल संपर्कों के मूल्यों को हमारे नेटवर्कों में नज़रअंदाज़ किया जाता है। देने वाले इस मूल्य का लाभ उठाने में लेने वालों और संतुलन बैठाने वालों से बेहतर स्थिति में होते हैं। लेने वालों के लिए शिथिल संपर्कों को पुनर्जीवित करना एक चुनौती होती है। यदि शिथिल संपर्क उनके सहयोगी लेने वाले ही हों, तो वे संदेह की नज़र से देखते हैं और स्वयं की रक्षा करने की मुद्रा में रहते हैं। ऐसे में वे नई सूचना को दबा जाते हैं। यदि शिथिल संपर्क संतुलन बैठाने वालों की श्रेणी में हैं, तो वे लेने वालों को दंडित करने के लिए प्रेरित हो सकते हैं, जैसा कि हमने 'अल्टीमेटम' गेम में देखा था। यदि शिथिल संपर्क देने वालों की स्मार्ट श्रेणी में हैं, तो वे लेने वालों की मदद करने के प्रति इच्छुक नहीं होंगे, जैसा कि आप इस किताब में आगे देखेंगे। यह बिलकुल सही है कि यदि लेने वाले के स्वार्थी व्यवहार की वज़ह से ही संपर्क शिथिल हुआ था, तो संबंध को पुनर्जीवित करना असंभव हो सकता है।

संतुलन बैठाने वालों के लिए शिथिल संपर्कों को पुनर्जीवित करना अपेक्षाकृत आसान होता है, लेकिन आदान-प्रदान के मानदंडों के प्रति अपनी सत्यनिष्ठा के कारण वे उनसे फिर जुड़ने में असहज महसूस करते हैं। जब वे कोई मदद मांगते हैं, तो वे महसूस करते हैं कि उन्हें बदले में मदद करनी भी है। यदि वे शिथिल संपर्कों के प्रति पहले से ऋणी हैं और उन्होंने हिसाब बराबर नहीं किया है, तो उनके लिए मदद मांगना दुगुना मुश्किल होता है। संतुलन बैठाने वाले कई लोगों के समक्ष यह समस्या होती है कि शिथिल संपर्कों ने भरोसे का कोई गहरा जलाशय तैयार नहीं किया है क्योंकि वे सार्थक संबंधों की बजाय सिर्फ़ सौदा संबंधी आदान-प्रदान जैसे ही होते हैं।

नेटवर्किंग के विशेषज्ञों के मुताबिक़, विशेषकर जुड़ी हुई दुनिया में फिर से जुड़ना देने वालों के लिए एक बिलकुल अलग अनुभव है। अपने ज्ञान को साझा करने, अपने कौशल को सिखाने और नौकरी पाने में लोगों की मदद करने में देने वालों की उदारता का अच्छा रिकॉर्ड होता है। वे इस बात की चिंता नहीं करते कि उन्हें बदले में क्या मिलेगा। ऐसे में जब वे हमसे फिर जुड़ते हैं, तो उनकी मदद करने में हमें ख़ुशी होती है। इन दिनों ऐडम रिफ़्किन नए संपर्कों के साथ नेटवर्किंग करने में उतना समय नहीं बिताते, जितना वे अपने करियर के प्रारंभ बिताते थे। इन दिनों उनका ध्यान बढ़ रहे शिथिल संपर्कों पर ज़्यादा रहता है। वे कहते हैं, "अब मेरा ध्यान उन लोगों पर रहता है, जिनसे मैंने काफ़ी समय से बात नहीं की है।" वे जब अपने किसी शिथिल संपर्क को पुनर्जीवित करते हैं, तो संपर्क को सामान्य रूप से इससे बहुत ख़ुशी होती है। उनकी उदारता और नेकी ने संपर्कों का भरोसा जीत लिया है। वे कृतज्ञ महसूस करते हैं। वे जानते हैं कि मदद के साथ कोई शर्तें जुड़ी नहीं थीं। वे हमेशा अपना ज्ञान साझा करने, सलाह देने और परिचय करने के लिए तैयार रहते थे। 2006 में रिफ़्किन जब 106 माइल्स की एक बैठक के लिए ऊर्जावान वक्ता की तलाश कर रहे थे, तो उन्होंने इवान विलियम्स से फिर संपर्क साधा। यद्यपि विलियम्स काफ़ी मशहूर हो गए थे और ट्विटर की लांचिंग की वज़ह से अत्यधिक व्यस्त थे, तो भी उन्होंने आना स्वीकार कर लिया। रिफ़्किन कहते हैं, "पांच साल बाद जब हमने उनसे हमारे समूह से बात करने का आग्रह किया, तो वे कभी भूले नहीं।"

जिस तरह की साख रिफ़्किन जैसे देने वाले लोग अर्जित करते हैं, वह दिलचस्प शोध का विषय होती है। परंपरागत रूप से सामाजिक नेटवर्क के शोधकर्ता सूचना के आदान-प्रदान जैसे ज्ञान का एक व्यक्ति से दूसरे को प्रवाह को संकलित करते हैं, लेकिन जब वेन बेकर ने वर्ज़ीनिया विश्वविद्यालय के प्रोफ़ेसर रॉब क्रॉस और आईबीएम के एंड्र्यू पार्कर के साथ मिलकर काम किया, तो उन्हें पता चला कि नेटवर्कों में ऊर्जा के प्रवाह पर नज़र रखना भी संभव है। विभिन्न संगठनों में कर्मचारियों ने आपसी बातचीत का एक पैमाने पर मूल्यांकन किया। पैमाना बहुत ज़्यादा ऊर्जा सोखने वाले से लेकर बहुत ज़्यादा ऊर्जा देने वाले तक था। शोधकर्ताओं ने ऊर्जा नेटवर्क का नक़्शा तैयार कर लिया था, जो आकाशगंगा के मॉडल की तरह दिखता था।

लेने वाले लोग ब्लैक होल की तरह थे। उन्होंने अपने आस-पास के लोगों की ऊर्जा सोख ली। देने वाले लोग किसी सूर्य की तरह थे : उन्होंने संगठन में प्रकाश भर दिया था। देने वालों ने अपने सहयोगियों के लिए अवसर पैदा किए, ताकि वे अपना योगदान दे सकें। उन्होंने लोगों पर अपने विचार थोपने और उपलब्धियों के लिए श्रेय हथियाने का काम नहीं किया। देने वाले जब किसी सुझाव से सहमत नहीं

होते थे, तो वे सुझाव देने वाले के प्रति आदर का भाव दर्शाते थे, उनका अपमान नहीं करते थे।

यदि आप ऐडम रिफ़्किन के नेटवर्क की ऊर्जा पर नज़र रखेंगे, तो आप पाएंगे कि वे विभिन्न सौरमंडलों में सूर्य की तरह हैं। कई साल पहले रिफ़्किन एक हॉलिडे पार्टी में एक उद्यमी से मिले थे, जो संघर्ष के दौर में था। उसका नाम था रेमंड रॉफ़ था। दोनों ने बातचीत शुरू की, तो रिफ़्किन ने कुछ फ़ीडबैक दिया। छह माह बाद रॉफ़ एक नए स्टार्ट-अप पर काम कर रहे थे। उन्होंने सलाह के लिए रिफ़्किन से संपर्क साधा। रिफ़्किन ने उसी दिन जवाब दिया और अगली सुबह नाश्ते पर बैठक तय कर दी। वहां रिफ़्किन ने क़रीब दो घंटे तक रॉफ़ को और फ़ीडबैक दिया। कुछ महीने बाद दोनों फिर मिले। रॉफ़ को दो साल से कोई आय नहीं हुई थी। उनके घर की पाइपलाइन भी ख़राब हो चुकी थी, तो ऐसे में उन्होंने जिम की मेम्बरशिप ले ली, ताकि वहां स्नान किया जा सके। रॉफ़ जब रिफ़्किन से मिले, तो उन्होंने पूछा कि स्टार्ट-अप कैसा चल रहा है? इसके अलावा उन्होंने कुछ बहुमूल्य सुझाव भी दिए कि इसे कैसे फिर खड़ा किया जाए। रिफ़्किन ने इसके बाद रॉफ़ का परिचय एक उद्यम पूंजीपति से कराया, जिसने उनकी कंपनी ने निवेश किया और वह निदेशक मंडल का सदस्य भी बन गया। रॉफ़ कहते हैं, “दोनों आपस में मिलते और चर्चा करते कि वे मेरी मदद कैसे कर सकते हैं।” रॉफ़ की कंपनी ग्राफ़ साइंस दुनिया की सबसे बड़ी फ़ेसबुक विश्लेषण कंपनियों में एक बन गई है। वे कहते हैं कि रिफ़्किन की मदद के बिना ऐसा संभव नहीं था।

रिफ़्किन हॉलीवुड के एक लेखक /निर्देशक के प्रोजेक्ट शुरू कराने में भी सफल रहे। जैसा कि आप अध्याय 8 में देखेंगे कि दोनों का मिलना इसलिए संभव हुआ क्योंकि रिफ़्किन ने अपनी संपर्क सूचना को सार्वजनिक तौर पर इंटरनेट पर साझा कर रखा था। एक अनौपचारिक बातचीत में उस निर्देशक ने उल्लेख किया कि उसने हाल ही एक शो टाइम सीरीज़ का प्रोडक्शन पूरा किया है। उसने रिफ़्किन से मदद भी मांगी। निर्देशक कहते हैं, “यद्यपि वे अपने चयनित क्षेत्र में काफ़ी सफल हैं, लेकिन फिर भी हॉलीवुड पब्लिसिस्ट के तौर पर उनके कौशल पर मैंने ज़्यादा भरोसा नहीं किया। मित्रों क्या मैं ग़लत था!” रिफ़्किन ने चौबीस घंटे के भीतर ट्विटर और यूट्यूब के शीर्ष एक्ज़ीक्यूटिवों के साथ बैठक और शो की प्राइवेट स्क्रीनिंग तय करा दी। हॉलीवुड के यह संपर्क स्पष्ट करते हुए कहते हैं :

> इस बात पर ज़ोर देना ज़रूरी है : मेरे शो की सफलता में ऐडम का कुछ भी दांव पर नहीं लगा था। सफल हो या विफल, वे तो किसी तरह से लाभान्वित होने वाले नहीं थे और ना ही उन्हें कोई घाटा होने वाला था। इसके बावजूद देने की सच्चे सुख की भावना पर खरे उतरते हुए उन्होंने

> अनगिनत मीडिया अवसरों से हमारा परिचय कराया। जब सब कुछ शांत हुआ, तब हमने देखा कि देश के ना जाने कितने मीडिया मंचों पर हमारे सकारात्मक और शानदार लेखों के लिए अकेले उन्हीं को ही श्रेय दिया जा सकता था। यही नहीं, सोशल मीडिया पर भी आश्चर्यजनक प्रचार था। अंत में हम कह सकते हैं कि ऐडम की उदारता की पहुंच कहीं ज़्यादा थी और यह कहीं ज़्यादा प्रभावशाली भी थी। यह मोटी रक़म लेने वाले शो के पब्लिसिस्ट की तुलना में कहीं ज़्यादा थी। इसका नतीज़ा यह हुआ कि शो टाइम के इतिहास में शो ने अपने टाइम स्लॉट में सबसे ज़्यादा रेटिंग अर्जित की। हमारे आडंबरहीन आंकड़ों से वे इतने प्रभावित हुए कि एक अन्य सीरीज़ के लिए उन्होंने हरी झंडी दे दी। शो के हिट होने और शो टाइम की ओर से मेरी वर्तमान सीरीज़ को हरी झंडी मिलने का श्रेय उनकी उदारता को जाता है।

ऐसे व्यक्ति के लिए जो ऐसा सकारात्मक माहौल पैदा करता है और ऐसी साख की प्रेरणा देता है, उसके लिए किसी से फिर जुड़ना ऊर्जावान अनुभव हो सकता है। पीछे जाकर उन 265 लोगों के बारे में सोचिए, जिनकी सिफ़ारिश रिफ़्किन ने लिंक्डइन की नौकरी के लिए की थी या उन सैकड़ों उद्यमियों के बारे में सोचिए, जिनकी मदद उन्होंने 106 माइल्स में की थी। इसमें ज़्यादा कल्पना करने की ज़रूरत भी नहीं है कि उनमें से हर कोई संपर्क टूटने की स्थिति में रिफ़्किन के साथ फिर जुड़ने और उनकी मदद करने के लिए उत्साहित होगा, लेकिन रिफ़्किन मदद के लिए भागते नहीं, कम से कम ख़ुद के लिए तो नहीं। रिफ़्किन का मुख्य मक़सद उन मूल अवधारणाओं को बदलना है कि हम अपने नेटवर्क कैसे तैयार करें और उनसे किसे लाभ होना चाहिए। उनका मानना है कि नेटवर्कों को प्रत्येक के लिए मूल्य सृजन के साधन के तौर पर देखा जाना चाहिए। ऐसा नहीं कि सिर्फ़ अपने लिए मूल्य का दावा करें। उनका पक्का विश्वास है कि नेटवर्किंग के प्रति देने का रुख़ आदान-प्रदान के पारम्परिक प्रतिमानों को उखाड़ कर फेंक सकता है। यह तरीक़ा ऐसा होगा, जो सभी के लिए लाभप्रद होगा।

पांच मिनट का उपकार

2012 में लिंक्डइन की स्टेफ़नी नामक एक रिक्रूटर से ऐसे तीन नाम बताने को कहा गया, जिनका उसके करियर पर सबसे ज़्यादा प्रभाव पड़ा हो। ऐडम रिफ़्किन को इस सूची में अपना नाम देखकर बहुत आश्चर्य हुआ क्योंकि दोनों कुछ महीने पहले ही सिर्फ़ एक बार मिले थे। स्टेफ़नी नौकरी की तलाश कर रही थीं और रिफ़्किन से उसकी मुलाक़ात एक मित्र के मित्र के माध्यम से हुई थी। रिफ़्किन ने उसे मुख्य रूप से मोबाइल संदेशों के माध्यम से सलाह दी थी और नौकरियों के बारे में जानकारी

खोजने में उसकी मदद की थी। स्टेफ़नी ने उन्हें ई-मेल भेजकर अपनी कृतज्ञता व्यक्त की और बदले में सहयोग की पेशकश की। स्टेफ़नी ने लिखा, "मैं जानती हूं कि हम व्यक्तिगत रूप से सिर्फ़ एक बार मिले हैं और हम कभी-कभी बात करते हैं, लेकिन जितना आप सोचते हैं, उससे कहीं ज़्यादा आपने मेरी मदद की है... मैं वास्तव में ऐसा कुछ करना चाहूंगी कि बदले में आपकी मदद हो जाए।"

स्टेफ़नी रिफ़्किन की मदद करने की सिर्फ़ सोच ही नहीं रही थी, बल्कि वह स्वेच्छा से सिलिकॉन वैली के उद्यमियों की 106 माइल्स की बैठक में पहुंचीं, ताकि वह उद्यमियों की मदद करने में रिफ़्किन की मदद कर सकें। बैठक में स्टेफ़नी ने उद्यमियों को उनके विचारों पर फ़ीडबैक दिया और उनके उत्पादों के नमूनों के परीक्षण की पेशकश की। यही नहीं, स्टेफ़नी ने संभावित सहयोगियों और निवेशकों के साथ संपर्क का मार्ग प्रशस्त करने की पेशकश भी की। रिफ़्किन ने जिन अन्य लोगों की मदद की, उनके साथ भी ऐसा ही हुआ। रेमंड रॉफ़ अन्य उद्यमियों की मदद करने अक्सर 106 माइल्स की बैठकों में आया करते थे। बॉब नामक एक इंजीनियर भी ऐसा ही करता था। रिफ़्किन से उसकी मुलाक़ात 2009 में एक बार में हुई थी। दोनों के बीच बातचीत शुरू हुई, तो रिफ़्किन को पता चला कि बॉब के पास नौकरी नहीं है। रिफ़्किन ने उसका परिचय कुछ लोगों से कराया और आख़िरकार बॉब को नौकरी मिल गई। कुछ दिन बाद जब उस कंपनी का व्यापार ठप हो गया, तो रिफ़्किन ने कुछ और संपर्कों को तलाशा। इसके बाद बॉब को एक स्टार्ट-अप कंपनी में नौकरी मिल गई। उस कंपनी को छह माह बाद गूगल ने ख़रीद लिया। बॉब अब गूगल के सफल इंजीनियर हैं। बॉब को जो मदद मिली थी, वह उसे 106 माइल्स नेटवर्क के माध्यम से लौटा रहे हैं।

आदान-प्रदान में एक नया बदलाव आया है। पारस्परिक आदान-प्रदान की पुरानी अवधारणा में लोग संतुलन बैठाने वालों की तरह काम करते थे। एक-दूसरे के बीच मूल्यों का आदान-प्रदान होता रहता था। हम उन लोगों की मदद करते थे, जिन्होंने हमारी मदद की हुई होती थी। हम उन लोगों को कुछ देते थे, जिनसे बदले में हमें कुछ चाहिए होता था, लेकिन आज ऐडम रिफ़्किन जैसे देने वाले आदान-प्रदान का ज़्यादा शक्तिशाली स्वरूप जगाने में समर्थ हैं। मूल्यों की सौदेबाज़ी करने की अपेक्षा उनका लक्ष्य मूल्यों को जोड़ना होता है। देने की उनकी भावना एक साधारण नियम पर आधारित है। यह नियम है पांच मिनट का उपकार। "आपमें किसी के लिए कुछ ऐसा करने की इच्छा होनी चाहिए, जिसमें आपको सिर्फ़ पांच मिनट या उससे कम मिनट का समय लगे।"

रिफ़्किन नहीं सोचते कि जिनकी वे मदद कर रहे हैं, उनमें से कोई उन्हें वापस सहयोग देगा। इसके विपरीत लेने वाले बड़े नेटवर्क जुटा लेते हैं, जो महत्त्वपूर्ण लगते हैं और ताक़तवर लोगों तक पहुंचने में उनकी मदद करते हैं। संतुलन बैठाने वाले

किसी से उपकार प्राप्त करने के लिए ऐसा करते हैं। रिफ़्किन देने के ज़्यादा अवसर पैदा करने के लिए ऐसा करते हैं। हॉर्वर्ड के राजनीतिक विज्ञानी रॉबर्ट पटनम के मुताबिक़, "मैं आपके लिए बदले में कुछ विशेष प्राप्त करने की उम्मीद किए बिना ऐसा करूंगा, यह दरअसल आत्मविश्वास से भरी ऐसी भावना है कि कोई अन्य मेरे लिए कुछ ज़रूर करेगा।" स्टेफ़नी जैसे लोग जब रिफ़्किन से मदद प्राप्त करने पर कृतज्ञ अनुभव करते हैं, तो ऐसी संभावना ज़्यादा रहती है कि वे बदले में कुछ करेंगे। स्टेफ़नी कहती हैं, "मैं हमेशा से बहुत सच्ची और दयालु व्यक्ति रही हूं, लेकिन मैंने इसे छिपाने की कोशिश की, ताकि मैं आगे बढ़ने के लिए ज़्यादा प्रतिस्पर्द्धी हो सकूं। रिफ़्किन के अनुभव से मुझे यह सीख मिली है कि आप वास्तव में दयालु होकर भी दुनिया में आगे बढ़ सकते हैं।" जब कभी रिफ़्किन उदारता से अपने अनुभव और संपर्क साझा करते हैं, तो दरअसल वह यह प्रोत्साहित करने में निवेश कर रहे होते हैं कि उनके नेटवर्क के लोग देने वालों की तरह व्यवहार करें। जब रिफ़्किन किसी से मदद मांगते हैं, तो वे सामान्य रूप से किसी अन्य की मदद करने में सहायता मांग रहे होते हैं। इससे इस बात की संभावना बढ़ती है कि उनके विशाल नेटवर्क में लोग मूल्य को जोड़ने की कोशिश करेंगे, मूल्य की सौदेबाज़ी की नहीं। इससे इस बात का मार्ग प्रशस्त होता है कि वे और अन्य लोग उनसे से भी लाभ ले सकें, जिनकी उन्होंने मदद भी नहीं की हो। चाहे उनसे कभी मिले भी नहीं हों। मूल्य जोड़ने के प्रतिमान का सृजन करके रिफ़्किन देने की भावना को शून्य की संख्या वाली स्थिति से हर तरह से जीत की स्थिति में बदल देते हैं।

जब लेने की मानसिकता वाले लोग नेटवर्क तैयार करते हैं, तो वे ख़ुद के लिए जितना ज़्यादा संभव हो सके, उतना मूल्य तय क़ीमत पर हासिल करने की कोशिश करते हैं। रिफ़्किन जैसे देने वाले लोग जब नेटवर्क तैयार करते हैं, तब वे इस क़ीमत का विस्तार करते हैं, ताकि हर किसी को इसका बड़ा हिस्सा मिल सके। रिफ़्किन की मदद से लाभान्वित हो चुके उद्यमी निक सलवान कहते हैं, "रिफ़्किन का हम सब पर एक ही असर हुआ है। उन्होंने लोगों की मदद करना सिखाया है।" रॉफ़ स्पष्ट करते हुए कहते हैं, "रिफ़्किन हमेशा यह सुनिश्चित करना चाहते हैं कि वे जिसकी मदद कर रहे हैं, वह भी किसी की मदद कर रहा हो। यदि लोग उनकी सलाह से लाभ उठाते हैं, तो वे यह सुनिश्चित करते हैं, लोग अन्य लोगों की मदद करें और सलाह दें। यह ऐसा नेटवर्क तैयार करने का तरीक़ा है, जिसमें यह सुनिश्चित किया जाता है कि हर कोई एक-दूसरे की मदद कर रहा है और उसे आगे बढ़ा रहा है।"

आधुनिक शोध दर्शाते हैं कि रिफ़्किन कैसे अन्य लोगों को प्रेरित करते हैं कि वे देने की भावना विकसित करें। यदि देने की प्रक्रिया विशेष और सतत होती है, तो यह एक ऐसे स्वरूप को स्थापित करती है, जिससे समूह के भीतर लोगों की आदान-प्रदान शैली में बदलाव आता है। इससे साबित होता है कि देने की भावना

संक्रामक हो सकती है। संक्रमण विशेषज्ञों जेम्स फ़ॉउलर और निकोलस क्रिस्टाकिस ने एक अध्ययन में पाया कि सामाजिक नेटवर्कों में देने की भावना तेज़ी से व्यापक रूप से फैलती है। जब कोई एक व्यक्ति अपनी क़ीमत पर कई दौर की श्रृंखला में किसी समूह को कोई सहयोग देने का विकल्प चुनता है, तो समूह के अन्य सदस्य भी भविष्य के दौर में सहयोग देंगे, इसकी संभावना अधिक रहती है। चाहे वे उन लोगों से बातचीत कर रहे हों, जो मूल क्रिया के वक़्त मौजूद नहीं थे। फ़ॉउलर और क्रिस्टाकिस ने पाया, "यह प्रभाव लंबी अवधि तक बना रहता है और पृथक्करण की तीन डिग्री (व्यक्ति से व्यक्ति, व्यक्ति से व्यक्ति) तक फैलता है। अध्ययन के दौरान देखने को मिला कि व्यक्ति ने जो एक अतिरिक्त सहयोग दिया वह... पहली अवधि में अन्य लोगों के सहयोग से तीन गुना फैल गया, क्योंकि लोग परिणामस्वरूप सीधे या परोक्ष रूप से सहयोग के लिए प्रभावित हो चुके थे।"

जब लोग स्वयं को किसी नई परिस्थिति में पाते हैं, तो वे समुचित व्यवहार का संकेत पाने के लिए दूसरों की तरफ़ देखते हैं। जब देने की प्रक्रिया शुरू होती है, तो मानक बन जाती है और लोग अन्य लोगों से पारस्परिक क्रिया में इसे आगे ले जाते हैं। इसकी व्याख्या करके इसे ऐसे समझाया जा सकता है कि कल्पना कीजिए आपको चार लोगों के एक समूह में रखा जाता है। तीन अन्य पूरी तरह अनजान हैं। छह दौर तक मिलने की कोई संभावना नहीं है, ऐसे में आप में से प्रत्येक गुमनाम फ़ैसले लेगा। प्रत्येक दौर में आप में से प्रत्येक को तीन-तीन डॉलर मिलेंगे। आपको तय करना होगा कि आप इसे अपने पास रखेंगे या इसे समूह में दे देंगे। यदि आप ख़ुद रख लेते हैं, तो पूरे तीन डॉलर मिलेंगे और यदि समूह को दे देते हैं, तो प्रत्येक को दो-दो डॉलर मिलेंगे। इनमें आप भी शामिल होंगे। हर दौर के अंत में आपको पता चलेगा कि अन्य सदस्यों ने क्या निर्णय किया है। जिस समूह का प्रत्येक सदस्य देता है, वह समूह लाभ की स्थिति में रहेगा। प्रत्येक सदस्य को हर दौर में आठ डॉलर मिलेंगे। अधिकतम छह दौर में प्रत्येक के पास 48 डॉलर होंगे, लेकिन यदि सिर्फ़ आप देंगे, कोई अन्य नहीं, तो आपको सिर्फ़ 12 डॉलर मिलेंगे। ऐसी स्थिति लेने को प्रोत्साहन देती है। इसमें आपको 18 डॉलर की गारंटी होती है।

यहां चूंकि आप एक-दूसरे से बात नहीं कर सकते, इसलिए देना जोख़िम भरी रणनीति है, लेकिन वास्तविक अध्ययन में 15 फ़ीसदी लोग सतत रूप से देने वाले थे। उन्होंने सभी छह दौर में समूह को दिया। उन्होंने दूसरों की हितों की रक्षा के लिए व्यक्तिगत हितों का त्याग कर दिया। यह इतना क़ीमती नहीं था, जैसा कि हम उम्मीद कर रहे थे। आश्चर्यजनक रूप से सतत देने वालों ने फिर भी बेहतर प्रदर्शन किया। जिन समूहों में एक भी सतत देने वाला नहीं था, उनकी अपेक्षा सतत देने वालों ने औसतन 26 फ़ीसदी रक़म ज़्यादा कमाई? उन्होंने कैसे ज़्यादा दिया और ज़्यादा कमाया?

जब समूहों में एक सतत देने वाला सदस्य था, तो अन्य सदस्यों ने भी ज़्यादा योगदान दिया। देने की भावना वाले सिर्फ़ एक सदस्य की मौजूदगी ने देने के प्रतिमान स्थापित कर दिए। देने से प्रतिभागी अपने समूह को बेहतर बना सके और इस प्रक्रिया से ज़्यादा पा सके। यद्यपि उन्होंने हर दौर में प्रत्येक योगदान से 50 फ़ीसदी राशि कम अर्जित की, क्योंकि उन्होंने अन्य लोगों को प्रेरित किया, लेकिन सभी प्रतिभागियों के पास उपलब्ध धनराशि से ज़्यादा कुल रक़म अर्जित की। देने वालों ने लक्ष्य बढ़ा दिया और प्रत्येक के लिए मूल्य का विस्तार कर दिया।

इस प्रयोग में सतत देने वाले पांच मिनट के उपकार के समान काम कर रहे थे, जब उन्होंने हर दौर में अपने धन का योगदान दिया। समूह के प्रत्येक सदस्य को लाभ पहुंचाने के लिए वे छोटे-छोटे त्याग कर रहे थे। इससे समूह के अन्य सदस्य भी देने के लिए प्रेरित हुए। पांच मिनट के उपकार के माध्यम से रिफ़्किन अपने पूरे नेटवर्क के लिए मूल्य का विस्तार कर रहे हैं। 106 माइल्स में पांच हज़ार से ज़्यादा उद्यमियों के लिए मानक ही एक-दूसरे की मदद करना था। रिफ़्किन कहते हैं, "आप किसी पर कोई उपकार नहीं कर रहे हैं, बल्कि आपको बदले में कुछ मिल रहा है। समूह का लक्ष्य देने का मूल्य सिखाना है। आपको इसके बारे में सौदेबाज़ी नहीं करनी है और इसका व्यापार नहीं करना है। यदि आप समूह में किसी के लिए कुछ करते हैं, तो जब आपको ज़रूरत होगी, तो समूह में से कोई आपके लिए कुछ करेगा।"

लेने की मानसिकता वालों और संतुलन बैठाने की भावना वालों को इस तरह से अथक रूप से देना थोड़ा जोख़िम भरा लगता है। क्या ऐडम रिफ़्किन जैसे देने वाले उत्पादकता बरकरार रख सकते हैं, विशेषकर जब इस बात की कोई गारंटी नहीं हो कि बदले में कोई ऐसी मदद करेगा, जो उन्हें सीधा लाभ पहुंचाए? इस सवाल पर रोशनी डालने के लिए स्टैनफ़ोर्ड के प्रोफ़ेसर फ्रैंक फ़्लिन ने बे एरिया में एक बड़ी दूरसंचार फ़र्म में प्रोफ़ेशनल इंजीनियरों का अध्ययन किया। उन्होंने इंजीनियरों से इस आधार पर ख़ुद और एक-दूसरे की रेटिंग करने को कहा कि कितनी मदद वे देते हैं और कितनी उन्हें बदले में मिलती है। इसके आधार पर फ्रैंक इस बात की पहचान कर सके कि कौन से इंजीनियर देने वाले, कौन से लेने वाले और कौन से संतुलन बैठाने वाले हैं। उन्होंने प्रत्येक इंजीनियर से अन्य दस इंजीनियरों की इस आधार पर रेटिंग करने को भी कहा कि उनका सम्मान कितना है?

लेने वालों की रेटिंग सबसे ख़राब थी। लगातार कुछ मांगने और बदले में कुछ नहीं करने की आदत की वज़ह से उन्होंने संबंधों के सेतु तोड़ डाले थे। उनके सहयोगी उन्हें स्वार्थी व्यक्ति के तौर पर देखते थे और उन्हें ज़्यादा सम्मान नहीं देकर दंड देते थे। देने वालों की रेटिंग सबसे अच्छी थी, उन्होंने लेने और संतुलन बैठाने वालों को पछाड़ दिया था। वे जितने ज़्यादा उदार थे, उतनी ही प्रतिष्ठा और सम्मान

उन्हें अपने सहयोगियों से मिलता था। लेने से ज़्यादा देने की वज़ह से ऐसे लोगों ने अपने अनूठे कौशल का परिचय दिया, अपना मूल्य प्रदर्शित किया और अपने अच्छे इरादे दर्शाए।

बहुत ज़्यादा सम्मान कमाने के बावजूद देने वालों ने एक समस्या का सामना किया। उन्होंने उत्पादकता संबंधी क़ीमत चुकाई। फ़्लिन ने तीन महीने तक प्रत्येक इंजीनियर के काम की मात्रा और गुणवत्ता का आकलन किया। देने वाले लेने से वालों से ज़्यादा उत्पादक थे। उन्होंने मेहनत से काम किया और ज़्यादा काम कराया, लेकिन संतुलन बैठाने वाले सबसे ज़्यादा उत्पादक थे। उन्होंने देने वालों को पीछे छोड़ दिया। स्पष्ट रूप से उन्होंने जो समय अपने सहयोगियों की मदद करने में बिताया, उससे काम को समाप्त करने, रिपोर्ट तैयार करने और रेखाचित्र बनाने की उनकी क्षमता प्रभावित हुई। ऐसी संभावना ज़्यादा थी कि देने वालों ने ज़्यादा मदद मांगी हो, जिसकी वज़ह से वे काम पर सही दिशा में लगे रहे। सतही तौर पर यह देने की शैली वाले नेटवर्किंग के लिए बड़ी बाधा लगती है। यदि लोगों की मदद करके देने की भावना वाले लोग अपनी उत्पादकता का त्याग कर देते हैं, तो यह फ़ायदेमंद कैसे हो सकता है?

इसके बावजूद ऐडम रिफ़्किन ना केवल देने वाले बने रहने में सफल रहे हैं, बल्कि कई सफल कंपनियों के सह संस्थापक के रूप में भी वे अत्यंत उत्पादक रहे हैं। वे देने और उत्पादकता के बीच टकराव कैसे दूर करते हैं और सामंजस्य कैसे बैठाते हैं? वे ज़्यादा देते भी हैं।

इंजीनियरों के अध्ययन में देने वालों ने हमेशा उत्पादकता की क़ीमत नहीं चुकाई। फ़्लिन ने यह मापने के लिए कि इंजीनियर देने वाले हैं, संतुलन बैठाने वाले हैं या लेने वाले हैं, उनके सहयोगियों से सवाल पूछे। उन्होंने पूछा कि वे इस आधार पर इंजीनियरों का मूल्यांकन करें कि वे लेने की अपेक्षा देते ज़्यादा हैं या उसी के बराबर लौटाते हैं अथवा उससे कम लौटाते हैं। इसका मतलब यह हुआ कि कुछ ऐसे इंजीनियर भी देने वालों के तौर पर अंक जुटाने में सफल रहे थे, जिन्होंने लोगों की ज़्यादा बार मदद नहीं की थी और उन्होंने बदले में कम मांगा था। इंजीनियरों ने कितनी बार मदद दी और कितनी बार ली, इस आधार पर जब फ़्लिन ने आंकड़ों की पड़ताल की, तो पता चला कि इंजीनियरों की उत्पादकता तभी कम हुई, जब उन्होंने कभी-कभार मदद दी। सभी इंजीनियरों में सबसे ज़्यादा उत्पादक वे ही थे, जिन्होंने अक्सर मदद की और पाने से ज़्यादा दिया। ये सच्चे देने वाले थे। उनकी उत्पादकता सबसे ज़्यादा थी और उनकी साख भी। उनके सहयोगी उनका सम्मान करते थे। अक्सर मदद करके इंजीनियरों ने ज़्यादा भरोसा जीत लिया था। वे अपने कार्य समूहों से अधिक मूल्यवान मदद ले सकते थे। उन्होंने जो मदद ली, वह सिर्फ़ उन लोगों तक सीमित नहीं थी, जिनकी मदद उन्होंने की थी।

यह ठीक वैसा ही है, जैसा ऐडम रिफ़्किन के पांच मिनट उपकार के फ़ॉर्मूले से हुआ है। सोशल मीडिया से पहले के समय रिफ़्किन ने शायद गुमनामी में पसीना बहाया हो, लेकिन आज की जुड़ी हुई दुनिया में देने की भावना रखने वाले व्यक्ति के तौर पर उनकी साख ध्वनि की गति से भी तेज़ गति से फैल रही है। रॉफ़ अचंभे के साथ कहते हैं, "उन्हें अपनी स्टार्ट-अप कंपनियों के लिए धन जुटाने में समय ही नहीं लगता। उनकी इतनी ज़्यादा प्रतिष्ठा है कि लोग उन्हें जानते हैं कि वे अच्छे व्यक्ति हैं। वे जो कुछ हैं, यह उसका लाभ है, जो उन्हें मिलता है।"

रिफ़्किन का अनुभव दर्शाता है कि देने वाले कैसे असाधारण रूप से विशाल नेटवर्क विकसित कर सकते हैं और उससे लाभान्वित हो सकते हैं। जिस तरह से देने वाले अपने नेटवर्कों में अन्य लोगों से संवाद करते हैं, उससे वे ऐसे मानक तैयार कर देते हैं, जो सभी के लिए ऐसा माहौल बना देते हैं, जो मूल्यों की सौदेबाज़ी करने या ज़्यादा मूल्य का दावा करने की बजाय मूल्य जोड़ने के अनुकूल होता है। इससे सभी के लिए लाभ का विस्तार होता है। जब उन्हें वास्तव में मदद की ज़रूरत होती है, तब वे अपने शिथिल संपर्कों से फिर जुड़ सकते हैं। लगभग भूले-बिसरे, लेकिन भरोसेमंद सूत्रों से नई मदद ले सकते हैं। लेखक कीथ फ़रा़ज़ी का कहना है, "मैं संक्षेप में कहूंगा कि सफलता की कुंजी एक शब्द में है। वह शब्द है उदारता। यदि आपका पारस्परिक व्यवहार उदारता पर आधारित है, तो आपको इनाम भी मिलेगा।" शायद यह कोई संयोग नहीं है कि विश्व के सबसे बड़े बिज़नेस नेटवर्किंग संगठन बीएनआई के संस्थापक ईवान मिस्नर को अपने मार्गदर्शन करने वाले दर्शन को व्यक्त करने के लिए सिर्फ़ तीन शब्द ही काफ़ी लगे। उन्होंने कहा, "दानियों को लाभ।"

वर्षों तक अपने नाम के अक्षरों को फिर से सजाने के बाद ऐडम रिफ़्किन आदर्श एनाग्राम यानि वर्ण-विपर्यय शब्द पर रुक गए, *आई फ़ाइंड कर्मा।*

3

तरंग का प्रभाव

सहयोग और श्रेय लेने तथा देने का गति विज्ञान

यह याद रखना अच्छा है कि एक मामूली अपवाद को छोड़कर पूरा ब्रह्मांड अन्य लोगों से बना है।

—पूर्व अमेरिकी प्रतिनिधि और सीनेटर जॉन एंड्र्यू होम्स

आप शायद जॉर्ज मायर के नाम से परिचित नहीं होंगे, लेकिन आप निश्चित रूप से उनके काम से परिचित होंगे। सच तो यह है कि आपका कोई क़रीबी उनके विचारों का ज़रूर प्रशंसक होगा। उनके विचारों ने दुनियाभर में एक संपूर्ण पीढ़ी को अपनी तरफ़ आकर्षित किया है। यद्यपि मुझे कुछ समय पहले तक नहीं पता था कि ये उनके विचार हैं, लेकिन मैं उनका तब से दीवाना हूं, जब मैं सिर्फ़ नौ साल का था। क़रीब 55 साल के मायर लंबे और इकहरे बदन के हैं। उनके लंबे जटा जैसे बाल और हल्की दाढ़ी है। यदि वे आपको गली में कहीं मिल जाएं, तो आप उनका चेहरा नहीं पहचान पाएंगे, लेकिन आप अंदाज़ा लगा सकते हैं कि वे ग्रेटफुल डैड कन्सर्ट के दीवाने हैं। आप सही भी होंगे क्योंकि जेरी गार्सिया की ज़िंदगी के पिछले पांच वर्षों में मायर ने उनकी कम से कम सत्तर विभिन्न ग्रेटफुल डैड कंसर्टों में भाग लिया है।

मायर ने हॉर्वर्ड में एक कॉलेज में दाख़िला लिया था, जहां उनके निलंबन की नौबत आ गई थी। उन्होंने विश्वविद्यालय के प्रथम वर्ष के विद्यार्थी को एक रेफ्रिजरेटर बेचा था। उन्होंने भुगतान ले लिया था, लेकिन सामान कभी नहीं दिया। दूसरी बार उनके निलंबन की नौबत तब आई, जब उन्होंने सोने के एक बड़े कमरे की खिड़की का शीशा तोड़ने के लिए इलेक्ट्रिक गिटार का इस्तेमाल किया। उनके कॉलेज करियर का दुर्लभ शानदार क्षण तब आया, जब उन्हें प्रसिद्ध हास्य पत्रिका *हार्वर्ड लैम्पून* का अध्यक्ष चुना गया, लेकिन जल्द ही इस पर दाग़ लग गया, जब बग़ावत की

कोशिश की गई। पत्रकार डेविड ओवेन के मुताबिक़, "मायर के साथियों ने कटु और अपमानजनक आंतरिक संघर्ष में उन्हें उखाड़ फेंकने की कोशिश की। उनके साथी ऐसा मानने लगे थे कि मायर ज़्यादा ज़िम्मेदार नहीं हैं।"

1978 में स्नातक करने के बाद मायर कॉलेज से घर लौट गए और जल्द से जल्द दौलत कमाने के तरीक़े खोजने लगे। अपने कॉलेज जीवन में उन्होंने बहुत समय ग्रे हाउंड ट्रैक पर कुत्तों की रेस पर जुआ खेलने में बिताया था। वे सोचते थे कि वे इसमें अपना करियर बना लेंगे। वे सार्वजनिक पुस्तकालय में बैठकर सिस्टम को मात देने की वैज्ञानिक रणनीतियों का विश्लेषण करने लगे। यह काम नहीं आया। दो सप्ताह बाद उनके पैसे ख़त्म हो गए।

तीन दशक बाद जॉर्ज मायर शो बिज़नेस के सबसे सफल व्यक्तियों में से एक हैं। उन्होंने एक ऐसी फ़िल्म में बड़ा सहयोग दिया है, जिसने 52.7 करोड़ डॉलर से ज़्यादा कमाए हैं। वे सात से ज़्यादा एमी अवार्ड जीत चुके हैं। उन्होंने ऐसे कई शब्दों का अविष्कार किया है, जिन्हें अंग्रेज़ी शब्दकोशों में शामिल किया गया। इनमें से एक ऐसा शब्द था, जो कॉलेज में कमरे में साथ रहने वाला मेरा साथी चार साल तक हर दिन बोलता रहा। मायर टीवी के उस अद्भुत शो में उनकी शानदार भूमिका के लिए विख्यात हैं। इस शो ने दुनिया को बदल दिया था। क़रीबी लोगों का कहना है कि किसी भी अन्य की तरह उन्हें भी इस शो की सफलता का श्रेय दिया जा सकता है। *टाइम* पत्रिका ने इस शो को बीसवीं सदी के सर्वश्रेष्ठ धारावाहिक की संज्ञा दी थी।

1981 में मायर ने दो मित्रों की सिफ़ारिश पर अपनी लेखनी के कुछ नमूने एनबीसी के नए शो *लेट नाइट विद डेविड लेटरमैन* को भेजे। उनकी प्रस्तुति में अंतिम पंक्तियों तक सब कुछ इतना ख़ूबसूरती से लिखा गया था कि लेटरमैन ने प्रशंसा करते हुए ओवेन से कहा, "मैंने ऐसा कोई व्यक्ति नहीं देखा है।" पहले सत्र के दौरान मायर ने एक ऐसा अभिनव विचार सामने रखा, जो बाद में लेटरमैन के शो की पहचान बन गया। इसमें छोटी-छोटी वस्तुओं, जैसे फल के टुकड़ों को, स्टीम रोलर से कुचला जाता था। लेटरमैन के साथ दो साल तक काम करने के बाद मायर लॉर्न माइकल के शो *द न्यू शो* पर काम करने चले गए। इसके बाद उन्होंने *सैटर्डे नाइट लाइव* के लिए काम किया। 1987 में वे एक फ़िल्म के लिए स्क्रिप्ट लिखने के वास्ते लेटरमैन से फिर जुड़े, हालांकि फ़िल्म बनी नहीं।

मायर के दो मित्रों ने जब उनके नाम की सिफ़ारिश लेटरमैन से की थी, तब उन्हें "अमेरिका का सबसे मज़ाक़िया व्यक्ति" बताया था। यह कोई ऐसा कथन नहीं था, जिसे हल्के में लिया जा सके। उनके ये दो मित्र *सेनफ़ेल्ड, द वंडर ईयर्स* और *मोंक* जैसे शो की हास्य लेखक जोड़ी बने। दोनों ने एमी अवार्ड भी जीता। लेटरमैन की फ़िल्म की स्क्रिप्ट पूरी करने के बाद जॉर्ज मायर की उपलब्धियों को यदि आप देखेंगे, तो आप भी इन मित्रों से सहमत होंगे।

अमेरिका में सबसे ज़्यादा समय तक चलने वाले हास्य और एनीमेशन कार्यक्रम *द सिम्पसन्स* में हास्य पैदा करने के पीछे सबसे ज़्यादा दिमाग़ उनका ही था। *द सिम्पसन्स* 27 प्राइम टाइम एमी अवार्ड जीत चुका है। इनमें से छह मायर के खाते में गए हैं। इस शो ने एनिमेटेड हास्य का चेहरा बदल दिया। मायर ने हालांकि *द सिम्पसन्स* को शुरू नहीं किया था, इसको मैट ग्रोनिंग ने सृजित किया था और जेम्स एल ब्रुक्स और सैम साइमन के साथ विकसित किया गया था, लेकिन ज़्यादातर लोगों का मानना है कि शो की सफलता के पीछे मायर सबसे बड़ी महत्त्वपूर्ण ताक़त थे। *द सिम्पसन्स* के लिए लिखने के वास्ते मायर को 1989 में इसके प्रीमियर से पहले रखा गया था। सोलह सत्रों तक एक लेखक और कार्यकारी निर्माता के तौर पर उनका योगदान बड़ा था।

ओवेन ने लिखा, “मायर ने शो को इतना नया स्वरूप दे दिया कि *द सिम्पसन्स* शो में दर्शाए जाने वाले हास्य की समझ उन्हीं की ही मानी जाने लगी।” हास्य लेखक माइक सक्स के मुताबिक़, “लेखन से जुड़े स्टाफ़ में मायर को काफ़ी हद तक परदे के पीछे दृश्यों में जीनियस लोगों में जीनियस माना जाता है। उन्हें ही सबसे अच्छी पंक्तियों और चुटकुलों का श्रेय जाता है।” *द सिम्पसन्स* के मूल लेखक जॉन विटी का कहना है, “मायर ही ऐसे व्यक्ति हैं, जो शो के लिए किसी के भी मुक़ाबले सबसे ज़्यादा लिखते हैं। उनकी छाप लगभग हर स्क्रिप्ट पर होती है। शो का निर्माता हुए बिना कोई व्यक्ति जितना अधिक प्रभाव शो पर डाल सकता है, मायर उतना ही प्रभाव रखते हैं।” विटी ने शो की कई प्रारंभिक कड़ियों को लिखा था। बाद में वे *द ऑफ़िस* के निर्माता बन गए।

जॉर्ज मायर जैसे व्यक्ति सहयोग वाले काम में इतना सफल कैसे हो गए? आदान-प्रदान की शैलियों से ऐसा शक्तिशाली आधार मिलता है, जिनके माध्यम से समझा जा सकता है कि कुछ लोग टीम में क्यों आगे बढ़ते हैं, तो कुछ विफल क्यों हो जाते हैं? ओरेकल की पूर्व एक्ज़ीक्यूटिव लिज़ वाइज़मैन ने *मल्टीप्लायर्स* में जीनियस और जीनियस तैयार करने वालों में अंतर स्पष्ट किया है। जीनियस की प्रवृत्ति लेने की होती है। वे ख़ुद के हितों को आगे बढ़ाते हैं। वे लोगों से “ज्ञान, ऊर्जा और क्षमता ले लेते हैं।” जीनियस निर्माता देने की प्रवृत्ति वाले होते हैं। वे अपने ज्ञान का इस्तेमाल “दूसरों के जोश और क्षमता को विस्तारित करने में करते हैं।” वाइज़मैन लिखती हैं, “जब लोगों को किसी बात की समझ आ जाती है, तब विचारों का प्रवाह निकल पड़ता है और समस्या का समाधान हो जाता है।” इस अध्याय में मेरा लक्ष्य इस बात का अन्वेषण करना है कि देने वालों और लेने वालों के बीच के ये अंतर व्यक्तिगत और समूह की सफलता पर कैसे असर डालते हैं।

सहयोग और रचनात्मक चरित्र

जब हम इस बात पर विचार करते हैं कि जॉर्ज मायर जैसे स्तर का हास्यपूर्ण असर पैदा करने के लिए किस बात की ज़रूरत होती है, तो इसमें ज़्यादा कोई सवाल की गुंजाइश ही नहीं कि रचनात्मकता उस समीकरण का एक बड़ा अंग है। काफ़ी समय तक *द सिम्पसन्स* की लेखिका और निर्माता रहीं कैरोलिन ओमिने कहती हैं, "दुनिया को देखने का मायर का विशेष तरीक़ा है। यह पूरी तरह अनूठा है।" कार्यकारी निर्माता और शो को चलाने वाले माइक स्कली ने एक बार टिप्पणी की थी, "जब मैं पहली बार *द सिम्पसन्स* से जुड़ा था, तो मायर से बहुत अधिक प्रभावित हुआ था। मैंने पहले भी हास्य का बहुत काम किया था, लेकिन मायर के विचार इतने अलग और इतने मौलिक थे कि मैं सोचता था कि ये मेरे दिमाग़ में क्यों नहीं आए।"

इस पहेली को सुलझाने के लिए कि लोग अत्यधिक रचनात्मक कैसे बन जाते हैं, बर्कले के मनोविज्ञानी डोनाल्ड मैककिनॉन ने 1958 में अग्रणी अध्ययन किया था। वे कला, विज्ञान और व्यापार में अत्यधिक रचनात्मक लोगों के अनूठे गुणों की पहचान करना चाहते थे। इसके लिए उन्होंने आर्किटेक्टों के समूह को चुना। उनका काम तीनों क्षेत्रों से जुड़ा था। मैककिनॉन और उनके सहयोगियों ने पांच स्वतंत्र आर्किटेक्ट विशेषज्ञों से कहा कि वे अमेरिका के चालीस सबसे ज़्यादा रचनात्मक आर्किटेक्टों की सूची तैयार करें। इन आर्किटेक्टों ने हालांकि आपस में बात नहीं की थी, लेकिन उनमें उल्लेखनीय सहमति थी। ये आर्किटेक्ट 200 आर्किटेक्टों के नाम लिख सकते थे, लेकिन समान नामों की गणना के बाद उनकी सूची में सिर्फ़ छियासी नाम ही रहे। इनमें से आधे से ज़्यादा आर्किटेक्टों को एक से ज़्यादा विशेषज्ञ ने नामांकित किया था। एक तिहाई से ज़्यादा को अधिकतर विशेषज्ञों ने नामांकित किया था। इनमें से 15 फ़ीसदी को सभी पांच विशेषज्ञों ने नामांकित किया था।

इसके बाद देश के चालीस सबसे ज़्यादा रचनात्मक आर्किटेक्ट स्वयं के मनोवैज्ञानिक विश्लेषण के लिए तैयार हो गए। मैककिनॉन की टीम ने इन आर्किटेक्टों की तुलना 84 अन्य आर्किटेक्टों से की, जो सफल तो थे, लेकिन बहुत ज़्यादा रचनात्मक नहीं थे। टीम ने इन रचनात्मक और "सामान्य" आर्किटेक्टों का मिलान आयु और भौगोलिक स्थान के हिसाब से किया। इसके लिए सभी आर्किटेक्ट बर्कले पहुंचे, जहां उन्होंने तीन दिन बिताए। इस दौरान उन्होंने मैककिनॉन की टीम से खुलकर बात की और विज्ञान के प्रति विचार रखे। आर्किटेक्टों ने व्यक्तित्व से संबंधित कई प्रश्नावलियों को भरा, तनावपूर्ण सामाजिक परिस्थितियों का सामना किया, कठिन समस्याओं के हल के टेस्ट दिए और अपने पूरे जीवन से जुड़े थका देने सवालों के जवाब साक्षात्कार में दिए। मैककिनॉन की टीम ने ढेर सारे आंकड़ों को ग़ौर से देखा। इसके लिए उन्होंने प्रत्येक आर्किटेक्ट के लिए छद्म नाम का इस्तेमाल किया, ताकि अध्ययन के दौरान वे अंधेरे में रहें कि कौन अत्यधिक रचनात्मक है और कौन नहीं।

अध्ययन में आर्किटेक्टों का एक समूह बहुत ज़्यादा "ज़िम्मेदार, नेकनीयत वाला, विश्वसनीय और भरोसेमंद व्यक्तित्व" वाला निकला। अन्य की अपेक्षा उनका "चरित्र अच्छा" था और "दूसरों के लिए सहानुभूति थी।" कर्म का सिद्धांत कहता है कि इन गुणों वाला यह समूह अत्यधिक रचनात्मक आर्किटेक्टों का होना चाहिए, लेकिन ऐसा नहीं था। ये सामान्य आर्किटेक्ट थे। मैककिनॉन ने निष्कर्ष निकाला कि रचनात्मक आर्किटेक्ट दूसरे समूह की अपेक्षा "बहुत ज़्यादा रौब जमाने वाले, आक्रामक और आत्म केंद्रित" थे। रचनात्मक आर्किटेक्टों में बहुत ज़्यादा अहंकार था। वे आलोचना का जवाब आक्रामक और रक्षात्मक दोनों तरह से देते थे। बाद के अध्ययनों में यही पैटर्न रचनात्मक और कम रचनात्मक विज्ञानियों की तुलना में भी उभरा। रचनात्मक विज्ञानियों ने प्रभुत्व जमाने, शत्रुता और मानसिक विचलन में ज़्यादा अंक अर्जित किए। प्रेक्षकों ने अत्यधिक रचनात्मक विज्ञानियों का मूल्यांकन किया कि वे दूसरों में अधीनता निर्मित करते हैं और उनका शोषण करते हैं। अत्यधिक रचनात्मक विज्ञानी ख़ुद भी ऐसे कथनों से सहमत थे जैसे, "मैं अन्य लोगों के सहयोग की उपेक्षा करता हूं और ख़ुद उसका अनुचित श्रेय लेता हूं" और "मैं अन्य शोधार्थियों के काम के बारे में टिप्पणी करते समय व्यंग्यात्मक और अपमानजनक व्यवहार करता हूं।"

लेने वालों में रचनात्मक विचार सृजित करने और विरोध की स्थिति में उनका बचाव करने की आदत होती है। इसकी वज़ह यह है कि उन्हें अपने विचारों में बहुत ज़्यादा विश्वास होता है और वे सामाजिक स्वीकार्यता की बेड़ियों से मुक्त अनुभव करते हैं। सामाजिक स्वीकार्यता बहुत लोगों की सोचने की दिशा को संकुचित कर देती है। जॉर्ज मायर के हास्य की यह विशिष्ट पहचान है। 2002 में उन्होंने *अप योर गिग्गी* नामक छोटे नाटक को लिखा, उसका निर्देशन किया और उसमें भूमिका भी अदा की। अपने एकपक्षीय संवादों में उन्होंने ईश्वर को "एक हास्यास्पद अंधविश्वास बताया, जिसका आविष्कार भयभीत गुफावासियों ने किया था।" उन्होंने विवाह का उल्लेख एक "किण्वित नाख़ुशी की स्थिर कड़ाही, भय और आलोचना की अनुरूपता तथा बच्चों के लिए अतिशयोक्तिपूर्ण चिंता..." जैसे शब्दों का प्रयोग करके किया था। उनका कहना था, "यह पुराने प्रेमी-प्रेमिकाओं के उत्तेजक चित्रों को नीचे से बाहर लाने का राज़ और पति-पत्नी के यौन संबंधों को संभव बनाने का निराशा भरा और दिल तोड़ने वाला प्रयास है।"

तो क्या रचनात्मकता का राज़ है : लेने की मानसिकता वाला बनना?

इतनी तेज़ी से नहीं। मायर का हास्य-विनोद दोषदर्शी हो सकता है, समय के अनुरूप रही कई परंपराओं के प्रति उनका संदेह गहरा हो सकता है और उनके कुछ कथन अविवेकपूर्ण हो सकते हैं, लेकिन हॉलीवुड के ब्रह्मांड में जहां लेने की मानसिकता वालों का वर्चस्व है, वहां मायर ने अपना ज़्यादातर करियर देने वाले

की शैली में बिताया है। यह उनके जीवन में बहुत पहले से शुरू हो गया। किशोर के तौर पर वे ईगल स्काउट थे और पादरी के धार्मिक अनुष्ठानों में सेवा करने वाले लड़के थे। हार्वर्ड में उनका मुख्य विषय बायो कैमिस्ट्री था। उन्हें मेडिकल स्कूल में दाख़िला मिल गया था, लेकिन उन्होंने इनकार कर दिया। कॉलेज में जो अति प्रतिस्पर्द्धी विद्यार्थी उन्हें मिले थे, उन्होंने मायर को आगे बढ़ने से रोका। ये विद्यार्थी "एक-दूसरे के प्रयोगों को नियमित रूप से नुक़सान पहुंचाते थे, जो बहुत भद्दा काम था।" ओवेन लिखते हैं, *लैम्पून* पत्रिका का अध्यक्ष चुने जाने के बाद जब मायर के साथियों ने उन्हें उखाड़ फेंकने की कोशिश की, तो "वे ना केवल बग़ावत से साफ़ बाहर निकल आए, बल्कि अपने मुख्य विरोधी के नज़दीकी मित्र बन गए।" स्नातक होने के बाद जब वे डॉग ट्रैक पर विफल रहे, तो मायर ने कैन्सर रिसर्च लैब में काम किया और वे स्थानापन्न शिक्षक भी रहे। मैंने जब मायर से पूछा कि वे हास्य की तरफ़ कैसे खिंचे चले आए, तो उन्होंने कहा, "मुझे लोगों को हँसाने और उनका मनोरंजन करने से प्यार है। मैं दुनिया को थोड़ा बेहतर बनाने की कोशिश करता हूं।"

मायर ने अपनी हास्य प्रतिभा का इस्तेमाल सामाजिक और पर्यावरण संबंधी ज़िम्मेदारियों को पूरा करने में किया। 1992 में *द सिम्पसन्स* की एक प्रारंभिक कड़ी "मिस्टर लिजा गोज टू वॉशिंगटन" को इन्वाइरन्मेन्टल मीडिया अवार्ड के लिए नामांकित किया गया था। इसे टीवी पर पर्यावरण को बढ़ावा देने वाले संदेश के साथ सर्वश्रेष्ठ हास्य कड़ी का अवार्ड दिया गया था। इसे मायर ने लिखा था। उनके कार्यकाल के दौरान शो ने ऐसे छह अवार्ड जीते। 1995 में *द सिम्पसन्स* को जानवरों के मसलों पर जागरूकता पैदा करने के लिए ह्यूमेन सोसाइटी से जेनेसिस अवार्ड मिला। मायर शाकाहारी हैं। वे नियमित रूप से योग का अभ्यास करते हैं। 2005 में उन्होंने टीबीएस के विशेष शो *अर्थ टु अमेरिका* को संयुक्त रूप से लिखा। यह एक ऐसा शो था, जो ग्लोबल वार्मिंग और पर्यावरण संबंधी मसलों पर जागरूकता पैदा करने के लिए हास्य को एक साधन के तौर पर इस्तेमाल करता है। उन्होंने कन्जर्वेशन इंटरनेशनल के लिए व्यापक काम किया है। जैव विविधता को बढ़ावा देने के लिए उन्होंने हास्य से भरे व्याख्यान पावर पॉइंट प्रस्तुतिकरण में तैयार किए हैं। 2007 में जब विज्ञानियों ने श्रीलंका में दलदल के मेंढक की नई प्रजाति की खोज की, तो उन्होंने उसका नाम मायर की बेटी के नाम पर किया। मायर ने मेंढकों को बचाने के अभियान में ग्लोबल एम्फ़ीबियन असेसमेंट की जो मदद की थी, यह उसका सम्मान था।

मायर अन्य लोगों के साथ कैसे काम करते हैं, उससे भी ज़्यादा प्रभावशाली वह है, जो काम वे इस ग्रह के लिए करते हैं। 1988 में जब वे लेटरमैन की फ़िल्म की स्क्रिप्ट पर काम कर रहे थे, तब उन्हें बड़ी पेशेवर सफलता मिली। अपने काम में विविधता लाने के लिए उन्होंने एक स्वलिखित और स्वप्रकाशित पत्रिका *आर्मी मैन*

निकाल दी। मायर ने हास्यरस लेखक एरिक स्पिट्ज़नैगल को बताया, "बहुत कम प्रकाशन ऐसे थे, जो हास्यमय होने की कोशिश कर रहे थे। ऐसे में मैंने कुछ ऐसा बनाने की कोशिश की, जिसका एजेंडा आपको हँसाने के अलावा कुछ नहीं था।" *आर्मी मैन* का पहला अंक आठ पेज का था। मायर ने इसे ख़ुद ही टाइप किया, पलंग पर लेटे-लेटे ही इसे व्यवस्थित किया और इसकी फ़ोटोकॉपी करना शुरू कर दिया। इसके बाद उन्होंने सबसे अच्छा मज़े का काम यह किया कि अपने 200 मित्रों को इसकी मुफ़्त प्रतियां भेज दीं।

पाठकों को *आर्मी मैन* पत्रिका हास्य से भरपूर लगी और वे इसे आपस में बांटने लगे। पत्रिका के पीछे लोग जल्द ही दीवाने हो गए। इसे *रोलिंग स्टोन* की हॉट लिस्ट में साल की सर्वश्रेष्ठ मनोरंजक पत्रिकाओं में जगह मिली। बहुत जल्द मायर के मित्र पत्रिका के अगले अंकों में छपने के लिए लेख भेजने लगे। दूसरे अंक तक मायर के समक्ष एक हज़ार प्रतियों के वितरण की मांग आ चुकी थी। तीसरे अंक के बाद उन्होंने इसे बंद कर दिया। कुछ हद तक इसका कारण यह था कि वे अपने सभी मित्रों के लेख छाप नहीं पा रहे थे और वे उन्हें मना भी नहीं कर सकते थे।

आर्मी मैन ने उस वक़्त पदार्पण किया था, जब *द सिम्पसन्स* शुरू होने वाला था। इसका पहला अंक कार्यकारी निर्माता सैम साइमन के हाथों में भी पहुंचा। वे उस वक़्त शो के लिए लेखकों की टीम की नियुक्ति करने वाले थे। साइमन ने मायर और *आर्मी मैन* के कुछ अन्य लेखकों की सेवाएं ले लीं। इन सभी ने एक साथ मिलकर *द सिम्पसन्स* को हिट करा दिया। लेखकों के कक्ष में जॉर्ज मायर ने स्वयं को देने की भावना रखने वाले व्यक्ति के तौर पर स्थापित कर दिया। *द सिम्पसन्स* के लेखक और पांच बार एमी अवार्ड के विजेता टिम लॉन्ग ने मुझे बताया, "मैं जिन लोगों को भी जानता हूं, उनमें से मायर की प्रतिष्ठा सबसे ज़्यादा है। वे देने और लोगों की मदद करने में अत्यंत उदार हैं।" कैरोलिन ओमिने प्रशंसा करते हुए कहती हैं, "हर कोई जो मायर को जानता है, वह यह भी जानता है कि वे वास्तव में बहुत अच्छे व्यक्ति हैं। उन्होंने दूसरों के सम्मान की एक संहिता बना रखी है और वे उसी के हिसाब से जीते हैं। उनकी सत्यनिष्ठा अलौकिक है।"

जॉर्ज मायर की सफलता यह दर्शाती है कि देने की भावना रखने वाले भी लेने वालों के समान रचनात्मक हो सकते हैं। सहयोग में उनकी आदतों का अध्ययन करके हम यह समृद्ध मूल्यांकन कर सकते हैं कि देने वाले कैसे काम करते हैं, जो ना केवल उनकी, बल्कि उनके आस-पास के लोगों की सफलता में योगदान देता है, लेकिन यह पूर्ण रूप से समझने के लिए कि सहयोग के काम में देने वाले ऐसा क्या प्रभावी ढंग से करते हैं, उनकी लेने वालों से तुलना महत्त्वपूर्ण है। रचनात्मक आर्किटेक्टों पर किए गए शोध से पता चलता है कि लेने वालों के पास अक्सर

मौलिक विचारों का सृजन करने का आत्मविश्वास होता है, जो परंपराओं के अनुरूप नहीं होते हैं, लेकिन वे इन विचारों की हिमायत करने के लिए मुश्किल लड़ाई लड़ते हैं। सवाल यह है कि क्या इस आज़ादी को कोई क़ीमत होती है?

अकेले उड़ना

बीसवीं शताब्दी में कोई अन्य व्यक्ति उच्च रचनात्मकता का उतना प्रतीक नहीं था, जितने फ़्रैंक लॉयड राइट थे। 1991 में अमेरिकन इंस्टीट्यूट ऑफ़ आर्किटेक्ट्स ने लॉयड का सम्मान अमेरिका के सर्वकालीन महानतम आर्किटेक्ट के तौर पर किया था। उनका करियर असाधारण रूप से लाभकारी था। उन्होंने पिट्सबर्ग के निकट बने प्रसिद्ध फ़ॉलिंग वाटर हाउस, गुगेनहाइम संग्रहालय और हज़ार से ज़्यादा ढांचों का डिज़ाइन तैयार किया था। इनमें से लगभग आधे ढांचों का निर्माण हुआ था। अपने सात दशक लंबे करियर में उन्होंने औसतन हर दशक 140 से ज़्यादा डिज़ाइन तैयार किए और 70 से ज़्यादा इमारतें बनवाईं।

राइट का करियर यद्यपि बीसवीं सदी के पहले एक चौथाई भाग में काफ़ी फलप्रद रहा, लेकिन 1924 से शुरू होकर नौ वर्षों तक उनके करियर ने गहरा गोता लगाया। सामाजिक विज्ञानी रोज़र फ़्रीडलैंड और आर्किटेक्ट हैरॉल्ड ज़ेलमैन लिखते हैं, “1925 में राइट का करियर लॉस एंजिलस में कुछ मकानों तक सिकुड़ कर रहा गया था।” राइट के करियर का अध्ययन करने के बाद मनोविज्ञानी एड डी सेंट ऑबिन ने निष्कर्ष निकाला कि आर्किटेक्ट की दृष्टि से राइट के करियर ने सबसे गहरा गोता 1924 से लेकर 1933 के बीच लगाया, जब उन्होंने सिर्फ़ दो प्रोजेक्ट ही पूरे किए। इन नौ वर्ष की अवधि में राइट सामान्य से 35 गुना कम उत्पादक थे। एक-दो साल तो उन्होंने कमीशन के तौर पर कुछ अर्जित नहीं किया। आर्किटेक्चर के समीक्षक क्रिस्टफ़र हॉथोर्न का कहना था, “राइट अपने पेशे का बुरा प्रबंधन कर रहे थे।” जीवनी लेखक ब्रेंडन गिल ने लिखा, “1932 तक दुनिया के प्रसिद्ध आर्किटेक्ट फ़्रैंक लॉयड राइट बेरोज़गार थे। उनका पिछला बड़ा काम उनके रिश्ते के भाई का मकान था और वे 1929 में लगातार क़र्ज़ में डूबे थे। हालत यह हो गई थी कि वे राशन का सामान ख़रीदने के लिए भी साधन की तलाश कर रहे थे।” आख़िर ऐसा क्या हुआ कि अमेरिका का महानतम आर्किटेक्ट इतना कमज़ोर पड़ गया?

राइट उन आर्किटेक्टों में शामिल थे, जिन्हें मैककिनॉन के रचनात्मकता के अध्ययन के लिए न्योता दिया गया था। राइट ने हालांकि न्योते को ठुकरा दिया था, लेकिन मैककिनॉन के विश्लेषण से रचनात्मक आर्किटेक्ट की जो तसवीर उभरी, वो राइट का प्रतिरूप ही थी। फ़्रैंक लॉयड राइट अपने उद्देश्य में मानवीय लगते थे। उन्होंने जैविक आर्किटेक्चर की शुरुआत की, ताकि लोगों और जिस पर्यावरण में वे जीते हैं, उनके बीच सद्भाव को बढ़ावा दिया जा सके। अन्य लोगों के साथ व्यवहार

में उन्होंने लेने की मानसिकता वाले के तौर पर काम किया। विशेषज्ञों का मानना है कि एक प्रशिक्षु के तौर पर उन्होंने शराब के अवैध कारोबार से जुड़े नौ मकानों को डिज़ाइन किया। ऐसा करके उन्होंने अनुबंध का उल्लंघन किया जिसमें स्वतंत्र काम करने की मनाही थी। अपने अवैध काम को छिपाने के लिए राइट ने अपने एक साथी ड्राफ़्ट्समैन को कई मकानों के अनुबंध पर दस्तख़त के लिए तैयार कर लिया। एक बार तो राइट ने अपने पुत्र जॉन को कुछ प्रोजेक्टों में सहायक के तौर पर रख लिया और वेतन का वादा किया। जब जॉन ने वेतन मांगा, तो राइट ने भी उन्हें बिल भेज दिया कि जन्म से लेकर अब तक उनका कितना ख़र्च हुआ है और उसकी कुल रक़म कितनी है।

जब वे प्रसिद्ध फ़ॉलिंग वाटर हाउस को डिज़ाइन कर रहे थे, तब उन्होंने कई महीने तक काम रोक दिया था। जब उनके ग्राहक एडगर कॉफ़मैन ने आख़िरकार उन्हें सूचित किया कि वे स्वयं 140 मील की दूरी तय करके प्रोजेक्ट की प्रगति देखने आ रहे हैं, तो राइट ने दावा किया कि मकान बन चुका है, लेकिन जब कॉफ़मैन आए, तो उन्होंने देखा कि मकान बनना तो दूर, अभी एक ड्रॉइंग भी पूरी नहीं हुई है। कॉफ़मैन की आंखों के सामने ही चंद घंटों में राइट ने विस्तृत डिज़ाइन तैयार कर दिया। कॉफ़मैन ने उनके परिवार के पसंदीदा सप्ताहांत कॉटेज को अधिकृत किया था, जहां से वे झरना देख सकते थे। राइट के दिमाग़ में बिलकुल नया विचार ही था। उन्होंने झरने के ऊपर की चट्टान पर मकान का नक़्शा खींचा, जहां से झरना दिखाई नहीं देता था। उन्होंने कॉफ़मैन को यह मानने के लिए राज़ी कर लिया और इसके लिए 125,000 डॉलर लिए, जो मूल अनुबंध 35,000 डॉलर से तीन गुना से भी ज़्यादा थे। इस बात की संभावना कम ही है कि देने की भावना रखने वाला कोई व्यक्ति अपने ग्राहक की अपेक्षाओं से इतना दूर जाकर भी सहज रह सकता है। उसे उत्साह से अपने विचार का अनुमोदन करने के लिए तैयार करने और उससे ज़्यादा वसूलना तो दूर की बात है। राइट का दिमाग़ लेने वाले का रहा होगा, जिसके दम पर उन्होंने पूर्ण रूप से मौलिक विचार विकसित करने की गुस्ताख़ी की और उसे अपने ग्राहक को बेचने में भी सफल रहे।

लेने की जिन प्रवृत्तियों ने राइट को फ़ॉलिंग वाटर हाउस मामले में लाभ पहुंचाया था, उन्हीं की वज़ह से उनकी नौ साल की गिरावट में तेज़ी आई। 1911 से पहले दो दशकों तक राइट ने शिकागो, ओक पार्क और इलिनॉय के एक शानदार आर्किटेक्ट के तौर पर नाम कमाया, जहां उन्हें शिल्पियों और मूर्तिकारों से बहुत सहायता मिली। 1911 में उन्होंने दूरस्थ विस्कॉन्सिन घाटी में टैलिएसिन संपदा को डिज़ाइन किया। यह सोचते हुए कि वे अकेले भी उत्कृष्ट काम कर सकते हैं, राइट अपनी मूल जगह से निकल लिए। गिल ने लिखा, जैसे-जैसे समय बीता, "थोपी गई निष्क्रियता की लंबी अवधि में" वे जैसे-तैसे अपनी गाड़ी धकाते रहे। राइट

की टैलिएसिन में प्रतिभावान प्रशिक्षुओं तक पहुंच बन नहीं पाई। डी सेंट ऑबिन टिप्पणी करते हैं, "टैलिएसिन बनाकर उन्होंने ख़ुद के लिए अलगाव चुन लिया था। उनकी ज़िंदगी के लिए जो तत्व जैसे आर्किटेक्चर का काम और कुशल कारीगर महत्त्वपूर्ण थे, वे उन्हें नहीं मिले, जिनसे उन्हें मकानों की डिज़ाइन पूरा करने में मदद मिलती।"

फ्रैंक लॉयड राइट की परेशानियां तब ख़त्म हुईं, जब उन्होंने स्वतंत्र रूप से काम करना बंद कर दिया। उन्होंने प्रतिभावान सहयोगियों के साथ परस्पर निर्भरता के आधार पर काम करना शुरू किया। यह सिर्फ़ उनका विचार नहीं था। उनकी पत्नी ओलगीवान्ना ने यह विचार रखा था कि वे प्रशिक्षुओं के लिए फ़ैलोशिप शुरू करें, जिससे उन्हें काम में मदद मिल सके। उन्होंने राइट को इसके लिए राज़ी भी कर लिया। प्रशिक्षु 1932 में उनसे जुड़ गए। इसके बाद राइट की उत्पादकता ऊंची उड़ान भरने लगी। थोड़े समय बाद ही वे फ़ॉलिंग वाटर हाउस पर काम कर रहे थे। फ़ॉलिंग वाटर हाउस को अनेक लोग आधुनिक इतिहास में सर्वोत्कृष्ट स्थापत्य कृति के रूप में मानते हैं। राइट ने अपना फ़ैलोशिप प्रोग्राम 25 साल तक चलाया, इसके बावजूद उन्हें यह मानने में मुश्किल होती थी कि वे प्रशिक्षुओं पर कितने निर्भर हैं। उन्होंने प्रशिक्षुओं को भुगतान करने से मना कर दिया। यही नहीं, उनसे खाना बनवाया, सफ़ाई कराई और फ़ील्ड का काम कराया। फ़ॉलिंग वाटर हाउस पर उनके साथ काम कर चुके एक पूर्व प्रशिक्षु एडगर टफ़ेल ने स्पष्ट करते हुए कहा, "राइट एक महान आर्किटेक्ट थे, लेकिन उनकी डिज़ाइनें काम करें, उसके लिए उन्हें मेरे जैसे लोगों की ज़रूरत होती थीं, लेकिन आप उनसे यह कह नहीं सकते थे।"

राइट की कहानी से खुलासा होता है कि रचनात्मक सफलता का श्रेय व्यक्तियों को देने की हमारी स्वाभाविक प्रवृत्ति और वास्तव में बड़े कामों को आधार प्रदान करने वाली सहयोगपूर्ण सच्चाई में कितना अंतर है। यह अंतर सिर्फ़ रचनात्मक क्षेत्रों तक सीमित नहीं है। दिखने में कुछ काम ऐसे होते हैं, जो सिर्फ़ दिमाग़ी शक्ति पर ही आधारित होते हैं, लेकिन उनमें भी सफलता हमारे अनुभव करने से कहीं ज़्यादा दूसरों पर निर्भर करती है। पिछले एक दशक के दौरान हार्वर्ड के अनेक प्रोफ़ेसरों ने अस्पतालों के हृदय रोग विशेषज्ञों और निवेश बैंकों के शेयर विश्लेषकों का अध्ययन किया है। दोनों समूहों के पास काम का विशेषज्ञता वाला ज्ञान है। रोगियों का दिल ठीक करने और शेयर बाज़ार के बारे में सिफ़ारिश के लिए जटिल सूचना को संगठित करने के लिए तीव्र बुद्धि की ज़रूरत होती है। प्रबंधन गुरु पीटर ड्रकर के मुताबिक़, "उत्पादन में हाथ से काम करने वाले कारीगरों के विपरीत ये विशेषज्ञ ज्ञान के कारीगर होते हैं। इनके पास उत्पादन के साधनों का स्वामित्व होता है। ज्ञान इनके दिमाग़ में होता है, जिसे ये साथ लाते हैं और ले जाते हैं।" लेकिन ज्ञान को बनाए रखना वास्तव में इतना आसान नहीं है।

एक अध्ययन में प्रोफ़ेसर रॉबर्ट हकमैन और गैरी पिसानो यह जानना चाहते थे कि क्या सर्जन प्रैक्टिस करते-करते बेहतर हो जाते हैं। सर्जन की मांग चूंकि बहुत ज़्यादा है, इसलिए वे एक से ज़्यादा अस्पतालों में ऑपरेशन करते हैं। दो वर्ष की अवधि तक हकमैन और पिसानो ने 43 विभिन्न अस्पतालों में 203 हृदय रोग विशेषज्ञों के हाथों हुए 38,577 ऑपरेशनों पर नज़र रखी। उन्होंने बाईपास सर्जरी पर अध्ययन केंद्रित किया। बाईपास सर्जरी में सर्जन रोगी के सीने को खोलता है और रोगी के पैर या सीने की धमनियों के हिस्से से शिरा लेकर उसे जोड़ता है, ताकि दिल को जाने वाली धमनियों के ब्लॉकेज को बाईपास किया जा सके। औसतन तीन फ़ीसदी रोगी ऐसे ऑपरेशनों के दौरान बच नहीं सके।

जब हकमैन और पिसानो ने आंकड़ों की पड़ताल की, तो उन्हें एक उल्लेखनीय पैटर्न का पता चला। कुल-मिलाकर, सर्जन प्रैक्टिस करने के साथ-साथ बेहतर नहीं हुए थे। वे किसी विशेष अस्पताल में ही बेहतर हुए, जहां वे प्रैक्टिस करते थे। किसी विशेष अस्पताल में हर ऑपरेशन पर रोगी की मृत्यु का ख़तरा एक फ़ीसदी घट गया, लेकिन अन्य अस्पतालों में रोगी की मृत्यु का ख़तरा वही रहा। सर्जन इधर से उधर अपना प्रदर्शन नहीं ले जा सके। वे बाईपास सर्जरी में बेहतर नहीं हो रहे थे। वे सिर्फ़ कुछ ख़ास नर्सों और निश्चेतक विशेषज्ञों से ज़्यादा परिचित हो रहे थे। वे उनकी ताक़तों और ख़ामियों, आदतों और शैलियों के बारे में ज़्यादा जान रहे थे। इस परिचय से उन्हें रोगी की मृत्यु टालने में मदद मिली, लेकिन यह क्षमता अन्य अस्पतालों तक नहीं गई। रोगी की मृत्यु का जोख़िम कम करने के लिए सर्जन को ऑपरेशन टीम के विशेष सदस्यों के साथ संबंधों की ज़रूरत होती थी।

जब हकमैन और पिसानो अस्पतालों के आंकड़े जुटाने में व्यस्त थे, उसी दौरान हार्वर्ड में ऐसा ही अध्ययन वित्तीय क्षेत्र में भी हो रहा था। निवेश बैंकों में शेयर विश्लेषक शोध करते हैं, ताकि धन अर्जन की सटीक भविष्यवाणी की जा सके और वित्तीय प्रबंधन कंपनियों को सिफ़ारिश की जा सके कि किस कंपनी के शेयर ख़रीदने और बेचने हैं। सर्वोत्तम विश्लेषकों के पास श्रेष्ठतर ज्ञान और विशेषज्ञता होती है, जिसका वे इस्तेमाल कर सकते हैं, चाहे उनका सहयोगी कोई भी हो। निवेश शोध एक्ज़ीक्यूटिव फ़्रेड फ़्रैंकल स्पष्ट करते हुए कहते हैं, "विश्लेषक वॉल स्ट्रीट के सबसे ज़्यादा चल पेशेवर हैं। उनकी विशेषज्ञता को एक स्थान से दूसरे स्थान पर ले जाया जा सकता है। मेरा कहने का मतलब है कि यदि आप यहां हैं, तो यहां उन्हें पा सकते हैं और यदि आप वहां हैं, तो वहां उन्हें पा सकते हैं। उनके ग्राहक आधार नहीं बदलते। आपको सिर्फ़ अपने रोलोडेक्स और आपकी फ़ाइलों की ज़रूरत होगी और आप व्यापार शुरू कर सकते हैं।"

इस अवधारणा को परखने के लिए बोरिस ग्रोयसबर्ग ने क़रीब नौ वर्ष की अवधि में 78 विभिन्न फ़र्मों में एक हज़ार से ज़्यादा विश्लेषकों का अध्ययन किया।

विश्लेषक सामान्य शेयर और निश्चित आय वाले शेयर के विश्लेषण से जुड़े थे। निवेश प्रबंधन संस्थानों के हज़ारों ग्राहकों ने धन अर्जन के अनुमानों की गुणवत्ता, बाज़ार का ज्ञान, रिपोर्ट लिखने की क्षमता, सेवा, न्यूनतम शेयर संख्या, पहुंच और उत्साहपूर्वक जवाब देने की क्षमता के आधार पर इन विश्लेषकों की प्रभावशीलता का मूल्यांकन किया। अस्सी उद्योग क्षेत्रों में से प्रत्येक में शीर्ष तीन विश्लेषकों को सर्वोत्तम माना गया। इनकी आय क़रीब 20-50 लाख डॉलर के बीच थी। ग्रोयसबर्ग और उनकी टीम ने पता लगाया कि जब विश्लेषकों ने फ़र्म बदली, तब क्या हुआ। नौ वर्ष की अवधि में 366 यानि क़रीब 9 फ़ीसदी विश्लेषकों ने फ़र्म बदली। ऐसे में यह देखना आसान था कि क्या सर्वोत्तम विश्लेषक नई फ़र्मों में अपनी सफलता बरकरार कर सके।

यद्यपि ऐसा माना गया था कि वे व्यक्तिगत रूप से सर्वोत्तम विश्लेषक थे, लेकिन उनका प्रदर्शन एक स्थान से दूसरे स्थान पर जाने वाला नहीं था। जब सर्वोत्तम विश्लेषकों ने किसी दूसरी फ़र्म में सेवाएं देनी शुरू कीं, तो उनका प्रदर्शन गिर गया। पांच साल से ज़्यादा समय तक ऐसी स्थिति रही। दूसरी फ़र्म जाने के पहले साल ऐसी संभावना पांच फ़ीसदी कम थी कि सर्वोत्तम विश्लेषकों को पहली वरीयता मिले। छह फ़ीसदी संभावना कम थी कि उन्हें दूसरी वरीयता मिले। एक फ़ीसदी संभावना कम थी कि उन्हें तीसरी वरीयता मिले और इस बात की संभावना छह फ़ीसदी ज़्यादा थी कि उन्हें कोई वरीयता ही नहीं मिले। यहां तक कि फ़र्म बदलने के पांच साल बाद भी इस बात की संभावना पांच फ़ीसदी कम ही थी कि उन्हें पहली वरीयता मिले। आठ फ़ीसदी संभावना इस बात की ज़्यादा थी कि उन्हें कोई वरीयता ही नहीं मिले। इन विश्लेषकों की सेवाएं लेने से फ़र्मों को औसतन दो करोड़ 40 लाख डॉलर का नुक़सान हुआ। फ़्रैंकल और उद्योग के अन्य अंदरूनी सूत्रों की धारणा के विपरीत ग्रोयसबर्ग और उनके सहयोगियों ने निष्कर्ष निकाला कि "सर्वोत्तम विश्लेषकों की सेवाएं लेना प्रदर्शन के हिसाब से ना तो ख़ुद इन विश्लेषकों के लिए फ़ायदेमंद रहा और ना ही बाज़ार मूल्य के हिसाब से फ़र्मों को कोई लाभ हुआ।"

लेकिन इनमें से कुछ सर्वोत्तम विश्लेषकों ने अपनी सफलता बरकरार रखी। यदि उन्होंने अपनी-अपनी टीमों के साथ फ़र्म बदली, तो सर्वोत्तम विश्लेषकों के प्रदर्शन में कोई गिरावट दर्ज नहीं की गई। जिन सर्वोत्तम विश्लेषकों ने अकेले की फ़र्म बदली, उन्हें प्रथम वरीयता मिलने की संभावना पांच फ़ीसदी थी, लेकिन जिन सर्वोत्तम विश्लेषकों ने अपनी-अपनी टीमों के साथ फ़र्म बदली थी, उन्हें पहली वरीयता मिलने की संभावना दस फ़ीसदी थी। यह आंकड़ा उन्हीं के समान था, जिन्होंने फ़र्म नहीं बदली थी। ग्रोयसबर्ग और उनके सहयोगियों ने एक अन्य अध्ययन में निष्कर्ष निकाला कि यदि विश्लेषकों ने अपनी टीमों और विभागों में उच्च गुणवत्ता वाले सहयोगियों के साथ काम किया, तो इस बात की संभावना ज़्यादा रहती थी कि वे अपना सर्वोत्तम

प्रदर्शन बरकरार रखेंगे। सूचना और नवीन विचारों के लिए सर्वोत्तम विश्लेषक अपने ज्ञानवान सहयोगियों पर निर्भर रहते थे।

सर्वोत्तम निवेश विश्लेषक और हृदय रोग विशेषज्ञ उन सहयोगियों पर बहुत ज़्यादा निर्भर थे, जो उन्हें बहुत अच्छी तरह जानते थे या उनके पास बहुत सशक्त कौशल था। यदि फ़्रैंक लॉयड राइट लेने की बजाय देने की भावना रखने वाले व्यक्ति होते, तो क्या वे उन नौ वर्षों के संघर्ष से बच सकते थे, जिस दौरान उनकी आय और साख दोनों बुरी तरह गिर गई थी? जॉर्ज मायर ऐसा सोचते हैं।

काश! मैं आपसे नफ़रत कर पाता

1987 में *सैटर्डे नाइट लाइव* छोड़ने के बाद मायर तेज़ी से न्यू यॉर्क छोड़कर बोल्डर, कोलोराडो चले गए, जहां उन्हें सिर्फ़ लेटरमैन की फ़िल्म की स्क्रिप्ट पर काम करना था। ठीक फ़्रैंक लॉयड राइट की तरह मायर ने भी ख़ुद को अपने सहयोगियों से अलग-थलग कर लिया, लेकिन राइट के ठीक विपरीत मायर ने महसूस किया कि सफल होने के लिए उन्हें दूसरे लोगों की ज़रूरत है। वे जानते थे कि उनका प्रदर्शन स्वतंत्र नहीं था, बल्कि परस्पर निर्भर था : लोगों को हँसाने की उनकी क्षमता कुछ हद तक सहयोगी हास्य लेखकों के सहयोग की वज़ह से थी। मायर ने उन लोगों से संपर्क साधा, जिन्होंने *लैम्पून* और उनके पिछले टीवी कार्यक्रमों में उनके साथ काम किया था। उन्होंने इन सभी को *आर्मी मैन* के लिए सहयोग देने का न्योता दिया। मायर ने मुझे बताया, "मेरा मानना है कि सहयोग एक बहुत ही ख़ूबसूरत चीज़ है, ख़ासकर हास्य के क्षेत्र में। मज़ाकिया लोगों के समूह में आपको वह दुर्लभ सहक्रियता देखने को मिलती है। ऐसे चुटकुले सामने आते हैं, जो आप कभी सोच भी नहीं सकते।" पहले अंक में चार सहयोगियों ने मायर की मदद की। इनमें से एक थे जैक हैंडी। उन्होंने 'डीप थॉट्स' पर प्रारंभिक किस्त भेजी। बाद में चुटकुलों की शृंखला में यह बेतहाशा लोकप्रिय साबित हुई। मायर ने *सैटर्डे नाइट लाइव* से ख़ुद के लोकप्रिय होने से तीन साल पहले इसे प्रकाशित किया था। *आर्मी मैन* की सफलता में इसका योगदान था।

जॉर्ज मायर और फ़्रैंक लॉयड राइट की तुलना से खुलासा होता है कि देने वाले और लेने वाले सफलता के बारे में अलग-अलग कैसे सोचते हैं। राइट ने सोचा कि वे आर्किटेक्ट के तौर पर अपनी प्रतिभा को शिकागो से अलग दूरस्थ हिस्से विस्कॉन्सिन ले जा सकते हैं। शिकागो में वे विशेषज्ञों की टीम के साथ काम करते थे, जबकि विस्कॉन्सिन में वे काफ़ी हद तक अकेले थे। राइट के परिवार का आदर्श वाक्य था, "दुनिया के ख़िलाफ़ सच।" पश्चिमी संस्कृति में यह मुख्य विषय है। हमारी प्रवृत्ति होती है कि हम कुशाग्र बुद्धि वाले किसी एक व्यक्ति को यह विशेष अधिकार देते हैं कि वह विचारों को प्रतिपादित करे। उससे ही हम मंत्र-मुग्ध होते हैं

और उससे ही हमारी दुनिया बदलती है। स्टैनफ़ोर्ड के तीन मनोविज्ञानियों के शोध के मुताबिक़ अमेरिकी लोग स्वतंत्रता को शक्ति के एक प्रतीक के तौर पर देखते हैं। परस्पर निर्भरता को वे कमज़ोरी के चिह्न के रूप में देखते हैं। लेने वालों के मामले में यह बात विशेष रूप से सही है, जो स्वयं को श्रेष्ठतर और अन्य लोगों से अलग मानते हैं। लेने वाले मानते हैं कि वे यदि अन्य लोगों पर बहुत ज़्यादा निर्भर रहेंगे, तो वे कमज़ोर हो जाएंगे और कोई उन्हें पीछे छोड़ देगा। राइट की तरह जिन सर्वोत्तम विश्लेषकों ने अपनी सफल टीमों के बिना या नई टीमों की गुणवत्ता पर विचार किए बिना अपने निवेश बैंक छोड़े थे, वे इस जाल में फंस गए।

देने वाले इस धारणा को स्वीकार नहीं करते कि परस्पर निर्भरता कमज़ोरी की कोई निशानी है। ऐसी संभावना ज़्यादा रहती है कि देने वाले परस्पर निर्भरता को शक्ति के स्रोत के तौर पर देखें। एक ऐसा तरीक़ा, जिसमें बड़े काम के लिए अनेक लोगों के कौशल का उपयोग किया जा सकता है। परस्पर निर्भरता की इस समझ ने मायर के सहयोग करने के तरीक़े को अत्यधिक प्रभावित किया। उन्होंने यह माना कि यदि वे समूह को प्रभावी ढंग से योगदान देंगे, तो प्रत्येक बेहतर स्थिति में होगा। इसलिए उन्होंने ख़ुद आगे बढ़कर सहयोगियों की मदद की। अस्सी के दशक के मध्य में जब मायर ने एक गुमनाम व्यक्ति के तौर पर *सैटर्डे नाइट लाइव* के लिए लिखा, तब वे अपने कार्यालय में लगभग हमेशा रहते थे, ताकि वे ख़ुद फ़ीडबैक दे सकें। उन्होंने मशहूर हास्य अभिनेताओं जैसे जॉन लोविट्ज़, फ़िल हार्टमैन और रैंडी क्वैड की मदद उनके लेखन और संवाद अदायगी के काम में की।

सैटर्डे नाइट लाइव में परदे के पीछे कई लेखक काम कर रहे थे, जिनमें होड़ मची थी कि उनकी लिखी हास्य नाटिकाएं शो में शामिल की जाएं। मायर स्वीकार करते हैं, "हां, कुछ डार्विन के सिद्धांत का तत्व था। हर शो में दस हास्य नाटिकाएं हो सकती हैं, लेकिन हमारे पास टेबल पर पैंतीस-चालीस विचार के लिए आ जाती थीं। कुछ खींचतान भी होती थी, लेकिन मैंने सिर्फ़ एक अच्छा सहयोग करने वाला बनने की कोशिश की।" जब मैडोना जैसे बड़े सितारे शो में आने वाले होते थे, तो उनके सहयोगी अपनी-अपनी हास्य नाटिकाएं सौंपने में जुट जाया करते थे। मायर ने न केवल ऐसे शो के लिए सामग्री का योगदान किया, बल्कि उन्होंने उन शो के लिए भी हास्य नाटिकाओं पर अतिरिक्त मेहनत की, जिनमें कम चमक-दमक वाले मेहमान आने वाले होते थे। ऐसे शो के लिए कम हास्य नाटिकाओं के प्रारूप मिलते थे।

मायर ने कम ग्लैमर वाले मेहमानों जैसे जिमी ब्रेस्लिन के लिए सम्मोहक सामग्री तैयार करने की ज़िम्मेदारी अपने ऊपर ले ली थी क्योंकि उस वक़्त शो को उनकी सबसे ज़्यादा ज़रूरत थी। मायर कहते हैं, "मैं सिर्फ़ अच्छा सैनिक बनना चाहता था। जब लोग उत्साहित नहीं होते थे, मैं सोचता था कि अब मुझे अपने खेल का स्तर बढ़ाना चाहिए।" मायर ने अवसर के अनुरूप अपने एक सहयोगी के साथ मिलकर

एक बहुत ही हँसाने वाली हास्य नाटिका ब्रेस्लिन के लिए लिखी, जिसमें जेम्स बांड के खलनायक टॉक शो में थे। ब्रेस्लिन ने गोल्डफिंगर की भूमिका अदा की, जिसमें उन्होंने किलों को डिज़ाइन करने के टिप्स दिए और वे बड़े उत्साहित थे कि बांड ने उनकी योजनाएं नाकाम कर दीं। यह हास्य नाटिका जेम्स बांड फ़िल्मों की हिट हास्य नक़ल *ऑस्टिन पावर्स* से क़रीब एक दशक पहले मायर के शो का हिस्सा बनी थी।

देने का मायर का पैटर्न *द सिम्पसन्स* पर भी जारी रहा। लेखकों में सबसे लोकप्रिय काम यह होता था कि वे किसी कड़ी का पहला मसौदा लिखें। इसके माध्यम से वे रचनात्मकता की मुहर लगवा लेते थे। मायर शो की कड़ियों के लिए ढेर सारे विचार उत्पन्न करते, लेकिन वे मुश्किल से कभी किसी कड़ी का पहला मसौदा लिखते थे। इसकी बजाय उन्होंने अनुभव किया कि उनके कौशल की ज़्यादा ज़रूरत पुनर्लेखन में है। उन्होंने महीनों तक इस ख़राब काम की ज़िम्मेदारी अपने ऊपर ली कि वे हर कड़ी के पुनर्लेखन करने और उसे संशोधित करने में मदद करें। यह देने वालों का निर्धारक गुण है कि वे कैसे सहयोग करते हैं। वे ऐसे कामों की ज़िम्मेदारी अपने ऊपर लेते हैं, जो समूह के हित में सर्वोपरि है, कोई ज़रूरी नहीं कि उनके ख़ुद के हित में हो। इससे उनके समूह बेहतर होते हैं। अध्ययनों से पता चलता है कि सेल्स टीमों से लेकर पेपर मिल और रेस्तरांओं के कर्मचारियों तक यदि समूह के सदस्य देने की भावना ज़्यादा रखते हैं, तो उनके समूहों के उत्पादों और सेवाओं की मात्रा और गुणवत्ता भी उतनी ही ज़्यादा होती है। ऐसा नहीं है कि सिर्फ़ उनके समूहों को ही इसका पुरस्कार मिलता है, बल्कि ऐडम रिफ़्किन जैसे सफल देने वाले मूल्य का काफ़ी विस्तार कर देते हैं। इससे ना केवल उन्हें, बल्कि समूहों को भी लाभ होता है। व्यापक शोध से पता चलता है कि जो लोग अपने सहयोगियों की मदद करने में अपना समय और ज्ञान नियमित रूप से लगाते हैं, वे बैंकों से लेकर उत्पादन कंपनियों सहित विभिन्न क्षेत्रों में ज़्यादा वेतन वृद्धि और पदोन्नति पाते हैं। टिम लॉन्ग कहते हैं, "मैं सोचता हूं कि *द सिम्पसन्स* शो के लिए मायर ने ख़ुद को समर्पित कर दिया था। उन्होंने सहज भाव से समझ लिया था कि शो के लिए सबसे अच्छी बात यही है कि वे जितना संभव हो, उतने अच्छा बने रहें।"

पर्वतारोहण की दुनिया में मायर के व्यवहार की स्पष्ट करने वाली एक शब्दावली है, जिसे *अभियान व्यवहार* कहते हैं। इस शब्दावली की कल्पना नेशनल आउटडोर लीडरशिप स्कूल (एनओएलएस) ने की थी। एनओएलएस ने हज़ारों लोगों को निर्जन क्षेत्रों के हालात से निपटने का प्रशिक्षण दिया है। इनमें नासा के अंतरिक्ष यात्रियों के दल भी शामिल हैं। *अभियान व्यवहार* का अर्थ होता है समूह और अभियान के हितों को आगे रखना और दूसरों के बारे में उतनी ही फ़िक्र करना, जितनी कि आप स्वयं की करते हैं। नासा अंतरिक्ष यान के कमांडर जेफ़ एश्बी कहते हैं, "अभियान व्यवहार का अर्थ निःस्वार्थ, उदार और स्वयं से अधिक टीम को महत्त्व देना होता

है। किसी अन्य कारक की बजाय यही अंतरिक्ष में सफल होने में हमारी मदद करता है।" एश्बी यान में पृथ्वी के चारों ओर चार सौ से ज़्यादा बार परिक्रमा कर चुके हैं। एनओएलएस में नेतृत्व का निर्देशन करने वाले जॉन कानेंगीटर कहते हैं, "अभियान व्यवहार कोई शून्य के आंकड़े का खेल नहीं है। जब आप कुछ देते हैं, तो प्रतिसाद में आपको उससे ज़्यादा मिलता है।"

मायर की सफलता का श्रेय कुछ हद तक लाभ के विस्तार को दिया जा सकता है। उन्होंने शो की सफलता में जितना ज़्यादा योगदान दिया, उतनी ही ज़्यादा सफलता टीम साझा कर सकती थी, लेकिन मायर के अभियान व्यवहार ने उन्हें देखने के सहयोगियों के नज़रिए को भी बदल डाला। जब देने वाले लोग समूह के हितों को अपने हितों से आगे रखते हैं, तो वे यह संकेत देते हैं कि उनका मुख्य लक्ष्य समूह को लाभ पहुंचाना है। इसका परिणाम यह होता है कि देने वाले अन्य सहयोगियों का सम्मान अर्जित कर लेते हैं। मायर यदि शो की मैडोना वाली कड़ी के लिए सर्वश्रेष्ठ हास्य नाटिका लिखने की प्रतिस्पर्द्धा करते, तो उनके साथी लेखक उन्हें उनकी स्थिति और करियर के लिए ख़तरे के तौर पर देख सकते थे, लेकिन अपेक्षाकृत कम मांग वाले मेहमानों के लिए अपना सर्वश्रेष्ठ काम करके मायर एक तरह से अपने साथियों के प्रति उपकार कर रहे थे। लेने की मानसिकता वालों ने यह सोचना बंद कर दिया था कि उन्हें उनके साथ प्रतिस्पर्द्धा करने की ज़रूरत है। संतुलन बैठाने वाले सोचते थे कि वे उनके ऋणी हैं और देने वाले उन्हें अपनी तरह ही मानते थे। 1988 से *द सिम्पसन्स* के लेखक रहे डॉन पैन कहते हैं, "जब आप कक्ष में अपनी पटकथा सुना रहे होते थे या स्क्रिप्ट का पुनर्लेखन कर रहे होते थे, तो मायर का समूह में हमेशा स्वागत किया जाता था। वे कुछ ना कुछ ऐसा विचार देते, जिससे स्क्रिप्ट बेहतर हो जाती थी। इसलिए लोग उनके प्रति आकर्षित होते थे। लोग उनका सम्मान करते थे और उनकी प्रशंसा करते थे।"

साख बनाने के अलावा, स्वेच्छा से अलोकप्रिय काम करने और फ़ीडबैक देने से मायर को अपना हास्य संबंधी गुण प्रदर्शित करने का मौक़ा मिला। वह भी अपने प्रमुख सहयोगियों को असुरक्षा की भावना दिए बिना। एक अध्ययन में मिनेसोटा विश्वविद्यालय में शोधकर्ताओं यूजीन किम और थेरेसा ग्लॉम्ब ने पाया कि ज़्यादा प्रतिभाशाली लोगों में दूसरों के मन में जलन पैदा करने की प्रवृत्ति होती है। ऐसा करके वे स्वयं को ख़तरे में डाल देते हैं कि लोग उन्हें नापसंद करें, उनसे नाख़ुश हों, उन्हें अलग-थलग करें और उन्हें खोखला करें, लेकिन यदि ये प्रतिभाशाली लोग देने की भावना रखते हैं, तो उनकी पीठ पीछे उन पर कोई निशाना नहीं साधेगा। इसकी बजाय समूह के प्रति सहयोग के लिए देने वालों की प्रशंसा की जाती है। ऐसे काम करके जो उनके सहयोगी नहीं करना चाहते थे, मायर ने जलन पैदा किए बिना ही अपने हास्य और हाज़िरजवाबी से उन्हें चकाचौंध कर दिया।

मायर ने सम्मान की अपनी संहिता का सारांश पेश करते हुए कहा, "(1) दिखाई दो (2) कड़ी मेहनत करो (3) दयालु बनो और (4) कठिन मार्ग चुनो।" मायर ने इस तरीक़े से अपना योगदान दिया कि सहयोगियों में ईर्ष्या की कोई भावना नहीं जगी, बल्कि वे उनकी तारीफ़ करने लगे और उनकी हास्य संबंधी तीव्र बुद्धि पर भरोसा करने लगे। टिम लॉन्ग स्पष्ट करते हुए कहते हैं, "लोगों ने उन्हें ऐसे व्यक्ति के तौर पर देखना शुरू कर दिया था, जो व्यक्तिगत रूप से प्रेरित नहीं थे। आप उन्हें प्रतिस्पर्द्धी के रूप में नहीं देखें। वे ऐसे कोई व्यक्ति हैं, जिन्हें आप उच्च स्तर पर देखते हैं और रचनात्मक दृष्टि से उन पर भरोसा कर सकते हैं।" कैरोलिन ओमिने कहती हैं, "मैं अन्य लेखकों के कक्षों में भी गई हूं, लेकिन उनकी तुलना में मैं कहूंगी कि *द सिम्पसन्स* के कक्ष में हास्य की ज़्यादा देर तक तलाश की जाती है। ऐसा इसलिए है क्योंकि हमारे पास जॉर्ज जैसे लेखक हैं, जो कहेंगे, नहीं यह सही नहीं है। चाहे देर हो चुकी हो या हम सब बहुत थके हों। मैं समझती हूं कि यह एक महत्त्वपूर्ण गुण है। हमें जॉर्ज जैसे लोगों की ज़रूरत है, जो यह कहने से नहीं डरें, नहीं, यह ज़्यादा अच्छा नहीं है। हम इससे बेहतर कर सकते हैं।"

मनोविज्ञानी एडविन हॉलैंडर ने अपने एक उत्कृष्ट लेख में तर्क दिया है कि लोग जब समूहों में उदारता से पेश आते हैं, तो वे *व्यक्तिगत विशिष्टता* अर्जित कर लेते है। समूह के सदस्यों के दिमाग़ में उनके प्रति सकारात्मक विचार एकत्र हो जाते हैं। चूंकि बहुत सारे लोग संतुलन बैठाने वालों की तरह सोचते हैं, ऐसे में वे लोगों के ख़र्च और जमा पर पूरी नज़र रखते हैं। जब समूह का कोई सदस्य देने के माध्यम से व्यक्तिगत विशिष्टता अर्जित कर लेता है, तो संतुलन बैठाने वाले उसे समूह के मानकों और आकांक्षाओं से परे जाने का लाइसेंस भी प्रदान कर देते हैं। बर्कले के सामाजिक विज्ञानी रॉब विलर संक्षेप में कहते हैं, "समूह व्यक्तिगत त्याग को पुरस्कृत करते हैं।" मायर ने *द सिम्पसन्स* शो पर ढेर सारी व्यक्तिगत विशिष्टता संबंधी साख जुटा ली थी। इससे उन्हें मौलिक विचारों का योगदान करके शो की रचनात्मक दिशा मोड़ने की स्वतंत्रता मिल गई। मायर कहते हैं, "वैसी विश्वसनीयता विकसित करने की अच्छी बातों में से एक यह थी कि मैं यदि कुछ अज़ीब करने की कोशिश करना चाहता था, तो लोग कम से कम उसे आज़मा कर देखने को तैयार थे। वे पहले की तरह मेरे लेखन का पुनर्लेखन नहीं करते थे, क्योंकि वे जानते थे कि मेरा रिकॉर्ड काफ़ी अच्छा है। मैं सोचता हूं कि लोग देख सकते थे कि मेरा दिल सही जगह है। मेरे इरादे अच्छे हैं। इससे काफ़ी फ़र्क़ पड़ता है।"

मायर के अनुभव के अनुरूप शोध से पता चलता है कि जब देने वाले कोई ऐसा विचार प्रस्तुत करते हैं, जो यथास्थिति को चुनौती देता है, तो उन्हें ज़्यादा श्रेय मिलता है। मेरी सहयोगियों शैरॉन पार्कर और कैथरीन कॉलिंस के साथ मैंने जो अध्ययन किए, उनमें जब लेने वालों ने सुधार के कोई सुझाव पेश किए, तो उनके

सहयोगी उनकी मंशाओं को लेकर सशंकित थे। उनके सुझावों को ख़ुद के हितों को पूरा करने वाला बताया गया। इसके विपरीत जब देने वालों ने कोई विचार रखे, चाहे वे डराने वाले ही थे, तो भी उनके सहयोगियों ने ध्यान से सुना और विचारों के लिए उनकी तारीफ़ की, क्योंकि वे जानते थे कि वे विचार सहयोग की वास्तविक इच्छा से प्रेरित हैं। कैरोलिन ओमिने हँसते हुए कहती हैं, "लेखकों के कक्ष में जब मैं जॉर्ज के बारे में सोचती हूं, तो मैं मज़ेदार तो नहीं कहूंगी। वे उससे ज़्यादा चटपटे हैं, लेकिन जब जॉर्ज कठोर होते हैं, तो आप जानते हैं कि वे ऐसा सिर्फ़ इसलिए होते हैं क्योंकि वे चिंता करते हैं कि सब कुछ ठीक हो।"

1995 में *द सिम्पसन्स* के 16वें सत्र के दौरान उन्होंने अपने सहयोगियों को बताया कि सत्र की समाप्ति पर वे शो को छोड़ देंगे। उनकी रवानगी को अपने व्यक्तिगत करियर को आगे बढ़ाने के एक अवसर की तरह देखने के बजाय लेखक नहीं चाहते थे कि वे शो छोड़कर जाएं। उनके साथी लेखक जल्द ही उन शक्तियों का साथ देने लगे, जो मायर की वापस नियुक्ति चाहती थीं। ये लोग मायर को मना रहे थे कि वे सलाहकार के तौर पर लौट आएं। थोड़े समय बाद मायर पूर्णकालिक लेखक के तौर पर लौट आए। जॉन विटी ने *हार्वर्ड क्रिमसन* को बताया, "बहुत जल्द ही उन्हें इस बात का अहसास हो गया कि मायर इतने महत्त्वपूर्ण हैं कि आप उन्हें शो छोड़ने की अनुमति नहीं दे सकते। किसी अन्य के विचारों का महत्त्व उतना नहीं है, जितना महत्त्व मायर के विचारों का है।" मायर के साथ काम करने के अपने अनुभव को याद करते हुए टिम लॉन्ग कहते हैं, "ऐसी प्रतिष्ठा हासिल करने के पीछे कुछ ना कुछ जादुई ज़रूर है, जब लोग आपको ऐसे व्यक्ति के रूप में देखते हैं, जो ख़ुद से ज़्यादा दूसरों की फ़िक्र करता है। यह अनगिनत तरीक़े से आपको लाभ पहुंचाने में सहायक होता है।"

सबसे ज़्यादा श्रेय पर दावा करना

मायर की देने की भावना ने शो बिज़नेस के भीतरी लोगों में उनकी प्रतिष्ठा को काफ़ी मज़बूत कर दिया था, लेकिन इसके बाहर उन्होंने गुमनामी में पसीना बहाया। हॉलीवुड में इसका एक आसान समाधान है। लेखक सुर्ख़ियों में तभी आता है, जब वह जितना ज़्यादा संभव हो सके, उतनी ज़्यादा टीवी कड़ियों पर श्रेय लेने की कोशिश करे, जो यह साबित करे कि शो के विचार और दृश्य उसके दिमाग़ की उपज ही थे। मायर ने *द सिम्पसन्स* की तीन सौ से ज़्यादा कड़ियों को आकार दिया और उन्हें ढाला, लेकिन हॉलीवुड के मानकों को चुनौती देते हुए उन्होंने सिर्फ़ 12 कड़ियों में लेखक के तौर पर श्रेय लिया। सौ कड़ियों में मायर के विचारों और चुटकुलों का श्रेय अन्य लेखकों ने लिया। टिम लॉन्ग ने मुझे बताया, "मायर ने *द सिम्पसन्स* में कभी लेखन का श्रेय नहीं लिया, हालांकि वे विचार मशीन थे। लोगों की यह प्रवृत्ति होती है कि

जब उनके दिमाग़ में कोई विचार आता है, तो वे चौकन्ना होकर उसकी रक्षा करते हैं, लेकिन मायर विचारों का सृजन करते और फिर वे इसे किसी दूसरे को दे देते और कभी श्रेय नहीं लेते। शो में दस साल की अवधि का एक लंबा और महत्त्वपूर्ण दौर आया, जब उन्होंने एक चुटकुले का श्रेय भी नहीं लिया, जबकि उनमें से बड़ी संख्या में चुटकुले उन्होंने ही तैयार किए थे।"

श्रेय दूसरों को देकर मायर ने अपनी दृश्यता से समझौता कर लिया। लॉन्ग याद करते हुए कहते हैं, "लंबे समय तक शो के प्रति मायर के उच्च योगदान को लोग उतना नहीं जानते थे, जितना कि इसकी जानकारी लोगों को होनी चाहिए थी, जबकि उस शो को अनेक लोग उस अवधि का सबसे महत्त्वपूर्ण शो मानते थे। मायर बहुत ज़्यादा सामग्री तैयार कर रहे थे, लेकिन उन्हें वास्तव में श्रेय नहीं मिल रहा था।" क्या मायर को अपने प्रयासों का श्रेय लेना चाहिए था? श्रेय हथियाने का व्यवहार फ्रैंक लॉयड राइट के लिए टैलिएसिन में तो सही चला। उन्होंने ज़ोर देकर कहा कि हर दस्तावेज़ में उनका नाम मुख्य आर्किटेक्ट के तौर पर लिखा जाए। चाहे उस प्रोजेक्ट पर मुख्य काम प्रशिक्षुओं ने ही किया हो। उन्होंने अपने प्रक्षिशुओं को धमकी दी थी कि उन्होंने उन्हें पहला श्रेय नहीं दिया और सभी दस्तावेज़ स्वीकृति के लिए उनके सामने नहीं रखे, तो वे उन पर धोखाधड़ी का मुकदमा दर्ज कराएंगे और अदालत में घसीटेंगे।

फिर भी यदि हम मायर के अनुभव का गहराई से अध्ययन करें, तो हम ऐसा निष्कर्ष निकाल सकते हैं कि राइट को आर्किटेक्ट के तौर पर श्रेय लेने के बावजूद सफलता मिली, ना कि मायर की सफलता की वज़ह से। श्रेय लेने की मायर की अनिच्छा ने अल्पावधि में भले ही कुछ ख्याति कम होने की क़ीमत चुकाई, लेकिन वे इसे लेकर चिंतित नहीं थे। *द सिम्पसन्स* में कार्यकारी निर्माता के तौर पर उनके काम ने उन्हें ख़ूब श्रेय दिया और उन्होंने आधा दर्जन एमी अवार्ड जीते। उन्होंने अनुभव किया कि मशहूर होने के लिए ख़ूब श्रेय मिल गया। मायर कहते हैं, "बहुत सारे लोग ऐसा अनुभव करते हैं कि यदि किसी स्क्रिप्ट पर बहुत ज़्यादा नाम हैं, तो उनकी स्थिति कमज़ोर पड़ जाएगी क्योंकि हर कोई छोटी थाली में से अपना हिस्सा लेने की कोशिश करेगा, लेकिन वास्तव में ऐसा नहीं होता है। श्रेय के बारे में बात यह है कि यह कोई शून्य की स्थिति नहीं है। हर किसी के लिए इसमें स्थान है। यदि अन्य लोग चमक रहे हैं, तो आप भी चमकेंगे।"

समय ने मायर को सही साबित किया। अल्पावधि के त्यागों के बावजूद मायर वो श्रेय अर्जित करने में सफल रहे, जिसके वे हक़दार थे। सन् 2000 तक मायर हॉलीवुड के बाहर लगभग गुमनाम थे। इसके बाद डेविड ओवेन ने उनकी प्रोफ़ाइल *न्यू यॉर्कर* में इस शीर्षक के साथ प्रकाशित की कि "टीवी के सबसे हास्यमय शो के पीछे का सबसे हास्यमय व्यक्ति।" ओवेन ने जब शो के मुख्य लेखकों से साक्षात्कार के

लिए संपर्क साधा, तो वे मायर की प्रशंसा करने के अवसर पर ख़ुशी से चहक उठे। जैसा कि टिम लॉन्ग कहते हैं, "मायर के गुणों की स्तुति करने में मुझे अविश्वसनीय रूप से बहुत ख़ुशी होती है। चाहे मैं उन्हें थोड़ा असहज ही कर दूं।"

संतुलन बैठाने वाले जैसे देने की भावना रखने वालों को बोनस देते हैं, वैसे ही वे लेने वालों पर कर लगा देते हैं। मातेज सेर्ने के नेतृत्व किए गए स्लोवेनिया की कंपनियों के अध्ययन में सामने आया कि जिन कर्मचारियों ने अपने सहकर्मियों से अपना ज्ञान छिपाया, वे रचनात्मक विचार देने में दिक़्क़त महसूस करने लगे क्योंकि उनके सहकर्मियों ने भी ऐसा ही व्यवहार किया। उन्होंने भी सूचना साझा करने से इनकार कर दिया। यह समझने के लिए मेडिकल शोधकर्ता जोनस सॉक के करियर पर विचार करें। उन्होंने पोलियो का टीका विकसित करने पर 1948 में काम शुरू कर दिया था। इससे एक वर्ष बाद जॉन एंडर्स, फ़्रेडरिक रॉबिंस और थॉमस वेलर आदि विज्ञानियों ने टेस्ट ट्यूब में पोलियो का वायरस सफलतापूर्वक तैयार कर लिया। इससे पोलियो के जीवित वायरस पर आधारित टीके के बड़े पैमाने पर उत्पादन का मार्ग प्रशस्त हो गया। 1952 तक सॉक की पिट्सबर्ग विश्वविद्यालय स्थित शोध प्रयोगशाला ने पोलियो का ऐसा टीका विकसित कर लिया था, जो काफ़ी प्रभावी था। उसी साल अमेरिका के इतिहास में पोलियो की सबसे भीषण महामारी फैली। क़रीब 57 हज़ार से ज़्यादा लोग इसके वायरस से संक्रमित हो गए। तीन हज़ार से ज़्यादा लोगों की जान चली गई और 20 हज़ार से ज़्यादा को लक़वा हो गया। सॉक के मुख्य परामर्शदाता थॉमस फ़्रांसिस ने अगले तीन साल में सॉक द्वारा विकसित टीके के फ़ील्ड ट्रायल का निर्देश दिया। क़रीब 220,000 स्वयंसेवकों, 64,000 स्कूल कार्यकर्ताओं और 20,000 स्वास्थ्य कर्मी पेशेवरों की मदद से इसका 18 लाख बच्चों पर परीक्षण किया गया। 12 अप्रैल, 1955 को एन ऑर्बर मिशिगन में फ़्रांसिस ने एक घोषणा की, जिसने देशभर में आशा की तरंगें जगा दीं। उन्होंने घोषणा की कि सॉक का टीका "सुरक्षित, प्रभावकारी और गुणकारी" है। इसे दो साल के भीतर मार्च ऑफ़ डाइम्स के भागीरथी प्रयासों से पूरे देश में उपलब्ध करा दिया गया। इससे पोलियो के मामलों में 90 फ़ीसदी गिरावट दर्ज़ की गई। इसके बाद 1961 तक अमेरिका में पोलियो के सिर्फ़ 161 मामले रह गए थे। दुनिया भर में टीके का यही प्रभाव हुआ।

जोनस सॉक एक अंतरराष्ट्रीय हस्ती बन गए, लेकिन 1955 की ऐतिहासिक प्रेस कॉन्फ्रेंस में उन्होंने जो विदाई भाषण दिया, उससे वैज्ञानिक समुदाय में उनके संबंध ख़राब हो गए और उनकी प्रतिष्ठा प्रभावित हुई। उन्होंने एंडर्स, रॉबिन्स और वेलर जैसे विज्ञानियों के महत्त्वपूर्ण योगदान को स्वीकार नहीं किया। तीनों विज्ञानियों को उनके अपूर्व कार्य के लिए एक साल पहले ही नोबेल पुरस्कार प्रदान किया गया था। उनके काम के दम पर ही सॉक और उनकी टीम के लिए टीकों का उत्पादन

संभव हो सका था। इससे भी ज़्यादा विक्षुब्ध करने वाली बात यह थी कि उन्होंने अपनी प्रयोगशाला के उन छह शोधकर्ताओं को बिलकुल श्रेय नहीं दिया, जिनके बड़े योगदान की वज़ह से ही टीका विकसित हो सका था। इन शोधकर्ताओं के नाम थे - बायरन बेनेट, पर्सिवल बाजेल, एल. जेम्स लुई, जूलियस यंगनर, एल्सी वार्ड और फ़्रांसिस यूरोचको।

सॉक की टीम जब प्रेस कॉन्फ़्रेंस से विदा हुई, तो इसके सदस्यों की आंखों में आंसू थे। इतिहासकार के तौर पर डेविड ओशिंस्की ने *'पोलियो : एन अमेरिकन स्टोरी'* में लिखा, सॉक ने कभी "अपनी प्रयोगशाला के लोगों का आभार भी व्यक्त नहीं किया। खचाखच भरे ऑडिटोरियम में जो समूह एक साथ गर्व के साथ बैठा था, उसे अपमानजनक ढंग से नज़रअंदाज़ किए जाने की पीड़ा थी... सॉक के सहकर्मी पिट्सबर्ग से... इस उम्मीद में आए थे कि उनका बॉस उन्हें सम्मानित करेगा। शुक्रिया काफ़ी ज़रूरी था और काफ़ी समय से लंबित था।" संतुलन बैठाने वालों के नज़रिए से यह विशेष रूप से सही था। एक सहयोगी ने रिपोर्टर को बताया, "प्रारंभ में हम उन्हें पिता तुल्य व्यक्ति मानते थे, लेकिन अंत में वे पिता तुल्य दुष्ट व्यक्ति बन गए थे।"

समय के साथ यह स्पष्ट हो गया कि जूलियस यंगनर सबसे ज़्यादा अपमानित महसूस कर रहे थे। यंगनर ने ओशिंस्की से कहा, "हर कोई चाहता है कि जो कुछ उसने किया है, उसका उसे श्रेय मिले। यह बड़ा सदमा पहुंचाने वाली बात थी।" इस अपमान ने उनके संबंधों में दरार डाल दी। यंगनर ने 1957 में सॉक की प्रयोगशाला को छोड़ दिया। बाद में उन्होंने वायरस संबंधी विज्ञान और प्रतिरक्षा विज्ञान के क्षेत्रों में अनेक महत्त्वपूर्ण योगदान दिए। 1993 में आख़िरकार दोनों फिर पिट्सबर्ग विश्वविद्यालय में मिले और यंगनर ने अपनी भावनाएं साझा करते हुए कहा, "हम सब दर्शकों में थे। आपके सबसे निकट के सहयोगी और समर्पित साथी, जिन्होंने उन्हीं लक्ष्यों के लिए कड़ी मेहनत और सत्यनिष्ठा से काम किया, जैसा आपने चाहा। क्या आपको याद है किसका आपने उल्लेख किया और किसको छोड़ दिया। क्या आपको अहसास है कि हम उस वक़्त और उसके बाद भी कितना ख़राब महसूस कर रहे थे, जब आपने अपने सहकर्मियों को अदृश्य करने का काम जारी रखा।" यंगनर ने कहा, "इन स्मृतियों से सॉक स्पष्ट रूप से हिल गए और उनसे जवाब देते नहीं बना।"

जोनस सॉक ने सिर्फ़ ख़ुद श्रेय लेने का जो काम किया, उसने ज़िंदगी भर उनका पीछा नहीं छोड़ा। उन्होंने सॉक इंस्टीट्यूट फ़ॉर बॉयोलॉजिकल स्टडीज स्थापित किया, जहां सैकड़ों शोधकर्ता आज भी मानवतावादी विज्ञान के क्षेत्र में नए-नए शोध कर रहे हैं, लेकिन सॉक की ख़ुद की उत्पादकता घट गई। बाद में अपने करियर में उन्होंने एड्स का टीका विकसित करने की कोशिश की, लेकिन वे सफल नहीं हुए। उनके सहयोगियों ने उन्हें त्याग दिया। उन्होंने कभी नोबेल पुरस्कार नहीं जीता और वे कभी प्रतिष्ठित नेशनल एकेडमी ऑफ़ साइंसेज के लिए नहीं चुने गए। ओशिंस्की

लिखते हैं, "आने वाले कुछ वर्षों में लगभग सभी पोलियो शोधकर्ताओं को इसमें प्रवेश मिल गया। मुख्य अपवाद सिर्फ़ जोनस सॉक ही थे।" एक प्रेक्षक ने टिप्पणी करते हुए कहा, "सॉक ने वैज्ञानिक शोध का अलिखित पवित्र नियम तोड़ दिया था। इसमें यह भी शामिल था कि मैं दूसरों को श्रेय दूंगा।" यंगनर के मुताबिक़, "लोगों के विचार वास्तव में उनके ख़िलाफ़ थे कि उन्होंने ऐसा भाषण दिया और मैत्रीपूर्ण तरीक़े से श्रेय साझा नहीं करने का इतना ख़राब व्यवहार किया, जितना कोई सोच सकता है।"

सॉक सोचते थे कि उनके सहयोगी ईर्ष्यालु हैं। घटना के बारे में एक दुर्लभ टिप्पणी में उन्होंने स्वीकार किया, "यदि कोई कुछ करता है और उसका श्रेय उसे मिलता है, तो इस तरह की प्रतिस्पर्द्धात्मक प्रतिक्रिया आने की प्रवृत्ति होती है। मैं एन ऑर्बर से प्रभावित हुए बिना नहीं रहा।" अपने सहयोगियों के योगदान को स्वीकार किए बिना ही 1995 में सॉक का निधन हो गया। इसके दस साल बाद पिट्सबर्ग विश्वविद्यालय ने 2005 में पोलियो के टीके की घोषणा की 50 वीं वर्षगांठ मनाने के लिए एक कार्यक्रम आयोजित किया। कार्यक्रम में यंगनर की मौजूदगी में सॉक के बेटे एड्स शोधकर्ता पीटर सॉक ने आख़िरकार स्पष्ट करते हुए कहा, "यह किसी एक व्यक्ति की उपलब्धि नहीं थी, बल्कि एक समर्पित और कुशल टीम की उपलब्धि थी। यह एक सहयोगपूर्ण प्रयास था।"

ऐसा लगता है कि जोनस सॉक ने फ़्रैंक लॉयड राइट के समान एक ही ग़लती की : उन्होंने स्वयं को एक परस्पर निर्भर व्यक्ति के तौर पर देखने की बजाय स्वतंत्र व्यक्ति के तौर पर देखा। उन्होंने जॉर्ज मायर के समान व्यक्तिगत विशिष्टता वाली साख अर्जित करने की बजाय एकमात्र श्रेय लेने के कारण अपने सहयोगियों के हाथों दंड झेला।

पोलियो के टीके के विकास में सहयोगियों के योगदान को सॉक ने कभी स्वीकार क्यों नहीं किया, श्रेय क्यों नहीं दिया? ऐसा संभव है कि वे चौकन्ने होकर अपनी उपलब्धियों की रक्षा कर रहे थे, जैसा कि लेने वाले स्वाभाविक रूप से करते हैं, लेकिन मेरा मानना है कि एक और विश्वसनीय जवाब है। वे ऐसा नहीं मानते थे कि उनके सहयोगी श्रेय के हक़दार हैं। ऐसा क्यों हो सकता है?

ज़िम्मेदारी का पूर्वाग्रह

इस गुत्थी को समझने के लिए हमें कनाडा जाना पड़ेगा, जहां मनोविज्ञानी विवाहित जोड़ों को अपने संबंधों को जोख़िम में डालने को कह रहे हैं। अपने विवाह या अपने सबसे ताज़ा रोमांटिक संबंध के बारे में सोचिए। संबंधों में जो पूर्ण प्रयास जुड़े होते हैं, उनके बारे में सोचिए। इनमें रात्रि का भोजन बनाने, डेट की योजना बनाने, कचरा साफ़ करने और टकरावों को दूर करने आदि से जुड़े सभी प्रयास शामिल हैं। आप कितने प्रतिशत काम करते हैं?

हम कहते हैं कि आप संबंधों में कुल प्रयासों की 55 फ़ीसदी ज़िम्मेदारी लेते हैं। यदि आप दोनों का अंक मापन सही है, तो आपका जीवन साथी 45 फ़ीसदी ज़िम्मेदारी लेगा और आप दोनों का आंकड़ा सौ फ़ीसदी हो जाएगा। वास्तव में स्थिति अलग है। मनोविज्ञानियों माइकल रॉस और फ़िओरे सिकोली ने शोध में निष्कर्ष निकाला कि हर चार में से तीन जोड़ों का यह आंकड़ा सौ फ़ीसदी से कहीं ज़्यादा हो जाता है। जीवनसाथी अपने योगदान का ज़्यादा अनुमान लगाते हैं। इसे *ज़िम्मेदारी का पूर्वाग्रह* कहा जाता है यानि दूसरों के प्रयासों की तुलना में ख़ुद के योगदान को बढ़ा-चढ़ाकर कहना। यह एक ऐसी ग़लती है, जिसके प्रति लेने वाले विशेष रूप से कमज़ोर होते हैं। आंशिक रूप से यह स्वयं को सकारात्मक रूप से देखने और प्रस्तुत करने की इच्छा से प्रेरित होता है। इस विचार के अनुरूप जोनस सॉक निश्चित रूप से चर्चा से दूर नहीं रहे। ओशिंस्की लिखते हैं, “उनके विशेष गुणों में से एक यह भी था कि वे ख़ुद को इस ढंग से आगे रखने में दक्ष थे कि लोगों को लगे कि वे अपनी ख्याति को लेकर वास्तव में तटस्थ हैं... रिपोर्टर और फ़ोटोग्राफ़र हमेशा सॉक को ऐसा पाते थे कि उनकी कोई इच्छा नहीं है, लेकिन वे प्रेस को उपलब्ध ज़रूर रहते थे। वे चेतावनी भी देते कि उनका ज़्यादा वक़्त बर्बाद नहीं किया जाए। वे नाख़ुशी भी जाहिर करते कि रिपोर्टर और फ़ोटोग्राफ़र उन्हें कितना महत्त्वपूर्ण काम करने से रोक रहे हैं। और अपने चिर-परिचित शब्दों में विरोध दर्ज कराने के बाद वे पूरी तरह समायोजित भी कर लेते थे।”

इसके अलावा एक अन्य कारक भी है, जो ज़्यादा ताक़तवर और अनुकूल है। इसे सूचना की विसंगति कह सकते हैं। हमें दूसरों के योगदान की अपेक्षा स्वयं के योगदान को लेकर सूचना ज़्यादा रहती है। हम अपने सारे प्रयासों को देखते हैं, लेकिन दूसरों के प्रयासों का एक अंश ही हमें नज़र आता है। जब हम सोचते हैं कि किसे श्रेय मिलना चाहिए, तो हमें हमारे योगदान की जानकारी ज़्यादा रहती है। वास्तव में जब विवाहित जोड़ों से पूछा गया कि विवाह को लेकर अपने और अपने जीवन साथी के विशेष योगदान की सूची बनाएं, तो लोगों ने ख़ुद के ग्यारह योगदान गिना दिए, जबकि अपने जीवनसाथी के आठ योगदान ही गिना सके।

सॉक ने जब पोलियो के टीके का श्रेय सिर्फ़ ख़ुद लेने का दावा पेश किया, तो उन्हें यह अच्छी तरह याद था कि टीका विकसित करने में उन्होंने कितना ख़ून-पसीना बहाया है, लेकिन अपने सहयोगियों के योगदान की उन्हें अपेक्षाकृत कम जानकारी थी। उन्होंने वह सब अनुभव नहीं किया था, जो यंगनर और उनकी टीम ने किया था। नोबेल पुरस्कार से सम्मानित खोज जो एंडर्स, रॉबिन्स और वेलर ने की थी, उस दौरान वे मौजूद नहीं थे।

लिंक्डइन के संस्थापक रीड हॉफ़मैन लिखते हैं, "लोगों का इरादा जब अच्छा होता है, तब भी वे ख़ुद के योगदान को ज़्यादा आंकते हैं और दूसरों के योगदान को कम आंकते हैं।" सहयोग विफल होने का एक बड़ा कारण ज़िम्मेदारी का पूर्वाग्रह है। पेशेवर संबंध तब बिखर जाते हैं, तब उद्यमी, निवेशक और एक्ज़ीक्यूटिव यह महसूस करने लगते हैं कि उनके साझीदार उन्हें उतना श्रेय नहीं दे रहे हैं, जितना वे हक़दार हैं या वे पर्याप्त से ज़्यादा श्रेय ले रहे हैं।

सिर्फ़ हॉलीवुड में केवल 1993 से 1997 के बीच पटकथा के श्रेय के चार सौ से ज़्यादा मामले पंचाट के पास गए। यह आंकड़ा कुल पटकथाओं की संख्या का एक तिहाई है। यदि आप लेने वालों की श्रेणी में हैं, तो आपकी प्रेरक शक्ति यह सुनिश्चित करना होगी कि जितना आप दें, उससे ज़्यादा आप लें। इसका तात्पर्य है कि आप अपने योगदान की गणना सावधानीपूर्वक कर रहे हैं, जो आप करते हैं। अपने सहयोगी के योगदान की अनदेखी करके यह मानना बहुत आसान है कि काम का सबसे ज़्यादा हिस्सा आपने ही निपटाया है।

जॉर्ज मायर ज़िम्मेदारी के पूर्वाग्रह पर विजय पाने में सफल रहे थे। *द सिम्पसन्स* ने अंग्रेज़ी शब्दकोश में कई शब्दों का योगदान दिया है। इनमें से सबसे प्रसिद्ध होमर का शब्द *डी'ओह* है। यह एक ऐसी स्थिति पर प्रतिक्रिया है, जो मानसिक और शारीरिक पीड़ा देती है। मायर ने इस शब्द का आविष्कार नहीं किया। उन्होंने जिस शब्द का आविष्कार किया, वह है *योइंक।* यह शब्द *द सिम्पसन्स* के पात्र जब बोलते हैं, जब वे किसी अन्य पात्र के हाथों से कोई चीज़ खींचते हैं। 2007 में हास्य पत्रिका *क्रैक्ड* ने *द सिम्पसन्स* द्वारा सृजित मुख्य शब्दों पर लेखों की शृंखला छापी थी। इस सूची में *क्रोमुलेन्ट* (किसी ऐसी बात का वर्णन करना, जो अच्छी, स्वीकार्य या अवैध रूप से वैध है) और *टोमैको* (टमाटर और तंबाकू का संकर शब्द, जो होमर ने बनाया था) जैसे उत्कृष्ट शब्द भी थे। 1959 में *साइंटिफ़िक अमेरिकन* में इसका सुझाव सबसे पहले दिया गया था, लेकिन 2003 में *द सिम्पसन्स* के दीवाने रॉब बोएर ने इसका वर्ण संकर तैयार किया। शो ने जिन शब्दों का आविष्कार किया था, उनकी सूची में शीर्ष पर था *मेह।* इसका पदार्पण शो के छठे सत्र में हुआ था। इसका अर्थ पूर्ण उदासीनता की अभिव्यक्ति है। एक कड़ी में मार्गी सिम्पसन्स एक रेनेसां फ़ेयर में करघा बुनने के प्रति मोहित हो जाती हैं। उन्होंने हाई स्कूल में इस बारे में पढ़ा था। वे एक संदेश बुनती हैं, "हेलो बार्ट, मैं करघे पर बुन रही हूं।" बार्ट का जवाब था, "मेह।" छह साल बाद प्रसारित एक कड़ी में लिजा सिम्पसन्स ने इस शब्द की व्याख्या की थी।

मेह को अनेक शब्दकोशों शामिल किया जा चुका है। मैकमिलन में इस शब्द व्याख्या करते हुए लिखा गया है, "इसे यह दर्शाने के लिए इस्तेमाल किया जाता है कि आपको परवाह नहीं क्या होता है या किसी बात विशेष में आपकी रुचि नहीं

है।” dictionary.com में इसकी व्याख्या “बोरियत और उदासीनता की अभिव्यक्ति” के रूप में की गई है। *कॉलिन्स इंग्लिश डिक्शनरी* में इसकी व्याख्या “विस्मयबोधक के तौर पर की गई है, जो उदासीनता या बोरियत की दर्शता है या ऐसे विशेषण के रूप में इसका इस्तेमाल होता है, जो यह दर्शाता है कि कोई वस्तु मामूली है या कोई व्यक्ति अप्रभावित है।” कई साल पहले जॉर्ज मायर को उस समय अत्यंत आश्चर्य हुआ, जब *द सिम्पसन्स* के एक लेखक ने उनके साथ उस कड़ी की यादें साझा कीं, जिसमें *मेह* शब्द का इस्तेमाल पहली बार हुआ था। “उसने मुझे याद दिलाया कि मैंने उस कड़ी में काम किया था। वह सोचता था कि मैंने इस शब्द की रचना की है। मुझे यह याद नहीं था।” जब मैंने टिम लॉन्ग से पूछा कि *मेह* शब्द की रचना किसने की, तो उन्हें पूर्ण विश्वास था कि ऐसा करने वाले मायर ही थे। मुझे लगभग पूर्ण यक़ीन था कि मायर ने ही इसका आविष्कार किया था। *मेह* सब जगह फैल गया था। ज़्यादातर लोगों को इसका पता भी नहीं था कि इसकी उत्पत्ति *द सिम्पसन्स* से हुई थी। आख़िरकार लेखकों से बातचीत के बाद मायर की याददाश्त जागी। उन्होंने कहा, “मैं ऐसे शब्द के बारे में सोचने की कोशिश कर रहा था, जो कम से कम प्रयासों में कहे जाने वाला सबसे आसान शब्द हो। सिर्फ़ होंठ हिलाओ और हवा बाहर निकले।”

आख़िर मायर को अपने योगदान की बेहतर स्मृति क्यों नहीं थी? देने की भावना रखने वाले व्यक्ति के तौर पर उनका पूरा ध्यान सामूहिक परिणाम हासिल करने पर था, जिससे लोगों का मनोरंजन हो सके। उस परिणाम की व्यक्तिगत ज़िम्मेदारी का दावा करने पर उनका कोई ध्यान नहीं था। वे जितना ज़्यादा संभव हो सके, उतनी पंक्तियों, चुटकुलों और शब्दों का सुझाव देते थे और लोगों को उस पर काम करने देते थे, ताकि लोग उन्हें अपनी स्क्रिप्ट में शामिल कर सकें। उनका पूरा ध्यान स्क्रिप्ट की पूर्ण गुणवत्ता को बढ़ाने पर होता था। उनका ध्यान इस पर नहीं होता था कि यह पता लगाया जाए कि गुणवत्ता बढ़ाने के पीछे आख़िर किसकी मेहनत है। मायर कहते हैं, “ज़्यादातर बातें बास्केटबॉल के साथी खिलाड़ी की तरह होती थीं। जब कोई कहता कि जॉर्ज यह आपने तैयार किया था, तो वास्तव में मुझे पता नहीं होता था। मेरा रुख़ ऐसा होता था कि मैं उस सामग्री को याद नहीं रख पाता था, जो मैंने तैयार की थी। मैं यह नहीं कहता था कि मैंने यह किया या मैंने वह किया। मैं हमेशा कहता था हमने यह किया और वह किया। मेरा मानना है कि ऐसा कहने की आदत डालना अच्छी बात है।”

शोध से पता चलता है कि संतुलन बैठाने और लेने वालों के लिए यह आदत विकसित करना कोई बहुत ज़्यादा मुश्किल नहीं है। याद रहे कि ज़िम्मेदारी का पूर्वाग्रह तभी होता है, जब हमारे पास दूसरों की अपेक्षा ख़ुद के योगदान की सूचना ज़्यादा होती है। ज़िम्मेदारी से जुड़े हमारे निष्कर्षों में संतुलन बैठाने के लिए ज़रूरी है कि हम अपना ध्यान इस बात पर केंद्रित करें कि अन्य लोगों ने क्या योगदान किया है।

आपको सिर्फ़ यह करने की ज़रूरत है कि आप अपने योगदान का अनुमान लगाने से *पहले* एक सूची बनाएं कि आपका सहयोगी क्या योगदान दे रहा है। शोध से संकेत मिलता है कि जब कर्मचारी यह सोचने से पहले कि वे अपने बॉस को क्या योगदान दे रहे हैं, यह सोचने लगे कि बॉस से उन्हें कितनी मदद मिल रही है, तो बॉस के योगदान के बारे में उनका अनुमान 17 फ़ीसदी से बढ़कर 33 फ़ीसदी यानि दुगुना हो जाता है। काम करने वाले तीन से छह लोगों को एक समूह में जोड़ें। समूह के प्रत्येक सदस्य से कहें कि वह फ़ीसदी के हिसाब से अनुमान लगाए कि कुल काम में से वह कितना करता/करती है। इनके अनुमानों को जोड़ें, तो औसत आंकड़ा 140 फ़ीसदी से भी ज़्यादा होगा। यदि उनसे कहा जाए कि वे ख़ुद के योगदान का अनुमान लगाने से पहले दूसरों के योगदान पर ध्यान केंद्रित करें, तो यह आंकड़ा 123 फ़ीसदी तक घट जाएगा।

मायर जैसे देने की भावना रखने वाले लोग ऐसा स्वाभाविक रूप से करते हैं। वे यह जानने की चिंता करते हैं कि अन्य लोग क्या योगदान दे रहे हैं। एक अन्य अध्ययन में मनोविज्ञानी माइकल मैक्कॉल ने लोगों से सर्वे में पूछा कि वे मापें कि वे देने वाले हैं या लेने वाले हैं। उन्होंने यह भी कहा कि वे जोड़े बनाकर यह फ़ैसला लें कि रेगिस्तान में गुज़ारा करने के लिए कौन-सी सामग्री महत्त्वपूर्ण है। उन्होंने आधी जोड़ियों से कहा कि वे फ़ेल हो गए हैं और शेष आधी जोड़ियों से कहा कि वे सफल रहे हैं। लेने वालों ने विफलता के लिए अपने साथी को ज़िम्मेदार ठहराया और सफलता के लिए श्रेय का दावा किया। देने वालों ने विफलता की ज़िम्मेदारी ख़ुद के ऊपर ली और सफलता के लिए अपने साथी को ज़्यादा श्रेय दिया।

यह मायर की कार्य-प्रणाली है : जब कोई बात ग़लत हो जाती है, तो वे अविश्वसनीय रूप से ख़ुद के प्रति कठोर हो जाते हैं, लेकिन जब सब अच्छा होता है, तो वे बहुत जल्द अन्य लोगों को बधाई दे देते हैं। टिम लॉन्ग कहते हैं, "ख़राब कॉमेडी जॉर्ज को शारीरिक रूप से परेशान करता है।" मायर चाहते हैं कि हर चुटकुला लोगों को हँसाए और अनेक लोगों को सोचने पर मजबूर करे। वे हालांकि दूसरों से भी उन्हीं उच्च मानकों पर खरा उतरने की अपेक्षा करते हैं, जो उन्होंने स्वयं के लिए तय किए हैं, इसके बावजूद वे दूसरे लोगों की ग़लतियों को क्षमा करने को तैयार रहते हैं। अपने करियर के प्रारंभ में मायर को *नॉट नेससेरली द न्यूज़ शो* से छह सप्ताह बाद ही बर्ख़ास्त कर दिया गया था। बीस साल बाद वे उस महिला बॉस से मिले, जिसने उन्हें बर्ख़ास्त किया था, तो उसने यह कहते हुए माफ़ी मांगी कि उन्हें बर्ख़ास्त करना निश्चित रूप से एक ग़लती थी। उसने ख़ुद को इसके लिए मानसिक रूप से तैयार कर लिया था कि मायर गुस्सा होंगे, लेकिन उसने जैसे ही बात साझा की, तो मायर ज़ोर से हँसे। उन्होंने कहा, "उनसे फिर मिलकर बहुत अच्छा लगा। मैंने कहा, अरे छोड़ो, देखो हम कहां हैं। सब माफ़ है। हॉलीवुड में कुछ लोग ऐसे भी

हैं, जो अपने शत्रुओं को धूल चटाकर आगे बढ़ते हैं। यह एक खोखली अभिप्रेरणा है। और आप नहीं चाहेंगे कि ऐसे लोग मैदान में रहें और आपको कमज़ोर करने की कोशिश करते रहें।"

द सिम्पसन्स के पुनर्लेखन कक्ष में स्वयं की तुलना में दूसरों के प्रति ज़्यादा क्षमाशील होने का लाभ यह हुआ कि दूसरों के सर्वश्रेष्ठ विचार उन्हें मिलने लगे। मायर कहते हैं, "मैंने कक्ष में ऐसा वातावरण बनाने की कोशिश की, जिसमें हर कोई यह अनुभव करे कि वह भी योगदान दे सकता है। कई बार विफल होने में कोई बुराई नहीं है।" इसे *मनोवैज्ञानिक सुरक्षा* कहा जाता है। इसमें आप महसूस करते हैं कि आप जुर्माना भुगते और दंडित हुए बिना जोखिम मोल ले सकते हैं। हार्वर्ड बिज़नेस स्कूल की प्रोफ़ेसर एमी ऐडमंडसन के नेतृत्व में किए गए शोध से पता चलता है कि मायर ने मनोवैज्ञानिक रूप से सुरक्षित माहौल तैयार करने में जो मदद की, उसमें लोग ज़्यादा सीखते हैं और ज़्यादा नव परिवर्तन करते हैं। और देने वाले लोग ही ऐसा वातावरण अक्सर तैयार करते हैं : एक अध्ययन में जिन इंजीनियरों ने बदले में कुछ प्राप्त करने की आशा किए बिना ही अपने विचार साझा किए, उनके नवाचार में बड़ी भूमिका निभाने की संभावना ज़्यादा थी। ऐसा इसलिए संभव हुआ क्योंकि इन इंजीनियरों ने सूचना के आदान-प्रदान को सुरक्षित बना दिया। डॉन पैन याद करते हुए बताते हैं कि जब वे अपने लेखक साथी जॉन फ्रिंक के साथ *द सिम्पसन्स* का हिस्सा बने, तो शो के पुराने प्रतिभावान लेखकों ने उन्हें डरा दिया, लेकिन मायर ने विचारों का प्रस्तुतिकरण सुरक्षित बना दिया। "जॉर्ज ने आश्चर्यजनक रूप से बहुत ज़्यादा सहयोग किया और हमें अपने संरक्षण में ले लिया। उन्होंने चर्चा में शामिल होने को आसान बना दिया था। विचार रखने के लिए हमें प्रेरित किया और हमें कभी नीचा नहीं दिखाया।"

स्क्रिप्टों में संशोधन करते समय कई हास्य लेखक सामग्री को निर्दयतापूर्वक काट देते थे। इससे वे लेखक मनोवैज्ञानिक रूप से आहत महसूस करते थे, जिन्होंने वह स्क्रिप्ट लिखी होती थी। दूसरी तरफ़ मायर का कहना है, "मैंने अन्य लोगों को भावनात्मक रूप से समर्थन देने में विशेषज्ञता हासिल करने की कोशिश की।" उनकी स्क्रिप्ट फिर लिखी जा रही है, यह जानकर लेखक जब बौखला जाते थे, तब मायर अक्सर उन्हें सांत्वना देते थे और उन्हें शांत करते थे। मायर कहते हैं, "मैं हमेशा चरम स्थिति में ही लोगों से निपट रहा होता था। बातचीत करके मैं उनका तनाव दूर करता। मैं लोगों की पीड़ा दूर करने में अच्छा हो गया था। मैं उन्हें हालात को दूसरे नज़रिए से देखने के तरीक़े बताता था।" अंत में यदि मायर उनके काम में ख़ूब काट-छांट भी कर देते थे, तो भी वे जानते थे कि मायर को उनकी चिंता है। कैरोलिन ओमिने टिप्पणी करते हुए कहती हैं, "मायर शब्दों में कोई कंजूसी नहीं बरतते। यदि उन्हें चुटकुले का कोई विचार बेवकूफ़ी भरा लगता है, तो वे सीधे आपके पास आएंगे

और सपाट ढंग से इसे बता देंगे, लेकिन आप कभी ऐसा नहीं सोचें कि वे आपको मूर्ख बता रहे हैं।" टिम लॉन्ग ने मुझे बताया, "यदि आपने मायर को कोई स्क्रिप्ट पढ़ने के लिए दी है, तो यह ऐसा ही है कि आपने उन्हें कोई शिशु सौंप दिया है। यदि शिशु बीमार है, तो आपको यह बताने की उनकी ज़िम्मेदारी है। वे वास्तव में अच्छे लेखन की बहुत चिंता करते हैं और आपकी भी।"

परिप्रेक्ष्य की खाई

यदि ज़िम्मेदारी के पूर्वाग्रह पर विजय पाने से हमें अन्य लोगों के योगदान के प्रति साफ़ समझ पैदा होती है, वैसे ऐसा क्या है, जो हमें सहयोगपूर्ण कार्यों में सहयोगियों की मदद करने को प्रेरित करता है, ख़ासकर ऐसे माहौल में जहां लोग अत्यंत भावुक होते हैं और अक्सर आलोचना को व्यक्तिगत रूप से लेते हैं। श्रेय को बांटना सफल सामूहिक कार्य का सिर्फ़ एक हिस्सा मात्र है। साथी लेखकों को उनकी स्क्रिप्ट में काट-छांट के वक़्त सांत्वना देने की मायर की क्षमता और मनोवैज्ञानिक रूप से सुरक्षित माहौल तैयार करने में दक्षता उस महत्त्वपूर्ण क़दम के विशेष गुण हैं, जो देने की भावना रखने वाले लोग सहयोग के काम में उठाते हैं। वे परिप्रेक्ष्य के बाहर जाकर भी देख सकते हैं।

नॉर्थवेस्टर्न विश्वविद्यालय के मनोविज्ञानी लॉरन नॉडग्रेन के नेतृत्व में किए गए परीक्षण में लोगों ने भविष्यवाणी की कि पांच घंटे तक बहुत ठंडे कक्ष में बैठना कितना पीड़ादायक होगा। लोगों ने ये भविष्यवाणियां दो अलग-अलग हालात में कीं; गर्म और सर्द। जब गर्म हालात वाले समूह ने भविष्यवाणी की कि बर्फ़ीले कमरे में बैठना कितना पीड़ादायक होगा, तो उनका एक हाथ गर्म पानी की बाल्टी में था। ठंडे हालात वाले समूह ने जब अनुमान लगाया, तो उनका हाथ भी बाल्टी में था, जो बर्फ़ीले पानी से भरी थी। ठंडे कमरे में सबसे ज़्यादा दर्द कौन से समूह के लोग महसूस करेंगे?

जैसा कि आपने शायद सही अनुमान लगाया। ठंडे समूह के लोग ज़्यादा दर्द महसूस करेंगे। गर्म पानी की बाल्टी की तुलना में जिन लोगों के हाथ ठंडे पानी की बाल्टी में थे, उन्होंने अनुमान लगाया कि बर्फ़ीले कमरे में रहना 14 फ़ीसदी ज़्यादा पीड़ादायक होगा। एक मिनट तक वास्तव में ठंड महसूस करने के बाद वे जानते थे कि कई घंटे कितने ख़राब होंगे, लेकिन लोगों का एक तीसरा समूह भी था, जिसने अलग परिस्थितियों में ठंड का अनुभव किया। इन लोगों ने बर्फ़ के पानी से भरी बाल्टी में हाथ डाला और फिर उसे बाहर निकाल कर पृथक से एक प्रश्नावली को भरा। क़रीब दस मिनट बाद उन्होंने अनुमान लगाया कि ठंडा कमरा कितना पीड़ादायक होगा।

उनकी भविष्यवाणियां ठंडे वाले समूह के समान होनी चाहिए थीं, लेकिन ऐसा नहीं हुआ। उनकी भविष्यवाणियां गर्म वाले समूह के समान थीं। यद्यपि उन्होंने दस मिनट पहले ही ठंड का अनुभव किया था, लेकिन एक बार ठंड का असर ख़त्म होने के बाद वे इसकी कल्पना नहीं कर सकते थे। यही परिप्रेक्ष्य का अंतर कहलाता है। जब हम किसी अत्यंत कठोर मनोवैज्ञानिक और शारीरिक स्थिति का सामना नहीं कर रहे होते, तो हम नाटकीय रूप से कम अनुमान लगाते हैं कि यह हमें कितना प्रभावित करेगा। उदाहरण के लिए प्रमाण दर्शाते हैं कि फ़िज़िशियन लगातार यह सोचते हैं कि उनके रोगियों को कम दर्द हो रहा है, जबकि वे ज़्यादा दर्द झेल रहे होते हैं। फ़िज़िशियन चूंकि स्वयं दर्द नहीं झेल रहे होते, इसलिए वे अनुमान नहीं लगा पाते कि उस स्थिति में कैसा महसूस होगा।

सैन फ़्रांसिस्को के एक अस्पताल में एक प्रसिद्ध कैन्सर विशेषज्ञ एक रोगी को लेकर बहुत चिंतित थे। "वह दिमाग़ी रूप से इतना सही नहीं है, जितना कल था।" रोगी बुज़ुर्ग था और उसके मस्तिष्क का कैन्सर काफ़ी बढ़ चुका था। इस उम्मीद में कि रोगी की उम्र बढ़े, विशेषज्ञ ने यह पता लगाने के लिए कि क्या गड़बड़ है, उस रोगी की रीढ़ की हड्डी में छेद करने का फ़ैसला किया। वे देखना चाहते थे कि "क्या कोई संक्रमण – मस्तिष्क ज्वर है, दिमाग़ में कोई फोड़ा है – ऐसा कुछ, जिसका उपचार किया जा सके?"

बुलाए गए स्नायु विशेषज्ञ रॉबर्ट बर्टन के अपने संदेह थे। रोगी की स्थिति बहुत ख़राब थी। रीढ़ की हड्डी में छेद करना बहुत ही पीड़ादायक हो सकता था, लेकिन कैन्सर विशेषज्ञ कुछ भी सुनने को तैयार नहीं थे। बर्टन ने जब रीढ़ की हड्डी में छेद करने की ट्रे लेकर कक्ष में प्रवेश किया, तो रोगी के परिवार वालों ने विरोध करते हुए एक साथ कहा, "कृपया अब नहीं।" रोगी, जो अत्यंत गंभीर रोग से ग्रस्त होने के कारण सही ढंग से बोल भी नहीं पाता था, उसने भी सिर हिलाकर रीढ़ की हड्डी में छेद कराने से इनकार किया। बर्टन ने विशेषज्ञ से संपर्क किया और उन्हें परिवार वालों की इच्छा की जानकारी दी, लेकिन विशेषज्ञ पीछे हटने को तैयार नहीं थे। आख़िरकार रोगी की पत्नी ने बर्टन की बांह पकड़ कर उनसे समर्थन मांगा कि वे रीढ़ की हड्डी में छेद करने की विशेषज्ञ की योजना नहीं मानने में उसकी मदद करें। पत्नी ने गुहार लगाते हुए कहा, "यह वो नहीं, जो हम चाहते हैं।" इसके बावजूद विशेषज्ञ अपने मरीज को बचाने की योजना पर क़ायम थे। उन्होंने समझाया कि रीढ़ की हड्डी में छेद करना क्यों ज़रूरी है। आख़िरकार परिवार वाले और रोगी मान गए।

बर्टन ने रीढ़ की हड्डी में छेद करने की प्रक्रिया को पूरा किया, जो ना केवल बहुत चुनौतीपूर्ण थी, बल्कि रोगी के लिए काफ़ी पीड़ादायक भी थी। रोगी के सिर में भयंकर दर्द उठा और वह कोमा में चला गया। तीन दिन बाद कैन्सर से उसकी मौत हो गई। यद्यपि विशेषज्ञ अपने क्षेत्र की जानी-मानी हस्ती थे, लेकिन बर्टन उन्हें

सिर्फ़ इसलिए याद करते हैं, "जो बात उन्होंने मुझे सिखाई कि कैसे अविवेकी ढंग से दिमाग़ में मान लिया जाए कि जो आप कर रहे हैं, 'वह अच्छा है।' वास्तव में जानने का एकमात्र तरीक़ा यही है कि आप रोगी से बात करें और संवाद करें।"

सहयोग के कार्यों में लेने वाले शायद ही कभी परिप्रेक्ष्य की खाई को पार कर पाते हैं। उनका ध्यान अपने स्वयं के विचारों पर इतना केंद्रित रहता है कि वे कभी नहीं देख पाते कि अन्य लोग उनके विचारों के प्रति कैसी प्रतिक्रिया दे रहे हैं और उनका फ़ीडबैक क्या है। दूसरी तरफ़ शोधकर्ता जिम बेरी और मैंने खोज की है कि रचनात्मक कार्यों में देने वाले दूसरों को लाभ पहुंचाने के लिए प्रेरित होते हैं, ताकि वे ऐसे तरीक़े ढूंढ़ते हैं कि स्वयं को दूसरे की स्थिति में कैसे देखा जा सकता है। जब जॉर्ज मायर *द सिम्पसन्स* के एनिमेटरों और लेखकों के कार्यों का संपादन कर रहे थे, तब वे परिप्रेक्ष्य की खाई जैसी समस्या का सामना कर रहे थे। वे ख़ुद के नहीं, बल्कि दूसरों के पसंदीदा दृश्यों और चुटकुलों में काट-छांट कर रहे थे। यह स्वीकार करते हुए कि वे वास्तव में वैसा अनुभव नहीं कर सकते, जैसा लेखक और एनिमेटर कर रहे होंगे। ऐसे में उन्होंने निकट का विकल्प या स्थानापन्न निकाला। उन्होंने विचार किया कि जब वे उनकी स्थिति में थे, तब फ़ीडबैक मिलने और उनके काम में संशोधन होने पर उन्हें कैसा महसूस होता था।

मायर जब 1989 में *द सिम्पसन्स* का हिस्सा बने थे, तब उन्होंने धन्यवाद ज्ञापित करने वाली एक कड़ी की स्क्रिप्ट लिखी थी। इसमें स्वप्न का एक दृश्य भी था। मायर का मानना था कि वह दृश्य हास्य से भरपूर है, लेकिन उस वक़्त शो को चलाने वाले सैम साइमन इससे सहमत नहीं थे। साइमन ने जब स्क्रिप्ट से सपने के उस दृश्य को काट दिया, तब मायर बहुत गुस्से में थे। "मैं अत्यंत भावुक हो उठा। मैं इतना गुस्से में था कि मुझे कक्ष से बाहर भेजने के लिए सैम को मुझे दूसरे काम में लगाना पड़ा।" एनिमेटरों और लेखकों के काम की आलोचना करते और उनमें बदलाव करते समय मायर अपने इस अनुभव को याद करते। उन्होंने मुझे बताया, "मैं शरीर से मानो अंग निकालने की उस भावना से ख़ुद को जोड़ सकता था, जब अन्य लोग उनकी सामग्री का पुनर्लेखन कर रहे हों।" इसने उन्हें दूसरों से ज़्यादा हमदर्दी रखने वाला और उनका ध्यान रखने वाला बनाया। वे अत्यंत भावुक स्थिति से लोगों का दिमाग़ ठंडा करने और उनके संशोधनों को स्वीकार करने में मदद करते।

देने की भावना रखने वाले मायर जैसे सफल लोग अपने संबंधों का दायरा प्राप्तकर्ता के परिप्रेक्ष्य से बदल लेते हैं। ज़्यादातर लोगों के लिए यह क़दम बढ़ाने का स्वाभाविक तरीक़ा नहीं है। किसी के विवाह या नवजात के आगमन पर होने वाली पार्टी में उपहार देने की आम दुविधा पर विचार करें। जब प्राप्तकर्ता ने एक रजिस्ट्री तैयार कर दी है, तो आप उपहार उस रजिस्ट्री से लेते हैं या कोई अनूठा उपहार भेजते हैं?

एक शाम मेरी पत्नी कुछ सहेलियों के लिए वैवाहिक उपहार तलाश रही थी। उसने फ़ैसला किया कि ऐसा ज़्यादा विचारशील और दूसरों का ध्यान रखने वाला लगेगा कि हम कुछ ऐसा तलाशें, जो उनकी रजिस्ट्री में नहीं हो। उन्होंने यह सोचते हुए कैंडल स्टिक्स भेजने का फ़ैसला किया कि उनकी सहेलियां इस अनूठे उपहार की प्रशंसा करेंगी। व्यक्तिगत रूप से मैं हैरान था। कई साल पहले जब हमने विवाह के उपहार स्वीकार किए थे, तब मेरी पत्नी अक्सर लोगों से अनूठे उपहार पाकर निराश हो जाती थी। वह चाहती थी कि उपहार हमारी रजिस्ट्री की वस्तुओं में से ही चुने जाएं। वह यह जानती थी कि उसे कुछ विशेष वस्तुएं पसंद हैं और किसी के लिए भी यह दुर्लभ बात होती थी कि वह ऐसा कोई उपहार भेजे, जिन्हें मेरी पत्नी ने पहले से चुन लिए उपहारों से ज़्यादा प्राथमिकता दी है। मैं यह जानता था कि जब वह प्राप्तकर्ता थी, तब उसे रजिस्ट्री वाले उपहार पसंद थे, लेकिन जब वह देने की भूमिका में थी, तो उसने अनूठे उपहार का विकल्प क्यों चुना?

इस गुत्थी की तह में जाने के लिए हार्वर्ड के शोधकर्ता फ़्रांसिस्का जीनो और स्टैनफ़ोर्ड के शोधकर्ता फ्रैंक फ़्लिन ने पड़ताल की कि भेजने और प्राप्त करने वाले कैसे रजिस्ट्री और अनूठे उपहारों के प्रति प्रतिक्रिया देते हैं। उन्होंने निष्कर्ष निकाला कि भेजने वाले लगातार इस बात को कम आंकते हैं कि प्राप्त करने वाले रजिस्ट्री उपहारों को कितना पसंद करते हैं। एक प्रयोग में उन्होंने ऐमेज़ॉन डॉटकॉम से उपहार देने या लेने के लिए 90 लोगों की भर्ती की। प्राप्त करने वालों के पास बीस से तीस डॉलर मूल्य के दस उत्पादों की इच्छा सूची बनाने के लिए 24 घंटे का समय था। भेजने वालों के पास इच्छा सूची थी। उन्हें अंधाधुंध तरीक़े से ज़िम्मेदारी सौंपी गई कि वे या तो रजिस्ट्री के उपहार (सूची में से) को चुनें या कोई अनूठा उपहार (अपने ख़ुद के विचार से) चुनें।

भेजने वालों को आशा थी कि प्राप्त करने वाले अनूठे उपहार को ज़्यादा विचारशील और व्यक्तिगत मानते हुए उसकी प्रशंसा करेंगे, लेकिन सच इसके विपरीत था। प्राप्त करने वालों ने अनूठे उपहारों की बजाय रजिस्ट्री के उपहारों की कहीं ज़्यादा प्रशंसा की। यही पैटर्न मित्रों के बीच शादी और जन्मदिन के उपहारों के आदान-प्रदान में भी उभर कर सामने आया। भेजने वाले अनूठा उपहार देने को प्राथमिकता देते थे, जबकि प्राप्त करने वाले वास्तव में अपनी-अपनी रजिस्ट्री और इच्छा सूची में चाहे गए उपहारों को प्राथमिकता देते थे।

ऐसा क्यों? शोध से पता चलता है कि जब हम अन्य लोगों के परिप्रेक्ष्य से देखते हैं, तो हमारी प्रवृत्ति अपनी विचारधारा के दायरे में रहने की होती है। हम पूछते हैं, "मैं उस हालत में कैसे अनुभव करूंगा?" जब हम कोई उपहार दे रहे होते हैं, तो हम उस ख़ुशी की कल्पना करते हैं, जो हमें किसी ऐसे उपहार को स्वीकार

करते हुए होती, जो हम चुन रहे हैं। लेकिन यह ख़ुशी प्राप्त करने वाले अनुभव नहीं करेंगे क्योंकि उनकी प्राथमिकताएं भिन्न हैं। देने की भूमिका में मेरी पत्नी को कैंडल स्टिक्स पसंद थी। यही उसने चुनी, लेकिन यदि सहेलियां कैंडल स्टिक्स पर मोहित होतीं, तो वे इसे अपनी उपहार रजिस्ट्री में ज़रूर डालतीं।

अपने सहयोगियों की प्रभावी ढंग से मदद करने के लिए लोगों को अपनी निश्चित सोच से बाहर निकलना होगा। जैसा कि जॉर्ज मायर ने किया। लोगों को ख़ुद से पूछना होगा, "इस स्थिति में *प्राप्तकर्ता* कैसा अनुभव करेगा?" दूसरे के परिप्रेक्ष्य से दुनिया को देखने की क्षमता जीवन में प्रारंभ से विकसित होती है। एक प्रयोग में बर्कले की मनोवैज्ञानिक बैटी रिपाचोली और एलिसन गोपनिक ने चौदह और अठारह महीनों के बच्चों का अध्ययन किया। बच्चों के सामने भोजन के दो प्याले थे। एक में गोल्ड फ़िश क्रैकर और दूसरे में ब्रॉकली थे। बच्चों ने दोनों प्यालों से भोजन को चखा और ब्रॉकली से कहीं ज़्यादा गोल्ड फ़िश क्रैकर को प्राथमिकता दी। इसके बाद उन्होंने शोधकर्ता को देखा, जिसने क्रैकर का स्वाद चखने के बाद नफ़रत भरा मुंह बनाया, जबकि ब्रॉकली का स्वाद चखने के बाद ख़ुशी का इज़हार किया। जब शोधकर्ता ने भोजन मांगने के लिए अपना हाथ आगे बढ़ाया, तो बच्चों के पास मौक़ा था कि या तो वे शोधकर्ता को क्रैकर दें या ब्रॉकली दें। क्या बच्चे अपने परिप्रेक्ष्य से बाहर जाकर शोधकर्ता को ब्रॉकली देंगे, चाहे वे ख़ुद भी इससे नफ़रत करते हैं?

चौदह महीने के बच्चों ने ऐसा नहीं किया, जबकि अठारह महीने के बच्चों ने ऐसा किया। चौदह महीने के 87 फ़ीसदी बच्चों ने ब्रॉकली की बजाय गोल्डफ़िश क्रैकर साझा की। अठाहरवें महीने तक सिर्फ़ 31 फ़ीसदी ने यह ग़लती की, जबकि 69 फ़ीसदी वह साझा करना सीख गए थे, जो दूसरों को पसंद है, चाहे यह उनकी पसंद से विपरीत हो। अपने ख़ुद के परिप्रेक्ष्य में अटके रहने की बजाय दूसरे लोगों के परिप्रेक्ष्य की कल्पना करना ही सहयोग के कार्यों में देने की भावना रखने वालों की सफलता की कौशल संबंधी पहचान है।

दिलचस्प बात यह है कि जब जॉर्ज मायर ने हास्य लेखक के तौर पर अपना करियर शुरू किया था, तब उन्होंने अपने सहयोगियों की मदद करने के लिए दूसरों के परिप्रेक्ष्य में देखने की क्षमता का इस्तेमाल नहीं किया था। वे अपने साथी लेखकों को प्रतिद्वंद्वी के रूप में देखा करते थे :

> जब आप शुरुआत करते हैं, तब अन्य लोगों को आपकी सफलता की राह में बाधा के तौर पर देखते हैं, लेकिन इसका मतलब है आपकी दुनिया बाधाओं से भरी रहेगी, जो ख़राब बात है। प्रारंभिक वर्षों में मेरे कुछ सहयोगियों, मित्रों और यहां तक कि निकट के मित्रों ने ऊर्जा से भरपूर

सफलता अर्जित कर ली थी, जो मेरे लिए कठिन थी और मुझे जलन होती थी। उनकी सफलता मुझे एक तरह से धिक्कारती थी। जब आप अपना करियर शुरू करते हैं, तो आपकी रुचि स्वाभाविक रूप से स्वयं को आगे बढ़ाने और स्वयं का प्रचार करने में होती है।

लेकिन मायर ने जब टीवी शो में काम करना शुरू किया, तो उनका उन्हीं लोगों से बार-बार मिलने का सिलसिला शुरू हुआ। यह बहुत ही छोटी और जुड़ी हुई दुनिया है। मायर कहते हैं, "मैंने अनुभव किया कि यह बहुत छोटा तालाब है। किसी एक समय में कुछ सौ लोग ही टीवी के लिए हास्य लेखन करके अपनी ज़िंदगी चला रहे होते हैं। इन लोगों को अलग-थलग करना अच्छा विचार नहीं है। आपको ज़्यादातर नौकरियां किसी के कहने या सिफ़ारिश से मिलती हैं। अच्छी प्रतिष्ठा बनाए रखना बहुत ज़रूरी है। मैंने जल्द ही अन्य हास्य लेखकों को सहयोगी के तौर पर देखना शुरू कर दिया।" मायर ने अन्य लोगों को सफलता के लिए प्रेरित करना शुरू कर दिया। वे कहते हैं, "यह कोई शून्य का आंकड़ा नहीं है। इसलिए जब आप सुनते हैं कि किसी का शो चल निकला है या उनका कोई शो सीरीज में बदल गया है, तो यह एक तरह से अच्छा ही है क्योंकि हास्य अच्छा काम कर रहा है।"

यह वो मार्ग नहीं है, जिस पर फ़्रैंक लॉयड राइट चले थे। कोई संशय नहीं कि वे जीनियस थे, लेकिन जीनियस तैयार करने वालों में नहीं थे। जब राइट सफल हुए, तो उनकी सफलता ने अन्य आर्किटेक्टों की सफलता में कोई वृद्धि नहीं की। राइट की सफलता ज़्यादातर अन्य आर्किटेक्टों की क़ीमत पर ही थी। जैसे कि राइट के बेटे जॉन ने विचार करते हुए कहा, "अपनी कल्पना के अनुरूप आप इमारत का निर्माण करके अच्छा काम करते हैं, लेकिन ऐसी ही उपलब्धि के लिए अन्य लोगों के सपने को समर्थन देने में आप कमज़ोर रहे हैं।" जहां तक प्रशिक्षुओं का सवाल है, तो राइट के बेटे जॉन आरोप लगाते हुए कहते हैं, "राइट कभी किसी के पीछे खड़े नहीं हुए और किसी की मदद नहीं की।" एक मामले में राइट ने अपने प्रशिक्षुओं से वादा किया था कि वे उनके लिए ड्राफ़्टिंग रूम बनाकर देंगे, लेकिन टैलिएसिन फ़ैलोशिप शुरू होने के सात साल बाद तक उन्होंने अपना वादा नहीं निभाया था।

एक बार उनके एक ग्राहक ने स्वीकार किया कि वे राइट की बजाय उनके प्रशिक्षुओं को प्राथमिकता देते थे क्योंकि प्रशिक्षु न केवल प्रतिभा में उनके बराबर थे, बल्कि काम को समय पर और बजट के भीतर पूरा करने का उनका दायित्व बोध भी राइट से ज़्यादा था। राइट इतना गुस्सा हुए कि उन्होंने अपने आर्किटेक्टों के लिए स्वतंत्र रूप से काम लेना वर्जित कर दिया। उन्होंने यह अनिवार्य कर दिया कि प्रशिक्षु अपने हर काम पर उनका नाम शीर्ष पर लिखें। इसके बाद राइट के अनेक

सबसे ज़्यादा प्रतिभाशाली और अनुभवी प्रशिक्षुओं ने उनका साथ छोड़ दिया। उन्होंने आरोप लगाया कि राइट ने व्यक्तिगत लाभ के लिए उनका शोषण किया और उनके काम का एकमात्र श्रेय ख़ुद ने ले लिया। डी सेंट ऑबिन टिप्पणी करते हुए कहते हैं, "यह बहुत आश्चर्यजनक था कि राइट के सैकड़ों प्रशिक्षुओं में से कुछ ने प्रैक्टिस करने वाले स्वतंत्र आर्किटेक्टों के रूप में ख़ूब सफलता अर्जित की।"

इसके विपरीत जॉर्ज मायर की सफलता का उनके सहयोगियों पर अलग असर हुआ : यह छोटी तरंगों के रूप में उठी, व्यापक हुई और जो लोग उनके चारों ओर थे, उनमें फैल गई। मायर के सहयोगी उन्हें जीनियस कहते हैं, लेकिन वे जीनियस बनाने वाले भी हैं। *द सिम्पसन्स* शो पर अपने सहयोगी लेखकों की मदद करके मायर ने उन्हें अपने काम में ज़्यादा प्रभावी बना दिया। इससे उनकी सामूहिक प्रभावशीलता में वृद्धि हुई। जॉन पैन कहते हैं, "उन्होंने मुझे बेहतर लेखक बना दिया और मुझे सीमित दायरे से बाहर जाकर सोचने के लिए प्रेरित किया।" स्वेच्छा से अलोकप्रिय कामों की ज़िम्मेदारी ख़ुद के ऊपर लेने से मायर के अन्य लोगों को अपने चुटकुलों को सुधारने में मदद मिली। सामूहिक रूप से अच्छे मानकों तक पहुंचने के लिए देर तक काम करने की मायर की आदत का असर उनके सहयोगियों पर भी हुआ। जॉन विटी ने *हार्वर्ड क्रिमसन* के एक रिपोर्टर से कहा था, "वह हर किसी को ज़्यादा मेहनत के लिए प्रेरित करते हैं।" "अपने चारों ओर के लोगों को श्रेष्ठता के लिए" प्रेरित करने के मायर के गुण की तारीफ़ करते हुए उन्होंने कहा, "उनकी उपस्थिति ही *द सिम्पसन्स* के अन्य लेखकों को मज़ाकिया होने के लिए प्रोत्साहित कर देती थी।"

"मायर ने 2004 में *द सिम्पसन्स* को छोड़ दिया था। वर्तमान में वे अपने पहले उपन्यास पर काम कर रहे हैं। जिसका अस्थायी शीर्षक है, *किक मी 10,00,000 टाइम्स ऑर आई विल डाई* है, लेकिन लेखकों के कक्ष में उनका प्रभाव आज भी है।" पैन कहते हैं, "जॉर्ज की आवाज़ आज भी शो के डीएनए में है। उन्होंने मुझे सिखाया कि आगे बढ़ने के लिए आक्रामक होने या दूसरों से बुरा बर्ताव करने की कोई ज़रूरत नहीं है।" कैरोलिन ओमिने कहती हैं, "हम सभी ने मायर की हास्य-विनोद की समझ से काफ़ी कुछ सीखा है। वे हालांकि अब *द सिम्पसन्स* में नहीं हैं, लेकिन हम फिर भी कभी-कभी उनकी तरह सोचते हैं।" कई वर्षों बाद मायर अब भी अपने सहयोगियों को प्रेरित करने का काम कर रहे हैं। पांच एमी अवार्ड जीतने के बावजूद टिम लॉन्ग के जीवन का एक सपना पूरा नहीं हुआ था। वे *न्यू यॉर्कर* में छपना चाहते थे। 2010 में लॉन्ग ने मायर को अपनी प्रस्तुति का एक मसौदा भेजा। मायर ने तीक्ष्ण फ़ीडबैक के साथ त्वरित ढंग से जवाब दिया। उन्होंने मसौदे की एक-एक लाइन पढ़ी और बहुत ज़्यादा उदारता दिखाई। लॉन्ग ने कहा, "उनके सुझावों ने उन बातों को ठीक करने में मेरी मदद की, जो मुझे दिल से परेशान तो कर रहीं थीं, लेकिन मैं उन्हें स्पष्ट रूप से कह नहीं पा रहा था।" इसके बाद मायर ने देने की

अपनी भावना को आगे बढ़ाते हुए *न्यू यॉर्कर* के एक संपादक से संपर्क साधा, ताकि लॉन्ग को वहां तक पहुंचने में मदद मिले। इसके बाद 2011 तक लॉन्ग का सपना दो बार साकार हो चुका था।

मायर जब *आर्मी मैन* का दूसरा अंक छापने जा रहे थे, तब तक उनके पास सहयोग देने वाले तीस साथी हो चुके थे। उन सभी ने बिना कोई पारिश्रमिक लिए चुटकुले लिखे और उन सभी के करियर ने मायर के साथ ऊँचाइयों को छुआ। इनमें से कम से कम सात सहयोगियों ने *द सिम्पसन्स* के लिए लिखा। उनके एक सहयोगी स्पाइक फ़ेरेस्टेन ने 1995 में *द सिम्पसन्स* की एक पूर्ण कड़ी लिखी। *साइनफ़ेल्ड* के लेखक और निर्माता के तौर पर उन्हें एमी के लिए नामित किया गया था। उन्होंने इसकी प्रसिद्ध "सूप नाज़ी" कड़ी लिखी थी। *आर्मी मैन* में योगदान देने वाले मायर के जो सहयोगी *द सिम्पसन्स* में उनके लेखक नहीं बने, उन्होंने अन्य कहीं सफलता अर्जित की। उदाहरण के लिए बॉब ओडनकिर्क एक जाने-माने लेखक और अभिनेता हैं। रोज़ चास्ट *द न्यू यॉर्कर* के स्टाफ़ कार्टूनिस्ट हैं और एंडी बोरोविट्ज़ सर्वाधिक लोकप्रिय लेखकों में शुमार हो गए हैं। वे "द बोरोविट्ज़ रिपोर्ट" के रचयिता हैं। यह व्यंग्य से भरपूर स्तम्भ और वेबसाइट है, जिसके लाखों प्रशंसक हैं। इससे पहले बोरोविट्ज़ ने हिट फ़िल्म *प्लीजेंटविले* का सह निर्माण किया था। वे *द फ़्रेश प्रिंस ऑफ़ बेल-एयर* के रचयिता भी हैं, जिसने विल स्मिथ का करियर शुरू कराया। *आर्मी मैन* के लिए लिखने का न्योता देकर मायर ने उनके करियर को ऊपर उठाने में मदद की। मायर ने माइक सक्स से कहा, "जिन लोगों ने मुझे हँसाया, मैंने उनसे सिर्फ़ योगदान देने को कहा था। मैंने अनुभव नहीं किया था कि वे इतना नाम कमा लेंगे।"

4

हीरे की खोज

क्षमता की पहचान करने से जुड़े तथ्य और कल्पना

जब हम किसी व्यक्ति से ऐसा बर्ताव करते हैं, जैसा कि वह है, तो हम उसे वह जो है, उससे भी ख़राब बना देते हैं। यदि हम उससे ऐसा बर्ताव करते हैं, जैसे कि वह पहले ही वह बन चुका है, जिसकी क्षमता वह रखता है, तो हम उसे वो बना देते हैं, जो उसे होना चाहिए।

— योहान वल्फ़गांग वॉन गोएथे, जर्मनी के लेखक,
भौतिक शास्त्री, जीव विज्ञानी और कलाकार

जब बराक ओबामा ने व्हाइट हाउस में प्रवेश किया, तो एक रिपोर्टर ने उनसे पूछा कि क्या उनका कोई पसंदीदा एप्लिकेशन है, तो ओबामा ने बिना किसी संकोच 'आईरेगी' का नाम लिया। उन्होंने कहा, "यह मेरी किताबों, मेरे अख़बारों और मेरे संगीत को एक स्थान पर रखता है।" 'आईरेगी' दरअसल कोई सॉफ़्टवेयर नहीं था, बल्कि यह एक व्यक्ति था। उसका पूरा नाम रेगी लव था। और कोई अनुमान नहीं लगा सकता था कि वह राष्ट्रपति के लिए अत्यावश्यक संसाधन बन जाएंगे।

लव, ड्यूक में एक उत्कृष्ट एथलीट थे, जहां उन्होंने फुटबॉल और बास्केटबॉल दोनों टीमों में अहम भूमिका निभाने की दुर्लभ उपलब्धि अर्जित की, लेकिन स्नातक करने के बाद जब नेशनल फुटबॉल लीग के लिए लगातार दो साल तक कोशिश करने पर भी उन्हें कोई कामयाबी नहीं मिली, तो उन्होंने करियर बदलने का फ़ैसला किया। ड्यूक में राजनीति शास्त्र और लोक नीति पढ़ चुके लव ने कैपिटल हिल में इंटर्नशिप के लिए कोशिश करना शुरू कर दिया। एथलीट के तौर पर उनकी पृष्ठभूमि और थोड़े काम के अनुभव के दम पर आख़िरकार उन्हें ओबामा के सीनेट ऑफ़िस के मेल रूम में नौकरी मिल गई। सिर्फ़ एक साल के भीतर 26 साल जैसी छोटी उम्र में लव

को पदोन्नति देकर मेल रूम से हटा कर ओबामा का निजी सहायक बना दिया गया।

लव ने प्रतिदिन 18 घंटे काम किया और ओबामा के साथ 880,000 मील से ज़्यादा की उड़ान भरी। ओबामा ने कहा था, "बहुत थोड़ी नींद लेकर इतनी सारी ज़िम्मेदारियों को एक साथ संभालने की उनकी क्षमता को देखने से ही प्रेरणा मिलती है। वह जो कुछ करते हैं, वह उसमें निपुण हैं।" जब बराक ओबामा राष्ट्रपति बने, तो उनके एक सहायक ने टिप्पणी की कि लव, राष्ट्रपति की देखभाल करते थे। "लव ख़ुद आगे बढ़कर हर उस चिट्ठी का जवाब देते थे, जो कार्यालय में आती थी।" लव ने मुझे बताया, "मैं हमेशा चाहता था कि लोगों को प्राप्ति की सूचना भेजी जाए, ताकि उन्हें पता चल सके कि उनकी आवाज़ सुनी जा रही है।" एक रिपोर्टर के मुताबिक़, "लव को असाधारण और असीम करुणा के लिए जाना जाता है।"

कुछ दशक पहले लव के गृह प्रांत नॉर्थ कैरोलिना में बेथ ट्रेनहम ने लेखा शास्त्र पढ़ने के लिए फिर स्कूल जाने का फ़ैसला किया। बेथ की उम्र तीस साल से थोड़ी ज़्यादा थी और अंकों के मामले में वह थोड़ी कमज़ोर थीं। जब वह तीसरी कक्षा में पढ़ती थीं, तब तक उन्होंने एनालॉग घड़ी में समय देखना तक नहीं सीखा था। जब वह हाई स्कूल में थीं, तब गणित की कक्षाओं में मदद के लिए वह अपने एक बॉयफ़्रेंड पर निर्भर थीं। वयस्क होने पर भी उन्हें प्रतिशत निकालने में बहुत परेशानी होती थी।

जब सर्टिफ़ाइड पब्लिक अकाउंटेंट (सीपीए) की परीक्षा का समय आया, तब बेथ को विश्वास था कि वह अनुत्तीर्ण होंगी। गणित से परेशानी होने के अलावा उन्हें समय की भी बहुत दिक़्क़त हो रही थी। नौकरी के अलावा वह घर पर तीन बच्चों को भी संभाल रही थीं। इनमें से दो नन्हे बच्चे थे। परीक्षा शुरू होने से दो सप्ताह पहले इन दोनों बच्चों को चेचक हो गई थी। सबसे ख़राब बात तब हुई, जब उन्होंने पूरा सप्ताहांत पेंशन लेखा पद्धति को समझने में ख़र्च कर दिया, लेकिन तीन दिन बाद उन्हें लगा कि जब उन्होंने शुरुआत की थी, उससे भी कम उन्होंने सीखा है। बेथ जब सीपीए की परीक्षा देने बैठीं, तो बहुविकल्प संबंधी सवाल देख कर उन्हें अचानक घबराहट होने लगी। बेथ कहती थीं, "उस परीक्षा को फिर देने की बजाय मैं प्रसव पीड़ा से गुजरना ज़्यादा बेहतर समझूंगी।" वह उदास थीं और उन्हें पक्का विश्वास था कि वह अनुत्तीर्ण होंगी।

अगस्त, 1992 में एक दिन सोमवार को बेथ के फ़ोन की घंटी बजी। लाइन की दूसरी तरफ़ वाली आवाज़ ने बताया कि बेथ ने सीपीए परीक्षा में नॉर्थ कैरोलिना प्रांत में स्वर्ण पदक अर्जित किया है। बेथ ने सोचा कि कोई मित्र मज़ाक़ कर रहा है, इसलिए उन्होंने बाद में स्टेट बोर्ड को फ़ोन करके ख़बर की पुष्टि की। यह कोई मज़ाक़ नहीं था : पूरे प्रांत में बेथ ने सर्वाधिक अंक अर्जित किए थे। बाद में वह फिर आश्चर्यचकित रह गईं, जब उन्हें एक अन्य अवार्ड द एलिजा वॉट सेल्स अवार्ड फ़ॉर डिस्टिंक्टिव परफ़ॉर्मेन्स प्रदान किया गया। यह अवार्ड पूरे देश में सीपीए परीक्षा

में शीर्ष दस स्थानों पर आने वालों को दिया जाता है। उन्होंने यह अवार्ड 136,525 अन्य अभ्यर्थियों को पछाड़ते हुए हासिल किया। आज बेथ एकाउंटिंग फ़र्म ह्यूजेस, पिटमैन ऐंड गुप्टॉन और एलएलसी में व्यापक ख्याति प्राप्त साझेदार हैं। इम्पैक्ट 25 वित्तीय लीडर्स के तौर पर उनका नाम घोषित किया जा चुका है। रिसर्च ट्रायंगल में उन्हें बिज़नेस की शीर्ष 25 महिलाओं में भी शामिल किया गया था।

बेथ ट्रेनहम और रेगी लव ने नाटकीय रूप से अलग तरह की ज़िंदगी जी। उनकी पेशेवर सफलताओं और उनकी जड़ें नॉर्थ कैरोलिना से जुड़ी होने के अलावा एक बात समान है, जो दोनों को जोड़ती हैं। उनका नाम है सी.जे. स्केंडर। वे एक जीवित किंवदंती हैं।

स्केंडर लेखा शास्त्र पढ़ाते हैं, लेकिन उन्हें लेखा शास्त्र का प्रोफ़ेसर मात्र कहना उनके साथ पूरी तरह न्याय नहीं करता। उनका व्यक्तित्व अनूठा है। उन्हें ना केवल उनकी बो टाई विशिष्टता, बल्कि हज़ारों गानों और फ़िल्मों के शब्द पूरे नियंत्रण के साथ बोलने के लिए भी जाना जाता है। गोरी त्वचा और सफ़ेद बालों वाले स्केंडर शायद 58 वर्ष के एक मात्र व्यक्ति होंगे, जिन्होंने अपने ऑफ़िस में रैपर 50 सेंट का पोस्टर लगा रखा था। वे हालांकि अंकों के वास्तविक जादूगर थे, कक्षा में उनके प्रभाव को निर्धारित करना असंभव था। स्केंडर उन चंद प्रोफ़ेसरों में शुमार थे, जिनके लिए सहयोग करने के वास्ते ड्यूक विश्वविद्यालय और नॉर्थ कैरोलिना विश्वविद्यालय ने अपनी प्रतिद्वंद्विता भुला दी थी : उनकी मांग इतनी अधिक रहती है कि उन्हें दोनों संस्थाओं में एक साथ पढ़ाने की अनुमति थी। उन्हें शिक्षण के लिए दो दर्जन से ज़्यादा बड़े अवार्ड मिल चुके हैं। इनमें से चौदह नॉर्थ कैरोलिना विश्वविद्यालय, छह ड्यूक और पांच नॉर्थ कैरोलिना प्रांत में मिले थे। करियर में उन्होंने क़रीब छह सौ कक्षाओं में अध्यापन किया है और पैंतीस हज़ार से ज़्यादा विद्यार्थियों का वह मूल्यांकन कर चुके हैं। अपने विद्यार्थियों में जितने समय का निवेश उन्होंने किया है, उसकी वज़ह से उनमें एक सबसे प्रभावशाली कौशल विकसित हो गया है। यह कौशल है प्रतिभा को पहचानने की उल्लेखनीय नज़र।

2004 में रेगी लव ने ड्यूक में सी.जे. स्केंडर की लेखा क्षेत्र की कक्षा में नाम लिखवाया था। यह एक ग्रीष्मकालीन कोर्स था, जिसमें लव को डिग्री लेनी थी। कई प्रोफ़ेसर लव को सिर्फ़ एथलीट मान कर खारिज़ कर सकते थे, लेकिन स्केंडर ने एथलीट से परे लव की क्षमता को पहचाना। स्केंडर स्पष्ट करते हुए कहते हैं, "कई कारणों से ड्यूक के फुटबॉल खिलाड़ी कभी मेरी कक्षा में नहीं जुटे, लेकिन मैं जानता था कि रेगी में वह सब कुछ है, जो सफल होने के लिए ज़रूरी है।" उन्होंने आगे बढ़कर रेगी को कक्षा से जोड़ा। उनका सहज ज्ञान सही था कि इससे लाभ होगा। लव कहते हैं, "सी.जे. की कक्षा में जाने से पहले मैं लेखा शास्त्र के बारे में कुछ नहीं जानता था, लेकिन उस कोर्स से मुझे ज्ञान का जो आधार प्राप्त हुआ, उसने व्हाइट

हाउस तक मेरे मार्ग को आलोकित कर दिया।" ओबामा के मेल रूम में लव ने वस्तु सूची का जो ज्ञान स्कैंडर की कक्षा में सीखा था, उसका इस्तेमाल किया। उन्होंने मेल के विशाल बैकलॉग को व्यवस्थित और डिजिटल करने की ज़्यादा प्रभावशाली प्रक्रिया विकसित कर दी। लव कहते हैं, "मैंने सबसे पहले इसे ही लागू किया था।" ओबामा के चीफ़ ऑफ़ स्टाफ़ इससे बहुत प्रभावित हुए और लव सबकी नज़र में आ गए। 2011 में लव ने व्हाइट हाउस छोड़ दिया ताकि वे वॉटर्न में पढ़ सकें। उन्होंने स्कैंडर को संदेश भेजा, "मैं एक्ज़ीक्यूटिव एमबीए प्रोग्राम शुरू करने के लिए फ़िली जा रहा हूं। अभी ट्रेन में हूं। कोर्स की पहली क्लास वित्तीय लेखा शास्त्र की है। जब मैं आपकी कक्षा में था, तब मेरा साथ देने के लिए मैं आपको धन्यवाद देना चाहता हूं।"

बारह साल पहले सीपीए परीक्षा देने के बाद बेथ ट्रेनहम ने स्कैंडर से मिलकर उन्हें आगाह कर दिया था कि परीक्षा में उनका प्रदर्शन निराशाजनक रहा है। बेथ ने उन्हें बताया कि वे पूरी परीक्षा में अनुत्तीर्ण होंगी, इसका पूरा अंदेशा उन्हें है, लेकिन स्कैंडर बेहतर जानते थे। उन्होंने वादा करते हुए कहा, "यदि आप उत्तीर्ण नहीं हुईं, तो आपका ऋण मैं अदा करूंगा।" स्कैंडर फिर सही साबित हुए। वे सिर्फ़ बेथ के बारे में सही नहीं थे। उस वसंत ऋतु में सीपीए परीक्षा में नॉर्थ कैरोलिना में रजत और कांस्य पदक पाने वाले भी उनके ही विद्यार्थी थे। स्कैंडर के विद्यार्थियों ने सीपीए की परीक्षा देने वाले सभी 3,396 अभ्यर्थियों में से सबसे ज़्यादा अंक अर्जित करके पहले तीन स्थानों पर जगह बनाई। नॉर्थ कैरोलिना में यह पहला मौक़ा था, जब किसी एक स्कूल ने सारे पदक जीत लिए थे। यद्यपि लेखा शास्त्र पुरुषों के वर्चस्व वाला क्षेत्र है, फिर भी पदक जीतने वाले स्कैंडर के तीनों विद्यार्थी महिलाएं थीं। प्रांत में सीपीए परीक्षा में शीर्ष तीन स्थानों में जगह बनाकर स्कैंडर के चालीस से ज़्यादा विभिन्न विद्यार्थी सीपीए पदक जीत चुके हैं। उन्होंने भविष्य के शिक्षकों को पहचानने की क्षमता का प्रदर्शन भी किया है। उनके तीन दर्जन से भी ज़्यादा विद्यार्थी उनके पद चिह्नों पर चलते हुए विश्वविद्यालयों में पढ़ा रहे हैं। जब वह प्रतिभा को देखते हैं, तो उसे कैसे पहचानते हैं?

देखने में यह भले ही सहज ज्ञान लगे, लेकिन किसी की क्षमता को पहचानने के सी.जे. स्कैंडर के गुण के पीछे विशुद्ध विज्ञान है। लगभग प्रत्येक उद्योग में प्रतिभा की पहचान करके उसे विकसित करना एक अत्यंत आवश्यक योग्यता है। स्वयं को सितारों से घिरे रखने के महत्त्व को बढ़ा-चढ़ाकर कहना मुश्किल है। नेटवर्किंग और सहयोग की तरह जब अन्य लोगों में क्षमता की पहचान करने की बात आती है, तब पारस्परिक आदान-प्रदान की शैली हमारे रुख़ और प्रभावशीलता को आकार देती है। इस अध्याय में मैं यह दर्शाना चाहता हूं कि लोगों में क्षमता की पहचान करके देने की भावना रखने वाले लोग कैसे सफल होते हैं। स्कैंडर की तकनीक का पता

लगाने के अलावा हम इस बात पर भी नज़र डालेंगे कि प्रतिभाओं का पता लगाने वाले लोग विश्वस्तरीय एथलीट की पहचान कैसे करते हैं। लोग क्यों कम क्षमता वाले अभ्यर्थियों में ज़्यादा निवेश कर बैठते हैं और शीर्ष संगीतकार अपने पहले गुरुओं के बारे में क्या बोलते हैं, लेकिन शुरुआत करने के लिए सबसे अच्छी जगह फौज़ ही होगी। यहां मनोविज्ञानियों ने यह जांच करने में तीन दशक बिताए हैं कि आख़िर सबसे प्रतिभावान कैडेट की पहचान कैसे की जाती है।

सितारे की खोज

अस्सी के दशक के प्रारंभ में मनोविज्ञानी डॉव ईडन ने असाधारण परिणामों की शृंखला की पहली कड़ी प्रकाशित की थी। प्रशिक्षण शुरू होने से पहले ही वे बता सकते थे कि इज़राइल डिफ़ेन्स फ़ोर्सेज (आईडीएफ़) के कौन-कौन से सैनिक शीर्ष प्रदर्शन करने वाले बनेंगे।

अमेरिका में पले-बढ़े ईडन शारीरिक दृष्टि से दुबले-पतले ज़रूर थे, लेकिन मनोवैज्ञानिक रूप से मज़बूत और अपनी बात को दमदार तरीक़े से कहने की क्षमता उनमें थी। डॉक्टरेट करने के बाद वे इज़राइल जाकर बस गए और उन्होंने आईडीएफ़ के साथ शोध प्रारंभ कर दिया। एक अध्ययन में उन्होंने क़रीब एक हज़ार सैनिकों के व्यापक आकलन की पड़ताल की। ये सैनिक अपनी-अपनी प्लाटूनों के साथ प्रशिक्षण के लिए आने वाले थे। ईडन के पास इन सैनिकों की योग्यता परीक्षा के अंक, बेसिक प्रशिक्षण की मूल्यांकन रिपोर्ट और पिछले कमांडरों से मिली समीक्षा रिपोर्ट उपलब्ध थी। सिर्फ़ इस सूचना का इस्तेमाल करके ईडन उच्च क्षमता वाले प्रशिक्षणार्थियों के उस समूह की पहचान करने में सफल रहे, जो सितारे के तौर पर उभरने वाले थे। यह सूचना वर्तमान भूमिका के लिए सैनिकों का प्रशिक्षण शुरू होने से पहले जुटाई गई थी।

अगले ग्यारह सप्ताहों के दौरान प्रशिक्षणार्थियों को ऐसे परीक्षणों से गुज़ारा गया, जिनसे युद्ध कौशल, रणक्षेत्र की समझ और मानक परिचालन प्रक्रियाओं में उनकी विशेषज्ञता को मापा गया। उन्होंने हथियारों को चलाने की अपनी क्षमता का प्रदर्शन भी किया। विशेषज्ञों ने इसका मूल्यांकन किया। जैसा कि अनुमान था कि ईडन ने जिन प्रशिक्षणार्थियों की पहचान शुरू में ही उच्च क्षमता वाले सैनिकों के तौर पर की थी, उन्होंने ही अगले तीन महीने के दौरान अपने अन्य साथियों से कहीं ज़्यादा बेहतर प्रदर्शन किया। विशेषज्ञता परीक्षणों में उन्होंने नौ फ़ीसदी और हथियारों के मूल्यांकन में उन्होंने दस फ़ीसदी ज़्यादा अंक अर्जित किए। ईडन ने उच्च क्षमता वाले प्रशिक्षणार्थियों की पहचान के लिए किस सूचना का इस्तेमाल किया? यदि आप आईडीएफ़ में प्लाटून अफ़सर होते, तो अपने सैनिकों में अन्य बातों के अलावा किन गुणों को सबसे अधिक महत्त्व देते?

यह जानना मददगार होगा कि ईडन ने हार्वर्ड के मनोविज्ञानी रॉबर्ट रोसेंथल के नेतृत्व में किए गए उत्कृष्ट शोध से प्रेरणा ली थी। रोसेंथल ने सैन फ़्रांसिस्को के एक प्राथमिक स्कूल के प्रिंसिपल लेनोर जैकब्सन के साथ टीम बना कर यह शोध किया था। अठारह विभिन्न कक्षाओं में किंडरगार्टन से लेकर पांचवीं कक्षा तक के विद्यार्थियों को हार्वर्ड की संज्ञानात्मक परीक्षा के गुज़ारा गया। परीक्षण में विद्यार्थियों की मौखिक और तर्क कौशल योग्यता को तटस्थ भाव से मापा गया। यह क्षमता सीखने और समस्या को दूर करने के लिए अहम मानी जाती है। रोसेंथल और जैकब्सन ने परीक्षण के परिणामों को शिक्षकों के साथ साझा किया। क़रीब 20 फ़ीसदी विद्यार्थियों ने बौद्धिक रूप से पुष्पित होने या आगे बढ़ने की क्षमता दिखाई थी। ये विद्यार्थी भले ही अलग नहीं दिख रहे थे, लेकिन परीक्षण के परिणाम दर्शाते थे कि ये विद्यार्थी स्कूल जीवन की अवधि में "असाधारण बौद्धिक क्षमता" अर्जित कर लेंगे।

हार्वर्ड परीक्षण से स्थिति को आसानी से समझा जा सकता था। विद्यार्थी जब अगले साल इस परीक्षण से गुज़रे, तो पुष्पित होने की संभावना वाले विद्यार्थियों में अन्य की अपेक्षा ज़्यादा सुधार देखा गया। पुष्पित होने की संभावना वाले विद्यार्थियों ने बौद्धिक स्तर के औसतन बारह अंक अर्जित किए, जबकि उनकी तुलना में अन्य सहपाठियों ने बौद्धिक स्तर के औसतन सिर्फ़ आठ अंक अर्जित किए थे। ज़्यादा संभावना वाले विद्यार्थियों ने पहली कक्षा में अपने अन्य सहपाठियों को बौद्धिक स्तर के पंद्रह अंकों से पछाड़ दिया। दूसरी कक्षा में यह आंकड़ा बौद्धिक स्तर के दस अंकों का रहा। दो साल बाद ज़्यादा संभावना वाले विद्यार्थी अब भी अपने अन्य सहपाठियों से आगे चल रहे थे। बुद्धिमत्ता की परीक्षा के माध्यम से उच्च क्षमता वाले विद्यार्थियों को पहचान संभव हो सकी थी। ज़्यादा क्षमता वाले विद्यार्थी अन्य की अपेक्षा ज़्यादा तेज़ गति से स्मार्ट हो रहे थे।

इन परिणामों के आधार पर ऐसा लगता है कि इन उच्च क्षमता वाले विद्यार्थियों को अलग करने के लिए बुद्धिमत्ता ही महत्त्वपूर्ण कारक की एक तगड़ी दावेदार है, लेकिन ऐसा नहीं था। कम से कम प्रारंभ में तो नहीं। ऐसा क्यों?

जिन विद्यार्थियों का वर्गीकरण उच्च क्षमता वाले के तौर पर किया गया था, उन्होंने हार्वर्ड की बुद्धिमत्ता परीक्षा में ज़्यादा अंक अर्जित नहीं किए थे, बल्कि रोसेंथल ने उन्हें क्रम रहित तरीक़े से चुना था।

अध्ययन का उद्देश्य यह पता लगाना था कि जब शिक्षक यह मानने लगे कि अमुक विद्यार्थियों में ज़्यादा क्षमता है, तो इसका विद्यार्थियों पर क्या असर होता है। रोसेंथल ने हर कक्षा के बीस फ़ीसदी विद्यार्थियों का वर्गीकरण उच्च क्षमता वाले के तौर पर कर दिया और शेष अस्सी फ़ीसदी को अध्ययन में नियंत्रित समूह (तुलना

के मानक) के तौर पर रख दिया। ज़्यादा क्षमता वाले विद्यार्थी अपने सहपाठियों से ज़्यादा स्मार्ट नहीं थे। अंतर सिर्फ़ "शिक्षकों के दिमाग़" में था।

इसके बावजूद ज़्यादा क्षमता वाले विद्यार्थी मौखिक और तर्क शक्ति दोनों में अपने अन्य सहपाठियों से अधिक स्मार्ट हो गए। कुछ ऐसे विद्यार्थियों ने, जिन्हें क्रम रहित तरीक़े से ज़्यादा क्षमता वालों के तौर पर वर्गीकृत किया गया था, सिर्फ़ एक वर्ष में ही 50 फ़ीसदी से ज़्यादा बौद्धिक बढ़त हासिल कर ली। ज़्यादा क्षमता वाले विद्यार्थियों को योग्यता का जो लाभ मिला हुआ था, वह साल के अंत में तब रुक गया, जब अन्य परीक्षकों ने उनकी बुद्धिमत्ता की परीक्षा ली। इन परीक्षकों को मालूम नहीं था कि कोई प्रयोग हुआ है, फिर यह पता होना तो दूर की बात है कि किन्हीं विद्यार्थियों को ज़्यादा क्षमता वाले के तौर पर पहचाना गया है। जिन विद्यार्थियों का वर्गीकरण ज़्यादा क्षमता वाले के तौर पर किया गया था, वे दो साल बाद भी बढ़त दर्शाते रहे, जबकि उन्हें अब बिलकुल नए शिक्षकों द्वारा पढ़ाया जा रहा था, जो नहीं जानते थे कि किन विद्यार्थियों को ज़्यादा क्षमता वाला माना गया है। ऐसा क्यों?

शिक्षकों की अवधारणा ने स्वयं कार्यान्वित भविष्यवाणियां पैदा कर दीं। जब शिक्षक मानने लगे कि उनके विद्यार्थी ज़्यादा क्षमता वाले हैं, तो उन्होंने उनकी सफलता के लिए ज़्यादा उच्च आकांक्षाएं तय कर दीं। इसका नतीज़ा यह हुआ कि शिक्षक ज़्यादा मदद करने का व्यवहार करने लगे। इससे विद्यार्थियों का आत्म-विश्वास बढ़ा। इससे सीखने की समझ बढ़ी और विकास की प्रक्रिया तेज़ हुई। शिक्षकों ने ऐसे विद्यार्थियों से ज़्यादा गर्मजोशी से संवाद किया, उन्हें ज़्यादा चुनौतीपूर्ण काम दिया, उन्हें ज़्यादा अपने पास बुलाया और उन्हें ज़्यादा फ़ीडबैक दिया। कई अन्य प्रयोगों में भी ठीक ऐसे ही प्रभाव देखे गए, जो यह दर्शाते हैं कि कम अंक अर्जित करने वाले विद्यार्थियों और कम संख्या वाले कलंकित समूहों के सदस्यों के ग्रेड और बुद्धिमत्ता परीक्षा के अंकों में सुधार के लिए शिक्षकों की अपेक्षाएं विशेष रूप से महत्त्वपूर्ण हैं। इस प्रमाण की व्यापक समीक्षा में मनोविज्ञानियों ली जसिम और केंट हार्बर ने निष्कर्ष निकाला कि "स्वयं कार्यान्वित भविष्यवाणियां वास्तविक होती हैं।"

लेकिन हम सब जानते हैं कि बौद्धिक विकास के प्रारंभिक चरणों में बच्चे आसानी से प्रभावित होने वाले होते हैं। जब डॉव ईडन ने आईडीएफ़ के साथ शोध शुरू किया, तो उन्होंने सोचा कि क्या इस तरह की स्वयं कार्यान्वित भविष्यवाणियां पूर्ण परिपक्व वयस्क के साथ भी अहम भूमिका निभा सकती हैं। उन्होंने प्लाटून के कुछ अफ़सरों से कहा कि उन्होंने योग्यता परीक्षा के अंक, बेसिक प्रशिक्षण की मूल्यांकन रिपोर्ट और पिछले कमांडरों से मिली समीक्षा रिपोर्ट की समीक्षा कर ली है। उन्होंने कहा, "आपके प्रशिक्षणार्थियों में आदेश पर चलने की औसत क्षमता सामान्य से कहीं ज़्यादा ऊंचे स्तर की है। इसलिए आप अपने समूह में प्रशिक्षणार्थियों से असाधारण उपलब्धियों की अपेक्षा कर सकते हैं।"

प्राथमिक स्कूल के अध्ययन की तरह ईडन ने भी बिना किसी क्रम का पालन किए इन प्रशिक्षणार्थियों को उच्च क्षमता वाले सैनिकों के तौर पर वर्गीकृत किया। वे इस बात को परखना चाह रहे थे कि यदि अफ़सर यह मानें कि उनके प्रशिक्षणार्थी उच्च क्षमता वाले हैं, तो इसका क्या प्रभाव होता है। जिन प्रशिक्षणार्थियों को बिना किसी क्रम के ज़्यादा क्षमता वाला माना गया था, उन्होंने आश्चर्यजनक रूप से विशेषज्ञता परीक्षा और हथियारों के मूल्यांकन में उन प्रशिक्षणार्थियों से बहुत बेहतर प्रदर्शन किया, जिन्हें मनमाने ढंग से उच्च क्षमता वाला नहीं माना गया था। शिक्षकों की तरह जब प्लाटून अफ़सरों ने भी अपने प्रशिक्षणार्थी की क्षमता में यक़ीन किया, तो उन्होंने ऐसा व्यवहार किया, जिससे उनकी क्षमता सच्चाई में बदल गई। जिन प्लाटून अफ़सरों को अपने प्रशिक्षणार्थियों से ज़्यादा अपेक्षाएं थीं, उन्होंने ज़्यादा मदद दी, करियर के बारे ज़्यादा सलाह दी और ज़्यादा फ़ीडबैक दिया। जब उनके प्रशिक्षार्थियों ने ग़लतियां कीं, तो उन्होंने यह सोचने की बजाय कि उनमें कम क्षमता है, इसे सिखाने और समझाने के मौक़े के तौर पर देखा। प्लाटून अफ़सरों के सहयोगात्मक व्यवहार ने प्रशिक्षणार्थियों के आत्म-विश्वास और उनकी क्षमता को बढ़ाने का काम किया। इससे उन्हें उच्च स्तर का प्रदर्शन करने में मदद मिली।

प्रमाण दर्शाते हैं कि सशस्त्र बलों के अलावा भी अनेक क्षेत्रों में नेतृत्व कर रहे लोगों का विश्वास ही स्वयं कार्यान्वित भविष्यवाणियों को उत्प्रेरित कर देता है। प्रबंधन शोधकर्ता ब्रायन मैक्नॉट ने सत्रह विभिन्न अध्ययनों का व्यापक आकलन किया है। इनमें बैंकिंग से लेकर रिटेल सेल और उत्पादन क्षेत्र के अनेक कार्य संगठनों के क़रीब तीन हज़ार कर्मचारियों के आंकड़े शामिल थे। कुल मिलाकर जिन प्रबंधकों को क्रम रहित तरीक़े से बताया गया कि अमुक-अमुक कर्मचारी उच्च क्षमता वाला है, वे कर्मचारी वास्तव में उच्च क्षमता वाले बने। मैक्नॉट ने निष्कर्ष निकाला, "यह खोज प्रदर्शन पर व्यापक प्रभाव डाल सकती है।" वे प्रबंधकों को प्रोत्साहित करते हैं कि "(क) वे अपने कर्मचारियों की क्षमता में वास्तविक रुचि लेने और उनमें विश्वास करने की संभावित शक्ति और उसके प्रभाव को पहचानें... और (ख) ऐसे कार्य करें, जो अन्य लोगों को सहयोग प्रदान करें और इस धारणा का संचार करे... इससे लोगों की प्रेरणा शक्ति बढ़ेगी, वे ज़्यादा प्रयास करेंगे, जो क्षमता हासिल करने उनकी मदद करेगी।"

अनेक प्रबंधकों और शिक्षकों ने इस संदेश का समावेश पहले ही अपनी कार्यशैली में कर लिया है। वे बिना बताए ही लोगों को उच्च क्षमता वाला मानते हैं, लेकिन जो लोग सिर्फ़ लेने की भावना रखते हैं कि वे ऐसा मुश्किल से करते हैं। वे अन्य लोगों की क्षमता में बहुत कम भरोसा रखते हैं। ऐसे लोग मानकर चलते हैं कि ज़्यादातर लोग लेने की प्रवृत्ति रखते हैं, इसलिए वे अपने सहयोगियों और अधीनस्थों की क्षमता से अपेक्षाकृत कम अपेक्षाएं रखते हैं। शोध से पता चलता है कि लेने वाले

लोग दूसरों की मंशा पर संदेह करते हैं, तो वे ऐसी सूचना पर सतर्कता से नज़र रखते हैं, जो उन्हें नुक़सान पहुंचा सकती है। वे अन्य लोगों को संदेह और अविश्वास से देखते हैं। कम अपेक्षाओं से एक दुष्चक्र की शुरुआत होती है, जो अन्य लोगों के विकास और उनकी अभिप्रेरणा को रोकती है। लेने की मानसिकता रखने वाले लोग जब किसी की क्षमता और प्रेरणा से प्रभावित होते हैं, तो भी इस बात की संभावना ज़्यादा रहती है कि वे उस व्यक्ति को एक ख़तरे के तौर पर देखेंगे। इसका मतलब है कि वे उस व्यक्ति के विकास में मदद के इच्छुक नहीं होंगे। इसका परिणाम यह होता है कि लेने वाले लोग ऐसा सहयोगात्मक व्यवहार करने में बार-बार विफल रहते हैं, जो उनके सहयोगियों और अधीनस्थों के आत्म-विश्वास और विकास के लिए अनुकूल होता है।

संतुलन बनाने वाले लोग स्वयं कार्यान्वित भविष्यवाणियों को प्रेरित करने के लिए दिमाग़ी तौर पर ज़्यादा तैयार होते हैं। इसकी वज़ह यह है कि संतुलन बैठाने वाले लोग पारस्परिक आदान-प्रदान का मूल्य समझते हैं। उनका कोई सहयोगी या अधीनस्थ कर्मचारी जब उच्च क्षमता को प्रदर्शित करता है, तब संतुलन बैठाने वाले लोग भी उसी के अनुरूप व्यवहार करते हैं। वे ख़ुद आगे बढ़कर ऐसे सहयोगियों की मदद करते हैं, उन्हें प्रोत्साहित करते हैं, प्रतिभावान सहयोगियों के विकास को आगे बढ़ाते हैं और उनसे सीधा संपर्क रखते हैं। इसके बावजूद संतुलन बैठाने वालों की ग़लती यह है कि वे पहले किसी में उच्च क्षमता के संकेतों का इंतज़ार करते हैं। संतुलन बैठाने वाले लोग चूंकि काफ़ी सुरक्षित तरीक़े से अपने क़दम बढ़ाते हैं, इसलिए वे सहयोग देने से पहले अक्सर तब तक इंतज़ार करते हैं, तब कि वे क्षमता का प्रमाण नहीं देख लें। इसके परिणामस्वरूप वे ऐसे व्यक्तियों को विकसित करने का अवसर खो देते हैं, जिनमें शुरू में प्रतिभा या उच्च क्षमता का कोई अंश दिखाई नहीं देता।

देने वाले लोग क्षमता के संकेत दिखने तक इंतज़ार नहीं करते क्योंकि लीडर्स, प्रबंधक और परामर्शदाता की अपनी-अपनी भूमिकाओं में देने वालों की प्रवृत्ति लोगों पर भरोसा करने और लोगों की आकांक्षाओं के प्रति आशान्वित रहने की होती है। देने वालों का झुकाव हर व्यक्ति में संभावित क्षमता को देखने की ओर होता है। देने वाले स्वाभाविक रूप से शुरुआत ही ऐसी करते हैं कि वे हर किसी को ज़्यादा क्षमता वाले व्यक्ति के तौर पर देखते हैं। यही कारण है कि सी.जे. स्कैंडर के लिए यह संभव हो सका कि उन्होंने इतने सारे विद्यार्थियों को उत्कृष्ट बना दिया। वे प्रतिभाशाली लोगों की पहचान में असाधारण नहीं हैं, बल्कि वे हर व्यक्ति को प्रतिभाशाली मानते हैं और उनका सर्वश्रेष्ठ प्रदर्शन सुनिश्चित करने की कोशिश करते हैं। स्कैंडर के दिमाग़ में उनकी कक्षा में आने वाला हर विद्यार्थी कचरे में हीरे की तरह है। हर विद्यार्थी इसके लिए तैयार है कि उसकी हीरे की तौर पर खोज की जाए, उसे तराशा जाए और

उसे चमकीला बनाया जाए। वे ऐसी जगह हैं, जहां अन्य लोग नहीं देखते। उन्होंने स्वयं कार्यान्वित भविष्यवाणियों की एक शृंखला शुरू कर रखी है।

छिपी प्रतिभा को हीरे की तरह तराशना

1985 में स्केंडर की मैरी एरक्यूरी नामक छात्रा ने सीपीए की परीक्षा दी। वे मानक रूप से परीक्षा देने में ठीक नहीं थीं। पहली बार में वे उत्तीर्ण नहीं हुईं। इसके कुछ दिन बाद उन्हें अपने मेल में स्केंडर का पत्र मिला। उन्होंने परीक्षा देने वाले हर विद्यार्थी को पत्र लिखा था। जो उत्तीर्ण हो गए थे, उन्हें बधाई दी थी और जो अनुत्तीर्ण हो गए थे, उन्हें प्रोत्साहित किया था। मैरी ने कई दशकों से यह पत्र सेव कर रखा है।

> आपके पति, परिवार और मित्र आपको इसलिए प्यार करते हैं क्योंकि आपने स्वयं को एक ख़ूबसूरत व्यक्ति के तौर पर विकसित किया है, इसलिए नहीं कि किसी परीक्षा में आपका प्रदर्शन कैसा रहता है। याद रखें कि अब नवंबर में होने वाली परीक्षा पर ध्यान केंद्रित करना है... प्रैक्टिस पर केंद्रित रहें... मैं आपके लिए सर्वश्रेठ चाहता हूं। मैरी, आप इसमें सफल होंगी। मैं अपनी परीक्षाओं पर लिखता हूं, “परीक्षा को लेकर आपकी तैयारी से एक मुख्य उद्देश्य तो पूरा हो ही गया है... सफलता किसी इंसान को नहीं माप सकती, उसके प्रयास मापते हैं।

शोध से पता चलता है कि यदि लेखाकारों को वैसा प्रोत्साहन मिले, जैसा कि स्केंडर प्रदान करते हैं, तो उनके द्वारा अपनी क्षमता को अर्जित कर लेने की संभावना ज़्यादा रहती है। कई साल पहले बहत्तर नए लेखा परीक्षकों ने एक बिग फ़ोर लेखा फ़र्म में नौकरी शुरू की। आधे लेखा परीक्षकों को बिना कोई क्रम बनाए यह सूचना दी गई कि उनमें सफल होने की उच्च्च क्षमता है। इस अध्ययन का नेतृत्व शोधकर्ता ब्रायन मैक्नाट ने किया था। वे डॉक्टरेट कर चुके थे। उनके पास लेखा शास्त्र की दो डिग्रियां थीं और सीपीए का सर्टिफ़िकेट भी था। इसके अलावा उनके पास लेखाकार और लेखा परीक्षक के तौर पर काम करने का पांच साल का अनुभव भी था। मैक्नाट ने उन सभी लेखा परीक्षकों के व्यक्तिगत विवरण को पढ़ा, जिन्हें अपनी क्षमता में यक़ीन करने का ई-मेल भेजा गया था। इसके बाद मैक्नाट सभी से एक-एक करके मिले और उन्हें सूचित किया कि उनका चयन कड़ी स्पर्द्धा वाली प्रक्रिया के बाद किया गया है और प्रबंधन को उनसे बहुत उम्मीदें हैं। उनके पास उन चुनौतियों पर विजय पाने और सफलता अर्जित करने का कौशल है। तीन सप्ताह बाद इस संदेश पर फिर बल देते हुए मैक्नाट ने उन्हें दोबारा पत्र भेजा। जिन लेखा परीक्षकों को एक महीने तक मैक्नाट के संदेश मिलते रहे, उन्होंने प्रदर्शन मूल्यांकन में उन लेखा परीक्षकों से तुलनात्मक दृष्टि से ज़्यादा अंक अर्जित किए, जो ना तो कभी

मैक्नाट से मिले और ना ही उन्हें कोई पत्र मिला। वे नियंत्रित समूह में थे। लेखा परीक्षकों के बुद्धिमत्ता परीक्षा अंकों और कॉलेज के ग्रेडों को अचर रखने पर भी यही परिणाम सही साबित हुआ।

यही वो प्रभाव था, जो स्कैंडर के पत्र का मैरी एरक्यूरी पर हुआ। उन्होंने उन्हें अपनी क्षमता में भरोसा रखना सिखाया और उनके लिए सफलता की उच्च अपेक्षाएं रखीं। मैरी कहती हैं, "वे अपने विद्यार्थियों में सर्वश्रेष्ठ देखते थे और अब भी ऐसा ही करते हैं।" मैरी परीक्षा में बैठीं और उन्होंने दो खंड उत्तीर्ण कर लिए और फिर दो बच गए। इस बीच, स्कैंडर उन्हें प्रोत्साहित करते रहे। मैरी कहती हैं, "उन्होंने मुझे थोड़ा भी ढीला नहीं पड़ने दिया। वे मुझे फ़ोन करते और मेरी प्रगति के बारे में पूछते।" परीक्षा के चार खंडों में बैठना शुरू करने के दो साल बाद मैरी ने 1987 में अंतिम खंड उत्तीर्ण कर लिया और सीपीए सर्टिफ़िकेट अर्जित कर लिया। मैरी कहती हैं, वे मेरी ज़िंदगी में जो बदलाव लाए, उनमें सबसे बड़ा यह था कि उन्होंने सुनिश्चित किया कि मेरी प्राथमिकताएं व्यवस्थित रहें, उन्होंने मुझे सही मार्ग पर रखा और मुझे हार नहीं मानने दी। वे कहती हैं, "मुझे पता था कि उन्होंने मुझमें कितना निवेश किया है और मैं उन्हें निराश करने वाली नहीं थी।" आज मैरी के पास लेक्सस की दो ऑटोमोबाइल डीलरशिप हैं। "लेखा शास्त्र की पृष्ठभूमि और वित्तीय विवरण को समझने की क्षमता काफ़ी मूल्यवान रही हैं। मेरे काम के लिए सी.जे. स्कैंडर ने जो सामग्री मुझे सिखाई, उससे भी कहीं ज़्यादा उन्होंने मेरे व्यक्तित्व का निर्माण किया और मुझमें जोश और कृत संकल्प भर दिया। मैं परीक्षा उत्तीर्ण करूं, यह सुनिश्चित करने के प्रति उनकी प्रतिबद्धता ने मुझे अहसास कराया कि मेरी दृढ़ता मुझे परिभाषित करेगी, इससे कोई फ़र्क़ पड़ेगा कि मैं परीक्षा उत्तीर्ण करती हूं या नहीं।"

स्कैंडर का रुख़ उस बेसिक मॉडल के विपरीत है, जो कंपनियां नेतृत्व विकास के लिए अपनाती हैं। इस मॉडल के तहत उच्च क्षमता की संभावना वाले लोगों की पहचान करो, इसके बाद उन्हें ज़रूरी परामर्श दो, सहायता और संसाधन दो, ताकि वे अपनी क्षमता को अर्जित कर सकें। भविष्य के इन उच्च क्षमता वाले नेतृत्व की पहचान के लिए हर साल कंपनियां अरबों डॉलर ख़र्च करती हैं। प्रतिभा का आकलन और मूल्यांकन करती हैं। इस मॉडल की लोकप्रियता के बावजूद देने की भावना रखने वाले लोग इस मॉडल के एक पहलू को घातक रूप से त्रुटिपूर्ण मानते हैं। प्रतिभा की पहचान करना ही शुरुआत का ग़लत तरीक़ा है।

अनेक वर्षों तक मनोविज्ञानी यह मानते रहे कि किसी भी क्षेत्र में सफलता पहले प्रतिभा की पहचान और फिर उसे प्रेरित करने पर निर्भर करती है। विश्वस्तरीय एथलीट और संगीतकार तैयार करने के लिए विशेषज्ञों ने नैसर्गिक प्रतिभा वाले लोगों की खोज की और फिर उन्हें प्रेरित करने की कोशिश की। यदि आप कोई ऐसे

व्यक्तियों को खोजना चाहते हैं, जो माइकल जॉर्डन की तरह उछल-कूद करके गेंद बास्केट में डाल सके या बीथोवेन की तरह पियानो बजा सके, तो यह स्वाभाविक है कि ऐसे उम्मीदवारों की तलाश शुरू करें, जिनमें उछलने की क्षमता हो तथा संगीत की योग्यता हो, लेकिन हाल के वर्षों में मनोविज्ञानी यह मानने लगे हैं कि यह दृष्टिकोण पश्चगामी हो सकता है।

1960 के दशक में एक अग्रणी मनोवैज्ञानिक रेमंड कैटल ने बुद्धिमत्ता का निवेश सिद्धांत विकसित किया था। उन्होंने प्रतिपादित किया कि रुचि ही ऐसा कारक है, किन्हीं विशेष कौशल और ज्ञान के आधार में समय और ऊर्जा के लिए लोगों को प्रेरित करता है। आज हमारे पास ऐसे ठोस प्रमाण हैं, जो यह साबित करते हैं कि किसी प्रतिभा के विकास से पहले रुचि का जन्म होता है। ऐसा सामने आया है कि अभिप्रेरणा वह कारक है, जिसकी वज़ह से लोग प्रतिभा विकसित करते हैं।

अस्सी के दशक में मनोविज्ञानी बेंजामिन ब्लूम ने विश्व स्तरीय संगीतकारों, विज्ञानियों और एथलीटों पर ऐतिहासिक शोध का नेतृत्व किया था। ब्लूम की टीम ने कंसर्टों में पियानो से लोगों को मुग्ध करने वाले 21 लोगों का साक्षात्कार लिया। इन सभी पियानो वादकों ने बड़े अंतरराष्ट्रीय मुक़ाबलों में फ़ाइनल तक जगह बनाई थी। शोधकर्ताओं ने जब ख्याति प्राप्त पियानो वादकों के संगीत से जुड़े प्रारंभिक अनुभवों के बारे में गहराई से पड़ताल की, तो उन्हें अप्रत्याशित रूप से यह पता चला कि इन सभी में संगीत का कोई नैसर्गिक गुण नहीं था। "शोध में यह भी उभर कर सामने आया कि इन उत्कृष्ट पियानो वादकों में से ज़्यादातर अपने बचपन में सिर्फ़ तभी विशेष थे, जब उनकी तुलना परिवार या पड़ोस में किसी बच्चे से की जाती थी।" स्थानीय, क्षेत्रीय और राष्ट्रीय स्तर पर उनकी कोई पहचान नहीं थी और ना ही उन्होंने कोई ख़ास प्रतियोगिताएं जीती थीं।

ब्लूम की टीम ने जब विश्वस्तरीय पियानो वादकों और उनके अभिभावकों का साक्षात्कार लिया, तो उनके समक्ष एक अन्य आश्चर्य भी उभर कर सामने आया। पियानो वादकों ने पियानो सीखने की शुरुआत पियानो के गुरुओं से नहीं की थी, जो इस विधा में विशेषज्ञ थे। इसके विपरीत उन्होंने पियानो के अपने पहले सबक़ उन पियानो गुरुओं से सीखे थे, जो उनके पड़ोस में रहते थे। *द टैलेंट कोड* में डेनियल कोल लिखते हैं, "वैज्ञानिक परिप्रेक्ष्य से यह वैसा ही था, जैसे शोधकर्ताओं ने खूबसूरत हंसों की वंशावली को बाड़े के मैले-कुचले मुर्गों के समूह में खोज निकाला हो।" प्रारंभ में विशेषज्ञ गुरु नहीं होने के बावजूद ये पियानो वादक समय के साथ दुनिया के सर्वश्रेष्ठ संगीतकार बनने में सफल रहे। इन पियानो वादकों को अपने सहयोगियों के साथ घंटों अभ्यास करने का फ़ायदा हुआ। जैसा कि मैल्कम ग्लैडवेल ने *आउटलायर्स* में हमें दिखाया कि एंडर्स एरिक्सन के नेतृत्व में किए गए शोध से खुलासा होता है कि किसी भी क्षेत्र में महारत हासिल करने के लिए संकल्प के साथ

हज़ारों घंटे के अभ्यास की ज़रूरत होती है, लेकिन पहली बात यह है कि घंटों अभ्यास के लिए लोगों को प्रेरणा कहां से मिलती है? यही वह चरण है, जहां देने वाले अक्सर परिदृश्य में प्रवेश करते हैं।

जब पियानो वादकों और उनके अभिभावकों ने पहले पियानो गुरुओं का जिक्र किया, तो उन्होंने लगातार एक बात पर ध्यान केंद्रित किया कि गुरु ध्यान रखने वाले, दयालु और धैर्यवान थे। पियानो वादकों ने पियानो के पाठ सीखने में इसलिए रुचि दिखाई, क्योंकि उनके पहले गुरुओं ने रोचक और आनंददायक बना दिया था। ब्लूम की टीम स्पष्ट करते हुए कहती है, "पियानो के प्रारंभिक पाठों का बच्चों पर बहुत ही सकारात्मक प्रभाव पड़ा। बच्चे अपने घर के बाहर ऐसे वयस्क व्यक्ति के संपर्क आए, जो गर्मजोशी से भरा है, सहयोग करने वाला है और साथ ही बहुत स्नेहमयी भी है।" विश्व स्तरीय पियानो वादकों में पियानो के प्रति पहले रुचि उनके गुरुओं ने ही जाग्रत की थी, जो देने की भावना रखने वालों की श्रेणी में थे। गुरुओं ने पियानो के पाठों को आनंददायक बनाने के तरीक़े खोजे, जिसने किसी विधा में विशेषज्ञता हासिल करने के लिए जिस गहन अभ्यास की ज़रूरत होती है, उसके लिए उत्प्रेरणा का काम किया। "सही या ग़लत, अच्छा या बुरा जैसे कारकों से ज़्यादा अहम बातें ये रहीं कि संभावनाओं की तलाश की जाए और संगीत से जुड़ी विभिन्न गतिविधियों में शामिल रहा जाए।"

यही पैटर्न विश्वस्तरीय टेनिस खिलाड़ियों के मामले में भी उभर कर सामने आया। ब्लूम की टीम ने अमेरिका के ऐसे 18 टेनिस खिलाड़ियों का साक्षात्कार लिया, जो दुनिया में शीर्ष दस की रैंकिंग में रह चुके थे। टीम ने पाया कि इन सभी खिलाड़ियों के पहले कोच "असाधारण कोच नहीं थे, लेकिन वे बच्चों के प्रति बहुत अच्छे थे... इन पहले कोचों ने बच्चों को प्रेरणा प्रदान की, जिससे वे टेनिस में रुचि ले सकें और अभ्यास में ज़्यादा समय बिता सकें।"

देने की भावना रखने वाले लोग चाहे नेतृत्व कर रहे हों या परामर्शदाता की भूमिका में हों, लेकिन वे प्रतिभा की खोज पहले करने का लोभ नहीं करते। वे यह मानते हैं कि कोई भी पुष्पित हो सकता है, इसलिए वे अपना ध्यान अभिप्रेरणा पर ज़्यादा केंद्रित करते हैं। शीर्ष वरीयता प्राप्त टेनिस खिलाड़ी ऐसा पहला कोच चाहते थे, "जो उनमें विशेष रुचि प्रदर्शित करे।" ब्लूम की टीम कहती है, "ऐसा इसलिए क्योंकि वे मानते हैं कि खिलाड़ी प्रेरित हैं और कड़ी मेहनत करने के लिए तैयार हैं। वे खिलाड़ियों को शुरू से ही किसी विशेष क्षमता वाला नहीं मानते।"

लेखा शास्त्र की कक्षा में भी सिर्फ़ बौद्धिक योग्यता की खोज करने के बजाय प्रेरणा और काम से जुड़े नैतिक सिद्धांतों पर ध्यान केंद्रित करने की वज़ह से ही सी.जे. स्कॅंडर प्रतिभाओं की खोज करने में इतने सफल रहे हैं। जब स्कॅंडर ने बेथ

ट्रेनहम के लिए दावा किया कि वे सीपीए परीक्षा में उत्तीर्ण होंगी, तो ऐसा इसलिए नहीं था कि बेथ को लेखा शास्त्र के ज्ञान का कोई ईश्वरीय वरदान था, बल्कि इसलिए क्योंकि उन्होंने देखा था कि "बेथ ने सभी सेमेस्टर में ख़ूब मेहनत की थी।" स्केंडर ने रेगी लव में संभावनाओं की पहचान कर ली थी, जबकि अन्य लोग उन्हें सिर्फ़ एथलीट से ज़्यादा कुछ मानते नहीं थे, तो पीछे कारण यह था कि स्केंडर ने देख लिया था कि लव मेहनत से सीख रहे थे और कक्षा के लिए हमेशा तैयार रहते थे। स्केंडर कहते हैं, "लव की सीखने में रुचि थी और वे ख़ुद को बेहतर करना चाहते थे।" मैरी एरक्यूरी के बारे में स्केंडर कहते हैं, "मैंने उन्हें इसलिए प्रोत्साहित किया क्योंकि मैं जितने भी लोगों से मिला हूं, उनमें से वे अपने काम से जुड़ी रहने वाली और सबसे समर्पित व्यक्ति थीं। उनकी लगन उन्हें सबसे अलग बनाती थी।"

मनोविज्ञानी एंजेला डकवर्थ इसे संकल्प कहती हैं यानि लंबी अवधि के लक्ष्यों के प्रति जुनून और धीरज। उनके शोध के मुताबिक़ बुद्धिमत्ता और योग्यता के अलावा संकल्पित लोग उच्च स्तर का प्रदर्शन करते हैं क्योंकि उनमें रुचि, ध्यान केंद्रित करने की क्षमता और कड़ी मेहनत करने के गुण होते हैं। अमेरिकी सैन्य एकेडमी में क़रीब बारह साल तक व्यवहार विज्ञान और नेतृत्व विभाग के प्रमुख रह चुके मनोविज्ञानी ब्रिगेडियर जनरल टॉम कोलडिट्ज़ कहते हैं, सफल होने की धुन अविश्वसनीय रूप से बहुत महत्त्वपूर्ण है। महत्त्वपूर्ण कमान पदों पर सैन्य अधिकारियों के चयन की मानक दर 12 फ़ीसदी है। कोलडिट्ज़ के पूर्व फ़ैकल्टी 75 फ़ीसदी की उच्च दर तक चयनित हुए हैं। वे बहुत हद तक इसका श्रेय धुन या दृढ़ता के आधार पर उम्मीदवारों के चयन को देते हैं। *द रेयर फ़ाइंड* में जॉर्ज एंडर्स लिखते हैं, "आप अभिप्रेरणा को हलके में नहीं ले सकते।"

इसमें कोई दो राय नहीं कि नैसर्गिक प्रतिभा भी मायने रखती है, लेकिन एक बार जब आपके पास ऐसे उम्मीदवारों का पूल है, जो ज़रूरी क्षमता की सीमा रेखा से ऊपर आ चुका है, तो सफल होने की धुन ही ऐसा कारक है, जिसके आधार पर भविष्यवाणी की जा सकती है कि वे अपनी वास्तविक क्षमता के कितना क़रीब पहुंचेंगे। इसलिए देने वाले लोग धुन के पक्के लोगों पर ध्यान केंद्रित करते हैं। यहीं देने वालों को अपने निवेश पर सबसे ज़्यादा लाभ होता है। इसका सबसे ज़्यादा सार्थक और स्थायी असर भी होता है। धुन के पक्के लोगों को प्रेरित करने के साथ ही स्केंडर जैसे देने वाले लोग सबसे पहले धुन विकसित करने की कोशिश भी करते हैं। स्केंडर कहते हैं, "उच्च अपेक्षाएं तय करना बहुत महत्त्वपूर्ण है। आपको लोगों को प्रोत्साहित करना होता है, उन्हें आगे बढ़ाना होता है और वे जितना सोच सकें, उससे कुछ ज़्यादा करना होता है। जब वे मेरी परीक्षाओं को सामना करते हैं, तो मैं चाहता हूं कि यह उनके जीवन की सबसे कठिन परीक्षा हो। इससे उनके बेहतर शिक्षार्थी बनने में मदद मिलती है।"

उनके प्रयासों को प्रोत्साहित करने के लिए स्कें डर उन्हें पिछली छह परीक्षाओं के प्रश्न पत्र अभ्यास के लिए देते थे। "उन्हें महत्त्वपूर्ण निवेश करने की ज़रूरत होती है और इसका लाभ होता है। उन्होंने जीवन में जितनी कड़ी मेहनत की है, उससे कहीं ज़्यादा मेहनत करने को बाध्य करने से उन्हें जीवन में लंबी अवधि में लाभ होता है।"

> सफलता के लिए संकल्प विकसित करने की एक महत्त्वपूर्ण कुंजी है कि काम को ज़्यादा रोचक और प्रेरणास्पद बना दिया जाए। विभिन्न क्षेत्रों में ब्लूम की टीम ने जो शोध किए, उनके मुताबिक़ प्रतिभाशाली संगीतकारों और एथलीटों को प्रारंभ ने ऐसे गुरुओं ने सिखाया, जो देने की भावना रखने वाले लोगों में शुमार थे। उन्होंने बच्चों को पसंद किया, उनकी प्रशंसा करके पुरस्कृत किया, उनके प्रयासों को संकेतों से स्वीकृति दी और यदि उन्होंने कुछ सही किया, तो उन्हें कैंडी देकर प्रोत्साहित किया। वे बहुत ज़्यादा प्रोत्साहन देने वाले गुरु थे। वे प्रतिभा क्षेत्र और उन्हें क्या सिखाना है, इसे लेकर बहुत उत्साहित थे। कई मामलों उन्होंने बच्चों से ऐसा व्यवहार किया, जैसा परिवार को कोई मित्र करता है। इन गुरुओं का सबसे बड़ा गुण शायद यह था कि उन्होंने सीखने की प्रारंभिक प्रक्रिया को सुखद और अच्छा परिणाम देने वाला बना दिया।

यही व्याख्या स्कें डर के बारे में भी लिखी जा सकती है। पहली नज़र में वे पारंपरिक रूप से लेखा शास्त्र के जादूगर लगते हैं, लेकिन अपने जीवन के विभिन्न चरणों में उन्होंने डिस्क जॉकी, संगीतकार, अभिनेता, टॉक शो का होस्ट और हास्य अभिनेता बनने का सपना देखा था। यदि आप उनकी कक्षा में जाएं, तो आप देखेंगे कि उन सपनों को उन्होंने अभी तक छोड़ा नहीं है। अपने बाध्यकारी स्वभाव और विभिन्न रुचियों पर खरे उतरते हुए वे अपने पाठ्यक्रम में बीच-बीच में मनोरंजक व्यवहार को भी शामिल करते हैं, ताकि उनके विद्यार्थियों की रुचि बनी रहे। वे प्रत्येक कक्षा के प्रारंभ में चार गाने बजवाते हैं और जो विद्यार्थी संगीत की छोटी बात का भी सही जवाब दे देते हैं, उनकी तरफ़ वे कैंडी उछालते हैं। यही वज़ह है कि उनके कमरे की दीवार पर एक रैपर का पोस्टर सजा है। स्कें डर इसका राज़ बताते हुए कहते हैं, "यदि आप अपने श्रोताओं को बांधे रखना चाहते हो, यदि आप वास्तव में उनका ध्यान आकृष्ट कराना चाहते हो, तो आपको यह जानना होगा कि वे किस दुनिया में रहते हैं, कौन सा संगीत वे सुनते हैं और कौन सी फ़िल्में वे देखते हैं। इनमें से ज़्यादातर बच्चों के लिए लेखा शास्त्र रूट कैनाल की तरह है, लेकिन जब वे मुझे अशर या सी लो ग्रीन का हवाला देते हुए सुनते हैं, तो वे आपने आप से कहते हैं, वाह! क्या इस मोटे सफ़ेद बालों वाले बुज़ुर्ग व्यक्ति ने वही कहा, जो मैंने सोचा होगा? इसके बाद समझिए आप सफल हो गए।"

स्कैंडर का मानना है कि लेखा शास्त्र में रुचि उत्पन्न होने के बाद उनके विद्यार्थी इसमें महारत हासिल करने के लिए ज़रूरी समय और ऊर्जा का निवेश करेंगे, इसकी संभावना ज़्यादा रहती है। लव कहते हैं, “सी.जे. एक ऐसे व्यक्ति के प्रतीक हैं, जो सहानुभूति रखता है। उन्हें संगीत के बारे में अन्य लोगों से ज़्यादा जानकारी है। वे इसका समावेश अपने व्याख्यानों में भी करते हैं, जिससे लोगों को पठन सामग्री से जुड़े रहने में मदद मिल सके। जब आप कोई कठिन मार्ग चुनते हैं, जो कोई ख़ास रोचक नहीं है, तो उस पर चलना चुनौतीपूर्ण हो जाता है। सी.जे. ने उसे रोचक बना दिया और इसका परिणाम यह हुआ कि मैं ज़्यादा मेहनत करने लगा।” इसी वज़ह से लव ने स्कैंडर की कक्षा में ए श्रेणी अर्जित कर ली। स्कैंडर के पूर्व छात्र और वर्तमान में गूगल में काम कर रहे डेविड मोल्ट्ज़ कहते हैं, “स्कैंडर प्रत्येक विद्यार्थी और उनके जीवन में किसी भी तरह से आने वाले हर व्यक्ति की मदद करते हैं। उन्होंने अपने व्यक्तिगत जीवन के सैकड़ों घंटे विद्यार्थियों के जीवन को बेहतर बनाने में ख़र्च कर दिए। वे जितना संभव हो सके, उतने विद्यार्थियों को पढ़ाते हैं। हर व्यक्ति जिससे वे जुड़ते हैं, उसे आगे बढ़कर यह अहसास दिलाते हैं कि वह ख़ास है।”

ख़राब प्रतिभा पर क़ीमती धन की बर्बादी

देने की भावना रखने वाले लोग चूंकि अपने चारों ओर प्रतिभाओं को देखते हैं, इसलिए वे अपने समय का बहुत ज़्यादा निवेश लोगों को प्रतिभा अर्जित करने के लिए प्रोत्साहन देने और उन्हें विकसित करने पर करते हैं। यह निवेश हर बार लाभ नहीं देता। कुछ उम्मीदवारों में नैसर्गिक प्रतिभा नहीं होती, कुछ अपना जोश क़ायम नहीं रख पाते और कुछ उस स्तर पर सफलता की धुन बरकरार नहीं रख पाते, जितना ज़रूरी होता है। स्कैंडर ने एक बार एक छात्रा के लिए सौ से ज़्यादा सिफ़ारिशी पत्र लिखे। इस छात्रा ने लेखा शास्त्र से परे ग्रेजुएट प्रोग्रामों के लिए आवेदन दिया था। पहले साल इस छात्रा के आवेदन सभी प्रोग्रामों में खारिज़ हो गए। अगले साल उसने फिर आवेदन किया, तो अपना कर्तव्य समझते हुए स्कैंडर ने फिर सिफ़ारिशी पत्र लिखे। जब स्कूलों ने दूसरी बार फिर छात्रा के आवेदन खारिज़ कर दिए, तो स्कैंडर ने लगातार तीसरे साल थोड़े संशोधनों के साथ फिर सिफ़ारिशी पत्र लिखे। आख़िरकार तीन प्रयासों के बाद स्कैंडर ने उसे दूसरा मार्ग चुनने के लिए प्रोत्साहित किया।

यदि स्कैंडर लेने की भावना रखने वाले या संतुलन बैठाने वाले होते, तो क्या वे अपना और छात्रा का समय बचाने के लिए जल्दी हार मान लेते? क्या देने वाले ऐसे लोगों में ज़्यादा निवेश करते हैं, जिनमें बहुत ज़्यादा जोश होता है, लेकिन अपेक्षित योग्यता नहीं होती? वे कैसे प्रबंधन करते हैं कि वे ऐसे लोगों पर अपना ध्यान केंद्रित

करें, जिनमें संभावनाएं ज़्यादा प्रकट होती हैं और ऐसे लोगों में कम निवेश करें, जिनमें ऐसा नहीं है? इस बात का पता लगाने के लिए पेशेवर बास्केटबॉल से बेहतर कोई जगह नहीं हो सकती, जहां एनबीए हर साल अंतरराष्ट्रीय स्तर पर प्रतिभाओं को परखता और भर्ती करता है।

स्वर्गीय स्टू इनमैन को एक ऐसे व्यक्ति के तौर पर याद किया जाता है, जिन्होंने नेशनल बास्केटबॉल असोसिएशन के इतिहास में भर्ती से संबंधित दो सबसे ख़राब ग़लतियां कीं। 1972 में मसौदे में सबसे पहले पोर्टलैंड ट्रेल ब्लेज़र्स को लिया गया था। इनमैन उस समय खिलाड़ियों के कार्मिक विभाग के निदेशक के तौर पर काम कर रहे थे। उन्होंने सेंटर खिलाड़ी लाहुई मार्टिन को शामिल किया। उनका प्रदर्शन बहुत निराशाजनक रहा। ब्लेज़र्स के साथ चार सीजन में वे सिर्फ़ पांच अंक और चार रिबाउंड प्रति मैच अर्जित कर सके। मार्टिन को चुनने के लिए इनमैन ने एनबीए के इतिहास के दो महान खिलाड़ियों को नज़रअंदाज़ किया। उस साल दूसरा चयन बॉब मैक्एडू का था, जिन्होंने पहले सीजन में इतने अंक बनाए थे, जो मार्टिन के पूरे करियर से ज़्यादा थे। मैक्एडू को रूकी ऑफ़ द ईयर घोषित किया गया था। दो साल बाद उन्हें एनबीए का मोस्ट वैल्युएबल प्लयेर घोषित किया गया था। अपने चौदह साल के एनबीए करियर में मैक्एडू ने लीग में सबसे ज़्यादा अंक बनाने का खिताब दो बार जीता, दो बार वे चैंपियनशिप टीमों में खेले और पांच बार ऑल स्टार टीमों में जगह बनाई। उस भर्ती प्रक्रिया में इनमैन ने जूलियस अर्विंग की भी अनदेखी की, उन्हें डॉ. जे. के नाम से ज़्यादा जाना जाता है। उन्हें 12वें खिलाड़ी के तौर पर शामिल किया गया। अर्विंग ने तीन बार चौंपियनशिप जीतने वाली टीमों का नेतृत्व किया, चार बार मोस्ट वैल्युएबल प्लेयर का अवार्ड जीता और सोलह बार ऑल स्टार टीमों में जगह बनाई। यही नहीं, उन्हें पेशेवर बास्केटबॉल के इतिहास में सबसे ज़्यादा अंक बनाने वाले शीर्ष पांच खिलाड़ियों में गिना जाता है। मैक्एडू और अर्विंग को बास्केटबॉल हॉल ऑफ़ फ़ेम में शामिल किया जा चुका है।

क़रीब 12 साल बाद जब इनमैन ब्लेज़र्स के जनरल मैनेजर के पद पर पहुंच चुके थे, तब उनके पास प्रायश्चित करने का मौक़ा था। एनबीए की 1984 की चयन प्रक्रिया में इनमैन को दूसरे नंबर पर चयन का मौक़ा मिला था। उन्होंने एक अन्य सेंटर खिलाड़ी सैम बोवी को चुना। वे सात फ़ीट से ज़्यादा लंबे थे। उनका शरीर एथलीट जैसा था और वे फुर्तीले भी थे : वे बास्केट दाग़ सकते थे, तेज़ी से पास देते थे और गेंद को चुपके से छीनने का गुण भी रखते थे। यही नहीं, उनमें शॉट्स को रोकने और रिबाउंड को पकड़ने की क्षमता भी थी, लेकिन बोवी कभी अपनी क्षमता के अनुरूप नहीं खेल सके। जब वे बास्केटबॉल से रिटायर हुए, तो ईएसपीएन ने नॉर्थ अमेरिकन पेशेवर खेल के इतिहास में उनके चयन को सबसे ख़राब करार

दिया। 2003 में *स्पोर्ट्स इलस्ट्रटेड* ने उनके चयन को एनबीए के इतिहास में दूसरा सबसे फ़्लॉप चयन माना। बोवी ने कुछ साल पहले इसी पत्रिका के कवर पेज को सुशोभित किया था। सबसे बड़ा ख़राब चयन? इसका जवाब है लाहुई मार्टिन।

दूसरे अवसर में बोवी का चयन करने में उन्होंने नॉर्थ कैरोलिना के शूटिंग गार्ड माइकल जॉर्डन को नज़रअंदाज़ कर दिया। तीसरे अवसर में शिकागो बुल्स ने जॉर्डन का चयन कर लिया। बाक़ी इतिहास सबके सामने है। रूकी ऑफ़ द ईयर घोषित होने के बाद जॉर्डन ने छह चैंपियनशिप जीतीं। दस बार उन्हें स्कोरिंग ख़िताब मिले। ग्यारह बार उन्होंने मोस्ट वैल्युएबल प्लेयर का अवार्ड अपनी झोली में किया। उन्होंने चौदह बार ऑल स्टार टीमों में जगह बनाई। उनका अंकों का औसत किसी भी अन्य खिलाड़ी ज़्यादा है। ईएसपीएन ने उन्हें बीसवीं सदी का नॉर्थ अमेरिका का महानतम एथलीट घोषित किया है।

इनमैन जॉर्डन की क्षमता को पहचानते थे, लेकिन ब्लेज़र्स के पास पहले से ही दो मज़बूत गार्ड थे। उन्हें एक सेंटर खिलाड़ी की ज़रूरत थी। इसलिए इनमैन ने बोवी का चयन किया। इस विकल्प के साथ उन्होंने सिर्फ़ माइकल जॉर्डन की अनदेखी ही नहीं की, भविष्य में हॉल ऑफ़ फ़ेम में शामिल हुए चार्ल्स बार्कली (पांचवें नंबर पर चयन) और जॉन स्टॉक्टन (सोलहवें नंबर पर चयन) को भी नज़रअंदाज़ कर दिया। यह बहुत ही ख़राब बात हुई कि इनमैन ने मैक्एडू और अर्विंग की बजाय मार्टिन को चुना। इसी तरह उन्होंने जॉर्डन, बार्कली और स्टॉक्टन की बजाय बोवी को चुना। पेशेवर बास्केटबॉल खिलाड़ियों का चयन करना कुल-मिलाकर एक त्रुटिपूर्ण विज्ञान है। इसमें बड़े-बड़े प्रबंधक और कोच भी मात खा जाते हैं।

इससे भी ख़राब बात यह थी कि ब्लेज़र्स को उन दोनों खिलाड़ियों को ज़रूरत से ज़्यादा अपने पास रखना पड़ा। उन्होंने चार सीजन तक लाहुई मार्टिन को आप पास रखा। आख़िरकार जब उन्होंने मार्टिन की अदला-बदली करना चाही, तब उनका कोई मूल्य नहीं बचा था। ब्लेज़र्स मार्टिन के बदले में वास्तविक खिलाड़ी भी नहीं ले पाए। उन्होंने मार्टिन को सिर्फ़ "भविष्य की संभावनाओं" के बदले में सिएटल सुपर सोनिक को दे दिया। उन्होंने भी उन्हें सीजन शुरू होने से पहले ही जाने दिया। मार्टिन के बास्केटबॉल करियर का अंत ऐसे हुआ। इनमैन के लिए भी यह असहज करने वाला परिणाम था। जैक रैम्जी कहते हैं, "यह एक दुःखदायी विषय था।" रैम्जी, ब्लेज़र्स के साथ मार्टिन के अंतिम वर्ष में टीम के कोच थे। वर्तमान में वे ईएसपीएन के विश्लेषक हैं।

रैम्जी कहते हैं, "चूंकि मार्टिन खेल नहीं पा रहे थे, इसलिए जब मैं वहां गया, तो वह टीम में स्थान बनाने की कोशिश कर रहे थे, लेकिन उनके लिए कोई स्थान नहीं था। उनका खेल आक्रामक नहीं था। वह हालांकि छह फ़ीट ग्यारह इंच

लंबे थे, लेकिन ना तो वह अच्छे रिबाउंडर थे और ना ही शॉट ब्लॉकर। उनमें कोई दक्षता नहीं थी।" ब्लेज़र्स को सैम बोवी के साथ भी ऐसा ही मार्ग अपनाना पड़ा। पांच फीके सीजन के बाद ब्लेज़र्स ने आख़िरकार बोवी को न्यू जर्सी नेट्स से बदल लिया। ब्लेज़र्स ने सैम बोवी और लाहुई को इतने लंबे समय तक अपने पास क्यों रखा?

स्टू इनमैन को व्यापक रूप से ऐसे व्यक्ति के तौर पर जाना जाता है, जो देने की भावना रखता था। कॉलेज स्तर पर बास्केटबॉल खेलने और फिर कुछ साल तक हाई स्कूल की बास्केटबॉल टीम को कोच करने के बाद वे कॉलेज टीम के कोच बन गए। इसके बाद वे अपनी मातृ संस्था सैन जोस स्टेट में मुख्य कोच के पद पर पहुंच गए। अपनी भूमिका को अदा करते हुए इनमैन अपनी सफलता से ज़्यादा प्राथमिकता खिलाड़ियों के हितों को देते थे। इनमैन ने जिन स्टार खिलाड़ियों का चयन किया था, उनमें से एक थे टॉमी स्मिथ। वे एक असाधारण एथलीट थे, जो सैन जोस स्टेट ट्रैक मुक़ाबलों के लिए तैयार होने और फुटबॉल तथा बास्केटबॉल खेलने आए थे। नए खिलाड़ियों की बास्केटबॉल टीम में उन्होंने सबसे ज़्यादा स्कोर करने का ख़िताब जीता था। वे शानदार रिबाउंडर थे। दूसरे वर्ष भी उनकी ऐसी ही उपलब्धि रही। इनमैन की देखरेख में उन्होंने विश्वविद्यालय की बास्केटबॉल टीम के साथ अभ्यास शुरू कर दिया। एक दिन वे इनमैन के ऑफ़िस आए और उन्होंने घोषणा करते हुए कहा कि ट्रैक पर ध्यान केंद्रित करने के लिए वह बास्केटबॉल छोड़ने जा रहे हैं। स्मिथ लिखते हैं, "मैंने सोचा कि वह मुझ पर गुस्सा करेंगे, लेकिन उन्होंने ऐसा नहीं किया।" कोच इनमैन ने कहा, "ओके, टॉम, मैं समझता हूं।" उन्होंने मेरे हाथ पकड़कर कहा, "जब कभी मिलने की इच्छा हो, तो ज़रूर आएं। यदि मेरे विचार बदले, तो वापसी पर हमेशा स्वागत होगा। दुनिया में यह मेरे लिए बहुत बड़ी बात थी।"

इनमैन के लिए यह बड़ी बात नहीं थी। स्मिथ की गति को सैन जोस स्टेट बास्केटबॉल टीम के साथ जुड़ने से काफ़ी फ़ायदा हो सकता था। इसके कुछ साल बाद 1968 में उन्होंने 200 मीटर की दौड़ में ओलिंपिक स्वर्ण पदक जीता और विश्व रिकॉर्ड भी क़ायम किया। इनमैन भी स्मिथ के लिए सर्वश्रेष्ठ चाहते थे। स्मिथ जैसे शीर्ष स्तरीय प्रतिभा को जाने की अनुमति देने के बाद इनमैन ने दृढ़ संकल्प वाले खिलाड़ियों को स्थान दिया, चाहे उनमें प्रतिभा की कमी हो। एक दुबले-पतले श्वेत खिलाड़ी टैरी मर्फ़ी का जब विश्वविद्यालय टीम के लिए ट्रायल लिया गया, तो इनमैन ने काम के प्रति उसके नैतिक सिद्धांतों का सम्मान करते हुए उन्हें टीम में लेने का फ़ैसला किया। मर्फ़ी याद करते हुए कहते हैं कि शायद वह उन सबसे ख़राब खिलाड़ियों में शामिल हैं, जिन्हें इनमैन ने कोच किया होगा। वे कहते हैं, "मैंने पूरे साल में सिर्फ़ चार अंक ही स्कोर किए।"

फीके प्रदर्शन के बावजूद इनमैन ने मर्फ़ी से कहा, "मैं कभी आपको टीम से निकलने नहीं जा रहा, आप उत्साहित हो, कड़े परिश्रम से खेलते हो और आप अच्छे व्यक्ति हो।" इनमैन के कार्यकाल में ब्लेज़र्स को कवर करने वाले रिपोर्टर वायन थॉमसन लिखते हैं, "इनमैन बास्केटबॉल में रुचि रखने वाले हर उस लड़के को सलाह दे रहे थे, जो उनके पास आता था।" वह ख़ुद को रोक नहीं पाते थे। उन्होंने एक बार थॉमसन से कहा भी था, "किसी भी स्तर पर किसी भी विषय पर पढ़ाना सबसे ज़्यादा पुरस्कार देने वाला काम है, जो आप कर सकते हैं। जिस विद्यार्थी को जीवन में पहली बार कोई शिक्षा मिलती है, उसके चेहरे की अभिव्यक्ति देखना मुझे बहुत पसंद है। सीखने की प्रक्रिया का पुष्प जब पूरी तरह खिलता है, तो मुझे नई ऊर्जा की अनुभूति होती है।"

इनमैन के दिमाग़ में जब एक बार खिलाड़ियों को लेकर सकारात्मक सोच विकसित हो जाती थी, तो क्या वे उन्हें सिखाने और विकसित करने के प्रति इतने ज़्यादा समर्पित हो जाते थे कि वे ऐसे खिलाड़ियों को प्रेरित करने में भी निवेश कर बैठते थे, जिनमें ज़रूरी प्रतिभा नहीं होती थी? कक्षा में सी.जे. स्केंडर ऐसे विद्यार्थियों के प्रति अपना समय समर्पित करने का ख़तरा उठा सकते हैं, जो रुचि और ऊर्जा प्रदर्शित करते हैं क्योंकि वे हर सेमेस्टर में बड़ी संख्या में विद्यार्थियों को पढ़ा सकते हैं और परामर्श दे सकते हैं। इसके विपरीत पेशेवर बास्केटबॉल और अन्य कार्य संगठनों में हमें ज़्यादा सीमाओं का सामना करना पड़ता है। यहां किसी एक व्यक्ति पर दांव लगाने का मतलब है अन्य लोगों की अनदेखी।

इनमैन ने लाहुई मार्टिन और सैम बोवी को विकसित करने का वचन दे दिया था। यदि इनमैन लेने की भावना वाले व्यक्ति होते, तो ऐसा नहीं लगता कि वे नुक़सान रोकने के लिए तेज़ी से काम करते और दूसरे खिलाड़ियों तरफ़ चले जाते। जिस क्षण उन्हें अहसास होता कि मार्टिन और बोवी टीम की सफलता में योगदान नहीं कर रहे हैं, उसी क्षण लेने की मानसिकता वाला कोई व्यक्ति होता, तो वह इन दोनों के प्रति किसी ज़िम्मेदारी का अनुभव नहीं करता। यदि इनमैन संतुलन बैठाने वाले व्यक्ति होते, तो क्या वे इस बात की इच्छा नहीं करते कि दोनों चले जाएं? क्योंकि संतुलन बैठाने वाला व्यक्ति निराश हो जाता कि जो निवेश उसने मार्टिन और बोवी में किया है, उसी के अनुरूप उसे लौटाया नहीं जा रहा है और ना ही कोई पुरस्कार मिल रहा है।

ऐसा लग सकता है कि देने की भावना रखने वालों के लिए किसी को छोड़ना आसान नहीं होता, लेकिन वास्तव में इसके ठीक विपरीत ही सच है। यह पता चला है कि देने वाले लोग अन्य लोगों में ज़्यादा निवेश करने की ग़लती के प्रति सबसे कम कमज़ोर होते हैं। यह देने की भावना ही थी, जिसने स्टू इनमैन को ज़्यादा ख़राब ग़लतियां करने से रोक दिया।

दर्पण का सामना करो : अच्छा दिखना और अच्छा करना

बर्कले स्थित कैलिफ़ोर्निया विश्वविद्यालय में संगठनात्मक व्यवहार के विश्वविख्यात प्रोफ़ेसर हैं बैरी स्तफ़। उन्होंने अपना करियर यह समझने की कोशिश करने में बिताया है कि लोग किसी संगठन में ख़राब फ़ैसले क्यों लेते हैं। एक शानदार अध्ययन में स्तफ़ और हा होआंग ने 240 से ज़्यादा ऐसे खिलाड़ियों के आंकड़े जुटाए, जो 1980 से 1986 के बीच एनबीए में पहले दो दौर में चुने गए थे। वे यह जानना चाहते थे कि चयन की स्थिति का खिलाड़ी के करियर पर क्या प्रभाव पड़ता है। उन्होंने प्रत्येक खिलाड़ी के प्रदर्शन को विभिन्न मानकों पर मापा, जैसे स्कोरिंग (अंक प्रति मिनट, फ़ील्ड गोल प्रतिशत और फ़्री थ्रो प्रतिशत), ताक़त (रिबाउंड और ब्लॉक प्रति मिनट) और तेज़ी (परस्पर सहयोग और गेंद झपटना प्रति मिनट) आदि। स्तफ़ और होआंग ने खिलाड़ियों के प्रदर्शन की तुलना इन मानकों को आधार बनाकर की। इसमें खिलाड़ियों की चोट और बीमारी को भी ध्यान में रखा गया। शोध में यह भी देखा गया कि खिलाड़ी गार्ड है, फ़ॉरवर्ड है या सेंटर में खेलने वाला है। शोधकर्ताओं ने जीत और हार के आधार पर खिलाड़ी की टीम की गुणवत्ता को भी नज़र में रखा। शोधकर्ताओं ने इस बात की पड़ताल भी की कि खिलाड़ियों को कोर्ट पर कितना समय मिला और उन्हें बदलने से पहले टीमों ने कितने समय तक उन्हें रखा। शोधकर्ता यह देखना चाहते थे कि क्या टीमों ने खिलाड़ियों में ज़्यादा निवेश की ग़लती सिर्फ़ इसलिए की क्योंकि उन्होंने खिलाड़ियों को पहले ले लिया था।

इसके परिणाम बहुत ही चौंकाने वाले थे : टीमें अपने बड़े खिलाड़ियों को छोड़ने को तैयार नहीं होती थीं। वे उन्हीं खिलाड़ियों के साथ खेलती रहीं, जिन्हें उन्होंने पहले लिया था। टीमें उन्हें खेलने के लिए ज़्यादा समय दे रहीं थीं और उनकी अदला-बदली के लिए तैयार नहीं थीं, चाहे वे ख़राब ही क्यों नहीं खेल रहे हों। प्रदर्शन को समीकरण से बाहर निकालने के बाद निष्कर्ष निकला कि जिन खिलाड़ियों को पहले लिया गया था, उन्होंने कोर्ट पर ज़्यादा समय बिताया और उनको बदलने की संभावना कम थी। चयन में हर उच्च स्थान के लिए खिलाड़ियों को औसतन 22 मिनट ज़्यादा दूसरे सीजन में दिए गए। पांचवें सीजन तक टीमें उनमें ज़्यादा निवेश कर रहीं थीं। इस वक़्त तक चयन में हर उच्च स्थान के लिए खिलाड़ियों को कोर्ट में औसतन 11 मिनट ज़्यादा दे रहीं थीं। चयन में हर उच्च स्थान पर होने पर खिलाड़ियों के बदले जाने की संभावना तीन फ़ीसदी कम थी।

जिसे स्तफ़ हारने की क्रिया-विधि के प्रति वचनबद्धता का बढ़ना कहते हैं, यह उसका उत्कृष्ट उदाहरण है। पिछले चार दशक के दौरान स्तफ़ के नेतृत्व में हुए व्यापक शोध से पता चलता है कि एक बार जब लोग समय, ऊर्जा और संसाधनों का प्रारंभिक निवेश कर देते हैं, तो इसके कटु अनुभव में बदलने पर उनके निवेश

बढ़ाने का ख़तरा भी बढ़ जाता है। जुआरी यह सोचने लगता है कि यदि उसने ताश के पत्तों की एक और बाज़ी खेली, तो वह अपने नुक़सान की भरपाई कर सकता है या उसे बड़ी जीत भी मिल सकती है। संघर्ष कर रहे उद्यमी सोचते हैं कि यदि वे अपने स्टार्ट-अप में थोड़ा पसीना और बहाएं, तो इसकी काया पलट सकते हैं। जब किसी निवेश से लाभ नहीं होता और अपेक्षित मूल्य भी नकारात्मक होता है, तब भी हम उसमें ज़्यादा निवेश करते हैं।

अर्थशास्त्री इस व्यवहार की व्याख्या "विफल निवेश की भ्रांति" नामक अवधारणा का इस्तेमाल करते हुए करते हैं। इसके मुताबिक़ जब हम किसी भविष्य के निवेश के मूल्य का अनुमान लगाते हैं, तब हमें यह भूलने में दिक़्क़त होती है कि पहले हम क्या निवेश कर चुके हैं। विफल निवेश इसका एक हिस्सा है, लेकिन एक नए शोध के मुताबिक़ अन्य कारक ज़्यादा महत्त्वपूर्ण हैं। यह पता लगाने के लिए कि वचनबद्धता कब बढ़ती है, मिशिगन स्टेट विश्वविद्यालय के शोधकर्ताओं ने 166 विभिन्न अध्ययनों का विश्लेषण किया। विफल निवेश का बहुत मामूली असर होता है। निर्णय लेने वाले अपने पिछले निवेशों के पक्ष में पूर्वाग्रह से ग्रस्त हो जाते हैं, लेकिन तीन अन्य कारक ज़्यादा शक्तिशाली हैं। पहला है पूर्वानुमानित खेद या मुझे निराशा होगी कि मैंने इसे एक अन्य अवसर क्यों नहीं दिया? दूसरा है परियोजना का पूर्ण होना, यदि मैं निवेश करता रहा, तो यह परियोजना पूर्ण हो जाएगी? लेकिन सबसे ताक़तवर कारक है अहंकार का ख़तरा। यदि मैं निवेश नहीं करता रहूंगा, तो मूर्ख जैसा दिखूंगा और महसूस करूंगा। इस अहंकार के ख़तरे के जवाब में लोग ज़्यादा निवेश करते हैं। उन्हें उम्मीद होती है कि वे परियोजना को सफल करके दूसरों और ख़ुद को दिखा देंगे कि वे अभी तक सही थे।

स्तफ़ के नेतृत्व में हुए एक अध्ययन में जब कैलिफ़ोर्निया बैंक के ग्राहक ऋण चुकाने में विफल रहे, तो वे बैंक प्रबंधक इन ऋणों को बट्टे खाते डालने के इच्छुक नहीं थे, जिन्होंने मूल रूप से ऋण स्वीकृत किया था। उन्हें इन्हें छोड़ने में दिक़्क़त हो रही थी। स्तफ़ और उनके सहयोगी लिखते हैं, "जो बैंकर इन समस्याग्रस्त ऋणों को जारी करने के फ़ैसले से नज़दीक से जुड़े थे, उन्हीं को ऋणों के बाद के ख़तरों और बाद में डूबने की आशंका को स्वीकार करने में सबसे ज़्यादा परेशानी आ रही थी।" अध्ययन से पता चलता है कि जिन प्रबंधकों ने मूल रूप से इन समस्याग्रस्त ऋणों को स्वीकृत किया था, जब उन्होंने बैंक छोड़ा, तब नए प्रबंधकों के इन्हें बट्टे खाते में डालने की संभावना ज़्यादा थी। नए प्रबंधकों की इन समस्याग्रस्त ऋणों को लेकर कोई व्यक्तिगत ज़िम्मेदारी नहीं थी। उनके अहंकार को कोई ख़तरा नहीं था। वे इस बात को लेकर विवश अनुभव नहीं कर रहे थे कि वे मूल फ़ैसले को बुद्धिमत्तापूर्ण बताते हुए उसे न्यायसंगत ठहराएं।

शोध से पता चलता है कि अहंकार के ख़तरे के प्रति संवेदनशील होने की वज़ह से लेने की मानसिकता रखने वाले लोग वचनबद्धता बढ़ने के प्रति देने की भावना रखने वालों से ज़्यादा कमज़ोर होते हैं। कल्पना कीजिए कि आप एक एयरक्राफ़्ट कंपनी चला रहे हैं। आपको यह फ़ैसला करना है कि किसी ऐसे विमान को बनाने में 10 लाख डॉलर का निवेश करें या नहीं, जो राडार तकनीक के प्रति अदृश्य हो। आपको पता चलता है कि परियोजना वित्तीय रूप से ठीक नहीं चल रही है और आपके प्रतिस्पर्द्धी ने पहले ही बेहतर मॉडल तैयार कर दिया है, लेकिन आप महत्त्वपूर्ण निवेश कर चुके हैं और परियोजना 50 फ़ीसदी पूर्ण हो चुकी है। आप पहले ही 50 लाख डॉलर का निवेश भी कर चुके हैं और 18 महीने इस पर काम भी कर चुके हैं। आपके 10 लाख डॉलर के अतिरिक्त निवेश की कितनी संभावना है?

लंदन बिज़नेस स्कूल के हैनरी मून के इस अध्ययन में निवेश का निर्णय लेने से पहले 360 लोगों से एक प्रश्नावली भरवाई गई। इसमें देने की भावना रखने वालों के कथन थे जैसे, "मैं अपने वादे पूरे करूंगा" और लेने की मानसिकता वालों के कथन जैसे, "दायित्वों को पूरा करने के लिए मैं अन्य लोगों से मदद लूंगा" आदि शामिल थे। उपरोक्त परिस्थिति में इस बात की संभावना बहुत ज़्यादा रहती है कि देने वालों की बजाय लेने वाले लोग उस अतिरिक्त 10 लाख डॉलर का निवेश करें। जो निवेश ख़राब जा रहा है, उसके लिए वे ज़्यादा ज़िम्मेदार अनुभव करते हैं, इसलिए अपने आत्म-सम्मान की रक्षा करने और अपमान से बचने के लिए वे ज़्यादा वचनबद्ध रहते हैं।

साउथ कैरोलिना विश्वविद्यालय में प्रबंधन के प्रोफ़ेसर ब्रूस मेगलिनो और ऑड्री कॉर्सगार्ड स्पष्ट करते हुए कहते हैं, "यद्यपि ऐसे निर्णयों को त्यागने से संगठन बेहतर स्थिति में होता है, लेकिन निर्णय लेने वाले को भारी व्यक्तिगत क़ीमत चुकानी पड़ सकती है। इसमें करियर की परिवर्तनीयता का नुक़सान और प्रतिष्ठा पर आंच आना शामिल हैं। वचनबद्धता बढ़ाने से निर्णय लेने वाले को भविष्य के नुक़सान को छिपाने में मदद मिलती है। ऐसा निर्णय लेने वाले के परिप्रेक्ष्य से व्यक्तिगत रूप से तर्कसंगत है।"

दूसरी तरफ़ देने की भावना रखने वाले लोग मुख्य रूप से अन्य लोगों और संगठन के हितों की रक्षा के प्रति ज़्यादा चिंतित थे। इसलिए वे अपनी प्रारंभिक ग़लतियों को स्वीकार करने और वचनबद्धता को रोकने के प्रति ज़्यादा इच्छुक दिखाई दिए। अन्य अध्ययनों के मुताबिक़ लोग वास्तव में तब सटीक और रचनात्मक निर्णय लेते हैं, जब वे ख़ुद की बजाय दूसरों की ओर से विकल्प चुन रहे होते हैं। लोग जब आत्म केंद्रित स्थिति में फ़ैसले लेते हैं, तो इस बात की संभावना ज़्यादा रहती है कि वे अहंकार के ख़तरे से पूर्वाग्रह से ग्रस्त होंगे और ऐसे विकल्प की तलाश में कष्ट झेल रहे होंगे, जो सभी संभावित आयामों में आदर्श हो। जब लोग अन्य

लोगों पर ध्यान केंद्रित करते हैं, जैसा कि देने वाले लोग नैसर्गिक रूप से करते हैं, तो इस बात की संभावना कम ही होती है कि वे अहंकार और छोटी-छोटी बातों को लेकर चिंतित होंगे। वे एक बड़े परिदृश्य की ओर देखते हैं और अन्य लोगों के लिए महत्त्वपूर्ण बातों को प्राथमिकता देते हैं।

इस समझ से लैस होने के बाद स्टू इनमैन की कहानी पर फिर चर्चा करना उपयुक्त होगा। देने की भावना रखने वाले व्यक्ति के तौर पर यद्यपि वे उन खिलाड़ियों में निवेश को अनुभव करते थे, जिनका चयन उन्होंने पहले किया था, लेकिन वे टीम के प्रति ज़िम्मेदारी की भावना को ज़्यादा प्रबल रूप से महसूस करते थे। वायन थॉमसन ने मुझे बताया, "स्टू एक दयालु व्यक्ति थे और वे दूसरों की भावनाओं का ख़याल रखते थे, लेकिन उन्होंने चयन पर कभी इसका असर नहीं पड़ने दिया। यदि वे नहीं सोचते कि कोई लड़का खेल सकता है, तो वे उसे गले लगाकर शुभकामनाएं देते थे।"

बोवी को टीम में रखने के लिए इनमैन ज़िम्मेदार नहीं थे। बोवी को लेने के दो साल बाद 1986 में उन्होंने ब्लेज़र्स को छोड़ दिया था। लेने की मानसिकता वाला कोई व्यक्ति होता, तो वह अपने निर्णय का बचाव करता रहता, लेकिन जॉर्डन की बजाय बोवी को चुनने में उनसे हुई भूल को उन्होंने स्वीकार किया। इनमैन ने कहा, "नई प्रतिभाओं को खोजने वाले हमारे मित्र मानते थे कि हमारी समस्याओं का जवाब बोवी ही है। मैं भी ऐसा ही मानता था, लेकिन यह एक ग़लती थी।"

इनमैन ने लाहुई मार्टिन के प्रति भी अपनी वचनबद्धता को बढ़ने नहीं दिया। यद्यपि ब्लेज़र्स ने मार्टिन को चार सीजन तक रखा, लेकिन इनमैन और उनके सहयोगियों ने मार्टिन के ख़राब प्रदर्शन को देखते हुए त्वरित निर्णय लिए। अपने पहले सीजन में जब ये संकेत उभरने लगे कि मार्टिन ग़लतियां कर रहे हैं, तो इनमैन के स्थान पर कोई लेने की मानसिकता रखने वाला व्यक्ति होता, तो वह मार्टिन को खेलने का अतिरिक्त समय देता, ताकि बॉब मैक्एडू और जूलियस अर्विंग की बजाय मार्टिन को लेने के अपने फ़ैसले को न्यायसंगत ठहरा सके, लेकिन ऐसा नहीं हुआ। ब्लेज़र्स ने सेंटर पोजीशन कड़ी मेहनत करने वाले लॉयड नील को दे दी। वे सिर्फ़ छह फ़ीट सात इंच लंबे थे, जबकि मार्टिन को बैक अप में रखा। अपने पहले सीजन में मार्टिन ने कोर्ट में प्रति मैच औसतन 13 से कम मिनट बिताए। उनकी तुलना में मैक्एडू ने 32 और अर्विंग ने 42 मिनट बिताए। अपने दूसरे सीजन में भी मार्टिन अपेक्षा से कम प्रदर्शन कर रहे थे। ऐसे में कोर्ट में उन्हें ज़्यादा समय देकर वचनबद्धता बढ़ाने की बजाय ब्लेज़र्स ने उन्हें कम समय दिया। प्रति मैच औसतन ग्यारह मिनट से भी कम, जबकि मैक्एडू 43 और अर्विंग 40 से ज़्यादा मिनट तक खेले। इनमैन और उनके सहयोगी मार्टिन पर दांव लगाने के लोभ पर विजय पाने में सफल रहे।

एक बहुत बड़ा कारण है, जिसके आधार पर यह समझा जा सकता है कि लेने की मानसिकता वालों की तुलना में देने की भावना रखने वाले वचनबद्धता बढ़ने के प्रति कम कमज़ोर होते हैं। यह कारण फ़ीडबैक के प्रति प्रतिक्रिया से जुड़ा है। ऑड्री कॉर्सगार्ड, ब्रूस मेगलिनो और स्कॉट लेस्टर के नेतृत्व में हुआ शोध दर्शाता है कि देने वाले और लेने वाले अपने प्रदर्शन के बारे में मिलने वाली सूचना पर कैसी प्रतिक्रिया देते हैं। एक अध्ययन में लोगों से सर्वे में यह पूछा गया कि वे देने वाले हैं या लेने वाले। उनसे समस्याओं को हल करने के लिए दस निर्णय लेने को भी कहा गया। इसके बाद सभी प्रतिभागियों को प्रदर्शन संबंधी अंक मिले और उन्हें सुझाव भी दिया गया कि वे निर्णय लेते समय अपने ज़्यादा अधिकार किसी को सौंपें। अंक बिना किसी क्रम के दिए गए थे। आधे प्रतिभागियों को पता चला कि उनका प्रदर्शन औसत से ऊपर है और अन्य आधे लोगों को बताया गया कि वे औसत से नीचे हैं। इसके बाद प्रतिभागियों ने दस और निर्णय लिए। क्या उन्होंने ज़्यादा अधिकार सौंपने का सुझाव माना होगा?

जब उन्होंने यह माना कि वे औसत से ऊपर हैं, तो लेने वालों ने सुझाव माना और अपने तीस फ़ीसदी अधिकार अन्य लोगों को सौंपे। इसके विपरीत जब लेने वालों ने माना कि वे औसत से नीचे हैं, तो उन्होंने सिर्फ़ 15 फ़ीसदी अधिकार ही सौंपे। एक बार जब वे अनुभव करते हैं कि उनकी आलोचना की गई है, तो वे सुधार की सिफ़ारिशों को स्वीकार करने के कम इच्छुक दिखाई देते हैं। वे यह मानने से इनकार कर देते हैं कि उन्होंने कोई ग़लत फ़ैसला किया है। ऐसा करके वे अपने आत्म-सम्मान की रक्षा करते हैं और नकारात्मक फ़ीडबैक का खंडन कर देते हैं। दूसरी तरफ़ देने की भावना रखने वाले लोग आलोचना को स्वीकार कर लेते हैं और सुझाव का पालन करते हैं। जब उन्हें नकारात्मक फ़ीडबैक मिला कि वे औसत से नीचे हैं, तो भी उन्होंने 30 फ़ीसदी अधिकार अन्य को सौंप दिए।

वचनबद्धता बढ़ने की स्थितियों में लेने की मानसिकता वाले लोग सच्चाई को स्वीकार करने में दिक़्क़त महसूस करते हैं कि उनका प्रारंभिक फ़ैसला ग़लत हो चुका है। मेगलिनो और कॉर्सगार्ड लिखते हैं, "लेने की मानसिकता वाले लोगों की प्रवृत्ति होती है कि वे उस सामाजिक सूचना और फ़ीडबैक का खंडन करते हैं, जो स्वयं के बारे में उनके ख़ुद के अनुकूल विचारों के अनुरूप नहीं होते। इसके विपरीत देने की भावना रखने वाले लोग सामाजिक सूचना को स्वीकार करने और उस पर क़दम उठाने के लिए ज़्यादा तैयार रहते हैं। इसके लिए वे व्यक्तिगत परिणामों का मूल्यांकन भी नहीं करते।" देने की भावना रखने वाले लोग अपने फ़ैसलों के अंतर्वैयक्तिक और संगठनात्मक नतीजों पर ध्यान ज़्यादा केंद्रित करते हैं। वे लंबी अवधि में बेहतर फ़ैसले लेने के लिए अल्प अवधि में स्वयं के आत्म सम्मान और प्रतिष्ठा को लगने वाला आघात सहन करने को तैयार रहते हैं।

नकारात्मक फ़ीडबैक के प्रति ग्रहणशीलता ने स्टू इनमैन की यह स्वीकार करने में मदद की थी कि उन्होंने ख़राब निवेश किया है। आलोचना के प्रति उनके खुलेपन की वज़ह से लीग में हर तरफ़ उनकी प्रशंसा की जाती थी। रिपोर्टर स्टीव डुइन लिखते हैं, "मेरे तीखे आलोचनात्मक लेखों पर कई कोचों ने मेरे समक्ष मसला उठाया, लेकिन इनमैन कभी इनसे प्रभावित नहीं हुए। वे धैर्यवान और उदार थे। उनकी गिनती एनबीए से जुड़ने वाले सबसे विनम्र व्यक्तियों में की जा सकती है।" जब लाहुई ने अपेक्षा के अनुरूप प्रदर्शन नहीं किया, तो ब्लेज़र्स के तत्कालीन कोच जैक मैकक्लोस्की ने अपनी चिंता इनमैन के समक्ष प्रकट करते हुए कहा, "उसने बहुत मेहनत की और वह बहुत अच्छा युवा है, लेकिन उसमें हुनर नहीं है। सीधी बात यह है। मैंने बास्केट के चारों ओर उसमें योग्यता विकसित करने की कोशिश की क्योंकि वह कोई बाहरी खिलाड़ी नहीं है। पहले नंबर पर चयन करने लायक़ गुण उसमें नहीं थे।" इनमैन के स्थान पर कोई लेने की भावना रखने वाला व्यक्ति होता, तो नकारात्मक फ़ीडबैक को नामंज़ूर कर देता, लेकिन इनमैन ने इसे ध्यान से सुना।

1974 में मार्टिन के दूसरे सीजन के बाद ब्लेज़र्स को एक बार फिर चयन प्रक्रिया में पहले विकल्प चुनने का मौक़ा मिला। मार्टिन के प्रति वचनबद्धता कम होने के बाद उन्हें एक सेंटर खिलाड़ी की ज़रूरत थी, जो मार्टिन का स्थान ले सके। इस पर इनमैन ने यूसीएलए से युवा खिलाड़ी बिल वॉल्टन को लिया। अपने पहले सीजन में वॉल्टन ने सेंटर पोजीशन पर औसतन 33 मिनट प्रति मैच बिताए, जो बैकअप में मार्टिन के समय से लगभग दुगुना था। यह व्यवस्था एक साल और चली, इसके बाद इनमैन ने मार्टिन से पीछा छुड़ा लिया।

अगला सीजन 1976-1977 का था और वॉल्टन ने ब्लेज़र्स का नेतृत्व करते हुए चैंपियनशिप में टीम को जीत दिलवाई। ब्लेज़र्स ने फ़िलाडेल्फ़िया 76 एर्स को फ़ाइनल में शिकस्त दी। उसका नेतृत्व जूलियस अर्विंग कर रहे थे। वॉल्टन को फ़ाइनल मुक़ाबलों का मोस्ट वैल्युएबल प्लेयर चुना गया। अगले साल यही ख़िताब उन्होंने लीग में अपने नाम किया।

खेल से संन्यास लेने के बाद उनका नाम हॉल ऑफ़ फ़ेम में शामिल किया गया। यही नहीं, एनबीए के इतिहास के शीर्ष 50 खिलाड़ियों में भी उनका नाम गिना जाता है। 1977 की चैंपियनशिप टीम के असली शिल्पकार इनमैन ही थे। इसके एक साल पहले यह टीम डिवीजन में अंतिम स्थान पर थी। इनमैन ने जो टीम तैयार की, वही ब्लेज़र्स के चार दशक के इतिहास में ख़िताब जीतने वाली एकमात्र टीम है। ख़िताब जीतने वाली टीम के कोच जैक रैम्जी के मुताबिक़, "इनमैन कभी सुर्ख़ियों में नहीं रहते थे। उन्होंने जो टीम जोड़ी थी, उसका श्रेय भी वे नहीं लेते थे।"

संभावित क्षमता देखना

देने की भावना रखने वाले व्यक्ति के तौर पर इनमैन ने अपनी टीम को जिस ढंग से तैयार किया, उसमें सी.जे. स्केंडर की झलक मिलती है। इनमैन ऐसे खिलाड़ियों में संभावित क्षमता देखते थे, जो अन्य लोग नहीं देख पाते थे। वायन थॉमसन लिखते हैं, "वे जिस किसी में रुचि प्रदर्शित करते थे, उसकी वे संपूर्ण जानकारी चाहते थे। कोई संदेह नहीं कि उनके इसी गुण ने कचरे में हीरे खोजने में उन्हें इतना सफल बनाया।" चैंपियनशिप टीम के छह शीर्ष स्कोररों में से आधे और शीर्ष नौ में से पांच का चयन इनमैन ने ही बाद में दूसरे और तीसरे दौर में किया था। स्टीव डुइन लिखते हैं, "वे किसी खिलाड़ी में संभावनाओं को देखने में अन्य लोगों से कहीं आगे थे।" मैवरिक्स के अध्यक्ष नॉर्म सोन्जु का कहना था, "स्टू बास्केटबॉल गुरुओं के समूह की संस्कृति में शीर्ष के क़रीब थे।" 1984 के मसौदे के वृत्तांत में फ़िलिप बौंडी लिखते हैं, "इनमैन को लीग में अनेक लोग सर्वश्रेष्ठ कार्मिक व्यक्ति के तौर पर देखते थे। वे इतने अच्छे और सम्मानित थे कि अन्य क्लब प्रतिभा खोजने के उनके अभियान पर नज़र रखते थे। यही नहीं, उन अफवाहों को भी ध्यान से सुना जाता था कि कौन से-कौन से खिलाड़ियों में उनकी रुचि हो सकती है।"

सत्तर के दशक में ज़्यादातर बास्केटबॉल टीमें स्पष्ट दिखने वाली शारीरिक योग्यताओं जैसे गति, शक्ति, समन्वय, चुस्ती-फुर्ती और ऊंची कूद आदि पर बहुत ज़्यादा ध्यान केंद्रित कर रही थीं। इनमैन ने सोचा कि खिलाड़ियों के आंतरिक गुणों पर ध्यान देना भी महत्त्वपूर्ण है, तो उन्होंने खिलाड़ियों की मनोवैज्ञानिक स्थिति का मूल्यांकन करने का फ़ैसला किया। किसी भी चयन से पहले वे किसी खिलाड़ी के आंकड़ों की समीक्षा करने और उसे खेलते देखने के अलावा वे उसे व्यक्ति के तौर पर भी समझना चाहते थे। किसी भी मैच से पहले वे खिलाड़ियों को अभ्यास करते देखते। वे यह देखते थे कि कौन-कौन से खिलाड़ी कितनी कड़ी मेहनत कर रहे हैं। प्रेरणा, दिमाग़ी स्थिति और सत्यनिष्ठा से जुड़े मसलों पर वे उनके कोचों, परिवार के सदस्यों, मित्रों और शिक्षकों से बात करते। *ऑरेगोनियन* के मुताबिक़, "इनमैन ने अपनी प्रतिष्ठा ऐसे खिलाड़ियों की तलाश करके अर्जित की थी, जिनकी योग्यता को कम करके आंका गया था... प्रतिभा तलाशने में उनकी आंखें बहुत पैनी थीं क्योंकि वे लोगों को अनुभव कर सकते थे। वे ऐसे खिलाड़ी चाहते थे, जिनका चरित्र और जिनकी बुद्धिमत्ता भी उनकी ऊंची कूद के समान हो।"

इनमैन 1970 में चीफ़ टैलेंट स्काउट के तौर पर ब्लेज़र्स से जुड़े थे। उसी साल गर्मियों में लोगों के लिए एक खुले ट्रायल का आयोजन किया, जहां वे अपनी बास्केटबॉल क्षमता का प्रदर्शन कर सकते थे। वैसे यह आंशिक रूप से जनसंपर्क का माध्यम था ताकि बास्केटबॉल के बारे में स्थानीय लोगों में उत्साह जाग्रत किया

जा सके, लेकिन इनमैन की नज़र ऐसे खिलाड़ियों पर थी, जिनकी अन्य टीमों ने अनदेखी की है। खुले ट्रायल से किसी भी खिलाड़ी ने टीम में स्थान नहीं बनाया, लेकिन असंभावित उम्मीदवारों के प्रति इनमैन के आकर्षण के फलदायक नतीज़े कई साल बाद सामने आए। 1975 में चयन के दूसरे दौर में 25 वीं भर्ती के तौर पर उन्होंने यहूदी मूल के फ़ॉरवर्ड बॉब ग्रॉस को चुना। उन्हें ज़्यादा लोग नहीं जानते थे। कोचों और प्रशंसकों ने सोचा कि यह एक ग़लती है। ग्रॉस ने सिएटल में कॉलेज स्तर पर बास्केटबॉल खेली थी, जहां प्रति गेम उनका औसत दस अंक रहा था। इसके बाद वे लॉन्ग बीच स्टेट स्थानांतरित हो गए, जहां जूनियर के तौर पर वर्ष में उनका औसत साढ़े छह अंक प्रति मैच था। ब्लेज़र्स के बारे में अपनी किताब में फ़्रैंक कॉफ़ी लिखते हैं, "बॉब ग्रॉस के कॉलेज और पेशेवर बास्केटबॉल जीवन पर किसी का भी ध्यान तब तक नहीं गया, जब तक उन्होंने इसे वास्तव में पैनी नज़र से देखना शुरू नहीं किया।"

इनमैन लॉन्ग बीच और मिशिगन स्टेट के मध्य के गेम को देख रहे थे। उनकी रुचि उस वक़्त जगी, तब ग्रॉस ने तेज़ी से धकियाते हुए एक शॉट को ब्लॉक किया। फ़ास्ट ब्रेक में यह स्पार्टन का आसान ले अप हो सकता था। इनमैन ने इसके बाद गहराई से देखा और ग्रॉस के कार्य संबंधी नैतिक सिद्धांतों के और भी प्रमाण उन्होंने देखे। ग्रॉस ने जूनियर से लेकर सीनियर तक वर्ष के हिसाब से अपना स्कोरिंग औसत भी दुगुना कर लिया था। सीनियर स्तर पर वे सोलह अंक प्रति गेम स्कोर कर रहे थे। कॉफ़ी लिखते हैं, "इनमैन ने एक रत्न तलाश लिया था। लगातार कठोर मेहनत करने वाला असाधारण और प्रभावी बास्केटबॉल खिलाड़ी।" ग्रॉस के कॉलेज जीवन के एक कोच ने उनकी प्रशंसा करते हुए उन्हें "टीम के प्रति निःस्वार्थ समर्पण करने वाला" बताया था। ब्लेज़र्स ने जब उनके तीसरे सीजन में फ़ाइनल में जगह बनाई, तब ग्रॉस ने शानदार प्रदर्शन किया। उन्होंने औसतन सत्रह अंक प्रति गेम स्कोर किए। निर्णायक पांचवें और छठे गेम में जूलियस अर्विंग के ख़िलाफ़ रक्षक की अच्छी भूमिका निभाई। उन्होंने 25 और 24 अंक स्कोर करके ब्लेज़र्स को जीत दिलवाई। बिल वॉल्टन के मुताबिक़, "बॉब ग्रॉस टीम के लिए लक्ष्य अर्जित करने वाले 'फुर्तीले खिलाड़ी' थे। वे रक्षक की भूमिका निभा सकते थे... बिना थके दौड़ सकते थे... बॉब के बिनो... पोर्टलैंड की टीम चैंपियनशिप नहीं जीत सकती थी।"

इनमैन यह मानते थे कि देने की भावना रखने वाले खिलाड़ियों की योग्यता को अनेक टीमें कम करके आंकती हैं क्योंकि ना तो वे चर्चा में रहते हैं और ना ही ध्यान को खींचने वाले कोई क़दम उठाते हैं। उनका दर्शन था, "महत्त्व इस बात का नहीं है कि खिलाड़ी कैसा है, बल्कि इस बात का है कि वह क्या बन सकता है... यही उसे विकसित करने में मदद करेगा।" इनमैन जब किसी युवा को संकल्प के साथ अभ्यास करते और देने वाले की तरह खेलते देखते, तब वे उसे कचरे में

हीरे की संज्ञा देते थे। दरअसल, दृढ़ संकल्प और देने की भावना के बीच गहरा संबंध है। मैं ख़ुद शोध में इस निष्कर्ष पर पहुंचा हूं कि दूसरों के प्रति समर्पण की वज़ह से देने की भावना वाले लोग लेने और संतुलन बैठाने वालों की तुलना में ज़्यादा लंबी अवधि तक कड़ी मेहनत के लिए तैयार रहते हैं। देने की भावना रखने वाले खिलाड़ी टीम के प्रति ज़िम्मेदारी को महसूस करते हुए तब भी प्रयास जारी रखते हैं, जब अभ्यास आनंददायक नहीं रहता है।

कई उद्योगों में यह पैटर्न देखा जा सकता है। हिप हॉप लेबल डेफ़ जैम रिकॉर्ड्स के सह संस्थापक रसेल सिमन्स के बारे में विचार कीजिए। एलएल कूल जे और बीस्टी बॉयज का करियर यहीं से शुरू हुआ था। सिमन्स को हिप हॉप का जनक भी माना जाता है। वे बहुत पहले 1978 में संगीत मुफ़्त उपलब्ध करा रहे थे। अनेक कंपनियां काफ़ी बाद में ऐसा करने लगीं। जब मैंने उनसे उनकी सफलता के बारे में पूछा तो सिमन्स ने इसका श्रेय देने वालों की खोज और उन्हें प्रोत्साहित करने को दिया। सिमन्स कहते हैं, "देने की भावना रखने वाले लोग बड़ी कामयाबी हासिल करने वाले भी होते हैं। वे हर किसी को बेहतर बनाते हैं।" देने की भावना रखने वालों में जिन्हें वे सबसे ज़्यादा पसंद करते हैं, उनमें केविन लाइल्स भी शामिल हैं। केविन ने इंटर्न के तौर पर निःशुल्क काम करना शुरू किया था और वे ऊंचाइयों को छूते हुए डेफ़ जैम के अध्यक्ष बन गए। केविन जब इंटर्न थे, तब ड्यूटी पर सबसे पहले आते थे और सबसे बाद में जाते थे। प्रचार निदेशक के तौर पर उनकी ज़िम्मेदारी सिर्फ़ एक क्षेत्र तक सीमित थी, लेकिन उन्होंने आगे बढ़कर कई क्षेत्रों में प्रचार-प्रसार किया। सिमन्स लिखते हैं, "हर किसी ने उनकी नेतृत्व क्षमता को स्वीकार कर लिया था और वे उनकी ओर मार्गदर्शन के लिए देखा करते थे। वे तब तक मदद करते रहते थे, जब तक लोग उनके बिना रह नहीं सकें। प्रतिभा के चयन और उन्हें प्रोत्साहन देते वक्त मैं कहता कि आप मुझे जो सबसे बड़ा गुण दिखा सकते हैं, वह है देने के प्रति वचनबद्धता।"

स्टू इनमैन जानते थे कि देने की भावना रखने वाले धुन के पक्के लोग टीम के हितों को अपने व्यक्तिगत हितों से ऊपर रखने को सदैव तैयार रहेंगे। वे अपनी उन भूमिकाओं को पूरा करने के लिए कड़ी मेहनत करेंगे, जिनके लिए उनकी ज़रूरत है। 1984 की प्रसिद्ध चयन प्रक्रिया में इनमैन ने बोवी को लेने के बाद दूसरे दौर में जेरॉम केर्सी नाम के फ़ॉरवर्ड को लिया। कुल-मिलाकर 46 खिलाड़ी लिए गए। केर्सी लोंगवुड कॉलेज में पढ़े थे, जो वर्जीनिया का कम मशहूर डिवीजन टू स्कूल है। इसके बावजूद वे एक उत्कृष्ट एनबीए खिलाड़ी बने। लोंगवुड के खेल प्रशासक ने कहा, "केर्सी के काम करने के नैतिक सिद्धांत यहां पढ़े किसी भी अन्य विद्यार्थी की तुलना में सर्वश्रेष्ठ थे।" यही वज़ह थी कि इनमैन उनमें छिपी संभावनाओं को पहचानने में सफल रहे, जो एनबीए के भीतर तक की जानकारी रखने वाले लोग नहीं कर सके।

अगले साल 1985 में इनमैन ने एक और रत्न की खोज पॉइंट गार्ड के रूप में की। उन्हें चयन में 24वें खिलाड़ी के तौर पर लिया गया। उनका नाम था टैरी पॉर्टर। वे धुन के पक्के खिलाड़ी थे, जो देने की भावना रखने वाले लोगों की श्रेणी में थे। वे अपनी चुस्ती-फुर्ती और निःस्वार्थ भावना के लिए काफ़ी प्रशंसा बटोर चुके थे। पॉर्टर ने ब्लेज़र्स के साथ दो बार ऑल स्टार टीमों में जगह बनाई और वे 17 सीजन में मज़बूती से एनबीए खेले। 1993 में उन्हें जे वॉलटर कैनेडी सिटीज़नशिप अवार्ड प्रदान किया गया। यह अवार्ड वार्षिक रूप से किसी ऐसे खिलाड़ी, कोच या ट्रेनर को प्रदान किया जाता है, जिसने समुदाय के प्रति "उत्कृष्ट सेवा और समर्पण प्रदर्शित किया हो।" गेम देखने के लिए ग़रीब बच्चों को टिकट उपलब्ध कराने के अलावा पॉर्टर ने ऐसी ग्रेजुएशन पार्टियों का प्रचार-प्रसार भी किया, जो नशीले पदार्थों और शराब से मुक्त हों। अपने पूर्व साथी खिलाड़ी जेरॉम केर्सी के साथ मिलकर उन्होंने लड़के-लड़कियों के क्लबों की व्यापक रूप से मदद की।

इनमैन का सबसे अच्छा निवेश शायद 1983 की चयन प्रक्रिया में हुआ। ब्लेज़र्स को तब चौदहवें क्रम पर चुनने का अवसर मिला था। तब इनमैन ने शूटिंग गार्ड क्लाइड ड्रेक्सलर को चुना। अन्य टीमों ने उनकी अनदेखी इसलिए कर दी थी क्योंकि उन्हें बहुत मज़बूत शूटर नहीं माना जाता था। यद्यपि वे चुने गए शूटिंग गार्डों में पांचवें नंबर पर थे, लेकिन अब ड्रेक्सलर को 1983 की चयन प्रक्रिया की खोज माना जाता है। उस वर्ष के सभी खिलाड़ियों को उन्होंने पछाड़ दिया। करियर में उनका औसत 20 अंक से ज़्यादा प्रति गेम रहा। ऑल एनबीए टीम में स्थान बनाने वाले वे उस वर्ष ब्लेज़र्स के एकमात्र खिलाड़ी थे। उस साल वे एक ऑल स्टार गेम (कुल-मिलाकर नौ) भी खेले। यही नहीं, वे ओलिंपिक भी खेले। उन्होंने बास्केटबॉल हॉल ऑफ़ फ़ेम में भी जगह बनाई। जब उन्होंने खेल को अलविदा कहा, तब तक वे अपना नाम ऑस्कर रॉबर्टसन और जॉन हावलीसेक जैसे दिग्गजों के साथ एनबीए इतिहास के तीसरे ऐसे खिलाड़ी के तौर पर दर्ज करा चुके थे, जिन्होंने 20,000 से ज़्यादा पॉइंट्स, 6000 से ज़्यादा रिबाउंड और 3,000 से ज़्यादा एस्सिट्स अर्जित किए। वॉल्टन की तरह ड्रेक्सलर का नाम भी सर्वकालीन शीर्ष 50 खिलाड़ियों में लिया जाता है। आख़िर इनमैन ने कैसे पता लगाया कि ड्रेक्सलर इतने बड़े सितारे के तौर पर उभरेंगे, जबकि अन्य टीमों ने उन्हें जाने दिया था?

देने की भावना रखने वाले व्यक्ति के तौर पर इनमैन बाहरी सलाह भी खुले दिमाग़ से लेते थे। जब इनमैन सैन जोस स्टेट में थे, तब उनकी मुलाक़ात खेल मनोविज्ञान के अग्रणी मनोविज्ञानी ब्रूस ओगल्वी से हुई। "वे उस समय परिदृश्य में आए, तब मनोविज्ञानियों को 'मनोरोग चिकित्सक' कह कर संबोधित किया जाता था। उनके पास किसी खिलाड़ी के जाने का मतलब कोई समस्या माना जाता था।" ज़्यादातर महाप्रबंधक और कोच ओगल्वी जैसे मनोविज्ञानियों से परहेज़ करते थे और

उनके विज्ञान को संशय से देखते थे। कुछ लोग मनोवैज्ञानिक आकलन को अप्रासंगिक मानते थे, तो कुछ अन्य इस बात को लेकर चिंतित थे कि इससे उनकी स्वयं की विशेषज्ञता और अस्तित्व को ख़तरा हो जाएगा।

लेने की भावना रखने वाले लोग जहां अक्सर दुनिया के सबसे स्मार्ट व्यक्ति बनने की कोशिश करते हैं, वहीं देने की भावना वाले लोग दूसरों की विशेषज्ञता के प्रति ज़्यादा ग्रहणशील होते हैं। चाहे इससे उनकी ख़ुद की धारणाओं को भले ही चुनौती मिल रही हो। ऐसे में इनमैन ने ओगल्वी और उनकी पद्धति का खुले दिल से स्वागत किया। उन्होंने अनिवार्य कर दिया कि चयन प्रक्रिया से पहले खिलाड़ी कई घंटे तक मूल्यांकन का सामना करें।

इनमैन ने ओगल्वी के साथ काम करके खिलाड़ियों को निःस्वार्थ भावना, सफल होने की इच्छा, निरंतर प्रयास की इच्छा, प्रशिक्षण के प्रति ग्रहणशीलता और खेल के प्रति समर्पण के आधार पर परखा। इस आकलन के आधार पर इनमैन किसी खिलाड़ी की संकल्प और देने की भावना के प्रति प्रवृत्ति के बारे में गहन समझ विकसित कर सके। इनमैन ने कहा, "एनबीए की अन्य टीमें चयन योग्य खिलाड़ियों पर मनोवैज्ञानिक दृष्टि से सिर्फ़ नज़र भर डाल रही थीं, लेकिन कोई भी उस स्तर तक ऐसा नहीं कर रही थी, जैसा हमने इस्तेमाल किया और उस पर भरोसा किया। अपने मूल्यांकन में विचार करने से पहले आपको प्रतिभा को पसंद करना पड़ेगा। इससे आपको स्पष्ट बैरोमीटर मिलता है कि कोई खिलाड़ी अपनी क्षमता के अनुरूप खेलेगा या नहीं।"

ओगल्वी ने ड्रेक्सलर का आकलन किया, तो इनमैन उनके मनोवैज्ञानिक प्रोफ़ाइल से बहुत ज़्यादा प्रभावित हुए। उन्होंने उन कोचों से बात की, जिन्होंने ड्रेक्सलर को ह्यूस्टन में खेलते देखा था। सबने लगातार एक बात कही कि ड्रेक्सलर देने की भावना रखने वाले व्यक्ति की तरह खेलते हैं। इनमैन ने कहा, "ड्रेक्सलर टीम को जोड़ने वाले खिलाड़ी थे। मैं उस लीग में सभी कोचों के एक स्वर से प्रभावित हुआ।" उन्होंने कहा, "ड्रेक्सलर ने वो सब कुछ किया, जो जीत के लिए ज़रूरी था। उनका अहंकार कभी जीत के प्रति उनकी इच्छा के बीच नहीं आया।" उस समय प्रतिभा तलाशने के काम में जुटे बकी बक्वॉल्टर के मुताबिक़ टीमों में कुछ अनिच्छा थी... वे अच्छे शूटर नहीं थे। लेकिन इनमैन और उनकी टीम ने फ़ैसला किया कि ड्रेक्सलर कोर्ट की परिधि से शूट करना सीख लेंगे या अपनी अन्य प्रतिभा से इसकी भरपाई कर देंगे। बक्वॉल्टर ने कहा, "इनमैन सही थे... ड्रेक्सलर उम्मीद से कहीं ज़्यादा दक्ष खिलाड़ी साबित हुए।"

बास्केटबॉल कोर्ट पर इनमैन के ख़राब दांव भी अन्य स्थानों पर कामयाब हुए। वे देखते ही समझ जाते थे कि यह व्यक्ति देने की भावना रखने वाला है। लाहुई मार्टिन ने यूपीएस में पच्चीस साल तक काम किया है। हाल ही वे इलिनॉय में

सामुदायिक सेवा निदेशक बने हैं। 2008 में उन्हें ब्लेज़र्स के पूर्व मालिक लैरी वेनबर्ग का अचानक एक पत्र मिला, "आप अपने उस काम में निश्चित रूप से एक अद्भुत अनुकरणीय व्यक्ति हैं, जो आप यूपीएस में कर रहे हैं।" मार्टिन ने पूर्व राष्ट्रपति ओबामा के साथ बास्केटबॉल खेली है। 2011 में उन्हें रिटायर्ड प्लेयर्स असोसिएशन के निदेशक मंडल में चुना गया। तब मार्टिन ने कहा था, "मैं आपको कुछ वापस देने योग्य बन सकूं, तो मुझे ख़ुशी होगी।"

और टैरी मर्फ़ी को याद करें, जो सैन जोस स्टेट में इनमैन के सबसे ख़राब खिलाड़ी थे। इनमैन ने मर्फ़ी को एक अवसर दिया, लेकिन वे बास्केटबॉल में उनका भविष्य नहीं देखते थे, तो उन्होंने मर्फ़ी को वॉलीबॉल खेलने के लिए प्रोत्साहित किया। मर्फ़ी के काम करने के नैतिक सिद्धांतों के बारे में इनमैन का अंदाज़ सटीक था। उनसे प्रेरित होकर मर्फ़ी वॉलीबॉल की अमेरिकी नेशनल टीम में जा पहुंचे, लेकिन मर्फ़ी ने बास्केटबॉल खेलना पूरी तरह नहीं छोड़ा। 1986 में उन्होंने स्पेशल ओलिंपिक के लिए धन जुटाने के वास्ते डलास में गलियों में थ्री ऑन थ्री बास्केटबॉल टूर्नामेंट शुरू किया। 1992 तक हूप इट अप के 150,000 खिलाड़ी और 10 लाख से ज़्यादा प्रशंसक हो चुके थे। इसके पांच साल बाद 27 विभिन्न देशों में 302 कार्यक्रम हुए, जिनके माध्यम से चैरिटी के लिए लाखों डॉलर जुटाए गए।

इनमैन की सफलता का सबसे बड़ा प्रमाण यह है कि यद्यपि उन्होंने खिलाड़ी के तौर पर जॉर्डन को लेने का अवसर गंवा दिया, लेकिन प्रतिभा का मूल्यांकन करने के मामले में उन्होंने जॉर्डन को मात दे दी। बास्केटबॉल एक्ज़ीक्यूटिव के रूप में जॉर्डन ने ऐसी ख्याति बना ली थी, जिससे देने की बजाय लेने की भावना रखने के संकेत ज़्यादा मिलते थे। यह कोर्ट में भी झलकता था, जहां जॉर्डन को अपने में डूबे और अहंकारी खिलाड़ी के रूप में जाना जाता था। जॉर्डन ने ख़ुद एक बार टिप्पणी की थी, "सफल होने के लिए आपको स्वार्थी होना पड़ेगा।" कोच उन्हें रचनात्मक फ़ीडबैक देने में अत्यंत सावधानी बरतते थे।

अपने हॉल ऑफ़ फेम के भाषण में जॉर्डन ने कुछ ही लोगों को धन्यवाद दिया और उन लोगों को तिरस्कृत किया, जो उनकी योग्यता पर संदेह करते थे। ऐसे भाषण के लिए उनकी व्यापक आलोचना की जाती है। अपने खेल जीवन में वे इस बात की तगड़ी वकालत करते थे कि राजस्व का बड़ा हिस्सा खिलाड़ियों को मिलना चाहिए, लेकिन मालिक के रूप में उन्होंने ज़्यादा ज़ोर मालिकों को बड़ा हिस्सा देने पर दिया है, स्पष्ट रूप से ताकि ज़्यादा पैसा उनकी जेब में आ सके।

जहां तक किसी प्रतिभा पर लंबे समय तक दांव लगाने का सवाल है, तो एक्ज़ीक्यूटिव के तौर पर जॉर्डन के क़दम इनमैन से दिलचस्प रूप से ठीक विपरीत हैं। जॉर्डन जब वॉशिंगटन विज़ार्ड्स के बास्केटबॉल ऑपरेशन्स के अध्यक्ष बने, तब

2001 में उन्होंने पहले अवसर का इस्तेमाल करते हुए सेंटर क्वामे ब्राउन को चुना। ब्राउन अभी हाई स्कूल से निकले ही थे। उनमें प्रतिभा तो थी, लेकिन संकल्प का अभाव था। उन्होंने कभी अपनी क्षमता के अनुरूप प्रदर्शन नहीं किया। ब्राउन के चयन को एनबीए के दस साल के इतिहास में दूसरा सबसे ख़राब विकल्प बाद में माना गया। बाद में उनकी गिनती खेल इतिहास के सौ सबसे ख़राब चयन में होने लगी। ब्राउन के बाद दूसरे और तीसरे चयन भी सेंटर खिलाड़ियों के ही थे। उन्होंने कहीं ज़्यादा बेहतर प्रदर्शन किया। दूसरे चयन के तौर पर टाइसन चैंडलर को लिया गया था। उन्होंने 2012 की अमेरिकी ओलिंपिक टीम में जगह बनाई। तीसरा चयन सेंटर खिलाड़ी पाउ गैसल का था, जो ब्राउन से सिर्फ़ डेढ़ साल बड़े थे। गैसल ने रूकी ऑफ़ द ईयर अवार्ड जीता। अगले दशक में उन्होंने चार ऑल स्टार टीमों में जगह बनाई और दो एनबीए चैंपियनशिप जीतीं। उन्हें जे. वॉल्टर कैनेडी सिटीजनशिप अवार्ड भी प्रदान किया गया। चैंडलर और गैसल दोनों ने स्कोरिंग, रिबाउंडिंग और शॉट्स को ब्लॉक करने में ब्राउन के प्रदर्शन को पलट दिया।

ब्राउन के निराशाजनक नतीजों ने मानो जॉर्डन के अहंकार को चोट पहुंचा दी हो। जॉर्डन जब संन्यास से बाहर आकर विज़ाड्‌र्स के लिए खेलने लगे, तब उनके साथ ब्राउन भी थे। वे समय-समय पर ब्राउन को डांटा करते थे और उनका अनादर किया करते थे। ब्राउन का ख़राब प्रदर्शन ना केवल टीम को नुक़सान पहुंचा रहा था, बल्कि जॉर्डन ने उनका जो चयन किया, वह मूर्खतापूर्ण नज़र आ रहा था। अपने पहले सीजन में ब्राउन के आंकड़े बहुत ही तुच्छ थे। उनका औसत पांच अंक और चार रिबाउंड प्रति गेम से कम था, हालांकि अगले सीजन में कोर्ट पर उनका समय दुगुना हो गया था।

उस सीजन के बाद जॉर्डन को विज़ाड्‌र्स से बर्ख़ास्त कर दिया गया, लेकिन वे ब्राउन के मामले में शांत होने को तैयार नहीं थे। क़रीब एक दशक बाद 2010 में ब्राउन ने शार्लट बॉबकैट्‌स के साथ एक अनुबंध पर दस्तख़त किए। इस टीम के मालिक कोई और नहीं, बल्कि माइकल जॉर्डन स्वयं थे। ब्राउन के एजेंट ने कहा, "निश्चित रूप से जॉर्डन इसका हिस्सा हैं। वे चाहते थे ऐसा हो।"

उस समय तक ब्राउन चार विभिन्न टीमों के लिए दस सीजन खेल चुके थे। पांच सौ से ज़्यादा गेम में उनका औसत सात अंकों और छह रिबाउंड से थोड़ा कम था। अपने पिछले सीजन में वे कोर्ट में औसतन 13 मिनट बिता रहे थे। ब्राउन जब जॉर्डन की बॉबकैट्‌स टीम का हिस्सा बने, तब उनका खेलने का समय दुगुना यानि 26 मिनट प्रति गेम हो गया। बॉबकैट्‌स ने उन्हें पिछले दो सीजन के संयुक्त जोड़ से भी ज़्यादा समय दिया, इसके बावजूद वे संघर्ष करते रहे। उनका औसत आठ अंक और सात रिबाउंड ही रहा। ब्राउन के एजेंट ने कहा, "जॉर्डन, ब्राउन को एक मौक़ा और देना चाहते थे। इसके बारे में इतना लिखा जा चुका है कि ब्राउन जॉर्डन

की पहली पसंद थे। जब ब्राउन चले नहीं, तो दोनों को बहुत ज़्यादा आलोचना का शिकार होना पड़ता था।" देने की भावना रखने वाला कोई व्यक्ति होता, तो वह अपनी ग़लती स्वीकार कर लेता और आगे बढ़ जाता, लेकिन जॉर्डन अब भी अपने ख़राब निवेश की काया पलटने में लगे थे। जॉर्डन के मित्र और ओलिंपिक के पूर्व टीम सहयोगी चार्ल्स बार्कले का कहना है, "मैं माइकल को प्यार करता हूं, लेकिन उन्होंने अच्छा काम नहीं किया है। मैं नहीं समझता कि उन्होंने ऐसे लोगों की सेवाएं लीं, जो उनसे असहमति रखते हों।" 2012 में जॉर्डन के मार्गदर्शन के बावजूद टीम का प्रदर्शन काफ़ी ख़राब रहा। उस सीजन में बॉबकैट्स का जीत का प्रतिशत एनबीए के इतिहास में सबसे ख़राब रहा।

इसके विपरीत इनमैन की टीमों ने सफलता के आश्चर्यजनक स्तर को अर्जित किया। 1977 में इनमैन ने सिर्फ़ एक साल के भीतर ऐसी टीम विकसित कर दी, जो सबसे निचले पायदान से अगले साल ख़िताब जीतने में सफल हुई, जबकि उस टीम में अनेक ऐसे खिलाड़ी थे, जिनके बारे में लोग ज़्यादा नहीं जानते थे। इसके अलावा इनमैन ने जिन खिलाड़ियों का चयन किया, उन्होंने आने वाले वर्षों में ब्लेज़र्स को अजेय टीम बना दिया। 1986 में उनके ब्लेज़र्स छोड़ने के बाद ड्रेक्सलर, पॉर्टर और केर्सी के नेतृत्व में टीम ख़ूब फली-फूली। इन तीन छिपे हुए रत्नों को इनमैन ने लगातार तीन साल के भीतर खोज निकाला था। इन्हीं के नेतृत्व के दम पर ब्लेज़र्स दो बार फ़ाइनल में पहुंची। एक बार फिर इनमैन कोई श्रेय नहीं लिया।

एक आम प्रशंसक की नज़र में इनमैन विफल हो सकते हैं, लेकिन बास्केटबॉल की गहरी जानकारी रखने वाले लोग उन्हें खेल की दुनिया में प्रतिभा का मूल्यांकन करने वाले अभी तक के उत्कृष्ट लोगों में से एक मानते हैं। इनमैन के अनुभव और शोध के प्रमाणों से पता चलता है कि देने की भावना रखने लोग न केवल प्रतिभा की पहचान करने और उन्हें विकसित करने में शानदार प्रदर्शन करते हैं, बल्कि जब उनके दांव काम नहीं करते, तब भी वे उनके साथ चलने में आश्चर्यजनक रूप से अच्छे होते हैं।

स्टू इनमैन ने अपने जीवन के अंतिम चार वर्ष ऑरेगन के लेक ऑस्वेगो हाईस्कूल की बास्केटबॉल टीम को सहायक कोच के रूप में स्वैच्छिक सेवाएं देकर बिताए। लेक ऑस्वेगो के मुख्य कोच ने कहा, "उन्होंने खिलाड़ियों से अनौपचारिक बात की। उन्होंने न केवल उन्हें बास्केटबॉल खिलाड़ियों के तौर पर विकसित किया, बल्कि उनके चरित्र निर्माण पर भी ध्यान दिया। वे समय निकालते यह देखने के लिए कि कौन वास्तव में कैसा है। वे कोई पूर्वधारणा नहीं बनाते थे।" लेक ऑस्वेगो में इनमैन ने युवा खिलाड़ी केविन लव को विकसित होने में मदद की। लव ने उस विरासत को आगे बढ़ाया, जिसे सैम बोवी और लाहुई मार्टिन ने कभी पूरा नहीं किया। लव ऐसे बड़े खिलाड़ी के तौर पर विकसित हुए, जो शूट कर सकते थे। छह

फ़ीट 10 इंच लंबे सेंटर खिलाड़ी लव ने अमेरिकी ओलिंपिक टीम में जगह बनाई। अपने पहले चार सीजन में वे दो बार ऑल स्टार टीमों का हिस्सा भी रहे। उन्हें एनबीए का सबसे अच्छा खिलाड़ी भी घोषित किया गया। यही नहीं, उन्होंने थ्री पॉइंट चैंपियनशिप भी जीती।

जॉर्ज एंडर्स लिखते हैं, "यदि आप किसी अच्छी प्रतिभा को उत्तम दर्जे का बनाना चाहते हैं, तो आपको ऐसी परहितवादी बातों को चुनना होगा, जो कोई व्यक्ति कर सकता है। किसी भी वर्ष में तेज़ी से काम करने वाले लोग ज़्यादा पैसा कमा सकते हैं और ज़्यादा ख्याति अर्जित कर सकते हैं, लेकिन समय के साथ यह गति पीछे की ओर चलती है।"

5

शक्तिहीन संवाद की ताक़त

शालीन रहकर लोगों पर प्रभाव कैसे छोड़ें

मृदु वचन बोलें, लेकिन लंबी छड़ी साथ लेकर चलें।

— थिओडोर रूज़वेल्ट, पूर्व अमेरिकी राष्ट्रपति

डेव वॉल्टन ने एक गहरी सांस ली। वे नियोजन कानून के विधिवेत्ता थे। उनकी विशेषज्ञता व्यापारिक भेद और कर्मचारी प्रतिस्पर्द्धा से जुड़े मामलों में थी। कॉज़ेन ओ कोनोर नामक फ़र्म में साझीदार के तौर पर डेव उन युवा वकीलों में शामिल थे, जिन्हें शेयरधारक चुना गया था। कई वर्षों तक उन्हें पेन्सिलवेनिया सुपर लॉयर : ए राइजिंग स्टार घोषित किया गया, लेकिन वे शीघ्र ही एक जूरी के समक्ष अपने पहले अंतिम तर्क रखने वाले थे।

वर्ष 2008 चल रहा था। डेव एक ऐसी कंपनी का प्रतिनिधित्व कर रहे थे, जिसके स्वामित्व में एक्मी हर्डेस्टी नामक कंपनी थी, जो पेन्सिलवेनिया में कैस्टर ऑयल की वितरक थी। कंपनी को भारत के मुंबई में स्थित कंपनी जयंत ऑयल्स और डेरिवेटिव्स से आपूर्ति मिलती थी। दिसंबर, 2006 में एक्मी की पैतृक कंपनी के सीईओ को सूचना मिली कि जयंत अमेरिका में कार्यालय और विपणन संगठन स्थापित कर रहे हैं और वे एक्मी को कैस्टर ऑयल की आपूर्ति नहीं करेंगे। उसके अगले माह कंपनी की एक्ज़ीक्यूटिव टीम को यह जानकारी भी मिली कि जयंत कैस्टर ऑयल के उत्पाद अमेरिका में सीधे उन ग्राहकों को बेचने की योजना भी बना रहे हैं, जो व्यापार के लिए एक्मी से प्रतिस्पर्द्धा कर रहे हैं। 2006 की गर्मियों में एक्मी के दो कर्मचारियों ने पाला बदला और उन्होंने जयंत की प्रतिस्पर्द्धी कंपनी की अमेरिका में स्थापना में मदद की। एक्मी की पैतृक कंपनी ने जयंत और अपने दो कर्मचारियों पर व्यापारिक भेद और गोपनीय सूचना चुराने का आरोप लगाते हुए मुकदमा दायर किया।

डेव ने पूरी कर्मठता के साथ तैयारी की और वे पूरी भावनाओं के साथ बोले। डेव ने साक्ष्य पेश किए कि मार्च 2006 में एक्मी के लिए काम करते हुए भी दोनों कर्मचारी जयंत को प्रतिस्पर्द्धी वितरक बनाने में मदद करने की एवज में वित्तीय शर्तों पर सहमत हो गए थे। जून में दोनों ने जयंत से पचास-पचास हज़ार डॉलर का प्रारंभिक भुगतान सलाहकार सेवाओं के लिए लिया था।

दोनों कर्मचारियों ने नोटिस दिया कि वे छोड़ रहे हैं और वे कंपनी को अपनी नई नौकरी के बारे में बताए बिना सीधे भारत आए। डेव ने दलील दी कि दोनों कर्मचारियों ने जयंत की व्यापारिक योजना में एक्मी की जानकारी का समावेश भी कराया। डेव ने दावा किया कि एक कर्मचारी ने अमेरिका में संभावित ग्राहकों की सूची भी जयंत को उपलब्ध कराई, जबकि एक्मी के लिए यह सूची बनाने का उन्हें भुगतान मिला था। जयंत की कंपनी के अध्यक्ष ने स्वीकार किया कि निवेशकों के लिए सामग्री तैयार करने में एक्मी के दस्तावेज़ों का इस्तेमाल किया गया था। डेव ने आगे दलील दी कि कर्मचारी जब भारत में जयंत के लिए व्यापारिक योजना तैयार कर रहे थे, तब उन्होंने काल्पनिक नामों से फ़र्जी ई-मेल आईडी बनाए, जिससे उन्हें एक्मी को मिल रहे ऑर्डर की लगातार जानकारी मिलती रही।

बचाव पक्ष का प्रतिनिधित्व तीन जानी-मानी विधि फ़र्में कर रही थीं। ट्रायल में डेव के प्रतिद्वंद्वी बहुत ज़्यादा स्पष्ट और धाराप्रवाह बोलने वाले व्यक्ति थे। उनके पास पच्चीस साल का अनुभव था। उन्होंने कोलंबिया से क़ानून की डिग्री और कॉर्नेल से अंडर ग्रेजुएट डिग्री ली थी। अनेक अवार्डों से भी उन्हें नवाज़ा जा चुका था। पेन्सिलवेनिया के सौ शीर्ष वकीलों में भी उनका नाम शामिल हो चुका था। पूरे देश में सप्ताह के वादी से भी उन्हें अलंकृत किया जा चुका था। एक सूत्र ने उन्हें “सिद्ध, ज्ञानवान और सुविज्ञ वकील की संज्ञा से नवाज़ा। एक ऐसा वकील, जो कोर्ट में अपनी बात आश्चर्यजनक रूप से रखता है।”

बचाव पक्ष के वकील वाक्पटु और सुलझे हुए थे। उन्होंने जूरी से कहा कि जयंत एक विधि सम्मत प्रतिस्पर्द्धा कर रहे हैं, जिसका उन्हें अधिकार है। वकील ने स्वीकार किया कि एक्मी ने कुछ ग्राहक खोए हैं, लेकिन ऐसा इसलिए नहीं हुआ क्योंकि कर्मचारियों ने कुछ ग़लत किया। एक्मी जयंत के एक दलाल की भांति कैस्टर ऑयल के उत्पाद ग्राहकों को बेच रही थी। दलाल को बीच से हटा कर जयंत उत्पाद ज़्यादा सस्ते बेच पा रहे थे, जो निश्चित रूप से स्वस्थ प्रतिस्पर्द्धा के अनुरूप था। एक्मी में कर्मचारियों से बुरा बर्ताव किया जा रहा था। एक महिला कर्मचारी ने कंपनी को 'नरक' और अपने जीवन की सबसे बुरी नौकरी बताया था। बचाव पक्ष के वकील ने डेव के मुख्य तर्कों में कील ठोकते हुए उनके अहम गवाहों की विश्वसनीयता पर सवाल उठा दिए। जो कौशल बचाव पक्ष के वकील ने प्रदर्शित किया, उससे डेव बहुत

अधिक प्रभावित हुए। "वे वास्तव में बहुत अच्छे थे। उन्होंने हमारे अनुमान से कहीं ज़्यादा बेहतर तर्क दिए।"

डेव भली-भांति जानते थे कि ट्रायल का नतीज़ा किसी भी तरफ़ जा सकता है। एक तरफ़ डेव ने ऐसा दमदार चित्र खींच दिया था कि जयंत और दो कर्मचारी दोषी हैं, तो दूसरी तरफ़ यह मामला अत्यधिक दबाव वाला था और बहुत ज़्यादा सुर्खियों में आ चुका था। यह पहला मौक़ा था, जब डेव जूरी ट्रायल में अपनी फ़र्म का नेतृत्व कर रहे थे। वे वहां पर सबसे युवा वकील थे। एक बार ज़िरह के दौरान जब उनके बुज़ुर्ग प्रतिपक्षी ने रौब से सिर उठाया, तो वे हकलाने लगे। ऐसा कई बार हुआ, जिससे संकेत मिलता था कि उनमें आत्म-विश्वास की कमी है।

डेव जूरी के एक सदस्य विशेष पर पड़ रहे प्रभाव को लेकर चिंतित थे। ट्रायल के दौरान जूरी के इस सदस्य ने स्पष्ट कर दिया था कि वे बचाव पक्ष के तर्कों से संतुष्ट हैं। उनका मानना था कि जयंत और दो कर्मचारियों ने कुछ भी ग़लत नहीं किया है। जूरी के इस सदस्य ने बचाव पक्ष के वकील को उत्साह से भरपूर प्रतिक्रिया दी, उनके तर्कों पर सहमति में ऐसे सिर हिलाया जैसे सराहना कर रहे हों और वे बचाव पक्ष के वकील के चुटकुलों पर ज़ोर से हंसे भी। इसके विपरीत जब डेव ने तर्क पेश किए, तो जूरी के इस सदस्य ने सीधे उनकी तरफ़ देखा भी नहीं और चेहरे पर कृत्रिम मुस्कान थी। यही नहीं, बल्कि उनके हाव-भाव भी उपेक्षापूर्ण थे। पूरी ट्रायल के दौरान जूरी के ये सदस्य नीली जींस पहनकर आया करते थे, लेकिन अंतिम दलीलों वाले दिन वे सूट और टाई पहनकर आए। डेव ने जब जूरी के इस सदस्य को सुनिश्चित विजय की सी मुद्रा दिखाते हुए आते देखा, तो उनका दिल बैठ गया। जूरी के ये सदस्य पंचों का सरदार बनना चाहते थे और निश्चित रूप से जूरी के अन्य सदस्यों को डेव के तर्कों के ख़िलाफ़ करने की कोशिश कर रहे थे।

डेव ने अपनी आख़िरी दलीलें रखीं और इसके बाद जूरी के सदस्य आपस में सलाह-मशविरा करने चले गए। जब वे वापस लौटे, तो विरोधी रुख़ वाले जूरी के ये ख़ास सदस्य पहले बाहर आए। वे जूरी के सर्वेसर्वा बन चुके थे। उन्होंने फ़ैसला पढ़ना शुरू किया। जूरी ने डेव के मुवक्किल के पक्ष में 70 लाख डॉलर की क्षतिपूर्ति का फ़ैसला सुनाया। डेव की जीत ने पेन्सिलवेनिया में व्यापारिक भेद से जुड़े किसी मामले में सबसे बड़ी जीत का रिकॉर्ड क़ायम कर दिया। इसमें कोई संदेह नहीं कि डेव ने शानदार तरीक़े से केस को प्रस्तुत किया। अपने क्षेत्र के सच्चे विशेषज्ञ के रूप में वे पूरे आत्मविश्वास के साथ बोले।

लेकिन एक अन्य कारक भी है, जिसकी वज़ह से डेव को थोड़ी बढ़त मिली। कुछ ऐसा भी है, जो डेव वॉल्टन को अन्य प्रतिष्ठित वकीलों से अलग करता है। यह ऐसी बात है, जो उनमें अन्य हस्तियों जैसे जीई के पूर्व सीईओ जैक वेल्श,

अमेरिका के पूर्व उप राष्ट्रपति जो बिडेन, गायक कार्ली साइमन, *20/20* के एंकर जॉन स्टोसेल, अभिनेता जेम्स अर्ल जोन्स और पोर्टलैंड ट्रेल ब्लेज़र्स के बिल वॉल्टन, जो अब बास्केटबॉल उद्घोषक हैं, के साथ एक समान है।

ये सभी हकलाते हैं।

हकलाना बोलने संबंधी एक विकार है। कुल आबादी के एक फ़ीसदी लोग इससे प्रभावित होते हैं। डेव जब बड़े हो रहे थे, तब हकलाने की वज़ह से बच्चे उन्हें छेड़ते था और उनका मज़ाक़ उड़ाते थे। कॉलेज से स्नातक होने के बाद जब उन्होंने सेल्स की नौकरी के लिए आवेदन किया, तो उनका चयन नहीं हुआ। उनकी पत्नी मैरी कहती हैं, "साक्षात्कार लेने वाले ने कहा कि हकलाने की वज़ह से डेव सेल्स में कभी सफल नहीं हो सकेंगे।" डेव ने जब विधि स्कूल के लिए आवेदन करने का फ़ैसला किया, तब उनके अनेक मित्रों और परिवार के सदस्यों की भृकुटियां तन गईं। वे उम्मीद करने लगे कि डेव को कभी सार्वजनिक रूप से बोलने की ज़रूरत नहीं पड़े। विधि स्कूल में ऐसा लगा कि मित्रों और रिश्तेदारों का डर सही था, जैसे उन्हें पहले से जानकारी थी। डेव याद करते हुए कहते हैं कि पहली नकली अदालत में जब वे दलील दे रहे थे, तब महिला जज की आंखों में आंसू थे। जज ने कहा, "मुझे आपके लिए अच्छा अनुभव नहीं हो रहा।"

ज़्यादातर लोग हकलाने को अक्षमता के तौर पर देखते हैं, जबकि हम जैक वेल्श और जेम्स अर्ल जोन्स जैसे लोगों से प्रभावित हैं, जिनके आत्म-विश्वास से भरे हाव-भावों पर उनकी बोलने संबंधी दिक़्क़त के कोई निशान नज़र नहीं आते। हकलाने वाले लोगों के बारे में सच कहीं ज़्यादा रोचक और जटिल है। हकलाने वाले ना जाने कितने लोग जीवन में बहुत सफल रहते हैं। ऐसा हमेशा इसलिए नहीं होता कि उन्होंने हकलाने की समस्या पर विजय पा ली है। व्यापारिक भेद से जुड़े मामले के ट्रायल में जब डेव अटक-अटक कर बोले और एक-दो बार तर्कों में लड़खड़ाए, तब कुछ अजीब बात हुई।

जूरी के सदस्यों ने उन्हें *पसंद किया।*

ट्रायल के अंत में जूरी के कई सदस्यों ने उनसे संपर्क किया। डेव कहते हैं, "उन्होंने मुझे बताया कि वे वास्तव में मेरा सम्मान करते हैं क्योंकि वे जान गए थे कि मैं हकलाता हूं। उन्होंने ज़ोर देकर कहा कि हकलाने की मेरी समस्या बहुत मामूली है, लेकिन उन्होंने इसे महसूस कर लिया था और उन्होंने इसके बारे में आपस में चर्चा भी की थी। जूरी के सदस्यों ने मुझे बताया कि ट्रायल वकील बनने के मेरे साहस की वे प्रशंसा करते थे।"

डेव ने मुकदमा हकलाने की वज़ह से नहीं जीता, लेकिन हो सकता है इसने जूरी के सदस्यों के साथ एक मज़बूत जुड़ाव पैदा कर दिया हो, जिसकी वज़ह से

न्याय का तराज़ू उनकी ओर झुक गया हो। जूरी के सदस्यों ने जब डेव की तारीफ़ की, तो उन्हें थोड़ा आश्चर्य भी हुआ और वे थोड़ा असहज भी अनुभव कर रहे थे... "मेरे दिमाग़ में पहला विचार यह आया कि हकलाने के बारे में मैंने इतना नहीं सोचा था। जब जूरी के सदस्य मुझसे दूर चले गए, तब मैंने महसूस किया कि मेरे भीतर कुछ ऐसा है, जो नैसर्गिक और सच्चा है। यह प्रभु का प्रकाश है। हकलाना मेरे लिए फ़ायदेमंद हो सकता है।"

इस अध्याय में मैं इस बात की खोज करना चाहता हूं कि कैसे डेव वॉल्टन के अनुभव से लोगों पर प्रभाव जमाने के बारे में अत्यंत महत्त्वपूर्ण, लेकिन आम धारणा के विपरीत सूत्रों का पता चलता है। डेव का अनुभव एक उदाहरण है कि देने की भावना रखने वाले लोग अन्य लोगों पर प्रभाव जमाने के मामले में अलग ढंग से काम करते हैं। *टु सेल इज ह्यूमन* में डेनियल पिंक तर्क देते हैं कि लोगों पर प्रभाव डालने की क्षमता पर ही हमारी सफलता निर्भर करती है। यदि आप अन्य लोगों को इस बात का विश्वास दिलाना चाहते हैं कि हमारा उत्पाद ख़रीदो, हमारी सेवाओं का इस्तेमाल करो, हमारे विचारों को स्वीकार करो और हममें निवेश करो, तो हमें उनसे इस तरह बात करने की ज़रूरत होगी, जो उन्हें इसके लिए राज़ी कर ले और उन्हें प्रेरित करे। किसी पर प्रभाव डालने का सबसे अच्छा तरीक़ा शायद वह नहीं हो, जो आपके दिमाग़ में सबसे पहले आए।

शोध से पता चलता है कि प्रभाव जमाने के दो मूल मार्ग हैं, प्रभुत्व क़ायम करना और प्रतिष्ठा अर्जित करना। जब हम प्रभुत्व स्थापित कर लेते हैं, तो हम प्रभाव डालने की स्थिति में आ जाते हैं क्योंकि लोग हमें शक्तिशाली, सक्षम और अधिकारों से युक्त व्यक्तियों के तौर पर देखते हैं। जब हम प्रतिष्ठा अर्जित कर लेते हैं, तब हम प्रभावशाली बन जाते हैं क्योंकि लोग हमारा सम्मान करते हैं और हमारी प्रशंसा करते हैं।

प्रभाव जमाने के ये दो मार्ग हमारी आदान-प्रदान की शैलियों से गहराई से जुड़े होते हैं। लेने की मानसिकता रखने वाले लोग प्रभुत्व क़ायम करने के प्रति आकर्षित होते हैं और इसमें वे काफ़ी बढ़िया होते हैं। जितना ज़्यादा संभव हो सके, उतने मूल्य का दावा करने की कोशिश में वे हमेशा लोगों से श्रेष्ठतर होने की जुगत में रहते हैं। लेने की मानसिकता रखने वाले लोग प्रभुत्व क़ायम करने के लिए सशक्त संवाद में महारत हासिल कर लेते हैं। वे दमदार तरीक़े से बोलते हैं, अपनी अधिकार प्राप्त स्थिति को दृढ़तापूर्वक जताने के लिए वे अपनी आवाज़ ऊंची करके बोलते हैं, अपने आत्मविश्वास को अभिव्यक्त करने के लिए बात पूरे यक़ीन के साथ कहते हैं, अपनी उपलब्धियों को प्रचारित करते हैं और पूर्ण विश्वास तथा सम्मान के साथ बिक्री करते हैं। ऐसे लोग अपनी शक्ति को प्रदर्शित करने के लिए भुजाएं प्रभावी मुद्रा में फैलाते हैं। अपनी भृकुटियों को चुनौतीपूर्ण तरीक़े से तान भी लेते हैं। संवाद के

दौरान ज़्यादा जगह घेरकर बैठते हैं। यही नहीं, ज़रूरत पड़ने पर अपने क्रोध को व्यक्त करने और धमकियां देने से भी नहीं चूकते। प्रभाव जमाने की अपनी ललक में ये लोग शक्तिशाली मौखिक और सांकेतिक संदेश भेजकर संवाद का स्वर तय करते हैं और उस पर नियंत्रण कर लेते हैं। इसका निष्कर्ष यह है कि देने की भावना रखने वालों की बजाय लेने की मानसिकता वाले लोग प्रभुत्व क़ायम करने में ज़्यादा प्रभावी होते हैं, लेकिन क्या प्रभाव जमाने का यह एक ऐसा मार्ग है, जिसका समर्थन किया जा सकता है?

जब हमारे श्रोता शक करने वाले होते हैं, तो हम उन पर प्रभुत्व क़ायम करने की कोशिश ज़्यादा करते हैं, लेकिन हम जितनी कोशिश करते हैं, वे उतना ही विरोध करते हैं। ग्रहणशील श्रोताओं के मामले में भी प्रभुत्व शून्य संख्या का खेल है। जितनी ताक़त और अधिकार मेरे पास ज़्यादा होंगे, उतने ही आपके पास कम होंगे। लेने की मानसिकता वाले लोग जब किसी ऐसे व्यक्ति के संपर्क में आते हैं, जिसका प्रभुत्व उनसे ज़्यादा होता है, तो उनके समक्ष अपना प्रभाव खोने का ख़तरा पैदा हो जाता है। इसके विपरीत प्रतिष्ठा कोई शून्य संख्या नहीं है। इस बात की कोई सीमा नहीं है कि हम कितना सम्मान और कितनी प्रशंसा किसी को दे सकते हैं। इसका अर्थ है कि प्रतिष्ठा का ज़्यादा स्थायी मूल्य होता है। इसलिए यह पड़ताल करने योग्य है कि लोग प्रतिष्ठा को अर्जित कैसे करते हैं।

लेने की मानसिकता वालों की शैली जहां सशक्त संवाद की होती है, वहीं इसके ठीक विपरीत होता है *शक्तिहीन संवाद।* शक्तिहीन संवाद करने वाले लोग अपेक्षाकृत कम दृढ़ता के साथ बोलते हैं और उनकी अभिव्यक्ति में बहुत सारे संशय भी होते है। यही नहीं, वे दूसरों की सलाह पर बहुत ज़्यादा निर्भर रहते हैं। वे इस तरह से बात करते हैं, जिससे उनकी अतिसंवेदनशीलता का संकेत मिलता है। इससे उनकी कमज़ोरी का खुलासा भी होता है। वे संवाद में किसी बात की पूर्ण जानकारी नहीं होना, ख़ुद का बचाव करना और संकोची स्वभाव प्रदर्शित करने जैसी बातों का इस्तेमाल करते हैं। सूज़न कैन *क्वाइअट* में लिखती हैं कि पश्चिमी समाजों में लोग हमसे यह अपेक्षा करते हैं कि हम सशक्त तरीक़े से संवाद करें। हमें सिखाया जाता है कि लीडर्स अपने संदेशों को दृढ़ता से पहुंचाने के लिए सशक्त बात और सशक्त शब्दों का इस्तेमाल करते हैं। शक्तिहीन संवाद का इस्तेमाल करके लोग प्रभाव जमाने के मामले में अक्सर नुक़सान में ही रहते हैं।

मैं सोचता हूं कि पूरी तरह ऐसा नहीं है।

इस अध्याय में मेरा लक्ष्य प्रभाव जमाने के मामले में दृढ़तापूर्वक बात कहने और विश्वास के प्रदर्शन की महत्ता से जुड़ी परंपरागत मान्यताओं को चुनौती देना है। जैसा कि पता चलता है कि संवाद की यह शैली हमेशा हमारे लिए लाभप्रद नहीं

होती। देने की भावना रखने वाले लोग सहजबोध से शक्तिहीन संवाद का सहारा लेते हैं, जो प्रतिष्ठा के निर्माण में आश्चर्यजनक रूप से प्रभावी साबित होती है। मैं यह पता लगाना चाहता हूं कि देने की भावना रखने वाले लोग प्रभाव के चार क्षेत्रों में कैसे प्रतिष्ठा का विकास करते हैं, प्रस्तुतिकरण, विक्रय, राज़ी करना और मोल-भाव करना। देने की भावना रखने वाले लोग चूंकि अन्य लोगों के परिप्रेक्ष्यों और हितों को महत्त्व देते हैं, इसलिए उनका झुकाव जवाब देने से ज़्यादा सवाल पूछने की तरफ़ होता है। इसलिए वे संकोच से बोलते हैं, बेधड़क होकर नहीं। वे अपने मज़बूत पक्षों को प्रदर्शित करने की बजाय अपनी कमज़ोरियों को स्वीकार करते हैं। वे अपनी इच्छा दूसरों पर थोपने की बजाय लोगों से सलाह मांगते हैं। क्या यह संभव है कि शक्तिहीन संवाद के ये स्वरूप शक्तिशाली बन जाएं?

प्रस्तुतिकरण : अतिसंवेदनशीलता का मूल्य

संगठनात्मक मनोविज्ञान में डॉक्टरेट पूरा करने के दो साल बाद 26 साल की उम्र में मुझे वरिष्ठ सैन्य अफ़सरों को यह सिखाने के लिए कहा गया कि वे अपने जवानों को प्रेरित कैसे करें। सेना उस वक़्त कमान और नियंत्रण वाले मॉडल को ज़्यादा सहयोगात्मक मॉडल में बदलने की कोशिश कर रही थी। मैं इससे जुड़े विषय पर शोध कर रहा था। मुझे पहले काम यह मिला कि मैं अमेरिकी वायुसेना के 23 कर्नलों की चार घंटे की कक्षा लूं। वे सभी लड़ाकू विमानों के पायलट रह चुके थे। उनके पास औसतन 3,500 घंटों से ज़्यादा उड़ान का अनुभव था। युद्ध कौशल में उनका औसत 300 घंटे था। उनकी पसंद के विमान एफ़-16 थे, जिनमें रॉकेट और सूक्ष्म नियंत्रित युद्ध सामग्री को ले जाया जाता है। जैसा कि *टॉप गन* फ़िल्म ने मुझे सिखाया था कि उनके उपनाम डराने वाले और अजीबोग़रीब थे।

स्ट्राइकर 53,000 से ज़्यादा अफ़सरों के प्रभारी थे और उनका परिचालन बजट 30 करोड़ डॉलर था। सैंड ड्यून विमान निर्माण तकनीक के इंजीनियर थे। उन्होंने ऑपरेशन डेज़र्ट स्टॉर्म, इराकी फ्रीडम और एंड्योरिंग फ्रीडम में युद्ध भूमि में अभियानों में हिस्सा लिया था। बूमर ऐसे कार्यक्रमों का संचालन कर रहे थे, जिन पर 15 अरब डॉलर से ज़्यादा का ख़र्च आ रहा था। इनमें मानव रहित ऐसे विमान भी शामिल थे, जो रिमोट कंट्रोल से न्यू मैक्सिको से अफ़गानिस्तान तक सीधे उड़ान भर सकते थे।

कर्नलों की उम्र चालीस से पचास वर्ष के बीच की थी, जो मेरी आयु से दोगुनी थी। उन्होंने ऐसे संगठन में काम किया था, जहां वरिष्ठता को पुरस्कार मिलता है, जबकि मेरी कोई वरिष्ठता नहीं थी। यद्यपि, मेरे पास कुछ प्रासंगिक अनुभव था और मैंने डॉक्टरेट भी कर रखी थी, लेकिन मैं अपने क्षेत्र से हटकर काम कर रहा था।

पहले दिन की समाप्ति पर कर्नलों ने अपने कोर्स के फ़ीडबैक फ़ॉर्म भरे। दो टिप्पणियां विशेष रूप से सारगर्भित थीं :

- स्टैल्थ : "मंच से ज़्यादा श्रोताओं में गुणवत्तापूर्ण जानकारी।"
- गनर : "प्रशिक्षक काफ़ी ज्ञान रखते हैं, लेकिन पर्याप्त अनुभव नहीं है। श्रोताओं की ज़रूरतें उनसे थोड़ी छूट गईं। सामग्री बहुत ज़्यादा शैक्षिक थी... मुझे इस सत्र से बहुत कम लाभ हुआ। मैं उम्मीद करता हूं कि प्रशिक्षक उपयोगी पैनी दृष्टि हासिल करेंगे।"

अन्य कर्नल अपेक्षाकृत विनम्र थे, लेकिन संदेश बिलकुल साफ़ था। बम्बर ने कहा, "प्रोफ़ेसर हर साल युवा हो जाते हैं।" स्टिंग्रे ने कहा, "मैं प्राथमिकता देता हूं कि मेरे प्रोफ़ेसर मुझसे उम्र में बड़े हों या मैं ऐसा विश्वास करना शुरू कर दूं कि मैं अधेड़ व्यक्ति से संपर्क कर रहा हूं और हम सब जानते है यह सत्य नहीं है... क्या हम नहीं जानते?"

कर्नलों के समक्ष मैंने अपना प्रस्तुतिकरण सशक्त संवाद से शुरू किया था। मैंने अपनी शैक्षणिक योग्यताओं, उपलब्धियों और पृष्ठभूमि के बारे में आत्म-विश्वास से बात की। सामान्य रूप से कक्षा में मैं ऐसे शुरुआत नहीं करता। प्रोफ़ेसर होने के नाते मेरे मन में हमेशा से विद्यार्थियों को कुछ देने की भावना रही है। अधिकारपूर्ण स्थिति स्थापित करने से ज़्यादा विद्यार्थियों के साथ तारतम्य बैठाने में मेरी रुचि रहती है। जब मैं अंडरग्रेजुएट विद्यार्थियों को पढ़ाता हूं, तो मैं कक्षा में पहले दिन की शुरुआत अपनी विफलताओं के बारे बताकर करता हूं। वायुसेना के कर्नलों के साथ मुझे अपनी विश्वसनीयता की चिंता हो रही थी और इसे स्थापित करने के लिए मेरे पास सिर्फ़ चार घंटे थे, सामान्य की तरह चार महीने नहीं। मेरी चिर-परिचित कमज़ोर शैली से हटते हुए मैंने प्रभुत्व जमाने वाले स्वर में मेरी योग्यताओं को बताने का विकल्प चुना, लेकिन मैंने जितना प्रभुत्व जमाने की कोशिश की, कर्नलों ने उतना ही प्रतिरोध किया। मैं उनसे सम्मान अर्जित करने में विफल रहा। मैं निराश और असहज अनुभव कर रहा था।

मेरे निर्धारित कार्यक्रम में वायु सेना के कर्नलों के साथ मेरा एक और सत्र था। इस बार मैंने अलग तरह से शुरुआत करने का फ़ैसला किया। मेरी योग्यताओं के बारे में विश्वासपूर्वक बात करने की बजाय मैंने ज़्यादा शक्तिहीन और आत्म निंदा वाली टिप्पणियां कीं।

"मुझे मालूम है कि आपमें से कुछ अभी क्या सोच रहे हैं? : मैं किसी प्रोफ़ेसर से क्या सीख सकता हूं, जो सिर्फ़ 12 साल का है?" इसके बाद थोड़ी देर के लिए वहां असहज सन्नाटा छा गया और मैंने अपनी सांसें थाम लीं।

इसके बाद कमरे में हंसी का शोर गूंज उठा। हॉक नामक कर्नल उठे और बोले, "रहने दीजिए, यह ग़लत है। मुझे पूरा विश्वास है आप 13 साल के हैं।" इसके बाद मैं मेरे पहले प्रस्तुतिकरण की लगभग कार्बन प्रतिलिपि देने लगा क्योंकि मुझे प्रेरणा के विषय पर जो सूचना देनी थी, उसमें कुल मिलाकर कोई बदलाव नहीं आया था, लेकिन इसके बाद जब मैंने फ़ीडबैक देखे, तो पिछले सत्र की तुलना में इसमें दिन-रात का अंतर था।

- "व्यक्तिगत अनुभव से बोले, उनकी उम्र सही है। ऊर्जा बहुत ज़्यादा है। पहले ही सफल व्यक्ति हैं।"
- "विषय को लेकर ऐडम निश्चित रूप से बहुत ज्ञानवान हैं। यह उनके जोश और रुचि में बदल भी गया है। इसी वज़ह से वे बहुत प्रभावशाली दिखाई देते हैं। एक शब्द - उत्कृष्ट।"
- "अनुभव हालांकि कम है, लेकिन दिलचस्प तरीक़े से अध्ययन करते हैं। अच्छा काम किया है। बहुत ज़्यादा ऊर्जावान और सक्रिय हैं।"
- "मैं विश्वास नहीं कर सकता कि ऐडम सिर्फ़ 12 साल के हैं। उन्होंने बहुत अच्छा काम किया है।"

शक्तिहीन संवाद के इस्तेमाल ने सब कुछ बदल दिया। मेरी योग्यता स्थापित करने की बजाय मैंने एक मुसीबत खड़ी कर ली थी। बाद में सेना के जनरलों और नौसेना के फ़्लैग अफसरों को पढ़ाते हुए भी मैंने यही तरीक़ा अपनाया और यह कारगर भी रहा। जब मैं संवाद के अपने स्वाभाविक तरीक़े का इस्तेमाल कर रहा था, तो संशय की मानसिकता वाले श्रोताओं के साथ जुड़ने में मुझे मदद मिली। लेने की मानसिकता रखने वाले लोग इस बात को लेकर चिंतित होते हैं कि यदि उन्होंने अपनी कमज़ोरियों का खुलासा किया, तो यह उनके प्रभुत्व और अधिकारपूर्ण स्थिति के साथ समझौता होगा। देने की भावना रखने वाले लोग अपनी कमज़ोरियों को अभिव्यक्त करने में ज़्यादा सहज अनुभव करते हैं। उनकी रुचि अन्य लोगों की मदद करने में होती है, उनके ऊपर सत्ता हासिल करने में नहीं। इसलिए वे अपनी कमज़ोरियों का खुलासा करने में डरते नहीं हैं। स्वयं को अति संवेदनशील या कमज़ोर बता कर देने की भावना वाले लोग अपनी प्रतिष्ठा का निर्माण करते हैं।

लेकिन इसमें एक अन्य बात भी है। अपनी कमज़ोरियों को अभिव्यक्त करना तभी प्रभावी है, जब श्रोता ये संकेत प्राप्त करने लगें कि वक्ता अपनी योग्यता स्थापित कर रहा है। मनोविज्ञानी एलियट एरॉनसन के नेतृत्व में हुए एक उत्कृष्ट परीक्षण में प्रतिभागियों ने क्विज़ बाउल टीम के लिए ऑडिशन दे रहे एक उम्मीदवार के चार में से एक टेप को सुना। आधे समय, उम्मीदवार एक विशेषज्ञ की तरह दिखा, उसने

92 फ़ीसदी सवालों के सही जवाब दिए। शेष आधे समय, उम्मीदवार में औसत ज्ञान ही दिखाई दिया। उसने सिर्फ़ 30 फ़ीसदी सवालों के सही जवाब दिए।

जैसा कि उम्मीद थी कि लोगों ने विशेषज्ञ को पसंद किया, लेकिन इसमें छोटी सी असमानता तब प्रकट हुई, जब टेप में उम्मीदवार का अनाड़ी प्रदर्शन सुनाई दिया। बर्तन टूट गए और उम्मीदवार ने कहा, "हे भगवान, मैंने कॉफ़ी मेरे नए सूट पर गिरा दी।" जब औसत उम्मीदवार ने अनाड़ी जैसा बर्ताव किया, तो श्रोताओं ने उसे और भी कम पसंद किया। इसके विपरीत जब विशेषज्ञ ने अनाड़ी जैसा प्रदर्शन किया, तो श्रोता उसे और भी ज़्यादा पसंद करने लगे।

मनोविज्ञानी इसे 'असहज स्थिति पैदा करने वाली ग़लती या विफलता का असर' कहते हैं। कॉफ़ी का एक कप फैलने से एक औसत उम्मीदवार की छवि प्रभावित होती है। श्रोताओं के लिए यह एक और कारण हो सकता है कि वे उस उम्मीदवार को नापसंद करें, लेकिन विशेषज्ञ के लिए यही भद्दी चूक उसे ज़्यादा ऊंचे और रूखे व्यक्ति के तौर पर प्रस्तुत करने की बजाय उसका मानवीय और मिलनसार चेहरा सामने लाने में मदद कर सकती है। इससे समझा जा सकता है कि डेव वॉल्टन के हकलाने का जूरी पर सकारात्मक प्रभाव क्यों पड़ा था। तथ्य यह है कि डेव स्वयं को कमज़ोर बनाने को तैयार थे। उन्होंने अपनी हकलाहट को दुनिया के सामने आने दिया, जिसके दम पर उन्होंने सम्मान और प्रशंसा अर्जित की। जूरी के सदस्यों ने उन्हें पसंद किया और उन पर भरोसा किया। इसके बाद वे उन्हें सावधानीपूर्वक सुनने लगे। इसने ऐसी स्थिति निर्मित कर दी, जिसमें डेव जूरी के सदस्यों को अपने तर्कों के सार को लेकर विश्वास दिला सकते थे।

अपनी कोमलता को स्थापित करना डेव वॉल्टन जैसे वकीलों के लिए विशेष रूप से महत्त्वपूर्ण है। डेव में देने की भावना है। अपने कनिष्ठ सहयोगियों को परामर्श देने में वे काफ़ी समय बिताते हैं और अपने मुवक्किल के लिए न्याय के वास्ते पूरे जोश के साथ लड़ते हैं, लेकिन सिर्फ़ ये गुण ही नहीं हैं, जो जूरी किसी वकील में देखती है। उनका रंग-रूप वास्तव में कोई गर्मजोशी का माहौल पैदा नहीं करता। डेव स्पष्ट करते हुए कहते हैं, "मैं सैनिकों जैसा दिखने वाला हट्टा-कट्टा व्यक्ति हूं और मुझमें एक गहरी चमक है।"

> व्यापारिक रहस्यों से जुड़े केस के ट्रायल को लेकर मैं यह नहीं कहूंगा कि मैं हकलाने की वजह से जीत गया था, लेकिन इससे मुझे मेरी विश्वसनीयता स्थापित करने में मदद मिली। इसने मुझे वास्तविक व्यक्ति बना दिया। इससे उन्हें मेरे चरित्र के भीतर तक झांकने का मौक़ा मिला। उन्होंने इसे पसंद किया। इसने मुझे मानवीय बना दिया। जूरी के सदस्यों ने सोचा यही व्यक्ति है, जिसे हम प्रोत्साहन दे सकते हैं। मैं ऐसा दिखने लगा कि मैं ज़्यादा घुटा

> हुआ नहीं हूं और वकील के तौर पर ज़्यादा विश्वसनीय हूं। लोग सोचते हैं कि यह ज़रूरी है कि आप परिष्कृत और आदर्श व्यक्ति हों, लेकिन वास्तव में आप नहीं चाहते कि आपका वकील बहुत ज़्यादा चालाक हो। ट्रायल के अच्छे वकील यह लक्ष्य लेकर चलते हैं कि वे विशेषज्ञ होने के साथ-साथ अच्छे व्यक्ति भी दिखें।

जब डेव वॉल्टन हकलाने की अपनी कमज़ोरी के बावजूद जूरी के समक्ष खड़े होते हैं, तो वे देख सकते हैं कि उन्हें अपने मुवक्किल की कितनी चिंता है। उनका उनमें इतना विश्वास है कि वे उनकी मदद के लिए स्वयं की कमज़ोरियों को सामने लाने के लिए भी तैयार रहते हैं। इससे उनके लोगों के बीच एक सशक्त संदेश जाता है। इससे उनकी प्रतिष्ठा बढ़ती है और उनके नैसर्गिक शारीरिक व्यक्तित्व से झलकने वाले प्रभुत्व में नरमी आती है, जिससे उन्हें लोगों का दिल जीतने में मदद मिलती है।

बेचना : नेक लोगों को धोखेबाज़ों से अलग करना

अपनी कमज़ोरियों को इस तरह से बताना, जो सक्षमता से जुड़ी नहीं हों, उससे प्रतिष्ठा के निर्माण में मदद ज़रूर मिल सकती है, लेकिन देने की भावना रखने वालों के लिए यह अपने प्रभाव के इस्तेमाल का सिर्फ़ शुरुआती बिंदु है। लोगों पर प्रभावशाली ढंग से प्रभाव जमाने के लिए ज़रूरी है कि हम अर्जित की गई प्रतिष्ठा को लोगों के लिए ऐसे कारण में बदलें, जिससे लोग अपने रुख़ और बर्ताव में परिवर्तन लाएं। विक्रय से ज़्यादा किसी अन्य क्षेत्र में इसे साफ़ नहीं देखा जा सकता, जहां पूरी नौकरी इस बात पर निर्भर करती है कि लोगों को ख़रीदने और ज़्यादा से ज़्यादा ख़रीदने के लिए राज़ी करें। हम बिक्री से जुड़े लोगों को अक्सर घिसे-पिटे रूप में देखते हैं कि वे चालाक और कपटी होते हैं। बिक्री से जुड़े बड़े लोगों के बारे में हम सोचते हैं कि वे भयभीत करने वाले, झगड़ालू, स्वार्थी और कभी-कभी धोखेबाज़ भी होते हैं।

डेनियल पिंक ने निष्कर्ष निकाला कि बिक्री से जुड़े लोगों के बारे में सोचने पर पहले जो शब्द सबसे पहले दिमाग़ आते हैं, वे हैं अति महत्त्वाकांक्षी, छिः और घिनौना। एक अध्ययन में लोगों ने एमबीए करने के बाद सामान्य रूप से चुने जाने वाले 44 पेशों को सामाजिक उत्तरदायित्व के हिसाब से रैंकिंग दी थी। इसमें बिक्री से जुड़े लोगों को 43 वीं रैंक दी थी। सामाजिक उत्तरदायित्व की सूची में वे सिर्फ़ शेयर ब्रोकरों से ऊपर थे। इससे ऐसी अपेक्षाएं जाग्रत होती हैं कि बिक्री से जुड़े शीर्ष लोग लेने की मानसिकता रखने वाले हो सकते हैं, लेकिन हमने पहले अध्याय में प्रमाणों का पूर्वावलोकन किया था कि कई अत्यधिक उत्पादक सेल्स कर्मी देने की

भावना रखने वाले थे। आख़िर देने की भावना वाले लोग प्रभावशाली ढंग से बिक्री कैसे कर पाते हैं?

बिल ग्रम्बल्स बहुत ही सशक्त एक्ज़ीक्यूटिव हैं, लेकिन यदि आप उनसे मिलेंगे, तो आपको ऐसा लगेगा नहीं। वे इतने मृदुभाषी हैं कि आपको उन्हें सुनने के लिए उनकी तरफ़ झुकना भी पड़ सकता है। मेहनत करते-करते एचबीओ के उपाध्यक्ष के पद पर पहुंचने के बाद वे टीबीएस में विश्वव्यापी वितरण के अध्यक्ष बन गए। अपने पूरे करियर के दौरान ग्रम्बल्स ने आगे बढ़कर लोगों की मदद की और उन्हें परामर्श दिया। आज वे अपना समय बिज़नेस के विद्यार्थियों को नेतृत्व से जुड़े मसलों पर कोचिंग देकर बिताते हैं और स्वेच्छा से उन्हें करियर को लेकर परामर्श देते हैं। करियर के प्रारंभ में शक्तिहीन संवाद ने एचबीओ के बिक्री चार्ट में शीर्ष तक पहुंचने उनकी वास्तव में मदद की।

1977 में एचबीओ एक गुमनाम ब्रांड था। अमेरिका के ज़्यादातर लोगों के पास केबल कनेक्शन भी नहीं था। ग्रम्बल्स की उम्र उस समय कोई तीस वर्ष के आस-पास थी। उन्हें केन्सस सिटी में एचबीओ का बिक्री कार्यालय खोलने के लिए भेजा गया। उन्हें बिक्री के काम का कोई अनुभव नहीं था। इसलिए उन्होंने उस तरह से काम करना शुरू किया, जैसा उन्होंने देने की भावना रखने वाले व्यक्ति के तौर पर सर्वश्रेष्ठ तरीक़े से किया था। उन्होंने सवाल पूछने शुरू किए। उनके सवाल निष्कपट थे और ग्राहकों ने उनके सवालों के जवाब भी दिए। “मैं बिक्री से जुड़े कॉल करने जाता, मैं दीवारों की तरफ़ देखता, कार्यालय के चारों ओर घूमता और लोगों की रुचि को देखा करता। मैं उनके पोते-पोतियों और पसंदीदा खेल टीम के बारे में पूछता। मैं एक सवाल पूछता और ग्राहक 20 मिनट तक बात करते।” बिक्री से जुड़े अन्य कर्मचारी जहां महीने में एक अनुबंध ला रहे थे, वहीं ग्रम्बल्स चार गुना ज़्यादा उत्पादक थे। वे एक अनुबंध हर हफ़्ते ला रहे थे।

सवाल पूछ कर और उनके जवाब सुनकर ग्रम्बल्स ने अपने ग्राहकों के समक्ष यह प्रदर्शित कर दिया कि उन्हें उनके हितों की चिंता है। इससे प्रतिष्ठा का निर्माण हुआ। वे चिंता प्रकट करते थे, ग्राहक उसका सम्मान करते थे और उसकी प्रशंसा करते थे। बिक्री से जुड़े उनके एक प्रारंभिक कॉल के बाद एक ग्राहक उन्हें एक तरफ़ यह बताने के लिए ले गया कि वे बहुत बातूनी हैं। ग्रम्बल्स ने हँसते हुए कहा, “मैंने तो कुछ कहा ही नहीं!”

मनोविज्ञानी जेम्स पेनेबेकर के मुताबिक़, “सवाल पूछने से ग्राहक के लिए वह सब कुछ अनुभव करने का द्वार खुल जाता है, जिसे ‘बातचीत का आनंद’ कहा जा सकता है।” कई साल पहले पेनेबेकर ने अजनबी लोगों को छोटे-छोटे समूहों में बांट दिया। कल्पना कीजिए आप हाल ही इनमें से किसी एक समूह में शामिल

हुए हैं। और आपके पास अज़नबी लोगों से अपनी पसंद के विषय पर बातचीत के लिए 15 मिनट हैं। आप अपने पैतृक जिले, अपने कॉलेज और करियर के बारे में बात कर सकते हैं।

पंद्रह मिनट के बाद आप मूल्यांकन करें कि आपको समूह कितना पसंद है। आपको पता चलेगा कि आप जितनी बात करेंगे, उतना ही समूह को ज़्यादा पसंद करेंगे। इसमें कोई आश्चर्य की बात नहीं है क्योंकि लोगों को अपने बारे में बात करना पसंद है, लेकिन मैं आपसे एक अन्य सवाल पूछता हूं। आपने समूह के बारे में कितना जाना?

ठीक ढंग से देखा जाए, तो आस-पास के लोगों के बारे में जानना आपके सुनने पर निर्भर करता है। आप जितनी कम बात करेंगे, उतना ही समूह के बारे में ज़्यादा जानेंगे, लेकिन पेनेबेकर ने इसके विपरीत निष्कर्ष निकाला। आप जितनी *ज़्यादा* बातें करेंगे, *उतना ही ज़्यादा सोचेंगे कि आपने समूह के बारे में जान लिया है।* फिर भी लेने की मानसिकता रखने वाले व्यक्ति की तरह बात करके और संवाद पर प्रभुत्व क़ायम करके आप मानने लगेंगे कि आपने वास्तव में अपने आस-पास के लोगों को जान लिया है, चाहे उन्होंने मुश्किल से ही बात की हो। *ओपनिंग अप* में गहराई से विचार रखते हुए पेनेबेकर लिखते हैं, “हम लोगों में से ज़्यादातर के लिए अपने विचार रखना सीखने का एक अत्यंत आनंददायक अनुभव है।”

देने की भावना रखने वाले लोगों का गुण होता है कि वे हमारे बारे में जानने में रुचि रखते हैं। वे हमसे सवाल पूछते हैं, जिससे हम इस योग्य बन पाते हैं कि स्वयं से ही सीखने के आनंद का अनुभव करें। और हमें धरातल प्रदान करके देने वाले लोग दरअसल हमारे बारे में हमसे ही जान रहे होते हैं। इससे उन्हें यह निष्कर्ष निकालने में मदद मिलती है कि उन वस्तुओं को हमें कैसे बेचें, जिनकी क़द्र हम पहले से समझते हैं।

देने की भावना रखने वाले लोग आख़िर कैसे सफलतापूर्वक विक्रय कर पाते हैं, इस पर प्रकाश डालने के लिए मैं आपको रॉली, नॉर्थ कैरोलिना की यात्रा पर ले जाना चाहता हूं, जहां मैं शोध के लिए एक ग्राहक बन कर जा रहा हूं। मैं एक नवप्रवर्तनशील ओप्टोमैट्री कंपनी में काम कर रहा हूं, जिसका नाम है आई केयर असोशिएट्स। मेरा लक्ष्य यह पता लगाना है कि ऐसी क्या बात होती है, जो बिक्री से जुड़े उत्कृष्ट लोगों को भीड़ से अलग करती है। कंपनी के प्रत्येक कर्मचारी ने सर्वे का फ़ॉर्म भर दिया था, जिसमें पूछा गया था कि वे देने वाले हैं, लेने वाले हैं या संतुलन बैठाने वाले। अब मेरे लिए समय उन्हें काम करते देखने का है।

मैं एक आई केयर कार्यालय में प्रवेश करता हूं और चश्मे का टूटा फ्रेम बदलवाने में रुचि प्रदर्शित करता हूं, जो मैंने लैंस क्राफ़्टर्स से ख़रीदा था। मैं उत्पाद

प्रदर्शित करने के लिए रखे गए एक केस की तरफ़ बढ़ता हूं। मेरा सबसे पहला विक्रय प्रतिनिधि मुझसे संपर्क करता है। वह मुझे अत्याधुनिक और आकर्षक चश्मा दिखाता है और बहुत त्वरित गति से सशक्त संवाद का इस्तेमाल करते हुए दमदार बातें करने लगता है। ये लैंस ख़ासतौर से ड्राइविंग के लिए बने थे। फ़्रेम का ढांचा मेरे चेहरे के आकार को स्पष्ट करता है। इसका रंग भी मेरी त्वचा के रंग से मिलता है। मुझे शांत स्वभाव समझने की भूल कभी नहीं हुई है, लेकिन थोड़ी देर के लिए मेरा इस कल्पना से लगाव ज़रूर हुआ कि धूप के ये चश्मे मुझे जेम्स बॉण्ड में बदल सकते हैं और उसमें नहीं तो कम से कम जेम्स वुड्स जैसा तो मैं दिखने ही लगूंगा। जब मैंने क़ीमतों को लेकर चिंता जताई, तो विक्रय प्रतिनिधि ने आत्मविश्वास से कहा कि इनके लिए यह उपयुक्त है। उसने कहा कि ये चश्मे मुझ पर इतने शानदार तरीक़े से फबते हैं कि डिज़ाइनर ने जब बनाए होंगे, तब मेरे जैसे किसी विजेता का चेहरा उनके दिमाग़ में होगा। मुझे भीतर से संदेह हुआ कि बिक्री के लिए वह ऐसे चापलूसी कर रहा है। क्या यह विक्रय प्रतिनिधि लेने की मानसिकता रखने वाला है?

एक अन्य कार्यालय में विक्रय प्रतिनिधि मेरे फ़ायदे के लिए एक प्रस्ताव रखता है। प्रस्ताव यह है कि मैं नेत्र परीक्षण के लिए उसके कार्यालय को चुनता हूं, तो वह मेरा फ़्रेम मुफ़्त में बदल देगा। *क्या यह संतुलन बैठाने वाला है? मेरे पास इसकी पुष्टि के लिए सर्वे के आंकड़े थे।*

इनमें से ज़्यादा सफल विक्रय प्रतिनिधि कौन है : लेने की मानसिकता रखने वाला या संतुलन बैठाने वाला?

इनमें से कोई नहीं। दोनों भीड़ के ठीक बीच में हैं। नाइटडेल, नॉर्थ कैरोलिना स्थित एक अन्य कार्यालय में मेरी मुलाक़ात किलडेयर एस्कोटो से हुई। गहरी भौंह और हल्की दाढ़ी वाले किलडेयर रौबदार व्यक्तित्व के हैं। वे एक गंभीर भारोत्तोलक हैं। यदि आप उनसे अभी कहें, तो वे आ सकते हैं और आराम से सौ पुश-अप कर सकते हैं। उनके माता-पिता डॉमिनिकन रिपब्लिक से हैं और न्यू यॉर्क के व्यस्त जीवन में किलडेयर पले-बढ़े हैं। उनकी पदवी भी उन दो अन्य विक्रय प्रतिनिधियों जैसी ही थी, जिनसे मैं दो अन्य कार्यालयों में मिला था, लेकिन उनकी शैली पूरी तरह अलग थी।

हम दोनों की उम्र लगभग एक समान थी, लेकिन किलडेयर मुझे "सर" कहकर बुलाते हैं और मैं इसका अर्थ भांप जाता हूं। किसी भी केस से धूप के चश्मों की कोई भी ट्रे निकालने से पहले वे मुझसे बड़े ही मीठे स्वर में कुछ मूल सवाल पूछते हैं। क्या मैं पहले यहां आ चुका हूं? क्या कोई नुस्खा है, जिसे पूरा करना है? मेरी जीवन शैली कैसी है? क्या मैं कोई खेल खेलता हूं? वे मेरे जवाबों को ध्यान से सुनते हैं और मुझे सोचने के लिए समय भी देते हैं।

मेरी दृष्टि 20/20 है, लेकिन किलडेयर इतने अच्छे हैं कि अचानक मेरी तीव्र इच्छा हुई कि मैं धूप का चश्मा ख़रीद लूं। मैं अपना मक़सद ज़ाहिर कर देता हूं। मैं उन्हें बताता हूं कि मैं बिक्री से जुड़े असाधारण लोगों की तकनीक का अध्ययन कर रहा हूं। क्या वे अपने रुख़ के बारे में चर्चा करने को तैयार हैं? किलडेयर आपत्ति प्रकट करते हैं। वे स्पष्ट करते हुए कहते हैं, "मैं इसे बिक्री के रूप में नहीं देखता। मैं स्वयं को चश्मा बनाने वाले के तौर पर देखता हूं। हम मेडिकल क्षेत्र में पहले हैं, रिटेल दूसरा और बिक्री तीसरा क्षेत्र हो सकता है। मेरा काम रोगी को देखना, उससे सवाल पूछना और यह देखना है कि रोगी को क्या चाहिए। मेरे दिमाग़ पर बिक्री हावी नहीं है, मेरा काम मदद करना है। मेरा मुख्य उद्देश्य उन्हें शिक्षित करना और सूचना देना है कि क्या महत्त्वपूर्ण है। लंबी अवधि में मेरी असली चिंता यह रहती है कि रोगी देख सके।"

आंकड़ों से किलडेयर के बारे में दो आश्चर्यजनक तथ्यों का खुलासा हुआ। पहला, मेरे सर्वे में वे पूरी कंपनी में ऐसे कर्मचारी थे, जिनके देने की भावना रखने वाले के तौर पर सबसे ज़्यादा अंक थे। पूरी कंपनी में सबसे ज़्यादा बिक्री करने वाले ऑप्टीशियन थे। उनका राजस्व औसत बिक्री राजस्व से दुगुना से ज़्यादा था।

यह मात्र संयोग नहीं था। दूसरे सबसे ज़्यादा बिक्री करने वाले विक्रय प्रतिनिधि का राजस्व भी औसत से दोगुने से भी ज़्यादा है। वे भी देने की भावना रखने वालों की श्रेणी से हैं। उनका नाम है नैन्सी फ़ेल्प्स। उनका दर्शन भी किलडेयर की तरह ही है। वे कहती हैं, "मैं रोगी के साथ जुड़ जाती हूं। मैं उनसे पूछती हूं वे कहां काम करते हैं, उनके शौक क्या हैं, वे अपनी छुट्टियां कहां बिताना पसंद करते हैं? यह सब कुछ रोगियों और उनकी ज़रूरतों को लेकर ही है। मैं रोगियों को उनकी ऐसी नई आंखें देने में पक्का विश्वास करती हूं, जिसमें वे अपना सर्वश्रेष्ठ देखते हैं।" ख़ास बात यह है कि जब लोग ऑफ़िस में आते हैं, तो वे नैन्सी के बारे में ही पूछते हैं।

यह देखने के लिए कि क्या किलडेयर और नैन्सी नियम के अपवाद हैं, डेन बार्न्स और मैंने सैकड़ों ऑप्टीशियनों से एक सर्वे फ़ॉर्म भरने को कहा, जिसमें उनसे स्वयं के बारे में यह देखने के लिए कहा गया कि वे लेने की मानसिकता वाले हैं, संतुलन बैठाने वाले हैं या देने की भावना रखने वाले हैं। हमने उनकी बुद्धिमत्ता परीक्षा भी ली, ताकि यह जटिल समस्याओं का हल खोजने की उनकी क्षमता का आकलन किया जा सके। इसके बाद हमने उनके पूरे साल भर के बिक्री राजस्व पर नज़र डाली।

बुद्धिमत्ता को नियंत्रित रखने के बावजूद देने की भावना रखने वालों ने संतुलन बैठाने और लेने की मानसिकता रखने वालों को विक्रय में पीछे छोड़ दिया। देने की भावना रखने वालों का औसत वार्षिक राजस्व संतुलन बैठाने वालों की तुलना में

30 फ़ीसदी ज़्यादा रहा। लेने की मानसिकता वाले लोगों की तुलना में यह आंकड़ा 68 फ़ीसदी से ज़्यादा था। यद्यपि विक्रय प्रतिनिधियों में 70 फ़ीसदी से ज़्यादा संतुलन बैठाने वाले और लेने की मानसिकता रखने वाले लोग थे, लेकिन शीर्ष बिक्री करने वालों में आधे देने की भावना रखने वाले लोग थे। यदि सभी ऑप्टीशियन देने की भावना रखने वाले होते, तो कंपनी का वार्षिक राजस्व एक करोड़ 11 लाख डॉलर से बढ़कर एक करोड़ 51 लाख डॉलर हो जाता। देने की भावना रखने वाले शीर्ष विक्रय प्रतिनिधि रहे और इसका मुख्य कारण था शक्तिहीन संवाद।

सवाल पूछना शक्तिहीन संवाद का एक स्वरूप है, जो देने की भावना रखने वाले लोग स्वाभाविक रूप से अपनाते हैं। सवाल उन परिस्थितियों में विशेष रूप से अच्छे रहते हैं, जब श्रोता आपके प्रभाव को लेकर संशय में हों, जैसे आपकी विश्वसनीयता और हैसियत कम हो या आप किसी ऐसी परिस्थिति में हों, जहां अत्यधिक मोल-भाव चल रहा हो। नील रैकहम ने विशेषज्ञ और औसत वार्ताकारों के अध्ययन में नौ वर्ष बिताए हैं। उन्होंने विशेषज्ञ वार्ताकारों की पहचान उन लोगों के रूप में की, जिन्हें दोनों पक्षों ने अत्यधिक प्रभावी बताया था। कुछ विफलताओं को छोड़कर उनका सफलता का मज़बूत रिकॉर्ड था। उन्होंने मोल-भाव की सौ से ज़्यादा प्रक्रियाओं की रिकॉर्डिंग की और फिर उन्हें बारीकी से सुना ताकि यह समझा जा सके कि विशेषज्ञ औसत वार्ताकारों से कैसे अलग हैं। विशेषज्ञ वार्ताकारों ने ज़्यादा समय दूसरे पक्ष के परिप्रेक्ष्य को समझने में बिताया। उनकी टिप्पणियों का 21 फ़ीसदी हिस्सा सवालों से जुड़ा था, औसत वार्ताकारों के मामले में यह आंकड़ा दस फ़ीसदी से भी कम था।

यदि किलडेयर लेने की भावना रखने वाले होते, तो उनकी रुचि सवाल पूछने से ज़्यादा ख़ुद के उत्तर देने में होती, लेकिन रोगियों को यह बताने की बजाय कि उन्हें क्या चाहिए, वे पूछते हैं कि वे क्या चाहते हैं। एक दिन श्रीमती जोन्स आंखों के परीक्षण के बाद बाहर निकलती हैं। किलडेयर यह पता लगाने के लिए उनसे संपर्क करते हैं कि क्या उनकी रुचि चश्मा ख़रीदने में है। उनकी एक आंख में निकट दृष्टि दोष और दूसरी आंख में दूर दृष्टि दोष है। उनके चिकित्सक ने उन्हें मल्टी फ़ोकल लैंस ख़रीदने की पर्ची लिखी है, लेकिन वे अभी संशय की स्थिति में हैं। वे वहां सिर्फ़ अपनी आंखों की जांच कराने आई हैं और किसी महंगी ख़रीद की उनकी कोई इच्छा नहीं है। वे किलडेयर से कहती हैं कि वे नए लैंस नहीं देखना चाहतीं।

हठधर्मिता से ऊंची आवाज़ में बात करने की बजाय किलडेयर ने उनसे सवाल पूछना शुरू कर दिया। "आप किस तरह का काम करती हैं?" किलडेयर को पता चलता है कि वे कंप्यूटर पर काम करती हैं। जब वे पढ़ने की कोशिश कर रहीं थीं, तब उन्होंने इस पर ग़ौर किया था। वे अपनी निकट दृष्टि दोष वाली आंख की सुविधा के लिए एक तरफ़ मुड़ती हैं। जब वे दूर की कोई वस्तु देखती हैं, जैसे ड्राइविंग

करते वक़्त वे अपना सिर अन्य तरफ़ झुकाती हैं, ताकि दूर तक देखने वाली आंख पर निर्भर हो सकें। किलडेयर पूछते हैं कि चिकित्सक ने नए लैंस क्यों लिखे हैं? वे उल्लेख करती हैं कि उन्हें दूर देखने, कंप्यूटर पर काम करने और पढ़ने में दिक़्क़त हो रही है। वे देखते हैं कि श्रीमती जोन्स हताश हो रही हैं। वे उन्हें आश्वस्त करते हुए कहते हैं, "यदि आपको सुधार के लिए कोई लैंस नहीं चाहिए, तो मैं आपका समय बर्बाद नहीं करूंगा। मैं आपसे एक सवाल और पूछना चाहूंगा कि आप इन चश्मों को कब पहनेंगी?" वे कहती हैं कि वे सिर्फ़ काम करते वक़्त उपयोगी होंगे। यदि वे दिन में इन्हें पहनेंगी, तो ये अत्यंत ख़र्चीले साबित होंगे।

जैसे ही वे उनके जवाबों को सुनते हैं, तो किलडेयर को महसूस हो जाता है कि उनके ग्राहक में मल्टी फ़ोकल लैंस के इस्तेमाल को लेकर भ्रांति है। वे विनम्रता से स्पष्ट करते हैं कि वे मल्टी फ़ोकल लैंस को ना केवल काम के दौरान, बल्कि कार और घर में भी इस्तेमाल कर सकती हैं। वे कौतूहल के साथ लैंसों को देखने लगती हैं। इसके कुछ मिनट बाद वे अपने चश्मे में मल्टी फ़ोकल लैंस लगवाने को तैयार हो जाती हैं। इस पर उनके 725 डॉलर ख़र्च होते हैं। किलडेयर के स्थान पर लेने की मानसिकता रखने वाला कोई विक्रय प्रतिनिधि होता, तो बिक्री के मामले में हार मान लेता, लेकिन सवाल पूछने से किलडेयर को चिंताओं को समझने में मदद मिली और वे उनका निवारण कर सके।

हो सकता है ऐसा लगे कि हम देने की भावना रखने वालों के पक्ष में इच्छित परिणाम ला रहे हैं। कुल-मिलाकर, ऑप्टीशियन स्वास्थ्य सेवा उद्योग में विक्रय के काम से जुड़े हैं, जहां उत्पाद पर भरोसा करना और रोगियों की ज़रूरतों की चिंता करना आसान है। क्या देने की भावना रखने वाले विक्रय से जुड़ी उन नौकरियों में भी सफल हो सकते हैं, जहां ग्राहक ज़्यादा संशय रखते हैं जैसे बीमा क्षेत्र? एक अध्ययन में प्रबंधकों ने एक हज़ार से ज़्यादा बीमा विक्रय प्रतिनिधियों के देने के व्यवहार का मूल्यांकन किया। बीमा क्षेत्र में भी विक्रय से जुड़े लोगों के जितने ज़्यादा देने की भावना के अंक थे, उतना ही ज़्यादा उनका राजस्व था। उन्होंने ज़्यादा पॉलिसियां बेचीं, आवेदन तैयार कराए, विक्रय का कोटा और कमीशन अर्जित किया।

सवाल पूछ कर और अपने ग्राहकों को समझ कर देने की भावना रखने वाले लोग भरोसे का निर्माण करते हैं और उन्हें अपने ग्राहकों की ज़रूरत के बारे में भी पता चलता है। समय के साथ वे बेचने में बेहतर और बेहतर होते चले जाते हैं। एक अन्य अध्ययन में दवा क्षेत्र से जुड़े विक्रय प्रतिनिधियों पर एक ऐसे नए उत्पाद की ज़िम्मेदारी सौंप दी जाती है, जिसका वर्तमान में कोई ग्राहक आधार नहीं है। हर तिमाही में यद्यपि विक्रय प्रतिनिधियों को कमीशन का भुगतान कर दिया गया, लेकिन देने की भावना रखने वाले लोग अन्य लोगों से कहीं आगे निकल गए। यही नहीं, देने की भावना प्रदर्शन की भविष्यवाणी करने के लिए एकमात्र विशेषता थी। इससे

कोई फ़र्क़ नहीं पड़ता था कि विक्रय से जुड़ा कर्मचारी अंतर्विवेकशील है या चिंता से मुक्त रहने वाला है। वह बहिर्मुखी है या अंतर्मुखी। भावनात्मक रूप से स्थिर रहने वाला है या फिर व्याकुल रहने वाला है। खुले विचारों का है या फिर परंपराओं में विश्वास करने वाला है। औषधि क्षेत्र के शीर्ष विक्रय प्रतिनिधि को परिभाषित करने वाला गुण था देने की भावना। सवाल पूछने की विशिष्टता के साथ शक्तिहीन संवाद वह गुण है, जो यह सुपरिभाषित करता है कि देने की भावना रखने वाले लोग कैसे विक्रय करते हैं।

जिज्ञासा के वशीभूत होकर पूछा गया सवाल, क्या आप अगले राष्ट्रपति चुनाव में वोट डालने की योजना बना रहे हैं?

यह एक सवाल पूछकर मैंने इस बात की संभावना 41 फ़ीसदी बढ़ा दी कि आप वास्तव में वोट डालेंगे।

शक्तिहीन संवाद का यह अन्य लाभ है। काफ़ी लोग यह मानकर चलते हैं कि आत्म-विश्वास के साथ दमदार तरीक़े से अपनी बात कहना ही किसी को राज़ी कर लेने में दक्षता की कुंजी है, लेकिन हमारी रोज़मर्रा की ज़िंदगी में हमारे ऊपर विज्ञापनों, टेलीमार्केटिंग करने वालों, विक्रय प्रतिनिधियों, चंदा उगाहने वालों और राजनेताओं के दावों की बौछार होती रहती है, जो हमें विश्वास दिलाने की कोशिश में लगे रहते हैं कि हम उनके उत्पादों को ख़रीदें, उनकी सेवाओं का इस्तेमाल करें और उनके ध्येय का समर्थन करें।

जब हम राज़ी करने की कोशिश से जुड़ा कोई शक्तिशाली संदेश सुनते हैं, तो हम संदेह से भर उठते हैं। कुछ मामलों में हमें चिंता होने लगती है कि लेने की मानसिकता रखने वाला कोई व्यक्ति हमें बहका तो नहीं रहा, धोखा तो नहीं दे रहा या चालाकी तो नहीं कर रहा। कुछ अन्य परिस्थितियों में हम नहीं चाहते कि कोई अन्य हमारे फ़ैसलों को नियंत्रित करे। ऐसे में स्वयं स्वतंत्र विकल्प चुनना चाहते हैं। इसलिए यदि मैं आपसे कहूं कि जाइए और वोट डालिए, तो आप इसका प्रतिरोध कर सकते हैं, लेकिन यदि मैं आपसे सवाल करूं कि क्या आप वोट डालने की योजना बना रहे हैं, तो आपको ऐसा नहीं लगेगा कि मैं आप पर प्रभाव डालने की कोशिश कर रहा हूं। यह सीधा सा सवाल है। इसलिए आप मेरे प्रभाव का प्रतिरोध करने की बजाय कहेंगे, "हां, मुझे अच्छे नागरिक के कर्तव्य पता हैं और मैं अपने उम्मीदवार का समर्थन करना चाहता हूं।" यह ऐसा नहीं लगता कि मैं आपको राज़ी करने की कोशिश कर रहा हूं। जैसा कि एरॉनसन स्पष्ट करते हुए कहते हैं कि आपको पहले से ही किसी ऐसे व्यक्ति ने विश्वास दिला दिया है, जिसे आप पसंद करते हैं और उस पर भरोसा करते हैं। यह व्यक्ति कोई अन्य नहीं, बल्कि आप स्वयं हैं।

डेव वॉल्टन जानते हैं कि सवाल पूछना किसी को राज़ी करने का प्रभावशाली साधन है। वे बड़े वकीलों को विक्रय प्रतिनिधि के तौर पर देखते हैं। यह महत्त्वपूर्ण है कि वे अपने तर्कों को लेने की मानसिकता रखने वाले लोगों की तरह आक्रामक ढंग से नहीं बेचें। "वकालत की कला आपको मेरे निष्कर्षों की तरफ़ आपकी शर्तों पर ले जाना है। मैं चाहता हूं कि आप अपने निष्कर्ष स्वयं निकालें। आप उन पर ज़्यादा मज़बूती से डटे रहें। मैं जूरी के सदस्यों को उस पंक्ति तक ले जाऊंगा। वहां उन्हें छोड़ दूंगा और उन्हें फ़ैसला करने दूंगा।"

गहन सवाल जूरी के लिए मार्ग प्रशस्त करते हैं कि वे स्वयं को राज़ी कर लें। एरॉनसन के मुताबिक़, "सीधे किसी को राज़ी करने की प्रक्रिया में लोग हमेशा इस बात से अवगत रहते हैं कि किसी अन्य ने उनको राज़ी किया है, लेकिन जब स्वयं राज़ी होते हैं, तो लोगों को विश्वास होता है कि बदलाव की अभिप्रेरणा भीतर से आई है।"

लोगों से उनकी योजनाओं और मंशाओं पर सवाल पूछ कर हम इस संभावना को बढ़ा देते हैं कि लोग वास्तव में उन योजनाओं और मंशाओं पर काम करें। शोध से पता चलता है कि यदि मैं आपसे पूछूं कि क्या आप अगले छह महीने में नया कंप्यूटर ख़रीदने जा रहे हैं, तो इससे 18 फ़ीसदी संभावना बढ़ जाएगी कि आप जाएं और कंप्यूटर ख़रीदें, लेकिन यह तभी काम करता है, जब आप उस इरादे के बारे में अच्छा अनुभव करते हों, जिसे लेकर सवाल पूछा गया है। अध्ययनों के मुताबिक़, दांतों को धागे से साफ़ करने और चर्बी युक्त भोजन से बचने की आपकी योजना के बारे में यदि सवाल पूछे जाएं, तो इस बात की संभावना काफ़ी बढ़ जाती है कि आप वास्तव में दांतों को धागे से साफ़ करेंगे और स्वास्थ्य की दृष्टि से बेहतर भोजन करेंगे। ये मनभावन कार्य हैं, इसलिए इनसे जुड़े सवाल मार्ग प्रशस्त करते हैं कि आप ऐसा करने के लिए स्वयं को राज़ी करें, लेकिन यदि मैं आपसे ऐसा कुछ करने की योजना के बारे में सवाल करूं, जो अप्रिय हो, तो सवाल काम नहीं करेंगे। उदाहरण के लिए क्या आप इस महीने चॉकलेट की बाहरी परत वाला करेला खाने की योजना बना रहे हैं?

इसके बारे में सोचने के बाद इस बात की संभावना और भी कम हो जाती है कि आप ऐसा करेंगे। जिन उदाहरणों को हमने अभी तक शामिल किया है, उनमें देने की भावना रखने वाले विक्रय प्रतिनिधि इच्छित ग्राहकों को वांछित उत्पाद बेच रहे थे। बिल ग्रम्बल्स जब एचबीओ के विक्रय प्रतिनिधि थे, तब उनके पास ऐसे ग्राहक थे, जो बेहतर केबल कनेक्शन के लिए तैयार थे। जब किलडेयर एस्कोटो और नैन्सी फ़ेल्प्स चश्मे बेच रहे थे, तो उनके पास ऐसे रोगी थे, जिन्हें नए लैंस और फ़्रेमों की ज़रूरत थी। आख़िर देने की भावना रखने वाले लोग ऐसे लोगों का दिमाग़ कैसे बदलते हैं, जो इतने ग्रहणशील नहीं होते?

राज़ी करना : संकोची बातचीत की तकनीक

2004 में फ़ॉक्सवैगन की रिटेल थीम थी "ड्राइव इट। यू विल गैट इट।" उपभोक्ता इसके दोहरे अर्थ से जुड़ गए। इस पंक्ति ने यह संदेश भेजा कि फ़ॉक्सवैगन की ख़ूबियों को पूरी तरह समझने के लिए स्टीयरिंग के पीछे बैठना ज़रूरी है। इससे एक अन्य संदेश भी उभर कर सामने आता था, जो यह था कि यदि आप कार को टेस्ट ड्राइव पर ले जाएंगे, तो इसे इतना पसंद करने लगेंगे कि आख़िरकार आप इसे ख़रीद ही लेंगे। फ़ॉक्सवैगन की विज्ञापन एजेंसी अर्नोल्ड वर्ल्डवाइड की तरफ़ से चलाए यादगार प्रचार अभियानों की शृंखला में से यह एक था, लेकिन डॉन लेन, जिन्होंने यह शानदार स्लोगन "ड्राइव इट। यू विल गैट इट" रचा था, वे कभी उस सूची में दिखाई नहीं दिए, जिन्हें श्रेय दिया गया था।

लेन एक सीनियर अकाउंट एक्ज़ीक्यूटिव थे, वे क्रिएटिव विभाग का हिस्सा नहीं थे। उनका काम क्रिएटिव टीम के विचारों की पैकेजिंग करके उसकी बिक्री करना था। एक दिन जब वे क्रिएटिव टीम के लिए रणनीतिक हिदायत देने के काम में अटके हुए थे, तब एक विचार उनके दिमाग़ में आया। उन्होंने पूरी रणनीति लिखने की बजाय एक संक्षिप्त लेख लिख दिया, जिसकी अंतिम पंक्ति थी, "ड्राइव इट। यू विल गैट इट।"

यह कोई मानक प्रक्रिया नहीं थी कि लेखा विभाग का कोई व्यक्ति क्रिएटिव विभाग में किसी हल के साथ आए। अलबत्ता, वह किसी समस्या का समाधान कराने आ सकता था। सच बात तो यह थी कि लेखा विभाग के किसी भी व्यक्ति को क्रिएटिव प्रक्रिया में योगदान देने की अनुमति नहीं थी। ऐसे में लेन बड़ी दुविधा में थे कि आख़िर वे कैसे क्रिएटिव विभाग को सुनने के लिए तैयार करेंगे। यदि वे लेने की मानसिकता वाले होते, तो सीधे क्रिएटिव निदेशक के कार्यालय में प्रवेश करके विचार रख देते और सशक्त तरीक़े से इसके लिए लॉबिंग करते और उसके लिए पूर्ण श्रेय देने की मांग भी रख देते। यदि वे संतुलन बैठाने वालों में से होते, तो वे क्रिएटिव टीम को किसी उपकार की पेशकश करते और बदले में कुछ मिलने की उम्मीद करते या कुछ मांगते, जिसके वे हक़दार हैं। इसके विपरीत लेन ने देने की भावना रखने वालों लोगों की श्रेणी की तरफ़ झुकने का फ़ैसला किया। वे श्रेय को लेकर चिंतित नहीं थे। वे सिर्फ़ क्रिएटिव टीम की मदद करना चाहते थे। वे यह देखना चाहते थे कि उनकी पंक्ति का उपयोग किया जाए। लेन कहते हैं, "हमारे व्यापार में क्रिएटिव लोग काफ़ी गुणी होते हैं। वे सारा नहीं, तो ज़्यादातर श्रेय पाने के हक़दार हैं। लेखा प्रबंधन विभाग के लोग इसे लेकर नाराज़ रहते हैं। मैं जानता था कि मेरा काम क्रिएटिव टीम की मदद करना और उन्हें उपयुक्त साधन और समय प्रदान करना था, जिससे वे नवीन विचारों का सर्जन कर सकें। मैंने वास्तव में इस बात की बिलकुल परवाह नहीं की कि लोगों को पता चले कि यह मेरा विचार था।

यह मायने नहीं रखता कि विचार कहां से आया। यदि वह चल निकला, तो हम सब सफलता को आपस में बांटेंगे।"

लेन क्रिएटिव निदेशक के कार्यालय पहुंचे। उन्होंने सशक्त संवाद का इस्तेमाल करने की बजाय नरम रुख़ अपनाते हुए कहा, "मेरे पास एक शानदार पंक्ति है, आपको इसका इस्तेमाल करना चाहिए।" उन्होंने एक सामान्य रेडियो स्क्रिप्ट प्रस्तुत की, ताकि यह दिखाया जा सके कि यह काम कैसे करेगी। इसके बाद उन्होंने क्रिएटिव निदेशक से कहा, "मैं जानता हूं कि यह नियमों के ख़िलाफ़ है, लेकिन मैं जो बात कर रहा हूं, मैं उसका अनुभव आपको कराना चाहता हूं। आप इस पंक्ति के बारे में क्या सोचते हैं? ड्राइव इट, यू विल गैट इट।"

क्रिएटिव निदेशक को विचार पसंद आया। उन्होंने लेन की तरफ़ मुस्कान बिखेरते हुए कहा, "यही हमारा अभियान होगा।" इस अभियान से बहुत कारों की बिक्री हुई और इस पंक्ति को विज्ञापन के अनेक अवार्ड मिले।

नॉर्थ कैरोलिना विश्वविद्यालय की प्रोफ़ेसर एलिसन फ़्रैगले शक्तिहीन संवाद के उस स्वरूप की विशेषज्ञ हैं, जिसका इस्तेमाल डॉन लेन ने प्रभावशाली ढंग से किया था। फ़्रैगले का मानना है कि बोलने की शैली से संकेत मिलते हैं कि कौन देने की भावना रखने वाला है और कौन लेने की मानसिकता रखने वाला है। लेने की मानसिकता रखने वालों की प्रवृत्ति होती है कि वे शक्तिशाली तरीक़े से बात करते हैं। वे आत्म-विश्वास से भरे निश्चय के साथ सीधी बात करते हैं। इसके विपरीत देने की भावना रखने वाले लोगों की प्रवृत्ति ज़्यादा शक्तिहीन संवाद का इस्तेमाल करने की होती है। वे निम्नलिखित संकोची संकेतों का इस्तेमाल करते हैं जैसे :

- हिचकिचाना : "अच्छा तो," "थोड़ा रुकना," "हूं," "आपको पता है"
- बचाव की मुद्रा : "तरह का," "प्रकार," "हो सकता है," "शायद," "मैं सोचता हूं"
- अस्वीकरण : "यह बुरा विचार हो सकता है, लेकिन"
- जुड़े सवाल : "यह बहुत रोचक है, है कि नहीं?" या "यह अच्छा विचार है, ठीक?"
- तीव्रता देने वाले शब्द : "वास्तव में," "बहुत," "अत्यंत"

ये संकेत श्रोताओं को सीधा संदेश भेजते हैं कि वक्ता में आत्म-विश्वास और अधिकार से बात कहने की क्षमता का अभाव है। विश्वास में कमी बुरी बात है, सही?

डॉन लेन ने अपने विचार कैसे रखे, इसका विश्लेषण करने से हम शक्तिहीन संवाद के दो संकेत देख सकते हैं। पहला, अस्वीकरण और दूसरा, जुड़ा सवाल।

उनका अस्वीकरण था, "मैं जानता हूं कि यह नियमों के ख़िलाफ़ है" और उनका जुड़ा सवाल था, "आप क्या सोचते हैं?" फ़्रैगले के मुताबिक़, जब लोगों को किसी टीम या सेवा से जुड़े किसी संबंध में एक साथ नज़दीक रहकर काम करना होता है, तो शक्तिहीन बातचीत शक्तिशाली बातचीत से वास्तव में ज़्यादा प्रभावशाली होती है।

अपने अनेक अध्ययनों में से एक की व्याख्या करते हुए वे कहती हैं, कल्पना कीजिए, आपका विमान अभी किसी रेगिस्तान में दुर्घटनाग्रस्त हो गया है। आप अपनी सहयोगी जैमी के साथ हैं। अपने अस्तित्व की रक्षा के लिए आपको महत्ता के हिसाब से 12 वस्तुओं की सूची बनानी है। इसमें फ़्लैशलाइट और नक़्शा भी शामिल हैं। आप अपनी प्राथमिकता जैमी के साथ साझा करते हैं। वह आपसे सहमत नहीं हैं। आपको फ़्लैशलाइट ज़्यादा पसंद नहीं, लेकिन जैमी सोचती हैं कि यह महत्त्वपूर्ण है। ऐसे में वे शक्तिशाली संदेश देने का निर्णय करती हैं।

> फ़्लैशलाइट को उच्च क्रम में रखने की ज़रूरत है क्योंकि यह रात में संकेत देने का विश्वसनीय उपकरण है। रिफ़्लेक्टर और लैंस को आग जलाने के लिए इस्तेमाल किया जा सकता है, जो मदद के लिए संकेत भेजने का एक अन्य तरीक़ा है। इन्हें भी उच्च क्रम में रखने की ज़रूरत है।

जैमी लेने की मानसिकता रखने वाली प्रतीत होती हैं और शायद वे हैं भी, क्योंकि लेने वालों का झुकाव इस तरह आदेश देने की तरफ़ होता है। क्या आप जैमी को सुनने को तैयार होंगे?

यदि आप ज़्यादातर लोगों की तरह हैं, तो आपका जवाब नहीं में होगा। आपसे आशा की जाती है कि आप सहयोग से काम करेंगे। आप यह पसंद नहीं करेंगे कि कोई आपको यह बताए कि क्या करना है। ऐसे में आप जैमी के प्रभाव का प्रतिरोध करेंगे। प्रभुत्व क़ायम करने की कोशिश में जैमी ने अपनी प्रतिष्ठा खो दी।

यदि जैमी कुछ सुझाव देतीं, कुछ सवाल जोड़तीं और प्रतिरोध से बचने के लिए बचाव की मुद्रा में संकोच से बात करतीं, तो क्या होता?

> क्या आप सोचते हैं कि फ़्लैशलाइट को ऊंची वरीयता दी जा सकती है क्योंकि यह रात्रि में संकेत देने का काफ़ी विश्वसनीय उपकरण हो सकता है। और हां, रिफ़्लेक्टर और लैंस का इस्तेमाल आग जलाने के लिए किया जा सकता है, जो शायद मदद के लिए संकेत देने का एक अन्य तरीक़ा हो सकता है।

फ़्रैगले के अध्ययन में लोग इस भाषांतर के प्रति ज़्यादा ग्रहणशील थे। शक्तिहीन बातचीत ने संकेत दिया कि जैमी देने की भावना रखती हैं। संकोची शैली में बातचीत

करके जैमी ने इच्छा प्रकट की कि वे फ़ैसले का अधिकार आपको सौंप रही हैं या कह रही हैं कि कम से कम अपने विचार को भी ध्यान में रखो। फ़्रैगले का निष्कर्ष है कि यदि जैमी दोनों बार एक ही संदेश एक ही लहज़े में देती हैं, तो भी संकोची बातचीत के संकेतों जैसे बचाव की मुद्रा, जुड़े सवाल और तीव्रता को जोड़ने से वे ज़्यादा सम्मान और प्रभाव अर्जित करने में सफल होंगी। यही वज़ह थी कि डॉन लेन के विचार का क्रिएटिव निदेशक ने खुले दिल से स्वागत किया। लेन ने संकेत दिया कि वे क्रिएटिव निदेशक के अधिकार को चुनौती देने की कोशिश नहीं कर रहे हैं। क्रिएटिव निदेशक के समक्ष यह स्पष्ट हो गया था कि लेन सिर्फ़ एक अच्छा विचार साझा करना चाहते हैं। और जब क्रिएटिव निदेशक ने जब विचार देखा, तो वे जान गए कि विचार अच्छा है।

लेन को संकोच से बात करने का लाभ समय के साथ मिला। वे विनम्रता के साथ नए विचार सामने रखते और इसके लिए कोई श्रेय नहीं लेते। लेन कहते हैं, "रचनात्मक लोग इस रुख़ के प्रति ग्रहणशील थे और जब भी मेरे पास कोई साझा करने योग्य विचार होता, तो मैं साझा करता। इसने मुझे विश्वसनीयता प्रदान की।" लेन के अन्य सहयोगियों के जहां क्रिएटिव विभाग के लोगों से टकराव होते रहते थे, वहीं लेन ने ऐसी प्रतिष्ठा अर्जित कर ली कि वे लेखा विभाग के एकमात्र दुर्लभ व्यक्ति थे, जिनके साथ काम करके क्रिएटिव विभाग के लोगों को आनंद आता था। लोग उन्हें कार्य क्षेत्र में दख़ल देने वाले बाहरी व्यक्ति की बजाय मदद करके योगदान देने वाले व्यक्ति के तौर पर देखते थे। क्रिएटिव टीम के लोग अन्य परियोजनाओं पर मदद करने के लिए समय-समय पर उनसे आग्रह करते थे। वे कहते, "वे हमारी मदद कर रहे हैं। वे लेखा विभाग के आम लोगों जैसे नहीं हैं। उन्हें परियोजनाओं से जोड़े रखो और उन्हें ज़्यादा अवसर प्रदान करो।"

क्रिएटिव टीम चूंकि जानती थी कि वे उदार और खुले विचारों के व्यक्ति हैं, इसलिए उसके लोग अपने कार्य क्षेत्र की पैनी सुरक्षा करने की बजाय लेन से विचारों को साझा करने और उनके सुझाव लेने के लिए तैयार रहते थे।

क्रिएटिव टीम को योगदान देने की लेन की क्षमता ने प्रबंधन के वरिष्ठ लोगों का ध्यान भी अपनी ओर खींचा। असाधारण रूप से अपने करियर के प्रारंभिक दौर में ही लेन को फ़ॉक्सवैगन के लिए विश्वविख्यात "ड्राइवर्स चाहिए" अभियान में अहम भूमिका निभाने के लिए आमंत्रित किया गया। लेन कहते हैं, "देने की भावना रखने वालों को डर होता है कि वे अदृश्य हो जाएंगे, लेकिन मैंने देखा है कि ऐसे लोग आगे बढ़ते हैं क्योंकि लोग उनके साथ काम करना पसंद करते हैं और उन पर भरोसा करते हैं। इस बात का अहसास ही मेरे करियर के प्रारंभिक दौर में बहुत बड़ा प्रोत्साहन था।" लेन को अपने अन्य सहयोगियों की तुलना में ज़्यादा तेज़ी से पदोन्नति मिली और अब वे अर्नोल्ड में कार्यकारी उपाध्यक्ष और कार्यकारी निदेशक

हैं। क्रिएटिव विभाग के एक उपाध्यक्ष के शब्दों में, "लेन पूर्ण रूप से टीम के खिलाड़ी हैं... यदि मुझे उनके साथ काम करने का एक और अवसर मिला, तो मैं वह मौक़ा तत्काल स्वीकार कर लूंगा।"

संकोची बातचीत के विश्लेषण से एक और कारण का संकेत मिलता है कि आख़िर क्यों व्यापारिक भेद से जुड़े केस के ट्रायल में डेव वॉल्टन की हकलाने की आदत ने जूरी के साथ उनका तारतम्य बैठाने में उनकी मदद की होगी। संकोच, बचाव की मुद्रा और ताक़त भरे शब्दों का प्रयोग हकलाने की अंतर्निहित विशेषताएं हैं। जूरी जब वॉल्टन को हकलाते हुए देखती है, तो वे बिलकुल ऐसे नहीं लगते, जैसे प्रभुत्व क़ायम कर रहे हों और प्रभाव डाल रहे हों। जूरी के सदस्य ऐसा महसूस नहीं करते कि वॉल्टन उन्हें विश्वास दिलाने की कोशिश कर रहे हैं, तो वे अपना प्रतिरोध कम कर देते हैं। इस प्रक्रिया से वे थोड़ा खुल जाते हैं कि वॉल्टन उन्हें राज़ी कर लें।

देने की भावना रखने वाले लोग जब शक्तिहीन संवाद का इस्तेमाल करते हैं, तो वे यह प्रदर्शित करते हैं कि उन्हें हमारे हितों की दिल से चिंता है, लेकिन एक भूमिका ऐसी है, जिसमें लोग संकोची ढंग से बातचीत करने से बचते हैं। यह भूमिका है नेतृत्व वाली। कुछ समय पहले बार्टन हिल नाम के मार्केटिंग मैनेजर ने पता लगाया कि ऐसा क्यों होता है। वे एक वित्तीय सेवा फ़र्म में एक बिज़नेस इकाई का नेतृत्व कर रहे थे। उन्हें किसी बहुत ही उच्च पद पर पदोन्नति देने के वास्ते साक्षात्कार के लिए बुलाया गया। यह पद ऐसा था, जहां उन्हें अनेक बिज़नेस इकाइयों का नेतृत्व करना था। साक्षात्कार लेने वाले ने बहुत ही साधारण सवाल पूछते हुए शुरुआत की। उन्होंने पूछा, आपकी सफलता के बारे में बताइए। हिल ने अपनी टीम की उपलब्धियों के बारे में बताना शुरू कर दिया, जो काफ़ी प्रभावशाली थीं।

हिल हालांकि उस पद की दौड़ में सबसे आगे थे, लेकिन उनका चयन नहीं हुआ। साक्षात्कार लेने वाले ने उनसे कहा कि उनमें नेतृत्व के गुण नहीं हैं। हिल कहते हैं, "मैंने 'हम' और 'हमारे' जैसे शब्दों का इस्तेमाल किया। मैंने एकवचन संज्ञा जैसे 'मैं' और 'मुझे' का इस्तेमाल ज़्यादा नहीं किया। मुझे बाद में पता चला कि मैं नेतृत्व वाला व्यक्ति नहीं लगता था। साक्षात्कार लेने वाले ने सोचा कि टीम की सफलता को मैंने गति नहीं दी है। उन्होंने किसी और को ले लिया, जो उनके लिए ऐसा कर सकता हो।" साक्षात्कार लेने वाले को उम्मीद थी कि हिल ज़्यादा अधिकार के साथ बोलेंगे, लेकिन शक्तिहीन संवाद की क़ीमत उन्हें नौकरी के रूप में चुकानी पड़ी।

ज़्यादा गति, ऊंची आवाज़ के साथ-साथ अधिकार के साथ निश्चयपूर्वक बात करने से लेने की मानसिकता वाले लोग हमें विश्वास दिला देते हैं कि वे जानते हैं कि वे किस बारे में बात कर रहे हैं। कैलिफ़ोर्निया के मनोविज्ञानियों की ओर से किए

गए एक अध्ययन में लेने की मानसिकता रखने वाले लोगों को एक समूह के लोगों ने ज़्यादा सक्षम माना था, लेकिन वास्तव में वे ज़्यादा सक्षम नहीं थे। अध्ययन के लेखक के मुताबिक़, "लेने की मानसिकता रखने वाले लोग प्रभाव अर्जित कर लेते हैं क्योंकि वे इस तरह बर्ताव करते हैं, जो उन्हें सक्षम दिखाता है, चाहे वास्तविकता में उनमें सक्षमता का अभाव हो।"

साक्षात्कार में शक्तिशाली संवाद का इस्तेमाल करने में विफल रहने की वज़ह से बार्टन हिल प्रभुत्व का माहौल निर्मित नहीं कर पाए, लेकिन इसी शक्तिहीन संवाद के दम पर वे प्रतिष्ठा अर्जित करने में सफल हुए। इससे उनकी टीमें सफल हुईं, हालांकि शक्तिहीन संवाद की वज़ह से उन्हें पदोन्नति नहीं मिली थी। शक्तिशाली संवाद सिर्फ़ एक बार होने वाले काम की नौकरी के साक्षात्कार में प्रभावशाली हो सकता है, लेकिन किसी टीम या सेवा के संबंधों में इसकी वज़ह से अन्य लोगों से मिलने वाली प्रतिष्ठा और प्रशंसा में कमी आती है। एम्स्टर्डम के मनोविज्ञानी इस निष्कर्ष पर पहुंचे हैं कि यद्यपि समूह के सदस्य लेने की मानसिकता वालों को अत्यधिक प्रभावशाली नेता मानते हैं, लेकिन वास्तव में वे समूह के प्रदर्शन को खोखला कर देते हैं। प्रभुत्व से बात करने पर समूह के सदस्यों को विश्वास हो जाता है कि लेने की मानसिकता वाला व्यक्ति सशक्त है, लेकिन इससे सूचना को साझा करने की प्रक्रिया का गला घुट जाता है क्योंकि इस तरह से बात करना सदस्यों को अच्छे विचार सामने रखने से रोकता है। हिल इसे प्रतिबिंबित करते हुए कहते हैं, "टीमें इस बात को पसंद करती हैं, जब उनका नेतृत्व करने वाला व्यक्ति किसी कार्य उत्पाद को सहयोगात्मक प्रयास के तौर पर प्रस्तुत करता है। इसी से उन्हें योगदान देने की प्रेरणा मिलती है। विरोधाभास दरअसल लोगों के भीतर है, जो यह सोचते हैं कि सबको जोड़कर चलने वाला किसी टीम का नेतृत्व करने योग्य मज़बूत नहीं है, जबकि वास्तव में वह मज़बूत है क्योंकि वह सहयोग देने के लिए टीम को प्रेरित कर रहा है। लोग देने की भावना रखने वालों से विद्युत चुंबकत्व की तरह जुड़ते हैं।" आख़िरकार, हिल दूसरी कंपनी में चले गए। उनके तीन पूर्व कर्मचारियों ने उनकी टीम के साथ जुड़ने के लिए उनसे संपर्क किया। लंबी अवधि में इस तरह की वफ़ादारी लाभप्रद रही। हिल की टीमें बेतहाशा सफल रही हैं। अभी वे सिटी ट्रांजेक्शन सर्विसेज में प्रबंध निदेशक और वैश्विक विपणन के प्रमुख हैं। इस डिवीज़न में बीस हज़ार से ज़्यादा कर्मचारी हैं।

यह बिलकुल ठीक है कि कुछ समय और स्थान ऐसे होते हैं, जहां नेतृत्व कर रहे व्यक्ति को सशक्त बातचीत का तरीक़ा अपनाना पड़ता है। मैंने अपने दो सहयोगियों फ़्रांसिस्का गिनो और डेव हॉफ़मैन के साथ मिलकर पिज़्ज़ा फ़्रेंचाइजी धारकों का अध्ययन किया। इसमें हमने निष्कर्ष निकाला कि जब स्टोर में ज़्यादातर कर्मचारी आज्ञाकारी समर्थक हों, तो सशक्त तरीक़े से बोलना प्रबंधकों के लिए

फ़ायदेमंद हो सकता है, लेकिन जब ज़्यादातर कर्मचारी अति सक्रिय हों, पकाने के नए विचार प्रस्तुत रहे हों और ज़्यादा कार्यकुशलता के साथ पिज़्ज़ा की डिलीवरी कर रहे हों, तो सशक्त बातचीत का उलटा असर हो सकता है। जब कर्मचारी अति सक्रिय थे और उनके प्रबंधकों ने सशक्त तरीक़े से बात की, तो उनके स्टोरों के लाभ में उन स्टोरों की तुलना में 14 फ़ीसदी की गिरावट आ गई, जिनके प्रबंधकों ने कम अधिकार के साथ और ज़्यादा संकोची प्रवृत्ति के साथ बात की थी। अपने प्रभुत्व का संकेत देकर शक्तिशाली वक्ताओं ने अति सक्रिय कर्मचारियों को योगदान देने से हतोत्साहित कर दिया। जब लोग सशक्त संवाद का इस्तेमाल करते हैं, तो उनके प्रति अन्य लोगों की धारणा ऐसी बनती है कि वे व्यक्तिगत उपलब्धियों को ज़्यादा प्राथमिकता देते हैं और उसी में जुटे रहते हैं। फ़्रैगले लिखती हैं, "ये सब समूह की उपलब्धियों की क़ीमत पर होता है।" संकोची ढंग से नपी-तुली बातचीत के माध्यम से शक्तिहीन वक्ता प्रतिष्ठा अर्जित कर लेते हैं। वे अति सक्रिय विचारों का खुले-दिल से स्वागत करते हैं, जिससे समूह को लाभ होता है।

यह देखने के लिए कि क्या किसी नियंत्रित सेटअप में भी यह प्रभाव काम करता है, मेरे सहयोगियों और मैंने लोगों की टीमें एक साथ बुलाकर उनसे टी-शर्ट की तह करने को कहा। हमने नेतृत्व कर रहे आधे लोगों को ताक़तवर तरीक़े से बात करने को कहा और शेष आधे को संकोची ढंग से बात करने को कहा। एक बार फिर वही हुआ। जिन टीमों के सदस्य सिर्फ़ धैर्यवान अनुयायी थे, वहां शक्तिशाली वक्ताओं ने अच्छा काम किया, लेकिन जब टीम के सदस्य अत्यधिक सक्रिय थे और टी-शर्ट को तेज़ी से तह करने की पहल कर रहे थे, वहां शक्तिहीन संवाद बहुत ज़्यादा प्रभावी था। उन अति सक्रिय टीमों के परिणाम का औसत 22 फ़ीसदी ज़्यादा था, जिनके नेताओं ने शक्तिशाली की बजाय शक्तिहीन बातचीत को चुना था। टीम के सदस्यों का मानना था कि सशक्त बातचीत करने वाले नए विचारों से स्वयं को संकट में समझते थे, जबकि शक्तिहीन बातचीत करने वालों के बारे में उनकी राय थी कि वे सुझावों के प्रति ज़्यादा ग्रहणशील थे। संकोची बातचीत ने प्रभुत्व क़ायम नहीं किया, लेकिन बहुत ज़्यादा प्रतिष्ठा अर्जित करने में मदद की। टीम के सदस्यों ने ज़्यादा उत्पादक तरीक़े काम किया, जब संकोची वक्ताओं ने प्रदर्शित किया कि वे सलाह का खुले दिमाग़ से स्वागत करते हैं।

लेने की मानसिकता रखने वाले लोगों को सलाह के प्रति ग्रहणशीलता एक कमज़ोरी लग सकती है। लोगों के सुझावों को सुनने से यह भी हो सकता है कि देने की भावना रखने वाले लोग अपने सहयोगियों से बहुत ज़्यादा प्रभावित हो जाएं, लेकिन यदि अन्य लोगों से सलाह लेना उन्हें प्रभावित करने की एक रणनीति हो, तो क्या होगा? देने की भावना रखने वाले लोग जब मोल-भाव की मेज़ पर होते हैं, तो अप्रत्याशित तरीक़े से उन्हें सलाह से लाभ होता है।

मोल-भाव : संदेह की छाया में सलाह मांगना

2007 में एक *फ़ॉर्च्यून 500* कंपनी ने मिडवेस्ट अमेरिका में अपना प्लांट बंद कर दिया था। अपनी नौकरी गंवाने वालों में एक उत्साही शोध विज्ञानी भी थीं। उनका नाम था एनी। कंपनी ने उनके समक्ष ईस्ट कोस्ट के लिए स्थानांतरण का प्रस्ताव रखा, लेकिन इसके लिए उन्हें अपनी शिक्षा छोड़नी पड़ती। पूर्णकालिक काम करने के दौरान ही उन्होंने रात्रिकालीन एमबीए प्रोग्राम में नाम लिखवा लिया था। वे नौकरी भी नहीं छोड़ सकती थीं क्योंकि यदि वे ऐसा करतीं, तो कंपनी उन्हें डिग्री के लिए पैसा नहीं देती, लेकिन यदि वे स्थानांतरण का प्रस्ताव स्वीकार कर लेतीं, तो उन्हें अपनी पढ़ाई बीच में ही छोड़नी पड़ती। वे अजीब स्थिति में फंसी थीं। बहुत कम समय था और बहुत कम विकल्प थे।

दो सप्ताह बाद कुछ असाधारण हुआ। उन्हें कंपनी के निजी जेट पर सीट उपलब्ध करा दी गई, जो सामान्य रूप से शीर्ष एक्ज़ीक्यूटिवों के लिए आरक्षित रहती थी। यही नहीं, उन्हें उनके एमबीए पूरा होने तक इसके असीमित इस्तेमाल की अनुमति भी दे दी गई। उन्होंने स्थानांतरण का प्रस्ताव स्वीकार कर लिया। उन्होंने अगले नौ महीने तक कॉर्पोरेट जेट विमान का सप्ताह में दो बार डिग्री पूरा होने तक इस्तेमाल किया। कंपनी ने उन्हें हर सप्ताह कार के किराए का भुगतान भी किया और कॉर्पोरेट विमान नहीं चलने की स्थिति में उन्हें वाणिज्यिक विमान के टिकट का पैसा भी दिया। आख़िर कंपनी ने क्यों उनमें इतना बड़ा निवेश किया?

एनी ने ये सब अनुलाभ बिना कोई मोल-भाव हासिल किए। इसकी बजाय उन्होंने शक्तिहीन संवाद के एक स्वरूप का इस्तेमाल किया, जो देने की भावना रखने वाले लोगों के लिए सामान्य बात है।

लेने की मानसिकता वाले मोल-भाव करके औसतन प्रभुत्व वाली स्थिति स्थापित करने की कोशिश करते हैं। यदि एनी लेने की मानसिकता वाली होतीं, वे अपने गुणों की एक सूची तैयार कर लेतीं और अपनी स्थिति मज़बूत करने के लिए प्रतिस्पर्द्धी कंपनियों से जवाबी पेशकश हासिल कर लेतीं। संतुलन बैठाने वालों का झुकाव इस तरफ़ ज़्यादा होता है कि वे मोल-भाव को बदले में कुछ हासिल करने के अवसर के तौर पर देखते हैं। यदि एनी संतुलन बैठाने वाली होतीं, तो वे ऐसे किसी वरिष्ठ अधिकारी के पास जातीं, जो उनका ऋणी है और वे उससे अपने उपकार का बदला चुकाने के लिए कहतीं, लेकिन एनी देने की भावना रखने वाली हैं : वे यूनाइटेड वे में अपने दर्जनों सहयोगियों और स्वयंसेवकों को परामर्श देती हैं। वे प्राथमिक स्कूलों की कक्षाओं में जाती हैं, ताकि बच्चों की विज्ञान के प्रति रुचि जाग्रत हो सके। जब उनके सहयोगियों ने ग़लती की, तो उन्होंने नियमित रूप से अपने ऊपर ज़िम्मेदारी ली। ख़ुद के प्रदर्शन की क़ीमत पर उन्हें आरोप से बचाया। उन्होंने एक बार एक

नौकरी के लिए अपने आवेदन को तब वापस ले लिया था, जब उन्हें पता चला कि एक मित्र भी उसी पद के लिए आवेदन कर रहा है।

देने की भावना रखने वाली एनी लेने की मानसिकता वालों और संतुलन बैठाने वालों की तरह मोल-भाव करने में सहज नहीं थीं। इसलिए उन्होंने पूरी तरह अलग रणनीति चुनी। वे मानव संसाधन विभाग की एक प्रबंधक के पास गईं और उनसे सलाह मांगी, "यदि आप मेरे स्थान पर होतीं, तो क्या करतीं?"

वह प्रबंधक एनी की पैरोकार बन गई। उसने एनी के विभाग और कार्यस्थल के प्रमुखों से संपर्क किया। उसने एनी की ओर से लॉबिंग शुरू कर दी। इस पर विभाग प्रमुख ने एनी को बुलाया और उनसे पूछा कि वे उन्हें रखने के लिए क्या कर सकते हैं? एनी ने उल्लेख किया कि वे अपना एमबीए पूरा करना चाहती हैं, लेकिन बार-बार आने-जाने का विमान किराया वहन नहीं कर सकतीं। इसके जवाब में विभाग प्रमुख ने उन्हें जेट में सीट उपलब्ध कराने की पेशकश की।

ताज़ा शोध से पता चलता है कि जब हमारे पास अधिकार का अभाव हो, तब सलाह मांगना प्रभाव के इस्तेमाल की एक आश्चर्यजनक रूप से प्रभावी रणनीति हो सकती है। एक प्रयोग में शोधकर्ता कैटी लिलजेंक्विस्ट के समक्ष ऐसे लोग थे, जो एक वाणिज्यिक संपत्ति की संभावित बिक्री पर मोल-भाव कर रहे थे। जब बेचने वालों ने उच्चतम संभावित क़ीमत के अपने लक्ष्य पर ध्यान केंद्रित किया, तो सिर्फ़ आठ फ़ीसदी सफल अनुबंध हुए। इसके विपरीत जब बेचने वालों ने ख़रीदने वालों से सलाह मांगी कि उनके लक्ष्यों तक कैसे पहुंचा जाए, तो 42 फ़ीसदी सफल अनुबंध हुए। सलाह मांगने से बेहतर सहयोग और सूचना के आदान-प्रदान को प्रोत्साहन मिला। इसकी वज़ह से जटिल मोल-भाव भी दोनों के लिए बराबरी के सौदे में बदल गए। अध्ययनों से पता चलता है कि उत्पादन से लेकर वित्तीय सेवा क्षेत्र और बीमा से लेकर दवा उद्योग तक सलाह मांगना अपने सहयोगियों, वरिष्ठों और अधीनस्थों पर प्रभाव ज़माने का सबसे प्रभावशाली तरीक़ा है। लेने की मानसिकता वाले अपने अधीनस्थों पर दबाव डालने और वरिष्ठों की चाटुकारिता करने की जो चिर-परिचित रणनीति अपनाते हैं, उसकी तुलना में सलाह मांगना कहीं ज़्यादा प्रेरक शक्ति है। संतुलन बैठाने वालों का अंतर्निहित रुख़ है उपकार के बदले उपकार, इसकी तुलना में सलाह मांगना सतत रूप से ज़्यादा प्रभावशाली है।

बड़ी कॉर्पोरेट कंपनियों के शीर्ष अधिकारियों के संदर्भ में भी यह सही है। हाल ही रणनीति के प्रोफ़ेसरों इथाई स्टर्न और जेम्स वेस्टफ़ाल ने अमेरिका की 350 बड़ी कंपनियों और फ़र्मों में एक्ज़ीक्यूटिवों का अध्ययन किया। वे यह पता लगाना चाहते थे कि एक्ज़ीक्यूटिव निदेशक मंडल में जगह कैसे बनाते हैं। निदेशक मंडल में शामिल होने की चाह एक्ज़ीक्यूटिवों में बहुत ज़्यादा होती है क्योंकि इससे उन्हें

अक्सर छह अंकों में वेतन मिलता है और प्रतिष्ठा के साफ़ संकेत निकलते हैं। इससे उनका नेटवर्क समृद्ध होता है, जिससे उनकी पहुंच कॉर्पोरेट की दुनिया के कुलीन वर्ग तक हो जाती है।

लेने की मानसिकता वाले यह मानकर चलते हैं कि निदेशक मंडल में जगह बनाने का एकमात्र रास्ता चाटुकारिता है। वे किसी निदेशक की प्रशंसा बढ़ा-चढ़ाकर करते हैं या उनकी परोक्ष रूप से प्रशंसा के लिए उनका कोई मित्र खोज निकालते हैं, लेकिन स्टर्न और वेस्टफ़ाल ने यह निष्कर्ष निकाला कि चापलूसी तभी काम करती है, जब इसके साथ सलाह मांगने की रणनीति भी अपनाई जाए। किसी निदेशक की सिर्फ़ प्रशंसा करने की बजाय इस बात की संभावना ज़्यादा थी कि जिन एक्ज़ीक्यूटिवों ने निदेशक मंडल में जगह बनाई, उन्होंने प्रशंसा के साथ-साथ सलाह मांगने की रणनीति भी अपनाई होगी। सलाह मांगने वाले एक्ज़ीक्यूटिवों ने किसी निदेशक के कौशल की प्रशंसा करते समय उनसे यह भी पूछा कि आपने इसमें महारत हासिल कैसे की? किसी काम में निदेशक की सफलता का गुणगान करते समय इन एक्ज़ीक्यूटिवों ने यह भी पूछा कि निदेशक सलाह दें कि वे उनकी तरह सफलता कैसे अर्जित करें। जब एक्ज़ीक्यूटिवों ने इस तरीक़े से एक निदेशक से सलाह मांगी, तो इस बात की संभावना बहुत ज़्यादा थी कि वे निदेशक मंडल में उनकी नियुक्ति की सिफ़ारिश करेंगे। और इसका परिणाम यह निकला कि उनमें से ज़्यादा लोग निदेशक मंडलों में स्थान बनाने में कामयाब हो गए।

सलाह मांगना शक्तिहीन संवाद का एक स्वरूप है, जो कोमलता की अभिव्यक्ति, सवाल पूछने और संकोची बात करने का मिश्रण है। जब हम अन्य लोगों से सलाह मांगते हैं, तब हम ऐसा सवाल पूछ रहे होते हैं, जो ऐसा संकेत देता है कि हम अनिश्चित हैं। यह हमें कमज़ोर बनाता है। आत्म-विश्वास से यह प्रदर्शित करने की बजाय कि हमारे पास सारे सवालों के जवाब हैं, हम यह स्वीकार कर रहे होते हैं कि अन्य लोगों के पास बेहतर जानकारी है। इसी का नतीज़ा है कि लेने की मानसिकता रखने वाले और संतुलन बैठाने वाले सलाह लेने से दूर ही रहते हैं। लेने की मानसिकता वालों के परिप्रेक्ष्य से सलाह लेने का अर्थ यह स्वीकार करना है कि आपके पास सारे जवाब नहीं हैं। लेने की मानसिकता वालों को यह डर भी सताता है कि सलाह लेना उन्हें अन्य लोगों की नज़र में कमज़ोर, निर्भर और अक्षम बना सकता है, लेकिन ऐसा सोचने वाले ग़लत हैं : शोध के मुताबिक़, जो लोग कभी सलाह और मदद नहीं मांगते, उनकी तुलना में उन लोगों का मूल्यांकन वरिष्ठ अधिकारी ज़्यादा अनुकूल तरीक़े से करते हैं, जो ज्ञानवान लोगों से नियमित रूप से सलाह और मदद मांगते हैं।

कमज़ोर दिखना देने की भावना रखने वालों को परेशान नहीं करता। ऐसे लोग अपने अहंकार की रक्षा करने और निश्चितता प्रकट करने को लेकर ज़्यादा चिंता

नहीं करते। देने की भावना रखने वाले लोग जब सलाह मांगते हैं, तब उनकी रुचि वास्तव में अन्य लोगों से सीखने की होती है। संतुलन बैठाने वाले एक भिन्न कारण से सलाह मांगने से दूर रहते हैं : उन्हें बदले कुछ देना पड़ सकता है।

लिलजेंक्विस्ट के मुताबिक़, सलाह मांगने के चार लाभ होते हैं : सीखना, परिप्रेक्ष्य के बारे में बातचीत, वचनबद्धता और मिथ्या-प्रशंसा। एनी ने जब सलाह मांगी, तो उन्हें एक ऐसी बात का पता चला, जो वे पहले नहीं जानती थीं। बात थी कि कंपनी के जेट में अतिरिक्त सीटें होती हैं। इसकी वज़ह से वे अपने दो अहम स्थानों के बीच आती-जाती रहीं। यदि वे सलाह मांगने की बजाय अधिकार के साथ लॉबिंग करतीं, तो हो सकता है कि उन्हें इसका पता कभी नहीं चलता। सच तो यह है कि एनी पहले भी अनेक बार वार्तालाप कर चुकी थीं, लेकिन उनमें किसी ने जेट का उल्लेख नहीं किया था।

सलाह मांगने का दूसरा लाभ है : दूसरों को हमारे परिप्रेक्ष्य में बात करने के लिए प्रोत्साहित करना। अपनी पिछली चर्चाओं में एनी ने जब सलाह नहीं मांगी थी, तब विभाग प्रमुख सिर्फ़ इस बात पर ध्यान केंद्रित कर रहे थे कि उनके स्थानांतरण में कंपनी का हित है, ताकि ज़्यादा से ज़्यादा पैसा बचाया जा सके। सलाह लेने के आग्रह के बाद संवाद बदल गया। सिफ़ारिश हासिल करने की कोशिश में जब हम कोई सलाह मांगते हैं, तब सलाह देने वालों को किसी समस्या या दुविधा को हमारे नज़रिए से देखना पड़ता है। एनी ने जब मार्गदर्शन मांगा, इसके बाद ही विभाग प्रमुख ने एनी के परिप्रेक्ष्य से समस्या पर विचार करना शुरू कर दिया। इसके बाद ही कॉर्पोरेट जेट का विचार उनके दिमाग़ में समाधान के तौर पर आया।

विभाग प्रमुख ने एक बार समाधान का प्रस्ताव सामने रख दिया, तो सलाह मांगने का तीसरा लाभ सामने आया। वह था वचनबद्धता। विभाग प्रमुख ने कंपनी के निजी जेट विमान में सीट उपलब्ध कराने का समाधान खोजने में अहम भूमिका निभाई थी। चूंकि यह उनका विचार था, इसलिए वे एनी की मदद करने में पहले ही कुछ समय और ऊर्जा का निवेश कर चुके थे और वे उनकी और भी मदद करने के लिए अत्यधिक प्रेरित थे। आख़िरकार उन्होंने उस कार का किराया भी चुकाया, जो एनी ने मिडवेस्ट में इस्तेमाल की। यही नहीं, वे वाणिज्यिक विमान के टिकट का ख़र्च भी उठाने को तैयार हो गए, जब कंपनी के विमान का संचालन नहीं हो रहा हो।

इसमें कोई संदेह नहीं कि एनी ने ये सब विशेषाधिकार अपनी कड़ी मेहनत, प्रतिभा और उदारता के दम पर हासिल किए, लेकिन गहराई से किए गए अध्ययन के माध्यम से इस बात पर प्रकाश डाला जा सकता है कि आख़िर विभाग प्रमुख जेट विमान के समाधान से आगे जाकर भी एनी की ज़्यादा मदद करने को इतना प्रेरित क्यों थे। क़रीब आधी सदी पहले मनोविज्ञानी जॉन जेकर और डेविड लांडी ने

ज्यामिति के एक कठिन काम में सफल होने पर लोगों को धन का भुगतान किया। नियंत्रित समूह में प्रतिभागियों ने धन अपने पास रख लिया और अंतिम प्रश्नावली को भरने के लिए वे विभागीय सचिव के पास गए, लेकिन जब दूसरे समूह के लोगों ने लौटना शुरू किया, तो शोधकर्ता ने उनसे विनम्रता से मदद मांगी। उन्होंने कहा, "क्या आप मेरी मदद करेंगे? इस प्रयोग के लिए जो धन था, वह पहले ही ख़त्म हो चुका है। इस प्रयोग को पूरा करने के लिए मैं अपना धन लगा रहा हूं। क्या आप मेरे लिए एक उपकार करेंगे। मुझे वह रक़म लौटा देंगे, जो आपने जीती है?"

लगभग सभी प्रतिभागियों ने रक़म लौटा दी। जब उनसे पूछा गया कि उन्होंने शोधकर्ता को कितना पसंद किया, तो जिन लोगों ने उपकार नहीं किया था, उनकी तुलना में उन लोगों ने शोधकर्ता को बहुत ज़्यादा पसंद किया था, जिन्होंने उन पर उपकार किया था। ऐसा क्यों?

जब हम अपना समय, ऊर्जा, ज्ञान और संसाधन किसी की मदद करने में लगाते हैं, तो हम यह धारणा बनाए रखने की कोशिश करते हैं कि वे योग्य हैं और हमारी मदद के हक़दार हैं। विभाग प्रमुख ने जब एनी की मदद करने के लिए एक बार समय निकाल लिया, तो वे अनुभव करने लगे कि उन्हें एनी की मदद के लिए और निवेश करना है। वे उनका समय पाने के योग्य होंगीं। यदि वे उनके लिए महत्त्वपूर्ण नहीं होतीं, तो वे उनकी मदद करने की ज़हमत क्यों उठाते? बेंजामिन फ्रैंकलिन ने अपनी आत्मकथा में लिखा है, "आपने जिसे उपकृत किया है, उसकी अपेक्षा वह व्यक्ति आप पर एक कृपा और करना चाहेगा, जो पहले भी ऐसा कर चुका है।"

जब हम लोगों से सलाह मांगते हैं, तब हम उन्हें प्रतिष्ठा प्रदान करते हैं। हम यह दर्शाते हैं कि हम उनके गहन ज्ञान और अनुभव का सम्मान करते हैं और उसकी प्रशंसा करते हैं। चूंकि ज़्यादातर लोग संतुलन बैठाने वालों की श्रेणी में आते हैं, इसलिए वे अनुकूल प्रतिक्रिया देते हैं और बदले में हमें सहयोग देने के लिए ज़्यादा प्रेरित होते हैं। एनी ने जब सलाह के लिए मानव संसाधन प्रबंधक से संपर्क किया, तो वे तेज़ी से कोशिश करती हुई उनकी मदद करने लगीं। जीवनी लेखक वॉल्टर आइज़ैकसन के मुताबिक़, बेंजामिन फ्रैंकलिन सलाह मांगने को ख़ुशामद के एक स्वरूप के तौर पर देखते थे। "दोस्त बनाने का फ्रैंकलिन का मूल सिद्धांत था कि लोगों से लगातार सलाह और राय ऐसे मांगते रहो, जो उनके आत्म-सम्मान और गर्व की भावना को आकर्षक लगे। वे आपके निर्णय और आपकी बुद्धिमत्ता की प्रशंसा करेंगे।"

चाहे उनकी आदान-प्रदान की शैली कुछ भी हो, लेकिन लोगों को अच्छा लगता है कि कोई उनसे सलाह मांगे। लेने की मानसिकता वाले लोग सलाह देकर स्वयं को महत्त्वपूर्ण अनुभव करते हैं। देने की भावना रखने वाले लोग मददगार अनुभव करते

हैं, जबकि संतुलन बैठाने वाले लोग कुछ अन्य ही कारणों से सलाह देने में आनंद का अनुभव करते हैं। उनके लिए यह कम ख़र्च में राशि जमा करने के समान है, जिसे बाद में भुनाया जा सकता है। यही कारण है कि जब हम लोगों से सलाह मांगते हैं, उनकी प्रवृत्ति हमारे प्रति सकारात्मक प्रतिक्रिया देने की होती है।

लेकिन एक शर्त है : सलाह मांगना तभी काम करता है, जब इसकी वास्तव में ज़रूरत हो। सलाह मांगने संबंधी अपनी शोध में लिलजेंक्विस्ट ने निष्कर्ष निकाला, "इसकी सफलता इस बात पर निर्भर करती है कि नियत व्यक्ति इसे निष्कपट और प्रामाणिक पहल के तौर पर देखे।" जब उन्होंने प्रभाव जमाने की रणनीति के तहत लोगों को सीधे सलाह मांगने के लिए प्रोत्साहित किया, तो यह रणनीति विफल हो गई। उनके समकक्षों ने उन्हें ढोंगी के तौर पर पहचान लिया : वे बता सकते थे कि सलाह लेने वाले चाटुकारिता कर रहे हैं। उनका कोई गुप्त अभिप्राय है।

लिलजेंक्विस्ट लिखती हैं, "जिन लोगों पर रणनीति के तहत प्रभाव का प्रबंधन करने का संदेह होता है, उन्हें लेकर इस बात के आसार ज़्यादा होते हैं कि अन्य लोग उन्हें स्वार्थी, भावना रहित, चालाक और विश्वास नहीं करने योग्य व्यक्तियों के तौर पर देखें।" सलाह मांगना तभी प्रभावशाली रहा, जब इसे स्वाभाविक रूप से किया गया। चूंकि लेने की मानसिकता रखने वालों और संतुलन बैठाने वालों की तुलना में देने की भावना रखने वालों में सलाह मांगने के प्रति झुकाव ज़्यादा रहता है, इसलिए उनके अध्ययनों में सलाह मांगने वाले अनेक लोग देने की भावना रखने वाले ही थे। वे वास्तव में अन्य लोगों के परिप्रेक्ष्य और उनके लिए सिफ़ारिशों में रुचि रखते थे। उनका मूल्यांकन बेहतर श्रोता के तौर पर किया गया।

मेरा मानना है कि यह आमतौर पर शक्तिहीन संवाद पर ज़्यादा लागू होता है। देने की भावना रखने वालों के लिए यह निश्चित रूप से काम करता है क्योंकि वे अन्य लोगों के सर्वश्रेष्ठ हित में काम करने की अपनी ईमानदार इच्छा को स्थापित कर देते हैं। देने की भावना रखने वाले लोग प्रस्तुति देते समय यह स्पष्ट कर देते हैं कि वे ना केवल सम्मान अर्जित करने के लिए, बल्कि श्रोताओं से सच्चा संपर्क स्थापित करने के लिए अपनी कोमलता को व्यक्त कर रहे हैं। विक्रय के दौरान देने की भावना रखने वाले लोग ऐसे सवाल पूछते हैं, जिनसे लगे कि वे ग्राहकों की मदद करना चाहते हैं, उनका फ़ायदा उठाना नहीं। किसी को राज़ी करने और मोल-भाव की प्रक्रिया में देने की भावना रखने वाले लोग संकोची ढंग से बोलते हैं और सलाह मांगते हैं क्योंकि वे वास्तव में अन्य लोगों के विचारों और दृष्टिकोणों की क़द्र करते हैं।

शक्तिहीन संवाद देने की भावना रखने वाले अनेक लोगों की स्वाभाविक भाषा होती है और उनकी सफलता के पीछे का एक अहम इंजन होता है। अपनी कोमलता

को अभिव्यक्त करने, संकोची ढंग से बात करने और मदद मांगने से प्रभाव जमाने के द्वार खुल जाते हैं, लेकिन जिस तरह से हम इस प्रभाव को निर्देशित करते हैं, वह हमारे कार्य जीवन में हमेशा प्रतिध्वनित होता रहता है। इनमें वे भी शामिल हैं, जिन पर हम पहले चर्चा कर चुके हैं, जैसे नेटवर्कों का निर्माण करना और सहयोगियों से सहयोग करना। जैसा कि आप आगे देखेंगे कि देने की भावना रखने वाला हर कोई शक्तिहीन संवाद का इस्तेमाल नहीं करता, लेकिन जो इसका इस्तेमाल अक्सर करते हैं, उनके अनुसार यह उन परिस्थितियों में उपयोगी है, जहां हमें घनिष्ठता और विश्वास के निर्माण की ज़रूरत होती है। इसका आसानी से ढोंग नहीं किया जा सकता, लेकिन यदि आप देर तक ऐसा करते हैं, तो यह अनुमान से ज़्यादा वास्तविक बन सकता है। जैसा कि डेव वॉल्टन ने निष्कर्ष निकाला कि शक्तिहीन संवाद उससे कहीं ज़्यादा शक्तिशाली और प्रभावशाली हो सकता है, जितना कि कानों को सुनाई देता है।

6

सतत प्रेरणा की कला

देने वाले कुछ लोग कैसे थक जाते हैं, जबकि अन्य स्फूर्ति से भरे रहते हैं

बुद्धिमान परोपकारी हालांकि नासमझ परोपकारियों की तुलना में कम परोपकारी होते हैं, फिर भी वे नासमझ परोपकारियों और स्वार्थी लोगों दोनों से बेहतर होते हैं।

—हर्बर्ट साइमन, अर्थशास्त्र के लिए नोबेल पुरस्कार के विजेता

अभी तक हम इस बात पर ध्यान केंद्रित करते आए हैं कि देने की भावना रखने वाले लोग कैसे सफलता की सीढ़ी के शीर्ष पर पहुंचते हैं। वे किस तरह अनूठे तरीक़ों को अपनाते हैं, जिनसे वे अपने नेटवर्कों का निर्माण करते हैं, सहयोग करते हैं, संवाद करते हैं, प्रभाव जमाते हैं और पूर्ण क्षमता को अर्जित करने के लिए कैसे दूसरों की मदद करते हैं, लेकिन जैसा कि आपने पहले अध्याय में देखा था कि इस बात की भी ज़्यादा संभावना रहती है कि देने की भावना रखने वाले लोग सफलता की सीढ़ी के सबसे निचले पायदान पर ही अटक कर रह जाएं। सफलता सिर्फ़ देने की भावना की ताक़त को ज़्यादा से ज़्यादा भुनाने की बजाय अन्य बातों पर भी निर्भर करती है। इसके लिए चूक से बचना भी ज़रूरी है। यदि लोग अन्य लोगों को बहुत ज़्यादा समय देंगे, तो स्वयं की ऊर्जा की क़ीमत पर अपने सहयोगियों और नेटवर्क के संबंधों के लिए त्याग करते ही रह जाएंगे। यदि लोग दूसरों को बहुत ज़्यादा श्रेय देंगे और शक्तिहीन संवाद का सहारा लेंगे, तो अन्य लोगों के लिए बहुत आसान हो जाएगा कि वे देने की भावना रखने वालों से लाभ उठाएं और उनका इस्तेमाल पायदान की तरह करें। इससे देने की भावना रखने वाले को अपने हित सुरक्षित रखने में विफलता हाथ लगेगी। इसका नतीजा यह होगा कि देने की भावना रखने वाले लोग थककर चूर और अनुत्पादक हो जाएंगे।

चूंकि जो रणनीतियां देने की भावना रखने वालों को शीर्ष की ओर ले जाती हैं, वे उनसे अलग हैं, जो उन्हें रसातल की तरफ़ ले जाती हैं। इसलिए यह समझना महत्त्वपूर्ण है कि देने की भावना रखने वालों में जो सफल हैं और जो विफल हैं, आख़िर उनमें किस बात का फ़र्क़ है। अगले तीन अध्यायों में हम इस बात की पड़ताल करेंगे कि आख़िर क्यों देने की भावना रखने वाले कुछ लोग थककर चूर हो जाते हैं, जबकि कुछ अन्य ऊर्जा से भरे रहते हैं। देने की भावना रखने वाले लोग लेने की नीयत वालों के हाथों शोषित होने से कैसे बच सकते हैं। देने वाले लोगों को संरक्षण प्रदान करने और उनकी सफलता का प्रसार करने के लिए व्यक्ति, समूह और संगठन क्या कर सकते हैं।

हाल ही कनाडा के मनोविज्ञानियों जेरेमी फ़्राइमर और लैरी वॉकर ने एक महत्त्वाकांक्षी अध्ययन का नेतृत्व किया। इसका उद्देश्य यह पता लगाना था कि देने की भावना रखने वालों में जो लोग अत्यधिक सफल होते हैं, आख़िर उन्हें क्या अभिप्रेरित करता है। इसके प्रतिभागी केयरिंग कैनेडियन अवार्ड के विजेता थे, जो परोपकार के लिए देश का सर्वोच्च सम्मान था। इसके तहत ऐसे लोगों का सम्मान किया जाता है, जिन्होंने अपने जीवन के अनेक वर्ष अपने समुदायों की मदद करने और मानवीय उद्देश्यों को आगे बढ़ाने के प्रति समर्पित किए हैं। इस अवार्ड के कई विजेताओं ने कई दशकों तक देने की भावना के साथ असाधारण सतत प्रयास जारी रखे, ताकि बदलाव ला सकें।

इस बात का खुलासा करने के लिए कि आख़िर उन्हें प्रेरणा कहां से मिली, सभी प्रतिभागियों ने एक प्रश्नावली को भरा, जिसमें उनसे "मैं विशिष्ट रूप से कोशिश करूंगा..." के जवाब में दस लक्ष्य बताने को कहा गया था। इसके बाद वॉकर ने केयरिंग कैनेडियन अवार्ड के 25 विजेताओं और तुलना वाले समूह के 25 लोगों का साक्षात्कार किया। तुलना वाले समूह के लोग लिंग, आयु, नस्ल और शिक्षा के मामले में विजेताओं के समान थे, हालांकि उन्होंने देने की भावना का उस स्तर और उस अवधि तक सतत पालन नहीं किया था। वॉकर ने इन पचास लोगों का साक्षात्कार लेने में सैकड़ों घंटे ख़र्च किए। साक्षात्कार में उनके जीवन, महत्त्वपूर्ण अवधियों, बचपन, किशोरावस्था और वयस्क जीवन की महत्त्वपूर्ण घटनाओं को शामिल किया गया। इसके बाद स्वतंत्र मूल्यांकनकर्ताओं ने लक्ष्यों की सूची को पढ़ा, साक्षात्कार के टेपों को सुना और उस मात्रा का मूल्यांकन किया, जहां तक प्रतिभागियों ने अपनी दो अहम अभिप्रेरणाओं को व्यक्त किया था। ये दो अभिप्रेरणाएं थीं, पहली स्वयं का हित और दूसरा अन्य हित। स्वयं के हित में ताक़त और उपलब्धियों के पीछे भागना शामिल है, जबकि अन्य हित उदार और मददगार होने पर केंद्रित हैं। आख़िर किन अभिप्रेरणाओं के समुच्चय के आधार पर केयरिंग कैनेडियन के विजेताओं ने तुलना वाले समूह से ज़्यादा अंक अर्जित किए?

सहज जवाब होगा अन्य हित, और यह सही भी है। अपने जीवन वृत्तांतों में केयरिंग कैनेडियन के विजेताओं ने उल्लेख किया कि उन्होंने तुलना वाले समूह से तीन गुना ज़्यादा लोगों को दिया और उनकी मदद की। जब उन्होंने अपने लक्ष्यों को सूचीबद्ध किया, तब केयरिंग कैनेडियन ने तुलना वाले समूह की अपेक्षा दोगुने ऐसे लक्ष्य सूचीबद्ध किए, जो अन्य हित से जुड़े थे। केयरिंग कैनेडियन के विजेताओं ने "युवाओं के लिए सकारात्मक आदर्श मॉडल बनने" और "निम्न आय वर्ग की महिलाओं की पैरवी" जैसे लक्ष्यों को रेखांकित किया। इस बात की संभावना ज़्यादा थी कि तुलना वाले समूह के प्रतिभागी "मेरे गोल्फ़ के हैंडीकैप को एक अंक तक ले जाना," "अन्य लोगों के लिए आकर्षक बनना," "सबसे बड़े हिरण का शिकार करना" और "सबसे बड़ी मछली को पकड़ना" जैसे लक्ष्यों का उल्लेख करेंगे।

यहां एक आश्चर्य है। केयरिंग कैनेडियन के विजेताओं ने स्वयं के हित के मामले में भी तुलना वाले समूह से ज़्यादा अंक अर्जित किए। अपने जीवन वृत्तांतों में देने की भावना रखने वाले इन अत्यंत सफल लोगों ने उल्लेख किया कि वे ताक़त और उपलब्धियों के पीछे भागें, जो तुलना वाले समूह से लगभग दुगुना था। केयरिंग कैनेडियन के विजेताओं ने अपने लक्ष्यों में प्रभाव हासिल करने, पहचान स्थापित करने और व्यक्तिगत उत्कृष्टता तक पहुंचने से जुड़े उद्देश्यों को क़रीब 20 फ़ीसदी ज़्यादा अंकित किया था। देने की भावना रखने वाले लोग अपने सहयोगियों की तुलना में ना केवल ज़्यादा अन्य उन्मुखी थे, बल्कि वे स्वयं के हितों का ध्यान करने वाले भी ज़्यादा थे। यह निष्कर्ष निकला कि देने की भावना रखने वाले सफल लोग लेने की मानसिकता और संतुलन बैठाने वालों के समान ही महत्त्वाकांक्षी थे।

देने की भावना रखने वाले कुछ लोग क्यों सफल होते हैं, तो कुछ अन्य विफल क्यों हो जाते हैं, इससे जुड़ी हमारी समझ के लिए ये नतीज़े दिलचस्प अर्थ रखते हैं। अभी तक हमने लेने से लेकर देने तक आदान-प्रदान की शैलियों की चर्चा की है। क्या हमारी मुख्य चिंता स्वयं के हित हैं या दूसरों के हित हैं? मैं अब स्वयं के हित और अन्य हित के पारस्परिक प्रभाव पर चर्चा करके इस समझ को जटिल बनाना चाहता हूं। लेने की मानसिकता रखने वालों ने स्वयं के हित के मामले में ज़्यादा अंक अर्जित किए और अन्य हित में कम। ऐसे लोगों का उद्देश्य स्वयं की सफलता को ज़्यादा से ज़्यादा बढ़ाना होता है। वे अन्य लोगों की ज़्यादा चिंता नहीं करते। इसके विपरीत देने की भावना रखने वाले लोग हमेशा अन्य हित के मामले में ज़्यादा अंक अर्जित करते हैं, लेकिन स्वयं के हित के मामले में वे भिन्न-भिन्न होते हैं। देने की भावना रखने वाले लोग दो प्रकार के होते हैं और उनकी सफलता की दर असाधारण रूप से अलग-अलग होती है।

देने की भावना रखने वाले जो लोग *निःस्वार्थ* होकर काम करते हैं, वे अन्य हित को ज़्यादा महत्त्व देते हैं और स्वयं के हित को कम। वे स्वयं की ज़रूरतों की परवाह

किए बिना दूसरों के लिए समय और ऊर्जा ख़र्च करते हैं और वे इसकी क़ीमत भी चुकाते हैं। निःस्वार्थ भाव से देना दूसरों के हित के लिए काम करने का एक रोगात्मक सिद्धांत है। शोधकर्ता बारबरा ओकले ने इसे इन शब्दों में परिभाषित किया है, "यह स्वयं की ज़रूरतों को नुक़सान पहुंचा कर दूसरों की चिंता पर ध्यान केंद्रित करने का अस्वस्थ लक्षण है।" अन्य लोगों की मदद करने की प्रक्रिया में देने की भावना रखने वाले लोग आख़िरकार स्वयं को ही नुक़सान पहुंचा बैठते हैं। कॉलेज विद्यार्थियों पर किए गए अध्ययन के मुताबिक़, "जिन विद्यार्थियों ने निःस्वार्थ भाव से देने के मामले में बेहतर किया था, उनके ग्रेड बाद में सेमेस्टर में घट गए। निःस्वार्थ भाव से देने वालों ने स्वीकार किया कि वे कक्षाओं में नहीं जा पाए और पढ़ नहीं पाए क्योंकि वे अपने मित्र की समस्याओं को दूर करने में व्यस्त थे।" ज़्यादातर लोग यह मानकर चलते हैं कि स्वयं के हित और अन्य हित निरंतरता के बिलकुल विपरीत छोर हैं, लेकिन लोगों को काम पर क्या प्रेरित करता है, इसको लेकर मैंने जो अध्ययन किए, उनमें लगातार ये निष्कर्ष निकले कि स्वयं के हित और अन्य हित पूरी तरह से दो स्वतंत्र अभिप्रेरणाएं हैं। एक ही समय में ये दोनों आपके भीतर हो सकती हैं। जैसा कि बिल गेट्स ने विश्व आर्थिक मंच की बैठक में तर्क प्रस्तुत किया था। उनके शब्दों में, "मानव स्वभाव की दो बड़ी शक्तियां होती हैं, स्वयं के हित और दूसरों के लिए चिंता करना।" लोग जब ज़्यादा सफल होते हैं, तब इन दोनों का 'हाइब्रिड इंजन' उन्हें खींचता है। लेने की मानसिकता वाले लोग यदि स्वार्थी होते हैं और देने की भावना रखने वाले विफल लोग यदि निःस्वार्थी होते हैं, तो देने की भावना रखने वाले सफल लोग कुछ अलग ही होते हैं। वे अन्य लोगों को लाभ पहुंचाने की चिंता करते हैं, लेकिन साथ ही स्वयं के हितों को आगे बढ़ाने के लिए उनके महत्त्वाकांक्षी लक्ष्य होते हैं।

अन्य लोगों के हितों की चिंता

स्वयं के हितों की चिंता		निम्न	उच्च
	निम्न	उदासीन	स्वार्थ रहित : स्वयं के हितों का त्याग करने वाले दाता
	उच्च	स्वार्थी : लेने वाले	अन्यवादी : सफल देने वाले

स्वयं के संरक्षण की प्रवृत्ति के अभाव में निःस्वार्थ भाव से देने की भावना अत्यधिक तीव्रता का रूप धारण कर लेती है। अलग तरह का होने का अर्थ प्राप्त करने से ज़्यादा देने की इच्छा रखना है, लेकिन इसके साथ ही स्वयं के हितों को भी ध्यान में रखना है। इसके अंतर्गत अपने हितों का इस्तेमाल एक मार्गदर्शक के तौर पर करना है, ताकि सही विकल्प का चयन कर सकें कि कब, कहां, कैसे और किसे आपको देना है। अलग तरह का होना संतुलन बैठाने से बिलकुल अलग है। संतुलन बैठाने वाले लोग हर उस व्यक्ति से बदले में कुछ चाहते हैं, जिसकी वे मदद करते हैं। अलग तरह के देने वाले बिना कोई शर्त लगाए मदद करते हैं। वे सिर्फ़ इस तरह से सावधानी बरतते हैं कि मदद करते समय उनके हाथ ज़्यादा आगे नहीं बढ़ जाएं। स्वयं के हितों और अन्य हितों में प्रतिस्पर्द्धा होने देने की बजाय केयरिंग कैनेडियन के विजेताओं ने ऐसे तरीक़े निकाले, जिससे दोनों का एकीकरण हो सके, ताकि वे भलाई करके स्वयं भी अच्छा कर सकें। आप देखेंगे कि लोगों के प्रति चिंता के साथ-साथ जब उसमें स्वयं के हितों का भी स्वस्थ मात्रा में समावेश किया जाता है, तो देने की भावना रखने वालों के लिए थककर चूर होने और भावनात्मक रूप से आहत होने का ख़तरा कम होता है।

★★★

"वेस्ट फ़िलाडेल्फ़िया में जन्मा और पला-बढ़ा, खेल का मैदान वह जगह है, जहां मैंने ज़्यादातर दिन गुज़ारे... थोड़ा झगड़ा क्या हुआ और मेरी मां डर गईं।"

विल स्मिथ ने जब हिट हास्य धारावाहिक *द फ्रेश प्रिंस ऑफ़ बेल-एयर* के थीम गीत के लिए ये मशहूर शब्द लिखे थे, तब वे फ़िलाडेल्फ़िया के ओवरब्रुक हाई स्कूल से स्नातक करके निकले ही थे। इसी शो से उनके करियर की शुरुआत हुई थी। ओवरब्रुक दिखने में बहुत ही आलीशान है। इसकी पांच मंज़िला इमारत किसी पहाड़ी पर बने किले जैसी दिखती है। इस किले में पढ़ने के दौरान स्मिथ को राजसी सम्मान दिया जाता था, क्योंकि वे लोगों को मोहित करके किसी भी संकट से निकल जाते थे। इसीलिए शिक्षकों ने उन्हें "प्रिंस" उपनाम दे दिया था। कई वर्षों बाद जब उन्होंने प्रोडक्शन कंपनी शुरू की, तो उसका नाम रखा ओवरब्रुक एंटरटेनमेंट। ओवरब्रुक में शिक्षा ग्रहण करने के बाद सफल हो चुके लोगों में सिर्फ़ स्मिथ ही नहीं थे। इसके पूर्व छात्रों में गिओन ब्लूफ़ोर्ड जूनियर भी शामिल थे, जो अंतरिक्ष में जाने वाले पहले अफ़्रीकी वंशी अमेरिकी थे। ओलिंपिक के ट्रैक मुक़ाबलों में स्वर्ण पदक जीतने वाले जॉन ड्रमंड भी यहीं पढ़ चुके थे। ओवरब्रुक संपूर्ण अमेरिका के उन छह हाई स्कूलों में शामिल है, जिसके दस से ज़्यादा छात्र नेशनल बास्केटबॉल असोसिएशन में खेल चुके हैं। इनमें प्रसिद्ध खिलाड़ी विल्ट चैम्बरलेन भी शामिल हैं। लेकिन ज़्यादातर विद्यार्थियों के लिए ओवरब्रुक कोई परी कथा जैसा नहीं है।

वेस्ट फ़िलाडेल्फ़िया के बीचों-बीच फ़िफ़्टी नाइंथ और लैंकस्टर के कोने में स्थित ओवरब्रुक देश में नशीली दवाओं के दस बड़े अड्डों में शामिल एक अड्डे से मात्र कुछ ब्लॉक दूर है। स्कूल के पास ज़रा टहलने निकलेंगे, तो वहां से गुज़र रही कारों के ड्राइवरों को शीशा चढ़ाते और दरवाज़े लॉक करते देखना कोई नई बात नहीं लगेगी। 2006 में अपराध से जुड़े आंकड़ों के आधार पर ओवरब्रुक को पूरे अमेरिका के उन 28 स्कूलों में शामिल किया गया था, जो "लगातार ख़तरनाक" हैं। 2011 में क़रीब 1,200 विद्यार्थियों ने दाख़िला लिया था, इनमें से साल भर के दौरान क़रीब 500 विद्यार्थियों को निलंबित करना पड़ा था। इनमें से पचास पर हमला करने, बीस पर हथियार रखने और नशीली दवाओं से जुड़े आरोप लगे। इसी तरह विद्यार्थियों का शैक्षणिक भविष्य भी अंधकारमय था। शैक्षिक मूल्यांकन परीक्षा में भी ओवरब्रुक का औसत राष्ट्रीय औसत से तीन सौ से ज़्यादा अंकों से नीचे था। इसके तीन चौथाई विद्यार्थी देश में उनके 25 फ़ीसदी विद्यार्थियों में थे, जो सबसे निचले स्तर पर थे। जो विद्यार्थी ओवरब्रुक से हाई स्कूल की पढ़ाई शुरू करते थे, उनमें से लगभग आधे इसे पूरा नहीं कर पाते थे। स्नातक करने की दर सिर्फ़ 54 फ़ीसदी थी।

इस दुःखद स्थिति में बदलाव की आशा लिए टीच फ़ॉर अमेरिका (टीएफ़ए) के प्रतिभाशाली और उत्साही युवा शिक्षाविदों का एक दल ओवरब्रुक पहुंचा। यह अमेरिका का एक जाना-माना ग़ैर लाभकारी संगठन है, जो कॉलेज स्नातकों को देश के सबसे वंचित स्कूलों में शिक्षक के रूप में दो साल बिताने के लिए भेजता है, ताकि शैक्षिक अन्याय के ख़िलाफ़ लड़ा जा सके। टीएफ़ए देने की भावना वालों से भरा पड़ा है। शोध के मुताबिक़ इस संगठन में बड़ी संख्या में ऐसे शिक्षक जुड़ते हैं, जो विद्यार्थियों के जीवन में बदलाव लाना चाहते हैं। इनमें से अनेक सुखी-संपन्न परिवारों से आते हैं, जो उन विद्यार्थियों की मदद करने का कृत संकल्प रखते हैं, जो इतने भाग्यशाली नहीं हैं। एक अज्ञात शिक्षक के शब्दों में :

> मैं अपने पूरे जीवन में यह जानता था कि मैं कुछ ऐसा चाहता हूं, जहां मैं मदद कर सकूं। सामाजिक न्याय का मसला मेरे भीतर सुलगता है। यह तथ्य मुझे क्रोध दिलाता है और कुछ करने की स्फूर्ति देता है कि अनेक विद्यार्थियों को इस देश की स्कूल व्यवस्था ने क्रूरतापूर्वक विफल किया है। मैं चाहता हूं कि हर बच्चा ऐसे बड़ा हो कि वह अपने विकल्प चुनने के योग्य बन सके... शिक्षा से उनको बराबरी पर लाया जा सकता है... यह न्याय से जुड़ा विषय है। टीएफ़ए से जुड़कर मैं ऐसा मार्ग देखता हूं, जिससे यह मेरा विषय भी बन सकेगा।

पिछले बीस साल में पच्चीस हज़ार से ज़्यादा शिक्षकों ने टीएफ़ए के लिए काम किया है। इसके माध्यम से शैक्षणिक समानता को बढ़ावा देने की दिशा में ज़बर्दस्त क़दम

बढ़ाए गए हैं, लेकिन उपनगरों के सुरक्षित जीवन और छात्राओं के समूहों की वज़ह से अनेक शिक्षक शहर के भीतर के स्कूलों की कठिनाइयों से निपटने के मामले में ख़ुद को नाटकीय रूप से तैयार नहीं कर पाते।

ओवरब्रुक के गलियारों में टीएफ़ए की नई शिक्षिका 24 वर्षीय कॉनरी कैलेहन के कंधों पर स्कूल की व्यापक कठिनाइयों की बड़ी ज़िम्मेदारी आ गई। श्वेत त्वचा और भूरे बालों वाली कॉनरी स्कूल के कमरों में अलग ही दिखाई देतीं थीं। ओवरब्रुक के 97 फ़ीसदी विद्यार्थी अफ़्रीकी मूल के अमेरिकी हैं। कुत्तों से लगाव रखने वाली कॉनरी अपने कुत्ते लुई के साथ रहती हैं। मिश्रित प्रजाति के इस कुत्ते को उन्होंने बचाया था। वे मेरीलैंड के एक उपनगर के आरामदेह माहौल में बड़ी हुईं। उन्होंने जिस हाई स्कूल से शिक्षा ग्रहण की, उसे देश के सर्वश्रेष्ठ स्कूलों में से एक माना जाता है। उन्हें ऊर्जा और उत्साह से परिपूर्ण कहना भी शायद उनकी क्षमता को कम आंकना होगा। वे हाफ़ मैराथन में भाग लेती हैं। उन्होंने अपने हाई स्कूल की फुटबॉल और लैक्रॉस टीमों की कप्तानी की थी। छह साल तक रस्सीकूद की प्रतिस्पर्द्धाओं में भाग लिया था। इसके अलावा उन्होंने जूनियर ओलिंपिक में देश का प्रतिनिधित्व भी किया था। उनके बौद्धिक कौशल को देखते हुए वेंडरबिल्ट विश्वविद्यालय के उनके प्रोफ़ेसरों ने उन्हें इतिहास में अपना करियर बनाने के लिए प्रोत्साहित किया था, लेकिन कॉनरी की नज़र ज़्यादा व्यावहारिक मामलों पर थी। "मैं उनके जीवन में बदलाव लाने के लिए निकल पड़ी, ताकि कम आय वाले समुदायों में बच्चों के लिए शिक्षा का स्तर सुधारा जा सके और उन्हें अवसर उपलब्ध कराए जा सकें।"

लेकिन अगली पीढ़ी के विद्यार्थियों को प्रेरित करने के कॉनरी के आदर्शवादी सपने कटु सच्चाइयों के सामने जल्द टूट गए। उन्हें स्कूल सुबह 6:45 पर आना होता था और वे मध्य रात्रि बाद एक बजे वापस जाती थीं। वे अपनी स्पेनिश की कक्षाओं के लिए ग्रेडिंग करतीं और पाठ तैयार करतीं। दिन में उनका समय झगड़ों को रोकने और अपराधों से निपटने में ही चला जाता। ऐसे भगोड़े विद्यार्थियों का पता लगाने में भी उनका समय व्यतीत होता था, जो साल में सिर्फ़ एक या दो बार ही शक्ल दिखाने आते थे। कॉनरी के सबसे होनहार विद्यार्थियों में से एक पालक घर में रह रही थी। उसे बच्चे के जन्म के बाद स्कूल छोड़ना पड़ा था, क्योंकि बच्चा विकास से जुड़े रोग से पीड़ित था।

कॉनरी अपनी एक क़रीबी सहेली से लगातार इसके बारे में शिकायत कर रही थीं। उनकी सहेली निवेश बैंकर थी, जो हर सप्ताह लगभग सौ घंटे काम करती थी, लेकिन समझ नहीं पा रही थी कि ओवरब्रुक में पढ़ाना इतना तनावपूर्ण क्यों है। निराशा के भाव के साथ कॉनरी ने अपनी सहेली को न्योता दिया कि वह स्कूल के फ़ील्ड दौरे में उनके साथ चले। उनकी सहेली को आख़िरकार समझ आ गया। कॉनरी याद करते हुए कहती हैं, "दिन ख़त्म होने पर उन्होंने जो अत्यधिक थकान

अनुभव की, उस पर उन्हें भरोसा नहीं हो रहा था।" आख़िरकार कॉनरी सबसे निचले स्तर पर पहुंच गईं। उनके मुताबिक़, "यह बहुत ही डरावना था। अत्यधिक काम से मैं थक चुकी थी। पूरी तरह पराजित सी थी और हथियार डालने वाली थी। मैं स्कूल में फिर कभी क़दम नहीं रखना चाहती थी। मैं स्कूल, विद्यार्थियों और स्वयं से नफ़रत करती थी।"

कॉनरी में अत्यधिक काम की वज़ह से थककर चूर होने के सटीक लक्षण दिखाई दे रहे थे और वे अकेली नहीं थीं। नौकरी से जुड़ी थकावट पर शोध करने वालीं बर्कले की अग्रणी प्रोफ़ेसर क्रिस्टीना मैसलेच के मुताबिक़ पेशे से जुड़े विभिन्न क्षेत्रों को देखें, तो अध्यापन में भावनात्मक थकावट की दर सबसे ज़्यादा है। टीएफ़ए के एक शिक्षक संगठन की तो बहुत ज़्यादा तारीफ़ करते हैं, लेकिन उनके शब्दों में, "यह काम कड़ी मेहनत और समर्पण के उस स्तर तक केंद्रित है, जो त्रुटिपूर्ण है... आप इस सोच के साथ प्रशिक्षण छोड़ देते हैं कि यदि आपने जागने के दौरान जीवन का हर घंटा काम पर ख़र्च नहीं किया, तो आप अपने बच्चों को नुक़सान पहुंचा रहे हैं।" टीएफ़ए के आधे से ज़्यादा शिक्षक दो साल का अनुबंध पूरा होने के बाद नौकरी छोड़ देते हैं। अस्सी फ़ीसदी तीन साल के बाद चले जाते हैं। टीएफ़ए के एक तिहाई पूर्व छात्र कुल-मिलाकर शिक्षा से ही नाता तोड़ लेते हैं।

देने की भावना रखने वाले लोग चूंकि स्वयं की बजाय अन्य लोगों के हितों को महत्त्व देते हैं, ऐसे में वे अक्सर स्वयं के कल्याण की क़ीमत पर दूसरों की मदद करते हैं। ऐसा करके वे स्वयं के लिए थककर चूर होने का जोख़िम पैदा कर देते हैं। चार दशक के गहन शोध के बाद यह निष्कर्ष निकला है कि जब लोग काम के अत्यधिक बोझ की वजह से थककर चूर हो जाते हैं, तो उनके नौकरी से जुड़े प्रदर्शन को नुक़सान पहुंचता है। थके-मांदे कर्मचारियों के लिए ध्यान केंद्रित करना मुश्किल होता है। उनके पास कड़ी से कड़ी मेहनत करने, ज़्यादा से ज़्यादा देर काम करने और ज़्यादा से ज़्यादा फुर्ती से काम करने के लिए ज़रूरी ऊर्जा का अभाव रहता है। इसका परिणाम यह होता है कि उनके काम की मात्रा और गुणवत्ता में अत्यधिक गिरावट आती है। इसके अलावा उनकी भावनात्मक और सेहत भी ख़राब होती है। ऐसे ठोस प्रमाण हैं, जिनसे यह खुलासा होता है कि अत्यधिक काम के बोझ से थककर चूर हो चुके कर्मचारियों के लिए अवसाद से ग्रस्त होने, शारीरिक थकावट होने, नींद संबंधी समस्याएं होने, रोग प्रतिरोधक क्षमता कम होने, शराब की लत होने और यहां तक कि दिल की बीमारियां होने का ख़तरा बढ़ जाता है।

जब कॉनेरी ओवरब्रुक हाई स्कूल में सबसे ज़्यादा तकलीफ़देह दौर में पहुंच गईं, तो उन्होंने अनुभव किया कि वे बहुत ज़्यादा योगदान दे रही हैं। वे कार्यस्थल पर बहुत सुबह पहुंच जाती थीं, देर तक रुकती थीं और सप्ताहांत में भी वे काम में जुटी रहती थीं। वे इस मुश्किल से तालमेल बैठा पा रही थीं। इस हालत में सबसे

स्वाभाविक तरीक़ा यही था कि वे इससे उबरने और ऊर्जा का पुनर्भरण करने के लिए देने की अपनी भावना को कम करें, लेकिन उन्होंने ऐसा नहीं किया। इसकी बजाय उन्होंने देने की भावना को *बढ़ा* दिया।

उन पर अध्यापन के काम का अत्यधिक बोझ था, लेकिन उन्होंने ना केवल इसे बरकरार रखा, बल्कि टीएफ़ए के पूर्व विद्यार्थियों को परामर्श देने का काम भी स्वेच्छा से शुरू कर दिया। कंटेंट सपोर्ट स्पेशलिस्ट के तौर पर उन्होंने हर दूसरे हफ़्ते दस विभिन्न शिक्षकों की टेस्ट के लिए सामग्री तैयार करने और नए पाठों की रूपरेखा बनाने में मदद की। अपने थोड़े से ख़ाली समय में उन्होंने परामर्श देने के एक कार्यक्रम की स्थापना की। सिर्फ़ दो मित्रों को साथ लेकर उन्होंने माइंड्स मैटर के फ़िलाडेल्फ़िया चैप्टर की स्थापना की। यह एक ग़ैर लाभकारी राष्ट्रीय संगठन है, जो निम्न आय वर्ग के उन विद्यार्थियों को कॉलेज में प्रवेश के लिए तैयार करता है, जिन्होंने अच्छे अंक हासिल किए हों। कॉनरी रात और सप्ताहांत का समय ग़ैर लाभकारी स्थिति पर काम के लिए आधिकारिक आग्रह तैयार करने में ख़र्च करतीं। वे ऐसी विधि फ़र्मों और लेखाकारों की तलाश करतीं, जो बिना कोई शुल्क लिए काम करे और राष्ट्रीय अनुमोदन के लिए आवेदन कर दे। आख़िरकार एक साल बाद वे इस योग्य बन सकीं कि विद्यार्थियों और परामर्शदाताओं की नियुक्तियां कर सकें और फिर उन्होंने साप्ताहिक सत्रों की योजना तैयार की। इसके बाद कॉनरी ने अपने व्यस्त कार्यक्रम में हर सप्ताह हाई स्कूल के विद्यार्थियों को परामर्श देने का काम भी जोड़ लिया।

सभी कहते थे कि कॉनरी हर सप्ताह दस घंटे से भी ज़्यादा का अतिरिक्त समय देने की भावना के अनुरूप ख़र्च कर रही हैं। इसका मतलब यह था कि उनके पास आराम के लिए, ऊर्जा को फिर पुष्ट करने के लिए रुकने और दूसरों के प्रति ज़्यादा दायित्वों के लिए पहले से भी कम गुंजाइश थी, लेकिन जब उन्होंने देने की भावना के अनुरूप ज़्यादा काम किया, तो उनकी थकावट धीरे-धीरे लुप्त हो गई और उनकी ऊर्जा लौट आई। वे ओवरब्रुक में अचानक ऊर्जा का नया पुंज थीं। उनके पास इतनी शक्ति आ गई कि वे नैसर्गिक रूप से प्रतिभाशाली बच्चों के समन्वयक के तौर पर काम करने लगीं। उन्होंने प्रारंभ से एक स्पेनिश 3 प्रोग्राम को तैयार किया। अपने अन्य साथियों की तरह उन्होंने ओवरब्रुक नहीं छोड़ा। टीएफ़ए से उनके साथ पांच शिक्षक-शिक्षिकाओं ने ओवरब्रुक में नौकरी शुरू की थी, उनमें से सिर्फ़ कॉनरी ही ऐसी थीं, जो चार साल बाद भी वहां पढ़ा रही थीं। कॉनरी के समान उसी तीन साल की अवधि में जो एक दर्जन शिक्षक-शिक्षिकाएं आए थे, उनमें से सिर्फ़ दो बचे थे। इनमें से एक कॉनरी भी थीं। वे टीएफ़ए के उन गिने-चुने शिक्षक-शिक्षिकाओं में शामिल हो गईं, जिन्होंने कम से कम चार साल तक लगातार पढ़ाया। उन्हें अध्यापन के राष्ट्रीय अवार्ड के लिए नामांकित किया गया। आख़िर यह कैसे संभव हुआ कि

देने की भावना के अनुरूप ज़्यादा काम करने से वे फिर ऊर्जा से भर गईं और उनकी हिम्मत ने बिलकुल जवाब नहीं दिया?

असर डालने वाला ख़ालीपन : बिना ध्येय देने की भावना रखने वाले

एक दशक पहले एक विश्वविद्यालय के कॉल सेंटर के ऊर्जावान और सक्रिय निदेशक हॉवर्ड हीवनर ने मुझे आमंत्रित किया था कि मैं यह पता लगाने में उनकी मदद करूं कि उनके फ़ोन करने वाले स्टाफ़ को प्रेरित कैसे रखा जा सकता है। फ़ोन करने वाले स्टाफ़ को दायित्व सौंपा गया कि वे विश्वविद्यालय के पूर्व छात्रों से संपर्क करके उनसे चंदा देने को कहें। फ़ोन काटने से पहले उन्हें तीन बार चंदे के लिए बोलना था। इसके बावजूद चंदे के लिए मना करने की दर 90 फ़ीसदी से भी ज़्यादा थी। यहां तक कि सबसे अनुभवी और सफल कर्मचारी भी थकावट महसूस करने लगे थे। एक अनुभवी कॉलर ने कहा, "मैंने निष्कर्ष निकाला है कि मैं जो कॉल कर रहा हूं, वे अत्यंत कठिन हैं। कुछ संभावित लोगों ने तो पहले दो वाक्यों के बाद ही फ़ोन काट दिया और मुझसे कहा कि चंदा देने में उनकी कोई रुचि नहीं है।"

मैंने अनुमान लगाया कि लेने की मानसिकता वाले लोग बड़ी संख्या में हार मान रहे हैं। वे देने की भावना रखने वालों के समान वचनबद्ध नहीं होंगे। इसलिए ट्रेनिंग के दौरान मैंने प्रत्येक कॉलर के बारे में समझा कि वह देने की भावना रखने वाला है, या लेने की मानसिकता रखता है या वह संतुलन बैठाने वालों में से है। काम के पहले महीने में लेने की मानसिकता वाले कॉलर औसतन तीस से ज़्यादा चंदे प्रति सप्ताह जमा कर रहे थे। देने की भावना रखने वाले मेरी आशा के विपरीत बहुत कम उत्पादक थे। वे स्वयं की प्रेरणा शक्ति बरकरार रखने के लिए संघर्ष कर रहे थे। वे कॉल भी कम कर रहे थे और प्रति सप्ताह दस से भी कम चंदे जुटा पा रहे थे। मैं हैरान था कि क्यों जो कॉलर सबसे ज़्यादा बदलाव लाना चाहते थे, वे वास्तव में सबसे कम बदलाव ला पा रहे थे?

एक दिन जब मैंने कॉल सेंटर का दौरा किया, तो मुझे इसका जवाब मिल गया। मैंने देखा कि एक कॉलर ने अपनी डेस्क के ऊपर एक साइन बोर्ड लगा रखा है, जिस पर लिखा था :

> **यहां अच्छा काम करने का अर्थ ठीक वैसे ही है,**
> **जैसे आप गहरे रंग के सूट में अपनी पैंट गीली**
> **कर दें। सिर्फ़ आपको गर्माहट का अनुभव होगा,**
> **लेकिन किसी को पता भी नहीं चलेगा**

मेरे आंकड़ों के मुताबिक़ जिस कॉलर ने यह साइन बोर्ड बड़े ही गर्व के साथ लगाया था, वह देने की भावना में बहुत ज़्यादा यक़ीन करता था। आख़िर देने की भावना रखने वाला कोई कॉलर ऐसा अनुभव क्यों करेगा कि उसका सही मूल्य नहीं आंका जा रहा है? उसके साइन बोर्ड को ध्यान में रखते हुए मैंने सोचना शुरू किया कि कुल-मिलाकर मेरा प्रारंभिक अनुमान सही था। काम के प्रेरणादायक ढांचे को देखते हुए देने की भावना रखने वालों को लेने की मानसिकता वालों को पीछे छोड़ देना चाहिए था। समस्या यह थी कि देने की भावना रखने वालों को उस पुरस्कार से वंचित किया जा रहा था, जो उन्हें सबसे ज़्यादा ऊर्जा देता है।

लेने की मानसिकता वाले कॉलर इस बात से प्रेरित महसूस करते थे कि वे कैंपस में सबसे ज़्यादा वेतन के काम पर नौकरी कर रहे हैं, लेकिन देने की भावना रखने वालों के लिए उस पुरस्कार का अभाव था, जो उनके लिए सबसे ज़्यादा मायने रखता था। लेने की मानसिकता वाले लोगों की प्रवृत्ति होती है कि वे इस बात की चिंता सबसे ज़्यादा करते हैं कि नौकरी से उन्हें व्यक्तिगत रूप से क्या लाभ हो रहा है, वहीं देने की भावना रखने वाले लोग ऐसी नौकरी करना ख़ूब पसंद करते हैं, जिससे अन्य लोगों को फ़ायदा भी होता हो। जब कॉल करने वाले चंदा जुटाते थे, तो ज़्यादातर पैसा सीधे विद्यार्थियों की छात्रवृत्ति के लिए चला जाता था, लेकिन कॉल करने वाले अंधेरे में रहते थे। उन्हें इस बात की कोई जानकारी नहीं होती थी कि किसके पास पैसा जा रहा है और इससे उनके जीवन पर क्या असर पड़ रहा है।

अगले प्रशिक्षण सत्र में मैंने नए कॉलर को उन विद्यार्थियों के पत्र पढ़ने के लिए आमंत्रित किया, जिनकी छात्रवृत्तियों का भुगतान कॉलर के कार्यों की वज़ह से संभव हो पाया है। छात्रवृत्ति पा चुके विल नामक एक छात्र ने लिखा :

> जब निर्णय लेने का समय आया, तो मुझे पता चला कि प्रांत के बाहर ट्यूशन काफ़ी महंगा है, लेकिन यह विश्वविद्यालय मेरे ख़ून में है। मेरे दादा-दादी की मुलाक़ात यहीं हुई थी। मेरे पिता जी और चार भाई यहीं पढ़े हैं। यहां तक कि मैं अपने छोटे भाई को लेकर भी इस स्कूल का बहुत ऋणी हूं। वह उस रात मां की कोख में आया था, जब हमने एनसीएए बास्केटबॉल टूर्नामेंट जीता था। मैंने अपनी पूरी ज़िंदगी यहां आने का सपना देखा। मैं यह छात्रवृत्ति पाकर अति आनंदित हो गया। मैं इस स्कूल में उन सब अवसरों का भरपूर लाभ उठाने के लिए आया हूं, जो यह उपलब्ध कराता है। इस छात्रवृत्ति ने कई तरह से मेरी ज़िंदगी में सुधार ला दिया है...

इन पत्रों को पढ़ने के बाद देने की भावना रखने वालों को लेने की मानसिकता वालों के बराबर आने में सिर्फ़ एक सप्ताह लगा। लेने की मानसिकता वालों ने कुछ

सुधार अवश्य दिखाया, लेकिन देने की भावना वालों ने बहुत सशक्त तरीक़े प्रतिसाद दिया। उनके साप्ताहिक कॉल और चंदे में तीन गुना की वृद्धि हो गई। उनके प्रभाव पर अब उनकी मज़बूत भावनात्मक पकड़ थी। वे जानते थे कि यदि वे और चंदा जुटा सके, तो विल जैसे और विद्यार्थियों की छात्रवृत्ति से मदद कर सकेंगे। उनका काम कैसे अन्य लोगों की मदद कर रहा है, इससे जुड़े पत्रों को सिर्फ़ पांच मिनट पढ़ने के बाद देने की भावना रखने वाले लेने की मानसिकता रखने वालों के समान उत्पादकता के स्तर तक पहुंचने के लिए प्रेरित हो गए। सूज़न डोमिनॉस लिखती हैं, "प्रेरणा का सबसे बड़ा स्रोत अन्य लोगों के प्रति सेवा की भावना है, जिसका अभी दोहन नहीं किया गया है।"

देने की भावना रखने वाले हालांकि अब भी अपने काम का पूरा प्रभाव नहीं देख पा रहे थे। सिर्फ़ पत्रों को पढ़ने की बजाय यदि वे छात्रवृत्ति पाने वाले किसी छात्र से व्यक्तिगत रूप से मिलें तो इसका क्या प्रभाव पड़ेगा? कॉल करने वालों ने जब ऐसे एक छात्र से व्यक्तिगत रूप से बातचीत की, तो पहले से भी ज़्यादा ऊर्जावान अनुभव कर रहे थे। औसत कॉलर ने प्रति सप्ताह हर घंटे और मिनट में कॉल करने की संख्या को दुगुना कर दिया। ज़्यादा कड़ी मेहनत करके कॉल करने वाले ज़्यादा पूर्व छात्रों तक पहुंच सके। इसका परिणाम यह हुआ कि 144 फ़ीसदी ज़्यादा पूर्व छात्रों ने हर सप्ताह चंदा दिया। असाधारण रूप से राजस्व पांच गुना बढ़ गया। छात्रवृत्ति प्राप्त करने वालों से मिलने से पहले कॉलरों का औसत 412 डॉलर था, लेकिन उनसे मिलने के बाद यह औसत 2,000 डॉलर से भी ज़्यादा हो गया। एक कॉलर ने तो प्रदर्शन में ऐसी ऊंची छलांग लगाई कि उसका आंकड़ा पांच कॉल और 100 डॉलर प्रति शिफ़्ट के औसत से बढ़कर उन्नीस कॉल और 2,615 डॉलर प्रति शिफ़्ट हो गया। कॉलरों का जो नियंत्रण वाला समूह था, जो छात्रवृत्ति पाने वाले किसी छात्र से नहीं मिला था, उनके कॉल, फ़ोन के समय, चंदे की रक़म या राजस्व में कोई बदलाव नहीं हुआ था। कुल-मिलाकर, छात्रवृत्ति पाने वाले एक छात्र से पांच मिनट के संवाद ने 23 कॉलरों को इतना प्रेरित किया कि उन्होंने एक सप्ताह में विश्वविद्यालय के लिए 38,451 डॉलर की अतिरिक्त रक़म जुटा दी। यद्यपि देने की भावना रखने वाले, लेने की मानसिकता वाले और संतुलन बैठाने वाले सभी छात्रवृत्ति पाने वाले से मिलने के बाद प्रेरित हुए थे, लेकिन प्रयासों और राजस्व में लाभ देने की भावना रखने वालों में साफ़ देखा जा सकता था।

यह कायापलट देने की भावना रखने वालों में थककर चूर होने के एक उल्लेखनीय सिद्धांत को दर्शाती है। इसका संबंध देने की मात्रा से कम, बल्कि उस देने के प्रभाव के संबंध में फ़ीडबैक की मात्रा से ज़्यादा है। शोधकर्ताओं ने यही निष्कर्ष स्वास्थ्य सेवा क्षेत्र में निकाला है, जहां थकावट को अक्सर संवेदना की थकावट के तौर पर देखा जाता है। "अन्य लोगों की देखभाल करने में तनाव, थकान और

शिथिलता।" पहले विशेषज्ञ यह मानते थे कि लोगों के लिए संवेदना की अत्यधिक अभिव्यक्ति की वज़ह से संवेदना की थकान होती है, लेकिन नए शोधकर्ताओं ने इस निष्कर्ष को चुनौती दी है। शोधकर्ता ओल्गा क्लिमेकी और तानिया सिंगर के मुताबिक़, "देखभाल करने में बिताए गए समय के साथ-साथ... अन्य सभी कारकों से 'ज़्यादा पीड़ा की धारणा' की वज़ह से देखभाल करने वालों में अवसाद के लक्षण उत्पन्न होते हैं।" देने की भावना रखने वालों में तब थकावट नहीं होती, जब वे देने में बहुत ज़्यादा समय और ऊर्जा लगा देते हैं। वे थकावट तब महसूस करते हैं, जब उन्हें लगता है कि वे जिन ज़रूरतमंद लोगों के साथ काम कर रहे हैं, उनकी वे प्रभावशाली तरीक़े से मदद नहीं कर पा रहे हैं।

शिक्षक देने की भावना वाली थकावट के प्रति अति संवेदनशील होते हैं क्योंकि इसकी वज़ह एक अलग अस्थायी अनुभव होती है, जो शिक्षा को परिभाषित करती है। यद्यपि शिक्षक-शिक्षिकाएं रोज़ाना अपने विद्यार्थियों से संवाद करते हैं, लेकिन उसका प्रभाव दिखने में कई वर्ष लग जाते हैं। तब तक विद्यार्थी भी स्कूल छोड़ चुके होते हैं। शिक्षक सोचने लगते हैं कि क्या उनका काम वास्तव में महत्त्वपूर्ण है? जब देने के लाभ की स्पष्ट रूप से पुष्टि नहीं होती, तो प्रयासों में थकावट आने लगती है और उन्हें ज़ारी रखना मुश्किल हो जाता है। ओवरब्रुक में ये सब चुनौतियां बहुत ज़्यादा फैली हुई हैं, जहां शिक्षकों को अनेक असुविधाओं और ध्यान बंटने के कारकों से जूझना पड़ता है, ताकि वे ध्यान केंद्रित करने के लिए प्रेरित हो सकें। विद्यार्थियों की उपस्थिति सुनिश्चित करना तो अलग बात है। जब कॉनरी कैलेहन भावनात्मक रूप से थक गई थीं, तब ऐसा नहीं था कि वे अपनी देने की भावना के अनुरूप बहुत ज़्यादा काम कर रही थीं, बल्कि उनमें थकावट इसलिए आई क्योंकि वे ऐसा अनुभव नहीं कर पा रही थीं कि उनके देने से कोई बदलाव आ रहा है। कॉनरी ने मुझे बताया, "अध्यापन में क्या मेरा कोई असर है? यह एक तरह की अनिश्चित परिणाम वाली स्थिति है। मैं अक्सर अनुभव करती हूं कि मैं कोई प्रभावशाली काम नहीं कर रही हूं। मैं सिर्फ़ अपना समय बर्बाद कर रही हूं। मैं कोई बदलाव नहीं ला रही हूं।"

कॉनरी ने जब माइंड्स मैटर फ़िलाडेल्फ़िया की शुरुआत की, तब वे अपनी व्यस्त दिनचर्या पर भले ही अतिरिक्त बोझ डाल रही थीं, लेकिन इसका असली ध्येय प्रभाव की शून्यता को भरना था, जो उन्होंने ओवरब्रुक में अध्यापन करते हुए अनुभव किया था। वे कहती हैं, "मैं जानती थी कि परामर्श देने के मेरे प्रोग्राम का ज़्यादा सीधा असर पड़ेगा।" निम्न आय वर्ग के प्रतिभाशाली विद्यार्थियों को परामर्श देकर वे यह अनुभव करने में समर्थ हो सकीं कि वे ओवरब्रुक की कक्षाओं से ज़्यादा बदलाव ला रही हैं। ओवरब्रुक में प्रत्येक विद्यार्थी कुछ विशेष ही चुनौती पेश करता है। जब उन्होंने प्रतिभाशाली विद्यार्थियों को परामर्श दिया, तब सकारात्मक फ़ीडबैक तेज़ी से आया और उनके प्रयासों को मान्यता मिली। उन्होंने देखा कि परामर्श लेने वाला

उनका डेविड नामक विद्यार्थी पहले जहां शर्मीला और एकांतप्रिय था, वह अपने निकट के मित्रों के समूह में मुखर युवा के तौर पर विकसित हो गया। अपने प्रोग्राम के सकारात्मक प्रभाव ने उनकी ऊर्जा बढ़ाने का काम किया। ठीक ऐसा ही चंदा जुटाने वाले कॉलरों के मामले में हुआ था, जब वे छात्रवृत्ति पाने वाले एक छात्र से मिले थे।

यह प्रभाव सिर्फ़ परामर्श देने वाले प्रोग्राम तक सीमित नहीं था। ऊर्जा बढ़ने से कॉनरी में यह आशा फिर जाग उठी कि वे ओवरब्रुक में अपने काम से भी यही असर ला सकती हैं। जिन विद्यार्थियों को उन्होंने परामर्श दिया था, उनकी प्रगति ने उनमें विश्वास जगा दिया कि वे कक्षा में कठिनाई अनुभव कर रहे विद्यार्थियों की मदद कर सकती हैं। उन्होंने कहा, "मैं जानती हूं कि मैंने जो शुरू किया है, वह वास्तव में इन बच्चों में बदलाव ला रहा है। जो मैंने तीन महीने में देखा है, वह उनके लिए बड़ा अंतर है। उन्होंने मुझे महसूस कराया है कि बच्चे कितने बढ़िया हो सकते हैं।" जितना ज़्यादा समय वे माइंड्स मैटर में विद्यार्थियों को परामर्श देने में व्यतीत करतीं, उतने ही ज़्यादा उत्साह से वे ओवरब्रुक की कक्षा में प्रवेश करतीं। उनकी प्रेरणा शक्ति जैसे पुनर्जीवित हो उठी हो।

मेरे दो अन्य सहयोगियों के साथ शोध में मैंने पाया कि प्रभाव की अनुभूति तनाव के प्रति प्रतिरोधक का काम करती है, जिससे कर्मचारी थककर चूर होने से बच सकते हैं और अपनी प्रेरणा और प्रदर्शन को बनाए रख सकते हैं। एक अध्ययन में एक छात्र और मैंने निष्कर्ष निकाला कि जो शिक्षक अपने काम को अत्यधिक तनाव से भरा और असामान्य मेहनत वाला मानते हैं, वे थकावट का शिकार ज़्यादा होते हैं, लेकिन गहन निरीक्षण से पता चला कि नौकरी से जुड़ा तनाव और उससे होने वाली थकावट उन्हीं शिक्षकों में ज़्यादा थी, जो यह महसूस करते थे कि वे कोई बदलाव नहीं ला पाए हैं। स्थायी प्रभाव की भावना तनाव के प्रति संरक्षण प्रदान करती है और थकावट को रोकती है।

कक्षा में कोई शिक्षक जो सबक़ देता है, उसको पूरी तरह समझने में कभी-कभी कई वर्ष लग जाते हैं। उस वक़्त तक शिक्षकों का अनेक विद्यार्थियों से संपर्क टूट चुका होता है, लेकिन अध्यापन में शिक्षकों को कम से कम अल्पावधि के प्रभाव देखने को तो मिलते हैं क्योंकि उन्हें विद्यार्थियों से रूबरू होने का अवसर प्राप्त होता है। कई ऐसे भी काम होते हैं, जहां हमें ऐसे लोगों से मिलने का कोई अवसर प्राप्त नहीं होता है, जो हमारे काम से लाभान्वित होते हैं। उदाहरण के लिए स्वास्थ्य सेवा क्षेत्र में अनेक चिकित्सा पेशेवर रोग की निर्णायक पहचान उपलब्ध कराते हैं, लेकिन वे दूसरे छोर पर रोगियों से कभी नहीं मिलते, जो उनके परीक्षण के परिणामों से लाभान्वित होते हैं। इज़राइल में रेडियोलॉजिस्टों के समूह ने रोगियों के कंप्यूटेड टोमोग्राफ़ी (सीटी) परीक्षण की क़रीब एक सौ रिपोर्टों का मूल्यांकन किया। तीन महीने बीत गए। रेडियोलॉजिस्ट मूल सीटी रिपोर्टों को भूल चुके थे। उन्होंने उनका फिर

मूल्यांकन किया। कुछ रेडियोलॉजिस्टों के प्रदर्शन में सुधार दिखाई दिया। यह सुधार 53 फ़ीसदी के क़रीब था। उन्होंने ऐसी असामान्यताओं का भी पता लगा लिया, जो परीक्षण के मूल कारण से संबद्ध नहीं थीं। इसके विपरीत कुछ रेडियोलॉजिस्टों का प्रदर्शन अपेक्षाकृत ख़राब हो गया। उन्हीं सीटी परीक्षणों पर उनकी सटीकता 28 फ़ीसदी घट गई। आख़िर ऐसा क्यों हुआ कि कुछ रेडियोलॉजिस्टों के प्रदर्शन में सुधार हुआ, जबकि कुछ का प्रदर्शन ख़राब हो गया?

उनके रोगियों की परीक्षण से पहले फ़ोटो खींची गई थी। आधे रेडियोलॉजिस्टों ने पहला सीटी परीक्षण रोगी की तसवीर के बिना ही पूरा किया था। जब उन्होंने तीन महीने बाद दूसरा सीटी परीक्षण किया, तब उन्होंने फ़ोटो देखी। ये वे रेडियोलॉजिस्ट थे, जिनके प्रदर्शन में 53 फ़ीसदी सुधार आया था। अन्य आधे रेडियोलॉजिस्टों ने पहले सीटी परीक्षण में रोगी की फ़ोटो देखी थी। तीन महीने बाद उन्होंने फ़ोटो बिना दूसरा सीटी परीक्षण पूरा किया। ये वे रेडियोलॉजिस्ट थे जिनका प्रदर्शन 28 फ़ीसदी ख़राब हो गया था।

सीटी परीक्षण में रोगी की एक फ़ोटो जोड़ने से रोग के लक्षण पहचानने की सटीकता 46 फ़ीसदी बढ़ गई। रोगों के लक्षण संबंधी 80 फ़ीसदी अहम निष्कर्ष तभी सामने आए, जब रेडियोलॉजिस्टों ने रोगी की फ़ोटो देखी। फ़ोटो नहीं लगी होने पर रेडियोलॉजिस्ट इन महत्त्वपूर्ण निष्कर्षों का पता लगाने में चूक गए, चाहे तीन महीने पहले उन्होंने इन्हें पकड़ लिया था। जब रेडियोलॉजिस्टों ने रोगी की फ़ोटो देखी, तो उन्हें ज़्यादा सहानुभूति का अनुभव हुआ। फ़ोटो लगे होने से सहानुभूति को बढ़ावा मिला, जिसने रेडियोलॉजिस्टों को प्रेरित किया कि वे रोग का पता ज़्यादा सावधानी से लगाएं। जब सीटी परीक्षणों में रोगी की फ़ोटो लगी थी, तो रेडियोलॉजिस्ट की रिपोर्टें 29 फ़ीसदी ज़्यादा लंबी थीं। रेडियोलॉजिस्टों ने जब किसी रोगी की फ़ोटो देखी, तब उन्होंने अपने काम के मानवीय प्रभाव से जुड़ाव को मज़बूती से महसूस किया। एक रेडियोलॉजिस्ट ने कहा, "रोगी की फ़ोटो प्रत्येक सीटी स्कैन को अनूठा बना देती है।"

हाल ही किए गए एक अध्ययन में शोधकर्ता निकोला बेली ने इटली की 90 नर्सों के अध्ययन में ऐसे ही पैटर्न का निष्कर्ष निकाला था। इन नर्सों को शल्य चिकित्सा संबंधी उपकरण इकट्ठा करने के लिए आमंत्रित किया गया था। इन नर्सों को बिना किसी क्रम में उन चिकित्सकों से मिलने को कहा गया था, जो इन उपकरणों का इस्तेमाल करते हैं। ये नर्सें बहुत ज़्यादा उत्पादक और सटीक पाई गईं। सर्वे में यह प्रभाव उन नर्सों में विशेष तौर पर देखा गया, जिनमें देने की भावना बहुत ज़्यादा थी। दिलचस्प बात यह है कि शल्य चिकित्सा संबंधी उपकरणों से लाभ उठाने वाले चिकित्सकों से मिलने के एक सप्ताह बाद इन सभी नर्सों का झुकाव देने की भावना की ओर पहले से ज़्यादा था। देने की भावना रखने वालों में थकावट घटाने के अलावा प्रभाव से सीधा संपर्क आदान-प्रदान की किसी भी शैली के व्यक्ति

का झुकाव देने की दिशा में कर देता है। जब लोगों को पता चलता है कि उनका काम कैसे बदलाव ला रहा है, तो वे ज़्यादा योगदान देने के लिए ऊर्जा से भरपूर अनुभव करते हैं। अपने काम के प्रभाव को देखने से देने की भावना रखने वालों में थकावट कम हो जाती है और यह अन्य लोगों को भी देने के लिए प्रेरित करती है।

इसी विचार को ध्यान में रखते हुए अनेक संगठनों ने ऐसे कार्यक्रमों और पहलों की रूपरेखा तैयार की, जिससे कर्मचारियों को उनके उत्पाद और सेवा के प्रभाव से सीधा जोड़ा जा सके। वेल्स फ़ारगो में बेन सॉकर्सी नाम के उपाध्यक्ष ने ग्राहकों के ऐसे वीडियो तैयार कराए हैं, जिनमें वे बातें कर रहे हैं कि कंपनी के कम ब्याज के ऋण ने अवांछित ऋणों को कम करने और उनसे मुक्ति पाने में कैसे उनकी मदद की। सॉकर्सी कहते हैं, "अनेक मामलों में ग्राहकों ने ऐसे अनुभव किया कि उनके कंधों से भारी बोझ हट गया है। उनके पास अब ऋण चुकाने की योजना भी थी।" जब बैंकर्स ने ये वीडियो देखे, तो "मानो जैसे बत्ती जल गई हो। बैंकर्स ने अनुभव किया कि उनके काम का क्या प्रभाव है। ऋण वास्तव में ग्राहकों के जीवन में बदलाव ला सकता है। यह वास्तव में दमदार अभिप्रेरणा थी।"

मेडट्रॉनिक में इंजीनियर से लेकर सेल्स कर्मी तक सभी अस्पतालों में जाकर देखने लगे कि उनकी मेडिकल तकनीक का रोगियों को कैसे लाभ हो रहा है। मेडट्रॉनिक के पूर्व सीईओ बिल जॉर्ज ने मुझे बताया, "जब वे थकावट महसूस करें, तो यह बहुत ज़रूरी है कि वे वहां से बाहर निकलें और प्रक्रिया को देखें। वे रोगियों पर अपने काम का प्रभाव देख सकते हैं, जो उन्हें याद दिलाता है कि वे इसलिए हैं ताकि रोगी फिर पूर्ण स्वस्थ हो सकें और ज़िंदगी जी सकें।" मेडट्रॉनिक एक वार्षिक पार्टी का आयोजन भी करती है, जिसमें कंपनी के तीस हज़ार से ज़्यादा कर्मचारी भाग लेते हैं। इस पार्टी में छह रोगियों को भी आमंत्रित किया जाता है कि वे अपना अनुभव साझा करें कि किस तरह कंपनी के उत्पादों ने उनकी ज़िंदगी बदल दी है। जब कर्मचारी स्वयं प्रत्यक्ष देखते हैं कि उनका काम क्या मायने रखता है, तो अनेक कर्मचारियों की आंखों में तो आंसू आ जाते हैं।

ज़्यादा प्रभाव दरअसल अनेक कारणों में से एक कारण है कि ज़्यादा देना कैसे देने की भावना रखने वालों की थकावट से बचने में मदद करता है, हालांकि यह आम धारणा के विपरीत दिखाई देता है, लेकिन यह पूरी कहानी नहीं है। एक दूसरा कारण भी है कि जब कॉनरी ने पहले से ज़्यादा अतिरिक्त योगदान दिया, तो यह ऊर्जा से भरपूर क्यों रहा। इसका संबंध इस बात से है कि उन्होंने कहां और किसे योगदान दिया। क़रीब एक शताब्दी पहले मनोविज्ञानी अनिट्रा कार्स्टन ने लोगों को दोहराए जाने वाले काम करने के लिए आमंत्रित किया। उनसे कहा गया कि वे तब तक ही ऐसा करें, जब तक उन्हें इसमें आनंद का अनुभव होता हो। उनसे कहा गया कि जब वे थकान का अनुभव करें, तो काम बंद कर दें। प्रतिभागियों ने लंबे

समय तक ड्रॉइंग बनाने और कविता ज़ोर से पढ़ने जैसे कामों को करने में पसीना बहाया। वे तभी रुके, जब ऐसा करने की हिम्मत नहीं बची। एक व्यक्ति का काम था कि वह *एबीएबीएबी* बार-बार लिखे। हॉर्वर्ड के मनोविज्ञानी एलन लैंगर इसे याद करते हुए कहते हैं, "यह व्यक्ति मानसिक और शारीरिक रूप से थकने तक ऐसा करता रहा। उसका हाथ इतना सुन्न पड़ गया कि वह एक और बार लिखने के लिए भी उसे हिला नहीं सकता था। इसी क्षण शोधकर्ताओं ने उससे कहा कि वह किसी अन्य काम के लिए अपने दस्तख़त कर दे और पता लिख कर दे दे, तो उसने ऐसा आसानी से कर दिया।"

यह अज़ीब बात अन्य प्रतिभागियों के साथ भी हुई। एक महिला ने कहा कि वह इतना थक चुकी थी कि एक और काम करने के लिए अपना हाथ भी नहीं उठा सकती थी, लेकिन उसने अपने बाल संवारने के लिए बिना किसी दिक़्क़त और पीड़ा के हाथ ऊपर कर लिए। कुछ प्रतिभागियों ने ऊंची आवाज़ में कविता तब तक पढ़ी, जब तक उनकी आवाज़ बेसुरी नहीं हो गई। काम के बारे में शिकायत करने में उन्हें कोई दिक़्क़त नहीं हो रही थी। जब उन्होंने काम के बारे में शिकायत की, तब उनकी आवाज़ बिलकुल कर्कश नहीं थी। लैंगर के मुताबिक़, "ये लोग ढोंग नहीं कर रहे थे, लेकिन संदर्भ बदलने से उनमें पुनः ऊर्जा का संचार हो गया।"

कॉनरी ने जब टीएफ़ए के शिक्षकों को स्वेच्छा से परामर्श देना शुरू किया, तो इससे संदर्भ बदल गया, जिसकी वज़ह से वे ताज़गी अनुभव करने लगीं। वे कहती हैं, "वयस्क लोगों के साथ काम करने, वह भी अध्यापन जैसे काम से मुझे अत्यधिक थकावट जैसा कुछ अनुभव नहीं होता, बल्कि यह मुझमें नई ताज़गी भर देता है।" एक ही क्षेत्र में ज़्यादा योगदान देना थकावट भरा हो सकता है। एक ही तरह से बार-बार ज़्यादा योगदान देने की बजाय कॉनरी ने अपने योगदान का विस्तार अलग लोगों के समूह तक कर दिया। यही बात तब भी हुई, जब उन्होंने माइंड्स मैटर में हाई स्कूल के विद्यार्थियों को परामर्श देना शुरू किया। उनके समक्ष नया परिवेश था और मदद करने के लिए नए लोग थे। वे स्पेनिश पढ़ाने की बजाय उन्हें कॉलेज के लिए तैयार कर रही थीं। अपने योगदान को नवीन क्षेत्र में स्थानांतरित करने से वे अपनी ऊर्जा को रिचार्ज करने में समर्थ हो सकीं।

अलग लोगों की पसंद : छोटे-छोटे टुकड़ों की एक इकाई बनाना, फैलाना और 100 घंटों की स्वैच्छिक सेवा

इस अध्याय के प्रारंभ में हमने अन्य तरह के लोगों के व्यवहार पर चर्चा की थी। कॉनरी और चंदा जुटाने वाले कॉलरों दोनों उदाहरणों को हमने देखा, तो निःस्वार्थ भाव से देने की भावना रखने और अलग तरीक़े से देने की भावना रखने वालों

के बीच का अंतर परिदृश्य में आने लगता है। इन दोनों संदर्भों में कैसे, कहां और कितनी मात्रा में देना है, इससे जुड़े फ़ैसले स्पष्ट रूप से अंतर पैदा करते हैं कि कौन थकावट का शिकार होगा और कौन ऊर्जा से भरपूर होगा। ज़्यादा योगदान देने की वज़ह से ऐसा लग सकता है कि कॉनरी निःस्वार्थ भाव से देने की भावना रखती थीं, लेकिन वास्तव में उन्होंने देने के एक ऐसे अवसर का निर्माण कर लिया था, जो उनके लिए व्यक्तिगत रूप से प्रतिफल देने वाला था। उनके योगदान के स्पष्ट रूप से दिखने वाले प्रभाव से उन्हें ऊर्जा प्राप्त होती थी। इस मामले में ज़्यादा निःस्वार्थी होने का अर्थ होता कि वे स्कूल में पहले से भी ज़्यादा योगदान देतीं। वहां तो अंतहीन मदद की ज़रूरत थी, लेकिन वहां बदलाव लाने की अपनी क्षमता को सीमित अनुभव कर रही थीं। इसलिए कॉनरी ने अपने कल्याण के बारे में ज़्यादा सोचा। अपने कल्याण के लिए उन्होंने योगदान देने का नया तरीक़ा निकाला।

देने की भावना रखने वालों के लिए विकल्प ही वास्तविक नतीज़े तय करता है। अनेक अध्ययनों में कॉर्नेगी मेलॉन की मनोविज्ञानी विकी हेल्गसन ने निष्कर्ष निकाला है कि जब लोग स्वयं के कल्याण की चिंता किए बिना सतत रूप से योगदान देते रहते हैं, तो उनकी मानसिक और शारीरिक सेहत बिगड़ने का ख़तरा पैदा हो जाता है, लेकिन यदि वे अलग तरीक़े से योगदान देते हैं, जिसमें वे दूसरों के साथ-साथ स्वयं के लिए भी काफ़ी चिंता प्रदर्शित करते हैं, तो उन्हें स्वास्थ्य बिगड़ने की क़ीमत नहीं चुकानी पड़ती। एक अन्य अध्ययन में सामने आया है कि जो लोग स्वयं और दूसरों को लाभ पहुंचाने में संतुलन का पालन करते हैं कि वे छह महीने की अवधि में ख़ुशी और जीवन संतुष्टि के स्तर में काफ़ी वृद्धि अर्जित कर लेते हैं।

निःस्वार्थ भाव से देने वालों और अलग तरीक़े से योगदान देने वालों की गहन समझ अर्जित करने के लिए हमें उनके फ़ैसलों पर पैनी नज़र डालनी होगी कि वे कहां और कितनी मात्रा में देते हैं। इससे यह पता चलता है कि कॉनरी देने की भावना के बावजूद थकावट से इसलिए बची रहीं क्योंकि उनके योगदान में ना सिर्फ़ विविधता थी, बल्कि उन्होंने इसकी योजना भी बनाई थी कि योगदान कैसे देना है।

कल्पना कीजिए आप इस सप्ताह कृपा के पांच अलग-अलग काम करने जा रहे हैं। उनका कोई क्रम भी नहीं है। आप ऐसे काम करेंगे, जैसे किसी परियोजना में मित्र की मदद करनी है, अपने पूर्व शिक्षक को धन्यवाद का पत्र लिखना है, रक्तदान करना है और किसी बुज़ुर्ग रिश्तेदार से मिलने जाना है। आप अपने योगदान को व्यवस्थित करने के लिए दो विभिन्न तरीक़ों में से एक चुन सकते हैं, छोटे-छोटे कामों को जोड़कर व्यवस्थित करना और कामों को फैलाना। आप यदि कामों को व्यवस्थित करने वाले होंगे, तो इन सभी कामों को जोड़कर सप्ताह में एक दिन का कर देंगे। यदि आप फैलाव करने वाले होंगे, तो इन कामों को पांच अलग-अलग दिनों में फैला

देंगे, ताकि आप हर दिन थोड़ा-थोड़ा योगदान देते रहें। आप क्या सोचते हैं, किससे आपको ज़्यादा खुशियां मिलेंगी : कामों को जोड़ने से या फैलाने से?

मनोविज्ञानी सोंजा ल्यूबोमिरस्की के नेतृत्व में किए गए एक अध्ययन में लोगों ने छह सप्ताह तक हर सप्ताह बिना किसी क्रम के कृपा के पांच काम किए। इन लोगों को बिना कोई क्रम अपनाए दो भागों में बांटा गया : आधे लोगों ने देने की भावना के अपने कामों को जोड़कर हर सप्ताह एक दिन तक सीमित कर दिया। शेष आधे लोगों ने कामों को हर सप्ताह पांच दिन तक फैला दिया। छह सप्ताह की समाप्ति पर सिर्फ़ एक समूह अत्यधिक प्रसन्न था, जबकि दोनों समूह ने लोगों की मदद के काम एक समान संख्या में ही किए थे।

कामों को जोड़ने वालों ने ख़ुशी के मामले में बहुत ज़्यादा हासिल किया, जबकि काम फैलाने वालों के बारे में ऐसा नहीं कहा जा सकता। ख़ुशी तब ज़्यादा बढ़ी, जब लोगों ने भलाई के सारे पांच काम एक दिन में निपटा दिए और उन्होंने हर दिन एक काम का फ़ॉर्मूला नहीं अपनाया। ल्यूबोमिरस्की और उनके सहयोगियों ने अनुमान लगाया कि "कामों को एक सप्ताह तक फैलाने से उनकी महत्ता और शक्ति कम हो गई होगी या वे प्रतिभागियों के सामान्य व्यवहार से कम विशिष्ट हो गए होंगे।"

इस अध्ययन में जो प्रतिभागी अपेक्षाकृत ज़्यादा खुश हुए, उनकी तरह ही कॉनरी कामों को व्यवस्थित ढंग से एक साथ जोड़ने वालों में से थीं। माइंड्स मैटर में उन्होंने अपनी स्वैच्छिक परामर्श सेवा को सप्ताह में सिर्फ़ एक दिन के लिए सीमित कर दिया था। स्कूल में वे विद्यार्थियों को पांच घंटे का परामर्श शनिवार को दिया करती थीं। रोज़ाना एक-एक घंटा नहीं। अपने योगदान के हिस्सों को साप्ताहिक ब्लॉकों में तब्दील कर देने से वे इसके प्रभाव को ज़्यादा सुस्पष्ट तरीक़े से देख सकती थीं। "उनके प्रयास अत्यंत छोटी मात्रा में दिखने की बजाय उससे बड़े दिखते थे।"

अलग तरह से देने की भावना रखने वालों की यह रणनीति होती है कि वे कई कामों को एक साथ व्यवस्थित करके लोगों की मदद करते हैं। स्कूल के बाद विद्यार्थियों को परामर्श देने की बजाय कॉनरी ने इसके लिए सप्ताहांत का दिन आरक्षित कर दिया था। स्कूल के बाद वे पहले से ही बहुत थकी हुई होती थीं। सप्ताहांत में उनकी ऊर्जा रिचार्ज हो जाती थी और यह उनकी समय-सारणी के लिए भी सुविधाजनक था। इसके विपरीत निःस्वार्थ भाव से देने की भावना रखने वाले लोग मदद करने के कामों को सप्ताह के सभी दिनों के लिए फैला देते हैं। उनका इस ओर झुकाव ज़्यादा होता है। जब कभी लोगों को ज़रूरत होती है, वे लोगों की मदद करते हैं। यह अत्यधिक ध्यान भंग करने और थकाने का काम करता है। निःस्वार्थ भाव से देने वालों को जो ऊर्जा और एकाग्रता उन्हें अपने काम पूरे करने के लिए चाहिए होती है, उसे यह नोच डालता है।

किसी साल सितंबर के महीने में *फ़ॉर्च्यून 500* में शुमार कंपनी के 17 सॉफ़्टवेयर इंजीनियरों को एक नए उत्पाद के लिए कोड विकसित करने की ज़िम्मेदारी सौंपी गई। यह कलर लेज़र प्रिंटर था, जो बाज़ार में अन्य उत्पादों की तुलना में सिर्फ़ 10 फ़ीसदी क़ीमत पर बिकने वाला था। यदि यह सफल रहा, तो कंपनी बाज़ार में एक प्रभावशाली खिलाड़ी बन जाएगी और प्रिंटर के बाद उत्पादों की पूरी शृंखला जारी कर सकती है। कंपनी की उस डिवीज़न को बहुत तेज़ी से नुक़सान हो रहा था। यदि प्रिंटर समय पर तैयार नहीं होंगे, तो डिवीज़न बंद हो जाएगी। परियोजना को पूरा करने के लिए इंजीनियर रात्रि और सप्ताहांत में भी काम कर रहे थे, लेकिन इसके बावजूद वे निर्धारित लक्ष्य से बहुत पीछे थे। हालात उनके ख़िलाफ़ थे। डिवीज़न के इतिहास में सिर्फ़ एक बार उत्पाद सही समय पर बाज़ार में आया था। हॉर्वर्ड की प्रोफ़ेसर लेस्ली पर्लोव लिखती हैं, "उन पर जो दायित्व था, उसे पूरा करने के लिए मिले अपर्याप्त समय से वे तनाव में थे और थके हुए थे।"

इंजीनियर दरअसल निःस्वार्थ भाव से देने के पैटर्न में फंस गए थे। वे समस्याओं का हल खोजने में अपने सहयोगियों की लगातार मदद कर रहे थे। एक इंजीनियर ने कहा, "मेरे काम की सबसे बड़ी निराशा यह है कि मुझे हमेशा अन्य लोगों की मदद करनी पड़ती है और इससे मेरा काम नहीं हो पाता।" एक अन्य इंजीनियर ने दुःखी होकर कहा, "मेरी कार्यशैली की समस्या यह है कि प्रतिक्रियाशील होने से इसकी और ज़्यादा ज़रूरत उत्पन्न होती है। मैं प्रतिक्रियाशील होने में ही व्यस्त रहता हूं और मैं मेरा काम ही नहीं कर पाता।" एंडी नामक इंजीनियर किसी भी सामान्य दिन सुबह आठ बजे से शाम सवा आठ बजे तक काम करते थे। शाम पांच बजे से पहले ऐसा बिलकुल नहीं होता था कि एंडी अपने मूल काम पर कभी भी बीस मिनट से ज़्यादा के समय के खंड तक स्थिर रह सकें। स्वयं के काम पूरे करने के लिए समय निकालने के वास्ते एंडी जैसे इंजीनियर कार्यालय सुबह जल्दी आने लगे और देर रात तक ठहरने लगे। यह सिर्फ़ अल्पावधि का हल था। जैसे ही ज़्यादा इंजीनियर देर रात तक काम करने लगे, उनके समक्ष चौबीस घंटे व्यवधान उत्पन्न होने लगे। बिना कोई प्रगति दर्ज किए इंजीनियर ज़्यादा समय दे रहे थे। यह बहुत थकावट भरा था।

पेर्लोव के पास एक विचार था कि निःस्वार्थ भाव से देने की भावना रखने वालों को अलग तरह के देने वालों में कैसे बदला जाए। उन्होंने प्रस्ताव रखा कि दूसरों की मदद के काम को दिनभर फैलाने की बजाय इसे जोड़ कर एक समय व्यवस्थित करें। उन्होंने एक ऐसी व्यवस्था बनाने के लिए इंजीनियरों के साथ काम किया, जिसमें व्यक्तिगत समय और संवाद का समय अलग-अलग था। अनेक समय सारणियों पर प्रयोग करने के बाद आख़िरकार पर्लोव ने तय किया कि सप्ताह में तीन दिन व्यक्तिगत समय रहेगा, जो सुबह शुरू होगा और दोपहर तक चलेगा। व्यक्तिगत

समय के दौरान इंजीनियर अकेले काम करेंगे और उनके सहयोगियों को जानकारी होगी कि उन्हें व्यवधान डालने से बचना है। शेष समय के दौरान सहयोगी मदद और सलाह मांगने के लिए स्वतंत्र थे।

पर्लोव ने जब व्यक्तिगत समय के बारे में इंजीनियरों का सर्वे किया, तो दो तिहाई इंजीनियरों ने औसत से ज़्यादा उत्पादकता की सूचना दी। पर्लोव जब पीछे हट गईं और उन्होंने पूरे एक महीने तक यह इंजीनियरों पर छोड़ दिया कि वे अपने व्यक्तिगत समय का प्रबंधन करें, तब 47 फ़ीसदी ने अपनी औसत से ज़्यादा उत्पादकता बनाए रखी। मदद करने के अपने समय को जोड़कर व्यवस्थित करने से इंजीनियर अपना काम पूरा करने के लिए समय और ऊर्जा का संरक्षण कर सके। इस तरह वे निःस्वार्थ भाव से देने की भावना रखने वालों से बदलकर अलग तरीक़े से देने वाले बन सके। एक इंजीनियर के शब्दों में, "व्यक्तिगत समय ने मुझे इस योग्य बना दिया कि मैं दिन के समय भी कुछ काम कर सकता था, जो मैं पहले सामान्य रूप से देर शाम के लिए टाल देता था।" तीन महीने बाद इंजीनियर लेज़र प्रिंटर समय पर लांच कर सके। डिवीज़न के इतिहास में ऐसा सिर्फ़ दूसरी बार हुआ था। डिवीज़न के उपाध्यक्ष ने इस सफलता का श्रेय व्यक्तिगत समय द्वारा निर्धारित मदद की सीमाओं को दिया। उन्होंने कहा, "मैं नहीं समझता कि इस परियोजना के बिना हम समय पर काम पूरा कर पाते।"

चूंकि इंजीनियरों के समक्ष अपने उत्पाद को अविलंब समय पर पूरा करने की चुनौती थी, इसलिए उनके पास इस बात का भी ठोस आधार था कि वे अपनी देने की भावना को अलग तरह से करने को न्यायसंगत ठहरा सकें, लेकिन अनेक मामलों में मदद करने की समुचित सीमाएं धुंधली होती हैं। सीन हैगर्टी वेंगार्ड स्थित इन्वेस्टमेंट मैनेजमेंट में प्रिंसिपल हैं। यह वित्तीय सेवा कंपनी म्यूचुअल फ़ंड में विशेषज्ञता रखती है। वे एक समर्पित परामर्शदाता हैं। वर्षों से उनका शिक्षा के प्रति जुनून बना हुआ है। वेंगार्ड कॉर्पोरेट विश्वविद्यालय में हर साल स्वेच्छा से एक सप्ताह के लिए कर्मचारियों को पढ़ाना उनकी आदत में शामिल हो चुका है। वेंगार्ड की चीफ़ लर्निंग ऑफ़िसर ने उनके घंटों की गणना की, तो उन्होंने पाया कि सीन कक्षा में बहुत ज़्यादा वक़्त बिता रहे थे। इस पर ऑफ़िसर को चिंता हुई कि वे थकावट का शिकार हो सकते हैं। सीन ने माना कि वे जोख़िम का सामना कर सकते हैं। उन्होंने कहा, "यह देखते हुए कि मेरे पास नियमित काम है, फिर भी यह बहुत ही महत्त्वपूर्ण वचनबद्धता है।" उन्होंने देने के घंटे कम करने के बजाय ज़्यादा घंटों को मांग कर दी। सीन ने कहा, "जो सबसे ज़्यादा मूल्यवान काम मैं कर सकता हूं, उनमें से एक यह है।" जितने ज़्यादा घंटे उन्होंने स्वैच्छिक रूप से पढ़ाया, उतना ही उन्होंने ज़्यादा ऊर्जावान अनुभव किया। यह क्रम तब तक चला, जब तक अध्यापन दो सप्ताह तक नहीं

खिंच गया और उन्होंने शैक्षणिक पहल पर अध्यापन की अवधि सौ घंटे वार्षिक से ज़्यादा नहीं कर ली।

जब देने की भावना का सवाल आता है, तब 100 एक जादुई आंकड़ा सा लगता है। ऑस्ट्रेलिया के क़रीब 65 साल के दो सौ से ज़्यादा वयस्कों के अध्ययन में यह बात सामने आई कि जिन लोगों ने प्रति वर्ष 100 से लेकर 800 घंटे तक स्वैच्छिक सेवा की, वे जीवन में उन लोगों से ज़्यादा खुश और संतुष्ट थे, जिन्होंने 100 घंटे से कम या 800 घंटे से ज़्यादा स्वैच्छिक सेवा दी थी। एक अन्य अध्ययन में जिन अमेरिकी वयस्कों ने 1998 में कम से कम 100 घंटे स्वैच्छिक सेवा की थी, उनके 2000 तक जीवित रहने की संभावना ज़्यादा थी। सौ घंटे से ज़्यादा स्वैच्छिक सेवा का कोई लाभ नहीं है। यह स्वैच्छिक सेवा का 100 घंटे का लक्षण है। ऐसा लगता है कि यह वह सीमा है, जहां देने की भावना से सबसे ज़्यादा ऊर्जा प्राप्त होती है और थकावट का स्तर न्यूनतम होता है।

वर्ष में 100 घंटे का मतलब हर सप्ताह सिर्फ़ दो घंटे होता है। शोध से निष्कर्ष निकला है कि यदि लोग हर सप्ताह दो घंटे की स्वैच्छिक सेवा शुरू कर दें, तो एक साल बाद उनकी ख़ुशी, संतुष्टि और उनके आत्म-सम्मान में वृद्धि हो जाएगी। किसी नए क्षेत्र में हर सप्ताह दो घंटे की स्वैच्छिक सेवा वह आदर्श बिंदु प्रतीत होता है, जहां लोग काम के बोझ तले दबे बिना और अन्य प्राथमिकताओं का बलिदान किए बिना ही सार्थक बदलाव ला सकते हैं। यह एक ऐसी सीमा भी है, जहां स्वैच्छिक सेवा में सामंजस्य बैठाए रखने की संभावना सबसे ज़्यादा होती है, जिसमें देने वालों और प्राप्त करने वालों दोनों को लाभ होता है। कनाडा में राष्ट्रीय स्तर पर किए गए एक अध्ययन में हज़ारों नागरिकों ने सूचना दी कि वे हर वर्ष कितने घंटे स्वैच्छिक सेवा देते हैं और उनसे क्या उन्होंने कोई नया तकनीकी, सामाजिक, या कोई संगठनात्मक ज्ञान और कौशल सीखा है। प्रति सप्ताह पहले कुछ घंटों में स्वैच्छिक सेवा देने वालों ने एक समान दर से ज्ञान और कौशल हासिल किया। प्रति सप्ताह पांच घंटे का आंकड़ा पहुंचते-पहुंचते स्वैच्छिक सेवा देने वालों पर घटती उपयोगिता का नियम लागू होने लगा। जैसे-जैसे अतिरिक्त घंटे जुड़ते गए, वैसे-वैसे लोग कम सीख रहे थे। ग्यारह घंटे प्रति सप्ताह तक पहुंचने पर स्वैच्छिक सेवा देने वाले कोई नया ज्ञान और कौशल नहीं सीख रहे थे।

कॉनरी ने जब टीएफ़ए के पूर्व छात्रों को स्वैच्छिक रूप से परामर्श देना शुरू किया, तब वे प्रति वर्ष 75 घंटे का योगदान दे रही थीं। जब उन्होंने हाई स्कूल के विद्यार्थियों को परामर्श देने के लिए ग़ैर लाभकारी संगठन माइंड्स मैटर शुरू किया, तब यह आंकड़ा 100 घंटे तक पहुंच गया। यह मात्र संयोग नहीं था कि उनकी ऊर्जा उसी बिंदु पर बहाल हो गई। इसमें सिर्फ़ समय की मात्रा ही मायने नहीं रखती थी,

बल्कि कॉनरी के योगदान में विभिन्न कामों की इकाइयों को एक साथ व्यवस्थित करना भी शामिल था। यही सीन हैगर्टी के योगदान में स्पष्ट देखा जा सकता था। इससे निःस्वार्थ तरीक़े से देने और अलग तरीक़े से देने में मुख्य अंतर स्पष्ट होता है।

सीन हैगर्टी ने जैसे ही वेंगार्ड की कक्षा में ज़्यादा समय बिताना शुरू किया, वे योगदान के नए अवसर तैयार करने लगे। वे कहते हैं, "मैंने जब कक्षा में प्रवेश किया था, उसकी तुलना में मैं इसे अपने छोटे से योगदान से बेहतर स्थिति में छोड़ना चाहता हूं।" उन्होंने स्वयं से सवाल पूछने शुरू कर दिए कि वे दुनिया पर प्रभाव कैसे डाल सकते हैं। जब वे देने के विभिन्न तरीक़ों पर विचार कर रहे थे, तब उनका ध्यान उस पैटर्न की ओर गया कि आख़िर वे कैसे अपना ख़ाली समय बिता रहे थे। "मैंने पाया कि मैं शिक्षा के बारे ज़्यादा से ज़्यादा पढ़ रहा हूं। इसके लिए मुझमें स्वाभाविक जोश है।"

सीन ने शिक्षा को लेकर दो नए कार्यक्रमों की शुरुआत करने और उनका नेतृत्व करने का निर्णय किया। एक कार्यक्रम का नाम था द क्लासरूम इकोनॉमी और राष्ट्र इसका केंद्र बिंदु था। सीन और उनके सहयोगी पूरे अमेरिका में नर्सरी के बच्चों को धन प्रबंधन के मूल सिद्धांत सिखाते हैं। दूसरा कार्यक्रम टीम वेंगार्ड था, जिसका केंद्र बिंदु स्थानीय था। सीन ने फ़िलाडेल्फ़िया के एक चार्टर स्कूल से साझेदारी की, ताकि परामर्श देने का चार साल का एक कार्यक्रम चलाया जा सके। इसमें कर्मचारी शाम को, सप्ताहांत में और लंच के बीच समय निकाल कर स्वैच्छिक सेवा दे सकें। समय की काफ़ी वचनबद्धता के बावजूद उन्होंने अनुभव किया कि दोनों कार्यक्रमों से उनकी ऊर्जा पर शानदार सकारात्मक प्रभाव पड़ा। सीन के शब्दों में, "मेरे वरिष्ठ स्टाफ़ के समक्ष वांछित गुणवत्ता का यही बिंदु था क्योंकि वे स्वैच्छिक सेवा के घंटों को लेकर चिंतित रहते थे। इसमें नियमित दिनचर्या से समय निकालना पड़ता था। ऐसा कभी-कभी होता है, लेकिन मेरे हिसाब से इससे ऐसा वातावरण निर्मित होता है, जिसमें कर्मचारी लक्ष्य और संगठन के प्रति ज़्यादा समर्पित रहते हैं। इनमें मैं भी शामिल हूं। मुझे यह काम पसंद है क्योंकि यह मेरी परोपकार की इच्छा को अभिव्यक्ति प्रदान करता है।"

यदि सीन विशुद्ध रूप से देने की भावना वाले व्यक्ति होते, तो वे अपनी ऊर्जा को दायित्व और नैतिकता के बोध की वज़ह से विभिन्न कामों और लक्ष्यों को पूरा करने में फैला देते। इसके लिए वे इस बात की परवाह भी नहीं करते कि उन कामों के लिए उनकी रुचि और उत्साह का स्तर कैसा है, लेकिन उन्होंने अलग तरह से देने की भावना को अपनाया। उन्होंने परोपकार के अपने कामों की छोटी-छोटी इकाइयों को जोड़कर सिर्फ़ शिक्षा पर केंद्रित कर दिया। यह एक ऐसा ध्येय है, जिसके लिए उनमें जोश भरा रहता है। वे कहते हैं, "जब मैं समुदाय के ऋण को इस तरह लौटाता हूं, तो मुझे असाधारण व्यक्तिगत संतुष्टि मिलती है।"

मनोविज्ञानी नेट्टा वेंस्टीन और रिचर्ड रयान ने निष्कर्ष निकाला है कि देने की भावना तभी ऊर्जा प्रदान करने वाला प्रभाव डालती है, जब यह आनंददायक और सार्थक हो और स्वयं की पसंद हो। यदि इसे दायित्व और नैतिकता के वशीभूत होकर किया जाएगा, तो इसका वैसा असर नहीं होगा। एक अध्ययन में लोगों ने दो सप्ताह तक प्रतिदिन इस बात की जानकारी दी कि वे क्या योगदान दे रहे हैं। किसकी मदद कर रहे हैं और किस अच्छे काम के लिए कर रहे हैं। जब किसी दिन उन्होंने योगदान दिया, तो मूल्यांकन किया कि उन्होंने क्यों योगदान दिया। कुछ अन्य दिनों पर लोगों ने योगदान दिया क्योंकि उन्हें यह आनंददायक और सार्थक लगा। उन्होंने सोचा कि ऐसा करना महत्त्वपूर्ण है। उन्हें अन्य लोगों कि फ़िक्र है। उन्होंने सोचा कि वे इसका आनंद उठाएंगे। कुछ अन्य दिनों उन्होंने सिर्फ़ दायित्व और नैतिकता की कारण ही योगदान दिया। उन्होंने अनुभव किया कि उन्हें मदद करनी ही है। यदि उन्होंने ऐसा नहीं किया, तो उन्हें ऐसा लगेगा कि वे ख़राब व्यक्ति हैं। प्रतिदिन उन्होंने बताया कि इससे उन्हें कितनी ऊर्जा का अहसास हुआ।

वेंस्टीन और रयान ने दैनिक आधार पर मापा कि ऊर्जा में किस तरह बदलाव आ रहा है। सिर्फ़ मदद करने से ऊर्जा के स्तर पर कोई असर नहीं पड़ता : जिन दिनों में लोगों ने अन्य लोगों की मदद की, तब भी लोग उन दिनों की अपेक्षा बहुत ज़्यादा खुश नहीं थे, जब उन्होंने मदद नहीं की थी, लेकिन योगदान का कारण अत्यधिक मायने रखता है। जिन दिनों में लोगों ने आनंद और किसी ध्येय को पूरा करने की भावना के साथ अन्य लोगों की मदद की, तब उनके ऊर्जा के स्तर में काफ़ी वृद्धि हुई। किन्हीं लक्ष्यों को ध्यान में रखकर योगदान देने से अन्य लोगों के प्रति स्वायत्तता, प्रभुत्व और जुड़ाव की भावना ज़्यादा बलवती हुई। देने की भावना रखने वालों की ऊर्जा में इससे वृद्धि हुई। जब मैंने दमकल कर्मियों और चंदा जुटाने वाले कॉलरों का अध्ययन किया, तो मैंने यही पैटर्न पाया। वे दोनों तभी ज़्यादा कड़ी मेहनत और ज़्यादा घंटों तक काम कर पाए, जब उन्होंने अपनी ऊर्जा और अपना समय आनंद की भावना के साथ किसी ध्येय के लिए दिया। इसके लिए दायित्व और नैतिकता का कोई बोध नहीं था।

कॉनरी के लिए ओवरब्रुक में अध्यापन और माइंड्स मैटर तथा टीएफ़ए में स्वैच्छिक सेवा देने के बीच यही सबसे बड़ा अंतर है। ओवरब्रुक की कक्षा में योगदान देना एक दायित्व है। विद्यार्थियों के बीच के झगड़ों को सुलझाना और व्यवस्था क़ायम करना उनके काम में शामिल है। ये काम यद्यपि महत्त्वपूर्ण हैं, लेकिन उस जोश से मेल नहीं खाते, जो उन्हें अध्यापन के काम में खींच कर लाया था। स्वैच्छिक सेवा में काम एक आनंददायक विकल्प है। उन्हें प्रतिभाशाली ग़रीब विद्यार्थियों का मदद करना और टीएफ़ए के कम अनुभवी शिक्षकों को परामर्श देना अच्छा लगता है। यह योगदान देने का एक तरीक़ा है, लेकिन इसे अलग ढंग से देने की भावना रखना

कहा जा सकता है। कॉनरी ने विद्यार्थियों और शिक्षकों को लाभान्वित करने पर ध्यान केंद्रित किया, लेकिन वे इसे ऐसे ढंग से कर रही हैं जिससे वे अपने मूल मूल्यों से जुड़ रही हैं। यही नहीं, इससे उनका उत्साह भी बढ़ रहा है।

ओवरब्रुक में कॉनरी जिन तरीक़ों से विद्यार्थियों के प्रति योगदान दे रही थीं, वे उन्हें स्वाभाविक रूप से उत्साहवर्द्धक और ऊर्जा बढ़ाने वाले नहीं लगते थे, लेकिन वे अपने दायित्वों से बच नहीं सकती थीं। दायित्व बोध के बावजूद स्वयं को ऊर्जावान रखने के लिए उन्होंने क्या किया?

विशेष रूप से तनावपूर्ण एक सप्ताह के दौरान कॉनरी को अपने विद्यार्थियों पर क़ाबू पाने में दिक़्क़त हो रही थी। "मैं दयनीय अनुभव कर रही थी। बच्चे बहुत भद्दे तरीक़े से पेश आ रहे थे।" ऐसे में उन्होंने सैरा नामक शिक्षिका से मदद के लिए संपर्क किया। सैरा ने एक ऐसे काम की सिफ़ारिश की, जो उनकी कक्षा में अत्यंत लोकप्रिय थी। उन्होंने बच्चों से अपनी कल्पना के आधार पर ऐसे दैत्यों के चित्र बनाने को कहा था, जो फ़िलाडेल्फ़िया की सड़कों पर निकल आए थे। बच्चों ने दैत्यों के चित्र बनाए और उनके बारे में कहानियां लिखीं। यही नहीं, उन्होंने "वांटेड" का विज्ञापन भी तैयार किया, ताकि लोग सावधान रह सकें। ठीक इस प्रेरणा की कॉनरी को ज़रूरत थी। उनके शब्दों में "हमारी दस मिनट की बातचीत ने पाठ के लिए उत्साहित होने में मेरी मदद की। मैंने बच्चों के साथ ख़ूब आमोद-प्रमोद किया। इस क्रिया ने मुझे मैं जो पाठ्यक्रम पढ़ा रही थी, उसमें ज़्यादा ऊर्जा लगाने के लिए प्रेरित किया।"

कॉनरी का अन्य शिक्षिका से मदद मांगना यद्यपि असामान्य नहीं लगता, लेकिन शोध दर्शाते हैं कि निःस्वार्थ भाव से देने की भावना रखने वाले लोगों में ऐसा दुर्लभ होता है। हेल्गसन और उनकी सहयोगी हेदी फ़्रिट्ज के मुताबिक़, "निःस्वार्थ भाव से दूसरों की मदद करने वाले लोग मदद मांगने में असहज अनुभव करते हैं।" निःस्वार्थ भाव से योगदान देने वाले लोग मददगार की भूमिका निभाने के लिए कृत संकल्प होते हैं। इसलिए वे दूसरों पर बोझ डालने या उन्हें कष्ट देने की इच्छुक नहीं होते। हेल्गसन और फ़्रिट्ज ने निष्कर्ष निकाला है कि निःस्वार्थ भाव से योगदान देने वालों को अलग ढंग से परोपकार करने वालों की तुलना में बहुत ही कम सहयोग मिलता है, जो मनोवैज्ञानिक और शारीरिक रूप से महंगा साबित होता है। काम के बोझ से थकने की समस्याओं की विशेषज्ञ क्रिस्टीना मैसलेच और उनके सहयोगियों के मुताबिक़, "अब सतत रूप से मिलने वाले ढेरों ऐसे प्रमाण हैं, जिनसे साबित होता है कि अत्यधिक थकावट सामाजिक सहयोग के अभाव से जुड़ी है।"

इसके विपरीत अलग ढंग से देने की भावना रखने वाले लोग स्वयं के कल्याण की रक्षा करने के महत्त्व को समझते हैं। जब वे अत्यधिक थकावट के कगार पर

होते हैं, तब वे मदद मांगते हैं, जो उन्हें इस योग्य बनाती है कि वे प्रेरणा और ऊर्जा को बनाए रखने के लिए जिस तरह की सलाह, सहायता और संसाधनों की ज़रूरत होती है, उसे व्यवस्थित कर सकें। तीन दशकों के शोध से पता चलता है कि सहयोगियों से मदद मांगना अत्यधिक थकावट रोकने का एक प्रभावशाली उपाय है। कॉनरी कहती हैं, "मदद करने वाले शिक्षक-शिक्षिकाओं का बड़ा नेटवर्क ज़रूरी है।"

लेकिन ओवरब्रुक में मदद करने वाले शिक्षकों का कोई नेटवर्क नहीं था, तो कॉनरी को ऐसा नेटवर्क कैसे मिला? उन्होंने ओवरब्रुक में ऐसा नेटवर्क अन्य लोगों की मदद करने के माध्यम से तैयार किया।

अनेक वर्षों तक विशेषज्ञ यह मानते रहे कि तनाव के प्रति जवाब में एक ही विकल्प है *लड़ो या भाग जाओ।* चूंकि अत्यधिक थकावट का अर्थ लड़ने की ऊर्जा का अभाव है, तो ऐसी स्थिति में इससे निपटने का स्वाभाविक विकल्प पलायन होता है, ताकि तनाव के स्रोत से बचा जा सके। काम के अत्यधिक बोझ से जुड़ी समस्याओं के विशेषज्ञ जोनाथन हॉलबेस्लेबन और मैथ्यू बॉलर ने दो साल तक पेशेवर दमकल कर्मियों का अध्ययन किया। जैसा कि अनुमान था कि जब दमकल कर्मियों में अत्यधिक थकावट आने लगी, तो उनकी उनके प्रदर्शन की श्रेणी घट गई। अत्यधिक थकावट की वज़ह से वे अपनी उपलब्धियों और स्थिति को लेकर पहले की अपेक्षा कम चिंतित थे। इसका नतीज़ा यह हुआ कि वे अपने काम में कम प्रयास करने लगे और उनकी प्रभावशीलता को नुक़सान पहुंचा।

इस अध्ययन में एक आश्चर्यजनक बात यह उभर कर सामने आई कि अत्यधिक थकावट के बावजूद सभी क्षेत्रों को समग्र रूप से देखने पर दमकल कर्मियों के प्रयास घटे नहीं। अत्यधिक थकावट के बावजूद जिस क्षेत्र में उनके प्रयास बढ़े थे, वह था दूसरों की मदद करना। जब दमकल कर्मियों ने अत्यधिक थकावट के लक्षण अनुभव करने शुरू किए, तब इस बात की संभावना ज़्यादा थी कि वे आगे बढ़कर अपने ऐसे सहयोगियों की मदद करेंगे, जो काम के बोझ तले दबे हैं, वे अपने सुपरवाइज़र से नया ज्ञान साझा करेंगे, नए सहयोगियों को सलाह देंगे और यहां तक कि अपने सहयोगियों की समस्याएं भी सुनेंगे। अत्यधिक थकावट से उनकी देने की भावना में वृद्धि कैसे होगी? यूसीएलए की मनोविज्ञानी शैली टेलर ने तनाव के प्रति ऐसे जबाव की खोज की है, जो लड़ो या भाग जाओ से अलग है। उन्होंने इसे *सेवा करो और मित्र बनो* का नाम दिया है। "मानवीय तनाव के प्रति प्रतिक्रिया के सबसे आश्चर्यजनक पहलुओं में से एक यह भी है कि व्यक्ति संबद्ध होना चाहता है। वह समूह के साथ जुड़ना चाहता है, ताकि डरावने समय में संयुक्त संरक्षण दे सके और ले सके।"

टेलर के तंत्रिका विज्ञान शोध से खुलासा होता है कि जब हम तनाव महसूस करते हैं, तो हमारे दिमाग़ की स्वाभाविक प्रतिक्रिया कुछ रसायनों के निकलने की होती है, जो हमें आपस में जुड़ने के लिए प्रेरित करते हैं। यही दमकल कर्मियों ने किया : जब उन्होंने अत्यधिक थकान का अनुभव करना शुरू किया, तब उन्होंने अपनी सीमित ऊर्जा को अपने सहयोगियों की मदद में लगा दिया। सहज बोध से उन्होंने माना कि देने की भावना से उनके संबंध मज़बूत होंगे और सहयोग बढ़ेगा (संतुलन बैठाने वालों और देने की भावना रखने वालों की तरफ़ से कम से कम)। यद्यपि देने की भावना रखने वाले ज़्यादातर लोग इस अवसर से परिचित होते हैं, लेकिन ऐसा लगता है कि अलग तरीक़े से योगदान देने वाले ही इसका लाभ उठाते हैं।

कॉनरी कैलेहन ने तनाव के बीच सेवा करके और मित्र बनाकर सहायता के नेटवर्क का निर्माण किया। जब वे सबसे ज़्यादा थकावट अनुभव कर रही थीं, तब उन्होंने टीएफ़ए के शिक्षकों और ओवरब्रुक स्कूल के अनेक युवा शिक्षकों को परामर्श देना शुरू किया। उन्होंने जिन शिक्षकों को परामर्श दिया, उनमें सैरा भी थीं। परामर्श देने के दौरान कॉनरी ने सैरा को जो अभ्यास सिखाए थे, उनमें दैत्य वाला काम भी शामिल था। कॉनरी इसके बारे में भूल गई थीं और जब उन्होंने मदद के लिए सैरा से संपर्क किया, तब सैरा ने उन्हें इसके बारे में याद दिलाया। यह सलाह काफ़ी मददगार थी, लेकिन इसने कॉनरी की प्रभाव की भावना को भी मज़बूत कर दिया कि उन्होंने सैरा को एक काम सिखाया था, जो उनके बच्चों में बहुत लोकप्रिय हुआ।

अलग ढंग से देने की भावना रखने वाले सहायता का नेटवर्क तैयार कर लेते हैं, जिससे वे ज़रूरत पड़ने पर संपर्क कर सकते हैं। नेटवर्क के अलावा व्यवस्थित ढंग से योगदान देने से ऊर्जा का संचार होता है। यही कारण है, जो अलग ढंग से परोपकार करने वालों को निःस्वार्थ भाव से देने वालों की अपेक्षा अत्यधिक थकावट के प्रति कम संवेदनशील बनाता है, लेकिन सवाल यह है कि लेने की मानसिकता रखने वालों और संतुलन बैठाने वालों के ख़िलाफ़ वे टिकते कैसे हैं?

देने की भावना रखने वालों की अत्यधिक थकावट का मिथक

वर्षों पहले हॉलैंड के मनोविज्ञानियों ने सैकड़ों स्वास्थ्य पेशेवरों का अध्ययन किया। स्वास्थ्य पेशेवरों ने रोगियों को कितना समय और कितनी ऊर्जा दी, इस पर उन्होंने नज़र रखी। उनसे पूछा गया कि उन्होंने कितनी थकावट महसूस की। एक साल बाद मनोविज्ञानियों ने उनके योगदान और थकावट के स्तर को फिर मापा। जैसा कि अनुमान था, स्वास्थ्य पेशवरों ने जितना ज़्यादा योगदान दिया, अगले साल वे उतने ही ज़्यादा थकावट का शिकार हो गए। जिन्होंने निःस्वार्थ भाव से योगदान दिया, उनके अत्यधिक थकावट का शिकार होने की दर सबसे ज़्यादा थी। उन्होंने जितना प्राप्त किया, उससे कहीं ज़्यादा योगदान दिया। इससे वे थककर चूर हो गए।

एक अन्य अध्ययन में हॉलैंड के मनोविज्ञानियों को आश्चर्यजनक प्रमाण ये मिले कि कुछ स्वास्थ्य पेशेवर अत्यधिक थकावट से निरापद दिखे। ख़ूब समय और ऊर्जा देने के बावजूद वे थककर चूर नहीं हुए थे। विपरीत हालात से तेज़ी से उबरने वाले ये स्वास्थ्य पेशेवर दरअसल अलग तरीक़े से देने की भावना रखने वाले लोग थे। उन्होंने बताया कि उन्हें लोगों की मदद करना आनंददायक लगता है। वे अक्सर आगे बढ़कर ऐसा करते हैं। ज़रूरत पड़ने पर वे मदद मांगने से भी नहीं डरते। अलग ढंग से सेवा की भावना रखने वालों में संतुलन बैठाने वालों और लेने की मानसिकता रखने वालों की तुलना में अत्यधिक थकावट आने की दर बहुत कम थी। संतुलन बैठाने वालों और लेने की मानसिकता रखने वालों में योगदान जारी रखने के लिए ज़रूरी ऊर्जा का अभाव था। इस अध्ययन ने एक अप्रत्याशित संभावना की ओर संकेत किया कि यद्यपि संतुलन बैठाने वाले और लेने की मानसिकता रखने वाले निःस्वार्थ भाव से योगदान देने वालों की तुलना में अत्यधिक थकावट के प्रति कम संवेदनशील प्रतीत होते हैं, लेकिन विषम हालात से तेज़ी से उबरने की सबसे ज़्यादा शक्ति अलग ढंग से योगदान देने वालों के पास होती है।

इस कारण का एक भाग उस दिलचस्प कार्य में प्रकाशित हुआ है, जो नॉर्थ वेस्टर्न विश्वविद्यालय की मनोविज्ञानियों एलिज़ाबेथ सीले और वेंडी गार्डनर ने किया है। उन्होंने लोगों से ऐसे कठिन कार्य करने को कहा, जो उनकी इच्छा शक्ति को निचोड़ देते हैं। उदाहरण के लिए आप कल्पना कीजिए कि आपको बहुत भूख लगी है और आपके सामने प्लेट में स्वादिष्ट चॉकलेट चिप कुकीज रखी हैं। आप प्लेट की तरफ़ घूर रहे हैं, लेकिन आपको उन्हें खाने के लोभ को क़ाबू में रखना है। ऐसे कामों में अपनी इच्छा शक्ति के इस्तेमाल के बाद प्रतिभागियों ने जितनी देर वे रख सकते थे, उतनी देर अपने हाथ दबा कर रखे। सामान्य प्रतिभागी 25 सेकेंड तक ही ऐसा कर पाया, लेकिन लोगों का ऐसा समूह भी था, जो इनकी तुलना में 40 फ़ीसदी ज़्यादा समय तक ऐसा कर पाए। उन्होंने 35 सेकेंड तक हाथ दबा कर रखे।

जिन प्रतिभागियों की शक्ति असाधारण रूप से ज़्यादा थी, उन्होंने 'अन्य के निर्देशन' में काम करने की क्षमता को मापने की प्रश्नावली पर ज़्यादा अंक अर्जित किए। इन अन्य निर्देशित लोगों ने देने की भावना के साथ काम किया। लोगों की मदद करने के लिए उन्होंने अपने स्वार्थ के आवेगों की अवहेलना की। ऐसा करके उन्होंने अपनी मनोवैज्ञानिक क्षमता को इस बिंदु तक मज़बूत कर लिया कि पीड़ादायक कामों की इच्छा शक्ति के इस्तेमाल से उन्हें थकावट का अहसास नहीं होता था। इस विचार के समर्थन में अन्य अध्ययनों ने निष्कर्ष निकाला है कि देने की भावना रखने वाले लोग अपने विचारों, भावनाओं और व्यवहार को नियंत्रित करने से लाभ की स्थिति में आ जाते हैं। देने की भावना से समय के साथ इच्छा शक्ति वैसे ही विकसित हो जाती है, जैसे भारोत्तोलन से नसें मज़बूत होती हैं। हम सभी जानते हैं कि जब नसों

का ज़्यादा इस्तेमाल किया जाता है, तो वे थकने लगती हैं। कभी-कभी फट भी जाती हैं। निःस्वार्थ भाव से देने की भावना रखने वालों के साथ यही होता है।

यूटा में 75 साल के एक व्यक्ति अलग तरीक़े से योगदान देने वालों की विषम हालात से उबरने की क्षमता को समझते हैं। उनका नाम है जॉन हंट्समैन सीनियर। उनकी छोटी-सी फ़ोटो कंपनी की वार्षिक रिपोर्ट पर अध्याय 2 में आपने देखी थी, जो कैनेथ ले की पूर्ण आकार की फ़ोटो के साथ लगी थी। आप उन्हें यूटा के पूर्व गवर्नर और 2012 में राष्ट्रपति पद के उम्मीदवार जॉन हंट्समैन जूनियर के पिता के तौर पर जान सकते हैं। काफ़ी पहले 1990 में हंट्समैन सीनियर एक अधिग्रहण के सिलसिले में चार्ल्स मिलर स्मिथ से वार्ता कर रहे थे। स्मिथ एक कैमिकल कंपनी के सीईओ और अध्यक्ष थे। बातचीत की प्रक्रिया के दौरान ही स्मिथ की धर्मपत्नी का निधन हो गया। हंट्समैन ने स्मिथ के प्रति सहानुभूति दिखाते हुए उन पर और दबाव नहीं डालने का फ़ैसला किया। "मैंने निर्णय किया कि सौदे के आख़िरी 20 फ़ीसदी हिस्से के सूक्ष्म बिंदु वैसे ही रहेंगे, जैसा कि प्रस्तावित किए गए हैं। मैं इस सौदे से 20 करोड़ डॉलर और निकाल सकता था, लेकिन यह स्मिथ की भावनात्मक स्थिति की क़ीमत पर होता। समझौता जैसा था, बढ़िया था।"

क्या किसी सीईओ की भावनात्मक स्थिति का मूल्य हंट्समैन के लिए वास्तव में 20 करोड़ डॉलर था? आप विश्वास करें या नहीं, लेकिन यह पहल मौक़ा नहीं था, जब हंट्समैन ने मोल-भाव के दौरान विपुल संपत्ति इस तरह दी हो। इससे चार साल पहले 1986 में हंट्समैन ने एमर्सन कैम्पन नाम के एक सीईओ से मौखिक समझौता किया था कि वे अपनी कंपनी के एक डिवीज़न का 40 फ़ीसदी हिस्सा उन्हें पांच करोड़ 40 लाख डॉलर में बेच देंगे। क़ानूनी बाधाओं की वज़ह से अनुबंध अगले छह माह तक लिखा नहीं जा सका। तब तक हंट्समैन की कंपनी का लाभ आसमान की ऊंचाइयों को छूने लगा था। उस डिवीज़न के 40 फ़ीसदी हिस्से की क़ीमत अब 25 करोड़ डॉलर हो चुकी थी। कैम्पन ने संतुलन बैठाने वाले की तरह इस अंतर का बांटने का प्रस्ताव रखा। उन्होंने कहा कि सौदे की मूल राशि पांच करोड़ 40 लाख डॉलर की बजाय अब वे 15 करोड़ 20 लाख डॉलर देने को तैयार हैं। हंट्समैन को मूल अनुबंध से तीन गुना ज़्यादा राशि मिलने वाली थी, लेकिन उन्होंने इनकार कर दिया। उन्होंने कहा कि पांच करोड़ 40 लाख डॉलर अच्छी रक़म है। कैम्पन आश्चर्यचकित थे। उन्होंने कहा, "यह आपके लिए न्यायसंगत नहीं है।"

हंट्समैन अपनी वचनबद्धता को निभाने में यक़ीन करते थे। यद्यपि उनके वकीलों ने मूल समझौते का लिखित मसौदा तैयार नहीं किया था, लेकिन छह महीने पहले ही उन्होंने मौखिक समझौते पर सहमति दे दी थी। उन्होंने पांच करोड़ 40 लाख डॉलर के समझौते पर दस्तख़त किए। उन्होंने नौ करोड़ 80 लाख डॉलर की अतिरिक्त रक़म छोड़ दी। आख़िर किस तरह का व्यापारी ऐसे अतार्किक फ़ैसले लेगा?

1970 में हंट्समैन ने कैमिकल की एक कंपनी शुरू की थी, जो आज दुनिया में सबसे बड़ी कंपनियों में से एक मानी जाती है। उन्हें वर्ष का उद्यमी के ख़िताब से नवाज़ा जा चुका है। दुनियाभर के अनेक विश्वविद्यालय उन्हें डॉक्टरेट की मानद उपाधि प्रदान कर चुके हैं। वे एक अरबपति हैं। *फ़ोर्ब्स* की दुनिया के एक हज़ार सबसे अमीर लोगों की सूची में उनका नाम भी शामिल है।

जैसा कि सौदे करने के उनके तरीक़ों से झलकता है कि हंट्समैन भी देने की भावना रखने वालों में से हैं। सिर्फ़ व्यापार में नहीं, बल्कि अन्य क्षेत्रों में भी। वर्ष 1985 से वे परोपकार के अनेक कार्यों से पूरी गंभीरता से जुड़े रहे हैं। वे दुनिया के उन 19 लोगों में से एक हैं, जिन्होंने कम से कम एक अरब डॉलर का दान दिया है। विश्वस्तरीय हंट्समैन कैन्सर सेंटर की स्थापना के लिए 35 करोड़ डॉलर का चंदा देने के लिए वे अनेक लोकोपकारी अवार्ड जीत चुके हैं। उन्होंने अर्मीनिया के भूकंप पीड़ितों की मदद के लिए, शिक्षा को बढ़ावा देने के लिए, घरेलू हिंसा से लड़ने के लिए और आवास की कमी मिटाने के लिए काफ़ी चंदा दिया है। इसमें कोई शक नहीं कि अमीर लोग काफ़ी चंदा देते हैं, लेकिन हंट्समैन ऐसी असाधारण प्रबलता प्रदर्शित करते हैं, जो उनकी अलग पहचान बनाती है। 2001 में कैमिकल उद्योग को बड़ा झटका लगा था और ऐसे में उन्होंने अपनी दौलत का एक बड़ा हिस्सा गंवा दिया। उनकी जगह ज़्यादातर लोग उबरने तक देने की भावना में कटौती कर देते, लेकिन हंट्समैन ने एक अपरंपरागत फ़ैसला लिया। उन्होंने तीन साल तक लोक कल्याण से जुड़ी अपनी वचनबद्धता निभाने के लिए कई लाख डॉलर का व्यक्तिगत ऋण लिया।

हंट्समैन एक ऐसे व्यक्ति की उत्कृष्ट मिसाल प्रतीत होते हैं, जो पहले अमीर बने और फिर उन्होंने देना शुरू किया, लेकिन हंट्समैन की सफलता को देखने का एक अलग तरीक़ा भी है। यह एक ऐसा तरीक़ा है, जिस पर विश्वास करना कठिन हो सकता है, यदि इसको पुष्ट करने के लिए हंट्समैन का अनुभव और विज्ञान हमारे साथ न हो तो। हो सकता है कि वे अमीर होने की वज़ह से परोपकारी नहीं बने हों। क्या होगा यदि हमने कारण और प्रभाव को उलझा दिया हो?

हंट्समैन का मानना है कि देने की भावना ने ही असल में उन्हें अमीर बनाया है। अपनी लोक कल्याण की प्रतिज्ञा में वे लिखते हैं, "बचपन की मेरी प्रारंभिक यादों से स्पष्ट है कि मेरे जीने का उद्देश्य ही अन्य लोगों की मदद करना है। ऋण होने की इच्छा ही थी, जिसने व्यापार की शिक्षा लेने के लिए प्रेरित किया। उस शिक्षा का इस्तेमाल एक कंटेनर कंपनी स्थापित करने के लिए किया, जो बाद में काफ़ी सफल हो गई। कंटेनर कंपनी से जो अनुभव मिला, उसका इस्तेमाल हमारे विभिन्न कैमिकल कॉर्पोरेशन की स्थापना में किया।" इन सबके पीछे प्रेरणा शक्ति काम कर रही थी। काफ़ी पहले 1962 में ही हंट्समैन ने अपनी पत्नी से कहा था कि "वे व्यापार शुरू करना चाहते हैं, ताकि कैन्सर से पीड़ित लोगों के जीवन में कोई बदलाव ला सकें।"

हंट्समैन के माता-पिता की मौत कैन्सर की वज़ह से हुई थी। वे ख़ुद भी तीन बार कैन्सर के झटके झेल चुके थे। कैन्सर का इलाज उपलब्ध कराना हंट्समैन के दिमाग़ में इतना गहराई से समाया हुआ है कि उन्होंने अपनी राजनीतिक विचारधारा से भी पहले इसे प्राथमिकता दी। यद्यपि वे निक्सन के ज़माने में व्हाइट हाउस में काम कर चुके थे और रिपब्लिकन पार्टी के तगड़े समर्थक थे, लेकिन डेमोक्रेटिक पार्टी के कोई उम्मीदवार कैन्सर से लड़ने के प्रति ज़्यादा वचनबद्धता प्रदर्शित करते थे, तो वे उनका पक्ष लेते थे।

इसमें कोई संदेह नहीं कि हंट्समैन एक कुशल व्यापारी हैं, लेकिन हो सकता है कि *दान देने के कार्य* ने ही उनके भाग्य और संपत्ति में इज़ाफा किया हो। *विनर्स नेवर चीट* में वे लिखते हैं, "मौद्रिक दृष्टि से मेरे लिए सबसे संतुष्टि भरे क्षण कोई बड़ा सौदा होना या उससे लाभ कमाने का उत्साह नहीं रहे हैं। संतुष्टि भरे क्षण तब आते हैं, जब मैं ज़रूरतमंद लोगों की मदद कर पाता हूं। इसमें कोई संदेह नहीं कि मैं सौदों के प्रति समर्पित व्यक्ति हूं, लेकिन मुझमें देने की भावना के प्रति लत भी विकसित हो गई है। जितना कोई योगदान देता है, उतना ही वह बेहतर अनुभव करता है। और जितना कोई इस बारे में बेहतर अनुभव करता है, उतना ही योगदान देना आसान हो जाता है।"

यह उस विचार का ही विस्तार है कि अलग ढंग से योगदान देने वाले इच्छाशक्ति की मांसपेशियों का निर्माण कर लेते हैं, जिससे योगदान देना आसान हो जाता है, लेकिन क्या यह संभव है कि हंट्समैन ने वास्तव में देने की भावना की वज़ह से ही दौलत कमाई होगी? उल्लेखनीय बात यह है कि इस दावे के समर्थन में प्रमाण भी उपलब्ध हैं। अर्थशास्त्री आर्थर ब्रुक ने आय और परोपकारी कामों के लिए दान देने के बीच के संबंधों पर अध्ययन किया है। उन्होंने वर्ष 2000 में क़रीब 30 हज़ार अमेरिकी नागरिकों के आंकड़ों का इस्तेमाल करते हुए कल्पना में आने वाले हर उस कारक को नियंत्रित रखा, जो आय और देने की भावना को प्रभावित कर सकते थे। सटीक परिणामों के लिए उन्होंने शिक्षा, आयु, जातीयता, धार्मिक जुड़ाव, राजनीतिक विचारधारा और वैवाहिक स्थिति के लिए भी समायोजन किया। उन्होंने इस बात का हिसाब रखा कि किसने कितनी बार स्वैच्छिक योगदान किया। जैसा कि अनुमान था कि ज़्यादा आय वालों ने ज़्यादा योगदान दिया। हर एक डॉलर की अतिरिक्त कमाई के साथ परोपकार के लिए दी जाने वाली रक़म 0.14 डॉलर बढ़ गई।

लेकिन एक बेहद रोचक परिणाम भी सामने आया। परोपकार के कार्यों के लिए दिए जाने वाले प्रत्येक अतिरिक्त डॉलर के साथ कमाई 3.75 डॉलर ज़्यादा हो गई। देने की भावना ने लोगों को वास्तव में थोड़ा और अमीर बना दिया था। उदाहरण के लिए आप और मैं दोनों 60,000 डॉलर सालाना कमा रहे हैं। मैं परोपकार के कार्यों के लिए 1,600 डॉलर देता हूं और आप 2,500 डॉलर देते हैं। यद्यपि आपने

मेरी तुलना में 900 डॉलर ज़्यादा दिए, लेकिन प्रमाणों के मुताबिक़ आप आने वाले वर्ष में मेरी तुलना में 3,375 डॉलर ज़्यादा कमाएंगे। यह आश्चर्यजनक प्रतीत होता है कि जो लोग देते हैं, वे आगे जाकर ज़्यादा कमाते हैं।

जॉन हंट्समैन सीनियर किसी अभियान में जुटे प्रतीत होते हैं। शोध के मुताबिक़ देने की भावना से ख़ुशी और सार्थकता में बढ़ोतरी होती है। इससे लोग ज़्यादा मेहनत करने और ज़्यादा कमाने के लिए प्रेरित होते हैं, चाहे इससे मिलने वाला उपहार हंट्समैन के समान विशालकाय नहीं हो। मनोविज्ञानी एलिज़ाबेथ डन, लारा एकनिन और माइकल नॉर्टन द्वारा किए गए अध्ययन में लोगों ने सुबह अपनी ख़ुशी का मूल्यांकन किया और इसके बाद उन्हें 20-20 डॉलर के लिफ़ाफ़े दिए गए, जो उनके लिए अप्रत्याशित लाभ था। उन्हें यह रक़म शाम पांच बजे तक ख़र्च करनी थी और इसके बाद अपनी ख़ुशी का मूल्यांकन फिर करना था। क्या वे अपने पर पैसा ख़र्च करके खुश होंगे या दूसरों पर ख़र्च करने से उन्हें ख़ुशी मिलेगी?

ज़्यादातर लोग मानते हैं कि ख़ुद पर पैसे ख़र्च करके उन्हें ख़ुशी मिलेगी, लेकिन सच इसके विपरीत है। यदि आप ख़ुद पर पैसा ख़र्च करते हैं, तो आपकी ख़ुशी में कोई बदलाव नहीं आता, लेकिन यदि आप अन्य लोगों पर पैसा ख़र्च करते हैं, तो वास्तव में बहुत खुश महसूस करते हैं। यह अलग तरीक़े से देने की भावना है। आपको चयन करना है कि आपको किस की मदद करनी है। यह आपका मूड सुधारता है। अर्थशास्त्री इसे देने की तेज़ चमक बताते हैं और मनोविज्ञानी इसे किसी की मदद करने के बाद महसूस होने वाली सकारात्मक भावनात्मक स्थिति कहते हैं। तंत्रिका विज्ञान के हाल के प्रमाण दर्शाते हैं कि देने की भावना वास्तव में हमारे दिमाग़ में पुरस्कार और सार्थकता के बिंदुओं को सक्रिय कर देती है। जब हम दूसरों के लाभ के लिए कोई काम करते हैं, ये बिंदु हमें आनंद और सार्थकता के संकेत प्रेषित करने लगते हैं।

ये लाभ सिर्फ़ पैसे देने तक ही सीमित नहीं है। समय देने के मामले में भी ये दिखाई देते हैं। अमेरिका में 24 साल से ज़्यादा उम्र के 2,800 लोगों पर किए गए अध्ययन के मुताबिक़ स्वैच्छिक सेवा ने एक साल बाद ख़ुशी, जीवन संतुष्टि और आत्म-सम्मान में बढ़ोतरी और अवसाद में गिरावट की भविष्यवाणी की। 25 साल से ज़्यादा उम्र के जिन वयस्कों ने स्वैच्छिक सेवा प्रदान की, उनमें आठ वर्ष की अवधि में अवसाद में गिरावट देखी गई। अन्य अध्ययनों से खुलासा होता है कि जिन उम्रदराज़ लोगों ने स्वैच्छिक सेवा दी या अन्य लोगों की मदद की, वे वास्तव में ज़्यादा आयु तक जीवित रहे। उनके स्वास्थ्य और अन्य लोगों से मिले सहयोग को ध्यान में रखने के बाद भी यह सत्य है। एक प्रयोग में वयस्कों ने या तो बच्चों की मालिश की या ख़ुद किसी से मालिश कराई, लेकिन मालिश के बाद यह सामने आया कि जिन लोगों ने मालिश की थी, उनमें तनाव पैदा करने वाले हार्मोन जैसे

कोर्टिसोल और एपिनेफ्रीन का स्तर उन लोगों से कम था, जिन्होंने मालिश कराई थी। ऐसा प्रतीत होता है कि देने की भावना से हमारे जीवन में सार्थकता जुड़ जाती है और अपनी समस्याओं से ध्यान हटता है। इससे हमें यह महसूस करने में मदद मिलती है कि लोग हमारी क़द्र करते हैं। रॉय बाउमाइस्टर, कैथलीन वॉस, जेनिफ़र आकेर और एमिली गारबिन्स्की आदि शोधकर्ताओं ने अमेरिकी नागरिकों के राष्ट्रीय सर्वे में निष्कर्ष निकाला कि "जीवन की सार्थकता लेने की मानसिकता रखने वालों की बजाय देने की भावना रखने वालों से जुड़ी है।"

ऐसे प्रमाणों का ख़ज़ाना भरा पड़ा है कि परिणामस्वरूप होने वाली ख़ुशी लोगों को ज़्यादा मेहनत करने, ज़्यादा घंटे काम करने, ज़्यादा चुस्त रहने और ज़्यादा प्रभावशाली होने के लिए प्रेरित करती है। ख़ुशी का प्रभाव ऐसा होता है कि लोग तीव्र प्रयासों और ज़्यादा देर तक काम करने को भी कम अप्रिय महसूस करने लगते हैं, बल्कि ये उन्हें ज़्यादा आनंददायक लगने लगते हैं। लोग अपने लिए ज़्यादा चुनौतीपूर्ण लक्ष्य निर्धारित करने लगते हैं। यही नहीं, लोग समस्याओं के बारे में तेज़ी से लचीलेपन और व्यापकता के साथ सोचने लगते हैं। एक अध्ययन में तो यहां तक सामने आया कि जब फ़िज़िशियन को अपेक्षाकृत ज़्यादा प्रसन्नचित रखा गया, तो उन्होंने ज़्यादा तेज़ी और ज़्यादा सटीकता के साथ रोगों की पहचान की। कुल-मिलाकर औसत रूप से अपेक्षाकृत ज़्यादा ख़ुश लोग अधिक कमाते हैं, उनके काम का उच्च मूल्यांकन होता है, वे बेहतर निर्णय लेते हैं, सौदों पर अच्छा मोल-भाव करते हैं और अपने संगठन को ज़्यादा योगदान देते हैं। कर्मचारियों में काम से जुड़े प्रदर्शन में जो अंतर होता है, उसमें अकेले ख़ुशी का योगदान ही 10 फ़ीसदी होता है। अपनी ख़ुशी को बढ़ाकर देने की भावना ने जॉन हंट्समैन सीनियर को ज़्यादा मेहनत करने और चुस्ती से काम करने के लिए प्रेरित किया होगा, जिसके आधार पर वे विपुल संपत्ति अर्जित कर सके।

हंट्समैन अकेले ऐसे प्रभावशाली उद्योगपति नहीं हैं, जो देने की भावना को ऊर्जा का स्रोत मानते हैं। वर्ष 2003 में वर्जिन के मालिक रिचर्ड ब्रैंसन ने द एल्डर्स नामक काउंसिल की स्थापना की थी। इसका उद्देश्य संघर्षों को दूर कर शांति को बढ़ावा देना था। इससे नेल्सन मंडेला, जिमी कार्टर, कोफ़ी अन्नान, डेसमंड टूटू और विश्व के अन्य नेताओं को जोड़ा गया था, ताकि वे सूडान, साइप्रस और केन्या में लोगों की पीड़ाओं के उन्मूलन की दिशा में काम कर सकें। वर्ष 2004 में ब्रैंसन ने ग़ैर लाभकारी संगठन वर्जिन यूनाइट की शुरुआत की। इसका उद्देश्य एड्स और मलेरिया जैसी घातक बीमारियों से लड़ने के लिए लोगों को जागरूक करना और संसाधन जुटाना था। शांति और न्याय को बढ़ावा देना, जलवायु परिवर्तन को रोकना, उद्यमियों को छोटे ऋण देना और विकासशील दुनिया में नौकरियों का सृजन करना आदि अन्य उद्देश्य थे। वर्ष 2006 में उन्होंने ग्लोबल वार्मिंग से लड़ने के लिए वर्जिन

एयरलाइंस और ट्रेन बिज़नेस के लाभों में से अगले दस साल तक तीन अरब डॉलर का दान देने की प्रतिज्ञा की। वर्ष 2007 में उन्होंने जलवायु परिवर्तन से निपटने के लिए नवाचार के वास्ते ढाई करोड़ डॉलर की इनामी राशि देने की पेशकश की। क्या घटनाओं का यह सिलसिला जीवन के मध्य भाग में पैदा होने वाले संकट की वज़ह से शुरू हुआ था?

दरअसल, ब्रैंसन अमीर और मशहूर होने से पहले ही देने की भावना के साथ काम कर रहे थे। *स्टूडेंट* पत्रिका शुरू करने के एक साल बाद और वर्जिन रिकॉर्ड्स की शुरुआत से ठीक पांच साल पहले सत्रह साल की उम्र में उन्होंने अपनी पहली धर्मार्थ संस्था बनाई थी। उनकी संस्था का नाम था स्टूडेंट एडवाइज़री सेंटर। यह ग़ैर लाभकारी संगठन जोख़िम का सामना कर रहे विद्यार्थियों को अनेक सेवाएं उपलब्ध कराता था। उन्होंने उन समस्याओं की सूची बनाई, जिनका सामना युवा कर रहे थे। इनमें अवांछित गर्भ से लेकर यौन रोग तक शामिल थे। उन्होंने चिकित्सकों को भरोसे में ले लिया कि वे निःशुल्क या कम शुल्क पर सेवाएं दें। उन्होंने अनेक रातें सुबह तीन बजे तक जाग कर फ़ोन पर ऐसे युवाओं को सांत्वना देते हुए बिताईं, जो ख़ुदकुशी करने की सोच रहे थे। यादों को ताज़ा करते हुए वे कहते हैं, “अपने करियर के प्रारंभ मैं सिर्फ़ इसलिए धन कमाना चाहता था कि *स्टूडेंट* पत्रिका की लगातार सफलता सुनिश्चित होती रहे और स्टूडेंट एडवाइज़री सेंटर की फ़ंडिंग होती रहे।” देने की भावना उन्हें आज भी ऊर्जा प्रदान करती है। वे लिखते हैं, “जो बात सुबह मुझे जगाती है, वह किसी के जीवन में बदलाव लाने का विचार ही है, ताकि इस धरा पर उन्हें अपना भविष्य सुरक्षित रखने में मदद मिल सके। क्या यह मुझे कामयाब बनाती है? निश्चित रूप से इससे मुझे ख़ुशी मिलती है।”

इन स्फूर्तिदायक प्रभावों से यह समझने में मदद मिलती है कि अलग तरीक़े से योगदान देने वाले अत्यधिक थकावट का शिकार होने से सुरक्षित रहते हैं। वे ख़ुशी और सार्थकता का ऐसा भंडार बना लेते हैं, जहां लेने की मानसिकता रखने वालों और संतुलन बैठाने वालों की पहुंच की संभावना कम रहती है। निःस्वार्थ भाव से योगदान देने वाले इन भंडारों का इस्तेमाल करते हैं और स्वयं को थका डालते हैं। इसी वज़ह से वे अक्सर सफलता की सीढ़ी के सबसे निचले पायदान पर लुढ़क जाते हैं। थकाने की बजाय स्फूर्ति देने वाले तरीक़ों से योगदान देकर अन्य ढंग से देने वाले लोगों के शीर्ष तक पहुंचने की संभावना ज़्यादा रहती है। व्यापक तरीक़े के कामों और संगठनों के कर्मचारियों पर किए गए दो अध्ययनों में मनोविज्ञानी डेविड मायर और मैंने निष्कर्ष निकाला कि अलग ढंग से योगदान देने वाले कर्मचारियों ने निःस्वार्थ भाव से देने की भावना रखने वाले, लेने की मानसिकता रखने वाले और संतुलन बैठाने वाले कर्मचारियों की तुलना में ज़्यादा सतत योगदान दिया। जिन कर्मचारियों ने अन्य लोगों को लाभ पहुंचाने और स्वयं की सकारात्मक छवि बनाने के

प्रति गहरी चिंता प्रकट की, उनका मूल्यांकन सुपरवाइज़रों ने सबसे ज़्यादा मददगार और सबसे ज़्यादा पहल करने वाले कर्मचारियों के तौर पर किया। विडंबना की बात यह है कि चूंकि अन्य ढंग से योगदान देने वाले स्वयं के हितों की चिंता भी करते हैं, इससे उनकी ऊर्जा बनी रहती है, जिसका परिणाम दरअसल यह होता है कि वे निःस्वार्थ भाव से देने वालों की अपेक्षा ज़्यादा योगदान देने में सफल रहते हैं। इस अध्याय के प्रारंभ में अर्थशास्त्र के नोबेल पुरस्कार विजेता स्वर्गीय हर्बर्ट साइमन ने अपने कथन में जो टिप्पणी की है, उसमें ठीक यही कहा है। अन्य ढंग से योगदान देने वाले लोग निःस्वार्थ भाव से देने वालों की अपेक्षा कम परोपकारी लग सकते हैं, लेकिन थककर चूर होने की स्थिति से निपटने की उनकी क्षमता उन्हें इस योग्य बनाती है कि वे ज़्यादा योगदान दे सकें।

7

आंशिक बदलाव

डोरमैट इफ़ेक्ट से बाहर कैसे निकलें!

जो दूसरों की मदद करते हैं वे सहायक होने के कारण पीड़ित होते हैं।

—क्लेयर बूथ लूस, संपादक, नाटककार और अमेरिकी कांग्रेस की पूर्व सदस्य

लिलियन बावर एक जानी-मानी परामर्श सेवा फ़र्म में उत्कृष्ट और मेहनती प्रबंधक थीं। सीधे हार्वर्ड से उनका चयन किया गया था। एमबीए पूरा करने के लिए उन्होंने फ़र्म छोड़ दी थी, लेकिन फ़र्म ने प्रलोभन देकर उन्हें वापस बुला लिया था। उन्हें उभरते सितारे के तौर पर देखा जाता था और वे समय से काफ़ी पहले ही फ़र्म में साझीदार बनने की राह पर थीं, लेकिन यह बात फैलने लगी वे बहुत अधिक उदार हैं। साझीदार के तौर पर उनकी पदोन्नति को छह माह के लिए टाल दिया गया और उन्हें सीधा फ़ीडबैक यह मिला कि उन्हें अपने सहयोगियों और ग्राहकों को ज़्यादा न कहने की ज़रूरत है। सालभर बीतने के बाद भी उन्होंने ऐसा नहीं किया था।

बावर में बदलाव लाने का जुनून था। उन्होंने कई साल एक ग़ैर लाभकारी संगठन में पूरे समर्पण से काम किया था, जहां वे व्यापार शुरू करने और उसे बढ़ाने में महिलाओं की मदद किया करती थीं। उस संगठन में उन्होंने सूक्ष्म ऋण कार्यक्रम की शुरुआत की थी, ताकि निम्न आय वर्ग की महिलाएं स्वयं की कंपनियां शुरू कर सकें। एक मामले में एक महिला सलून शुरू करना चाहती थी, लेकिन दो बैंकों ने उसकी अर्ज़ी खारिज कर दी थी। बावर ने उस महिला के साथ काम किया, ताकि उसकी व्यापार योजना और वित्तीय विवरण को मज़बूत किया जा सके। आख़िरकार दोनों बैंक उसे अत्यंत प्रतिस्पर्द्धी दरों पर ऋण देने को तैयार हो गए। सलाहकार के

तौर पर बावर ने अनगिनत घंटे अपने सहयोगियों को करियर संबंधी परामर्श देने में ख़र्च किए। यहां तक कि उन्होंने अपने जूनियर सहयोगियों की मदद की, ताकि बिज़नेस स्कूल के लिए उनके आवेदनों में सुधार किया जा सके। "मैं वास्तव में मदद करना चाहती हूं। यदि मेरे एक घंटा देने से किसी के दस घंटे बचते हैं या उन्हें कोई ऐसा अवसर मिलता है, जो अन्यथा उन्हें नहीं मिलेगा, तो संतुलन बैठाना और मेरी तरफ़ से एक अतिरिक्त घंटा देना आसान होता है।"

बावर बहुत ज़्यादा प्रतिभाशाली थीं और प्रेरित थीं, लेकिन लोगों की मदद करने की अपनी भावना को वे इतना आगे ले गईं कि इससे उनकी प्रतिष्ठा और उत्पादकता संकट में पड़ने लगी। उनके एक सहयोगी सलाहकार ने कहा, "उन्होंने किसी बात के लिए कभी न नहीं कहा। वे इतनी उदार थीं और इतना समय लोगों को देती थीं कि वे ऐसे जाल फंस गई थीं कि कोई भी उनका लाभ उठा लेता था। इसकी वजह से साझीदार के तौर पर उनकी पदोन्नति में वास्तव में विलंब हुआ।" प्रदर्शन संबंधी समीक्षा बैठक में बावर से कहा गया कि उन्हें थोड़ा और स्वार्थी बनने की ज़रूरत है। एक परामर्शदाता कंपनी के साझीदार में अधिकार के साथ बात करने की जो तीव्रता होनी चाहिए, उसमें इसका अभाव था। वे अपने आसपास के लोगों को विकसित करने में बहुत ज़्यादा समय ख़र्च करती थीं। वे ग्राहकों की मदद करने के लिए इतनी वचनबद्ध रहती थीं कि उनके आग्रहों को स्वीकार करने की हरसंभव कोशिश करती थीं। यह माना जाता था कि "वे ग्राहकों पर उन महत्त्वपूर्ण क्षणों में दबाव डालने में प्रभावशाली नहीं रहती थीं, जब ग्राहकों को कड़ा संदेश देने की ज़रूरत होती थी या ग्राहक किसी एजेंडे को ग़लत दिशा में ले जाने की कोशिश कर रहे होते थे। लोगों का मानना था कि साझीदार बनने की दिशा में जो बाधा है, उसे पार करने के लिए ऐसा करना ज़रूरी था।" निःस्वार्थ भाव से देने की भावना बावर के लिए करियर को सीमित करने वाला क़दम बन गई थी।

बावर के अनुभव को प्रतिबिंबित करने वाले एक अध्ययन में प्रबंधन के प्रोफ़ेसरों डियान बर्जरॉन, एबी शिप, बेन रोज़ेन और स्टेसी फ़र्स्ट ने एक पेशेवर सेवा फ़र्म में 3,600 से ज़्यादा सलाहकारों का अध्ययन किया। शोधकर्ताओं ने साप्ताहिक समय के हिसाब से कंपनी के रिकॉर्ड से देने की उनकी भावनाओं को खंगाला। इस साप्ताहिक समय के दौरान सलाहकार नए भर्ती हुए लोगों की मदद करते थे, ज़्यादा जूनियर सलाहकारों को परामर्श देते थे और अपने सहयोगियों से ज्ञान या विशेषज्ञता साझा करते थे। एक साल तक हर सप्ताह इन सलाहकारों के देने के व्यवहार पर नज़र रखने के बाद शोधकर्ताओं ने हर सलाहकार के वेतन, उसकी आगे बढ़ने की गति और पदोन्नति के बारे में आंकड़े हासिल किए।

देने की भावना रखने वालों ने सभी तीनों पैमानों पर ख़राब प्रदर्शन किया। उनकी वेतन वृद्धि बहुत कम थी, वे धीमी गति से आगे बढ़ रहे थे और उनकी

पदोन्नति की दर भी कम थी। देने की भावना रखने वालों की वेतन वृद्धियों का औसत 9 फ़ीसदी था, जबकि लेने की मानसिकता वालों और संतुलन बैठाने वालों में यह आंकड़ा क्रमशः 10.5 फ़ीसदी और 11.5 फ़ीसदी था। देने की भावना रखने वाले 65 फ़ीसदी से कम पेशेवरों को पदोन्नति मिली थी। उनकी तुलना में लेने की मानसिकता वालों और संतुलन बैठाने वालों में यह आंकड़ा क्रमशः 83 फ़ीसदी और 82 फ़ीसदी था। देने की भावना रखने वाले जिन पेशेवरों को पदोन्नति मिली, उन्हें औसतन 26 महीने ज़्यादा इंतज़ार करना पड़ा। उनकी तुलना में लेने की मानसिकता रखने वालों और संतुलन बैठाने वालों को औसतन चौबीस महीने से कम इंतज़ार करना पड़ा। यह पैटर्न बावर के अनुभव के समान ही था। उनका कहना था, "यदि मैं किसी एक जगह त्रुटि करती हूं, तो वह शायद यह है कि मैं बहुत ज़्यादा उदार हूं। मैं स्वयं की बजाय अन्य लोगों के हितों को प्राथमिकता देती हूं।"

पूर्व में सैकड़ों मील दूर न्यू यॉर्क सिटी स्थित परामर्श सेवा फ़र्म डेलॉयट कंसल्टिंग में जैसन गेलर साझीदार बनने की दिशा में तेज़ी से बढ़ रहे थे। जब उन्होंने डेलॉयट में परामर्श देना शुरू किया था, तब कंपनी सिर्फ़ ई-मेल के माध्यम से चल रही थी। वहां ज्ञान प्रबंधन की कोई औपचारिक प्रक्रिया नहीं थी। ऐसा कोई तंत्र नहीं था, जिसके तहत उन जानकारियों का भंडारण किया जा सके और ज़रूरत पड़ने पर उन्हें फिर प्राप्त किया जा सके, जो सलाहकार विशेष उद्योगों और ग्राहकों के बारे में जुटाते हैं। गेलर ने सूचना को एकत्र और साझा करने की पहल की। उन्होंने पलंग के पास छोटी-सी टेबल पर ज़रूरी लेख क्रमबद्ध तरीक़े से रखने शुरू कर दिए। वे लेटे-लेटे ही उन्हें पढ़ते और जब भी उन्हें कोई दिलचस्प लेख मिलता, तो वे उसकी फ़ाइल बना लेते। डेलॉयट के प्रतिद्वंद्वी क्या कर रहे हैं, उन्होंने इस पर एक शोध भी किया। "मैं थोड़ा-सा अव्यवस्थित था।"

डेलॉयट का ज्ञान प्रबंधन तंत्र जैसन गेलर का दिमाग़ और उसकी हार्ड ड्राइव बन गया। उनके सहयोगियों ने इसे जे-नेट (जैसन नेटवर्क) कहना शुरू कर दिया। जब भी उन्हें कोई सवाल पूछना होता या किसी सूचना की ज़रूरत होती, तब लोग उनसे ही संपर्क करते। सहयोगी कहते थे कि स्वयं शोध करने से अच्छा उनसे पूछ लेना है। वे अपने दिमाग़ और बड़े डाटाबेस से हमेशा उस ज्ञान को साझा करने को तैयार रहते। किसी ने उनसे जे-नेट तैयार करने को नहीं कहा था। उन्होंने ऐसा किया क्योंकि उनको लगता था कि ऐसा करना उचित है।

कॉर्नेल से स्नातक करने के बाद उन्होंने अपना पूरा करियर डेलॉयट में बिताया था। बीच में उन्होंने कोलंबिया से एमबीए भी किया था। उनके अनुभवी परामर्शदाताओं के प्रति वे कृतज्ञ थे, जिन्होंने उन्हें सहयोग दिया था। यदि कोई संतुलन बैठाने वाला व्यक्ति होता, तो बदले में कुछ करता। अपने अनुभवी परामर्शदाताओं के उपकार के बदले वह कुछ करने के तरीक़े तलाश करता, लेकिन लिलियन बावर

की तरह देने की भावना रखने वाले गेलर आगे लोगों का उपकार करना चाहते थे। गेलर के शब्दों में, "कार्य करने का यह स्वाभाविक तरीक़ा बन जाता है। आप देखेंगे कि जो सफल लोग होते हैं, वे ऐसे लोग होते हैं, जो अन्य लोगों की मदद करते हैं। मैं स्वाभाविक रूप से अन्य लोगों की मदद करने की कार्य-प्रणाली में चला गया। मैंने देखा कि अन्य लोगों ने उन अवसरों का निर्माण मेरे लिए किया था। अब मैं अन्य लोगों के लिए उन्हीं अवसरों को पैदा करने के लिए कड़ी मेहनत करता हूं।" गेलर ने हर नए कर्मचारी के लिए स्थायी प्रस्ताव रखा कि वह उनकी हर तरह से मदद करेंगे और परामर्श देंगे।

डेलॉयट में पार्टनर बनने में सामान्य रूप से 12 से 15 साल लगते हैं, लेकिन गेलर ने इस समय से काफ़ी पहले सिर्फ़ नौ साल में ही यह मुक़ाम हासिल कर लिया। सिर्फ़ 30 साल की उम्र में गेलर डेलॉयट के इतिहास के सबसे युवा साझीदारों में से एक थे। आज गेलर डेलॉयट के मानव पूंजी सलाहकार व्यवसाय के साझीदार हैं, जहां वे वैश्विक स्तर पर इसका नेतृत्व करते हैं। इस मामले में अमेरिका को बाज़ार में पहली वरीयता दी गई है। इसके बावजूद उनके एक सहयोगी ने कहा, "वे एक ऐसे व्यक्ति हैं, जो अपने सहयोगियों के हित में बार-बार चर्चा में आने से बचते हैं।" डेलॉयट के मानव संसाधन बदलाव व्यवसाय के वैश्विक और अमेरिकी प्रमुख होने के नाते वे जे-नेट को नई ऊंचाइयों पर ले गए। वे अब इस बात के तगड़े पक्षधर हैं कि डेलॉयट वैश्विक स्तर पर औपचारिक ज्ञान प्रबंधन की प्रक्रियाओं और तकनीकों की व्यवस्था करे। प्रशंसा और आश्चर्य के साथ एक विश्लेषक का कहना था, "यद्यपि वे असाधारण रूप से बहुत व्यस्त रहते हैं, फिर भी वे विश्लेषकों की बैठकें लगातार लेते रहते हैं, ताकि यदि वे किसी समस्या का सामना कर रहे हों, तो उसका समाधान किया जा सके।" गेलर अपनी उपलब्धियों का श्रेय लेने के प्रति अनिच्छा प्रकट करते हैं, लेकिन थोड़ा कुरेदने पर वे कहते हैं, "मेरी उदारता ने ही मुझे यहां सफल बनाया है।"

यद्यपि लिलियन बावर और जैसन गेलर दोनों देने की भावना रखने वाले व्यक्ति हैं, फिर भी उन्होंने स्वयं को अलग-अलग पथ पर पाया। मदद की भावना ने बावर के करियर को क्यों अवरुद्ध कर दिया, जबकि गेलर के करियर को गति प्रदान कर दी?

इसका सहज जवाब होगा कि इस अंतर की मुख्य वज़ह उनका स्त्री-पुरुष होना है, लेकिन यह अंतर पैदा करने वाला मुख्य कारक नहीं है। कम से कम परंपरागत अर्थों में तो नहीं। लिलियन बावर तीन ऐसे जालों में फंस गईं, जो देने की भावना रखने वाले काफ़ी लोगों को अन्य लोगों से व्यवहार में परेशान करते हैं, चाहे वे किसी भी लिंग के हों। ये तीन जाल हैं : बहुत ज़्यादा भरोसा करना, अन्य लोगों से बहुत ज़्यादा सहानुभूति रखना और बहुत ज़्यादा संकोची होना। इस अध्याय में

मेरा लक्ष्य यह दिखाना है कि देने की भावना रखने वाले जैसन गेलर जैसे सफल लोग इन जोख़िमों से कैसे बचते हैं और लिलियन जैसे लोग निःस्वार्थ की भावना को थोड़ा कम करके और अलग ढंग से मदद करने की भावना को थोड़ा बढ़ाकर कैसे इन समस्याओं से उबरते हैं। बहुत ज़्यादा विनम्र या दब्बू होना देने की भावना रखने वाले किसी भी व्यक्ति का सबसे भयावह अनुभव होता है। मैं यह बताना चाहूंगा कि अलग ढंग से मदद की भावना परोपकार का भाव रखने वाले लोगों को दूसरों पर ज़्यादा भरोसा करने के जाल से बचाती है। इसके लिए उन्हें अपनी आदान-प्रदान की शैलियों में अत्यधिक लचीलापन और अनुकूलनशीलता लानी होगी। मैं तर्क सामने रखूंगा कि अलग ढंग से देने की भावना को अपना कर निःस्वार्थ भाव वाले कैसे बहुत ज़्यादा सहानुभूति रखने और दब्बू या विनम्र होने के छिपे ख़तरों से बच सकते हैं। इसके लिए उन्हें अपनी कुछ स्वाभाविक योग्यताओं का अनुकूलन करना होगा।

ईमानदारी की जांच : ज़्यादातर लोगों पर ज़्यादातर समय भरोसा करना

प्रारंभिक अध्याय में हम पीटर ऑडेट नाम के ऑस्ट्रेलियाई वित्तीय सलाहकार से मिले थे। देने की उनकी भावना ने उन्हें तब लाभ पहुंचाया था, तब वे कबाड़ बेचने वाले से मिले थे। उससे काफ़ी समय पूर्व यह समझ आने से पहले कि निःस्वार्थ भाव से देने की बजाय अलग ढंग से मदद करने वाला बनना अच्छा है, पीटर को लेने की मानसिकता वाले अनेक लोगों ने ठगा था। सिर्फ़ 22 साल की उम्र में उन्होंने कड़ी प्रतिस्पर्द्धा वाली एक कंपनी में वित्तीय सलाहकार के तौर पर करियर शुरू किया था। कंपनी में उन पर ज़िम्मेदारी थी कि वे व्यापार के लिए एक ऐसा बीमा डिवीज़न बनाएं, जो मुख्य रूप से सेवानिवृत्त हो चुके ग्राहकों के लिए हो। पीटर सप्ताहांत में भी काम में जुटे रहे, ताकि छह अंकों का वार्षिक राजस्व जुटा सकें, लेकिन उन्हें इसका एक छोटा-सा अंश ही मिला। वे हर सप्ताह अपने घर सिर्फ़ 400 डॉलर का न्यूनतम वेतन ही ले जा पा रहे थे। उन्होंने वहां तीन साल तक काम किया, जो उनकी ज़िंदगी का सबसे दयनीय समय था। "मेरा बॉस बहुत ही लालची था। आप चाहे जो कर लें, वह कभी नहीं मानता था। उसकी नज़र सिर्फ़ इस पर रहती थी कि वह आपसे क्या प्राप्त कर सकता है।" पीटर की सेवाओं की प्रशंसा करते हुए उनके एक बीमा ग्राहक ने उनके लिए क्रिसमस पर एक ख़ूबसूरत बास्केट भेजी थी। उनका अमीर बॉस जो मर्सिडीज बेंज में कार्यालय आता था, नज़र पड़ते ही उस बास्केट को घर ले गया। बॉस ने कहा, "मैं बॉस हूं। यह मेरी है।"

पीटर को ऐसा लगा कि वे डूब रहे हैं और फिर उन्होंने वित्तीय सलाहकार के तौर पर स्वतंत्र काम करने का फ़ैसला किया। सिर्फ़ पहले साल में ही उनकी आय चार गुना हो गई। इसके पांच साल बाद लेने की मानसिकता रखने वाले एक व्यक्ति

ने उनसे फिर चालाकी की। उनसे मित्रता रखने वाले एक सहयोगी ब्राड का काम सही नहीं चल रहा था। ब्राड को कोई अन्य काम मिल गया था, जो अगले सप्ताह शुरू होने वाला था, तो उसने पीटर से एक उपकार करने को कहा। ब्राड ने कहा कि क्या पीटर उनके ग्राहकों को दो दिन के नोटिस पर ख़रीद लेगा, जिससे वह आराम से छोड़ सके? देने की भावना रखने वाले पीटर ने ब्राड पर भरोसा कर लिया और मौक़े पर अपनी सहमति दे दी। उन्होंने ब्राड के ग्राहकों को ख़रीद लिया और उनसे संबंध बनाना शुरू कर दिया। वे वित्तीय समस्याओं के निदान में उनकी मदद करने लगे।

कुछ महीने बाद पीटर अनेक ग्राहक गंवाने लगे। अज़ीब बात यह थी कि वे सभी ब्राड के पूर्व ग्राहक थे। बाद में पता चला कि ब्राड वित्तीय सलाहकार के तौर पर व्यापार में लौट आया था। उसने उन सभी ग्राहकों को फ़ोन करके जानकारी दे दी थी, जो उसने पीटर को बेचे थे। ब्राड ग्राहकों को सिर्फ़ यह बताना चाहता था कि वह लौट आया है और वे उसके साथ ख़ुशी से फिर जुड़ सकते हैं। ब्राड ने पीटर के अनेक ग्राहक चुरा लिए, जबकि इसके लिए उसने कौड़ी भी नहीं चुकाई। पीटर को व्यापार में क़रीब 10 हज़ार डॉलर का नुक़सान हुआ।

यदि पीटर प्रारंभ से ही पहचान लेते कि ब्राड लेने की मानसिकता रखने वालों में से है, तो वे उस मार्ग पर कभी नहीं जाते। दूसरों पर भरोसा करना एक ऐसा कारण है, जो देने की भावना रखने वालों को इतनी आसानी से प्रभावित कर देता है कि कोई भी उनका लाभ उठा लेता है। वे प्रत्येक व्यक्ति में सर्वश्रेष्ठ देखते हैं। वे इस ग़लत अवधारणा पर काम करते हैं कि हर व्यक्ति भरोसा करने लायक़ है। एक अध्ययन में शोधकर्ताओं ने इस बात का पता लगाया कि क्या अमेरिकी नागरिक धोखाधड़ी, ठगने वाले गेमों और पहचान चुराने जैसे अपराधों के शिकार हुए हैं। लेने की मानसिकता वालों की तुलना में देने की भावना रखने वालों के अपराधों का शिकार होने की आशंका दोगुनी होती है। अक्सर यह इस बात के परिणामस्वरूप होता है कि वे लेने की मानसिकता वालों पर भरोसा कर लेते हैं। देने की भावना रखने वाले एक व्यक्ति ने उदारता दिखाते हुए अपने मित्र के कार ऋण दस्तावेज़ पर हस्ताक्षर कर दिए। पांच साल बाद उस मित्र ने उनके नाम से तीन क्रेडिट कार्ड लिए और दो हज़ार डॉलर से ज़्यादा चुरा लिए।

धोखाधड़ी का शिकार या शोषित होने से बचने के लिए देने की सच्ची भावना रखने वाले लोगों को लेने की मानसिकता रखने वालों और ढोंग करने वालों से अलग पहचानना ज़रूरी है। देने की भावना रखने वाले सफल लोगों के लिए यह जानना बहुत ज़रूरी है कि कौन उनसे चालाकी कर सकता है, ताकि वे अपनी रक्षा कर सकें। क्या हम वास्तव में लेने की मानसिकता रखने वालों को तब पहचान सकते हैं, जब हम उन्हें देखते हैं? अनेक लोगों का मानना है कि वे पलक झपकते

ही देने और लेने वालों की पहचान कर लेते हैं, लेकिन वास्तव में वे बहुत ही ग़लत हैं। ज़रा फिर सोचिए।

मेरे कहने का यह तात्पर्य बिलकुल नहीं है कि हम सूक्ष्म हिसाब लगाने में हर ज़गह विफल रहते हैं और धोखा खा जाते हैं। मैल्कम ग्लैडवेल ने *ब्लिंक* में लिखा है कि हम लोगों का तत्काल जो आकलन करते हैं, उनमें से अनेक आश्चर्यजनक रूप से सटीक भी होते हैं। सरसरी तौर पर हम अक्सर उत्साह से भरे किसी शिक्षक, किसी बहिर्मुखी विक्रय प्रतिनिधि या एक-दूसरे की अवहेलना करते किसी वैवाहिक जोड़े को देखते होंगे, लेकिन हमें यह अनुमान लगाने में बहुत दिक़्क़त होती है कि इनमें से वास्तव में कौन देने की भावना रखता है।

एक अध्ययन में अर्थशास्त्रियों ने हार्वर्ड के विद्यार्थियों के एक समूह से अपने निकट के मित्रों और पूर्ण अज़नबी लोगों के देने और लेने के व्यवहार का अनुमान लगाने को कहा। मित्रों और अज़नबी लोगों में से प्रत्येक को 50 टोकन दिए गए, जिनका मूल्य 10 से 30 सेंट के बीच था। उनसे कहा गया कि वे इन टोकनों को स्वयं और हार्वर्ड के विद्यार्थियों के बीच बांटें। हार्वर्ड के विद्यार्थियों ने पूर्ण अज़नबी लोगों के व्यवहार का जो अनुमान लगाया था, उसी तरह अपने मित्रों की देने की भावना का अनुमान लगाने में भी उनका प्रदर्शन कोई ख़ास बेहतर नहीं रहा। शोधकर्ता लिखते हैं, "विद्यार्थियों ने सही उम्मीद बांधी कि उनके मित्र अज़नबी लोगों से ज़्यादा टोकन देंगे, लेकिन उन्होंने ऐसी उम्मीद नहीं की कि उनके उदार मित्र स्वार्थी मित्रों की तुलना में ज़्यादा टोकन देंगे।" यह निर्णायक ग़लती है क्योंकि देने की भावना रखने वाले मित्र, लेने की मानसिकता रखने वालों से कुछ अधिक योगदान देते हैं।

जब हम किसी व्यक्ति की आदान-प्रदान की शैली पर नज़र डालते हैं, तो बहुत ज़्यादा शोर की वज़ह से हमारी गणना बिगड़ सकती है। देने की भावना वाले किसी व्यक्ति को पहचानने के लिए अक्सर हम उनके व्यक्तित्व से जुड़े संकेतों पर निर्भर रहते हैं, लेकिन अब पता चला है कि ये संकेत भ्रामक हो सकते हैं। क़रीब आधी शताब्दी के शोध के बाद मनोविज्ञानियों ने व्यक्तित्व संबंधी एक मूल लक्षण की खोज की है, जिससे इस बात का अंतर किया जा सकता है कि लोगों में सामाजिक व्यवहार में दिखने की प्रवृत्ति कैसी होती है। इसे प्रियता कहा जाता है। यही वह लक्षण है, जिसकी वजह से ब्राड ने पीटर को बेवकूफ़ बना दिया था। ब्राड की तरह प्रिय दिखने वाले लोगों में ख़ुद को सहयोगी रुख़ वाला और विनम्र दिखाने की प्रवृत्ति होती है। वे गर्मजोशी और आदरभाव के साथ स्वयं को भला प्रदर्शित करते हुए अन्य लोगों से तारतम्य बैठाने की कोशिश करते हैं। प्रतिकूल लोगों में ज़्यादा प्रतिस्पर्द्धी, आलोचनात्मक और कठोर दिखने की प्रवृत्ति होती है। वे संघर्ष, चुनौतीपूर्ण स्थिति और संशयी होने के प्रति सहज होते हैं।

हमारी यह सहज प्रवृत्ति होती है कि हम प्रिय दिखने वाले व्यक्ति को परंपरागत छवि के अनुरूप देने की भावना रखने वाला मानते हैं, जबकि प्रतिकूल व्यक्ति को लेने की भावना रखने वाला। जब हमारा कोई संपर्क मिलनसार दिखता है, तो हम स्वाभाविक रूप से यह निष्कर्ष निकाल लेते हैं कि उसके इरादे ठीक हैं। जब वह भावशून्य और टकराव करता हुआ प्रतीत होता है, तो ऐसा लगता है कि उसे परवाह नहीं है कि हमारे सर्वश्रेष्ठ हित में क्या है। जब हम इस तरह का अनुमान लगा रहे होते हैं, तब हम किसी व्यक्ति के चाल-ढाल के आवरण को बहुत ज़्यादा महत्त्व देते हैं। उसके भीतर के मोती और बड़ी सीपी की अनदेखी कर देते हैं। देने की भावना रखना या लेने की मानसिकता रखना हमारे इरादों और मूल्यों पर निर्भर करते हैं। ये विकल्प की तरह होते हैं, जिनका हम चयन करते हैं, इससे फ़र्क़ नहीं पड़ता कि हमारा व्यक्तित्व प्रिय दिखता है या प्रतिकूल। लगातार स्टार्ट-अप उद्योग लगाने वाले उद्यमी डैनी शेडर इस बारे में स्पष्ट करते हुए करते हुए कहते हैं, "आप अच्छे हैं या आप अच्छे नहीं हैं, यह बात उससे अलग है कि आप आत्म केंद्रित हैं या अन्य पर केंद्रित हैं। दोनों स्वतंत्र विचार हैं, एक-दूसरे के विरोधी नहीं।" आपको याद होगा कि शेडर ने शुरू में डेविड हॉर्निक की शर्तों को नहीं माना था। इनसे हम पहले अध्याय में मिले थे। जब आप बाहरी रंग-रूप और अंदरूनी मंशाओं को जोड़ते हैं, तब देने की भावना रखने वाले प्रिय लोगों और लेने की मानसिकता रखने वाले प्रतिकूल लोगों के दो संयोजन बनते हैं। दुनिया में चार संयोजनों का अस्तित्व है।

हम अक्सर इस बात की अनदेखी कर देते हैं कि प्रतिकूल दिखने वाले लोग भी देने की भावना रखने वाले होते हैं। जो लोग चाल-ढाल में कठोर दिखाई देते हैं, वे आख़िरकार अपने समय, विशेषज्ञता और संपर्कों में उदार होते हैं। उदाहरण के लिए शेडर नेटस्केप में विपणन प्रभारी रहे स्वर्गीय माइक होमर के नाम का उल्लेख करते हैं। शेडर कहते हैं, "वे बाहर से नारकीय ढंग से चिड़चिड़े हो सकते थे, लेकिन भीतर से वे शुद्ध सोना थे। अत्यधिक दबाव में जब कोई विकल्प नहीं बचता था, तब वे हमेशा सही निर्णय लेते थे और वे आश्चर्यजनक रूप से निष्ठावान थे।"

होमर के शिष्य और एक निजी शेयर फ़र्म के प्रबंध निदेशक ग्रेग सैंड्स इस पर सहमति व्यक्त करते हुए कहते हैं, "आपकी मूल चिंता होती है कि क्या लोग देने की भावना रखते हैं या लेने की मानसिकता वाले हैं, लेकिन एक अन्य धुरी भी है कि क्या वे इस बारे में अच्छे हैं। यह धुरी है कि क्या उनकी मूल चाल-ढाल स्वागत करने योग्य है।" होमर को इस मामले में तेज़ी हासिल थी। जब एक बार वे किसी मार्ग से जुड़ जाते थे, तो उनके लक्ष्य के सामने आने वाली कोई भी बाधा बह जाती थी, लेकिन उनका दिल बड़ा था। वे मददगार बनना चाहते थे, लेकिन वे दोनों ही मामलों यानि देने की भावना रखने और प्रतिकूल व्यक्ति की तरह कठोर होने से दूर थे। होमर के एक अन्य पूर्व कर्मचारी ने कहा, "होमर लेने की मानसिकता रखने

वाले प्रतीत होते थे क्योंकि उनकी अपेक्षाएं और मांगें असाधारण रूप से बहुत ज़्यादा होती थीं, लेकिन काम ख़त्म होने पर वे वास्तव में लोगों की चिंता किया करते थे। एक क्षण वे मेरी हालत ख़राब कर देते थे क्योंकि उनकी आशाएं पूर्ण नहीं हो रही होती थीं। अगले दिन वे यह पता लगाने में मेरी मदद करते थे कि मैं आगे करियर में क्या करने जा रहा हूं और मेरे लिए अगली ठीक नौकरी कौन सी होगी।"

आम धारणा के विपरीत रूप-रंग और मंशाओं का एक अन्य संयोजन लेने की मानसिकता रखने वाले उन लोगों का है, जो प्रिय नज़र आते हैं। वैसे ये ढोंगी के रूप में जाने जाते हैं जैसे एनरॉन के केन ले की तरह। ऐसे लोग आकर्षक और हँसमुख दिखते हैं, लेकिन अक्सर उनका लक्ष्य देने से कहीं ज़्यादा हासिल करना होता है। प्रिय दिखने, लेकिन लेने की मानसिकता रखने वाले इन ढोंगी लोगों को पहचानने की क्षमता ही देने की भावना रखने वालों को शोषण से बचाती है।

देने की भावना रखने वाले लोग यद्यपि अपने कौशल का हमेशा सही इस्तेमाल नहीं करते, लेकिन ईमानदारी की जांच करने की उनमें स्वाभाविक क्षमता होती है। शोध के मुताबिक़, दूसरों के बारे में अनुमान लगाने के मामले में देने की भावना रखने वाले सामान्य रूप से लेने की मानसिकता वालों और संतुलन बैठाने वालों से ज़्यादा सटीक होते हैं। देने की भावना रखने वाले लोग अन्य लोगों के व्यवहार के प्रति ज़्यादा सतर्क रहते हैं और उनके विचारों और भावनाओं से ज़्यादा अनुकूलन कर लेते हैं, जिसके आधार पर ज़्यादा संकेतों को जुटाना संभव हो पाता है।

ये संकेत एकवचन सर्वनाम जैसे मैं और मेरा होते हैं, जहां सफलता का उल्लेख करते समय हमारा और हम की जगह उनका इस्तेमाल किया जाता है। ईमानदारी की जांच करने में देने की भावना रखने वालों को इस बात से भी लाभ मिल जाता है कि अपनी आदत की वज़ह से वे लोगों पर भरोसा ज़्यादा करते हैं। इससे उनके लिए लोगों के व्यवहार के व्यापक आयाम को देखने के अवसर पैदा होते हैं। वे देख सकते हैं कि लोग क्या करने में सक्षम हैं। देने की भावना रखने वाले लोग कभी-कभी लेने की मानसिकता रखने वालों के हाथों आहत महसूस करते हैं। कुछ अन्य परिस्थितियों में देने की भावना रखने वाले पाते हैं कि उनकी उदारता का प्रतिफल मिल रहा है या उम्मीद से भी ज़्यादा मिल रहा है। देने की भावना रखने वाले लोग प्रिय और प्रतिकूल दिखने वाले लोगों के काले-सफ़ेद बक्सों में जो सही या ग़लत है और व्यक्तिगत अंतर है, उसके प्रति समय के साथ संवेदनशील हो जाते हैं।

छद्म-वेश और उद्देश्यों के बीच के अंतर को समझने का जो ज्ञान देने की भावना रखने वालों के पास होता है, जब वे उसका इस्तेमाल करने में विफल रहते हैं, तब उनकी स्थिति ऐसी हो जाती है कि कोई भी उनका लाभ उठा लेता है।

योगदान पहले देने और सवाल बाद में पूछने के प्रति झुकाव अक्सर ईमानदारी की जांच की क़ीमत पर होता है।

परामर्श देने में लिलियन बावर ने यह आदत बना ली थी कि वे अपनी समय-सारणी में किसी को भी स्थान दे देती थीं, जो इसका अनुरोध करता था। उन्हें इस बात से कोई फ़र्क़ नहीं पड़ता था कि व्यक्ति कौन है। जब कोई ग्राहक पूरक विश्लेषण की मांग करता, तो वे उसे पूरा कर देतीं, चाहे ऐसा करना तकनीकी रूप से परियोजना का हिस्सा नहीं हो। वे ग्राहक को खुश करना चाहती थीं। जब किसी जूनियर विश्लेषक को सलाह की ज़रूरत होती, तो वे तत्काल अपनी सूची से समय निकाल लेतीं। इससे उन्हें अपने समय का त्याग करना पड़ता।

जैसन गेलर ने डेलॉयट में अपने सहज ज्ञान के आधार पर ऐसा रुख़ अपनाया, जो बिलकुल ईमानदारी की जांच समान लगता था। गेलर हर नए कर्मचारी को मदद की पेशकश के साथ शुरुआत करते हैं, लेकिन उनके साथ अपनी प्रारंभिक बातचीत में वे इस बात पर ग़ौर करते हैं कि कौन देने की भावना वाला और कौन लेने की मानसिकता रखने वाला प्रतीत होता है।

वे कहते हैं, "मेरे लिए व्यावहारिक रूप से यह संभव नहीं है कि मैं सक्रिय होकर वैश्विक स्तर पर हर कर्मचारी से मिलूं और उनके साथ समय व्यतीत करूं, तो मैं इस तरह पहचानने की कोशिश करता हूं कि कौन सच्चा है और कौन नहीं। कुछ लोग बातचीत में सीखने के उद्देश्य से आते हैं। कुछ अन्य आकर कहते हैं कि मैं वरिष्ठ सलाहकार के तौर पर पदोन्नति चाहता हूं। मुझे क्या करना चाहिए?" गेलर ऐसे सलाहकारों को लेने की मानसिकता रखने वाला मानते हैं। "वे मुझे यह बताने पर ध्यान केंद्रित करते हैं कि वे क्या कर रहे हैं। तीस मिनट के एजेंडे के साथ वे मुझे कुछ बातों से अवगत कराना चाहते हैं क्योंकि वे मुझे जागरूक करना चाहते हैं। वे वास्तव में कोई ऐसे सवाल नहीं पूछते, जो उनकी पैनी पकड़ को दर्शाते हों। यह बहुत ही सतही ज्ञान है। हम ऐसी बातों के लिए गहराई में नहीं जाते, ताकि उनके लिए वास्तव में मददगार बन सकें।"

लिलियन बावर ने समय के साथ जैसे-जैसे अपने हितों का त्याग किया, वैसे-वैसे उन्होंने यह पहचानना शुरू कर दिया कि कुछ लोग लेने की मानसिकता के साथ काम कर रहे हैं। "वे इतने आत्म केंद्रित होते हैं कि जो वे चाहते हैं, वह ले लेंगे और आगे बढ़ जाएंगे। इसलिए मैं लोगों की किस तरह मदद करती हूं, इसे लेकर मैंने ज़्यादा व्यवस्थित होना शुरू कर दिया है।" उन्होंने इस बात पर ध्यान देना शुरू कर दिया कि कौन मदद मांग रहा है और उन्होंने उनसे कैसा बर्ताव किया है। उन्होंने न कहने के कारणों की सूची भी बना ली। देने की भावना को ज़ारी रखने, लेकिन उसे ज़्यादा प्रभावशाली ढंग से करने के लिए उन्होंने व्यवसाय प्रबंधकों और

सहयोगी साझीदारों के लिए सलाह संबंधी दिशा-निर्देश लिखे। उन्होंने अपना काफ़ी ज्ञान काग़ज़ों पर लिख दिया, ताकि उन्हें लेने की मानसिकता रखने वालों के लिए बार-बार दोहराना नहीं पड़े। वे कहती हैं, "मैंने निष्कर्ष निकाला कि देने की भावना रखने वाला बने रहने के लिए यह ज़्यादा रणनीतिक तरीक़ा है।"

देने की भावना रखने वाले लोग यदि ईमानदारी की जांच करने में अपने कौशल का इस्तेमाल करना एक बार शुरू कर दें, तो उन्हें लेने की मानसिकता रखने वाले संभावित लोगों की पहचान करने में मदद मिलेगी और उन्हें मालूम होगा कि कब चौकस रहना है, लेकिन कई बार ऐसी जागरूकता बहुत देर में आती है। देने की भावना रखने वाला व्यक्ति लेने की मानसिकता वाले के प्रति पहले ही वफ़ादार बन चुका होता है। यदि देने की भावना रखने वाले व्यक्ति पहले ही आदान-प्रदान के ऐसे जाल में फंस चुके हैं, जहां वे लेने की मानसिकता रखने वालों के हितों के प्रति चिंतित दिखाई देते हैं, तो फिर वे स्वयं को पायदान की तरह इस्तेमाल होने और इसके प्रभाव से कैसे बचाएं कि कोई उनका लाभ नहीं उठा सके?

उदार तरीक़े से जैसे को तैसा : अनुकूलनशीलता के साथ देने की भावना रखने वाला

ब्राड ने जब पीटर ऑडेट के ग्राहक और पैसे हथिया लिए थे, उसके कई साल बाद पीटर ऑडेट, रिच नामक कारोबारी साझेदार के साथ काम कर रहे थे। वे जब एक साथ हुए थे, तब रिच अत्यंत प्रिय दिखने वाले व्यक्ति के तौर पर सामने आए थे। वे उत्साही और मित्रवत थे, लेकिन उनके एक मित्र विचार करते हुए कहते हैं, "यद्यपि रिच देने की भावना रखने वाले व्यक्ति दिखते थे क्योंकि वे मददगार की तरह व्यवहार करते थे, लेकिन वास्तव में वे लेने की मानसिकता वाले थे। पीटर देने वाले व्यक्ति थे और रिच उनसे सब कुछ खींच रहे थे।" रिच कारोबार की वित्तीय सफलता में ज़्यादा कुछ योगदान दिए बिना ही बहुत ऊंची तनख़्वाह ले रहे थे, जो 300,000 डॉलर वार्षिक से भी ज़्यादा थी। वे ऑस्ट्रेलिया के गोल्ड कोस्ट पर रह रहे थे और अपनी सुबह समुद्र तट पर बिताते थे। वे ऑफ़िस आराम से 10 बजे आते थे और आधे दिन बाद पब चले जाते थे। पीटर दुःखी स्वर में कहते हैं, "ब्राड ने मुझे यह अच्छा खासा बोध करा दिया था कि लेने की मानसिकता वाले लोग कैसे दिखते हैं और मैंने अनुभव किया कि रिच लेने की मानसिकता बहुत ज़्यादा रखते हैं। मैं हमेशा अतिरिक्त काम कर रहा था, लेकिन रिच कारोबार के धन को खुलकर बहा रहे थे। उन्हें वास्तव में स्टाफ़ और ग्राहकों के प्रति सेवा की कोई परवाह नहीं थी। उन्होंने वातावरण को दूषित करना शुरू कर दिया था। वे मेरा अनुचित लाभ उठा रहे थे। वे उनके प्रति मेरी निष्ठा का यह बदला दे रहे थे क्योंकि हमने यह व्यापार मामूली लागत से खड़ा किया था।"

पीटर संकोची रहे, लेकिन एक सोमवार रिच ने घोषणा की कि उन्होंने गोल्ड कोस्ट पर लाखों डॉलर का एक बंगला ख़रीदा है। उन्हें 100,000 डॉलर की ज़रूरत थी, जो उन्होंने सीधे कंपनी के खाते से ले लिए हैं। उस दिन रिच निदेशक मंडल की बैठक से भी इसलिए जल्दी चले गए क्योंकि उन्हें पब में अपने मित्रों से मिलना था। अब पीटर के सब्र का बांध टूट गया। वे जान चुके थे कि अब रिच पर भरोसा नहीं किया जा सकता है। उन्होंने निदेशक मंडल से वादा किया कि वे रिच को जवाबदेह बनाएंगे, लेकिन उन्हें इसके लिए अभी योजना तैयार करनी थी। वे अपराधबोध से ग्रस्त थे और असहज अनुभव कर रहे थे। "रिच मेरे बड़े भाई के समान थे।" एक सहयोगी ने कहा, "ऐसा करना किसी के लिए भी कठिन होता, लेकिन मैं सोचता हूं कि यह ज़्यादा कठिन था क्योंकि पीटर देने की भावना रखने वालों में से थे। वे जानते थे कि इसमें दूसरे छोर पर रिच के लिए क्या है और वे उन्हें उससे बचाना चाहते थे।"

पीटर परानुभूति का शिकार थे। परानुभूति एक शक्तिशाली भावना है, जो हम तब अनुभव करते हैं, जब किसी अन्य व्यक्ति के दुःख की कल्पना करते हैं। देने संबंधी सभी व्यवहारों के पीछे परानुभूति ही व्याप्त शक्ति है, लेकिन अति संवेदनशीलता का बड़ा स्रोत भी है। ब्राड जब अच्छा नहीं कर रहे थे, तब उन्होंने नई नौकरी स्वीकार कर ली। पीटर ने उनके दर्द को महसूस किया और उनके सभी ग्राहक कोई संकोच दिखाए बिना ख़रीद लिए। पीटर ने सोचा कि निकाले जाने पर रिच कैसा महसूस करेंगे। पीटर उनके लिए दुःखी हुए और वे उन्हें बाहर का रास्ता नहीं दिखाना चाहते थे।

पीटर परानुभूति के जाल में फंस गए थे, जो मोल-भाव की प्रक्रिया पर किए गए उत्कृष्ट अध्ययन में दिखाई देती है। इस अध्ययन में शोधकर्ता लोगों की जोड़ियों को साथ लाए और उनसे इलेक्ट्रॉनिक उत्पादों, जैसे टीवी की ख़रीद पर मोल-भाव करने को कहा। मोल-भाव करने वाले जोड़ों में आधे अज़नबी थे और आधे डेटिंग कर रहे युगल थे। इनमें से एक बेचने वाले, तो दूसरा ख़रीदने वाले की भूमिका में था। आप क्या सोचते हैं कि औसतन कौन ज़्यादा संयुक्त लाभ अर्जित करेगा, अज़नबी और डेटिंग करने वाले लोग?

मेरा मानना था कि डेटिंग कर रहे जोड़े बेहतर प्रदर्शन करेंगे क्योंकि वे एक-दूसरे पर ज़्यादा भरोसा करते हैं, ज़्यादा सूचना साझा करते हैं और परस्पर लाभ के लिए अवसरों की खोज करते हैं, लेकिन डेटिंग कर रहे जोड़ों का प्रदर्शन अज़नबी लोगों की तुलना में काफ़ी ख़राब रहा। उन्होंने कम संयुक्त लाभ अर्जित किया।

मोल-भाव से पहले शोधकर्ताओं ने डेटिंग कर रहे जोड़ों से पूछा था कि प्यार में वे कैसे हैं? उनकी भावनाएं जितनी मज़बूत थीं, उतना ही ख़राब उनका प्रदर्शन रहा।

डेटिंग कर रहे जोड़ों, विशेषकर जो एक-दूसरे से प्रेम करते थे, उन्होंने निःस्वार्थ भाव से देने वालों की तरह व्यवहार किया। उनका स्वाभाविक रुख़ अपने साथी की ज़रूरतों के प्रति सहानुभूति रखना था। शोधकर्ता लिखते हैं, "स्वयं के हितों की चिंता किए बिना वे तत्काल झुक गए। अपने साथी के प्रति चिंता से उन पर 'शॉर्ट सर्किट प्रयासों' का प्रभाव हुआ। वे ऐसे संपूर्णात्मक हल खोजने में जुट गए, जहां तक पहुंच बहुत आसान हो, भले ही उसके नतीज़े पारस्परिक रूप से कम संतोषजनक हों। उन्होंने समस्या का हल अत्यंत सावधानी से करने का रुख़ अपनाया।" शोधकर्ताओं ने मोल-भाव की मेज़ पर निःस्वार्थ भाव से देने वालों का अध्ययन किया, तो यही पैटर्न उभर कर सामने आया। जो लोग इस तरह के कथन से सहमत थे, "मैं अन्य लोगों की ज़रूरतों का हमेशा अपने से पहले ध्यान रखता हूं," वे ऐसे लोग थे, जो रिश्तों में तनाव पैदा होने को लेकर चिंतित थे। इसलिए उन्होंने मूल्य का त्याग करके अपने साथी से तुरंत समायोजन कर लिया।

जैसा कि उन डेटिंग करने वालों के साथ हुआ, जो प्रेम करते थे, वैसे ही दूसरों के प्रति सहानुभूति ने पीटर को ऐसे व्यक्ति के रूप में बदल दिया, जिसका इस्तेमाल कोई भी पायदान की तरह कर सकता था। उन्होंने दूसरों के प्रति सहानुभूति का विकल्प खोज निकाला, जो देने की उनकी भावना की स्वाभाविक शक्ति के साथ समान रूप से मेल खाता है। रिच की भावनाओं पर विचार करने की बजाय उन्होंने यह सोचा कि रिच के दिमाग़ में क्या चल रहा है। इससे उनके भीतर रिच के बारे गहन समझ विकसित हुई कि रिच को नई चुनौतियों पर काम करना पसंद है। पीटर ने सोचा कि वे रिच से ऐसा आग्रह कर सकते हैं, जो उनकी स्वयं की रुचि के अनुरूप हो और उन्हें आकर्षक लगे। उन्होंने रिच से कहा, "आप दैनिक आधार पर व्यापार को चलाने में आनंद का अनुभव नहीं कर पा रहे हैं, तो आप मुझे इसे क्यों नहीं संभालने देते? मैं समझता हूं कि मैं इतना बड़ा हो गया हूं कि मैं भारी बोझ उठाने के लिए तैयार हूं।" रिच ने इस पर सहमति प्रकट कर दी। उन्होंने उद्यमिता के क्षेत्र में नई परियोजनाओं पर काम करने की इच्छा व्यक्त की, ताकि व्यापार के लिए और राजस्व जुटाया जा सके। पीटर ने इस निर्णय का समर्थन किया और वे स्वयं निदेशक मंडल की बैठकों का संचालन करने लगे।

पीटर ने यह चाल रिच के दिल की बजाय उनके दिमाग़ को पढ़कर खेली और अपना लक्ष्य हासिल कर लिया। कोलंबिया के मनोविज्ञानी ऐडम गैलिन्स्की के नेतृत्व में किए गए शोध के अनुसार मोल-भाव की मेज़ पर हम जब परानुभूति का शिकार होते हैं, तो हम अपने समकक्ष की भावनाओं और संवेदनाओं पर ध्यान केंद्रित करने लगते हैं। इससे यह जोख़िम उत्पन्न हो जाता है कि हम बहुत ज़्यादा त्याग कर दें, लेकिन जब हम स्वयं को दूसरों के परिदृश्य से जोड़ लेते हैं, तो हम अपने समकक्ष की सोच और उसके हितों पर विचार करने लगते हैं। तब इस बात की संभावना

ज़्यादा होती है कि हम सौदे के लिए कोई ऐसे तरीक़े निकाल लेंगे, जो हमारे स्वयं के हितों का त्याग किए बिना हमारे समकक्ष लोगों को भी संतुष्ट करे। पीटर यदि रिच के साथ सहानुभूति रखना जारी रखते, तो शायद वे यह हल कभी नहीं खोज पाते। रिच की भावनाओं की बजाय उनके विचारों पर ध्यान केंद्रित करके पीटर दुनिया को लेने वाले की मानसिकता से देखने लगे। इसके बाद उन्होंने अपनी रणनीति उसी के हिसाब से समायोजित कर ली।

पीटर ने रिच को ऐसी भूमिका में डाल दिया था, जहां से वे कम से कम नुक़सान पहुंचा सकते थे। अपनी इस सफलता के बावजूद पीटर अपनी इस इच्छा से मुक्त नहीं हो पाए थे कि वे रिच को प्रोत्साहित करें और सफल होने में उनकी मदद करें, लेकिन वे यह भी जानते थे कि अभी काफ़ी गुंजाइश है, जहां रिच लेने की मानसिकता के साथ काम कर सकते हैं। पीटर ने उन पर भरोसा किया, लेकिन वे इसकी जांच भी करना चाहते थे। पीटर ने उन्हें विशेष परियोजनाओं पर काम करने की स्वायत्तता प्रदान कर दी, लेकिन उन्हें परिणामों के लिए जवाबदेह बना दिया। उनसे कहा गया कि हर नब्बे दिन में प्रगति से अवगत कराएं। "मैंने उन्हें अपना योगदान स्वयं मापने का अवसर दे दिया और हमारे लिए भी ऐसा ही करने को कहा।" छह महीने बाद तक रिच ने बहुत कम काम किया था, तब पीटर ने औपचारिक विश्लेषण किया और निदेशक मंडल के लिए व्यापक रिपोर्ट लिखी। "जब रिच का योगदान शून्य रहा, तो निर्विवाद रूप से यह उनका ख़ुद का करा-धरा था। उनके समक्ष बिना किसी लाग-लपेट के साक्ष्य रखे गए कि उन्होंने कंपनी से क्या लिया है और कैसे उनके योगदान का अभाव रहा है। सच ने आख़िरकार उन्हें हिला दिया और मेरे लिए स्वयं को मुक्त कर दिया।" बहुमत से यह फ़ैसला हुआ कि वे कंपनी छोड़ देंगे और कारोबार से अपना हिस्सा ले लेंगे।

पीटर अब पायदान की तरह बिलकुल नहीं थे। उन्होंने लेने की मानसिकता रखने वाले एक व्यक्ति को दांव खेलकर पटखनी दे दी थी। बाद में उन्हें पता चला कि जितना लोगों ने अनुभव किया, रिच उससे कहीं ज़्यादा लेने की मानसिकता रखते थे। कंपनी का उन पर काफ़ी ऋण बाक़ी था और उन्हें बैंक की रक़म भी चुकानी थी। इसके निपटारे के लिए पीटर को एक चेक पर दस्तख़त करने पड़े क्योंकि रिच के पास इतनी रक़म नहीं थी। पीटर ने जब फ़र्म में प्रबंध निदेशक के तौर पर काम संभाला, तब इसके एक साल बाद रिच ने फ़र्म छोड़ दी। रिच के फ़र्म छोड़ने के 15 महीने बाद पीटर की फ़र्म का काया-कल्प हो गया। फ़र्म ने सात अंकों में लाभ अर्जित कर लिया। कर्मचारियों का मनोबल आसमान छू रहा था और फ़र्म छोड़ने का उनका प्रतिशत घट गया था। वे डीलर समूह में फ़र्म ऑफ़ द ईयर अवार्ड की दौड़ में थे।

देने की भावना रखने वाले सफल लोग एक बार जब ईमानदारी की जांच का महत्त्व समझ जाते हैं, तब वे लेने की मानसिकता रखने वाले ऐसे लोगों को पहचानना

शुरू कर देते हैं, जो प्रिय तो दिखते हैं, लेकिन संभावित ढोंगी होते हैं। ऐसे में देने की भावना रखने वाले लोग अपने व्यवहार में उसी के हिसाब से थोड़ा समायोजन करके ख़ुद की रक्षा कर लेते हैं। पीटर का अनुभव यह संकेत देता है कि देने की भावना रखने वाले लोग आहत होने से कैसे बच सकते हैं : लेने की मानसिकता रखने वालों से आदान-प्रदान में वे संतुलन बैठाने वाले बन जाते हैं। देने की भावना रखने वाले के तौर पर शुरुआत करना बुद्धिमत्तापूर्ण होता है क्योंकि शोध के मुताबिक़ भरोसे को बनाना बहुत ही कठिन होता है और नष्ट करना आसान होता है, लेकिन यदि आपका समकक्ष साफ़ तौर पर लेने की मानसिकता के साथ काम कर रहा हो, तो देने की भावना रखने वालों के लिए यह विवेकपूर्ण होगा कि वे अपनी आदान-प्रदान की शैलियों में लचीलापन लाएं और उसे संतुलन बैठाने वालों की शैली में बदल दें। पीटर ने ऐसा ही किया। उन्होंने रिच से कहा कि वे बदले में कारोबार में अपना मूल्य जोड़ें। पीटर कहते हैं, "यह अब मेरे स्वभाव में आ गया है कि मैं लेने की मानसिकता वालों को ज़्यादा समय नहीं देता और निश्चित रूप से मैं अपना समय उनके साथ बर्बाद नहीं करता।"

एक शोध में मनोविज्ञानियों ने लोगों को अवसर दिया कि वे जोड़ीदार के साथ काम करें, जो या तो प्रतिस्पर्द्धी थे या सहयोग करने वाले थे। लेने की मानसिकता रखने वालों ने प्रतिस्पर्द्धी की तरह व्यवहार किया, चाहे उनका जोड़ीदार कैसा भी रहा हो। शेष लोगों ने अपने जोड़ीदार के हिसाब से अनुकूलन कर लिया। जब वे अपने सहयोगी जोड़ीदार के साथ काम कर रहे थे, तब वे सहयोगी बन गए, लेकिन यदि कोई जोड़ीदार प्रतिस्पर्द्धी था, तो उन्होंने व्यवहार में संतुलन बैठाते हुए ज़्यादा प्रतिस्पर्द्धी बनकर प्रतिक्रिया दी। खेल के सिद्धांतकार इसे *जैसे को तैसा* कहते हैं। यह विशुद्ध रूप से संतुलन बैठाने वालों की रणनीति है : सहयोग करना शुरू करो और तब तक सहयोगी बने रहो, जब तक कि आपका समकक्ष प्रतिस्पर्द्धी नहीं बने। जब आपका समकक्ष प्रतिस्पर्द्धा करे, तो उसके व्यवहार के समान प्रतिस्पर्द्धा करो। यह संतुलन बैठाने का अत्यंत ही प्रभावशाली स्वरूप है। इस खेल सिद्धांत के आधार पर अनेक टूर्नामेंट जीते जा चुके हैं। हार्वर्ड के गणितीय जीव विज्ञानी मार्टिन नोवाक लिखते हैं, जैसे को तैसा सिद्धांत "घातक त्रुटि से ग्रस्त है। यह इतना क्षमाशील नहीं है कि कभी-कभी होने वाली दुर्घटनाओं को पचा सके।"

नोवाक ने निष्कर्ष निकाला है कि बारी-बारी से देने की भावना रखने वाले और संतुलन बैठाने वाले की तरह व्यवहार करना ज़्यादा लाभप्रद हो सकता है। *उदार तरीक़े से जैसे को तैसा* वाले सिद्धांत में यह है कि "अच्छे काम को कभी मत भूलो और कभी-कभी बुरे काम को माफ़ कर दो।" आप सहयोगी की तरह व्यवहार करना शुरू करें और तब तक सहयोग करते रहें, जब तक आपका समकक्ष प्रतिस्पर्द्धा करना शुरू नहीं कर दे। जब आपका समकक्ष प्रतिस्पर्द्धा करना शुरू करे, तब हमेशा

प्रतिस्पर्द्धा करके प्रतिक्रिया नहीं दें। उदार तरीक़े से जैसे को तैसा का अर्थ होता है सिर्फ़ दो-तिहाई बार ही प्रतिस्पर्द्धा करो। आपका समकक्ष जब रवैया बदले, तब तीन में से एक बार सहयोगात्मक प्रतिक्रिया दें। नोवाक लिखते हैं, "उदार जैसे को तैसा आसानी से सामान्य जैसे को तैसा को मिटा सकता है। साथ ही पथ का त्याग करने वालों के हाथों शोषित होने से स्वयं की रक्षा भी कर सकता है।"

उदार तरीक़े से जैसे को तैसा का सिद्धांत देने की भावना रखने वालों को पुरस्कार देने और लेने की मानसिकता वालों को हतोत्साहित करने का एक शक्तिशाली संतुलन अर्जित कर लेता है। वह भी बहुत ज़्यादा दंडात्मक हुए बिना। इसमें एक जोख़िम ज़रूर है क्योंकि उदार जैसे को तैसा ज़्यादातर लोगों को देने की भावना रखने वालों की तरह व्यवहार करने को प्रेरित करता है। इससे लेने की मानसिकता रखने वालों के लिए तब फिर से सिर उठाने का मार्ग खुल जाता है, जब हर कोई सहयोग कर रहा होता है, लेकिन वे प्रतिस्पर्द्धा करने लगते हैं। यह दुनिया ऐसी है, जहां संबंध और प्रतिष्ठाएं साफ़ तौर पर देखी जा सकती हैं, तो ऐसे में लेने की मानसिकता रखने वालों के लिए यह लगातार मुश्किल होता जा रहा है कि वे देने की भावना रखने वालों का अनुचित लाभ उठा सकें। नोवाक के मुताबिक़, "उदार रणनीति का प्रभुत्व बहुत लंबे समय तक क़ायम रहता है।"

उदार जैसे को तैसा का सिद्धांत दरअसल अलग ढंग से देने की भावना रखने वालों की रणनीति है। निःस्वार्थ भाव से देने वाले लोग जहां हमेशा अन्य लोगों पर भरोसा करने की ग़लती करते हैं, वहीं अलग ढंग से देने वाले लोग शुरुआत भले ही भरोसा करने से करते हैं क्योंकि यह उनका पूर्व चयनित विकल्प होता है, लेकिन वे लेन-देन में ऐसे व्यक्ति के साथ अपनी आदान-प्रदान की शैली समायोजित करने के लिए तैयार रहते हैं, जो अपने आचरण और अपनी प्रतिष्ठा से लेने की मानसिकता वाला दिखे। अलग ढंग से देने की भावना रखने का अर्थ है कि देने की भावना रखने वाले लोग स्वयं के हितों को पीछे देखने वाले शीशे में रखें। वे सावधानी से भरोसा करें और उसकी जांच भी करें। लेने की मानसिकता रखने वालों के साथ व्यवहार करते समय संतुलन बैठाने के मोड में आना दरअसल स्वयं को सुरक्षित रखने की रणनीति है, लेकिन हर तीन में से एक बार देने की भावना रखने वाले के मोड में आना बुद्धिमत्तापूर्ण होगा, ताकि लेने की मानसिकता रखने वाले तथाकथित लोगों को क्षतिपूर्ति करने का अवसर दिया जा सके। पीटर ऑडेट ने रिच को अपने हिसाब से काम करने का अवसर देकर यही किया। अलग ढंग से देने की भावना रखने वाले आशावादी विचार रखते हैं। रैंडी पॉश ने *द लास्ट लेक्चर* में यही धारणा अभिव्यक्त करते हुए लिखा है, "ख़ूब देर तक इंतज़ार करो, लोग आपको चकित कर देंगे और प्रभावित भी करेंगे।"

उदार तरीक़े से जैसे को तैसा का सिद्धांत अपनाते हुए अलग ढंग से देने का रुख़ कैसे अपनाया जा सकता है, यह प्रारंभिक अध्याय में सैम्पसन की कहानी में अब्राहम लिंकन ने प्रदर्शित किया। इलिनॉय सीनेटर पद की दौड़ में लिंकन ने स्वयं के हितों का त्याग कर दिया, ताकि लाइमैन ट्रंबल जेम्स शील्ड्स को हरा सकें। लिंकन का करियर ख़राब करने की कोशिश के लिए ट्रंबल की काफ़ी आलोचना हुई थी। लिंकन की पत्नी मैरी टॉड का कहना था कि ट्रंबल ने "स्वार्थ के वशीभूत होकर विश्वासघात" किया है। उन्होंने ट्रंबल की पत्नी से सारे संबंध तोड़ लिए, जबकि वह उनकी सबसे पक्की सहेलियों में से थीं। जब ट्रंबल ही शादी हुई थी, तब मैरी ही वधु-सखी थीं। लिंकन का झुकाव हालांकि क्षमा करने की तरफ़ ज़्यादा था। उन्होंने ट्रंबल के प्रति विश्वास व्यक्त करते हुए कहा, "आपके और मेरे बीच शत्रुता को रखने की कोशिश हवा जितनी ही निष्क्रिय है।" साथ ही संभावित बग़ावत से स्वयं की रक्षा करने के इरादे से लिंकन ने ट्रंबल को आगाह भी किया कि वे उनके रास्ते में नहीं आएं। "जहां मेरे सबसे अच्छे मित्र की तुलना में मुझे आपके ख़िलाफ़ कोई शंका नहीं है, फिर भी मुझे इस स्थिति में रखा जाता है कि मैं लगातार इस सुझाव के ख़िलाफ़ संघर्ष करता रहूं।" ट्रंबल ने उपकार का बदला चुकाया और सीनेट के लिए अगली उम्मीदवारी में उन्होंने लिंकन की मदद की।

1859 में शिकागो के मेयर जॉन वेंटवर्थ ने नार्मन जड पर आरोप लगाया कि वे स्वयं का राजनीतिक करियर आगे बढ़ाने के लिए ट्रंबल का समर्थन कर रहे हैं, जबकि लिंकन के ख़िलाफ़ साजिश रच रहे हैं। जहां उनकी पत्नी ने जड को कभी क्षमा नहीं किया, वहीं लिंकन ने जड को याद दिलाया, "आपने मेरे ख़िलाफ़ ट्रंबल को वोट दिया था।" उन्होंने जड के फ़ैसले की उदारता से व्याख्या की : "मैं सोचता हूं और हज़ार बार कह भी चुका हूं कि मेरे साथ कोई अन्याय नहीं हुआ।" लिंकन ने वेंटवर्थ के साथ जड के टकराव में मध्यस्थता की और इसके बदले एक उपकार करने को कहा। लिंकन ने लिखा, "यदि मैं इलिनॉय के प्रतिनिधिमंडल में शामिल नहीं होता हूं, तो इससे अनेक लोगों की भावनाएं आहत हो सकती हैं। क्या आप मेरी इस मामले में मदद नहीं कर सकते, जो आपके लिए संभव है?" जड ने संतुलन बैठाते हुए उसके अगले सप्ताह लिंकन के समर्थन में *शिकागो ट्रिब्यून* में एक बड़ा संपादकीय लिखा। इससे यह सुनिश्चित हो गया कि रिपब्लिकन पार्टी का सम्मेलन शिकागो में होगा, जहां लिंकन के पास समर्थक थे। उन्होंने यह भी सुनिश्चित कराया कि लिंकन के आलोचक पीछे बैठें, ताकि उनका प्रभाव सीमित रहे। यद्यपि लिंकन स्वाभाविक रूप से देने की भावना रखते थे, लेकिन उन्होंने कभी-कभी संतुलन बैठाने वालों की तरह व्यवहार करने के महत्त्व को पहचान लिया था और उन्हें उदार तरीक़े से जैसे को तैसा करने के सिद्धांत से लाभ हुआ। उनके सचिव की पुत्री का कहना था, "अन्य लोगों के परिदृश्यों पर पैनी नज़र रखने से लिंकन को

यह शक्ति हासिल हो गई थी कि वे विलक्षण सटीकता से यह भविष्यवाणी कर सकते थे कि उनके प्रतिद्वंद्वी क्या करने वाले हैं और वे इसका इस्तेमाल उन्हें मात देने में करते थे।"

जैसन गेलर ने जब से डेलॉयट के नए कर्मचारियों को परामर्श देना शुरू किया था, तब से उन्होंने उदार जैसे को तैसा का एक संस्करण अपना लिया। नए कर्मचारी से पहले बैठक की समाप्ति पर गेलर एक पेशकश करते हैं, "यदि यह बातचीत फ़ायदेमंद रही, तो मुझे मासिक आधार पर ऐसा करने में ख़ुशी होगी।" यदि कर्मचारी सहमति प्रकट करता है, तो गेलर अपने कैलेंडर में मासिक बैठक अंकित कर देते हैं, लेकिन यह लिखा नहीं होता कि यह सिलसिला कब ख़त्म होगा। मासिक आधार पर होने वाली बैठकों से गेलर के लिए ऐसे अवसर पैदा होते हैं कि वे उस कर्मचारी की मदद कर सकें, लेकिन साथ ही इसका यह अतिरिक्त लाभ है कि इससे उन्हें यह समझने में मदद मिलती है कि कौन लेने की मानसिकता रखने वाला हो सकता है। गेलर इसकी व्याख्या करते हुए कहते हैं, "संवाद जारी रखने का एक महत्त्व यह भी है कि आप बहुत जल्द बता सकते हैं कि कौन ढोंग कर रहा है क्योंकि दोनों के बीच अच्छी बातचीत और संबंध विकसित हो जाते हैं। हर छह महीने में ढोंग करना आसान है, लेकिन नियमित आधार पर नहीं। यही वज़ह है कि मैं लोगों को प्रोत्साहित करता हूं कि वे बैठक के लिए समय निकालें। सबसे ज़्यादा प्रभाव डालते हुए यह एक तरीक़ा है कि आप पता लगा सकते हैं कि कौन सच्चा है।" गेलर जब एक बार किसी सहयोगी की पहचान लेने की मानसिकता रखने वाले के तौर पर कर लेते हैं, तो वे अपने रुख़ में ज़्यादा सतर्कता बरतने लगते हैं, हालांकि देने की उनकी भावना जारी रहती है। "मैं उन्हें देने वाली मदद कम नहीं करता, लेकिन मदद भिन्न दिखने लगती है। मैं उनकी सुनता हूं और उनसे जुड़ा रहता हूं, लेकिन हमारे बीच संवाद नहीं होता। कोई ज़्यादा परामर्श नहीं दिया जाता और ना ही मार्गदर्शन। ऐसा नहीं है कि मैं जान-बूझकर उनकी मदद के लिए कम उपलब्ध होता हूं, लेकिन यह स्वाभाविक मानवीय प्रवृत्ति है कि आप अपने समय का निवेश वहां करेंगे, जहां दोनों पक्षों के लिए सबसे ज़्यादा लाभ हो।"

लिलियन बावर ने शुरू में आग्रह करने वाले की पारस्परिक आदान-प्रदान की शैली के अनुरूप अपने निवेश में बदलाव नहीं किया था। ईमानदारी की जांच शुरू करने से पहले वे संपर्क में आने वाले हर व्यक्ति के साथ उदार थीं। एक पारिवारिक सहेली की मदद करने के बाद वे बदल गईं। इस सहेली ने किसी बड़ी परामर्शदाता कंपनी में नौकरी पाने के लिए उनसे सलाह मांगी थी। उन्होंने अपने विशेष अंदाज़ में उदारता से प्रतिक्रिया दी। उन्होंने उसे रात्रि और सप्ताहांत में मार्गदर्शन देने के लिए कुल-मिलाकर पचास घंटे ख़र्च किए। यही नहीं, उन्होंने उसके लिए ना सिर्फ़ अपनी फ़र्म, बल्कि कई अन्य प्रतिस्पर्द्धी फ़र्मों में संपर्क खोजे। आख़िरकार उस सहेली

को बावर की फ़र्म और एक अन्य प्रतिस्पर्द्धी फ़र्म से नौकरी के प्रस्ताव आए। उसने बावर की फ़र्म में नौकरी शुरू कर दी।

बावर और उनके सहयोगियों ने उस सहेली को फ़र्म में नियुक्ति दिलाने के लिए बहुत ज़्यादा समय और ऊर्जा ख़र्च की थी। इसके बावजूद उसने किसी अन्य देश में दूसरे कार्यालय में स्थानांतरित करने का आग्रह किया, जो फ़र्म की भर्ती प्रक्रिया के दिशा-निर्देशों का सीधा उल्लंघन था। लेने की मानसिकता रखने, लेकिन प्रिय दिखने वाले एक व्यक्ति ने बावर को बेवकूफ़ बना दिया था। "बातचीत सिर्फ़ इस बात के इर्द-गिर्द घूमती थी कि उसके और सिर्फ़ उसके लिए सर्वश्रेष्ठ क्या है। जिस तरह से वह फ़ैसले के बारे में बात कर रही थी, उससे साफ़ था कि सब कुछ उसके संदर्भ में ही है। वह स्पष्ट रूप से अपनी ही मदद करने जा रही थी।" लेने की मानसिकता रखने वाली उस सहेली ने जब उनका अनुचित लाभ उठा लिया, तो बावर ने ऐसे लोगों से व्यवहार में ज़्यादा सतर्कता बरतना सीख लिया। "उसके बाद उस सहेली के बारे में मेरी भावनाएं बिलकुल बदल गईं और मैं उदार बनने के लिए उतनी तैयार नहीं थी।"

ईमानदारी की जांच और उदार तरीक़े से जैसे को तैसा सिद्धांत के संयोजन से बावर लेने की मानसिकता रखने वालों को परामर्श देने में सिर्फ़ 'पायदान' की तरह इस्तेमाल होने से बच गईं, लेकिन अभी भी वे ग्राहकों को चुनौती कैसे दें, इसको सीखने की बाधा पर विजय प्राप्त नहीं कर सकी थीं। कोई भी उनका लाभ उठा ले, ऐसा व्यक्ति बनने की बजाय वे सीख नहीं पाई थीं कि वे ग्राहकों को नहीं कैसे कहें। "मैं नकारात्मक जवाब देने की बजाय अब भी ग्राहकों को बहुत ज़्यादा जवाब 'हां' में दे रही थी।" देने की भावना रखने वाले आख़िर कैसे अधिकार के साथ बात करना सीख सकते हैं?

दृढ़ता और पक्ष समर्थन में विरोधाभास

स्त्री-पुरुष दोनों समान रूप से शिक्षित होते हैं, लेकिन पुरुष काफ़ी ज़्यादा पैसा कमा रहे हैं। कार्नेगी मेलन विश्वविद्यालय की अर्थशास्त्री लिंडा बैबकॉक ने आंकड़ों को बहुत ही निराशा के साथ देखा। यद्यपि यह 21 वीं सदी चल रही है, फिर भी उनके स्कूल से निकले पुरुष एमबीए स्नातकों को महिला स्नातकों की तुलना में 7.6 फ़ीसदी ज़्यादा वेतन मिल रहा है। कार्नेगी मेलन के विश्व के सर्वश्रेष्ठ तकनीकी संस्थानों में गिना जाता है। यहां से निकले 18 विद्यार्थियों को नोबेल पुरस्कार से सम्मानित किया जा चुका है। इनमें से सात तो अकेले अर्थशास्त्र के क्षेत्र में मिले हैं। बिज़नेस के विद्यार्थी जब एमबीए के लिए कार्नेगी मेलन में अपना नामांकन कराते हैं, तो वे एक गंभीर मात्रात्मक चुनौती के लिए अपना नाम लिखवा रहे होते हैं। यह स्कूल कम्प्यूटेशनल वित्त, मात्रात्मक अर्थशास्त्र और सॉफ़्टवेयर इंजीनियरिंग में डिग्री प्रदान

करता है। कार्नेगी मेलन से निकलने वाले चालीस फ़ीसदी एमबीए वित्त में अपना करियर बनाते हैं। ऐसे अत्यंत मात्रात्मक माहौल में भी वेतन के आंकड़े दर्शाते हैं कि कुछ कारक हैं, जो अब भी महिलाओं को शीर्ष पर जाने से रोकते हैं। बैबकॉक गणना के बाद इस निष्कर्ष पर पहुंची कि वेतन में अंतर के इस आंकड़े के आधार पर 35 साल के करियर में हर महिला को औसतन 10 लाख डॉलर से ज़्यादा का नुक़सान हो रहा है।

जैसा कि पता चला कि लिंग के आधार पर वेतन में यह फ़र्क़ सामाजिक परंपराओं या लोगों के रुख़ की वज़ह से नहीं है। स्त्री-पुरुष दोनों को समान रूप से प्रारंभिक प्रस्ताव मिले थे। विसंगति तब उभर कर सामने आई, जब उन्होंने अंतिम प्रस्ताव पर दस्तख़त किए। गहन जांच के बाद बैबकॉक ने पाया कि स्त्री-पुरुषों के बीच बड़ा नाटकीय अंतर ज़्यादा वेतन की मांग करने की इच्छा को लेकर है। आधे से ज़्यादा पुरुषों (57 फ़ीसदी) ने अपने प्रारंभिक वेतन पर मोल-भाव करने की कोशिश की। इसकी तुलना में सिर्फ़ सात फ़ीसदी महिलाओं ने ऐसा किया। महिलाओं की तुलना में पुरुषों में मोल-भाव करने की संभावना आठ गुना ज़्यादा होती है। जिन विद्यार्थियों (अधिकतर पुरुष) ने मोल-भाव किया था, उनके वेतन में औसतन 7.4 फ़ीसदी का सुधार देखा गया, जो लिंग भेद के आधार पर देखे जाने के लिए पर्याप्त था।

मोल-भाव करने की इच्छा में विसंगति सिर्फ़ कार्नेगी मेलन से एमबीए करने वालों की मात्रात्मक दुनिया तक सीमित नहीं थी। एक अन्य अध्ययन में बैबकॉक और उनकी सहयोगियों ने तीन से दस डॉलर के शुल्क पर बॉगल के चार राउंड खेलने के लिए लोगों को रखा। खेल की समाप्ति पर शोधकर्ता लेने की मानसिकता रखने वालों की तरह व्यवहार करते हुए उन्हें न्यूनतम तीन-तीन डॉलर देने लगे और पूछने लगे, "तीन डॉलर ठीक हैं ना?" एक बार फिर महिलाओं की तुलना में आठ गुना ज़्यादा पुरुषों ने ज़्यादा पैसे की मांग की। अगला अध्ययन भी इसी प्रकार चला। शोधकर्ता ने लोगों को न्यूनतम तीन डॉलर दिए, लेकिन उनसे पूछा नहीं कि क्या राशि ठीक है। ऐसे में किसी भी महिला ने ज़्यादा पैसे की मांग नहीं की, जबकि 13 फ़ीसदी पुरुषों ने ज़्यादा पैसे मांगने की पहल की। अन्य प्रतिभागियों के समूह के साथ शोधकर्ता ने लोगों को तीन-तीन डॉलर से ज़्यादा दिए और कहा, "सही भुगतान पर मोल-भाव किया जा सकता है।" ज़्यादातर पुरुषों (59 फ़ीसदी) ने इस अवसर का लाभ उठाते हुए ज़्यादा पैसों की मांग की, जबकि उनकी तुलना में सिर्फ़ 17 फ़ीसदी महिलाओं ने ऐसा किया। कुल-मिलाकर पुरुषों में ज़्यादा पैसा मांगने की संभावना महिलाओं के मुक़ाबले 8.3 गुना ज़्यादा होती है।

प्रत्येक मामले में महिलाएं कमज़ोर थीं और उन्होंने लाभ लेने की मानसिकता वालों को मौक़ा दे दिया। शोध से पता चलता है कि महिलाओं में पुरुषों के मुक़ाबले कम अधिकार से मोल-भाव करने की प्रवृत्ति का एक बड़ा कारण यह होता है कि

वे सामाजिक अपेक्षाएं तोड़ने को लेकर चिंतित रहती हैं क्योंकि समाज में महिलाओं को स्नेही और दयालु माना जाता है।

हालांकि सिर्फ़ महिलाएं ही मोल-भाव की मेज़ पर इतनी कमज़ोर नहीं बनतीं कि कोई भी उनका लाभ उठा ले क्योंकि पायदान की तरह इस्तेमाल होने का प्रभाव एक ऐसा अभिशाप है, जिससे देने की भावना रखने वाले स्त्री-पुरुष दोनों ग्रस्त होते हैं। अनेक परीक्षणों में देने की भावना रखने वाले स्त्री-पुरुष बड़ी रियायतें देकर भी सिर्फ़ इसलिए ऐसे समझौते पर पहुंचने को तैयार थे, जो उनके समकक्ष को खुश कर देता, हालांकि उनके पास बेहतर विकल्प उपलब्ध थे। नोट्रे डाम के प्रोफ़ेसर टिमोथी जज के नेतृत्व किए गए अध्ययनों की श्रृंखला में क़रीब चार हज़ार अमेरिकी नागरिकों से सर्वे फ़ॉर्म भरवा कर यह पूछा गया कि क्या वे देने की भावना रखते हैं। उनसे उस सीमा का उल्लेख करने को भी कहा गया, जहां तक उनमें मदद करने, अन्य लोगों की परवाह करने और भरोसा करने की प्रवृत्ति है।

देने की भावना रखने वालों की औसत आय उन लोगों के मुक़ाबले 14 फ़ीसदी कम थी, जिनमें देने की भावना थोड़ी कम थी। ऐसे में देने की भावना रखने वालों को क़रीब 7,000 डॉलर का वार्षिक नुक़सान हो रहा था। जब इन आंकड़ों को लिंग के आधार पर बांटा गया, तो पता चला कि देने की भावना रखने वाले पुरुषों को आय का नुक़सान ऐसी महिलाओं की अपेक्षा तीन गुना ज़्यादा था। अन्य लोगों का हित देखने वाली महिलाओं ने अपने सहयोगियों की अपेक्षा औसतन 5.47 फ़ीसदी कम रक़म कमाई। यह अंतर 1,828 डॉलर था। देने की भावना रखने वाले पुरुषों ने अपने सहयोगियों की तुलना में 18.31 फ़ीसदी कम रक़म कमाई। यह अंतर 9,772 डॉलर था।

शक्तिहीन संवाद के अध्याय में हमने देखा था कि देने की भावना रखने वालों में यह प्रवृत्ति होती है कि वे विनम्र होते हैं और सीधे तौर पर दृढ़ता और अधिकार से बात करने में वे असहज अनुभव करते हैं। ज़्यादा नियंत्रित माहौल में किए गए अध्ययनों से पता चला है कि शून्य की संख्या वाली स्थितियों में देने की भावना रखने वाले लोग बार-बार अपने ही हितों की वकालत करने में संकोच करते हैं। जब वे अपने वेतन पर बातचीत करते हैं, तो संतुलन बैठाने वालों और लेने की मानसिकता रखने वालों की तुलना में वे काफ़ी मामूली आग्रह करते हैं। लिहाज़ा, वे कम अनुकूल नतीज़ों को स्वीकार करने को विवश हो जाते हैं। अधिकारपूर्वक बात करने की यह अनिच्छा ख़ासकर देने की भावना रखने वाले प्रिय लोगों में होने की संभावना ज़्यादा होती है। वे अपने बटुए से इसकी क़ीमत चुकाते हैं।

एक पेशेवर सर्विस फ़र्म में एक व्यक्ति था। मैं उसे समीर जैन नाम से संबोधित करूंगा। देने की भावना रखने वाले समीर बार-बार पायदान जैसे प्रभाव का शिकार

हो जाते थे। लोग उनका लाभ उठाकर निकल जाते थे। समीर अपनी कक्षा में पहले स्थान पर आए थे। उत्तर-पूर्व अमेरिका स्थित उनकी फ़र्म में भी वे सभी कर्मचारियों में से शीर्ष दस फ़ीसदी में आ चुके थे। उन्होंने अपना ज़्यादातर समय सहयोगियों की मदद करने और जूनियर कर्मचारियों को परामर्श देने में समर्पित कर दिया था। उत्कृष्ट प्रदर्शन करने के बावजूद उन्होंने देखा कि अन्य फ़र्मों में उनके मित्र तेज़ी से पदोन्नति पा रहे हैं और ज़्यादा कमा रहे हैं। उन्होंने कभी अपने वेतन पर बात नहीं की और न ही वेतन वृद्धि की कोई मांग रखी। कई मौक़ों पर उन्होंने देखा कि अधिकार से बात करने वाले उनके सहयोगियों ने वेतन वृद्धि और पदोन्नति की बात की, जबकि वे कोई बेहतर प्रदर्शन करने वाले नहीं थे। ऐसे लोग कॉर्पोरेट अनुक्रम में उनसे आगे निकल गए। "मैंने स्वयं के लिए कभी ऐसी ज़ोरदार कोशिश नहीं की। मैं लोगों को असहज नहीं करना चाहता और न ही अपनी सीमाओं को लांघना चाहता हूं।"

भारत में पले-बढ़े समीर भोले-भाले व्यक्ति थे। कोई भी आसानी से उनसे लाभ उठा लेता था। परिवार में भी वे मज़ाक़ का विषय हुआ करते थे। उनके पिता की पृष्ठभूमि ग़रीब परिवार की थी। उनके पिता ने यथार्थवादी तरीक़े से कड़ाई के साथ मोल-भाव करना सीख लिया था। उन्होंने अपने परिवार को मध्य वर्ग का बनाने के लिए हर क़दम पर मोल-भाव किया। समीर संरक्षण वाले माहौल में बड़े हुए, जहां वे अधिकार के साथ बात करने से स्वयं को बचाए हुए थे। उनका दब्बूपन उनकी पत्नी को परेशान करता था, क्योंकि वे सख़्ती से मोल-भाव करने वालों में से थीं। जब उन्होंने डेटिंग करना शुरू किया, तब समीर एक अपार्टमेंट की लीज पर दस्तख़त करने वाले थे। उनकी पत्नी ने तब दख़ल दिया और उनकी ओर से बातचीत की। आख़िरकार वे वार्षिक किराया 600 डॉलर कम कराने ने सफल रहीं। समीर बहुत प्रभावित हुए, लेकिन साथ ही शर्मिंदा भी हुए। उसके बाद से जब भी कोई ख़रीदारी करनी होती, तो समीर मोल-भाव के लिए अपनी पत्नी की मदद लेते क्योंकि वे जानते थे कि इस मामले में वे कमज़ोर हैं और कोई भी उन्हें पायदान की तरह इस्तेमाल कर लेगा। वे स्वीकार करते हैं, "ईमानदारी से कहूं, तो इसको लेकर मैं काफ़ी समय से लज्जित भी हूं।"

पेशेवर सेवा फ़र्म छोड़ने के बाद समीर ने अपना एमबीए पूरा किया और इसके बाद उन्हें *फ़ॉर्च्यून 500* मेडिकल तकनीक कंपनी से नौकरी का प्रस्ताव आया, जो उनके लिए उपयुक्त नियोक्ता थी। वे हालांकि प्रस्ताव की शर्तों से पूरी तरह संतुष्ट नहीं थे, लेकिन हमेशा की तरह वे मोल-भाव करने के प्रति अनिच्छुक थे। "मुझे यह ख़राब महसूस हो रहा था। मैं मेरे बॉस को पसंद करता हूं और मैं उन्हें कष्ट नहीं देना चाहता।" समीर की स्थिति तब और ख़राब हो गई, जब अर्थव्यवस्था में मंदी का दौर आ गया और उनके सारे साथी बिना मोल-भाव किए ही दस्तख़त कर रहे थे।

लेकिन इस बार कुछ अलग हुआ। दो महीने बाद समीर ने बातचीत करके अपने कुल वेतन में 70 हज़ार डॉलर से ज़्यादा की वृद्धि हासिल कर ली। उनमें 'चंप चेंज' (आंशिक बदलाव) हो चुका था। उनके भीतर के भोले-भाले व्यक्ति में बदलाव हो चुका था। वे अपनी परंपरागत पायदान वाली स्थिति से बदल कर ज़्यादा अधिकार से बात करने वाले और सफल मोल-भाव करने वाले बन चुके थे। वे कहते हैं, "मेरी पत्नी हैरान थी और मोल-भाव करने वाले के तौर पर मेरी दृढ़ता और प्रभावशीलता की उन्होंने प्रशंसा की। मुझे एक अच्छे मोल-भाव करने वाले के तौर पर देखना उनके लिए सर्वश्रेष्ठ प्रमाण था।" ऐसा क्या था, जिसने समीर को लक्ष्य तक पहुंचने के लिए प्रेरित किया?

इसका उत्तर लिंडा बैबकॉक और उनकी सहयोगियों की ओर से किए गए सरल प्रयोग में देखा जा सकता है। इस प्रयोग में प्रतिभागी निजी और सरकारी संगठनों के 176 सीनियर एक्ज़ीक्यूटिव थे, जो सीईओ, सीओओ, अध्यक्ष, महाप्रबंधक और चेयरमैन के पद पर थे। इन एक्ज़ीक्यूटिवों ने एक जैसी सूचना से शुरुआत की। सूचना थी कि एक सॉफ़्टवेयर कंपनी में एक कर्मचारी की पदोन्नति हो रही है। वे नए पद के कुल वेतन पर बातचीत कर रहे हैं। कर्मचारी की भूमिका निभा रहे पुरुष एक्ज़ीक्यूटिव औसतन 146,000 डॉलर वेतन पाने में सफल रहे। यह आंकड़ा महिलाओं की तुलना में तीन फ़ीसदी ज़्यादा था। उनका वेतन 141,000 डॉलर था, लेकिन सिर्फ़ एक वाक्य से बैबकॉक और उनकी सहयोगियों ने महिला एक्ज़ीक्यूटिवों की ऐसी मदद की कि उनका औसतन वेतन 167,000 डॉलर सालाना तक बढ़ गया। उन्होंने पुरुषों को 14 फ़ीसदी से पीछे छोड़ दिया।

यह सब करने में सिर्फ़ इतना सा लगा कि महिला एक्ज़ीक्यूटिवों को यह बोल दिया गया कि वे अब अलग भूमिका निभा रही हैं। यह कल्पना करने की बजाय कि वे कर्मचारी हैं, महिला एक्ज़ीक्यूटिवों से कहा गया कि वे यह कल्पना करें कि वे कर्मचारी की परामर्शदाता या गुरु हैं। अब महिलाएं किसी अन्य के लिए वकालत करने वालों की भूमिका में थीं। दिलचस्प बात यह है कि उन्होंने कोई बड़े लक्ष्य निर्धारित नहीं किए थे, लेकिन वे अपने लक्ष्य हासिल करने के लिए ज़्यादा प्रयास कर रही थीं, जिससे उन्हें बेहतर नतीज़े मिले।

इसी तरह के एक अन्य अध्ययन में शोधकर्ताओं एमिली अमानतुल्लाह और माइकल मॉरिस ने स्त्री-पुरुषों को नौकरी के एक आकर्षक प्रस्ताव की शर्तों पर बातचीत करने के लिए कहा। आधे प्रतिभागियों को निर्देश दिया कि वे ऐसी कल्पना करें कि उन्हें स्वयं नौकरी का प्रस्ताव मिला है और उन्हें उसी के हिसाब से वेतन पर मोल-भाव करना है, जबकि शेष आधे से कहा गया कि वे ऐसी कल्पना करें कि उन्होंने किसी मित्र को नौकरी के लिए रैफ़र किया था और अब मित्र की ओर से बातचीत की ज़िम्मेदारी उन पर है। एक बार फिर सभी ने एक समान लक्ष्य निर्धारित

किया। इससे कोई फ़र्क़ नहीं पड़ता था कि प्रतिभागी स्त्री है या पुरुष। वे स्वयं के लिए बातचीत कर रहे हैं या मित्र के लिए।

लेकिन बातचीत में उनके व्यवहार में आश्चर्यजनक रूप से अंतर था। चाहे वे अपने लिए मोल-भाव कर रहे हों या अन्य लोगों के लिए, पुरुषों ने औसतन 49,000 डॉलर के प्रारंभिक वेतन का आग्रह किया। महिलाओं ने अलग रास्ता अपनाया। जब वे अपने लिए बातचीत कर रही थीं, तब उन्होंने औसतन सिर्फ़ 42,000 डॉलर प्रारंभिक वेतन की मांग की, जो पुरुषों की तुलना में 16.7 फ़ीसदी कम था।

यह विसंगति उस वक्त ग़ायब हो गई, तब महिलाओं ने अपने किसी मित्र की ओर से बातचीत की। वकालत करने वाले के तौर पर महिलाओं ने भी पुरुषों के समान प्रदर्शन किया। उन्होंने औसतन 49,000 डॉलर वेतन का आग्रह किया। एक अन्य अध्ययन में अमानतुल्लाह और मॉरिस ने अनुभवी एक्ज़ीक्यूटिवों के साथ भी मोल-भाव के मामले में यही नतीज़े हासिल किए। पुरुष एक्ज़ीक्यूटिवों ने चाहे स्वयं के लिए मोल-भाव किया हो, या किसी अन्य की ओर से, वे एक समान वेतन पाने में सफल हुए। इसके विपरीत महिला एक्ज़ीक्यूटिवों ने उस स्थिति में बेहतर प्रदर्शन किया, जब वे अपनी बजाय दूसरों के लिए बातचीत कर रही थीं। और वेंडरबिल्ट के प्रोफ़ेसरों ब्रूस बैरी और रे फ्रीडमन ने निष्कर्ष निकाला है कि अल्प अवधि में एक मसले पर मोल-भाव में देने की भावना रखने वाले लोगों का प्रदर्शन लेने की मानसिकता रखने वालों की तुलना में काफ़ी ख़राब रहता है क्योंकि वे लाभ का बड़ा हिस्सा अपने समकक्ष लोगों को देने को तैयार रहते हैं। देने की भावना रखने वालों का यह नुक़सान उस समय पूरी तरह ग़ायब हो जाता है, जब वे अपने लिए उच्च लक्ष्य निर्धारित करते हैं और उन पर डटे रहते हैं। देने की भावना रखने वालों के लिए यह तब अपेक्षाकृत ज़्यादा आसान होता है, जब वे दूसरों के लिए वकालत कर रहे होते हैं।

समीर में आए आंशिक बदलाव के पीछे दूसरों के लिए वकालत करना मुख्य वज़ह थी। संकोचवश जब उन्होंने अपने पहले नियोक्ता से मोल-भाव नहीं किया था, तब वे सिर्फ़ अपने हितों के बारे में सोच रहे थे, लेकिन *फ़ॉर्च्यून 500* मेडिकल तकनीक कंपनी के प्रस्ताव पर मोल-भाव करते समय उन्होंने स्वयं को अलग दिमाग़ी स्थिति में रखा। वे अपने परिवार के हितों का प्रतिनिधित्व कर रहे थे। यद्यपि वे उस समय कमज़ोर या सिर्फ़ पायदान हो सकते थे, जब वे सिर्फ़ अपने लिए ज़िम्मेदार थे। देने की भावना रखने का अर्थ है कि वे अन्य लोगों को निराश नहीं करना चाहते थे।

समीर कहते हैं, "मैंने इसे अपने प्रति एक मनोवैज्ञानिक हथियार के तौर पर इस्तेमाल किया ताकि मुझे प्रेरणा मिले। समस्या का हल इस बात में निहित था कि

मैं स्वयं को एक अभिकर्ता के रूप में देखूं, जो मेरे परिवार के लिए वकालत कर रहा है। देने की भावना रखने वाले के तौर पर जब मैं दबाव डालता हूं, तो मुझे अपराधबोध का अनुभव होता है, लेकिन जिस क्षण मैं यह सोचना शुरू कर देता हूं कि मैं अपने परिवार को नुक़सान पहुंचा रहा हूं क्योंकि वे मुझ पर निर्भर हैं, तो मुझे अपने हितों को दृढ़ता से आगे बढ़ाने में अपराध बोध का अनुभव नहीं होता।"

अपने परिवार का प्रतिनिधित्व कर रहे एक अभिकर्ता के तौर पर स्वयं की कल्पना करने से समीर ने इतना संकल्प जुटा लिया कि उन्होंने उच्च वेतन और ट्यूशन फ़ीस के पुनर्भुगतान के लिए आग्रह कर दिया। यह अलग ढंग से योगदान देने वाले की रणनीति थी। एक तरफ़ वे वह कर रहे थे, जो देने की भावना रखने वाले लोग अपनी प्रकृति के अनुरूप करते हैं। वे अन्य लोगों के हितों की वकालत कर रहे थे। दूसरी तरफ़ उन्होंने जान-बूझकर अपने परिवार की वकालत की, जिनके हित स्वयं उनसे जुड़े थे। यही नहीं, वे इतने दृढ़तापूर्वक भी बात नहीं कर रहे थे कि वे लेने की मानसिकता वाला दिखाई देने लगें। उन्होंने अपने परिवार और कंपनी के हितों के बीच संतुलन बनाने की कोशिश की। समीर स्पष्ट करते हुए कहते हैं, "मेरे मूल्य ऐसे हैं कि मैं ऐसा कोई काम नहीं करूंगा, जो ग़लत या अनुचित हो। मैं किसी से कुछ ऐंठने की कोशिश कभी नहीं करूंगा, लेकिन मैं उस बिंदु तक कोशिश ज़रूर करूंगा, जो उचित और सही हो।"

समीर ने जब अपने नए बॉस से वेतन पर बातचीत के लिए संपर्क किया, तब उन्होंने वेतन वृद्धि और अपनी एमबीए ट्यूशन फ़ीस के पुनर्भुगतान की मांग रखी। यह अन्य फ़र्मों के प्रस्तावों के अनुरूप ही था, लेकिन बॉस मानव संसाधन विभाग से निराशा भरी ख़बर लेकर लौटे। वे इनमें कोई भी आग्रह मानने की स्थिति में नहीं थे। इस बिंदु पर समीर में पीछे हटने की इच्छा हुई।

वे अपने बॉस के प्रति देने की भावना रखने वाले की तरह व्यवहार करना चाहते थे। और वे इस बात को लेकर भी चिंतित थे कि ज़्यादा वेतन मांगने से उनके बॉस के प्रदर्शन को हानि पहुंचेगी और उन्हें अपने बजट से समझौता करना पड़ेगा, लेकिन समीर पर शिक्षा ऋण की बहुत बड़ी रक़म बकाया थी और वे पहले अपने परिवार के प्रति ज़िम्मेदार थे। उन्होंने अपने बॉस को विश्वास दिलाया कि वे वेतन और साइनिंग बोनस में मामूली बढ़ोतरी के लिए मानव संसाधन विभाग में फिर लॉबिंग करें। आख़िरकार समीर पांच हज़ार डॉलर वेतन वृद्धि और पांच हज़ार डॉलर साइनिंग बोनस वृद्धि लेने में सफल हुए। तब तक उनके दस हज़ार डॉलर के साइनिंग बोनस की अवधि ख़त्म हो चुकी थी। समीर ने उसकी मांग भी की और उसे लेने में भी सफल रहे। उनके बॉस ने आश्वासन दिया कि उनकी तरफ़ से यह सर्वश्रेष्ठ था, जो वे कर सकते थे।

समीर फ़र्म में अपने पहले साल में ही 20,000 डॉलर अतिरिक्त पा रहे थे, जबकि इसमें मूल वेतन पर मिलने वाला लाभांश शामिल नहीं था। इसके बावजूद वे संतुष्ट नहीं थे। उन्हें ट्यूशन फ़ीस का पुनर्भुगतान नहीं मिल रहा था। ऐसे में वे अपने परिवार को और मदद पहुंचाने के लिए अन्य तरीक़े खोज रहे थे। अपने स्कूल के अंतिम सेमेस्टर के बाद उनके पास ख़ाली समय ख़ूब था। ऐसे में उन्होंने एक परामर्शदाता कंपनी से अंशकालिक तौर पर काम करने के लिए संपर्क साधा। कंपनी उन्हें 135 डॉलर प्रति घंटा देने के लिए तैयार हो गई। इससे समीर को कुछ महीने में ही 50,000 डॉलर की अतिरिक्त आय होती। इस बिंदु पर उन्होंने अनुबंध पर दस्तख़त कर दिए और उनकी कुल वार्षिक आय 70,000 डॉलर बढ़ गई। समीर कहते हैं, "मैं इस योग्य बन सका कि अपने हितों के लिए दबाव डाल सकूं, तो इसकी एक वज़ह यह भी है कि मैं स्वयं की कल्पना एक अभिकर्ता के तौर पर करता हूं। यदि मैं अब ऐसा नहीं करूंगा, तो तब क्या होगा, जब तक मुझे अगली पदोन्नति मिलेगी? मैं ऐसा व्यक्ति बन जाऊंगा, जिसके तीन बच्चे होंगे और लोग मुझे धकिया कर आगे निकल रहे होंगे। स्वयं की कल्पना अभिकर्ता के तौर पर करने से मैं कोशिश करते रहने के लिए प्रेरित हुआ और इससे मुझमें मानो अतिरिक्त मर्दानगी आ गई।"

अपने परिवार के लिए वकालत करने से समीर को यद्यपि सफल होने में मदद ज़रूर मिली, लेकिन वे अब भी इस बात को लेकर चिंतित थे कि इससे फ़र्म में उनकी प्रतिष्ठा और बॉस से उनके रिश्तों पर क्या प्रभाव पड़ेगा। जब वेतन पर बातचीत ख़त्म हुई, तब उनके बॉस ने आश्चर्य पैदा करने वाली भावना साझा की। उन्होंने अधिकार के साथ बात करने की समीर की क्षमता की प्रशंसा की। समीर कहते हैं, "मेरे बॉस मुझे क्यों पसंद करते थे, उनमें से एक कारण यह भी था। वे मेरा सम्मान करते थे कि कोई मुझे धकिया कर आगे नहीं बढ़ सकता।" देने की भावना रखने वाले विशेषकर वे लोग जो चाल-ढाल से प्रिय दिखते हैं, अधिकार के साथ बात करने की उस मात्रा का अनुमान अक्सर ज़्यादा लगा लेते हैं, जो अन्य लोगों को अप्रिय लग सकती है। समीर ने वेतन पर मोल-भाव करके ना केवल प्रतिष्ठा अर्जित की, बल्कि उन्होंने जिस ढंग से यह बात की, उससे भी बॉस काफ़ी प्रभावित हुए। जब मानव संसाधन विभाग ने शुरू में उनके आग्रह को अस्वीकार कर दिया, तो उन्होंने अपने परिवार की परिस्थितियों का हवाला दिया। "मुझे अब न सिर्फ़ किराया देने की चिंता है, बल्कि परिवार के भरण-पोषण की ज़िम्मेदारी भी मुझ पर है। यह नहीं, मुझे ऋण भी चुकाने हैं। क्या आप इसे मेरे लिए ज़्यादा स्वीकार्य नहीं बना सकते?" अपनी बजाय परिवार की ओर से मांगें रख कर वे देने की भावना रखने वाले के तौर पर अपनी छवि को बरकरार रखे हुए थे। उन्होंने दर्शा दिया कि वे अन्य लोगों के वास्ते वकालत करने के लिए तैयार रहते हैं। इसके माध्यम से

उन्होंने सकारात्मक संकेत दिया कि कंपनी के हितों का प्रतिनिधित्व करते समय वे कितना कठिन परिश्रम करेंगे।

बैबकॉक और उनकी सहयोगियों ने इसे संबंधपरक खाता की संज्ञा दी है। इसकी व्याख्या एक ऐसे आग्रह के रूप में की गई है, जिसमें ना केवल स्वयं, बल्कि दूसरों के हितों के लिए भी चिंता को रेखांकित किया गया है। बैबकॉक और उनकी सहयोगी हैना राइली बोल्स लिखती हैं, "महिलाएं जब ज़्यादा वेतन की मांग करती हैं, तब उनके समक्ष इन सामाजिक अपेक्षाओं के उल्लंघन का ख़तरा होता है कि महिलाएं अन्य उन्मुखी और उनकी चिंता करने वालीं होती हैं। वे अपने व्यवहार में किसी से कुछ लेने की बजाय देने की भावना रखती हैं।" महिलाएं जहां विशेष रूप से इस बात को लेकर चिंतित हो सकती हैं कि अधिकारपूर्वक बात करने से स्त्रियों से जुड़े मानकों का उल्लंघन हो सकता है, वहीं देने की भावना रखने वाले स्त्री-पुरुष दोनों अपनी-अपनी पारस्परिक आदान-प्रदान की शैली के उल्लंघन को लेकर चिंतित होते हैं। यदि वे किसी पर ज़्यादा दबाव डालते हैं, तो वे स्वयं को देने की भावना रखने वाले की बजाय लेने की मानसिकता वाला महसूस करने लगते हैं, लेकिन देने की भावना रखने वाले लोग जब अन्य लोगों के लिए वकालत करते हैं, तब ज़ोरदार कोशिश करना उनके स्वयं के मूल्यों से गहराई से मेल खाता है, जिसमें वे अन्य लोगों के हितों की ना केवल रक्षा करते हैं, बल्कि उनको बढ़ावा भी देते हैं। देने की भावना रखने वाले लोग अन्य लोगों की परवाह करने के अपने लक्ष्य को अर्जित कर लेते हैं। देने की भावना रखने वाले लोग संबंधपरक खाते के माध्यम से स्वयं की सिर्फ़ एक ऐसे अभिकर्ता के रूप में कल्पना ही नहीं करते हैं, जो अन्य लोगों की वकालत कर रहा हो, बल्कि वे स्वयं को ऐसे अभिकर्ता के तौर पर प्रस्तुत भी करते हैं, जो अन्य लोगों की वकालत करता हो। यह देने की भावना रखने वाले की उनकी स्वयं की छवि और सामाजिक छवि को बनाए रखने का सशक्त तरीक़ा है।

यह तर्क लिलियन बावर के लिए प्रासंगिक साबित हुआ, उन्होंने यह निर्णय किया कि वे ग्राहकों को अब ऐसा नहीं करने देंगी कि वे उनका इस्तेमाल पायदान की तरह करें। बावर कहती हैं, "मैं उदार होना चाहती हूं और ग्राहकों का भरोसा जीतना चाहती हूं, लेकिन इसका यह अर्थ नहीं है कि वे मेरा शोषण करें और कोई लिहाज़ नहीं करें।" परियोजना के दायरे से बाहर आने वाले ग्राहकों के आग्रहों को ठुकराने के लिए उन्होंने वकालत और संबंधपरक खातों के संयोजन का इस्तेमाल किया। वकालत से शुरुआत करते हुए उन्होंने स्वयं की कल्पना अपनी टीम के सलाहकारों के अभिकर्ता के तौर पर करनी प्रारंभ कर दी। "देने की भावना रखने वालों का एक रक्षात्मक पहलू होता है। किसी ग्राहक से मोल-भाव करते समय मैं अपनी टीम के लिए बहुत ज़्यादा ज़िम्मेदारी महसूस करती हूं। इससे मुझे पक्की रेखा खींचने में मदद मिलती है।" इसके बाद उन्होंने इस ज़िम्मेदारी को ग्राहकों के समक्ष स्पष्ट रूप से

व्यक्त करने की आदत विकसित कर ली। "जब कोई ग्राहक तर्क रहित आग्रह करता है, तो मैं उसे समझाती हूं कि इससे मेरी टीम पर काम का बोझ बढ़ेगा और घंटों अतिरिक्त काम करने से उनकी कार्यक्षमता प्रभावित हो सकती है। ग्राहक जानता है कि उसके लिए जो सही है, वह करने के लिए मैं हर संभव कोशिश करूंगी। ऐसे में जब मैं नकारात्मक प्रतिक्रिया देती हूं, तो इसका ज़्यादा असर होता है। इसका अच्छा कारण भी है।"

भोला-भाला रहने का अतीत पीछे छोड़ो

लिलियन की प्रगति ने मेरे दिल को छू लिया। कॉलेज में नए विद्यार्थी के रूप में मैंने लेट्स गो ट्रेवल गाइडों के लिए विज्ञापन स्पेस बेचने की नौकरी स्वीकार कर ली थी। इन गाइडों के लिए विषय सामग्री लिखने और उसके प्रकाशन की पूरी ज़िम्मेदारी हार्वर्ड के विद्यार्थी निभाते थे। लेट्स गो गाइडों को कम बजट पर यात्रा करने वालों के लिए *बाइबल* माना जाता था। सस्ते में विदेश घूमने से जुड़ी सभी जानकारी को लेकर इन गाइडों की लोनली प्लेनेट, फ़्रॉमर्स और रिक स्टीव्स' से कड़ी प्रतिस्पर्द्धा थी। नौकरी के पहले दिन मेरी प्रबंधक ने मुझे ग्राहकों की सूची थमाते हुए कहा, "इन लोगों ने पिछले साल लेट्स गो में विज्ञापन पर क़रीब 300,000 डॉलर ख़र्च किए थे। सिर्फ़ उन्हें कॉल करो और विज्ञापन फिर देने के लिए विश्वास में लो।" इसके बाद वे मुड़ी और चली गईं।

मैंने अनुभव किया कि मुझे कोई प्रशिक्षण मिलने वाला नहीं है। ऐसे में मुझे घबराहट होने लगी। मुझे उत्पाद की कोई जानकारी नहीं थी और इससे जुड़ा कोई अनुभव भी नहीं था। मैं कभी उत्तरी अमेरिका से बाहर भी नहीं निकला था। मैं सिर्फ़ 18 साल का था और बड़ी अंतरराष्ट्रीय कंपनियों में वरिष्ठ उपाध्यक्ष के स्तर पर विक्रय के लिए प्रस्तुतिकरण देने का भी मुझे कोई अनुभव नहीं था।

मैंने लेट्स गो के पुराने विज्ञापनदाताओं में से एक को कॉल करने का साहस जुटाया। उनका नाम था स्टीवन, जो ट्रेवल एजेंसी चलाते थे। जिस क्षण उन्होंने बात करना शुरू किया, उस समय साफ़ हो गया कि वे आगबबूला थे। वे नाराज़ होते हुए बोले, "जब शुरू में मैंने देखा कि मेरे विज्ञापन के अलावा भी किताब में मेरी एजेंसी के बारे में रिपोर्ट छपी है, तो बहुत खुश हुआ, लेकिन फिर मेरी निगाह पड़ी कि संपर्क में एजेंसी की पुरानी जानकारी दे दी गई है। ऐसे में आपके पाठक मुझ तक पहुंच सकें, यह सुनिश्चित करने के लिए मुझे डाक का पुराना पता और पुराना ई-मेल अकाउंट बनाए रखने के लिए सैकड़ों डॉलर ख़र्च करने पड़े।" मैंने उन्हें विनम्रता से समझाया कि संपादकीय और विज्ञापन दो अलग-अलग विभाग होते हैं। मैं उनके विज्ञापन की सटीकता तो सुनिश्चित कर सकता हूं, लेकिन किताबों की विषय सामग्री पर मेरा कोई प्रभाव नहीं है। स्टीवन को इससे कोई मतलब नहीं

था। उन्होंने संपादकीय विभाग की ग़लती के लिए विज्ञापन में छूट देने की मांग की, ताकि वे क्षतिपूर्ति कर सकें। उन्होंने चेतावनी दी कि यदि ऐसा नहीं किया गया, तो वे विज्ञापन का नवीनीकरण नहीं कराएंगे। उनसे सहानुभूति रखते हुए मैंने 10 फ़ीसदी छूट दे दी। यह लेट्स गो की नीतियों का उल्लंघन था। मेरे अनुबंध में भी इसका उल्लेख था। इसके तहत उन सभी प्रकार की छूटों पर प्रतिबंध था, जो हमारे मीडिया किट में नहीं थीं। और यह आगे होने वाली ग़लतियों का पूर्वाभास था।

कई ग्राहकों से संपर्क करने के बाद मैंने तीन और विज्ञापनदाताओं को छूट दे दी और बहुत कम अनुबंधों पर लोगों के दस्तख़त हो सके। जब मुझे पता चला कि लेट्स गो के ग्राहकों की विज्ञापन नवीनीकरण दर 95 फ़ीसदी है, तो मेरे लिए यह काफ़ी अपमानजनक हो गया। कोई राजस्व नहीं जुटाने के अलावा जब एक ग्राहक ने पिछले साल के विज्ञापन का रिफ़ंड मांगा, तो मैं झुक गया। मैं पहला ऐसा कर्मचारी बन गया, जिसने वह रक़म गंवा दी, जो पहले ही किताबों के लिए अर्जित की जा चुकी थी। ग्राहकों के प्रति सहानुभूति रखते हुए उनकी ज़रूरतों को हर संभव पूरा करने की कोशिश में मैं अपनी क़ीमत पर उनकी मदद कर रहा था। कंपनी का उल्लेख तो क्या करें। यह अनर्थकारी था और मैं नौकरी छोड़ने की तैयारी कर रहा था।

यह पहले मौक़ा नहीं था, जब मैंने त्रुटिपूर्ण तरीक़े से देने की भावना का पालन किया था। मैं जब 14 साल का था, तब मैंने स्प्रिंगबोर्ड गोताख़ोर बनने का फ़ैसला किया। मैं हवा में ख़ुद का प्रक्षेपण करने, कुछ उछल-कूद करने, हवा में झटक कर घूमने और बिना ज़्यादा छपाक किए पानी में गरिमामय तरीक़े से जाने की कला में महारत हासिल करने के लिए कृत संकल्प था। इसकी कोई बात नहीं कि मैं मुश्किल से कूद पाता था, पलटी खा पाता था और घूम पाता था। मैं यह कोशिश करने से डरता था कि नई तरह से डुबकियां कैसे लूं। मेरे शरीर में लचीलेपन के अभाव की वज़ह से मेरी टीम के साथियों ने मेरा उपनाम फ़्रैंकेंस्टीन रख दिया था। एक दिन मेरे कोच मेरी टाइमिंग में सुधार करने की आशा में तालमापनी लेकर आए। कई घंटों की कोशिश के बाद उन्होंने मुझे लय के अयोग्य घोषित कर दिया।

अगले चार साल तक मैंने रोज़ाना छह घंटे अभ्यास किया। आख़िरकार मैं दो बार प्रांत स्तर पर फ़ाइनल में पहुंचा। जूनियर ओलिंपिक के लिए दो बार राष्ट्रीय स्तर पर योग्यता हासिल की और एक बार ऑल अमेरिकन गोताख़ोर रहा। मैंने हार्वर्ड में एनसीएए विश्वविद्यालय स्तर पर मुक़ाबलों में भाग लिया, लेकिन इस मार्ग पर मैंने अपनी सफलता का त्याग भी किया। मेरे जीवन के सबसे बड़े मुक़ाबले से कई माह पहले मैंने स्वेच्छा से मेरे दो प्रतिस्पर्द्धियों को प्रशिक्षण देना शुरू कर दिया। मैंने उन्हें डुबकियां लगाने के नए तरीक़े सिखाए और उनके फ़ार्म पर गुण-दोषों के आधार पर विचार किया। पानी को चीर कर भीतर जाने के राज़ उनके साथ साझा

किए। मैं उन्हें दिखाया कि गोता लगाने के आख़िर में पानी में कैसे ग़ायब हुआ जाता है।

उन्होंने प्रांत स्तर की चैंपियनशिप में मुझे चंद अंकों से मात देकर उपकार का बदला दे दिया।

लेट्स गो में मैं एक बार फिर अपनी व्यक्तिगत क़ीमत पर दूसरों को लाभ पहुंचा रहा था। यद्यपि, मैं पैसा बचाने में ग्राहकों की मदद कर रहा था, लेकिन मैं ऐसा व्यक्ति था, जिसका कोई भी फ़ायदा उठा रहा था। मैं कंपनी के राजस्व का नुक़सान कर रहा था। यही नहीं, मेरे ख़ुद के कमीशन का बलिदान भी मैं कर रहा था। इसके अगले सप्ताह लेट्स गो में मेरी मुलाक़ात एक सहायक प्रबंधक से हुई। मेरे पूर्ववर्ती ने जो राजस्व अर्जित किया था, उसकी वज़ह से ही उनका पद सृजित हुआ था। इस नौकरी की वज़ह से वे अपनी पढ़ाई की फ़ीस भर पा रही थीं। यह एक ऐसी प्रेरणा थी, जिसकी ज़रूरत मुझे थी। मैंने अनुभव किया कि मेरे सहयोगी मुझ पर निर्भर हैं। विद्यार्थी होने के नाते अभी ना मेरी बीवी थी और ना ही बच्चे, लेकिन मैं अपनी कल्पना कॉलेज के ऐसे विद्यार्थियों के अभिकर्ता के तौर पर कर सकता था, जो नौकरी की तलाश कर रहे थे, ताकि ट्यूशन फ़ीस अदा की जा सके और उपयोगी कार्य अनुभव भी मिल सके। मैं जब सिर्फ़ अपने हितों के लिए लॉबिंग करता हूं, तब मैं कमज़ोर या पायदान की तरह हो सकता हूं, लेकिन जब मैं विद्यार्थियों के हितों का प्रतिनिधित्व कर रहा था, तो मैं उनके हितों के लिए लड़ने के वास्ते तैयार था।

फ़्रांस मूल के एक निर्दयी होटल मालिक से गरमा-गरमी भरे मोल-भाव के बाद मैंने विचार किया कि राजस्व नौकरियों के सृजन में मदद कर सकता है। इसने मुझे ज़्यादा दृढ़ संकल्प के साथ काम करने के लिए प्रेरित किया। मैंने मेरे काम के साथ संबंधपरक खाता जोड़ने का फ़ैसला किया। यह होटल मालिक छूट की मांग कर रहा था। यदि मैं उसे छूट देता, तो अन्य ग्राहकों को भी ऐसी पेशकश करना उचित होता। मेरे समक्ष सभी के लिए एक समान बने रहने की ज़िम्मेदारी थी। यह समझाने पर आख़िरकार होटल मालिक पूरी क़ीमत देने को तैयार हो गया।

चार महीने बाद मैंने 600,000 डॉलर से ज़्यादा राजस्व अर्जित करके कंपनी के रिकॉर्ड को दुरुस्त कर दिया। यह आंकड़ा मेरे पूर्ववर्ती से लगभग दुगुना था। मैंने ऐसे ग्राहकों से भी 230,000 डॉलर का राजस्व अर्जित कर लिया, जिन्हें मैंने बिना पूर्व स्वीकृति कॉल किया था। उन्हें मैंने नई संभावनाओं में बदल दिया था। मैंने कंपनी के इतिहास में सबसे बड़ा विज्ञापन पैकेज बेचा और हमारे अध्यक्ष ने भोज के दौरान इसकी घोषणा की, “मैं कंपनी के इतिहास के सबसे उत्कृष्ट विज्ञापन सहयोगियों में से एक हूं।” उन्नीस साल की उम्र में मुझे विज्ञापन बिक्री निदेशक बना दिया गया। मैं

दस लाख डॉलर से ऊपर के बजट का प्रभारी बन गया और मुझे नियुक्ति प्रक्रिया, प्रशिक्षण देने और स्वयं के स्टाफ़ को प्रेरित करने की ज़िम्मेदारी सौंप दी गई।

मेरी पदोन्नति के तुरंत बाद इंटरनेट का बुलबुला फूट गया। हमारे एक दर्जन से ज़्यादा ग्राहकों का कारोबार ठप हो गया, जबकि विज्ञापन का सीजन अभी शुरू भी नहीं हुआ था। हमारे दस सबसे बड़े ग्राहकों में से छह ने मुझे सूचित किया कि उनके विज्ञापन के बजट में कटौती की गई है, इसलिए वे नवीनीकरण नहीं करा पाएंगे। जब सब कुछ कहा और सुना जा चुका था, तब लेट्स गो अपने 22 पक्के ग्राहकों को खो चुकी थी और यह आंकड़ा पिछले साल के कुल बजट के 43 फ़ीसदी के बराबर था। सबसे बड़ा झटका तब लगा, जब हमारे सबसे बड़े ग्राहक ने कॉल किया। उनका नाम था माइकल। वे उस विद्यार्थी ट्रेवल एजेंसी के उपाध्यक्ष थे, जिसने पिछले साल रिकॉर्ड स्थापित करने वाला पैकेज ख़रीदा था। माइकल ने गहरी सांस लेते हुए कहा, "मुझे आपको बताते हुए दुःख हो रहा है कि बजट की बाध्यताओं और ट्रेवल बाज़ार में गिरावट की वज़ह से मैं निश्चित नहीं हूं कि हम इस साल आपको विज्ञापन देने का ख़र्च वहन कर सकेंगे। हमें आपके उत्पाद पसंद हैं और हम इस संबंध की क़द्र करते हैं, फिर भी हम इस पर तभी विचार करेंगे, जब हमें कोई बड़ी छूट मिले।"

मैं जानता था कि माइकल की कंपनी से मिलने वाले राजस्व पर अनेक नौकरियां टिकी हैं। ऐसे में मैं वकालत करने वाला बन गया और मैंने इसका प्रतिरोध किया क्योंकि उनके प्रतिद्वंद्वी विज्ञापन नहीं दे रहे थे। मैंने माइकल से कहा कि यह प्रतिस्पर्द्धा में बढ़त बनाने का मौक़ा है। मंदी के दौर में निवेश करने से बेहतर मौक़ा कब मिल सकता है? उन्होंने कहा कि वे अपने बॉस से बात करने के बाद फिर संपर्क करेंगे। उसके अगले सप्ताह उन्होंने मुझे एक बुरी ख़बर के साथ कॉल किया। उन्होंने कहा कि उनके पास हमारी किताब में विज्ञापन देने की अनुमति है, यदि उन्हें पिछले साल जैसा ही पैकेज मिले। वह भी 70 फ़ीसदी की छूट के साथ। इससे उनका ख़र्चा 120,000 डॉलर से घटकर 40,000 डॉलर से नीचे आ जाएगा।

जब मैं यह हिसाब-किताब लगाने में जुटा था कि आख़िर कितनी छूट हम प्रदान कर सकते हैं, उसी दौरान मैं गोताख़ोरी के एक अभ्यास सत्र में प्रशिक्षण के लिए चला गया। पूल के डेक पर बैठे-बैठे मुझे ख़याल आया कि गोताख़ोरी और लेट्स गो में काफ़ी अंतर है। व्यक्तिगत खेलों में मुक़ाबले शून्य अंक जैसे होते हैं। इसमें प्रतिस्पर्द्धियों की जीत में मदद करने का अर्थ है कि मेरी हारने के संभावना बढ़ जाएगी। इसके विपरीत व्यापार में दोनों तरफ़ जीत संभव है। मेरे ग्राहक और मेरे स्वयं के हितों में अंतर नहीं हो सकता। जब मैंने माइकल के हितों के बारे में सोचना शुरू किया, तब मैंने महसूस किया कि वे ऐसे उत्पादों की क़द्र कर सकते हैं, जो उनके स्टोर में मुफ़्त दिए जाएं। मुझे अपने सहयोगियों से पता चला कि

हमारे प्रकाशन अनुबंध के तहत लेट्स गो को ऐसे अधिकार हैं कि वह ऐसी किसी सामग्री को बेच सकती है या लाइसेंस दे सकती है, जो बीस पन्नों से ज़्यादा की नहीं हो। मैंने उनके समक्ष नए उत्पाद को प्रायोजित करने का प्रस्ताव रख दिया। लेट्स गो की बीस पन्नों की छोटी ट्रेवल पुस्तिकाएं वे अपने ग्राहकों को दे सकते हैं। ग्राहक निःशुल्क मिलने वाले यात्रा सुझावों की तारीफ़ करेंगे। इससे वे स्टोर में ज़्यादा देर ठहरेंगे और उनके लौटने की संभावना भी ज़्यादा होगी। चूंकि यह राशि उनके विज्ञापन के बजट की बजाय वितरण के बजट से आनी थी, इसलिए माइकल इस संभावना पर विचार करने में समर्थ थे। जब मैंने उनके हितों पर ज़्यादा ग़ौर किया, तब मैंने अनुभव किया कि ट्रेवल पुस्तिका को यदि सिर्फ़ वे ही प्रायोजित करें, तो वह उनके लिए ज़्यादा मूल्यवान होगी। बजाय इसके कि अन्य कंपनियों के विज्ञापन भी उसमें छपें। हम दोनों लाभप्रद विशेष प्रायोजन के सौदे पर राज़ी हो गए। माइकल की कंपनी ने आख़िरकार 140,000 डॉलर से ज़्यादा ख़र्च किए। इसने कंपनी के इतिहास में सबसे बड़े विज्ञापन पैकेज जुटाने के मेरे पिछले रिकॉर्ड में भी पीछे छोड़ दिया।

वकालत करने और संबंधपरक खातों की अवधारणा ने जहां मुझे इस योग्य बनाया कि हार-जीत की वार्ताओं में ज़्यादा अधिकार के साथ बात कर सकूं, वहीं दूसरों के परिदृश्यों से चीज़ों पर विचार करने की क्षमता ने लाभ का विस्तार करने और दोनों पक्षों की जीत की वार्ताओं में सफल होने में मेरी मदद की। डॉट कॉम के बुलबुले के फूटने के बावजूद इस रुख़ की वज़ह से आख़िरकार हमारे आधे से ज़्यादा ग्राहकों ने ना केवल नवीनीकरण कराया, बल्कि अपने विज्ञापन पैकेज भी बढ़ा दिए। हमारी ने टीम ने 550,000 डॉलर का लाभ अर्जित किया। इसी के दम पर हमारे लिए स्टाफ़ का आकार बढ़ाना संभव हो सका और हम विपणन के लिए अनेक नए क़दम उठा सके। भुगतान प्राप्ति सुनिश्चित करने के लिए कई महीनों तक बकाया नहीं चुकाने वाले ग्राहकों के पीछे भागने के बाद मैं कंपनी के हाल के इतिहास में एकमात्र ऐसा प्रबंधक बन गया, जिसने खातों में 100 फ़ीसदी प्राप्तियां सुनिश्चित कीं और कोई बकाया नहीं छोड़ा। मुझे कंपनी के निदेशक मंडल के लिए चुन लिया गया और मुझे नेतृत्व, समर्पण और व्यावसायिक कुशाग्रता के लिए मैनेजर ऑफ़ द ईयर अवार्ड प्रदान किया गया। लेट्स गो में मैंने जो सबक़ सीखे, वे कभी नहीं भूलने वाले थे। मैंने फ़ैसला किया कि मैं देने की भावना रखने वालों को यह सिखाने में अपना शेष करियर बिताऊंगा कि पायदान के तौर पर इस्तेमाल होने के प्रभाव से कैसे उबरा जा सकता है। इसकी खोज मैंने लेट्स गो में की थी।

अनेक वर्षों से शोधकर्ताओं को यह ज्ञात है कि सफल वार्ताकारों में अलग ढंग से योगदान देने वालों की तरह काम करने की प्रवृत्ति होती है। हॉलैंड के मनोविज्ञानी कार्स्टन डी ड्रेयू के नेतृत्व में किए गए 28 विभिन्न अध्ययनों के व्यापक विश्लेषण से पता चलता है कि सर्वश्रेष्ठ वार्ताकार लेने की मानसिकता रखने वाले या निःस्वार्थ

भाव से देने वाले नहीं थे। लेने की मानसिकता रखने वालों ने मूल्य पर दावा करने पर अपना ध्यान केंद्रित रखा। उन्होंने मोल-भाव को शून्य की संख्या वाली स्थिति के तौर पर देखा। उनके लिए यह सिर्फ़ हार-जीत का मुक़ाबला भर था। उन्होंने अपने समकक्ष पर भरोसा नहीं किया और आक्रामक तरीक़े से मोल-भाव किया। उन्होंने अपने समकक्ष के हितों के बारे समझ विकसित करने के माध्यम से मूल्य सृजित करने के अवसरों को नज़रअंदाज़ कर दिया। निःस्वार्थ भाव से देने वालों ने अपने समकक्ष को लाभ पहुंचाने के लिए अपनी व्यक्तिगत क़ीमत पर बहुत ज़्यादा रियायतें दे दीं। सबसे ज़्यादा प्रभावशाली वार्ताकार थे अलग ढंग से देने की भावना रखने वाले।

उन्होंने स्वयं के हितों और अपने समकक्ष के हितों दोनों के लिए बराबर की अत्यधिक चिंता दिखाई। अन्य लोगों और स्वयं को लाभ पहुंचाने के अवसरों की तलाश करके अलग ढंग से योगदान देने वाले ज़्यादा जटिल तरीक़े से विचार करने में समर्थ होते हैं। वे बराबर का लाभ पहुंचाने वाले ऐसे समाधानों की पहचान करने में सफल होते हैं, जिन पर लेने की मानसिकता रखने वालों और निःस्वार्थ भाव से देने की भावना रखने वालों दोनों की नज़र नहीं पड़ती है। निःस्वार्थ भाव से देने की भावना रखने वाले लोगों की तरह मूल्य गंवाने की बजाय अलग ढंग से योगदान देने वाले लोग मूल्य का सर्जन पहले करते हैं। जब वे लाभ के टुकड़े देना शुरू करते हैं, तब तक लाभ का आकार ही इतना बड़ा हो जाता है कि देने के बाद भी ख़ुद के लिए काफ़ी बच जाता है : वे ज़्यादा दे सकते हैं *और* ज़्यादा ले सकते हैं।

लाभ के विस्तार की यह धारणा लिलियन बावर के करियर में निर्णायक मोड़ साबित हुई। उन्होंने हालांकि ग्राहकों को नहीं कहना सीख लिया था और जो समय वे लेने की मानसिकता रखने वालों को परामर्श देने तथा उनकी मदद करने पर ख़र्च करती थीं, उस पर भी उन्होंने कुछ सीमा तय कर दी थी, लेकिन वे इस बात के लिए ख़ुद को तैयार नहीं कर पा रही थीं कि देने की भावना रखने वालों और संतुलन बैठाने वालों की मदद करना बंद कर दें। उनके किसी जूनियर सहयोगी को जब मदद की ज़रूरत होती, तो वे निःस्वार्थ भाव से उसकी मदद करतीं, बशर्ते वह लेने की मानसिकता वाला नहीं दिखता हो। इसके लिए वे अब भी निःस्वार्थ भाव से स्वयं की दिनचर्या और ज़रूरतों की परवाह नहीं करते हुए अत्यधिक समय का त्याग कर देतीं।

जैसन गेलर ने अलग ढंग से योगदान देने का तरीक़ा ज़्यादा अपनाया। उन्होंने ऐसा रास्ता अख़्तियार किया, जिसमें वे योगदान की मात्रा का विस्तार तो कर सकें, लेकिन यह लक्ष्य उनके समय पर बोझ डाले बिना ही अर्जित हो सके। गेलर ने काम के बोझ और अवसरों के सृजन को साझा करने के लिए अन्य लोगों को अपने साथ जोड़ा, ताकि उनमें देने की भावना विकसित हो सके और स्वयं पर ज़्यादा बोझ भी नहीं पड़े। वरिष्ठ प्रबंधक होने के नाते उनसे कोई जूनियर विश्लेषक मदद मांगता,

तो गेलर लंच का सुझाव देते और एक-दो जूनियर प्रबंधकों को भी साथ आने का न्योता देते। इससे प्रबंधकों की उन तक पहुंच का मार्ग प्रशस्त हो जाता। इसके बाद ये प्रबंधक जूनियर विश्लेषकों को परामर्श देते। गेलर कहते हैं, "यह उनके लिए बहुत ही बढ़िया तरीक़ा है कि वे अपने से जूनियर सहयोगियों के लिए सहायता की व्यवस्था का निर्माण करें।" सारी मदद स्वयं करने की बजाय गेलर ने जूनियर विश्लेषकों को अनेक परामर्शदाताओं से जोड़ दिया, जिन्होंने ज्ञान और सलाह का व्यापक आधार प्रदान किया। बावर को जब बताया गया कि वे बहुत ज़्यादा उदार हैं, उसके बाद उन्होंने जो रणनीति अपनाई, वह गेलर के समान ही थी। उन्होंने व्यक्तिगत रूप से एक-एक को सलाह देने की बजाय समूहों में ऐसा करना शुरू कर दिया :

> मैंने स्वयं से पूछा, "क्या इस विशेष अवस्था में मात्र मैं हूं, जो मदद कर सकती हूं?" मैंने कोशिश की कि मैं ऐसा नहीं सोचूं कि मैं ही एकमात्र संसाधन हूं। मैं अनुकूल स्थिति का निर्माण कर रही थी। मैंने लोगों को एक-दूसरे की मदद करने के लिए जोड़ना शुरू कर दिया। मुझसे जो सलाह ले रहे होते हैं, अब मैं उनके साथ काफ़ी मुखर हो चुकी हूं। मैं उनसे कहती हूं, "लोगों ने मेरे लिए यह सब किया। अब आपको अन्य लोगों के लिए यह सब करने की ज़रूरत है। यह आशा की जाती है कि जब आप लोगों से इस तरह की उदारता प्राप्त करेंगे, तो उसे आगे भी बढ़ाएंगे।"

बोझ को अकेले नहीं ढोने का फ़ैसला करके बावर ने लाभ का विस्तार कर दिया। इससे वे ना केवल अपने योगदान का अपेक्षाकृत ज़्यादा व्यापक प्रभाव सुनिश्चित कर सकीं, बल्कि स्वयं के हितों की रक्षा भी सुनिश्चित कर सकीं। बावर कहती हैं, "यदि आपकी कंपनी में देने की भावना रखने वालों, लेने की मानसिकता रखने वालों और संतुलन बैठाने वालों का स्वाभाविक मिश्रण है, तो आप देने की प्रवृत्ति को बढ़ाने, लेने की ज़्यादा आक्रामक प्रवृत्ति को दबाने और संतुलन बैठाने वालों को देने की भावना की तरफ़ मोड़ने के लिए काफ़ी कुछ कर सकते हैं। आपको ऐसा करके संतुष्टि और ऊर्जा मिलती है। यह भी अपने तरह की एक लत है।"

देने की भावना रखने वाले सफल लोग यह मानकर नहीं चलते कि उनके भाग्य में तो सिर्फ़ पायदान की तरह इस्तेमाल होना ही लिखा है। इसकी बजाय वे प्रतिदिन विकल्पों को चुनने का महत्त्व समझते हैं। उनका यह रुख़ प्रतिस्पर्द्धी और टकराव वाले हालात में उन नतीज़ों को आकार देता है, जो वे अर्जित करते हैं। ख़तरे देने की भावना में कम, बल्कि ज़्यादा इस बात में छिपे हैं कि हम सभी पारस्परिक क्रियाओं और संबंधों में आदान-प्रदान की एक ही शैली के साथ कड़ाई से चिपके रहें। जैसा कि मनोविज्ञानी ब्रायन लिटल कहते हैं, "चाहे देने की भावना जैसी शैली हमारी प्रथम प्रकृति हो, लेकिन हमारी सफलता इस बात पर निर्भर करती है कि हम

संतुलन बैठाने की भावना के प्रति इतनी सहज स्थिति कैसे विकसित करते हैं कि यह हमारी दूसरी शैली बन जाए। यद्यपि देने की भावना रखने वाले अनेक सफल लोग अपनी तय सोच के साथ शुरुआत करते हैं कि वे सभी के इरादों पर भरोसा करते हैं, लेकिन वे इस बात की सावधानी भी बरतते हैं कि लेने की मानसिकता वाले संभावित लोगों को पहचानने के लिए उनके वातावरण को भी खंगालें। वे हमेशा इस बात के लिए भी तैयार रहते हैं कि लेने की मानसिकता रखने वालों की भावनाओं को महसूस करने की बजाय उनके विचारों का विश्लेषण करें। और बिना शर्त देने की भावना में लचीलापन लाते हुए ज़्यादा नपा-तुला रुख़ अपनाएं, जो उदार जैसे को तैसा पर आधारित हो। देने की भावना रखने वाले सफल लोगों में जब पीछे हटने की इच्छा होती है, तब वे ऐसे लोगों के लिए अपने भंडार में से अधिकार से बात करने की शक्ति निकाल लेते हैं, जो उनके लिए महत्त्वपूर्ण होते हैं और जिनके प्रति वे वचनबद्ध होते हैं।

लिलियन बावर के लिए रणनीति में इन बदलावों ने उनमें आंशिक बदलाव के उत्प्रेरक के तौर पर काम किया। उन्होंने दूसरों के लिए वकालत करने और उनकी मंशाओं को पढ़ने में अपनी नैसर्गिक शक्ति का लाभ उठाना सीख लिया। उन्होंने अपने व्यवहार का अनुकूलन करते हुए ऐसे लोगों में निवेश करना शुरू कर दिया, जिन पर वे सबसे ज़्यादा प्रभाव डाल सकती थीं और उन्हें योगदान के लिए प्रेरित कर सकती थीं। कुल मिलाकर, इसका असर यह हुआ कि अब कोई उन्हें पायदान की तरह इस्तेमाल नहीं कर सकता था और वे देने की भावना रखने वाले एक सफल व्यक्ति के तौर पर बदल गईं। उनकी उदारता ने साझीदार बनने की उनकी राह को हालांकि शुरू में धीमा कर दिया था, लेकिन वे वहां समय से पहले पहुंच गईं। सलाहकार वर्ग से पदोन्नत होकर जो सबसे पहले साझीदार बने थे, उनमें से एक बावर भी थीं।

8

कंजूस व्यक्ति में परिवर्तन

क्यों एक फ़ुटबॉल टीम, एक फ़िंगरप्रिंट और एक नाम हमारा झुकाव दूसरी दिशा में कर सकते हैं!

चाहे कोई व्यक्ति किसी भी तरह से कितना ही स्वार्थी क्यों न हो, लेकिन निस्संदेह उसके स्वभाव में कुछ ऐसे सिद्धांत होते हैं, जो अन्य लोगों के भाग्य चमकने में उसकी रुचि पैदा करते हैं और उसके लिए ज़रूरी ख़ुशी उसे उपलब्ध कराते हैं। अवलोकन करने के आनंद के अलावा उसे इससे कुछ हासिल नहीं होता।

—ऐडम स्मिथ, अर्थशास्त्र के जनक

1993 में क्रेग न्यूमार्क नामक व्यक्ति ने 17 साल की नौकरी के बाद आईबीएम छोड़ दी थी। अब वे सैन फ़्रांसिस्को में चार्ल्स श्वाब नाम की कंपनी में कंप्यूटर सुरक्षा से जुड़ा एक पद संभालने जा रहे थे। वे अकेले थे और एरिया के लिए नए भी थे। ऐसे में वे अपने सामाजिक जीवन को चटखारेदार बनाने और उसमें उत्साह भरने के तरीक़े खोज रहे थे। 1995 के प्रारंभ में उन्होंने अपने मित्रों को ई-मेल भेजने शुरू किए ताकि स्थानीय स्तर पर होने वाले कला और तकनीक के कार्यक्रमों के बारे में सूचना साझा की जा सके। जैसे ही यह बात फैली, तो लोगों ने कार्यक्रमों से आगे जाकर सूचना का विस्तार कर दिया। अब वे नौकरियों के लिए, अपार्टमेंट्स और बिक्री के लिए विविध सामग्रियों के बारे में भी मेल भेजने लगे। जून तक क्रेग की ई-मेल सूची 240 लोगों तक जा पहुंची। सीधे ई-मेल संवाद के लिए यह सूची बहुत बड़ी थी, तो ऐसे में क्रेगलिस्ट सर्व की तरफ़ चले गए। 1996 में एक वेबसाइट का जन्म हुआ और इसे नाम दिया गया क्रेगलिस्ट। वर्ष 2011 की समाप्ति तक दुनियाभर के सात सौ से ज़्यादा स्थानों पर क्रेगलिस्ट साइटें काम कर

रही थीं। सिर्फ़ अमेरिका में ही हर महीने पांच करोड़ से ज़्यादा लोग क्रेगलिस्ट साइट पर जाते हैं। यह देश की दस सबसे लोकप्रिय साइटों में से एक है। यही नहीं, यह दुनिया की उन चालीस वेबसाइटों में भी शामिल है, जहां लोग सबसे ज़्यादा जाते हैं।

क्रेगलिस्ट के पनपने का राज़ यह है कि यह संतुलन बैठाने की हमारी मूल प्रवृत्ति को आकर्षक लगा। यह लेन-देन को सुगम बनाती है, जिसमें ख़रीदने और बेचने वाले एक समुचित दाम पर सहमत होते हैं। वे ऐसे सामानों और सेवाओं का आदान-प्रदान वाज़िब क़ीमत पर करते हैं। क्रेगलिस्ट मूल रूप से मूल्यों के लेन-देन की जगह है, जहां लोगों के बीच सीधा आदान-प्रदान होता है। इसमें लेने और देने के सही संतुलन का निर्माण होता है, जिसे संतुलन बैठाने वाले प्राथमिकता देते हैं। न्यूमार्क लिखते हैं, "हम परोपकारी नहीं हैं। एक अन्य परिप्रेक्ष्य से देखें, तो हम कबाड़ी बाज़ार की तरह हैं।"

क्या ऐसी कोई व्यवस्था संतुलन बैठाने की बजाय सिर्फ़ देने की भावना के आधार पर चल सकती है?

2003 में ओहायो के रहने वाले डेरन बील ने यह पता लगाने की कोशिश की। क्रेग न्यूमार्क की तरह बील भी शहर में अकेले थे और उनके पास जानकारी का अभाव था। ऐसे में उन्होंने अपने मित्रों की ई-मेल सूची से शुरुआत की। क्रेगलिस्ट से मार्गदर्शन मिलने के बाद बील इंटरनेट आधारित लेन-देन के ऐसे स्थानीय समुदायों की स्थापना करने का लक्ष्य लेकर चल रहे थे, जहां हर कोई पहुंच सके। वे सामान चाहने वाले लोगों को ऐसे अन्य लोगों से जोड़ना चाहते थे, जो सामान देने की इच्छा रखते थे, लेकिन क्रेगलिस्ट के सामान्य लेन-देन के पथ से मूल रूप से हटते हुए उन्होंने एक असामान्य नियम सामने रखा। नियम था कि पैसे या व्यापार की अनुमति नहीं दी जाएगी। उनके नेटवर्क का नाम था फ़्रीसाइकिल और यहां सभी सामान मुफ़्त में देना होता था।

फ़्रीसाइकिल का विचार बील के दिमाग़ में तब कौंधा, जब उन्होंने राइज इन टुसान, एरिज़ोना नामक गैर लाभकारी संगठन के व्यापार के लिए एक प्रोग्राम विकसित किया और उसे चलाया। स्थानीय व्यापारिक संगठनों ने बील को इस्तेमाल हो चुके ऐसे सामान देने शुरू कर दिए, जो अभी भी अच्छी स्थिति में थे, लेकिन वे पुनः चक्रित करने योग्य नहीं थे, जैसे कंप्यूटर और डेस्क। इन वस्तुओं को ज़रूरतमंद लोगों को देने की उम्मीद में बील ने घंटों फ़ोन करने में ख़र्च किए। उन्होंने चैरिटी संगठनों में सामान देने की पेशकश की, लेकिन कोई प्रगति नहीं हुई। उसी समय उनके पास एक पलंग भी था, जिसे वे देना चाहते थे, लेकिन वे जानते थे कि पुराना सामान लेने वाली दुकानें उसे नहीं लेंगी। उन्होंने महसूस किया कि ऑनलाइन समुदाय के माध्यम से वे इन दोनों समस्याओं का समाधान करने में समर्थ हो सकेंगे। यह देने वालों और प्राप्त करने वालों के लिए भी प्रभावी ढंग से अनुरूप थी।

बील ने फ़्रीसाइकिल की स्थापना की घोषणा करते हुए क़रीब 40 मित्रों को प्रारंभिक ई-मेल भेजे। उन्होंने मित्रों को न्योता दिया कि वे इससे जुड़ें और इसका प्रचार करें। फ़्रीसाइकिल के सबसे पहले सदस्यों में से कुछ ने जब देने की वस्तुओं को पोस्ट करना शुरू किया, तो बील को बड़ा ही आश्चर्य हुआ। एक महिला आंशिक रूप से इस्तेमाल हो चुके हेयर डाई की बोतल देना चाहती थी, जिसकी कुछ ही घंटों में अवधिपार होने वाली थी। उन्होंने लिखा, "इसे वास्तव में बहुत जल्दी इस्तेमाल कर लेने की ज़रूरत है। यदि किसी को बाल काले करने की तीव्र इच्छा है, तो आज की रात ही वह रात है।" टेक्सास के एक व्यक्ति ने इससे ज़्यादा वांछित सामान पोस्ट किया। सामान था मछली पकड़ने का उपकरण, लेकिन उसकी एक शर्त थी। उसका कहना था कि वह मछली पकड़ने का उपकरण उसी व्यक्ति को देगा, जिसके पास से वह चोरी चला गया है। "चौंतीस साल पहले जब मैं बच्चा था, तब मैंने ऐसे उपकरण वाला एक बॉक्स चुरा लिया था, लेकिन ऐसा कोई रास्ता नहीं था कि मैं अब उस व्यक्ति को खोज सकूं और अपनी ग़लती को सुधार सकूं। ऐसे में मैं अगला सर्वश्रेष्ठ काम करने की कोशिश कर रहा हूं।" कुछ लोग इस व्यवस्था में संतुलन बैठाने की ख़ामियों को तलाश रहे थे, तो कुछ अन्य सिर्फ़ कबाड़ देने की कोशिश कर रहे थे। ऐसा लगा कि फ़्रीसाइकिल के सफल होने की कोई उम्मीद नहीं है।

लेकिन बील का मानना था, "एक व्यक्ति का कूड़ा दूसरे व्यक्ति के लिए वास्तव में ख़ज़ाना हो सकता है।" कुछ लोगों ने फ़्रीसाइकिल पर वास्तव में ख़ज़ाना भी अन्य लोगों को दिया, जिसे वे क्रेगलिस्ट पर आसानी से बेच सकते थे। एक व्यक्ति ने कैमरा दान किया, जो शानदार स्थिति में था। उसकी क़ीमत क़रीब 200 डॉलर थी। अन्य लोगों ने अच्छी हालत के कंप्यूटर, फ़्लैट स्क्रीन टीवी, बेबी कार सीट, पियानो, वैक्यूम क्लीनर और व्यायाम करने के उपकरण तक दिए। मई, 2003 में जब फ़्रीसाइकिल की शुरुआत हुई थी, तब केवल तीस सदस्य थे, लेकिन एक साल के भीतर फ़्रीसाइकिल का विस्तार आश्चर्यजनक दर से हुआ। दुनियाभर के 360 शहरों में इसके 100,000 से ज़्यादा सदस्य हो गए। मार्च, 2005 तक फ़्रीसाइकिल के सदस्यों की संख्या दस गुना बढ़कर 10 लाख तक जा पहुंची।

हाल ही में सामाजिक विज्ञानी रॉब विलर, फ़्रैंक फ़्लिन और सोन्या ज़ैक ने इस बात का अध्ययन करने का फ़ैसला किया कि आख़िर ऐसी क्या बात है, जो लोगों को आदान-प्रदान की व्यवस्थाओं में भाग लेने के लिए प्रेरित करती है। वे समाज विज्ञानियों में चल रही ज़ोरदार बहस के निष्कर्ष तक पहुंचने की कोशिश कर रहे थे। इनमें से कई विशेषज्ञों का मानना था कि सीधे लेन-देन के जो प्रकार क्रेगलिस्ट पर दिखाई देते हैं, वे ही संसाधनों के आदान-प्रदान के सर्वोत्कृष्ट तरीक़े हैं। लोगों को मूल्य आगे-पीछे करने की अनुमति देकर क्रेगलिस्ट जैसी व्यवस्था इस बात का फ़ायदा उठाती है कि ज़्यादातर लोग संतुलन बैठाने वाले होते हैं। इसके विपरीत

अनेक विशेषज्ञों का अनुमान था कि फ़्रीसाइकिल जैसी व्यवस्थाओं का तेज़ी से विकास होगा, जहां सदस्य एक व्यक्ति को कुछ देते हैं, तो दूसरे से प्राप्त करते हैं। वे एक ही व्यक्ति से मूल्य पर मोल-भाव नहीं करते। इन शोधकर्ताओं को पक्का विश्वास था कि यद्यपि आदान-प्रदान की यह व्यापक व्यवस्था पूरी तरह देने की भावना रखने वाले लोगों पर निर्भर करती है और लेने की मानसिकता वाले इस व्यवस्था का शोषण कर सकते हैं, लेकिन फिर भी सामान और सेवाओं का आदान-प्रदान सुगम बनाने से यह व्यवस्था सीधे संतुलन बैठाने के सामान ही उत्पादक हो सकती है।

इसकी सहज व्याख्या यह है कि दो तरह की व्यवस्थाएं अलग-अलग प्रकार के लोगों को अपनी ओर आकृष्ट करती हैं। संतुलन बैठाने वाले लोग शायद क्रेगलिस्ट की ओर आकृष्ट होते हैं, तो देने की भावना रखने वाले लोग फ़्रीसाइकिल की तरफ़ जाते हैं। जैसा कि डेरेन बील ने मुझे बताया, "दुनिया में यदि सिर्फ़ लेने की मानसिकता वाले लोग होते, तो फ़्रीसाइकिल जैसी कोई व्यवस्था नहीं होती।" लेकिन विलर की टीम का मानना था कि यह पूरी कहानी नहीं है।

यद्यपि, फ़्रीसाइकिल का विस्तार कुछ हद तक इसलिए हुआ क्योंकि इसने ऐसे लोगों को अपनी ओर आकृष्ट किया, जिनका झुकाव पहले ही देने की भावना की तरफ़ हो चुका था, लेकिन इस साइट ने इससे कहीं ज़्यादा आकर्षक उपलब्धि अर्जित की। फ़्रीसाइकिल की ख़ासियत यह रही कि वह संतुलन बैठाने और लेने की मानसिकता रखने वालों को भी देने की भावना रखने वालों की तरह व्यवहार करने के लिए प्रोत्साहित करने में सफल रही। फ़्रीसाइकिल आख़िर काम कैसे करती है, इसका पता लगाने के लिए विलर की टीम ने क्रेगलिस्ट और फ़्रीसाइकिल दोनों के सदस्यों के बिना किसी क्रम के साथ लिए गए नमूनों का अध्ययन किया। उन्होंने आदान-प्रदान की इन दो साइटों के एक हज़ार से ज़्यादा सदस्यों के सर्वे फ़ॉर्म भरवाए। ये सदस्य पूरे अमेरिका में दर्जनों समुदायों से जुड़े थे। सदस्यों से अनेक सवाल पूछकर टीम ने उनकी पारस्परिक आदान-प्रदान की शैली को मापा। उनसे पूछा गया कि क्या वे सामान्य रूप से ज़्यादा से ज़्यादा लाभ कमाने को प्राथमिकता देते हैं या लोगों के प्रति योगदान उनकी प्राथमिकता में होता है? देने की भावना रखने वालों ने औसतन इक्कीस वस्तुओं का दान फ़्रीसाइकिल पर किया था। लेने की मानसिकता रखने वाले कुछ नहीं दे सकते थे, लेकिन उनमें से प्रत्येक ने औसतन नौ से ज़्यादा वस्तुओं का दान फ़्रीसाइकिल पर किया था।

दिलचस्प बात यह सामने आई कि अक्सर लोग फ़्रीसाइकिल पर लेने के लिए आते हैं, देने के लिए नहीं। बील भी स्वीकार करते हुए कहते हैं, "आमतौर पर लोग फ़्रीसाइकिल के बारे ऐसे सुनते हैं कि यह मुफ़्त का माल पाने का एक तरीक़ा है। एक औसत व्यक्ति यह सोचकर इससे जुड़ता है, मैं कुछ नहीं के बदले कुछ प्राप्त कर सकता हूं। लेकिन इस बिंदु पर एक मूल बदलाव होने लगता है। बड़ी संख्या में

ऐसे दंपती हमसे जुड़े, जो हाल में माता-पिता बने थे। उन्हें मुश्किल दिनों में मदद की ज़रूरत थी। उन्होंने यहां बच्चों को घुमाने वाली गाड़ी, कार सीट, पालने और ऊंची कुर्सियां प्राप्त कीं। बाद में उन्हें क्रेगलिस्ट पर बेचने की बजाय इन लोगों ने ये चीज़ें दान कर दीं।"

आख़िर ऐसी क्या बात है, जो लोगों को योगदान देने के लिए प्रेरित करती है, हालांकि वे किसी समूह से लेने की मानसिकता के साथ जुड़ते हैं?

इस सवाल के जवाब से वह एक अन्य मार्ग खुल जाता है, जिस पर चलकर देने की भावना रखने वाले लोग सफलता की सीढ़ी पर सबसे निचले पायदान पर पिछड़ने से बच सकते हैं। लोगों से व्यक्तिगत व्यवहार में समझदारी इसी बात में है कि ईमानदारी की जांच का तरीक़ा अपनाएं और लेने की मानसिकता रखने वालों से लेन-देन में मुख्य रूप से संतुलन बैठाने वाले की तरह व्यवहार करें, लेकिन समूह की व्यवस्था में देने की भावना रखने वालों के लिए यह सुनिश्चित करने का अलग तरीक़ा है कि कोई उनका शोषण नहीं कर सके। समूह में यह देखें कि हर कोई देने की भावना रखने वाले की तरह व्यवहार ज़्यादा करे। जैसन गेलर और लिलियन बावर के मामलों में हम इस रणनीति को पहले देख चुके हैं। इन दोनों ने परामर्श लेने वालों से सीधे तौर पर कहा कि वे परामर्श को अपने से ज़्यादा जूनियर सहयोगियों में आगे बढ़ाएं। इससे पहले ऐडम रिफ़्किन ने अपने संपूर्ण नेटवर्क में यही किया था। सिलिकॉन वैली में उन्हें देने की भावना रखने वाले के तौर पर जाना जाता था। *फ़ॉर्च्यून* ने उन्हें सर्वश्रेष्ठ नेटवर्कर का ख़िताब दिया था। उनकी देने की भावना से लाभ उठाने वालों को न्योता देते हुए उन्होंने कहा था कि अब वे ऐसे लोगों की मदद करें, जिन्हें उनके नेटवर्क में मदद की ज़रूरत है। इस तरह देने की भावना के प्रतिमान विकसित हुए। जैसा कि मैंने पहले अध्याय में कहा था कि ऐसा बड़ी मुश्किल से होता है कि लोगों की पारस्परिक आदान-प्रदान की एक समान शैली हो, जिसे वे जीवन के हर क्षेत्र में बराबर से लागू करते हों। यदि कोई समूह देने की भावना के प्रतिमान विकसित कर लेता है, तो उसके सदस्य उन प्रतिमानों का पालन करेंगे और योगदान देंगे, चाहे उनका झुकाव किसी अन्य स्थान पर लेने की मानसिकता रखने वाले जैसा हो या संतुलन बैठाने वाले जैसा। इससे देने की भावना से जुड़े जोख़िम भी कम हो जाते हैं। जब हर कोई योगदान कर रहा होता है, तो लाभ का आकार बड़ा हो जाता है। ऐसे में देने की भावना रखने लोग प्राप्त होने से ज़्यादा योगदान देने में फंसे नहीं रहते।

समूहों में ऐसा क्या होता है, जो सदस्यों का झुकाव देने की भावना की तरफ़ कर देता है? इस अध्याय के आख़िर में मैं आपका परिचय एक ऐसी शक्तिशाली गतिविधि से कराऊंगा, जिसे दुनिया की जानी-मानी कंपनियों और बिज़नेस स्कूलों ने इस्तेमाल में लाना शुरू किया है, ताकि लेने की मानसिकता रखने वालों और संतुलन

बैठाने वालों के साथ ही देने की भावना रखने वालों को भी योगदान के लिए प्रेरित किया जा सके, लेकिन इससे पहले लेने की मानसिकता रखने वालों और संतुलन बैठाने वालों को योगदान देने के लिए प्रेरित करने में फ़्रीसाइकिल की सफलता का खुलासा करके हम यह गहन समझ विकसित कर सकते हैं कि योगदान की भावना को ऊंचे स्तर पर ले जाने में व्यक्ति और संगठन क्या भूमिका निभा सकते हैं। इसकी शुरुआत हमें यह सवाल उठाते हुए करनी होगी कि लोग आख़िर योगदान करते क्यों हैं।

परोपकारिता पर बहस

दुनिया के सबसे ज़्यादा प्रतिष्ठित मनोविज्ञानियों में से दो क़रीब चालीस साल से इस मसले पर ज़ोरदार तर्क कर रहे हैं कि क्या किसी को कुछ देने का फ़ैसला विशुद्ध रूप से परोपकार की भावना पर आधारित होता है या आख़िरकार यह एक स्वार्थ ही होता है। दर्शन पर बहस करने की बजाय दोनों एक ज़्यादा ख़तरनाक हथियार लेकर लड़ रहे हैं। यह हथियार है मनोवैज्ञानिक परीक्षण।

शुद्ध परोपकारिता के सिद्धांत का बचाव करने वाले विशेषज्ञ हैं सी. डैनियल बैटसन। उनका मानना है कि जब हम किसी ज़रूरतमंद अन्य व्यक्ति के लिए सहानुभूति का अनुभव करते हैं, तभी हम निःस्वार्थ भाव से सच्ची मदद करते हैं। जितनी ज़्यादा ज़रूरत होगी, उतना ही ज़्यादा उस व्यक्ति से हमारा जुड़ाव होगा, जो इसे भुगत रहा है। उसी अनुपात में हम उससे ज़्यादा सहानुभूति रखेंगे। जब हम किसी व्यक्ति के साथ सहानुभूति रखते हैं, तब हम अपनी ऊर्जा और अपना ध्यान उसकी मदद करने में लगा देते हैं। हम ऐसा इसलिए नहीं करते कि इससे हम अच्छा अनुभव करेंगे, बल्कि हम ऐसा इसलिए करते हैं क्योंकि हम वास्तव अन्य लोगों की परवाह करते हैं। बैटसन का मानना है कि यद्यपि कुछ लोग अन्य लोगों की तुलना में सहानुभूति अपेक्षाकृत ज़्यादा तीव्रता से और बार-बार अनुभव करते हैं, लेकिन लगभग सभी मनुष्यों में दूसरों के प्रति सहानुभूति रखने की सामर्थ्य होती है। यहां तक कि लेने की मानसिकता वाले सबसे प्रतिकूल लोगों में भी कहीं ना कहीं सहानुभूति छिपी होती है। जैसा कि ऐडम स्मिथ ने कई शताब्दी पहले कहा था : "अन्य लोगों के कष्ट के लिए जो भावनाएं हम अनुभव करते हैं... वे किसी भी तरह से सिर्फ़ सदाचारी और दयालु व्यक्ति तक सीमित नहीं रहतीं, यद्यपि वे इसे पूरी संवेदनशीलता के साथ महसूस कर सकते हैं। क़ानूनों का जमकर उल्लंघन करने वाला सबसे बड़ा गुंडा भी इससे अछूता नहीं है।"

दुर्जन लोगों की वकालत कर रहे रॉबर्ट चाइल्डिनी की दलील है कि शुद्ध परोपकारिता जैसी कोई बात होती ही नहीं है। उनका मानना है कि मानव समुदाय बार-बार उदारता, देने की भावना और अन्य लोगों की चिंता जैसे गुण प्रदर्शित करता

है, लेकिन वे नहीं मानते कि इन व्यवहारों के उद्गम का मूल कारण पूरी तरह से परोपकार की भावना ही है। वे मानते हैं कि जब अन्य लोग आहत होते हैं और हम आहत होते हैं, तो यह हमें मदद के लिए प्रेरित करता है। चाइल्डिनी ने बैटसन के इस दावे को सबसे पहले चुनौती दी कि दूसरों के प्रति सहानुभूति रखने की वजह से हम मदद करते हैं। उनका कहना है कि हम मदद इसलिए नहीं करते कि हमारा अंतिम लक्ष्य दूसरे व्यक्ति को लाभ पहुंचाना होता है, बल्कि इसके दूसरे कारण होते हैं। उन्होंने तर्क रखा कि जब अन्य लोग कष्ट में होते हैं, तब हम व्यथित, दुःखी या अपराध बोध से ग्रस्त होते हैं। हमारी स्वयं की नकारात्मक भावनाओं को कम करने के लिए हम मदद करते हैं। चाइल्डिनी ने इसके लिए अनेक शानदार अध्ययनों के नतीज़ों को एकत्र किया। इन अध्ययनों के मुताबिक़, लोग जब ज़रूरतमंद लोगों के प्रति व्यथित और दुःखी होते हैं तथा अपराध बोध से ग्रस्त होते हैं, तब वे मदद करते हैं।

बैटसन का खंडन : यह सत्य है कि लोग कभी-कभी नकारात्मक भावनाओं को कम करने के लिए मदद करते हैं, लेकिन यह एकमात्र कारण नहीं है। नकारात्मक भावना हमें मदद के लिए हमेशा प्रेरित नहीं करती। जब हम व्यथित होते हैं, दुःखी होते हैं या अपराध बोध से ग्रस्त होते हैं, तब हमारा अंतिम लक्ष्य इन नकारात्मक भावनाओं को कम करना होता है, लेकिन कुछ मामलों में मदद करना एक रणनीति होती है, जो हम चुनते हैं। वैसे ज़्यादातर मामलों में हम अपनी नकारात्मक भावनाएं अन्य तरीक़ों से कम कर सकते हैं। जैसे हम अपना ध्यान उस ओर से हटा सकते हैं या हालात से पूरी तरह पलायन कर सकते हैं। बैटसन ने यह गुत्थी सुलझाने के लिए अक्लमंद तरीक़ा निकाला कि क्या दूसरों के प्रति सहानुभूति हमें मदद के लिए इसलिए प्रेरित करती है क्योंकि हम अन्य व्यक्ति के कष्ट दूर करना चाहते हैं या हम ऐसा इसलिए करते हैं क्योंकि हम स्वयं के कष्ट दूर करना चाहते हैं। यदि लक्ष्य अपने स्वयं के कष्ट दूर करना है, तो हमें ऐसा कोई भी तरीक़ा चुनना चाहिए, जिससे हम अच्छा अनुभव करें, लेकिन यदि लक्ष्य अन्य लोगों के कष्ट को दूर करना है, तो हमें मदद करनी चाहिए, चाहे यह महंगी हो और चाहे अन्य तरीक़ों से भी हम बेहतर अनुभव कर सकते हों।

एक प्रयोग में बैटसन और उनके सहयोगियों ने लोगों को एक विकल्प दिया : उन्होंने कहा कि एक महिला को बिजली के झटके सहन करते देखो या देखने की पीड़ा से बचने के लिए वहां से चले जाओ। कोई आश्चर्य की बात नहीं कि 75 फ़ीसदी लोगों ने वहां से जाना उचित समझा, लेकिन जब लोगों ने उस महिला के लिए सहानुभूति अनुभव की, तब केवल 14 फ़ीसदी वहां से गए, जबकि शेष 86 फ़ीसदी वहां रुके और उन्होंने उस महिला के स्थान पर झटके खाने की पेशकश भी की। जो लोग मदद लिए रुक गए थे, उनमें से जो लोग सबसे ज़्यादा सहानुभूति महसूस

कर रहे थे, वे उन लोगों की तुलना में चार गुना ज़्यादा झटके खाने के लिए तैयार थे, जो कम सहानुभूति अनुभव कर रहे थे। बैटसन और उनके सहयोगियों ने आधे दर्जन से ज़्यादा अध्ययनों में यह पैटर्न प्रदर्शित किया। जब लोग हालात से पलायन करके अपनी नकारात्मक भावनाओं को कम कर सकते हैं, तो भी यदि वे दूसरों के लिए सहानुभूति अनुभव करते हैं, तो वे अपने समय और पीड़ा की क़ीमत पर भी रुकते हैं और मदद करते हैं, चाहे कुछ भी हो। इन प्रमाणों के आधार पर बैटसन ने निष्कर्ष निकाला कि ख़राब भावनाओं को कम करना ही एकमात्र कारक नहीं है, जो लोगों को मदद के लिए प्रेरित करता है। उन्होंने इस दावे के समर्थन में 85 विभिन्न अध्ययनों का व्यापक विश्लेषण को सामने रखा।

लेकिन हमारे समय के महानतम सामाजिक विचारकों में गिने जाने वाले चाइल्डिनी के तर्क अभी ख़त्म नहीं हुए थे। उन्होंने स्वीकार किया कि दूसरों के प्रति सहानुभूति मदद के लिए प्रेरित करती है। चिंता और संवेदना की भावनाएं निश्चित रूप से हमें अपनी क़ीमत पर भी दूसरों के लाभ के लिए काम करने को प्रेरित करती हैं, लेकिन फिर भी वे इस बात को लेकर आश्वस्त नहीं थे कि इससे शुद्ध परोपकारिता झलकती है। उन्होंने तर्क दिया कि जब हम किसी ज़रूरतमंद पीड़ित व्यक्ति के प्रति सहानुभूति रखते हैं, तो हम भावनात्मक रूप से उससे इतना जुड़ जाते हैं कि हम पीड़ित के साथ एकात्मकता अनुभव करने लगते हैं। हम पीड़ित का अपनी छवि के साथ विलय कर लेते हैं। हम पीड़ित में ख़ुद को ज़्यादा देखने लगते हैं। इसलिए हम मदद करते हैं। वास्तव में हम स्वयं की मदद कर रहे होते हैं। ऐडम स्मिथ के कथन का उल्लेख एक बार फिर करें तो उनका कहना है, "जब हम कल्पना करके स्वयं को पीड़ित की स्थिति में रखते हैं, तो हम सारे कष्टों को स्वयं सहन करने के बारे में सोचते हैं। हम मानो उसके शरीर में प्रवेश कर जाते हैं। कुछ हद तक उसके साथ वही व्यक्ति बन जाते हैं। यहां से उसकी संवेदनाओं का कुछ अनुमान लगना शुरू होता है। यहां तक कि हम कुछ अनुभव भी करते हैं।"

चाइल्डिनी और उनके सहयोगियों ने अपने इस विचार के समर्थन में अनेक प्रयोग किए। दूसरों के प्रति सहानुभूति एकात्मकता या स्वयं को पीड़ित के साथ एक इकाई मानने की भावना की ओर ले जाती है। इसकी वजह से लोग ज़्यादा मदद करते हैं। बैटसन की टीम एक अन्य खंडन के साथ सामने आई। उन्होंने इसे परोपकारिता करार दिया। उन्होंने तर्क दिया कि यदि हम किसी के साथ इतनी सहानुभूति रखते हैं कि हम अपनी पहचान का दूसरों के साथ विलय कर देते हैं, तो इसका अर्थ यह है कि हम उनकी इतनी परवाह करते हैं, जितनी स्वयं की। इसकी वज़ह यह है कि अब हम अपने हितों को उनसे ऊपर नहीं रखते। उनकी मदद करना शुद्ध रूप से परोपकारिता है।

गतिरोध

दोनों खेमे इस बात पर सहमत हैं कि दूसरों के प्रति सहानुभूति से मदद करने की भावना जाग्रत होती है। दोनों खेमे इस बात पर भी एकमत हैं कि एकात्मकता की भावना इसकी मुख्य वज़ह है, लेकिन दोनों इस बात पर मूल रूप से अलग-अलग राय रखते हैं कि एकात्मकता स्वार्थ है या परोपकारिता। मेरा मानना है कि यहां बीच का मार्ग भी उपलब्ध है। यही वह बात है, जिसकी खोज डेरेन बील ने पहले की थी। जब उन्होंने फ्रीसाइकिल की शुरुआत की थी, तब वे इस्तेमाल हो चुकी वस्तुओं को कचरा भराव क्षेत्र से दूर रखना चाहते थे और उन्हें ऐसे लोगों को देना चाहते थे, जिन्हें उनकी ज़रूरत होती थी, लेकिन इसके साथ ही उनके कुछ व्यक्तिगत हित भी दांव पर लगे थे। उनके रीसाइक्लिंग प्रोग्राम के तहत उनका वेयर हाउस ऐसे सामान से भर गया था, जो न तो इस्तेमाल हो सकते थे और न ही रीसाइकिल, जबकि उनके बॉस वेयर हाउस को ख़ाली कराना चाहते थे। इसके अलावा बील अपने एक पुराने गद्दे से छुटकारा पाना चाहते थे। उनके किसी मित्र को उस गद्दे की ज़रूरत भी नहीं थी। गद्दा इतना बड़ा था कि उसे फेंका भी नहीं जा सकता था। इसको फेंकने के लिए उन्हें एक ट्रक किराए पर लेना पड़ता और फिर कचरा भराव क्षेत्र तक ट्रक चला कर ले जाना पड़ता, जहां कचरा निस्तारण के लिए उनसे शुल्क भी वसूला जाता। बील ने महसूस किया कि यह आसान और सस्ता होगा यदि वह अपना पुराना गद्दा फ्रीसाइकिल पर किसी को दे दें।

इसी कारण से लेने की मानसिकता रखने वालों और संतुलन बैठाने वाले अनेक लोगों ने फ्रीसाइकिल पर देना शुरू किया। यह ऐसी वस्तुओं से छुटकारा पाने का प्रभावशाली तरीक़ा था, जो वे रखना नहीं चाहते थे और शायद क्रेगलिस्ट पर बेच नहीं सकते थे, लेकिन बील को बहुत जल्द अपने व्यक्तिगत अनुभव से पता लगा कि जिन लोगों ने पहले स्वार्थ के वशीभूत होकर सामान दिया था, अब वे भी उन लोगों की चिंता करने लगे थे, जिनकी वे मदद कर रहे थे। जब बील के गद्दे को लेने वाले व्यक्ति ने उसे वहां से ले जाने की व्यवस्था की, तो वे बेहद प्रसन्न हुए। उन्होंने कहा, "मैंने सोचा कि मैं गद्दा देने में सफल हो रहा हूं, इसका मतलब है कि मैं ही इसका लाभ उठा रहा हूं। जब वह व्यक्ति मेरे दरवाज़े पर आया और उसने मुझे धन्यवाद दिया, तो मैंने बहुत अच्छा महसूस किया। यह आंशिक रूप से स्वार्थी क़दम था। मैं किसी अन्य व्यक्ति की इस तरह मदद कर रहा था कि इससे मुझे भी ख़ुशी हो रही थी। मैं इसे लेकर इतना ख़ुश हुआ कि मैंने अन्य वस्तुएं भी देनी शुरू कर दीं।"

क़रीब एक दशक के शोध के बाद मैं इस निष्कर्ष पर पहुंचा हूं कि बील का अनुभव अपवाद नहीं, बल्कि एक प्रतिमान है। एकात्मकता अलग ढंग से देने का ही एक रूप है। प्रत्येक बार जब हम योगदान देते हैं, तो यह मिश्रित इरादों की कॉकटेल पर आधारित है, जिसका उद्देश्य अन्य लोगों और स्वयं को लाभ पहुंचाना है। ऐसे

मामलों में लेने की मानसिकता रखने वालों और संतुलन बैठाने वालों के योगदान देने की संभावना सबसे ज़्यादा होती है, जब वे यह अनुभव करते हैं कि वे अन्य लोगों और स्वयं दोनों के हित एक साथ आगे बढ़ा सकते हैं। नर वानर विशेषज्ञ फ़्रांस दि वॉल *द ऐज़ ऑफ़ एम्पथी* में लिखते हैं, "स्वार्थी या निःस्वार्थी होने का अंतर सिर्फ़ मुख्य मसले से ध्यान भटकाने वाला हो सकता है। यदि दोनों का एक-दूसरे में विलय ही हमारे सहयोगात्मक स्वभाव का राज़ है, तो हम स्वयं को अन्य से और अन्य से स्वयं को छांटना क्यों चाहते हैं?"

ऑनलाइन विश्वकोष विकिपीडिया के बारे में कल्पना कीजिए। इसे बिना कोई शुल्क लिए तीस लाख स्वयंसेवकों ने लिखा है। क़रीब एक लाख से ज़्यादा इस पर नियमित रूप से योगदान दे रहे हैं। जब उनसे पूछा गया कि वे विकिपीडिया के लिए क्यों लिखते हैं, तो किसी भी स्वयंसेवक ने यह नहीं कहा कि वे स्वार्थ की वज़ह से ऐसा करते हैं, जैसे नए संपर्क बनाना, अपनी प्रतिष्ठा बढ़ाना, एकाकीपन को कम करना, ऐसा अनुभव करना कि लोग उनकी क़द्र करते हैं या लोगों को उनकी ज़रूरत है आदि, लेकिन तुलनात्मक दृष्टि से लोगों की मदद करने का मूल्य ही एकमात्र कारण नहीं है, जिसकी वज़ह से वे दूसरों के प्रति सहानुभूति रखते हैं। यह ज़रूरी नहीं कि विकिपीडिया को योगदान देने वाले अपने जीवन के विभिन्न क्षेत्रों में देने की भावना रखने वाले ही हों, लेकिन वे स्वेच्छा से विकिपीडिया की प्रविष्टियों को संक्षिप्त करने और उन्हें क्रॉस चेक करने का थकाऊ काम कर रहे हैं। ऐसा क्यों? एक सर्वे में यह बात सामने आई कि सभी में से दो कारण इन लोगों पर हावी रहते हैं। पहला तो यह कि वे यह मानते हैं कि सब आनंददायक है, तो दूसरा उनका यह भी मानना है सूचना मुफ़्त में उपलब्ध होनी चाहिए। विकिपीडिया में प्रविष्टियां लिखना अनेक स्वयंसेवकों के लिए अलग ढंग से देना जैसा ही है। यह व्यक्तिगत आनंद देता है और अन्य लोगों को लाभ पहुंचता है।

बील का विचार है कि अलग ढंग से योगदान देने वाला फ़्रीसाइकिल का ढांचा ही इसके तेज़ी से फैलने की मुख्य वज़ह है। ऐसी वस्तुओं को देना, जिनकी हमें ज़रूरत नहीं है और इस प्रक्रिया में अन्य लोगों को लाभ पहुंचाना ऐडम रिफ़्किन की पांच मिनट के उपकार की अर्थव्यवस्था के समतुल्य है। यह स्वयं के प्रति कम क़ीमत वाली और सशक्त रूप से अन्य लोगों को ज़्यादा लाभ देने वाली व्यवस्था है। ध्यान देने योग्य बात यह है कि फ़्रीसाइकिल का औपचारिक मिशन कथन दो तरह के लाभों को विशेष रूप से दर्शाता है। सदस्य अन्य लोगों के प्रति योगदान दे सकते हैं और स्वयं के लिए लाभ उठा सकते हैं। मिशन का मक़सद "दुनियाभर में मुफ़्त देने का ऐसा आंदोलन खड़ा करना है, जिससे कचरा कम हो, क़ीमती संसाधनों की बचत हो और कचरा भराव क्षेत्रों पर बोझ भी कम हो, साथ ही हमारे सदस्य इस योग्य बन सकें कि वे बड़े समुदाय की शक्ति से लाभ उठा सकें।"

अलग ढंग से योगदान देने के इस ढांचे से परे, फ़्रीसाइकिल समुदाय की एक मुख्य विशेषता यह है कि यह लोगों को देने की भावना रखने वाले की तरह व्यवहार करने को अभिप्रेरित करती है। इस व्यवस्था का संकेत फ़्रांस के एक सलाहकार की कहानी में छिपा है, जो संभावित ग्राहक का भरोसा जीतने के लिए वर्षों संघर्ष करता है, लेकिन जब उसे समुदाय की भावना की शक्ति का अहसास होता है, तब उसे पता चलता है कि भरोसा कैसे जीता जाता है।

दुश्मन से बदलकर दोस्त बनना

2008 के वैश्विक वित्तीय संकट में मार झेलने वाली अनेक कंपनियों में फ़्रांस की एक कंपनी भी थी। इस कंपनी को मैं नूवो कहूंगा। नूवो कंपनी का मुख्यालय मध्य फ़्रांस के एक छोटे से शहर में था, जिसे अपनी प्यारी फुटबॉल टीम पर बड़ा गर्व था। कंपनी के संस्थापकों ने इस शहर को मुख्यालय के रूप में इसलिए चुना था क्योंकि वे शहर का वैभव लौटाना चाहते थे, लेकिन शहर की आबादी सिकुड़ रही थी और कंपनी का मुनाफ़ा घट रहा था। कंपनी के मुख्यालय को किसी बड़े शहर में ले जाने का दबाव भी था। नूवो के एक्ज़ीक्यूटिवों ने यह निर्णय किया कि वे असाधारण पुनर्गठन से कंपनी के मुख्यालय को बचाएंगे। बाहरी मदद मांगने के लिए सीएफ़ओ ने परामर्शदाता फ़र्मों से सुझाव मांगने का प्रस्ताव जारी किया। नूवो कंपनी ऐसी किसी भी फ़र्म के साथ मिलकर काम करने को तैयार थी, जो सबसे अच्छा प्रस्ताव दे। इसमें सिर्फ़ एक अपवाद था। एक ख़ास फ़र्म पर भरोसा नहीं किया जा सकता। यह फ़र्म वर्षों से नूवो के मुख्य प्रतिस्पर्द्धी के साथ काम कर रही थी। नूवो के शीर्ष अधिकारियों को चिंता थी कि उनकी अंदरूनी जानकारी दुर्घटनावश लीक हो सकती हैं या लेने की भावना रखने वाला कोई इसे चुरा भी सकता है।

संदेहास्पद सलाहकार फ़र्म के मुख्य साझेदार (जिन्हें मैं फ़िलिप नाम से पुकारूंगा) इस बात से परिचित थे कि नूवो के एक्ज़ीक्यूटिव उन्हें शक की नज़र से देखते हैं। फ़िलिप की फ़र्म ने पहले भी नूवो के यहां प्रस्ताव पेश किए थे, लेकिन उन्हें हमेशा ख़ारिज़ कर दिया गया था। उसके सलाहकार बार-बार फ़र्म की गोपनीयता की कड़ी नीतियों का हवाला देते थे, लेकिन नूवो के एक्ज़ीक्यूटिवों ने कभी विश्वास नहीं किया। आख़िरकार सलाहकारों ने निष्कर्ष निकाला कि नूवो में प्रस्ताव पेश करते रहना समय की बर्बादी है, लेकिन फ़िलिप नूवो की सफलता में वास्तव में योगदान देने के इच्छुक थे। इसलिए उन्होंने नूवो के पुनर्गठन के लिए प्रस्ताव तैयार करने और उसे पेश करने में अपनी टीम का नेतृत्व किया। इसके बाद वे इस वैचारिक मंथन के लिए बैठ गए कि हम नूवो के सामने यह कैसे साबित करेंगे कि हम पर विश्वास किया जा सकता है?

नूवो के समक्ष प्रस्ताव पेश करने वाली आख़िरी फ़र्म फ़िलिप की थी। प्रस्ताव पेश करने की बैठक के लिए फ़िलिप अपने साथ पांच एक्ज़ीक्यूटिवों को लेकर नूवो के मुख्यालय पहुंचे। उन्हें एक बड़े कक्ष में ले जाया गया, जहां नूवो के दस एक्ज़ीक्यूटिव सामने बैठे थे। फ़िलिप की टीम ने प्रस्ताव पेश किया, लेकिन नूवो के एक्ज़ीक्यूटिव बिलकुल प्रभावित नहीं हुए। एक एक्ज़ीक्यूटिव ने कहा, "हमें आपका प्रस्ताव पसंद है, लेकिन हम आप पर भरोसा नहीं कर सकते। हम आपके साथ व्यापारिक संबंध क्यों स्थापित करें? हम कैसे आश्वस्त हों कि आप पहले हमारे हितों की रक्षा करेंगे?" फ़िलिप ने उन्हें अपनी फ़र्म की गोपनीयता नीति और सम्मान संहिता की याद दिलाई। उन्होंने ज़ोर देते हुए कहा कि अपने ग्राहकों के लिए उच्चतम मानकों को बनाए रखने पर ही फ़र्म की प्रतिष्ठा टिकी है, लेकिन उनके सारे वादों को अनसुना कर दिया गया।

फ़िलिप की सारी तर्कसंगत दलीलें ख़त्म हो चुकी थीं, तो उन्होंने अपने तरकश से एकमात्र तीर निकाला। उन्होंने अपना ब्रीफ़केस खोला और उसमें से शहर की प्रसिद्ध फुटबॉल टीम का नीला स्कार्फ़ निकाल कर पहन लिया। शहर के गौरव के प्रतीक के रूप में स्कार्फ़ को पहन कर उन्होंने निवेदन किया : "हम वर्षों से आपको विश्वास दिलाने की कोशिश कर रहे हैं कि हमारी गोपनीयता नीति पर भरोसा किया जा सकता है। चूंकि हम शब्दों में यह व्यक्त नहीं कर पा रहे हैं, इसलिए हम अपनी वचनबद्धता अलग तरीक़े से प्रदर्शित करना चाहते हैं।" फ़िलिप की टीम के पांच सदस्यों ने भी ऐसा ही किया। उन्होंने फुटबॉल टीम के स्कार्फ़ अपने गले में डाल लिए।

नूवो के एक्ज़ीक्यूटिव आश्चर्यचकित थे। उन्होंने पूछा कि कौन साझीदार इस परियोजना का नेतृत्व करेगा? इस पर फ़िलिप खड़े हुए और कहा, "मैं इसका नेतृत्व करूंगा और हम अपना काम अगस्त के अवकाश के दौरान शुरू कर देंगे। मैं यह वचन इसलिए दे सकता हूं क्योंकि आपका मुख्यालय मेरे घर के बग़ल में है।"

कुछ घंटे बाद फ़िलिप की कंपनी को काम मिल चुका था।

नूवो के एक्ज़ीक्यूटिवों का पता नहीं था कि फ़िलिप उनके शहर से ही हैं। फ़िलिप स्पष्ट करते हुए कहते हैं, "यह पुनर्गठन का काम था। इसमें ऐसे व्यक्ति को लेना, जो इस शहर और इसमें रहने वाले लोगों की चिंता करे, कंपनी और उसके कर्मचारियों के लिए बेहतर बात थी। यह एक तरह का एक समान आधार था।"

एक समान आधार का देने के व्यवहार पर बड़ा प्रभाव पड़ता है। एक परीक्षण में ब्रिटेन में मनोविज्ञानियों ने मैनचेस्टर यूनाइटेड की फुटबॉल टीम के प्रशंसकों को अध्ययन के लिए नियुक्त किया। एक इमारत से दूसरी इमारत की तरफ़ जाते हुए वे देखते हैं कि दौड़ने वाला एक व्यक्ति घास पर फिसलकर गिर गया है। उसने अपना टखना पकड़ रखा है और वह पीड़ा से कराह रहा है। क्या प्रशंसक उसकी मदद करेंगे?

यह उस पर निर्भर करता था कि उसने कौन सी टी-शर्ट पहन रखी है। जब उसने सादा टी-शर्ट पहन रखी थी, तब केवल 33 फ़ीसदी लोगों ने मदद की, लेकिन जब उसने मैनचेस्टर यूनाइटेड की टी-शर्ट पहनी, तब 92 फ़ीसदी ने उसकी मदद की। येल के मनोविज्ञानी जैक डोवीडियो इसे "समान पहचान की उत्प्रेरणा" बताते हैं। जब लोग किसी व्यक्ति के साथ पहचान साझा करते हैं, तब उस व्यक्ति के प्रति योगदान देना अलग ढंग से देने की विशेषता ग्रहण कर लेता है। जब हम किसी ऐसे व्यक्ति की मदद करते हैं, जो हमारे ही समूह का हो, तो इसका मतलब है कि हम स्वयं की मदद कर रहे हैं क्योंकि हम समूह को बेहतर बना रहे हैं।

फ़्रीसाइकिल के तेज़ी से बढ़ने और असाधारण रूप अत्यधिक उच्च स्तर की देने की भावना के पीछे एक समान पहचान मुख्य सक्रिय तत्व था। बर्कले के प्रोफ़ेसर रॉब विलर की टीम ने जब क्रेगलिस्ट और फ़्रीसाइकिल के सदस्यों की तुलना की, तब वे यह जानने के इच्छुक थे कि प्रत्येक समूह के सदस्य किस हद तक पहचान और एकजुटता का अनुभव करते हैं। सदस्य जितना ज़्यादा पहचानते थे, उतने ही ज़्यादा वे क्रेगलिस्ट और फ़्रीसाइकिल को अपनी स्वयं की छवियों का एक महत्त्वपूर्ण अंग मानते थे, जिनसे उनके आधारभूत मूल्य प्रतिबिंबित होते हैं। सदस्यों ने जितनी ज़्यादा एकजुटता दिखाई, उतना ही यह अहसास उनमें ज़्यादा था कि वे क्रेगलिस्ट या फ़्रीसाइकिल के सार्थक समुदाय के अंग हैं। सदस्यों ने ज़्यादा पहचान और एकजुटता का अनुभव क्रेगलिस्ट के साथ किया या फ़्रीसाइकिल के साथ?

इसका जवाब इस बात पर निर्भर करता है कि किसी सदस्य ने उस साइट से कितना प्राप्त किया है। जिन सदस्यों ने बहुत कम सामान ख़रीदा या प्राप्त किया, उनके लिए क्रेगलिस्ट और फ़्रीसाइकिल के बीच पहचान और एकजुटता का कोई अंतर नहीं था। लोगों का दोनों साइटों से बराबर का जुड़ाव और संपर्क था। इसके विपरीत जो सदस्य अनेक सामान प्राप्त कर चुके थे या ख़रीद चुके थे, उनके मामले में बड़ा अंतर था। सदस्यों ने क्रेगलिस्ट की बजाय फ़्रीसाइकिल के प्रति कहीं ज़्यादा पहचान और जुड़ाव प्रदर्शित किया। देने के प्रति लोगों के झुकाव का हिसाब-किताब लगाने के बाद भी यह सत्य था, चाहे वे देने की भावना रखने वाले थे या नहीं। जिन लोगों ने बार-बार प्रक्रिया में भाग लिया, उनका जुड़ाव क्रेगलिस्ट की बजाय फ़्रीसाइकिल के प्रति ज़्यादा था। लोग ऐसे समुदायों से अपनी पहचान ज़्यादा क्यों जोड़ते हैं और उससे ज़्यादा जुड़ाव क्यों महसूस करते हैं, जहां वे एक समान संतुलन बैठाने की बजाय मुक्त रूप से दे सकें?

विलर की टीम का तर्क है कि देने और संतुलन बैठाने की सामान्य व्यवस्थाओं में प्राप्त करना दो मुख्य कारणों से मूल रूप से अलग ही अनुभव है। पहला अंतर आदान-प्रदान की शर्तों में निहित होता है। सीधे संतुलन बैठाने के मामलों में लेन-देन आर्थिक सौदा होता है। जब सदस्य क्रेगलिस्ट पर कोई सामान ख़रीदते हैं, तो वे यह

जानते हैं कि बेचने वाला सामान्य रूप से अपने लाभ को अधिकतम करने की कोशिशें कर रहा होगा। उसे ख़रीदारों के हितों की बहुत कम चिंता होगी। इसके विपरीत देने की व्यापक व्यवस्था में देने वालों को बदले में कुछ भी ठोस नहीं मिल रहा होता है। जब सदस्य फ़्रीसाइकिल पर कोई सामान प्राप्त करते हैं, तो वे इसे देने वाले से एक उपहार की तरह प्राप्त कर रहे होते हैं, जिसके साथ कोई शर्त जुड़ी नहीं होती।

विलर की टीम के अनुसार, "इससे संकेत मिलता है कि देने वाले अपने हितों की बजाय प्राप्तकर्ता के हित में काम करने के लिए प्रेरित होते हैं, जो सामान से जुड़े उपकारी मूल्य से भी परे जाकर प्राप्तकर्ता के लिए सम्मान की अभिव्यक्ति है।" आर्थिक लेन-देन की बजाय उपहार ख़ुद मूल्य से लदा होता है।

दूसरा अंतर इस बात से जुड़ा होता है कि आप जो लाभ प्राप्त कर रहे हैं, उसके लिए ज़िम्मेदार कौन है। जब आप क्रेगलिस्ट पर कोई सामान ख़रीदते हैं, तो यदि कोई सामान आपको अच्छी क़ीमत पर मिल जाता है, तो आप कह सकते हैं कि यह अच्छे मोल-भाव करने की आपकी उपलब्धि है या बेचने वाले व्यक्ति की कृपा (या भोलापन) है। ऐसे में आप एक व्यक्ति के साथ आदान-प्रदान कर रहे होते हैं। आपको क्रेगलिस्ट समुदाय से कुछ प्राप्त नहीं हो रहा होता है। विलर की टीम लिखती है, "इसका नतीज़ा यह होता है कि सीधे आदान-प्रदान में प्रतिभागियों का समूह के साथ अपनी पहचान जोड़ने के प्रति झुकाव कम होता है, क्योंकि उन्हें समूह की सदस्यता का भावनात्मक अनुभव मिलने के आसार कम होते हैं।"

दूसरी तरफ़ देने की सामान्य व्यवस्था में आप जो उपहार प्राप्त करते हैं, उनका स्रोत समुदाय होता है। देने की प्रभावशाली सामान्य व्यवस्था में निम्नलिखित ढांचे के साथ आदान-प्रदान के चक्र विशिष्ट रूप से जुड़े होते हैं : व्यक्ति क व्यक्ति ख को देता है, जो उसे व्यक्ति ग को दे देता है। फ़्रीसाइकिल के सदस्य जब विभिन्न लोगों से अनेक सामान प्राप्त कर लेते हैं, तब वे इस लाभ का श्रेय पूरे समूह को देते हैं, व्यक्तिगत सदस्यों को नहीं।

कुल-मिलाकर, ये दो शक्तियां फ़्रीसाइकिल के साथ बंधन विकसित होने का मार्ग प्रशस्त करती हैं। किसी अन्य व्यक्ति से सामान ख़रीदने की बजाय लोग यह अनुभव करते हैं कि वे समुदाय से उपहार प्राप्त कर रहे हैं। कृतज्ञता और सद्भावना पैदा होने से लोग स्वयं की पहचान समुदाय के साथ करना शुरू कर देते हैं। वे स्वयं को फ़्रीसाइकिल के सदस्य के तौर पर देखने लगते हैं। एक बार यह पहचान स्थापित होने के बाद लोग हर उस व्यक्ति को मुक्त हाथ से देने के लिए तैयार रहते हैं, जो उनके साथ फ़्रीसाइकिल की पहचान साझा करता हो। इससे देने की उनकी भावना का विस्तार पूरे फ़्रीसाइकिल समुदाय में हो जाता है। मदद के आग्रह के जवाब में यह सदस्यों को ऐसे सामान देने के लिए प्रेरित करता है, जिनकी ज़रूरत अब उन्हें नहीं है। लेने की मानसिकता रखने वाले लोग जब यहां अपना ग़ैर ज़रूरी सामान देते हैं,

तब वे ऐसा सोच सकते हैं कि उन्होंने कोई मूल्य नहीं खोया है, लेकिन साथ ही देने के प्रतिमान भी बनाए रखे हैं। जब ज़रूरी होगा, वे मुफ़्त में सामान ले भी सकते हैं। संतुलन बैठाने वालों के लिए मदद को आगे बढ़ाना ही सबसे अच्छा उपाय है क्योंकि यहां वे लौटा नहीं सकते। ऐसा करके वे अपनी तरह ही लोगों की मदद कर रहे होते हैं। एक उत्कृष्ट परीक्षण में यह सामने आया कि जब लोग किसी एक साथी से मदद प्राप्त करते हैं, तब उनके अन्य साथी को मदद पहुंचाने की संभावना ज़्यादा होती है, जो सामाजिक ज़िम्मेदारी के प्रतिमानों के समतुल्य होता है। ऐसा ही उन अभिभावकों के साथ हुआ, जिन्होंने बच्चों से जुड़े सामान दिए थे। अन्य अभिभावकों में उन्होंने पारस्परिक आदान-प्रदान की भावना फिर जगा दी। उन्होंने ऐसे सामान अपने साथी अभिभावकों को दान दे दिए, जिनकी ज़रूरत अब उन्हें नहीं थी।

लोग जब अपनी पहचान किसी एक समुदाय के सदस्य के तौर पर करने लगते हैं, तब वे अन्य लोगों की मदद करने के लिए अभिप्रेरित होते हैं, लेकिन सभी व्यक्ति और समूह समान रूप से इस तरह की पहचान के प्रति आकृष्ट नहीं होते। फ़्रीसाइकिल समुदाय से जुड़ी कुछ अन्य बात भी है, जो पहचान को बढ़ावा देती है। और यह ऐसा कारक है, जिसे ऐडम रिफ़्किन ने भली-भांति समझा था।

सर्वोत्कृष्ट विशिष्टता की तलाश

जब मैं ऐडम रिफ़्किन से पहली बार मिला, तब मैंने उनसे कहा कि वे मुझे उनके नेटवर्क के सबसे दिलचस्प संपर्कों के बारे में कुछ बताएं। उन्होंने जवाब दिया, "मेरे सबसे पसंदीदा लोगों में से एक हैं ऐडम रिफ़्किन।"

वे अपने बारे में बात नहीं कर रहे थे। ऐडम रिफ़्किन ने ऐडम रिफ़्किन नाम के एक अन्य व्यक्ति के साथ गहरा संपर्क विकसित कर लिया था। दूसरे ऐडम रिफ़्किन हॉलीवुड के लेखक, निर्देशक, निर्माता और अभिनेता थे, जिन्होंने *डेट्रॉइट रॉक सिटी* और *ही मैन* जैसी फ़िल्मों में योगदान दिया था। भ्रम से बचने के लिए मैं उन्हें हॉलीवुड ऐडम कहकर संबोधित करूंगा और उनके प्यारे डबल को मैं पांडा ऐडम कहूंगा।

1992 में जब हॉलीवुड ऐडम का करियर शुरू होने वाला था, तब पांडा ऐडम कैलटेक में अपने डॉक्टोरल प्रोग्राम के लिए लॉस एंजिलिस रहने चले गए थे। लोग जब हॉलीवुड ऐडम से संपर्क साधने की कोशिश कर रहे होते थे, तब कभी-कभी ग़लती से पांडा ऐडम को कॉल कर देते थे। इस भ्रम को दूर करने के लिए पांडा ऐडम हॉलीवुड ऐडम से मिलना चाहते थे। इसलिए उन्होंने अपना फ़ोन नंबर इंटरनेट पर डाल दिया। तीन साल तक किसी ने कॉल नहीं किया। 1996 में हॉलीवुड ऐडम न्यू यॉर्क में थे और उनके एक मित्र ने ऐडम पांडा की वेबसाइट उन्हें दिखाई। "मैं

इंटरनेट के बारे में कुछ नहीं जानता था। मैं उससे अत्यंत प्रभावित था जो कुछ उन्होंने निर्मित किया था। मुझे भी अनेक बार लोगों ने पांडा ऐडम ग़लती से समझ लिया था, तो मैंने उन्हें सीधे कॉल किया।"

ईस्ट कोस्ट में सुबह का वक्त था, जबकि वेस्ट कोस्ट में अभी सूर्य की किरणें निकल रही थीं। फ़ोन की घंटी की तेज़ आवाज़ ने सो रहे पांडा ऐडम को जगा दिया।

पांडा ऐडम (जैसे नशे में हों) : "हैलो?"

हॉलीवुड ऐडम : "ऐडम रिफ़्किन, मैं ऐडम रिफ़्किन बोल रहा हूं।"

पांडा ऐडम : "मैं अपनी पूरी ज़िंदगी इस कॉल का इंतजार कर रहा था।"

ऊपरी तौर पर देखें, तो दोनों के बीच ज़्यादा समानताएं नहीं थीं। जहां तक वे बता सकते थे, वे आपस में संबंधी नहीं थे। पांडा न्यू यॉर्क में पले-बढ़े थे, जबकि हॉलीवुड शिकागो में। पांडा एक सॉफ़्टवेयर इंजीनियर थे, जबकि हॉलीवुड फ़िल्म में थे, लेकिन जब वे रूबरू हुए, तो उनमें तत्काल जुड़ाव स्थापित हो गया। पांडा ऐडम कहते हैं, "हॉलीवुड ऐडम दिलचस्प व्यक्तित्व के धनी हैं। हॉलीवुड में उनके और सिलिकॉन वैली में मेरे करियर के बीच मेरे अनुमान से कहीं ज़्यादा समानताएं हैं। किसी भी वक़्त जब कोई हॉलीवुड में संपर्क के बारे में पूछता है, तो वे ऐसे व्यक्ति हैं, जिनसे शुरुआत की जा सकती है। जिन लोगों को मैं जानता हूं, उनकी मदद के लिए हॉलीवुड ऐडम ने अनगिनत परिचय कराए हैं। हॉलीवुड में लोग आत्ममुग्ध और आत्म-केंद्रित होते हैं, लेकिन हॉलीवुड ऐडम अच्छे स्वभाव के दयालु व्यक्ति हैं। हम कुछ हद तक एक विचारधारा को मनाने वाले हैं।"

हॉलीवुड ऐडम कहते हैं, "पांडा ऐडम बढ़िया व्यक्ति हैं। हमारी मज़ाक़ करने की आदत एक जैसी है। हम एक-दूसरे की मदद करते हैं, लेकिन गिनते नहीं हैं। हम दोनों में से कोई भी इस पर विचार नहीं करता। हम वही करते हैं, जो मददगार होता है।" पांडा ऐडम ने ही हॉलीवुड ऐडम का परिचय ट्विटर से कराया था। हॉलीवुड ऐडम ने जब शो टाइम के लिए *लुक* नामक धारावाहिक किया था, तब पांडा ऐडम ने उन्हें यूट्यूब और ट्विटर में स्क्रीनिंग के लिए उत्तरी कैलिफ़ोर्निया आने का न्योता दिया था। आख़िर क्या कारण है कि दोनों ऐडम रिफ़्किन के बीच इतना तादात्म्य स्थापित हो गया?

यदि आप सोच रहे हैं कि यह नाम की समानता का असर है, तो आंकड़ों से संकेत मिलता है कि आप सही हैं। कम से कम आंशिक रूप से। बफ़लो स्थित विश्वविद्यालय के मनोविज्ञानी ब्रेट पेलहम ने देखा कि हम ऐसे लोगों, स्थानों और चीज़ों को प्राथमिकता देते हैं, जो हमें स्वयं हमारी याद दिलाती हैं। हम अपने नामों को इतना ज़्यादा अपनी पहचान से जोड़ते हैं कि हम ऐसे किसी भी बड़े निर्णयों के प्रति आकर्षित हो सकते हैं, जो हमें हमारे नामों की याद दिलाए। इसे प्रदर्शित

करने के लिए पेलहम और उनके सहयोगियों ने अद्‌भुत, लेकिन विवादास्पद अनेक अध्ययन किए।

पांच विभिन्न अध्ययनों में उन्होंने निष्कर्ष निकाला कि असाधारण रूप से इस बात की ज़्यादा संभावना रहती है कि लोग उस शहर में रहना पसंद करते हैं, जो उनके पहले नाम के समान होता है। एक अध्ययन में पेलहम और उनकी टीम ने अमेरिका के चालीस सबसे बड़े शहरों में एक सौ सबसे ज़्यादा समान पहले नामों की खोज की। इन नामों के पहले तीन अक्षर इन शहरों के साथ समान थे। इसके बाद उन्होंने मिलान किया कि ये नाम विभिन्न आयु समूहों में कितने लोकप्रिय हैं। इससे यह सामने आया कि जिन लोगों का नाम जैक है, उनके जैक्सनविले में बसने की संभावना फ़िलिप नाम वालों की तुलना में चार गुना ज़्यादा होती है, चाहे नाम बराबर से एक समान हो। (फ़िलिप नाम वाले लोगों का आश्रय स्पष्ट रूप से फ़िलाडेल्फ़िया में होता है, जहां वे जैक की तुलना में ज़्यादा हैं) और ऐसा नहीं है कि इन लोगों के नाम इन शहरों पर रखे गए हैं। इस बात की संभावना ज़्यादा रहती है कि लोग उन स्थानों पर चले जाएं, जो उनके स्वयं के नामों के समान हैं। (जॉर्जिया नाम के लोगों के जॉर्जिया जाकर रहने की संभावना अनुमान से दोगुनी रहती है)।

करियर के मामले में भी ऐसा ही होता है। 1990 में पूरे अमेरिका में डेनिस पुरुषों का चालीसवां सबसे ज़्यादा सामान्य प्रथम नाम था। जैरी 39वें नंबर पर था, जबकि वॉल्टर 41वें स्थान पर।

अमेरिका में जैरी नाम के 270 दंत रोग विशेषज्ञ थे।

अमेरिका में वॉल्टर नाम के 257 दंत रोग विशेषज्ञ थे।

डेनिस नाम के कितने दंत रोग विशेषज्ञ होंगे?

आंकड़ों की दृष्टि से यह संख्या 257 से 270 के बीच होनी चाहिए, लेकिन वास्तव में यह संख्या 482 है।

यदि आपका नाम डेनिस होता, तो आपके दंत रोग विशेषज्ञ बनने की संभावना जैरी और वॉल्टर जैसे समान नाम वाले लोगों की तुलना में दोगुनी होती। अन्य अध्ययनों के मुताबिक़ जिन लोगों के उपनाम लॉयर हैं, उनके वकील बनने की संभावना डॉक्टर बनने से ज़्यादा रहती है। यह संभावना दर से 44 फ़ीसदी ज़्यादा है। इसके विपरीत नतीज़ा डॉक्टर उपनाम वालों के लिए सही है। उनके डॉक्टर बनने की संभावना दर 38 फ़ीसदी ज़्यादा होती है। यह आकर्षण उन लोगों और उत्पादों के लिए भी होता है, जिनसे हम स्वयं को जोड़ते हैं।

पेलहम और उनके सहयोगियों ने निष्कर्ष निकाला है कि लोग चॉकलेट, पटाखे और चाय के भी उन ब्रांडों को प्राथमिकता देते हैं, जिनमें उनके नामों के अक्षर शामिल होते हैं। रोमांटिक दृष्टि से वे उन्हीं लोगों के प्रति आकृष्ट होते हैं, जिनके

नाम का पहला अक्षर एक समान हो, हालांकि वे दावा करते हैं कि इस तरह की समानता उनके आकर्षण को प्रभावित नहीं करती। आंकड़े दर्शाते हैं कि समानता का इस बात पर भी प्रभाव पड़ सकता है कि हम किसकी मदद करने का निर्णय लेते हैं। शोधकर्ता जेफ़ गालाक, डेब्र स्माल और एंड्रू स्टीफ़न ने माइक्रो फ़ाइनेंस वेबसाइट कीवा पर 289,000 ऋणों का अध्ययन किया, जो 23,000 से ज़्यादा उधार लेने वालों को दिए गए थे। इस वेबसाइट पर लोग 25 डॉलर जितना बेहद छोटा ऋण भी विकासशील देशों में लोगों को ग़रीबी से बचने और छोटा व्यापार शुरू करने के लिए दे सकते हैं। इस बात की संभावना ज़्यादा थी कि लोग उधार देने वाले ऐसे लोगों को सूक्ष्म ऋण ज़्यादा देंगे, जिनके नाम का पहला अक्षर या पेशा एक समान हो।

ऐसा प्रतीत होता है कि स्वयं के प्रति समानता आकर्षण की प्रक्रिया को सुगम बना देती है। जब लोग किसी ऐसे व्यक्ति से मिलते हैं, जो उन्हें स्वयं उनकी याद दिला दे, तो वे कुछ ज़्यादा उत्साही, मित्रवत और खुले विचारों के हो जाते हैं। दो ऐडम रिफ़्किन जब आपस में पहली बार मिले, तब उनके साथ यही हुआ। प्रारंभ में वे ऊपरी समानता के आधार पर आपस में जुड़ गए। इस जुड़ाव ने मार्ग प्रशस्त किया कि वे वास्तविक समानताओं के आधार पर जुड़ सके और एक-दूसरे की मदद कर सके। यह असामान्य नहीं है। वेब की दुनिया अब "गूगल गैंगर्स" या एक समान नाम वालों से भरी पड़ी है, जिन्होंने ऑनलाइन ग्रुप बना लिए हैं।

दोनों ऐडम रिफ़्किन के बीच भावनात्मक जुड़ाव इस बात से परे है कि दोनों के नाम एक हैं। इसकी व्याख्या करने के लिए आप कल्पना कीजिए कि आप कॉलेज की एक छात्रा के साथ शोध के लिए आते हैं। एक शोधकर्ता आपके फ़िंगरप्रिंट्स लेता है। वह यह बहाना बनाता है कि फ़िंगरप्रिंट्स का अध्ययन यह पता लगाने के लिए किया जाएगा कि क्या इससे आपके व्यक्तित्व के बारे में कोई खुलासा होता है। आप व्यक्तित्व से जुड़ी दोनों प्रश्नावलियों को भर देते हैं। जैसे ही आप वहां से निकलने की तैयारी कर रहे होते हैं, तभी वह छात्रा अपनी पीठ पर लटके बैग से एक काग़ज़ निकालती है और कहती है, "मैं अंग्रेज़ी की कक्षा ले रही हूं। मुझे मदद के लिए किसी को खोजना है। मैं नहीं जानती कि निबंध की समीक्षा कैसे की जाती है। मुझे ख़ुशी होगी यदि आप आठ पन्नों का यह निबंध मेरे लिए पढ़ें और मुझे लिखित में एक पन्ने का फ़ीडबैक दें कि क्या मेरे तर्क प्रेरक रहे हैं और क्यों? मुझे यह लिखित फ़ीडबैक कल इसी समय तक चाहिए।" क्या आप उसकी मदद करेंगे?

आप मनोविज्ञानी जैरी बर्गर के नेतृत्व में किए गए अध्ययन के नियंत्रित समूह में थे, जहां 48 फ़ीसदी प्रतिभागियों ने मदद की, लेकिन अन्य प्रतिभागी यह मानने लगे थे कि जो छात्रा आग्रह कर रही है, उसके साथ उनका कुछ न कुछ एक समान

है। जब उन्होंने प्रश्नावली भर दी थी, तब शोधकर्ता ने फ़िंगरप्रिंट मूल्यांकन शीट की पड़ताल करते हुए टिप्पणी की, "यह बड़ी ही दिलचस्प बात है। आप दोनों के फ़िंगरप्रिंट्स टाइप ई के हैं।"

क्या अब आपकी तरफ़ से मदद की संभावना बढ़ जाएगी?

यह इस बात पर निर्भर करता है कि समानता कैसे विकसित की जाती है। आधे समय तक शोधकर्ता ने उल्लेख किया कि टाइप ई फ़िंगरप्रिंट्स बहुत सामान्य हैं। क़रीब 80 फ़ीसदी आबादी के फ़िंगरप्रिंट्स ऐसे ही हैं। शेष आधे समय में शोधकर्ता ने उल्लेख किया कि टाइप ई फ़िंगरप्रिंट्स बहुत ही दुर्लभ हैं। केवल दो फ़ीसदी आबादी में पाए जाते हैं।

जब समानता आम थी, तब 55 फ़ीसदी प्रतिभागियों ने मदद की, जो नियंत्रित समूह से थोड़ा ज़्यादा थी। इसके विपरीत जब समानता दुर्लभ थी, तब 82 फ़ीसदी ने मदद की। ऐसा नहीं है कि सिर्फ़ समानता ने हमें देने की भावना रखने वाले की तरह व्यवहार करने के लिए प्रेरित किया, बल्कि इसकी वज़ह थी असाधारण समानता। पेलहम के अध्ययनों के मुताबिक़ नाम की समानता से इस बात पर असर पड़ता है कि कहां हम रहते हैं, कौन सा करियर हम चुनते हैं और किससे शादी करते हैं। सामान्य नाम वालों की अपेक्षा दुर्लभ नाम वालों में इसका असर ज़्यादा होता है। हम उन लोगों, स्थानों और उत्पादों की तरफ़ गुरुत्वाकर्षण बल की तरह खिंचे चले जाते हैं, जिनके साथ हम असाधारण समानता साझा करते हैं। यही वो जुड़ाव था, जो दोनों ऐडम रिफ़्किनों ने पहली मुलाक़ात में अनुभव किया। ऐडम रिफ़्किन एक दुर्लभ नाम है। इस असाधारण समानता ने दोनों के बीच आकर्षण प्रक्रिया को तेज़ कर दिया होगा। पेलहम के अध्ययन के मुताबिक़ आपका नाम जितना ज़्यादा अनूठा होगा, उतनी ही इस बात की संभावना ज़्यादा होगी कि आप उन स्थानों से तादात्म्य स्थापित कर लेंगे, जो आपके नाम के समान होंगे।

असाधारण समानताएं इतना बड़ा बदलाव लाने में सक्षम क्यों होती हैं, यह समझाने के लिए मनोविज्ञानी मैरिलिन ब्रेवर ने एक प्रभावशाली सिद्धांत विकसित किया है। एक तरफ़ हम तालमेल चाहते हैं। हम अन्य लोगों के साथ संपर्क स्थापित करने, एकजुटता बनाने, समुदाय की भावना विकसित करने, संबंधों में ख़ुशी तलाशने, समावेशी व्यवहार और संबद्धता स्थापित करने की कोशिश में जुटे रहते हैं। दूसरी तरफ़ हम अलग भी दिखना चाहते हैं। ऐसे में हम तलाशते हैं अनूठापन, विशिष्टीकरण और वैयक्तिकता।

जब हम सामाजिक दुनिया की यात्रा पर निकलते हैं, तब इन दोनों इरादों का आपस में अक्सर टकराव होता है। हम जितना ज़्यादा किसी समूह से ख़ुद को जुड़ा मानते हैं, उतना ही ज़्यादा जोख़िम हमारी विशिष्टता खोने का होता है। जितनी

ज़्यादा कोशिश हम लोगों से अलग दिखने की करते हैं, उतना ही ख़तरा समावेशी भावना खोने का होता है।

इस द्वंद्व का समाधान कैसे खोजा जाए? इसका समाधान इसी में निहित है कि हम एक ही समय में एक समान और अलग बने रहें। ब्रेवर ने इस सिद्धांत को 'सर्वोत्कृष्ट विशिष्टता' कहा है जिसमें हम तालमेल बैठाने और अलग दिखने के तरीक़े खोजते हैं। 'सर्वोत्कृष्ट विशिष्टता' हासिल करने का सबसे लोकप्रिय तरीक़ा किसी अनूठे समूह में शामिल होना है। किसी ऐसे समूह का हिस्सा बनना, जिसके साथ आप रुचि, पहचान, लक्ष्य, मूल्य, कौशल, गुण और अनुभव साझा करते हों, तो यह आपको लगाव और समावेशी ख़ुशी की भावना का अहसास कराएगा। यही नहीं, किसी ऐसे समूह का सदस्य बनने से, जो स्पष्ट रूप से अन्य समूह से अलग है, हम विलक्षणता का अनुभव भी करेंगे। अध्ययनों से पता चलता है कि लोग उन व्यक्तियों और समूहों से अपनी पहचान मज़बूती से जोड़ते हैं, जो अनूठी समानताएं साझा करते हैं। मूल्य, रुचि, कौशल और अनुभव में समूह जितना ज़्यादा दुर्लभ होगा, भावनात्मक बंधन उतना ही सुगम होगा। शोध से पता चलता है कि लोग ऐसे समूहों में अपेक्षाकृत ज़्यादा ख़ुश होते हैं, जो उन्हें 'सर्वोत्कृष्ट विशिष्टता' प्रदान करते हैं। यह उन्हें समावेशी होने और अनूठेपन दोनों का अहसास दिलाती है। ये वे समूह होते हैं, जहां हम सबसे ज़्यादा गौरवान्वित, एकजुट और मूल्यवान अनुभव करते हैं।

पर्यावरण की रक्षा के माध्यम से फ़्रीसाइकिल ने शुरू में लोगों को 'सर्वोत्कृष्ट विशिष्टता' का अनुभव कराया। उसका मुख्य लक्ष्य पुनर्चक्रण के अन्य आंदोलनों से अलग था। पुरानी वस्तुओं को नए में पुनः चक्रित करने की बजाय इसमें सदस्यों को ऐसे प्राप्तकर्ता मिल गए, जो ऐसा सामान लेने के इच्छुक थे, जिनको पुनः चक्रित नहीं किया जा सकता था। इससे उन्हें कचरा भराव क्षेत्र से दूर रखा जा सकता था। फ़्रीसाइकिल समुदाय के भीतर इस एक समान उद्देश्य ने साझा पहचान निर्मित की। इससे विविध विचारधाराओं के बीच लगाव की भावना को बढ़ावा मिला। टुसान में फ़्रीसाइकिल स्वयंसेवकों के मूल समूह में एक उदारवादी डेमोक्रेट भी थे, जो पर्यावरण संरक्षण की निरंतरता को लेकर बहुत ज़्यादा उत्साही थे।

समूह में एक रूढ़िवादी रिपब्लिकन थे, जो फ़िज़ूलख़र्ची में यक़ीन नहीं करते थे। इनके अलावा एक स्वतंत्रतावादी भी थे, जो सरकार की मदद पर निर्भर रहने की बजाय लोगों को स्वयं काम करने के लिए सशक्त बनाना चाहते थे। समय के साथ जब फ़्रीसाइकिल की सदस्यता का विस्तार हुआ और उसमें विविधता आई, तब इसके प्रत्येक समुदाय ने लोगों को अभिव्यक्ति का मार्ग प्रदान किया कि वे देने की भावना को अपने हितों के अनुरूप ढाल लें। उदाहरण के लिए न्यू यॉर्क में एक स्थानीय समूह ने इसे अपनी आदत में शामिल कर लिया कि वे फ़्रीसाइकिल के उपहार देने के कार्यक्रमों के लिए एक सिटी ब्लॉक ही बंद करा देते थे।

अनूठी आत्म अभिव्यक्ति के लिए एक समान पहचान और अवसरों को बढ़ावा देकर फ्रीसाइकिल देने का एक ऐसा तंत्र तैयार करने में सफल रही, जो व्यापक आदान-प्रदान पर आधारित था : आप समुदाय में अन्य लोगों की मदद करें, आप जानेंगे कि समुदाय में कोई आपकी मदद करेगा। यद्यपि विलर की टीम को इसमें एक पेंच मिला। उनके मुताबिक़, कोई भी तंत्र "लाभों के लेन-देन के क्रांतिक द्रव्यमान पर निर्भर करता है," जो "समूह के प्रति सकारात्मक भावनाएं पैदा करता है। इससे आगे योगदान को प्रेरित करने में मदद मिलती है।" दूसरे शब्दों में हम कह सकते हैं कि लोग उन्हीं समूहों से स्वयं की पहचान जोड़ते हैं, जो व्यापक रूप से देने वाले समूह होते हैं। ऐसा वे तभी करते हैं, जब वे ख़ूब लाभ ले चुके होते हैं। उन्हें अनुभव होने लगता है कि समूह उनकी मदद कर रहा है। फ्रीसाइकिल पर इस नतीज़े की कोई गारंटी नहीं थी। यदि साइट पर देने की भावना रखने वाले लोगों को मुफ़्त का माल लेने की ताक में बैठे लेने की मानसिकता रखने वाले लोग पूरी तरह पराजित कर देते, तो पूरा मिशन ही विफल हो जाता। आख़िर फ्रीसाइकिल ने देने की उस न्यूनतम शक्ति को कहां से जुटाया और मुफ़्त की सवारी करने वालों को कैसे हतोत्साहित किया?

सुपरमैन क्यों उलट नतीज़े देते हैं और लोग क्यों बिजली बचाते हैं?

जब फ्रीसाइकिल की शुरुआत हुई थी, तब उसके पहले सदस्यों में से एक थे 98 साल के बुज़ुर्ग। उन्होंने साइकिल सुधारने के लिए पार्ट्स जमा किए थे और उन्हें स्थानीय बच्चों को दे दिया था। डेरेन बील याद करते हुए कहते हैं, "वे आश्चर्यजनक रूप से अनुकरणीय व्यक्ति थे।" टुसान के नागरिक उन्हें अपने एक मित्र की तरह मानते थे। जब लोगों ने उन्हें देने की भावना के अनुरूप काम करते हुए देखा, तो वे उनकी मिसाल का अनुकरण करने के लिए विवश अनुभव करने लगे क्योंकि बुज़ुर्ग उनके विशिष्ट समूह के सदस्य थे। न्यू यॉर्क विश्वविद्यालय के मनोविज्ञानी जोनाथन हैड इसे 'उन्नयन' करार देते हैं। देने की भावना से जुड़े किसी अन्य व्यक्ति के व्यवहार से प्रेरित होने की उत्साहभरी अनुभूति। "ऐसा प्रतीत होता है कि यह दिमाग़ को फिर 'ठीक करने वाला बटन' दबा देता है। इससे निराशावादी अहसास मिट जाता है और... नैतिक प्रेरणा उसका स्थान ले लेती है।" हैड और मनोविज्ञानी सारा आल्गो लिखती हैं, "उन्नत होने पर हम (एक क्षण) यह महसूस करते हैं कि हम कम स्वार्थी हो गए हैं और हम उसी के अनुरूप काम करना चाहते हैं।"

एक समान पहचान से कहीं ज़्यादा अन्य कारक भी थे, जिनकी वज़ह से यह बुज़ुर्ग व्यक्ति उन्नत करने वाले अनुकरणीय व्यक्ति बन गए। मनोविज्ञानी लीफ़ नेल्सन और माइकल नॉर्टन के परीक्षण पर विचार करें। उन्होंने बिना किसी क्रम को अपनाए

लोगों से कहा कि वे सुपर हीरो या सुपरमैन की दस-दस विशेषताएं बताएं। जब लोगों को सामुदायिक सेवा के स्वयंसेवक बनने के लिए आमंत्रित किया गया, तो जिस समूह ने सुपर हीरो की विशेषताएं गिनाई थीं, उनके सुपरमैन समूह का स्वयंसेवक बनने की संभावना दोगुनी थी। तीन महीने बाद नेल्सन और नॉर्टन ने उन्हें एक बैठक के लिए आमंत्रित किया, ताकि स्वयंसेवक के तौर पर उनके काम की शुरुआत हो सके। जिन लोगों ने सुपर हीरो के बारे में लिखा था, उनके आने की संभावना उन लोगों की तुलना में चार गुना ज़्यादा थी, जिन्होंने सुपरमैन के बारे में लिखा था। तीन महीने पहले सुपर हीरो के बारे में सोचने से देने की भावना को प्रेरणा मिली, जबकि इसकी तुलना में सुपरमैन के बारे में सोचने से लोग हतोत्साहित हुए। ऐसा क्यों?

जब लोग सुपर हीरो के सामान्य गुणों के बारे में सोचते हैं, तो वांछित विशेषताओं की एक सूची उत्पन्न होती है, जिससे वे स्वयं को जोड़ सकते हैं। उदाहरण के लिए एक अध्ययन में लोगों ने लिखा कि सुपर हीरो कैसे मददगार और ज़िम्मेदार होते हैं। लोग देने की भावना के इन मूल्यों को अभिव्यक्ति देना चाहते थे, इसलिए उन्होंने स्वेच्छा से ऐसा किया। इसके विपरीत लोगों ने जब विशेष रूप से सुपरमैन के बारे में सोचा, तो उनके दिमाग़ में असंभव मानक उभरे, जैसा कि टीवी धारावाहिक *द एडवेंचर्स ऑफ़ सुपरमैन* के माध्यम से लोकप्रिय बनाए गए हैं। जैसे कि "बुलेट से तेज़ रफ़्तार होना, रेल इंजन से ज़्यादा शक्तिमान होना और एक ही छलांग ऊंची-ऊंची इमारतों को पार करने का दम रखना।" कोई भी इतना ताक़तवर और बहादुर नहीं हो सकता, तो फिर कोशिश करने की जहमत भी क्यों उठाएं?

फ्रीसाइकिल पर देने की भावना रखने वालों ने एक प्रतिमान स्थापित किया, जिसे हासिल किया जा सकता था। जब लोगों ने 98 साल के एक व्यक्ति को बच्चों के लिए साइकिल बनाते देखा, तो वे यह जानते थे कि वे भी ऐसा कुछ कर सकते हैं। सदस्यों ने जब लोगों को कपड़े और इलेक्ट्रॉनिक्स का पुराना सामान देते देखा, तो उन्होंने अनुभव किया कि उनके लिए ऐसा करना आसान होगा। फ्रीसाइकिल पर देने की भावना के जो छोटे क़दम बढ़ने शुरू हुए, उसने अन्य लोगों के लिए यह आसान और स्वीकार्य बना दिया कि वे योगदान दें, चाहे छोटी मात्रा में ही सही। वास्तव में चाइल्डिनी का निष्कर्ष है कि लोग चैरिटी के लिए उस वक़्त ज़्यादा दान देते हैं, जब आग्रह के साथ ये शब्द जोड़ दिए जाते हैं कि "यहां तक कि एक पाई भी मददगार साबित होगी।" दिलचस्प बात यह है कि यह वाक्यशैली योगदान देने वाले लोगों की संख्या में वृद्धि कर देती है। इसके लिए ज़रूरी नहीं कि वे योगदान की राशि में कमी करें। छोटे-छोटे योगदान को वैधानिकता प्रदान करने से लेने की मानसिकता रखने वाले भी खिंचे चले आते हैं। उनके लिए नहीं कहना मुश्किल और शर्मिंदगी भरा हो जाता है। इससे उस राशि में भी कोई कमी नहीं आती जो देने की भावना रखने वाले दान में देते हैं।"

यद्यपि ज़्यादातर लोग फ़्रीसाइकिल से मुफ़्त का माल पाने के लिए जुड़े थे, लेकिन इसका यह मतलब नहीं है कि लेने की मानसिकता उनकी मुख्य आदान-प्रदान शैली थी। लोग किसी समूह में शामिल होते हैं, तब वे उपयुक्त व्यवहार के लिए संकेतों की तलाश करते हैं। फ़्रीसाइकिल के नए सदस्यों ने जब अपने जैसे अन्य लोगों को देखा कि कम मूल्य पर देने की भावना के अनुरूप काम कर रहे हैं, तो यह स्वाभाविक था कि वे इसका अनुसरण करें। देने की भावना को दृष्टिगोचर बना कर फ़्रीसाइकिल ने लोगों के लिए यह आसान बना दिया कि वे यह प्रतिमान देख सकें।

यह बहुत ही शक्तिशाली सबक़ है। जब हम यह अनुभव करते हैं कि देने की भावना की दृश्यता पारस्परिक आदान-प्रदान की शैलियों पर कितना असर डाल सकती है, तो यह सबक़ और भी महत्त्वपूर्ण हो जाता है। जीवन के विभिन्न क्षेत्रों में लोग लेने की मानसिकता वाले बनकर रह जाते हैं, क्योंकि उन्हें इस बात की कोई जानकारी नहीं होती कि अन्य लोग क्या कर रहे हैं। फ़्रीसाइकिल के शुरू होने कुछ महीने बाद ही चाइल्डिनी ने ऊर्जा की खपत के बारे में कैलिफ़ोर्निया के आठ सौ से ज़्यादा लोगों के बीच सर्वे के लिए मनोविज्ञानियों की एक टीम के साथ काम प्रारंभ किया। उन्होंने कैलिफ़ोर्निया के लोगों से पूछा कि ऊर्जा संरक्षण के उनके फ़ैसले को आकार देने में निम्नलिखित कारक कितने महत्त्वपूर्ण रहे हैं :

- इससे धन की बचत होती है
- इससे पर्यावरण की रक्षा होती है
- इससे समाज को लाभ होता है
- बहुत सारे अन्य लोग भी ऐसा कर रहे हैं

कैलिफ़ोर्निया के लोगों ने हमेशा यह बताया कि सबसे महत्त्वपूर्ण कारक पर्यावरण की रक्षा है। महत्ता के क्रम में समाज को लाभ दूसरे, धन की बचत तीसरे और अन्य लोगों का अनुसरण करना चौथे नंबर पर रहे। चाइल्डिनी और उनकी टीम यह जानना चाहती थी कि क्या लोग स्वयं की अभिप्रेरणाओं में सही थे। इसके लिए उन्होंने परीक्षण का एक ख़ाका तैयार किया। इसके लिए वे सैन मार्कोस, कैलिफ़ोर्निया में चार सौ से ज़्यादा घरों में गए। टीम ने उनसे कहा कि वे निम्न चार में से कोई एक संदेश चुन लें, जो उन्हें अपने-अपने गेट पर लटकाने हैं :

> ऊर्जा संरक्षण करके *धन बचाएं :* कैल स्टेट सैन मार्कोस के शोधकर्ताओं के मुताबिक़, गर्मी में ठंडक के लिए आप एयर कंडीशनिंग की बजाय पंखों का इस्तेमाल करके 54 डॉलर प्रति माह तक बचा सकते हैं।

ऊर्जा संरक्षण करके *पर्यावरण की रक्षा करें :* कैल स्टेट सैन मार्कोस के शोधकर्ताओं के मुताबिक़, इस गर्मी में ठंडक के लिए आप एयर कंडीशनिंग की बजाय पंखों का इस्तेमाल करके 262 पौंड प्रति माह तक ग्रीन हाउस गैसों का उत्सर्जन रोक सकते हैं।

भावी पीढ़ियों के लिए ऊर्जा का संरक्षण करने में अपनी भूमिका निभाएं : कैल स्टेट सैन मार्कोस के शोधकर्ताओं के मुताबिक़, इस गर्मी में ठंडक के लिए आप एयर कंडीशनिंग की बजाय पंखों का इस्तेमाल करके बिजली की अपनी मांग 29 फ़ीसदी तक घटा सकते हैं।

ऊर्जा संरक्षण में अपने *पड़ोसी के साथ जुड़ें :* आपके समुदाय में घरों में हाल ही किए गए सर्वे में कैल स्टेट सैन मार्कोस के शोधकर्ताओं ने पाया है कि सैन मार्कोस के 77 फ़ीसदी रहवासी गर्मी में ठंडक के लिए एयर कंडीशनिंग के बजाय पंखों का इस्तेमाल करते हैं।

चाइल्डिनी की टीम ने घर-घर जाकर लोगों के साक्षात्कार लिए। उन्हें इस बात की कोई जानकारी नहीं थी कि दरवाज़े पर टांगने वाला कौन-सा संदेश परिवार ने लिया है। जब लोगों से पूछा गया कि दरवाज़े पर टांगने वाला कौन-सा संदेश सबसे ज़्यादा प्रेरणा देने वाला रहा, तो जिन लोगों के पास पड़ोसी से जुड़ने वाले संदेश की तख़्ती थी, वे सबसे कम प्रेरित थे। इन लोगों पर ऊर्जा बचाने की इच्छा उन लोगों की तुलना में 18 फ़ीसदी कम थी, जिन्होंने पर्यावरण की रक्षा का संदेश लिया था। जिन लोगों ने भावी पीढ़ियों वाले संदेश लिए थे, उनके मुक़ाबले यह इच्छा 13 फ़ीसदी कम थी, जबकि जिन लोगों ने पैसा बचाने के संदेश लिए थे, उनकी तुलना में यह इच्छा 6 फ़ीसदी कम थी।

चाइल्डिनी की टीम ने जब रहवासियों के बिजली के बिल यह पता लगाने के लिए देखे कि आख़िर उन्होंने वास्तव में किया क्या है, तो उन्हें आश्चर्यजनक बात पता चली। रहवासी इस बात को लेकर ग़लत थे कि उन्हें क्या अभिप्रेरित करता है। उसके अगले दो महीनों में उन रहवासियों ने सबसे ज़्यादा ऊर्जा की बचत की थी, जिनके दरवाज़े पर टांगने वाले संदेश में पड़ोसियों से जुड़ने पर ज़ोर दिया गया था। 'अपने पड़ोसियों से जुड़ो' वाले संदेश की तख़्ती की वज़ह से अन्य तीन संदेशों के मुक़ाबले औसतन 5 से 9 फ़ीसदी कम किलोवाट-घंटा ऊर्जा की खपत हुई। अन्य तीनों संदेश समान रूप से अप्रभावी थे। लोगों को ऊर्जा की बचत के लिए प्रेरित करने का सबसे अच्छा तरीक़ा यही है कि उन्हें पता चले कि अन्य लोग भी ऊर्जा की बचत कर रहे हैं, ताकि वे अनुसरण कर सकें।

रहवासियों में जो लोग पहले से ही ऊर्जा की बचत करते आ रहे थे, उन्होंने ज़्यादा स्पष्ट रूप से जवाब दिए। उन्होंने बिजली के मामले में लेने की मानसिकता

रखने वालों के काम को आगे बढ़ाया। यह पता लगाने के लिए कि क्या पड़ोसियों के ऊर्जा संरक्षण प्रयासों के बारे में सूचना साझा करने से उन लोगों को ऊर्जा संरक्षण के लिए प्रेरित किया जा सकता है, जिनकी ऊर्जा की खपत का स्तर बहुत ज़्यादा है, चाइल्डिनी की टीम ने एक अन्य परीक्षण कैलिफ़ोर्निया के क़रीब तीन सौ घरों में किया। इस बार टीम ने दरवाज़े पर टांगने वाले ऐसे संदेश दिए, जिनमें यह फ़ीडबैक था कि पड़ोस के घरों के तुलना में पिछले एक-दो सप्ताह में उनका बिजली का उपभोग कैसा रहा है। दरवाज़े पर टांगने वाले संदेशों में यह फ़ीडबैक दिया गया था कि क्या रहवासी पड़ोसियों की तुलना में कम (दे रहे हैं) बिजली ख़र्च कर रहे हैं या ज़्यादा (ले रहे हैं)।

अगले कुछ हफ़्तों में लेने की मानसिकता वाले उपभोक्ताओं का विद्युत उपभोग उल्लेखनीय रूप से औसतन 1.22 किलोवाट-घंटा प्रतिदिन कम हो गया। उन्होंने जब देखा कि उनके पड़ोसियों के औसत की तुलना में वे ज़्यादा ले रहे हैं, तो वे भी औसत के समतुल्य होने के लिए प्रेरित हो गए और उन्होंने ऊर्जा का उपभोग घटा दिया, लेकिन यह फ़ॉर्मूला तभी काम करता है, जब लोगों की तुलना उनके पड़ोसियों से की जाती है। जैसा कि चाइल्डिनी की टीम ने स्पष्ट करते हुए लिखा :

> इसमें सबसे मुख्य कारक यह था कि कौन से अन्य लोग। कैलिफ़ोर्निया के अन्य लोग, उनके शहर के अन्य लोग या उनके समुदाय विशेष के अन्य रहवासी। इसी विचार के अनुरूप लोग समानताओं वाले अन्य लोगों से सबसे ज़्यादा प्रभावित होते हैं। जो समूह रहवासियों के जितने ज़्यादा क़रीब और समान थे, वहां सामाजिक प्रतिमानों की शक्ति को उतना ही बल मिला। संरक्षण का निर्णय उन लोगों से सबसे शक्तिशाली रूप से प्रभावित हुआ, जो निर्णय लेने वालों के सबसे ज़्यादा समान थे-और वे थे अपने समुदाय के रहवासी।

इस प्रमाण से प्रेरित होकर ओपावर कंपनी ने 600,000 परिवारों को ऊर्जा रिपोर्ट पत्र भेजे। बिना कोई क्रम अपनाए इनमें से आधे परिवारों को अपने ऊर्जा उपभोग की तुलना पड़ोसी के उपभोग से करने को कहा गया। एक बार फिर वैसे ही परिणाम सामने आए। लेने की मानसिकता वाले लोग जो सबसे ज़्यादा विद्युत उपभोग कर रहे थे, उन्होंने बाद में सबसे ज़्यादा ऊर्जा की बचत की, जब उन्होंने देखा कि वे कितनी ज़्यादा ऊर्जा ले रहे हैं। कुल-मिलाकर जब लोगों को दिखाया गया कि स्थानीय प्रतिमानों की तुलना में वे क्या कर रहे हैं, तब इससे ऊर्जा संरक्षण में नाटकीय ढंग से सुधार आया। इस फ़ीडबैक के आधार पर जितनी ऊर्जा बचाई जा सकी, वह ऊर्जा की उस मात्रा के समतुल्य थी, जो बिजली की दरें 28 फ़ीसदी तक बढ़ाए जाने पर बचाई जा सकती थी।

लोग अक्सर लेने की भावना से काम करते हैं क्योंकि उन्हें इस बात का अहसास तक नहीं होता कि वे प्रतिमानों के मार्ग से भटक गए हैं। इन हालात में उन्हें प्रतिमान दिखाना ही पर्याप्त होता है, जो उन्हें देने की भावना से काम करने के लिए प्रेरित कर देता है, विशेषकर ऐसी स्थिति में जब उनमें संतुलन बैठाने वाले की तरह काम करने के गुण हों। फ़्रीसाइकिल की ख़ूबसूरती की एक वज़ह यह भी है कि प्रतिमान इसके सदस्यों के लगातार पहुंच में रहते हैं। जैसे ही कोई सदस्य किसी वस्तु को देने की पेशकश करता है, तो यह पूरी तरह पारदर्शी होता है। अन्य सदस्य देख सकते हैं कि कोई कितनी बार दे रहा है, फिर अन्य लोग भी उसका अनुसरण करना चाहते हैं। फ़्रीसाइकिल स्थानीय समुदायों में संगठित है। सदस्य देख सकते हैं कि उनके पड़ोसी देने की भावना से काम कर रहे हैं। इससे उन्हें फ़ीडबैक मिलता है कि उनके स्वयं के देने का स्तर स्थानीय प्रतिमानों के हिसाब से कैसा है। लोग चाहे देने की भावना रखने वाले हों, लेने की मानसिकता रखने वाले हों या संतुलन बैठाने वाले, लेकिन वे उनके पड़ोसियों द्वारा स्थापित मानकों का उल्लंघन नहीं करना चाहते, तो ऐसे में वे समतुल्य क़दम उठाते हैं।

याहू के मुताबिक़ आज दुनिया में पर्यावरण से जुड़ी दो शब्दावलियां ही फ़्रीसाइकिल से ज़्यादा सर्च की जाती हैं, जो हैं *ग्लोबल वार्मिंग* और *रीसाइक्लिंग* आदि। 2012 की गर्मियों तक 110 देशों में फ़्रीसाइकिल के 90 लाख से भी ज़्यादा सदस्य हो चुके थे। हर सप्ताह आठ हज़ार सदस्यों की दर से इसका विस्तार हो रहा था। अनेक लोग आज भी फ़्रीसाइकिल से लेने की मानसिकता के साथ जुड़ते हैं। वे जितना संभव हो सके, उतना मुफ़्त का माल लेने की आशा में होते हैं, लेकिन स्थानीय नागरिकों के समूह से लाभ प्राप्त करने से फ़्रीसाइकिल समुदायों में एक समान पहचान का निर्माण होता है। ये स्थानीय नागरिक छोटे-छोटे अनुपात में देने की भावना से काम करते हैं। ऐसे में वे 'अनुकरणीय व्यक्ति' बन जाते हैं, जो अनेक सदस्यों को योगदान देने की ओर मोड़ देते हैं। फ़्रीसाइकिल के 90 लाख सदस्य आज हर दिन क़रीब तीस हज़ार से ज़्यादा वस्तुएं दान देते हैं, जिसका वज़न लगभग एक हज़ार टन होता है। यदि आप उन सारी वस्तुओं का ढेर लगा दें, जो पिछले साल फ़्रीसाइकिल पर दिए गए थे, तो ढेर की ऊंचाई माउंट एवरेस्ट से 14 गुना ज़्यादा होगी। चार्ल्स डार्विन ने एक बार लिखा था, जिस जनजाति में अनेक ऐसे लोग होंगे, जो "देने की भावना के साथ काम करेंगे, जो एक-दूसरे की मदद के लिए सदैव तैयार रहेंगे, जो अच्छे लक्ष्य के लिए स्वयं का बलिदान देने को तैयार रहेंगे, वे ही अन्य जनजातियों पर विजय हासिल करेंगे। यह एक नैसर्गिक चयन होगा।"

मैंने जब फ़्रीसाइकिल की सफलता के बारे में सुना, तो मैं सोचने लगा कि क्या ये सिद्धांत रोज़ की ज़िंदगी और ऐसे संगठन में भी विकसित किए जा सकते हैं, जहां

पर्यावरण की तरफ़ ध्यान केंद्रित नहीं हो। किसी स्कूल या कंपनी में देने की भावना का तंत्र कैसे निर्मित किया जा सकता है और उसे बरकरार रखा जा सकता है?

पारस्परिकता का वलय

मैं जब दुनिया के सबसे पुराने बिज़नेस कॉलेज स्कूल वॉटर्न की फ़ैकल्टी में शामिल हुआ, तो मैंने कक्षा में देने की भावना का एक परीक्षण करने का फ़ैसला किया। मैंने घोषणा की कि हम एक अभ्यास करेंगे, जिसे पारस्परिकता का वलय नाम दिया गया है। मिशिगन विश्वविद्यालय के सामाजिक विज्ञानी वेन बेकर और उनकी पत्नी चेरिल ने हूमैक्स में उसे विकसित किया है। प्रत्येक विद्यार्थी कक्षा से कोई आग्रह करेगा और कक्षा के बाक़ी विद्यार्थी उस आग्रह को पूरा करने के लिए अपने ज्ञान, संसाधन और संपर्कों का इस्तेमाल करेंगे। पेशेवर और व्यक्तिगत जीवन से जुड़ा कोई भी आग्रह हो, लेकिन सार्थक हो। आग्रह नौकरी के बारे में जानकारी से लेकर यात्रा के टिप्स जैसे हो सकते हैं।

कुछ ही मिनट के भीतर मेरे सामने विद्यार्थियों की लाइन लगी थी। इनमें से कुछ दोष निकालने वाले थे, तो कुछ चिंतित थे। एक विद्यार्थी ने घोषणा कर डाली कि यह अभ्यास सफल नहीं हो सकता क्योंकि वॉटर्न में देने की भावना रखने वाले लोग नहीं हैं। देने की भावना रखने वाले लोग चिकित्सा या सामाजिक कार्यों की पढ़ाई करते हैं, बिज़नेस की नहीं। एक अन्य विद्यार्थी ने स्वीकार किया कि अपने से ज़्यादा अनुभवी सहयोगियों से सलाह मिलने पर उसको ख़ुशी होगी, ताकि परामर्श संबंधी नौकरियों के लिए उसकी उम्मीदवारी मज़बूत हो सके, लेकिन उसे पता है कि वे मदद नहीं करेंगे क्योंकि वे भी उसके साथ उन्हीं पदों के लिए मुक़ाबला कर रहे हैं।

जल्द ही इन विद्यार्थियों ने अविश्वास के साथ देखा कि उनके मित्रों ने एक-दूसरे की मदद के लिए अपने-अपने नेटवर्कों का इस्तेमाल करना शुरू कर दिया। एलेक्स नाम के एक जूनियर विद्यार्थी ने घोषणा कि उसे मनोरंजन पार्क बेहद पसंद हैं। वह वॉटर्न इस उम्मीद के साथ आया था कि किसी दिन सिक्स फ़्लैग के संचालन की ज़िम्मेदारी उस पर होगी। उसे नहीं पता कि शुरुआत कैसे की जाए, क्या कोई इस उद्योग में करियर की शुरुआत करने में उसकी मदद कर सकता है? एंड्रू नामक उसके सहपाठी ने हाथ ऊंचा किया और कहा कि सिक्स फ़्लैग्स के पूर्व सीईओ के उसका थोड़ा बहुत परिचय है। एंड्रू ने थोड़ा-सा जोख़िम उठाते हुए दोनों का आपस में परिचय करा दिया और इसके कुछ सप्ताह बाद एलेक्स को उस पूर्व सीईओ से करियर के विषय में एक अमूल्य सलाह मिली। मिशेल नाम की एक सीनियर छात्रा ने विश्वास के साथ अपनी बात साझा करते हुए कहा कि उनकी एक सहेली है। स्वास्थ्य कारणों से वह नाटे क़द की रह गई है और उसे ऐसे कपड़े नहीं मिल पा रहे हैं, जो फ़िट बैठें। उनकी एक सीनियर सहपाठी जेसिका के अंकल फ़ैशन के बिज़नेस में

थे। जेसिका ने मदद के लिए उनसे संपर्क किया। तीन महीने बाद मिशेल की सहेली की नाप के हिसाब से कपड़े घर पहुंचा दिए गए।

वेन बेकर ने पारस्परिकता के इस वलय का अनेक कंपनियों में नेतृत्व किया है। उन्होंने जनरल मोटर्स से लेकर ब्रिस्टल-मायर्स स्क्विब और ऑफ़नटाइम्स जैसी कंपनियों के अधिकारियों और प्रबंधकों को एक साथ जोड़ा है। इनमें से अनेक एक ही उद्योग में प्रतिस्पर्द्धी कंपनियों के भी हैं। वे उन्हें न्योता देते हैं कि वे आग्रह करें और एक-दूसरे की मदद करें। एक सत्र में फ़ार्मास्यूटिकल कंपनी का एक एक्ज़ीक्यूटिव एक बाहरी विक्रेता को 50,000 डॉलर देने को तैयार था, ताकि वह पीसीएस अल्कलॉइड का दाग़ छुड़ा सके। उन्होंने पूछा कि क्या कोई सस्ता विकल्प खोजने में उनकी मदद कर सकता है। समूह के एक सदस्य की प्रयोगशाला में लचीली क्षमता थी और उसने इसे बिना कोई शुल्क लिए ही कर दिया।

पारस्परिकता का वलय एक अत्यंत शक्तिशाली अनुभव हो सकता है। सीएच2एम एचआईएलएल के समूह अध्यक्ष बड अहर्न ने व्याख्या करते हुए कहा, "हमारी कंपनी में नेतृत्व संभाल रहे लोग बहुत ही तगड़े बेचानकर्ता हैं। इसलिए नहीं कि उससे सैकड़ों हज़ार डॉलर का वार्षिक मूल्य जुड़ा है, बल्कि इसलिए कि उनमें हमारे संपूर्ण जीवन की गुणवत्ता को आगे बढ़ाने की उल्लेखनीय क्षमता है।" बेकर ने एक्ज़ीक्यूटिवों से कहा कि ढाई घंटे के सत्र में भाग लेने से बचे डॉलर और समय का अनुमान लगाएं। इंजीनियरिंग और आर्किटेक्चरल परामर्श फ़र्म के 30 लोगों ने अनुमान लगाया कि उन्होंने 250,000 डॉलर से ज़्यादा और पचास दिन की बचत की। एक वैश्विक फ़ार्मास्यूटिकल फ़र्म के 15 लोगों ने अनुमान लगाया कि उन्होंने 90,000 डॉलर और 67 दिनों की बचत कर ली।

आईबीएम, सिटीग्रुप, एस्टी लॉडर, यूपीएस, नोवार्टिस और बोइंग जैसी कंपनियों के शीर्ष अधिकारियों, प्रबंधकों और कर्मचारियों के बीच 'पारस्परिकता का वलय' कार्यक्रम संचालित करने के बाद मैं व्यक्तिगत रूप से बड़ी संख्या में उन आग्रहों को देख कर हैरान हूं, जिन्हें पूरा कर दिया गया है। इनमें गूगल में इच्छित नौकरी पाने और परामर्शदाता खोजने से लेकर किसी बच्चे के पसंदीदा फुटबॉल खिलाड़ी से उसके हस्ताक्षर युक्त स्मरणीय वस्तुएं प्राप्त करना तक शामिल हैं, लेकिन यह सब संभव होने से पहले मेरे वॉटर्न के विद्यार्थियों के समान कंपनियों में भी प्रतिभागी सवाल उठाते हैं कि क्या अन्य लोग वास्तव में वे मदद देंगे, जिसकी उन्हें ज़रूरत है। हर बार मैं यही कह कर जवाब देता हूं कि वे अपने बीच ऐसे लोगों को कम करके आंक रहे हैं, जो देने की भावना रखते हैं।

शोधकर्ता फ़्रैंक फ़्लिन और वनेसा बोंस के नेतृत्व में किए गए अध्ययन में लोगों के समूह से कहा गया कि वे न्यू यॉर्क सिटी में अज़नबी लोगों से मिलें और उनसे

सर्वे फ़ॉर्म भरने को कहें। प्रतिभागियों ने अनुमान लगाया कि चार में से केवल एक व्यक्ति ही इसके लिए हां कहेगा, लेकिन प्रतिभागी जब वास्तव में गए और लोगों से कहा, तो दो में एक व्यक्ति ने हां कहा। एक अन्य अध्ययन में न्यू यॉर्क सिटी में अज़नबी लोगों से संपर्क किया गया और उनसे एक सेल फ़ोन उधार लेने को कहा गया। उन्होंने अनुमान लगाया था कि सिर्फ़ 30 फ़ीसदी लोग ही हां कहेंगे, इसके विपरीत 48 फ़ीसदी लोगों ने हां कहा। जब लोग अज़नबी लोगों से मिले और उनसे कहा कि वे रास्ता भटक गए हैं और उन्हें पास के जिम तक पहुंचा दिया जाए, तो 43 फ़ीसदी ने ऐसा किया, जबकि सिर्फ़ 14 फ़ीसदी लोगों से ऐसी उम्मीद की थी। जब लोगों को चैरिटी के लिए हज़ारों डॉलर जुटाने की ज़रूरत पड़ी, तो उन्होंने अनुमान लगाया कि चंदा जुटाने के अपने लक्ष्य को पूरा करने के लिए उन्हें औसतन क़रीब 210 लोगों से मिलना पड़ेगा और चंदा मांगना पड़ेगा। उन्हें उम्मीद थी कि औसत चंदा 50 डॉलर से कम होगा। इसके विपरीत वास्तव में 122 लोगों से मिलने पर ही उनका लक्ष्य पूरा हो गया। उनमें से प्रत्येक ने 60 डॉलर से ज़्यादा का चंदा दिया था।

हम उन लोगों की संख्या का कम अनुमान क्यों लगते हैं, जो मदद करने के इच्छुक हो सकते हैं? फ़्लिन और बोंस के मुताबिक़ जब हम अन्य लोगों की प्रतिक्रिया की भविष्यवाणी करते हैं, तब हम हां कहने की क़ीमत पर ध्यान केंद्रित करते हैं, जबकि नहीं कहने की क़ीमत की अनदेखी कर देते हैं। मदद के छोटे से आग्रह को नामंज़ूर करना कष्टप्रद, अपराधबोध को जगाने वाला और शर्मिंदगी से भरा होता है। इसके अलावा मनोवैज्ञानिक शोध एक अन्य कारक की तरफ़ इशारा करते हैं और वह भी समान रूप से शक्तिशाली है। यह कारक अमेरिका की संस्कृति में गहराई तक समाया हुआ है। इसकी वज़ह से लोग यह मानने लगते हैं कि उनके आस-पास ऐसे लोग कम हैं, जो देने की भावना रखते हैं।

कार्यस्थलों और स्कूलों का ख़ाका ऐसे तैयार किया जाता है कि वहां का वातावरण शून्य की संख्या वाला होता है। यहां की बाध्यकारी रैंकिंग और आवश्यक ग्रेडिंग वक्र समूह के सदस्यों को एक-दूसरे के समक्ष हार-जीत की स्थिति में खड़ा कर देते हैं। इस तरह की व्यवस्थाओं में यह मानना स्वाभाविक है कि सदस्यों का झुकाव लेने की मानसिकता की तरफ़ होगा। इसलिए लोग अपनी देने की भावना को नियंत्रण में रखते हैं। इसका परिणाम यह होता है कि वास्तव में होने वाले योगदान की मात्रा घट जाती है। इससे लोग उन लोगों की संख्या का कम अनुमान लगाने लगते हैं, जिनकी रुचि देने की भावना के अनुरूप होती है। समय के साथ चूंकि देने की भावना असामान्य प्रतीत होने लगती है, तो देने का मूल्य रखने वाले लोग यह अनुभव करने लगते हैं कि वे कम संख्या में हैं।

इसका नतीज़ा यह भी होता है कि जब लोग वास्तव में देने की भावना के साथ काम करने लगते हैं, तब उन्हें इस बात की चिंता होने लगती है कि प्रतिमान

का उल्लंघन करने पर वे स्वयं को सामाजिक दृष्टि से अलग-थलग कर सकते हैं। इसलिए वे देने के अपने कार्यों को विशुद्ध रूप से स्वयं के हितों से जुड़ी मंशाओं के पीछे छिपाते हैं। काफ़ी पहले 1835 में अमेरिका का दौरा करने के बाद फ़्रांस के सामाजिक दर्शनशास्त्री एलेक्सिस डी टॉक्वेविले ने लिखा था, "अमेरिकी लोग अपनी ज़िंदगी के हर काम की व्याख्या स्वयं के हितों के सिद्धांतों के आधार पर करने में आनंद महसूस करते हैं।" उन्होंने देखा, "अमेरिकी लोग एक-दूसरे की मदद करते हैं और अपने समय और अपनी दौलत का हिस्सा देश की भलाई के लिए मुक्त हाथ से देते हैं," लेकिन एलेक्सिस इस बात को लेकर दंग थे कि "अमेरिकी लोग मुश्किल से यह स्वीकार करने को तैयार होते थे कि उनके काम अन्य लोगों की मदद करने की वास्तविक इच्छा से प्रेरित थे।" उन्होंने लिखा, "मैं सोचता हूं कि ऐसा करके वे अपने साथ पूरा न्याय नहीं करते।" डेढ़ सदी बाद प्रिंसटन के समाजशास्त्री रॉबर्ट वुदनाउ ने विभिन्न क्षेत्रों से जुड़े ऐसे अमेरिकी नागरिकों का साक्षात्कार लिया, जिन्होंने सेवा को अपना पेशा बनाया था। इनमें हृदय रोग विशेषज्ञ से लेकर बचाव कर्मी तक शामिल थे। जब उनसे पूछा गया कि वे अच्छे कार्य क्यों करते हैं, तो उन्होंने स्वयं के हितों के संदर्भ में कारणों को गिनाया। उनके जवाब थे, "मुझे वे लोग पसंद थे, जिनके साथ मैं काम कर रहा था," या "इससे मैं अपनी परिस्थितियों से बाहर आ पाता हूं।" वे इस बात को स्वीकार नहीं करना चाहते कि वे वास्तव में मददगार, दयालु, उदार, लोगों की चिंता करने वाले या संवेदना रखने वाले हैं। वुदनाउ कहते हैं, "हमारे सामाजिक प्रतिमान स्वयं को बहुत ज़्यादा परोपकारी दिखाने के ख़िलाफ़ हैं। जो लोग परोपकार के कार्य ज़्यादा करते हैं, उन्हें हम 'दुखता दिल' और 'अच्छा आदमी' कहने लगते हैं।"

अपने अनुभवों के आधार पर मैं कह सकता हूं कि अनेक व्यापार समूहों और विश्वविद्यालयों में भी यही होता है। अनेक लोगों में देने की भावना के मूल्य होते हैं, लेकिन वे इस ग़लत अवधारणा के पीछे इनका दमन करते हैं या छिपाते हैं कि उनके साथी इन मूल्यों को साझा नहीं करते। जैसा कि मनोविज्ञानियों डेविड क्रेच और रिचर्ड क्रचफ़ील्ड ने कई साल पहले इसकी व्याख्या करते हुए लिखा था कि यह एक ऐसी स्थिति का निर्माण करता है, "जहां कोई नहीं मानता, लेकिन हर कोई सोचता है कि हर कोई मानता है।" वर्ष 2011 के हार्वर्ड के सर्वे पर ग़ौर करें, जो उसके नए विद्यार्थियों ने किया था। उन्होंने लगातार यह बताया कि संवेदना उनके मुख्य मूल्यों में से रही है, लेकिन यह हार्वर्ड के मूल्यों में सबसे नीचे है। यदि काफ़ी लोग व्यक्तिगत रूप से देने में विश्वास करते हैं, लेकिन यह मानकर चलते हैं कि अन्य लोग ऐसा नहीं सोचते, तो किसी समूह या कंपनी में पूरे प्रतिमान देने की भावना से दूर जा सकते हैं। मनोविज्ञानी बैरी श्वार्ट्ज़ लिखते हैं, "विचारों का गहन प्रभाव पड़ सकता है, चाहे वे ग़लत ही हों। चाहे उस वक़्त वे विचारधारा से अधिक कुछ नहीं

हों। ये प्रभाव उभर सकते हैं क्योंकि कभी-कभी लोग विचारधारा के आधार पर काम करते हैं, तो वे अनज़ाने में ऐसी परिस्थितियों को व्यवस्थित कर देते हैं, जो सच्चाई को विचारधारा के अनुरूप खड़ा कर देती है।" जब लोग यह मानकर चलते हैं कि अन्य लोग देने की भावना रखने वाले नहीं हैं, तो वे इस तरीक़े से काम करना और बोलना शुरू कर देते हैं, जो लोगों को मदद करने से हतोत्साहित करता है। इससे स्वयंकार्यान्वित भविष्यवाणी का जन्म होता है।

देने के संरचित स्वरूप के तौर पर पारस्परिकता के वलय का ख़ाका इस तरह तैयार किया जाता है कि स्वयंकार्यान्वित भविष्यवाणी को बाधित कर सके। इसका पहला क़दम यह सुनिश्चित करना होता है कि लोग मदद मांगें। शोध से पता चलता है कि कार्यस्थल पर लोगों के बीच देने की भावना से जो कार्य किए जाते हैं, उनमें से ज़्यादातर मदद के सीधे आग्रह के जवाब में होते हैं। एक अन्य शोध में प्रबंधकों ने उन अवसरों के बारे में बताया कि जब उन्होंने मदद दी और ली। देने के जो कुल आदान-प्रदान हुए, इनमें से क़रीब 90 फ़ीसदी की पहल उन लोगों ने की थी, जो मदद मांग रहे थे। इसके बावजूद जब हमें मदद की ज़रूरत होती है, तब हम अक्सर मदद मांगने के अनिच्छुक होते हैं। ज़्यादातर समय हम शर्मिंदगी महसूस करते हैं। हम अक्षम और ज़रूरतमंद नहीं दिखना चाहते। यही नहीं, हम अन्य लोगों पर बोझ नहीं डालना चाहते। वॉटर्न के एक डीन के शब्दों में, "विद्यार्थी इसे 'गेम फ़ेस' कहते हैं। उन पर हर समय सफल दिखने का दबाव होता है। उनके कवच में कोई दरार नहीं हो सकती और अपने विचारों को खोलने से वे कमज़ोर बन सकते हैं।"

पारस्परिकता के वलय में चूंकि हर कोई मदद मांग रहा होता है, इसलिए शर्मिंदगी अनुभव करने का कोई कारण नहीं होता। अपने आग्रह को बहुत ज़्यादा स्पष्ट और विशिष्ट करके प्रतिभागी देने की भावना रखने वाले संभावित व्यक्तियों को साफ़ दिशा प्रदान करते हैं कि प्रभावशाली ढंग से मदद कैसे की जा सकती है। जैसा कि फ़्रीसाइकिल में हम देखते हैं कि पारस्परिकता के वलय की शुरुआत अक्सर देने की भावना रखने वाले करते हैं, जो योगदान देने में अनुकरणीय व्यक्ति बनकर उभरते हैं, लेकिन पारस्परिकता के वलय के प्रत्येक मामले में ऐसी संभावना भी होती है कि उसमें संतुलन बैठाने वाले लोग भी होंगे। कुछ ऐसे लोग भी हो सकते हैं, जो लेने की मानसिकता के साथ काम करते हैं। फ़्रीसाइकिल की तरह देने की व्यापक व्यवस्था में सतत प्रभावशीलता सुनिश्चित करने के लिए संतुलन बैठाने वालों और लेने की मानसिकता रखने वालों की भी योगदान देने की ज़रूरत होती है। अन्यथा देने की भावना रखने वाले लोग अन्य लोगों की मदद करते ही रह जाएंगे और उन्हें बदले में बहुत कम मिलेगा। इससे वे ख़ुद के लिए यह जोख़िम पैदा कर लेंगे कि या तो वे दुःखी हो जाएंगे या थककर चूर हो जाएंगे। क्या संतुलन बैठाने वाले या लेने की मानसिकता वाले आगे आएंगे?

चूंकि पारस्परिकता के वलय में लोग अक्सर सार्थक आग्रह ही करते हैं, ऐसे में संतुलन बैठाने वाले अनेक लोग भी परानुभूति के वशीभूत होकर मदद के लिए तैयार हो जाते हैं। जब मैंने एक शक्तिशाली सीईओ की आवाज़ को उस समय कांपते देखा, जब वे एक दुर्लभ प्रकार के कैन्सर से लड़ने के लिए सलाह और संपर्कों का आग्रह कर रहे थे, तो लोगों के दुःख-दर्द समझने की भावना को उस कक्ष में स्पष्ट देखा जा सकता था। वित्तीय सेवाओं के एक एक्ज़ीक्यूटिव ने अपने दिल की बात साझा करते हुए कहा, "मैं कितनी ज़्यादा मदद करना चाहता था कि मैं ख़ुद आश्चर्यचकित था। मेरी नौकरी की आवश्यकता है कि मैं काम पर केंद्रित रहूं और वित्तीय उन्मुखी बनूं। मैंने कभी नहीं सोचा था कि किसी की इतनी चिंता करूंगा, विशेषकर ऐसे अज़नबी की, जिससे मैं पहले कभी मिला भी नहीं था, लेकिन मैंने वास्तव में उसकी ज़रूरतों को महसूस किया और उसके आग्रह को पूरा करने के लिए मैं जो कुछ कर सकता था, उसका योगदान देना चाहता था।"

यदि संतुलन बैठाने वाले अन्य लोगों का दुःख-दर्द अनुभव नहीं करते, तो भी वे आख़िरकार बहुत योगदान देते हैं। पारस्परिकता के वलय में विशुद्ध रूप से संतुलन बैठाने वाले की तरह व्यवहार करना अत्यंत मुश्किल होता है क्योंकि इस बात की संभावना कम होती है कि जिन लोगों की आपने मदद की है, वे लोग ही आपके आग्रह को ज़रूरत पड़ने पर पूरा करेंगे। इसलिए संतुलन बैठाने वाले के लिए सबसे आसान तरीक़ा यही होता है कि वह अन्य लोगों के समान ही योगदान देने की कोशिश करे। पारस्परिकता के वलय से पांडा ऐडम रिफ्किन के नेटवर्क का लघु रूप निर्मित होता है : प्रतिभागियों को समूह में किसी के लिए भी पांच मिनट का उपकार यानि छोटे से योगदान के लिए प्रेरित किया जाता है। यह सुनिश्चित करने के लिए कि हर आग्रह को पूरा किया जाए, प्रतिभागियों को अनेक बार योगदान करना होता है। वे ऐसे लोगों की मदद भी करते हैं, जिन्होंने सीधे तौर पर उनकी मदद नहीं की थी। जितना उन्हें प्राप्त होता है, उससे ज़्यादा देकर प्रतिभागी इस संभावना को बढ़ावा देते हैं कि समूह के प्रत्येक सदस्य का आग्रह पूरा किया जाएगा। ठीक पांडा ऐडम की व्यवस्था के अनुरूप, जहां उन्होंने अपने नेटवर्क में मदद को आगे बढ़ाएं का प्रतिमान स्थापित किया है।

लेकिन लेने की मानसिकता वालों का क्या होगा? समूह के अनेक सदस्य इस बात को लेकर चिंतित रहते हैं कि लेने वाले इस अवसर का लाभ बदले में बिना कोई मदद किए उठा सकते हैं। इस ख़तरे की पड़ताल करने के लिए वेन बेकर और मैंने देने की भावना और लेने की मानसिकता के मूल्यों का पता लगाने के लिए सौ से ज़्यादा लोगों का सर्वे किया। इसके बाद इन लोगों ने पारस्परिकता के वलय में भाग लिया और हमने उनके योगदान की संख्या की गणना की। आशा के अनुरूप देने की भावना रखने वाले लोगों ने लेने की मानसिकता वाले लोगों की तुलना

में ज़्यादा योगदान किया। देने की भावना रखने वालों ने औसतन चार-चार बार योगदान दिया।

आश्चर्यजनक बात यह उभर कर सामने आई कि लेने की मानसिकता वाले फिर भी काफ़ी उदार थे। उन्होंने औसतन तीन-तीन योगदान किए। लेने की मानसिकता रखने वाले यद्यपि लोगों की मदद करने की बजाय ताक़त और उपलब्धियों को कहीं ज़्यादा तवज्जो देते हैं, फिर भी उन्होंने जितना प्राप्त किया, उससे तीन गुना ज़्यादा दिया। पारस्परिकता के वलय ने एक ऐसा संदर्भ पैदा कर दिया, जिसने लेने की मानसिकता वालों को भी देने की भावना रखने वालों की तरह व्यवहार करने के लिए प्रोत्साहित किया। इसकी कुंजी इस बात में निहित है कि योगदान को सार्वजनिक कर दिया जाता है। लेने की मानसिकता वाले जानते हैं कि सार्वजनिक व्यवस्था में अपना ज्ञान, अपने संसाधन और संपर्कों को उदारतापूर्वक साझा करने से उन्हें प्रतिष्ठा अर्जित करने का लाभ होगा। यदि वे योगदान नहीं देते, तो वे कंजूस और स्वार्थी दिख सकते हैं। उन्हें उनके आग्रहों पर भी ज़्यादा मदद नहीं मिलेगी। ड्यूक के व्यवहार अर्थशास्त्री डैन एरियली अपने दो सहयोगियों के साथ लिखते हैं, "परोपकारिता को अक्सर 'अच्छे' के तौर पर देखा जाता है और लोभी तथा स्वार्थी होने को नहीं। ऐसे में देने की भावना रखना अन्य लोगों को संकेत देने का एक तरीक़ा है कि वे अच्छे हैं।"

शोध दर्शाते हैं कि देने की भावना रखने वाले लोग सामान्य रूप से योगदान देते हैं, चाहे व्यवस्था निजी हो या सार्वजनिक, लेकिन लेने की मानसिकता वाले लोगों के योगदान देने की संभावना तभी ज़्यादा रहती है, जब व्यवस्था सार्वजनिक हो। एक अध्ययन में जब अन्य लोग उनके नतीज़ों को देख सकते थे, तब लेने की मानसिकता वाले लोगों ने वैचारिक मंथन के दौरान बड़ी संख्या में अपने विचारों का योगदान दिया, लेकिन जब उनके नतीज़ों को छिपा कर रखा गया, तब उन्होंने कम मूल्यों को जोड़ा। अन्य अध्ययनों से खुलासा हुआ है कि लेने की मानसिकता वाले दिखावे के लिए पर्यावरण संरक्षण की बात करते हैं, जब उनके फ़ैसले निजी होते हैं, तब वे पर्यावरण के अनुकूल उत्पादों की बजाय विलासितापूर्ण उत्पादों को प्राथमिकता देते हैं, लेकिन जब उनके निर्णय सार्वजनिक होने लगते हैं, तो वे बदलकर पर्यावरण के अनुकूल उत्पादों का इस्तेमाल करने लगते हैं ताकि यह तमगा हासिल कर सकें कि वे पर्यावरण को बचाने की दिशा में काम कर रहे हैं। मैंने वॉटर्न के विद्यार्थियों में भी यही प्रवृत्ति देखी। हर सप्ताह कक्षा में मैं कुछ विद्यार्थियों को अपने आग्रह प्रस्तुत करने का अवसर देता और पूरी कक्षा को योगदान देने का न्योता देता। नवंबर के किसी एक दिन की सुबह पांच लोगों ने आग्रह किए और मैं यह देखकर स्तब्ध रह गया कि एक विद्यार्थी जिसने स्वयं को लेने वालों की श्रेणी में बताया था, उसने भी उनमें से चार विद्यार्थियों की मदद की पेशकश की। एक बार जब उसे

लगा कि सहयोगियों में उसकी प्रतिष्ठा देने की भावना पर निर्भर करती है, तो उसने योगदान दे दिया। योगदान को दृष्टिगोचर बना कर पारस्परिकता का वलय किसी भी पारस्परिक आदान-प्रदान की शैली के लोगों के लिए अवसर पैदा करता है कि वे अलग ढंग से योगदान करने वाले बनें। वे एक ही समय में अच्छा कर सकते हैं और अच्छा दिख सकते हैं।

पहचान में बदलाव और पारस्परिकता का उलटना

इससे एक मूल सवाल यह उत्पन्न होता है कि क्या फ्रीसाइकिल और पारस्परिकता के वलय जैसी देने की व्यापक व्यवस्थाएं लेने की मानसिकता वालों को बेहतर ढोंगी बनने को प्रेरित करती हैं या ये व्यवस्थाएं उन्हें वास्तव में देने की भावना रखने वाला बना सकती हैं? एक तरीक़े से मैं कहूंगा कि इरादे कोई मायने नहीं रखते : सिर्फ़ व्यवहार मायने रखता है। यदि लेने की मानसिकता रखने वाले ऐसे योगदान दे रहे हैं, जिनसे अन्य लोगों को लाभ होता है, चाहे उनकी मंशाएं निःस्वार्थी या अलग ढंग से देने की बजाय मुख्य रूप से स्वार्थ से भरी हों, लेकिन वे योगदान दे रहे हैं, जो आदान-प्रदान के स्वरूप के तौर पर देने की व्यापक व्यवस्था को सतत बनाए रखने के लिए ज़रूरी है।

फिर भी, यदि हम इरादों की पूरी तरह अनदेखी कर दें, तो हम इस जोख़िम से अपना ध्यान हटा लेंगे कि लोगों की नज़रों से दूर होते ही लेने की मानसिकता वाले लोग अपना योगदान कम कर देंगे। चीन के शोधकर्ताओं द्वारा किए गए एक अन्य अध्ययन में बैंक के तीन सौ से ज़्यादा रोकड़ियों को पदोन्नति देने पर विचार हुआ। बैंक प्रबंधकों ने मूल्यांकन किया कि कितनी बार रोकड़िए ने देने का व्यवहार दर्शाया है। जैसे कितनी बार उसने काम के बोझ से दबे अपने अन्य सहयोगियों की मदद की है। कितनी बार उन्होंने ऐसे काम स्वेच्छा से किए हैं, जो उनके काम का अंग नहीं थे। उनको वे काम करने की ज़रूरत नहीं थी। देने के व्यवहार के आधार पर प्रबंधकों ने सत्तर रोकड़ियों को पदोन्नति दे दी।

तीन महीने बाद प्रबंधकों ने आधे से ज़्यादा रोकड़ियों को पदोन्नति देने पर खेद जताया। जिन सत्तर बैंक रोकड़ियों को पदोन्नति दी गई थी, उनमें से सिर्फ़ तैंतीस वास्तव में देने की भावना रखने वाले थे : उन्होंने देने की भावना से काम करना पदोन्नति के बाद भी जारी रखा। अन्य सैंतीस रोकड़ियों की देने की भावना लगातार घट गई। वे दरअसल ढोंग करने वाले थे। पदोन्नति से तीन महीने पहले उन्हें इस बात की जानकारी थी कि उन पर नज़र रखी जा रही है, तो उन्होंने आगे बढ़कर अन्य लोगों की मदद की, लेकिन एक बार पदोन्नति मिलने के बाद उनमें से प्रत्येक ने अपनी देने की भावना औसतन 23 फ़ीसदी घटा दी।

लोगों को देने की भावना से काम करने की दिशा में ले जाने के लिए क्या करना होगा? हार्वर्ड के डीन थॉमस डिंगमैन ने देखा कि विद्यार्थी दूसरों के प्रति संवेदना की क़द्र करते हैं, लेकिन वे सोचते थे कि अन्य लोग नहीं करते। ऐसे में उन्होंने इस बारे में कुछ करने का फ़ैसला किया। विश्वविद्यालय के चार सदी के इतिहास में पहली बार हार्वर्ड के नए विद्यार्थियों को एक प्रतिज्ञा-पत्र पर दस्तख़त करने के लिए न्योता दिया गया कि वे समाज सेवा करेंगे। प्रतिज्ञा का समापन इन शब्दों में था, "जैसा कि हम हार्वर्ड में अध्ययन की शुरुआत कर रहे हैं, तो हम कॉलेज के मूल्यों को बनाए रखने के प्रति वचनबद्धता प्रकट करते हैं। हम प्रतिबद्धता व्यक्त करते हैं कि हम प्रवेश द्वार और यार्ड को ऐसा स्थान बनाएंगे, जहां बौद्धिक ज्ञान के समान ही करुणा की अभिव्यक्ति के लिए स्थान हो।"

सार्वजनिक वचनबद्धता की शक्ति में विश्वास रखते हुए डिंगमैन ने प्रतिज्ञा पर विद्यार्थियों के दस्तख़त कराने के लिए उन्हें न्योता देने के बाद एक क़दम आगे जाने का फ़ैसला लिया। प्रतिज्ञा की अनुपालना के लिए विद्यार्थियों को प्रेरित करने के वास्ते उन्होंने फ़ैसला किया कि उनके हस्ताक्षरों को फ़्रेम में छात्रावास के गलियारों में लगा दिया जाएगा। इसके बाद आपत्तियों का तूफ़ान खड़ा हो गया। आपत्ति जताने वालों में सबसे मुखर कंप्यूटर साइंस के प्रोफ़ेसर हैरी लुइस थे और वे हार्वर्ड कॉलेज के डीन भी रह चुके थे। उन्होंने प्रतिक्रिया देते हुए कहा, "करुणा भाव रखने की अपील पूरी तरह यथोचित है।" उन्होंने अपने ब्लॉग में लिखा, "मैं सहमत हूं कि व्यक्तिगत रूप से करुणा की अभिव्यक्ति की इस समुदाय में अक्सर ज़रूरत होती है, लेकिन हार्वर्ड में लोगों को करुणा की प्रतिज्ञा लेने के लिए न्योता देना अविवेकपूर्ण क़दम है और बहुत ही ख़राब मिसाल स्थापित कर रहा है।"

क्या लुइस सही थे?

एनवाईयू के मनोविज्ञानी पीटर गोलविट्ज़र के नेतृत्व में किए गए अनेक अध्ययनों में यह बात सामने आई कि जिन लोगों ने पहचान के अनुरूप व्यवहार करने की अपने इरादों को लेकर सार्वजनिक तौर पर घोषणा की, उनके इस तरह का व्यवहार करने की संभावना उन लोगों के *मुक़ाबले कम* थी, जिन्होंने अपनी मंशाओं को निजी रखा। जिन लोगों ने अपनी पहचान से जुड़ी योजनाओं की जानकारी लोगों को दी, तो वे उस पहचान पर उसके अनुरूप व्यवहार किए बिना ही दावा करने में समर्थ हो गए। करुणा की प्रतिज्ञा पर दस्तख़त करके हार्वर्ड के विद्यार्थी देने की भावना रखने वालों की तौर पर पहचान स्थापित करने में सफल हो गए। उन्हें इसकी ज़रूरत नहीं पड़ी कि वे वास्तव में देने की भावना रखने वाले की तरह व्यवहार करें।

डिंगमैन ने हस्ताक्षरों को सार्वजनिक रूप से लगाने के विचार को तत्काल त्याग दिया, फिर भी प्रमाणों से संकेत मिलता है कि करुणा से परिपूर्ण व्यवहार करने

की प्रतिज्ञा पर निजी रूप से दस्तख़त कराने का क़दम भी उलटा पड़ सकता है। नॉर्थवेस्टर्न विश्वविद्यालय के मनोविज्ञानियों ने एक परीक्षण में लोगों से बिना कोई क्रम अपनाए कहा कि वे अपने स्वयं के बारे में लिखें। इसके लिए या तो वे देने की भावना को अभिव्यक्त करने वाली शब्दावली जैसे परवाह करना, उदारता और करुणा का इस्तेमाल करें या किताब, चाबी और मकान जैसे तटस्थ शब्दों का इस्तेमाल करें। इसके बाद सभी प्रतिभागियों ने एक अन्य प्रश्नावली को भरा। एक शोधकर्ता ने उनसे पूछा कि क्या वे अपनी पसंद के चैरिटी संगठन को कोई चंदा देना चाहेंगे? जिन लोगों ने अपने बारे में बताने के लिए देने की भावना को अभिव्यक्त करने वाले शब्दों का प्रयोग किया था, उन्होंने उन लोगों की तुलना में औसतन ढाई गुना कम चंदा दिया, जिन्होंने स्वयं के बारे में तटस्थ शब्दों के माध्यम से बताया था। उन्होंने स्वयं से कहा, "मैं देने की भावना रखने वाला व्यक्ति हूं, तो मुझे इस बार चंदा देने की ज़रूरत नहीं है।" हार्वर्ड के विद्यार्थियों पर भी करुणा की प्रतिज्ञा का यही असर हुआ होगा। जब उन्होंने प्रतिज्ञा पर दस्तख़त कर दिए होंगे, तब वे यह मानने लगे होंगे कि देने की भावना के साथ काम करने वाले के तौर पर उन्होंने अपनी पहचान स्थापित कर दी है, इससे उन्हें मनोवैज्ञानिक लाइसेंस मिल गया कि वे दें कम या लें ज़्यादा।

जब हम किसी पर प्रभाव डालने की कोशिश कर रहे होते हैं, तो हम अक्सर वही रुख़ अपनाते हैं, जो हार्वर्ड की प्रतिज्ञा से प्रतिबिंबित होता है : हम इस उम्मीद में उनका रुख़ बदलने की शुरुआत करते हैं कि इससे उनका व्यवहार भी उसी दिशा की ओर जाने लगेगा। जब इस कथन पर लोगों से उनके दस्तख़त लेते हैं कि वे देने की भावना रखने वालों की तरह व्यवहार करेंगे, तो वे यह मानने लगेंगे कि देना बहुत ही महत्त्वपूर्ण है और वे योगदान देंगे। गोपनीय तरीक़े से व्यवहार पर मनोवैज्ञानिक नज़र रखने वाली एक समृद्ध इकाई के मुताबिक़, यह तर्क प्रतिगामी है। प्रभाव विपरीत दिशा में कहीं ज़्यादा शक्तिशाली होता है। लोगों के व्यवहार को पहले बदलो, इसके बाद उनके रुख़ में बदलाव आएगा। यदि लेने की मानसिकता रखने वालों को देने की भावना रखने वाले व्यक्ति में बदलना है, तो अक्सर यह ज़रूरी होता है कि हम उन्हें योगदान देने का विश्वास दिलाएं। समय के साथ यदि परिस्थितियां अनुकूल रहती हैं, तो वे स्वयं को देने की भावना रखने वाले व्यक्ति के तौर पर देखने लगेंगे।

चीन में बैंक रोकड़ियों के मामले में यही नहीं हुआ। अपने सहयोगियों की तीन महीने तक मदद करने के बाद एक बार जब वे पदोन्नत हो गए, तब उन्होंने देने की भावना के साथ काम करना बंद कर दिया। बैटसन और उनके सहयोगियों की ओर शुरू किए गए शोध में 35 साल के दौरान यह उभर कर सामने आया है कि जब लोग योगदान देते हैं, तो वे इसका श्रेय पदोन्नति जैसे किसी बाहरी कारण को देते हैं। वे स्वयं को देने की भावना के साथ काम करने वाले व्यक्ति के तौर पर देखना

शुरू नहीं कर देते। इसके विपरीत जब लोग व्यक्तिगत पसंद से बार-बार लोगों की मदद करते हैं, तब वे अपने भीतर इस बात का समावेश करना शुरू कर देते हैं कि देने की भावना उनकी पहचान का एक हिस्सा है। कई लोगों में यह संज्ञानात्मक मतभेद की सक्रिय प्रक्रिया के माध्यम से होता है : एक बार मैंने योगदान देने का स्वैच्छिक निर्णय ले लिया है, तो मैं इस व्यवहार को बदल नहीं सकता। इसलिए सबसे आसान तरीक़ा यही है कि मैं सतत रहूं और पाखंड से बचूं। मैं निर्णय लूं कि मैं देने की भावना से काम करने वाला हूं।" अन्य लोगों में समावेशन की यह प्रक्रिया स्वयं के व्यवहार को देख कर सीखने के माध्यम से होती है। जैसा कि लेखक ई.एम. फ़ॉर्स्टर का कथन है, "जब तक मैं देखूंगा नहीं कि मैं क्या कर रहा हूं, तब तक मैं जानूंगा कैसे कि मैं कौन हूं?"

इस विचार के समर्थन में स्वैच्छिक सेवा पर किए गए अनेक अध्ययनों से खुलासा होता है कि जब लोग किसी स्वयंसेवी संगठन में ख़ुद के करियर को आगे बढ़ाने के लिए शामिल होते हैं, तो भी वे जितनी ज़्यादा सेवा करते हैं और जितना ज़्यादा समय देते हैं, उतना ही ज़्यादा वे स्वैच्छिक सेवा की भूमिका को अपनी पहचान के एक महत्त्वपूर्ण पहलू के तौर पर देखना शुरू कर देते हैं। एक बार ऐसा होने के बाद वे उन लोगों के साथ अपनी समान पहचान को अनुभव करना शुरू कर देते हैं, जिनकी वे मदद कर रहे होते हैं। उस भूमिका में वे देने की भावना रखने वाले बन जाते हैं। शोध के माध्यम से कंपनियों के भीतर भी इस प्रक्रिया के प्रमाण जुटाए गए हैं। जब लोग अपने काम की परिधि से बाहर जाकर सहयोगियों और ग्राहकों की मदद करते हैं, तब वे स्वयं को संगठनात्मक नागरिक के तौर पर देखने लगते हैं।

फ़्रीसाइकिल और पारस्परिकता के वलय की सफलता के पीछे कुछ हद तक यही विवेक काम कर रहा है कि देने की इन दोनों व्यापक व्यवस्थाओं में देने की भावना को प्रोत्साहन दिया जाता है, लेकिन स्वतंत्र विकल्प की भावना को बरकरार रखा जाता है। इनमें यद्यपि देने का कड़ा प्रतिमान है, लेकिन फिर भी पूरी तरह यह प्रत्येक प्रतिभागी पर निर्भर करता है कि वह क्या देता और किसकी मदद करता है। जब वॉटर्न की मेरी कक्षा पारस्परिकता के वलय से गुज़री तो विद्यार्थियों ने मदद देने के अपने-अपने विभिन्न तरीक़े अपनाए और यह भी चुना कि किन-किन साथियों की मदद करेंगे। इससे एक विशिष्ट समान पहचान विकसित होनी शुरू हुई। एक विद्यार्थी ने कहा, "यह वॉटर्न में लोगों का एक अनूठा समूह है, जहां सब एक-दूसरे की मदद करते हैं।" यद्यपि, विद्यार्थी प्रबंधन सलाहकार कंपनियों और निवेश बैंकिंग में एक तरह के पदों के लिए ही प्रतिस्पर्द्धा कर रहे थे, फिर भी उन्होंने साक्षात्कार के लिए एक-दूसरे की मदद करना शुरू कर दिया। उन्होंने एक-दूसरे के साथ टिप्स और सलाहें साझा कीं।

कक्षा समाप्त होने के बाद विद्यार्थियों के एक समूह ने पहल करते हुए पूर्व विद्यार्थियों की लिस्ट सर्व शुरू की, ताकि वे एक-दूसरे की मदद करना ज़ारी रख सकें। एक अन्य विद्यार्थी के मुताबिक़, "हमारे साझा समुदाय में देने की भावना और एक-दूसरे की मदद करने पर विशेष बल होने की वज़ह से मैं किसी भी अन्य समूह की तुलना में पूर्व विद्यार्थियों के समूह से मदद मांगने में ज़्यादा सहज अनुभव करूंगा। ऐसा संभव है कि मैं किसी भी सदस्य से मदद मांगूंगा और मुझे मिल भी जाएगी।"

सेमेस्टर की समाप्ति पर वह विद्यार्थी मेरे पास चुपचाप आया, जिसने इस विचार में दोष निकालते हुए कहा था कि क्या वॉटर्न में कोई देने की भावना रखता है। उस विद्यार्थी ने कहा, "कैसे भी, लेकिन कक्षा में हर कोई सहज रूप से प्रेरित अनुभव कर रहा है कि वह देने की भावना के साथ काम करे और इसने कक्षा का स्तर ही ऊंचा उठा दिया है।"

9

अंधेरे से बाहर आना

कुछ लोग जब किसी पर कोई उपकार करते हैं, तो हमेशा इस अवसर की तलाश में रहते हैं कि बदले में कुछ मिले। और कुछ ऐसा नहीं करते, लेकिन फिर भी वे इससे परिचित होते हैं और इसे एक क़र्ज़ के तौर पर देखते हैं। कुछ लोग ऐसा भी नहीं करते। वे अंगूर की बेलों की तरह होते हैं, जो अंगूर का उत्पादन करती हैं, लेकिन बदले में कुछ प्राप्त करने के अवसर नहीं खोजतीं। दूसरों की मदद करने के बाद वे किसी अन्य काम पर आगे बढ़ जाते हैं। हमें ऐसा होना चाहिए।

— मार्कस ऑरेलियस, रोमन सम्राट

कई वर्ष पहले एक दमदार व्यक्तित्व ने खेल की दुनिया में अपनी पहचान बना ली थी। छह फ़ीट से ज़्यादा लंबे और दो सौ पौंड वज़नी डेरेक सॉरेन्सन कड़े और आक्रामक प्रतिस्पर्धी थे, जिन्होंने अपने प्रतिद्वंद्वियों के दिलों में डर बैठा दिया था। एक राष्ट्रीय चैंपियनशिप में उन्होंने अपनी एनसीएए टीम का नेतृत्व किया था। बाद में उन्होंने पेशेवर खेल की दुनिया में क़दम रखा। चोट की वज़ह से जब उनका करियर समय से पहले ही ख़त्म हो गया, तब खेल की दुनिया की अनेक श्रेष्ठ पेशेवर टीमों ने उन्हें न्योता दिया कि वे उनके लिए अनुबंध पर बातचीत करने वाले वार्ताकार बन जाएं। एक विश्वस्तरीय टीम का निर्माण करने की आशा लिए वे खिलाड़ियों और उनके एजेंटों से बातचीत करें।

मोल-भाव के अपने कौशल को बढ़ावा देने के लिए डेरेक ने अपना नाम एक प्रमुख बिज़नेस स्कूल के व्यापारिक बातचीत के कोर्स में लिखवा दिया। अपनी कक्षा के सत्र में डेरेक को विविध भूमिकाओं में मोल-भाव का अभ्यास करने का मौक़ा मिला। इसमें वे कभी एक फ़ार्मास्यूटिकल कंपनी के एक्ज़ीक्यूटिव की भूमिका में थे, जो एक उत्पादन संयंत्र ख़रीदने की कोशिश में जुटा है। कभी वे कोंडो डेवेलपर की

भूमिका अदा कर रहे थे, जिसकी एक कारपेंटर से गरमा-गरम बहस चल रही है। मोल-भाव के अपने प्रारंभिक अनुभव में उन्होंने रियल एस्टेट में निवेश के तौर पर एक संपत्ति ख़रीदी। पूरी तरह लेने वालों की मानसिकता से काम करते हुए उन्होंने लिस्टिंग एजेंट को यह संपत्ति उतनी क़ीमत पर बेचने के लिए राज़ी कर लिया, जो उसके ग्राहक के हितों के सीधे ख़िलाफ़ थी।

बर्फ़बारी वाले वातावरण की एक शाम डेरेक ने ऐसे चार मछुआरों में से एक की भूमिका निभाई, जो आपस में प्रतिस्पर्द्धी व्यापार चला रहे हैं। वे इस बिंदु तक मछलियों को पकड़ रहे थे कि संसाधन के ही लुप्त होने का ख़तरा उत्पन्न हो गया था। वे आपस में चर्चा कर रहे थे कि कैसे इस दुविधा से निपटा जाए। एक वार्ताकार ने सुझाव दिया कि उन्हें पकड़ी जाने वाली कुल मछलियों को चार बराबर हिस्सों में बांट लेना चाहिए। संतुलन बैठाने के लिए एक अन्य वार्ताकार ने एक अलग तरीक़े का सुझाव दिया, जो सामान्य शेयर पर आधारित था, समानता पर नहीं। इस वार्ताकार ने प्रस्ताव रखा कि चूंकि उनमें से कुछ अन्य की तुलना में बड़े पैमाने पर मछलियां पकड़ रहे हैं, इसलिए उनमें से प्रत्येक को मछलियां पकड़ने में 50 फ़ीसदी तक कटौती करनी चाहिए। वे सभी इस पर सहमत हो गए। उनका मानना था कि यह न्यायसंगत हल है। इसके बाद बैठक स्थगित कर दी गई। अब यह हर वार्ताकार पर निर्भर था कि वह व्यक्तिगत निर्णय ले कि क्या समझौते का पालन करना है और कितनी मछलियां पकड़नी हैं।

इनमें से दो वार्ताकारों ने अपना वचन निभाया और मछलियां पकड़ना 50 फ़ीसदी तक कम कर दिया। तीसरी वार्ताकार ने देने की भावना रखने वाले की तरह व्यवहार किया और मछलियां पकड़ना 65 फ़ीसदी तक कम कर दिया। समूह के समक्ष यह तय था कि उसका संसाधन बचा रहेगा, लेकिन डेरेक ने फ़ैसला किया कि वह मछली पकड़ना बिलकुल कम नहीं करेगा। वह जितनी ज़्यादा मछलियां वहां से निकाल सकता था, उसने निकालीं। इससे मछलियां पकड़ने का उसका योग बढ़ गया, जबकि तीन अन्य उद्यमी तबाह हो गए। समूह की बैठक से पहले उन चारों में से डेरेक का लाभ सबसे कम था, लेकिन जब उसने नतीज़े में से अपने हिस्से से ज़्यादा लिया, तो देने की भावना से काम करने वाली वार्ताकार से उसका लाभ 70 फ़ीसदी ज़्यादा था, जबकि अन्य दो की तुलना में उसका लाभ 31 फ़ीसदी ज़्यादा था। जब उनके सहयोगियों ने विरोध किया, तो डेरेक ने जवाब दिया, "मैं मोल-भाव में जीतना चाहता था और अपने प्रतिस्पर्द्धियों को बर्बाद करना चाहता था।"

इसके सिर्फ़ कुछ महीने बाद डेरेक का करियर त्वरित गति से बढ़ना शुरू हुआ। एक पेशेवर खेल टीम ने उनकी सेवाएं ले लीं और उन्होंने जल्द ही एक प्रभावशाली वार्ताकार के तौर पर स्वयं को स्थापित कर दिया। उन्होंने उस एक टीम को जुटाने में अहम भूमिका निभाई, जिसने बाद में एक विश्व चैंपियनशिप जीती। डेरेक को

असाधारण रूप से बहुत ही कम अवधि में पदोन्नति दे दी गई और उनकी पहचान अपने खेल के शीर्ष सौ सबसे ज़्यादा शक्तिशाली लोगों में होने लगी। उस वक़्त तक वे चालीस साल से कम उम्र के थे।

डेरेक ने जब सबसे पहले अपनी टीम के लिए पेशेवर वार्ताकार के तौर पर काम करना शुरू किया, तब उनका दायित्व था कि वे बजट का प्रबंधन करें, नए शीर्ष संभावित खिलाड़ियों की पहचान करें, नए खिलाड़ियों को जोड़ें और वर्तमान खिलाड़ियों को बनाए रखने के लिए उनके एजेंटों से अनुबंध पर मोल-भाव करें। चूंकि संसाधन सीमित थे, इसलिए लेने की मानसिकता के साथ मोल-भाव करना उनके लिए फ़ायदेमंद रहता। डेरेक ने ऐसे खिलाड़ियों की तलाश शुरू की, जिनकी प्रतिभा को कम करके आंका गया था। माइनर लीगों में ऐसे ही एक प्रतिभावान हीरे पर उनकी नज़र पड़ी। उन्होंने खिलाड़ी के एजेंट से अनुबंध पर वार्ता शुरू की। अपनी शैली के अनुरूप डेरेक ने बहुत ही कम रक़म का प्रस्ताव रखा। एजेंट हताश हो गया क्योंकि अनेक तुलना योग्य खिलाड़ी ज़्यादा वेतन पा रहे थे। एजेंट ने डेरेक पर धौंस जमाने का आरोप लगाया और ज़्यादा राशि की मांग की, लेकिन डेरेक ने इसकी अनदेखी कर दी और वे बिलकुल पीछे हटने को तैयार नहीं हुए। आख़िरकार एजेंट ने हार मान ली और वे डेरेक की शर्तों पर राज़ी हो गए। यह डेरेक के लिए जीत थी। इससे उनकी टीम को हज़ारों डॉलर की बचत हुई।

उस रात तब डेरेक घर गए, तब वे बेचैन अनुभव कर रहे थे। “मैं उस बातचीत में अनुभव कर सकता था कि वे बहुत परेशान थे। उन्होंने तुलना करने योग्य खिलाड़ियों के संबंध में कुछ बिंदु रखे, लेकिन गरमा-गरमी के उन क्षणों में मैं शायद ज़्यादा सुन नहीं रहा था। वे बहुत ही बुरे अनुभव के साथ जा रहे थे।” डेरेक ने फ़ैसला किया कि वे इस एजेंट के साथ लेन-देन खटास के साथ ख़त्म नहीं करना चाहते, इसलिए उन्होंने अनुबंध को फाड़ दिया और एजेंट की मूल मांग को स्वीकार कर लिया। उन्होंने उस खिलाड़ी को हज़ारों डॉलर अतिरिक्त दे दिए।

क्या यह बुद्धिमत्ताभरा फ़ैसला था? डेरेक की वज़ह से टीम एक क़ीमत चुका रही थी। और यही नहीं, वे संभावना के तौर पर अन्य मोल-भावों के लिए भी ऐसा ही करने की मिसाल पैदा कर रहे थे। इसके अलावा सौदा हो चुका था। एजेंट कम रक़म का प्रस्ताव मान चुके थे और डेरेक ने अपना लक्ष्य हासिल कर लिया था। इससे पीछे हटना मुश्किल से समझदारी से भरा क़दम दिखता था।

वास्तव में यह उससे कहीं ज़्यादा बुद्धिमानी से भरा था, जितना यह पहले दिखाई देता था। वेंडरबिल्ट के शोधकर्ताओं ब्रूस बैरी और रे फ़्रीडमैन ने जब मोल-भावों का अध्ययन किया, तब उन्हें सहज बोध यह था कि कुशल वार्ताकारों को ज़्यादा बेतहर नतीज़े मिलेंगे क्योंकि वे ज़्यादा सूचना जुटा सकते हैं और उसका

विश्लेषण कर सकते हैं। यह नहीं, वे अनेक मसलों पर नज़र रख सकते हैं और छिपे समाधान खोज सकते हैं। एक अध्ययन में बैरी और फ्रीडमैन ने एमबीए के क़रीब सौ विद्यार्थियों के बुद्धिमत्ता संबंधी आंकड़े जुटाए। उन्होंने जीमैट में अर्जित प्रत्येक विद्यार्थी के अंकों के आधार पर उनकी बुद्धिमत्ता को आंका। यह एक कठिन परीक्षा है, जिसका व्यापक इस्तेमाल दुनियाभर के बिज़नेस स्कूलों में प्रवेश से पहले मात्रात्मक, मौखिक और विश्लेषणात्मक क्षमताओं को मापने के लिए किया जाता है। प्रतिभागियों ने जोड़ियां बनाकर मोल-भाव किया। इन जोड़ियों में एक ने या तो नए मॉल के डेवेलपर की भूमिका अदा की या मॉल में खुलने वाले संभावित स्टोर के प्रतिनिधि की। इन जोड़ियों ने मोल-भाव ख़त्म होने पर अपने अंतिम सहमति पत्र सौंप दिए। विशेषज्ञों ने इस बात का आकलन किया कि प्रत्येक पक्ष के लिए सौदे में क्या मूल्य था।

जैसा कि अनुमान था सबसे ज़्यादा लाभ उन्हीं सौदों में था, जहां दोनों पक्ष बहुत समझदार थे। बैरी और फ्रीडमैन ने प्रत्येक पक्ष के लाभ को विभाजित करके देखा। उन्हें यह उम्मीद थी कि ज़्यादा कुशल वार्ताकारों ने ख़ुद के लिए बेहतर सौदे सुनिश्चित किए होंगे, लेकिन वास्तव में ऐसा नहीं था। सबसे ज़्यादा प्रतिभाशाली वार्ताकारों ने *अपने समकक्षों के लिए* बेहतर सौदे सुनिश्चित किए।

बैरी और फ्रीडमैन लिखते हैं, "ज़्यादा कुशल वार्ताकार अपने प्रतिद्वंद्वी के वास्तविक हितों को समझने में सफल रहे। इसलिए उन्होंने उन्हें बेहतर सौदे दिए। चाहे इसके लिए उन्हें थोड़ी क़ीमत चुकानी पड़ी।" आप जितने बुद्धिमान होंगे, आप उतने ही सफल होने में अपने समकक्ष की मदद करेंगे। डेरेक ने ठीक यही किया, जब उन्होंने माइनर लीग के खिलाड़ी के लिए एजेंट को ज़्यादा धनराशि दे दी। इस मामले में वे अलग ढंग देने की भावना रखने वालों की तरह व्यवहार कर रहे थे, जिसकी क़ीमत उनके लिए काफ़ी कम थी, लेकिन एजेंट और खिलाड़ी के लिए बहुत ज़्यादा लाभप्रद थी। कुछ हज़ार डॉलर की राशि का उनकी टीम के लिए कोई महत्त्व नहीं था, लेकिन उस खिलाड़ी के लिए यह रक़म बहुत ज़्यादा मायने रखती थी।

डेरेक को आख़िर देने की भावना के साथ काम करने की ओर किस बात ने मोड़ा? एजेंट से मोल-भाव से थोड़ा पहले डेरेक ने ऐसी कुछ बात के बारे में गहराई से सोचा, जो उनके लिए सबसे ज़्यादा मायने रखती थी : यह थी उनकी प्रतिष्ठा। व्यापारिक बातचीत के पाठ्यक्रम की समाप्ति पर प्रत्येक प्रतिभागी ने मोल-भाव अवार्डों के लिए वोट दिए। डेरेक को मोस्ट कोऑपरेटिव (बेहद सहयोगी) के लिए शून्य वोट मिले थे। यही नहीं, उन्हें मोस्ट क्रिएटिव (बेहद रचनात्मक) और मोस्ट एथिकल (बेहद नैतिक) के लिए भी शून्य-शून्य वोट मिले थे। सच तो यह है कि सिर्फ़ एक अवार्ड के लिए ही उन्हें कोई वोट मिला था। इस विशेष श्रेणी के अवार्ड के लिए

डेरेक को बड़ी संख्या में वोट मिले। मोस्ट रूथलेस (बेहद निर्मम) अवार्ड के लिए वे भारी मतों से जीते थे।

लेकिन उस सप्ताह डेरेक ने ऐसा कुछ अर्जित किया, जो इससे कहीं ज़्यादा अविस्मरणीय था। वे बिज़नेस स्कूल के इतिहास में पहले ऐसे विद्यार्थी बन गए, जिसे उस कक्षा ने भी मोस्ट रूथलेस वार्ताकार के तौर पर वोट दिया, जिसमें डेरेक *कभी गए ही नहीं।* जब उन्होंने पाठ्यक्रम के लिए नामांकन कराया था, तब व्यापारिक बातचीत की एक अन्य कक्षा चल रही थी। अन्य कक्षा का कोई भी विद्यार्थी कभी भी डेरेक के साथ मोल-भाव की मेज़ पर नहीं बैठा। उनमें से कुछ विद्यार्थी तो उनसे कभी मिले भी नहीं, लेकिन इसके बावजूद उनकी ख्याति इतनी तेज़ी से फैल गई कि उन्होंने फिर भी डेरेक को मोस्ट रूथलेस के तौर पर वोट दे दिया।

डेरेक उस तरह मोल-भाव कर रहे थे, जैसे कोई भी विवेकी व्यक्ति लेने की मानसिकता वालों की दुनिया में करता है। पेशेवर एथलीट के तौर पर उन्होंने सीख लिया था कि यदि उन्होंने जितना ज़्यादा संभव हो सके, उतने मूल्य का दावा नहीं किया, तो उनके पायदान की तरह इस्तेमाल होने का ख़तरा है। डेरेक कहते हैं, "यह टीम बनाम खिलाड़ी वाली स्थिति थी। टीम हमेशा मेरी जेब से पैसा निकालने की कोशिश कर रही थी। इसलिए मैंने मोल-भाव को एक लड़ाकू प्रक्रिया के तौर पर देखा, जिससे जीतने और हारने वाले ही निकलते हैं। मुझे ज़्यादा से ज़्यादा लेने की कोशिश करनी पड़ती थी।" साथियों और अजनबी विद्यार्थियों की ओर से मोस्ट रूथलेस वार्ताकार के तौर पर अपनी ताज़पोशी के बाद डेरेक ने मोल-भाव की मेज़ पर स्वयं की आदान-प्रदान की शैली को प्रतिबिंबित करना शुरू कर दिया। डेरेक ने कहा, "लेने की मानसिकता के साथ काम करने से मुझे अल्प अवधि के लाभ ज़रूर हुए, लेकिन लंबी अवधि में मुझे इसकी क़ीमत चुकानी पड़ी। एक सहयोगी के साथ मेरे संबंध ख़राब हो गए और मेरी प्रतिष्ठा का अंत हो गया।" बाद में एजेंट के साथ मोल-भाव में उन्होंने अनुबंध को फाड़ डाला और एजेंट को ज़्यादा धनराशि दी। डेरेक विचार करते हुए कहते हैं, "इससे साख का निर्माण हुआ। एजेंट अत्यधिक कृतज्ञ था। जब वह खिलाड़ी किसी भी अन्य क्लब या टीम के साथ अनुबंध करने के लिए स्वतंत्र हुआ, तब एजेंट ने मुझे कॉल किया। जब मैं इस बारे में सोचता हूं, तो मैं वास्तव में ख़ुश होता हूं कि ऐसा हो पाया। इससे निश्चित रूप से हमारे संबंधों में सुधार हुआ है और इससे हमारे संगठन को मदद मिली है। शायद मोस्ट रूथलेस अब परिपक्व हो रहा है।"

दरअसल, मेरा मानना है कि डेरेक में आए बदलाव की व्याख्या करने के लिए यह ग़लत तरीक़ा है कि हम कहें वे परिपक्व हो रहे हैं। परिपक्वता का अर्थ उत्पत्ति और विकास की एक प्रक्रिया से होता है, लेकिन डेरेक के अर्थ में वे वास्तव में अपने उन मूल मूल्यों से एक क़दम पीछे हट रहे थे, जो उन्होंने मोल-भाव की मेज़ से

वर्षों के दौरान अपनाए थे। लेने की मानसिकता से वार्ता करने से वर्षों पहले डेरेक के साथी उन्हें उदार और मददगार व्यक्ति के तौर पर देखते थे। वे हर उस व्यक्ति के लिए समय निकालते थे, जो उनसे मांगता था। उन्होंने अपने उन सहयोगियों को सलाह देने में अनगिनत घंटे बिताए, जो खेल प्रबंधन से जुड़े करियर में रुचि रखते थे। उन्होंने उन एथलीटों को परामर्श देने में घंटों ख़र्च किए, जो उनका अनुसरण करने की आकांक्षा रखते थे। जब वे बड़े हो रहे थे, तब वे लगभग हर उस टीम के कप्तान बने, जिसके लिए वे खेले। प्राथमिक स्कूल से लेकर हाई स्कूल और कॉलेज तक यह सिलसिला जारी रहा। यहां तक कि वे अपनी पहली पेशेवर टीम के कप्तान भी बन गए, हालांकि वे बिलकुल नए थे। उनसे दोगुनी उम्र के खिलाड़ी उनकी इस प्रतिबद्धता के क़ायल थे कि डेरेक अपने बजाय टीम के हितों को प्राथमिकता देते थे।

मोल-भाव की मेज़ पर डेरेक में आया बदलाव नए मूल्यों को सीखने का परिणाम नहीं था। यह बदलाव दरअसल पुराने मूल्यों को नए क्षेत्र में व्यक्त करने के आत्म-विश्वास और साहस के विकास से जुड़ा था। मेरा मानना है कि पेशेवर ज़िंदगी में संतुलन बैठाने वालों के तौर पर काम कर रहे ज़्यादातर लोगों के मामले में यह बात सही है। मेरा यह भी मानना है कि कार्यस्थल पर लोगों के हित में काम शुरू करने के तरीक़े खोजने से पहले अन्य लोग डेरेक की तरह मोस्ट रूथलेस अवार्ड पाने का इंतज़ार नहीं करेंगे। डेरेक इन दिनों विशिष्ट शैली में देने की भावना के साथ काम कर रहे हैं। वे प्रतिद्वंद्वी टीमों की मदद खिलाड़ियों के बारे में सूचना जुटाने में कर रहे हैं। चाहे वे शून्य की संख्या वाले खेल में एक-दूसरे का मुक़ाबला करने वाली टीमें हों, वे उन खिलाड़ियों के बारे में विरोधी टीमों के साथ ज्ञान साझा करते हैं, जो पहले उनकी टीम में रह चुके होते हैं, ताकि सही फ़ैसले लेने में टीम की मदद हो सके। "मैदान में मैं प्रतिद्वंद्वी टीमों को सदैव शिकस्त देना चाहता हूं, लेकिन मैदान के बाहर मैं हमेशा उनकी मदद करने की कोशिश करता हूं।"

चैंपियनशिप जीतने वाली पेशेवर खेल टीम को बनाने का श्रेय आज डेरेक लेने की मानसिकता से देने की भावना रखने वाले व्यक्ति के तौर पर उनमें आए बदलाव को देते हैं, फिर उन्हें इस बात की चिंता है कि तब क्या होगा, जब उनके क़रीबी लोगों से बाहर अन्य लोगों को पता चलेगा कि वे कैसे लेने वाले से देने वाले बन गए। सच तो यह है कि डेरेक सॉरेन्सन एक छद्म नाम है : अपनी कहानी साझा करने से पहले उन्होंने मुझे उनकी पहचान छिपाने को कहा था। वे कहते हैं, "मैं नहीं चाहता कि यह बात बाहर आए कि मैंने किसी खिलाड़ी को उससे ज़्यादा रक़म दी है, जितनी कि मुझे उसे देने की ज़रूरत थी।"

देने की भावना रखने वाले अनेक सफल लोगों में इस तरह के डर होते हैं, लेकिन ये अजेय नहीं हैं। प्रारंभिक अध्याय में आपने वित्तीय सेवा एक्ज़ीक्यूटिव शेरियान प्लेसी के बारे में पढ़ा था। ज़रा उनकी कल्पना कीजिए। उन्होंने इस तथ्य

को छिपाया था कि करुणा और संवेदना उनकी सबसे बड़ी शक्तियां हैं। डेरेक की तरह जब मैंने उनसे पहली बार अपनी कहानी साझा करने को कहा, तो वे सिर्फ़ इसी शर्त पर राज़ी हुईं कि वे गुमनाम रहेंगी। छह महीने बाद उन्होंने अपना इरादा बदल दिया। उन्होंने कहा, "मैंने देने की भावना रखने वालों का बंद कमरे से बाहर आने का भूमिगत अभियान छेड़ दिया है। देने की भावना का मेरी व्यक्तिगत और पेशेवर सफलता में बड़ा योगदान रहा है। यह इस बारे में बात करने के लिए मुझे मुक्त कर रहा है। अब मुझे कोई डर नहीं है।"

आख़िर किस बात ने उनके दिमाग़ में बदलाव ला दिया? प्लेसी ने जब सबसे पहले देने की भावना वाले अपने गुणों की पहचान की थी, तब उन्होंने इससे जुड़े ख़तरों पर ध्यान केंद्रित किया था। लोग उन्हें सख़्त और परिणामोन्मुखी देखने की आशा करते थे और देने की भावना को कमज़ोरी के तौर पर देख सकते थे, लेकिन जब उन्होंने अपनी कंपनी में गहराई से चारों ओर देखा, तो वे यह अहसास करके हैरान रह गईं कि उनके सभी पेशेवर अनुकरणीय व्यक्ति देने की भावना रखने वाले हैं। अचानक उनके संदर्भ का ख़ाका बदल गया। देने वालों को सिर्फ़ निचले पायदान पर देखने की बजाय उन्होंने शीर्ष पर उन लोगों की पहचान की जो देने की भावना रखते थे। इनकी संख्या आश्चर्यजनक थी। जब हम सफल लोगों के क्षितिज पर नज़र डालते हैं, तब सामान्य रूप से यह हमारे ध्यान में नहीं आता। कुल मिलाकर, भाषण देने और श्रेय पर दावा करने के प्रति उनके झुकाव की वज़ह से लेने की मानसिकता रखने वाले लोग सुर्खियों में रहते हैं, लेकिन यदि आप अपने कार्यस्थल पर पारस्परिक आदान-प्रदान की शैलियों की तरफ़ ध्यान देना शुरू करेंगे, तो मुझे यह सहज बोध है कि आप देने की भावना रखने वाले अनेक लोगों को सफलता के उस मुक़ाम तक पहुंचा हुआ पाएंगे, जिसे छूना आपका भी सपना है।

व्यक्तिगत रूप से जिन सफल लोगों के प्रति मैं सबसे ज़्यादा श्रद्धा भाव रखता हूं, वे सभी देने की भावना से काम करने वाले लोग हैं। मैं यह महसूस करता हूं कि यह मेरी ज़िम्मेदारी है कि उनसे जो कुछ मैंने सीखा है, उसे अपनाने की कोशिश करूं और उसे मार्ग में अन्य लोगों के साथ साझा करूं। जब मैं वॉटर्न पहुंचा, तब मेरा दायित्व दुनिया में सबसे उत्कृष्ट दिमाग़ रखने वाले कुछ विद्यार्थियों को पढ़ाना था, ताकि वे बेहतर नेता, प्रबंधक और वार्ताकार बन सकें। मैंने उनका परिचय पारस्परिक आदान-प्रदान की शैलियों से कराने का निर्णय किया। उनके सामने सवाल रखे, जिसने इस किताब की प्रस्तावना को जीवंत बना दिया। सवाल था कि आपके विचार से कौन सफलता की सीढ़ी में सबसे निचले पायदान पर रह जाता है?

फ़ैसला लगभग सर्वसम्मत था, देने की भावना रखने वाले लोग। जब मैंने पूछा कि शीर्ष पर कौन पहुंचता है, तो विद्यार्थी संतुलन बैठाने वालों और लेने की

मानसिकता रखने वालों के बीच बराबर से बंटे थे। ऐसे में मैंने उन्हें कुछ ऐसा पढ़ाने का फ़ैसला किया, जो उन्हें अप्रामाणिक लगा। मैंने उनसे कहा, "आप देने की भावना रखने वालों की सफलता को शायद कम करके आंक रहे हैं।" यह सत्य है कि कुछ लोग जो बदले में कुछ भी प्राप्त करने की आशा किए बिना ही लगातार अन्य लोगों की मदद करते रहते हैं, वे निचले पायदान पर रह जाते हैं, लेकिन कुछ समायोजनों के साथ देने की भावना के प्रति यही अनुकूलन लोगों को शीर्ष पर पहुंचने में समर्थ भी बना सकता है। "अपना ध्यान और अपनी ऊर्जा लोगों की ज़िंदगी में बदलाव लाने पर केंद्रित करो। सफलता उसके साथ एक उपोत्पाद के रूप में सामने आ जाएगी।" मैं जानता था कि मैं एक कठिन संघर्ष लड़ रहा हूं। इसलिए मैंने उन्हें ग़लत साबित करने का फ़ैसला किया।

यह किताब उसका प्रमाण है।

हम लोगों में से ज़्यादातर हालांकि देने की मज़बूत भावना रखते हैं, लेकिन हम अक्सर कार्यस्थल पर उसे व्यक्त करने के प्रति अनिच्छुक होते हैं। लेकिन टीम वर्क, सेवा से जुड़ी नौकरियों और सोशल मीडिया के बढ़ने से देने की भावना रखने वालों के लिए नए अवसर पैदा हुए हैं। इनके माध्यम से वे संबंध और प्रतिष्ठा विकसित कर सकते हैं, जो उनकी सफलता को गति प्रदान करें और उसे विस्तारित करें। हमने ऐसे साक्ष्य जुटाए हैं कि देने की भावना रखने वाले लोग असाधारण रूप से विभिन्न पेशों में सफलता के शीर्ष तक पहुंच सकते हैं, चाहे पेशा इंजीनियरिंग, मेडिसिन और सेल्स किसी का भी हो। याद करिए कैसे जब ऑस्ट्रेलिया के वित्तीय सलाहकार पीटर ऑडेट एक कबाड़ मजदूर की मदद करने जा रहे थे, तब ऐसा प्रतीत हो रहा था, मानो वे अपना समय बर्बाद कर रहे हैं, लेकिन बाद में वे उसका वित्त प्रबंधन देखने लगे। वह ग्राहक कबाड़ के कारोबार का धनी मालिक निकला, इसके परिणामस्वरूप पीटर की फ़र्म को बहुत लाभ हुआ, लेकिन कहानी यहीं ख़त्म नहीं होती।

पीटर को पता चला कि कबाड़ का वह कारोबारी व्यवसाय में अत्यधिक व्यस्त होने की वज़ह से अवकाश पर नहीं जा पा रहा है, तो उन्होंने मदद करने का फ़ैसला किया। कुछ महीने बाद उनकी एक अन्य ग्राहक ने कहा कि ऑटो बॉडी शॉप में प्रबंधक के तौर पर वह अपनी नौकरी से खुश नहीं है। इस पर पीटर ने इस ग्राहक के नाम की सिफ़ारिश कबाड़ के कारोबारी से कर दी। कबाड़ कारोबारी को पीटर की महिला ग्राहक जैसी योग्यताओं वाले किसी व्यक्ति की ज़रूरत थी। बाद में पता चला कि वह कबाड़ के यार्ड से सिर्फ़ पांच मिनट की दूरी पर रहती हैं। तीन सप्ताह बाद महिला ग्राहक ने कबाड़ के कारोबारी के यहां काम करना शुरू कर दिया और कबाड़ के कारोबारी कई साल में पहली बार अपनी पत्नी को छुट्टियों में घुमाने ले गए। पीटर कहते हैं, "ये दोनों ग्राहक ख़ुश और कृतज्ञ हैं कि मैं उनके संपूर्ण जीवन

के बारे में सोचता हूं, सिर्फ़ निवेश के बारे में नहीं। मैं जितनी ज़्यादा मदद करता हूं, उतना ही ज़्यादा मैं सफल हो जाता हूं। लेकिन मैं सफलता को इस रूप में मापता हूं कि इसने मेरे आस-पास लोगों के लिए क्या किया है। यही वास्तविक पुरस्कार है।"

देने की भावना रखने वाले व्यक्ति के दिमाग़ में सफलता की परिभाषा विशिष्ट अर्थ ले लेती है। लेने की मानसिकता रखने वाले सफलता को जहां ऐसे परिणामों की प्राप्ति में देखते हैं, जो अन्य लोगों से श्रेष्ठतर हों। संतुलन बैठाने वालों के लिए सफलता का अर्थ व्यक्तिगत उपलब्धियों का संतुलन इस प्रकार करने से होता है, जो अन्य लोगों के लिए भी न्यायोचित हो। देने की भावना रखने वाले लोगों का झुकाव पीटर के मार्ग पर चलने के प्रति होता है। वे सफलता को ऐसे व्यक्तिगत उपलब्धियों के तौर पर निरूपित करते हैं, जिनका अन्य लोगों पर सकारात्मक प्रभाव पड़े। वे सफलता को इस दृष्टि से देखते हैं कि उन्होंने व्यापक क्षेत्र में लोगों के प्रति महत्त्वपूर्ण और स्थायी योगदान दिया हो। सफलता की इस परिभाषा को गंभीरता से लेने पर उन तरीक़ों में प्रभावशाली बदलाव की ज़रूरत पड़ सकती है, जिनको अपनाते हुए संगठन कर्मचारियों की नियुक्तियां करते हैं, उनका मूल्यांकन करते हैं, उन्हें पुरस्कार देते हैं और उन्हें पदोन्नति देते हैं। इसका मतलब न केवल व्यक्तिगत रूप से लोगों की उत्पादकता पर ध्यान देना होगा, बल्कि इस उत्पादकता से उठने वाली छोटी तरंगों का अन्य लोगों पर पड़ने वाले असर को भी ध्यान में रखना होगा। यदि हम व्यक्तिगत उपलब्धियों के साथ अन्य लोगों के प्रति योगदान को भी शामिल करते हुए सफलता की हमारी छवि को व्यापक बनाएं, तो लोगों को अपनी पेशेवर आदान-प्रदान शैली को देने की भावना के प्रति मोड़ने के लिए प्रेरित किया जा सकता है। यदि सफलता के लिए अन्य लोगों को लाभ पहुंचाना अनिवार्य होगा, तो यह संभव है कि लेने की मानसिकता रखने वालों और संतुलन बैठाने वालों का झुकाव इस ओर ज़्यादा हो कि वे अलग ढंग से योगदान के तरीक़े खोजें, ताकि वे व्यक्तिगत और सामूहिक हितों को एक साथ आगे बढ़ा सकें।

व्यक्तिगत और सामूहिक सफलता के बीच यह संबंध देने की भावना रखने वाले हर उस सफल व्यक्ति की कहानी को रेखांकित करता है, जिनका उल्लेख इस किताब में किया गया है। उद्यमी के तौर पर ऐडम रिफ़्किन ने प्रभावशाली लोगों का अपना नेटवर्क हर उस व्यक्ति की मदद करने की कोशिश करके तैयार किया, जिससे वे मिलते थे। इस मार्ग में उन्होंने सफल कंपनियों की शुरुआत की, हज़ारों सहयोगियों की नौकरी पाने में मदद की, उनके कौशल को विकसित किया और सफल व्यापारिक परियोजनाओं की शुरुआत की। उद्यम पूंजीपति के तौर पर डेविड हॉर्निक ने लाभ कमाने वाली कंपनियों में निवेश किया। उन्होंने उद्यमी बनने की महत्त्वाकांक्षा रखने वाले लोगों की मदद बेहतर प्रस्ताव तैयार करने में की और उनके स्टार्ट-अप के लिए निवेश सुनिश्चित किया। इससे उनकी प्रतिष्ठा और भी मज़बूत हुई। हास्य

लेखक के तौर पर जॉर्ज मायर ने एमी अवार्ड जीते और हॉलीवुड के सर्वश्रेष्ठ हास्य लेखक के रूप में अपनी प्रतिष्ठा स्थापित की। उन्होंने उन लोगों के लिए द्वार खोलने की प्रभावशीलता को उन्नत किया, जिन्होंने उनके साथ *आर्मी मैन* और द *सिम्पसन्स* में सहयोग किया था।

कक्षा में सी.जे. स्केंडर ने अध्यापन के क्षेत्र में एक दर्जन से ज़्यादा अवार्ड जीते। उन्होंने नई पीढ़ी के विद्यार्थियों को प्रेरित किया। उन्होंने उनमें छिपी क्षमता को पहचाना और उस क्षमता को अर्जित करने के लिए उन्हें प्रेरित किया। कॉनरी कैलेहन ने कॉलेज जीवन के लिए शोषित बच्चों को तैयार करने के वास्ते जब एक ग़ैर लाभकारी संगठन खोला, उसके बाद उन्होंने अपनी ऊर्जा को लगातार बनाए रखा और उन्हें अध्यापन के राष्ट्रीय पुरस्कार के लिए नामांकित किया गया। स्वास्थ्य के क्षेत्र में किलडेयर एस्कोटो और नैन्सी फ़ेल्प्स अपने रोगियों की मदद करने में जुटे रहे और कंपनी का बिक्री राजस्व चार्ट में शीर्ष पर पहुंच गया। सलाहकार सेवा क्षेत्र में जैसन गेलर और लिलियन बावर ने अन्य लोगों को परामर्श देने और उन्हें विकसित करने में जो योगदान दिया, उसके दम पर उन्हें समय से पहले फ़र्म में पार्टनर बना लिया गया। उनके योगदान से जूनियर सहयोगियों का ज्ञान समृद्ध हुआ। राजनीति में अब्राहम लिंकन राष्ट्रपति बने। उन्होंने प्रतिष्ठित राजनीतिक पद पाने में अपने प्रतिद्वंद्वियों की मदद करके दुनिया के महानतम नेताओं में गिने जाने की विरासत का निर्माण किया।

देने की भावना रखने वाले सफल लोगों में जो बात मुझे सबसे ज़्यादा आकर्षक लगती है, वह यह है कि वे अन्य लोगों के हितों को नुक़सान पहुंचाए बिना शीर्ष पर पहुंचते हैं। वे लाभ का विस्तार करने के ऐसे तरीक़े खोजते हैं, जिससे न केवल उन्हें और उनके आस-पास के लोगों को भी लाभ हो। लेने की मानसिकता रखने वालों के समूह में सफलता जहां शून्य के आंकड़े का खेल होती है, वहीं देने की भावना रखने वालों के समूह में यह सत्य हो सकता है कि पूर्ण इकाई टुकड़ों की संख्या से बड़ी हो। जैसा कि साइमन सिनेक लिखते हैं, "देने की भावना रखने वाले लोग दुनिया को आगे बढ़ाते हैं, जबकि लेने की मानसिकता वाले लोग स्वयं को आगे बढ़ाते हैं और दुनिया को पीछे रखते हैं।"

इस ज्ञान की प्राप्ति होने के बाद मैंने देखा है कि कुछ लोग ज़्यादा रणनीतिक संतुलन बैठाने वाले बन जाते हैं। वे संबंध और प्रतिष्ठा विकसित करने की उम्मीद में अन्य लोगों की मदद करते हैं, जो स्वयं के करियर को आगे बढ़ाने के लिए ज़रूरी है। क्या लोग देने की भावना को साधन के तरह इस्तेमाल करके सफल हो सकते हैं क्योंकि इसमें मूल इरादा प्राप्त करने का होता है। किताब के प्रारंभ मैंने सुझाव दिया था कि लंबी अवधि में इसका जवाब नहीं में हो सकता है।

देने की भावना और चालाक तरीक़े से संतुलन बैठाने में बहुत बारीक़ अंतर है। यह मामूली रेखा हमारी इस निर्भरता को धुंधला कर देती है कि क्या हम पारस्परिक आदान-प्रदान की शैलियों को कार्यों के आधार पर परिभाषित करें या उनके पीछे छिपी मंशाओं के आधार पर या कुछ हद तक दोनों के संयोजन के आधार पर। यह एक गहन दार्शनिक सवाल है। ऐसे विभिन्न विचारों को समझना आसान है कि रणनीतिक संतुलन बैठाने वालों का मूल्यांकन कैसे किया जाए। एक तरफ़ यदि मंशाओं का मिश्रण हो, तो भी मदद करने का व्यवहार अन्य लोगों के लिए मूल्य का सृजन करता है, इससे सामाजिक व्यवस्था में देने की भावना की कुल मात्रा बढ़ती है। दूसरी तरफ़ हमने केन ले के मामले में देखा कि हमारे व्यवहार से हमारे इरादों से जुड़े लक्षणों का रिसाव हो जाता है। यदि हमारे योगदान को प्राप्त करने वाले और उसके गवाह हमारी देने की भावना पर सवाल उठाने लगें कि क्या हमारे इरादे स्वयं के हितों की पूर्ति करने वाले हैं, तो इस बात की संभावना कम होती है कि वे कृतज्ञता और सदाशयता के साथ प्रतिक्रिया देंगे। रणनीतिक ढंग से संतुलन बैठाने वाले लोग जब व्यक्तिगत लाभ के लिए अन्य लोगों की मदद करने के कपट से भरे प्रयास करते हैं, तो वे अपने पटाखे से ख़ुद ही उड़ सकते हैं : जैसे उनके संतुलन बैठाने वाले साथी मदद रोक सकते हैं, प्रतिष्ठा से जुड़ी नकारात्मक सूचना को फैला सकते हैं या उन पर लेने की मानसिकता वाले का टैक्स लगा सकते हैं।

इन नतीज़ों से बचने के लिए भावी संतुलन बैठाने वालों के हित में यही रहेगा कि वे इस तरह से योगदान दें, जो उन्हें आनंददायक लगे। मदद ऐसे लोगों की करें, जिनका कल्याण उनके लिए महत्त्व रखता हो। इस तरह से उन्हें भले ही सीधा या कर्म संबंधी पुरस्कार नहीं मिले, लेकिन वे देने की भावना रखने वाले व्यक्ति की दृष्टि से काम कर रहे होंगे, जिससे उनके इरादे शुद्ध दिखने लगेंगे और ज़्यादा शुद्ध बन जाएंगे। आख़िरकार, अन्य लोगों के हित में काम करने का विकल्प चुन कर रणनीतिक संतुलन बैठाने वाले स्वयं के लिए देने की भावना रखने वाले की पहचान विकसित कर लेते हैं, इसका परिणाम यह होता है कि धीरे-धीरे उनकी शैली पारस्परिकता के वर्ण-पट पर देने की भावना से काम करने की तरफ़ मुड़ जाती है।

जिस दौरान हम जाग रहे होते हैं, उसमें से ज़्यादातर समय हम कार्यस्थल पर बिताते हैं। इसका अर्थ है कि हम कार्यस्थल पर जो करते हैं, वह जो हम हैं, उसका मूल हिस्सा बन जाता है। यदि हम देने की अपनी भावना को सिर्फ़ व्यक्तिगत जीवन के लिए आरक्षित कर दें, तो हम अपने पेशेवर जीवन में क्या कमी अनुभव कर रहे होंगे? यदि हम देने की भावना से काम करने की दिशा में थोड़ा सा मुड़ जाएं, तो हम जागने के अपने घंटों को ज़्यादा सफलता, ज़्यादा समृद्ध अर्थ और ज़्यादा स्थायी प्रभाव से परिपूर्ण पा सकते हैं।

प्रभाव के लिए कार्रवाई

यदि आप इस किताब में बताए गए सिद्धांतों को अपने कार्य या जीवन में अपनाना चाहते हैं, तो मैंने व्यावहारिक क्रियाओं को संकलित किया है, जो आप कर सकते हैं। इनमें से अनेक क्रियाएं देने की भावना रखने वाले सफल लोगों की रणनीतियों और आदतों पर आधारित हैं। हर मामले में मैंने देने की भावना का मूल्यांकन करने, उन्हें संगठित करने और उनका विस्तार करने के संसाधन और साधन प्रदान किए हैं। इनमें से कुछ क़दमों में अपने दैनिक जीवन के व्यवहार में देने की भावना का ज़्यादा समावेश करने पर ध्यान केंद्रित किया गया है, जबकि अन्य क़दमों में उन तरीक़ों पर ज़ोर दिया गया है, जिनके माध्यम से आप अपनी देने की भावना में मामूली अनुकूल समायोजन कर सकते हैं, देने की भावना रखने वाले सहयोगियों का पता लगा सकते हैं और अन्य लोगों को देने की भावना के साथ काम करने के लिए जोड़ सकते हैं।

1. देने की अपनी भावना के भागफल को जांचें : हम अक्सर फ़ीडबैक की रिक्तता की स्थिति में रहते हैं। हमारे स्वयं के कार्यों का लोगों पर कैसे असर पड़ता है, इसके ज्ञान से हम वंचित रहते हैं। आप अपने प्रभाव पर नज़र रख सकें और स्वयं की जागरूकता का आकलन कर सकें, इसके लिए मैंने मुफ़्त ऑनलाइन टूल की एक शृंखला डिज़ाइन की है। आप www.giveandtake.com साइट पर जाएं और निःशुल्क सर्वे में भाग लें, जहां आप देने की अपनी भावना के भागफल की जांच कर सकेंगे। अपना सर्वे फ़ॉर्म भरने के बाद आप अपने नेटवर्क के लोगों को आपकी पारस्परिक आदान-प्रदान शैली के मूल्यांकन के लिए आमंत्रित कर सकते हैं। और आपको आंकड़े मिलेंगे कि आपको कैसे अक्सर देने की भावना वाले, लेने की मानसिकता वाले और संतुलन बैठाने वाले के रूप में देखा जाता है।

2. पारस्परिकता का वलय संचालित करें : यदि लोगों के समूह सप्ताह में एक दिन बीस मिनट के लिए साथ बैठें और लोगों को आग्रह करने का मौक़ा दें और उन्हें पूरा करने में एक-दूसरे की मदद करें, तो आपके संगठन में क्या अर्जित किया जा सकेगा और देने की भावना के कौन से प्रतिमान विकसित होंगे? अपने संगठन में

पारस्परिकता के वलय को कैसे शुरू करें, इसकी ज़्यादा जानकारी के लिए चेरिल और वेन बेकर की कंपनी हुमैक्स की साइट (www.humaxnetworks.com) विजिट करें, जो व्यक्तियों और संगठनों के लिए सोशल नेटवर्किंग टूल्स का समूह प्रदान करती है। उन्होंने व्यक्तिगत रूप से पारस्परिकता के वलय को चलाने के लिए सामग्री तैयार की है। इसके ऑनलाइन संचालन के लिए एक रिप्पलइफ़ेक्ट टूल भी विकसित किया है। लोग सामान्य रूप से 15-30 लोगों के समूह में एक साथ जुड़ते हैं। प्रत्येक व्यक्ति समूह के अन्य सदस्यों के समक्ष कोई आग्रह रखता है, जो योगदान देते हैं। वे उस आग्रह को पूरा करने के लिए अपने ज्ञान, संसाधन और संपर्कों का इस्तेमाल करते हैं।

3. अन्य लोगों की मदद करें, ताकि वे अपने काम के शिल्पकार बनें या आप ख़ुद के काम के शिल्पकार बनें, ताकि ज़्यादा दे सकें : लोग अक्सर ऐसे काम करते रह जाते हैं, जो उनकी रुचि और कौशल से सर्वथा मेल नहीं खाता। देने की भावना के साथ काम करने का एक सशक्त तरीक़ा यह है कि हम अन्य लोगों की ऐसे काम करने में मदद करें, जो ज़्यादा रोचक, सार्थक और विकासात्मक हों। वर्ष 2011 में रिटेल में एक बड़ी बहुराष्ट्रीय कंपनी के एक उपाध्यक्ष जय मोल्देनहावा सलाज़र ने एक बहुत ही गोपनीय मिशन के लिए अपने प्रत्येक कर्मचारी को ई-मेल भेजा। ई-मेल में उल्लेख किया गया कि इस मिशन की विस्तृत जानकारी व्यक्तिगत बैठक में जानने की ज़रूरत आधार पर साझा की जाएगी। जब कर्मचारी व्यक्तिगत रूप से बैठकों के लिए आने लगे, तब जय ने अपना गोपनीय मिशन उनके समक्ष रखा। उन्होंने कर्मचारियों से पूछा कि वे ऐसा क्या करने में आनंदित महसूस करेंगे, जो अन्य लोगों के लिए भी रुचिकर हो। इसके बाद उन्होंने कर्मचारियों से उनके शौक़ और उनकी रुचियों के बारे में सवाल किए। उनसे यह भी पूछा गया कि वे कंपनी में क्या करते हुए अपना ज़्यादा समय बिताना चाहेंगे। इसके बाद उन्होंने कर्मचारियों को अपने मिशन को पूरा करने के लिए तीन नियमों के साथ कंपनी में काम करने भेज दिया। ये नियम थे : (1) उनका काम कम से कम एक अन्य व्यक्ति को आकर्षक लगना चाहिए, (2) इसकी लागत बहुत कम हो या कोई लागत नहीं हो और (3) काम की पहल आप करें।

एक साल तक जय ने जांच की कि गोपनीय मिशन कैसा चल रहा है। उनके दो-तिहाई कर्मचारियों ने अपनी परिकल्पना को साकार बनाने की दिशा में कुछ क़दम उठाए थे। इनमें से मुश्किल से आधे कर्मचारी ही उनकी शुरुआत करने में सफल रहे थे। जय के पसंदीदा मिशनों में से एक की परिणति बुक क्लब के रूप में हुई थी, जहां कर्मचारी किताबें पढ़ते थे और ऐसे मसलों पर चर्चा करते थे, जो उनकी व्यक्तिगत रुचि और काम के अनुरूप होते थे। जय याद करते हुए कहते हैं, “मेरे सवाल पूछने से पहले लोगों को वह सब कुछ करने की अनुमति थी, लेकिन

किसी तरह मेरी भूमिका में वह सवाल पूछने के बाद लोगों को अनुमति मिल गई कि वे अपनी रुचि के हिसाब से ऐसे काम करें, जो उन्होंने पहले नहीं किए थे। यह बीज रोपने के समान था। इनमें से कुछ वास्तविक पहलों के रूप में तब्दील हो गए।" ये बीज उनके कई कर्मचारियों और स्वयं जय के लिए फूल की तरह खिल उठते। 2012 में जय को उनकी कंपनी के एक बड़े डिवीज़न के उपाध्यक्ष (मानव संसाधन) बनने के लिए चुन लिया गया, जहां उन पर 45,000 से ज़्यादा कर्मचारियों की ज़िम्मेदारी थी। इसके एक साल बाद वे स्टारबक्स में मानव संसाधन विभाग के वरिष्ठ उपाध्यक्ष बन गए।

अपने गोपनीय मिशनों में जय ने कर्मचारियों को अपना काम रुचि के अनुरूप ढालने के लिए प्रेरित किया था। इस अवधारणा को येल की एमी रिज़नेवस्की और मिशिगन विश्वविद्यालय के जेन डटन आदि प्रबंधन प्रोफ़ेसरों ने प्रतिपादित किया था। काम को रुचि के अनुरूप ढालने का अर्थ काम के विवरण के इर्द-गिर्द नवपरिवर्तन से है, जिसमें व्यक्तिगत रुचियों और मूल्यों से तालमेल बैठाते हुए रचनात्मक तरीक़े से काम जोड़े जाते हैं तथा कामों और ज़िम्मेदारियों को उसी के अनुकूल बनाया जाता है। इसमें एक स्वाभाविक चिंता यह रहती है कि लोग अपने कामों को इस प्रकार ढाल सकते हैं, जिससे वे संगठन के प्रति योगदान में विफल रह सकते हैं। इस सवाल पर चर्चा के लिए एमी, जस्टिन बर्ग और मैंने जेनिफ़र कुरकोस्की और ब्रायन वेले के साथ टीम बनाई। ये दोनों गूगल में लोग और नवपरिवर्तन लैब का संचालन करते हैं। अमेरिका और यूरोप में किए गए अध्ययन में हमने बिना कोई क्रम अपनाए गूगल के कर्मचारियों से काम को रुचि के अनुरूप ढालने की एक कार्यशाला में आने को कहा। ये कर्मचारी गूगल में सेल्स, वित्त, परिचालन, लेखा विभाग, विपणन और मानव संसाधन से जुड़े थे। कर्मचारियों ने इस बात का ख़ाका तैयार किया कि वे अपने कामों में क्या संशोधन करना चाहेंगे। कर्मचारियों ने ज़्यादा आदर्शवादी ख़ाके तैयार किए, फिर भी वे उनके कामों के यथार्थवादी दृष्टिकोण थे, जो उनकी रुचि और मूल्यों से मेल खाते थे।

छह सप्ताह बाद उनके प्रबंधकों और साथी कर्मचारियों ने उनका मूल्यांकन पहले से कहीं ज़्यादा खुश और प्रभावशाली कर्मचारी के तौर पर किया। गूगल के अनेक कर्मचारियों ने उन कामों पर ज़्यादा समय बिताने के तरीक़े खोज लिए थे, जो उन्हें रोचक और सार्थक लगते थे। कुछ कर्मचारियों ने अप्रिय लगने वाले कामों का दायित्व दूसरों को सौंप दिया था। कुछ अन्य कर्मचारियों ने अपने कामों में बदलाव लाते हुए उनमें ऐसे ज्ञान और कौशल का समावेश कर लिया था, जिन्हें वे विकसित करना चाहते थे। सभी ने बताया कि गूगल के कर्मचारी अपने काम को ज़्यादा आनंददायक मानने लगे थे और वे बेहतर प्रदर्शन करने के लिए प्रेरित थे। कुछ मामलों में ये लाभ छह महीने चले। काम को रुचि और मूल्यों के अनुरूप ढालने की

इस प्रक्रिया ने आदान-प्रदान की सभी शैलियों के कर्मचारियों पर काम किया। देने की भावना रखने वाले, लेने की मानसिकता रखने वाले और संतुलन बैठाने वाले सभी ज़्यादा प्रभावशाली हो गए।

देने की भावना रखने वालों ने काम को इस तरह ढालने को एक अवसर के तौर पर देखा, ताकि वे अपने प्रभाव का विस्तार कर सकें। इसलिए उन्होंने ऐसे तरीक़े निकाले, जिससे अन्य लोगों और कंपनी के लिए अतिरिक्त मूल्य जोड़ सकें। उनके तरीक़ों में जूनियर सहयोगियों को परामर्श देना, ग्राहकों के लिए बेहतर उत्पाद तैयार करना और नए कर्मचारियों के लिए प्रशिक्षण में सुधार आदि शामिल थे। संतुलन बैठाने वाले इस अवसर को लेकर कृतज्ञ थे कि वे ज़्यादा सार्थक और रुचिकर काम कर सकेंगे। उन्होंने ज़्यादा मेहनत करके इसका प्रतिफल चुकाया। लेने की मानसिकता रखने वालों ने भी स्वीकार किया कि स्वयं के करियर को आगे बढ़ाने के लिए उन्हें अपने काम को इस तरह ढालने की ज़रूरत है, जिससे कंपनी और ख़ुद उनका फ़ायदा हो।

लोग अपने कामों को रुचि और मूल्यों के हिसाब से ढाल सकें, इसके लिए जस्टिन, एमी और जेन ने एक टूल विकसित किया है, जिसका नाम जॉब क्राफ़्टिंग एक्सरसाइज है। हम गूगल की कार्यशालाओं में इसी का इस्तेमाल करते थे। इसमें "पहले का ख़ाका" खींचा जाता है कि आप अभी अपना समय और अपनी ऊर्जा कैसे आवंटित कर रहे हैं और उसके बाद "दृश्य रेखा-चित्र" बनाया जाता है कि आप अपने काम में कैसे संशोधन करना चाहेंगे। इस पुस्तिका को ऑनलाइन (www.jobcrafting.com) से मंगवाया जा सकता है। इसे टीम में और व्यक्तिगत रूप से भरा जा सकता है। इससे मित्रों और सहयोगियों को अपने-अपने कामों में सार्थक बदलाव करने में मदद मिलेगी।

4. लव मशीन शुरू करें : अनेक संगठनों में देने की भावना रखने वालों को कोई पहचान नहीं मिलती। इस समस्या से निपटने के लिए अनेक संगठन साथी का सम्मान जैसे कार्यक्रम चला रहे हैं। इसमें इस तरह से देने की भावना से काम करने वालों को पुरस्कार दिया जाता है, जिस पर नेतृत्व करने वालों और प्रबंधकों की नज़र मुश्किल से पड़ती है। मर्सर के एक अध्ययन में सामने आया कि 2001 में 25 फ़ीसदी बड़ी कंपनियों में साथी सम्मान कार्यक्रम लागू किया जा चुका था। 2006 तक यह संख्या बढ़कर 35 फ़ीसदी तक जा चुकी थी। इनमें गूगल, साउथ वेस्ट एयरलाइंस और ज़प्पोस जैसी कंपनियां शामिल हैं।

इसके लिए एक दिलचस्प पद्धति लव मशीन लिंडन लैब में विकसित की गई। आभासी दुनिया की कंपनी सेकंड लाइफ़ के पीछे इसी कंपनी का योगदान माना जाता है। एक बड़ी तकनीकी कंपनी में अनेक कर्मचारी अपने समय को सिर्फ़ अपने लिए

बचाने में जुटे रहते थे और अपना समय तथा ज्ञान अपने सहयोगियों के साथ बांटते नहीं थे। लव मशीन को इस समस्या को दूर करने के लिए डिज़ाइन किया गया था। इसमें कर्मचारियों को तब लव मैसेज भेजना होता था, जब वे किसी सहयोगी से मिली मदद की प्रशंसा कर रहे होते थे। ये लव मैसेज अन्य कर्मचारी भी देख सकते थे। इन्हें नाम और प्रतिष्ठा से जोड़कर देने की भावना का सम्मान किया जा रहा था और उसकी पहचान की जा रही थी। एक अंदरूनी व्यक्ति का मानना था कि यह एक ऐसा तरीक़ा है, जिससे "सिर्फ़ तकनीक में रुचि रखने वालों में यह देखने के लिए प्रतिस्पर्द्धा शुरू हो सकती है कि आख़िर कौन सबसे ज़्यादा मददगार है।" लिंडन के पूर्व प्रबंधक क्रिस कोलोसी कहते हैं कि लव ने "ऐसे लोगों के बारे में जागरूकता बढ़ाने में मदद की, जो ऐसे काम करते हैं, जिनकी कभी-कभी अनदेखी कर दी जाती है। उदाहरण के लिए हमारे सपोर्ट स्टाफ़ को अक्सर सबसे ज़्यादा लव मिला। एक बार जब आप अपने सिस्टम में कुछ प्रतिशत लेने की मानसिकता रखने वालों को रख लेते हैं, तो आपको सोचना पड़ता है कि प्रोत्साहन का क्या असर पड़ सकता है, लेकिन ऐसे कामों के लिए मुझे लव का विचार पसंद आया, जो किसी के कार्य विवरण या उससे जुड़ी ज़रूरतों की परिधि के बाहर हों।"

अपने संगठन में लव मशीन को परखने के लिए आप नए इलेक्ट्रॉनिक टूल सेंड लव को देख सकते हैं। यह लव मशीन (www.lovemachineinc.com) पर उपलब्ध है। यह एक नया स्टार्ट-अप है, जो आपसे सबसे पहले सम्मान अवधि चुनने को कहता है। टीम के सदस्य एक दूसरे को संदेश भेज सकते हैं, जिसमें देने की भावना की पहचान की जाती है। सभी संदेश सार्वजनिक रूप से देखे जा सकते हैं।

5. पांच मिनट के उपकार को अपनाओ : यदि आप 106 माइल्स मीट अप (www.meetup.com/ 106miles) पर जाएंगे, तो पांडा ऐडम रिफ़्किन को पूरे जोश के साथ काम करते देख सकते हैं। उन्हें पांच मिनट के उपकार में महारत हासिल है। आप पांडा का अनुसरण करते हुए लोगों से पूछ सकते हैं कि उनकी ज़रूरतें क्या हैं और फिर न्यूनतम व्यक्तिगत क़ीमत पर उनकी मदद करने के तरीक़े आप खोज सकते हैं। रिफ़्किन के दो पसंदीदा प्रस्ताव हैं, ईमानदारी से फ़ीडबैक देना और परिचय कराना। उदाहरण के लिए जोड़ने वाले के तौर पर शुरुआत करना एक साधारण अभ्यास है। आपके रोलोडेक्स, लिंक्डइन और फ़ेसबुक नेटवर्क का गहराई से अवलोकन करने से शुरुआत करें। ऐसे लोगों की जोड़ियों की पहचान करें, जिनमें असाधारण समानता है। इसके बाद एक जोड़ी को हर सप्ताह चुनें और उनका ई-मेल के माध्यम से परिचय कराएं। आपके परिचयों की गुणवत्ता पर फ़ीडबैक जुटाने और उन्हें ज़्यादा शक्तिशाली बनाने के लिए https://intros.to/ पर जाएं। यह एक शानदार संसाधन है, जो देने की भावना रखने वालों रॉबिन स्कॉट और एलेक्स लॉवेल ट्रॉय ने तैयार किया है।

रिफ़्किन शिथिल हो चुके संपर्कों से भी फिर जुड़ने की सिफ़ारिश करते हैं, लेकिन कुछ लेने के लिए नहीं, बल्कि देने के लिए। महीने में एक बार उस व्यक्ति से संपर्क करें, जिससे आपने वर्षों से बात नहीं की है। पता लगाएं कि वे क्या कर रहे हैं और उनसे पूछें कि कोई तरीक़ा है, जिसके माध्यम से आप मददगार हो सकते हैं। एक अन्य संबंधित बात यह है कि वेंचर ब्लॉग (www.ventureblog.com/) पर जाकर आप देने की भावना के प्रति डेविड हॉर्निक के दृष्टिकोण को भी समझ सकते हैं।

6. शक्तिहीन संवाद को व्यवहार में लाएं, लेकिन पैरोकारी बनें : शक्तिहीन संवाद के प्रति ज़्यादा सहजता और कुशलता विकसित करने के लिए आदतों में बदलाव की ज़रूरत होती है। इनमें बात करने से लेकर सुनने, स्वयं को बढ़ावा देने से लेकर सलाह मांगने, पैरोकार करने से लेकर पूछताछ करने की आदतें तक शामिल हैं। डेलॉयट के सीनियर पार्टनर जिम क्विग्ले जो पहले सीईओ भी रहे चुके हैं, उन्होंने शक्तिहीन संवाद पर काम करना शुरू करने का निर्णय किया। उन्होंने लक्ष्य निर्धारित किया कि वे बैठकों में कुल समय के 20 फ़ीसदी से ज़्यादा नहीं बोलेंगे। क्विग्ले ने मुझे बताया, "मेरा एक उद्देश्य सुनना भी है। कई बार आप तब ज़्यादा असर डाल सकते हैं, जब आपको पता हो कि पूछना क्या है, न कि आपको पता हो कि कहना क्या है। जब मैं बोल रहा होता हूं, तब मैं कुछ नहीं सीख रहा होता। जब मैं सुनता हूं, तब सीखता बहुत हूं।" क्विग्ले ने जब जवाब देने की भूमिका से बदलकर सवाल पूछने की तरफ़ बदलाव किया, तब उन्होंने पाया कि उनमें अन्य लोगों की ज़रूरतों की गहन समझ विकसित हो रही है। "ऐसा हर व्यक्ति के साथ स्वाभाविक रूप से नहीं होता, लेकिन यह एक आदत है। आप यह आदत विकसित कर सकते हैं।" शक्तिहीन संवाद की ताक़त पर ज़्यादा जानकारी के लिए आप सूज़न कैन (www.thepowerofintroverts.com) और जेनिफ़र कानवीलर (www.theintrovertedleaderblog.com) के ब्लॉगों पर जा सकते हैं।

साथ ही यह सुनिश्चित करना भी महत्त्वपूर्ण है कि शक्तिहीन संवाद उन परिस्थितियों में अधिकार से बात करने की क़ीमत पर नहीं हो, जब हम अन्य लोगों और स्वयं के हितों की पैरवी कर रहे हों। गेटरेज़्ड एक निःशुल्क संसाधन है, जो वेतन वृद्धि पर मोल-भाव करने की सलाह देता है। सह संस्थापक मैट वालार्ट के मुताबिक़, "यदि औसत वेतन वृद्धि 6,726 डॉलर होती है, तो आपको कम वेतन मिल रहा है।" https://getraised.com के क़रीब आधे पुरुष यूज़र्स वेतन वृद्धि पाने में सफल रहते हैं। इसकी तुलना में तीन चौथाई महिला यूज़र्स वेतन वृद्धि पा लेती हैं।

7. देने की भावना रखने वालों के समुदाय में शामिल हों : देने की भावना रखने वाले अन्य लोगों का पता लगाने के लिए फ़्रीसाइकिल के किसी समुदाय में शामिल हों। वहां सामान दें और देखें अन्य लोगों की ज़रूरतें क्या हैं

(www.freecycle.com)। देने वालों का एक अन्य प्रेरणादायक समुदाय है सर्विस स्पेस (www.servicespace.com)। निपुण मेहता ने गिफ़्टिविज़्म पहलों की जो शृंखला शुरू की है, यह उसका उद्गम स्थल है। सर्विस स्पेस का मुख्यालय कैलिफ़ोर्निया स्थित बर्कले में है। इसके दुनिया भर में चार लाख से ज़्यादा सदस्य हैं और हर साल पांच करोड़ से ज़्यादा ई-मेल भेजी जाती हैं। इसके बावजूद इसका संचालन तीन नियमों के आधार पर किया जाता है। ये नियम हैं, "कोई स्टाफ़ नहीं, कोई चंदा उगाही नहीं और कोई शर्तें लागू नहीं।" सर्विस स्पेस के माध्यम से निपुण ने लोगों के लिए एक मंच का निर्माण किया है, जहां लोग देने की भावना का अपना भागफल बढ़ा सकते हैं। उन्होंने इसे तीन श्रेणियों में बांटा है : उपहार अर्थव्यवस्था की परियोजनाएं, प्रेरणादायक विषय सामग्री और स्वैच्छिक तथा ग़ैर लाभकारी सहायता। उनकी उपहार अर्थव्यवस्था की एक परियोजना है कर्म किचन, जहां मेन्यू पर कोई दर नहीं लिखी होती। जब बिल आता है, तब उस पर लिखा होता है शून्य डॉलर और उस पर दो वाक्य लिखे होते हैं, "आपका भोजन उस व्यक्ति की तरफ़ से उपहार था, जो यहां आपसे पहले आया था और उपहार की कड़ी को जीवित रखने के लिए हम आपको उन लोगों के लिए भुगतान का न्योता देते हैं, जो आपके बाद यहां भोजन करेंगे।" उपहार अर्थव्यवस्था की एक अन्य परियोजना HelpOthers.org है। इसमें देने की भावना रखने वालों की कहानियों को एकत्र करके इसे चलाया जाता है, जिसमें कहा जाता है कि अन्य के लिए गुमनाम रहकर कुछ करो और उन्हें न्योता देने के लिए मुस्कान बिखेरता कार्ड छोड़ दो ताकि वे आगे दे सकें।

निपुण विवरण देते हुए बताते हैं कि कैसे एक *फ़ॉर्च्यून 500* कंपनी में एक महिला वेंडिंग मशीन से जब पेय पदार्थ लेने गई, तब उसने इस संदेश के साथ अतिरिक्त खुले पैसे डाले, "आपके पेय पदार्थ का भुगतान उस व्यक्ति ने कर दिया है, जिसे आप नहीं जानते। प्यार को फैलाओ।" इसके बाद उस महिला ने डॉनट लिए और एक अन्य स्माइल कार्ड छोड़ा। निपुण हँसते हुए कहते हैं, "एक लड़के की नज़र इस प्रवृत्ति पड़ी और उसने पूरी बिल्डिंग के लिए ई-मेल लिखने का फ़ैसला किया। लड़के ने लिखा, 'मैं काफ़ी समय से उनका पता लगाने की कोशिश कर रहा हूं। और मैं सोचता हूं कि यह दूसरे या तीसरे तल के बीच है।' अब प्रत्येक व्यक्ति करुणा को लेकर सतर्क है। कुछ लोगों ने ऐसा करना शुरू भी कर दिया है।" सर्विस स्पेस की वेबसाइट पर आप स्माइल कार्ड का ऑर्डर दे सकते हैं। ग़ैर लाभकारी ध्येयों के लिए मदद दे सकते हैं, साप्ताहिक न्यूज़ लेटर के ग्राहक बन सकते हैं या योगदान देने के तरीक़ों की विचारप्रेरक सूची पढ़ सकते हैं जैसे आपके पीछे आने वाले लोगों के लिए पथकर चुकाना या उनके बॉस के लिए एक प्रशंसात्मक संदेश लिख कर आपकी मदद करने के लिए लोगों को धन्यवाद देना। निपुण कहते हैं, "जितना ज़्यादा आप योगदान देते हैं, उतना ही ज़्यादा आप ऐसा करना चाहते हैं, आपके आस-पास के

लोग भी ऐसा ही करते हैं। यह जिम जाने के समान है। यदि आप अपनी करुणा की नसों का ज़्यादा व्यायाम करेंगे, तो आप इसमें मज़बूत हो जाएंगे।"

एक अन्य प्रभावशाली पहल है HopeMob, जिसे ऐसी जगह माना जाता है, "जहां उदार भावना वाले अजनबी इस उद्देश्य के साथ एकजुट होते हैं कि दुनियाभर के अत्यंत ज़रूरतमंद लोगों के जीवन में तत्काल उम्मीद जगाई जाए (https://hopemob.org)।" बिना किसी योजना के नेकी के काम करने के लिए लोगों का अपना समूह कैसे संगठित करें, इसके बारे में विचार जानने के लिए उन पहलों को देखें, जो कनाडा में एक्सट्रीम काइंडनेस (https://extremekindness.com) और ब्रिटेन में द काइंडनेस ऑफ़ेन्सिव (https://thekindnessoffensive.org) पर चल रही हैं। द काइंडनेस ऑफ़ेन्सिव ऐसे लोगों का समूह है, जो आक्रामक तरीक़े से मददगार होने के लिए प्रयत्न करता है। इस संगठन ने मानव इतिहास में नेकी के अनेक सबसे बढ़िया काम किए हैं। यह संगठन लंदन के एक अस्पताल में हर बच्चे के लिए खिलौने बंटवा चुका है। पांच लाख से ज़्यादा केक वितरित कर चुका है। पूरे ब्रिटेन में आयोजित उत्सवों में बड़ी मात्रा में वस्तुओं को निःशुल्क वितरण इसके माध्यम से हुआ है। ज़रूरतमंद परिवारों के लिए दवाओं की निःशुल्क आपूर्ति की गई है और उन्हें आवास सहायता दी गई है। बुजुर्ग लोगों के लिए चाय पार्टियों का आयोजन किया गया है। यहां तक कि इस संगठन ने दस साल के एक बच्चे के लिए इलेक्ट्रिक गिटार तक की व्यवस्था की। संगठन ने एक ऐसे पिता की मदद के लिए हाथ बढ़ाया, जो अपनी बेटी को सुखद आश्चर्य देना चाहता था। इस पिता के लिए संगठन ने मॉस्को सर्कस में अग्रिम पंक्ति के टिकट और पर्दे के पीछे प्रशिक्षण की व्यवस्था कराई। यह कोई संयोग नहीं कि इसके संस्थापक का नाम डेविड गुडफ़ैलो है।

आपको यह जानकर जिज्ञासा होगी कि "गिवर्स गेन" के आदर्श वाक्य के साथ ईवान मिसनर के बिज़नेस नेटवर्किंग ऑर्गेनाइजेशन बीएनआई (www.bni.com) और लोगों के समूह गो-गिवर कम्युनिटी (www.thegogiver.com/community) के सदस्यों ने बॉब बर्ग और डेविड मैन द्वारा लिखित कथा *द गो-गिवर* पढ़ी और यह निर्णय किया कि देने की भावना रखना उनके पेशेवर जीवन का सशक्त तरीक़ा होगा।

8. अपनी उदारता का परीक्षण शुरू करें : यदि आप स्वयं ही देने की भावना के साथ काम करना चाहते हैं, तो गुड 30 डे की चुनौती को आजमाएं (www.good.is/post/the-good-30day-challenge-become-a-good-citizen)। गुड महीने के हर दिन देने के विभिन्न तरीक़ों का सुझाव देता है। करुणा के और ज़्यादा उदाहरणों के लिए साशा डिक्टर के तीस दिवसीय उदारता परीक्षण (https://sashadichter.wordpress.com) और रयान गार्सिया के साल भर हर दिन करुणा के एक काम को देखें (www.366randomacts.org)। अक्यूमन फ़ंड के मुख्य नवप्रवर्तन

अधिकारी डिक्टर ने एक महीने तक उदारता का परीक्षण किया। इस दौरान उन्होंने हर आग्रह के प्रति सकारात्मक जवाब दिया, जो उनसे मदद के लिए किया गया। जॉकडॉक में सेल्स एक्ज़ीक्यूटिव गार्सिया ने साल भर तक हर दिन बिना कोई योजना बनाए करुणा का कोई काम किया। अनुभवों को उन्होंने ब्लॉग पर साझा किया। उन्होंने कभी आगे बढ़कर सहयोगियों को परामर्श दिया, तो कभी ग्राहक सेवा प्रतिनिधि को धन्यवाद दिया। जैसा कि हमने अध्याय 6 में देखा था कि उदारता के परीक्षण की उस स्थिति में सबसे ज़्यादा अच्छा मनोवैज्ञानिक प्रतिफल देने की संभावना होती है, जब प्रति सप्ताह आप दो से ग्यारह घंटे इसके लिए ख़र्च करें। परिणाम और भी बेहतर होंगे, यदि आप एक काम प्रतिदिन करने की बजाय कामों की अपेक्षाकृत बड़ी इकाइयां बनाकर सप्ताह में एक दिन इसके लिए समर्पित करें।

9. किसी परियोजना के लिए धन जुटाने में मदद करें : अनेक लोग अपनी-अपनी परियोजनाओं के लिए वित्तीय सहायता का आग्रह करते रहते हैं। रचनात्मक परियोजनाओं के लिए दुनिया के सबसे बड़े फ़ंडिंग प्लेटफ़ॉर्म किकस्टार्टर (www.kickstarter.com) पर आप ऐसे व्यक्तियों से मिल सकते हैं, जो चैरिटी से जुड़ी फ़िल्मों, किताबों, वीडियो गेमों, संगीत, नाटक, पेंटिंग और अन्य उत्पादों तथा सेवाओं की रूपरेखा बनाने और उन्हें लांच करने में मदद का आग्रह कर रहे होते हैं। किवा (www.kiva.org) पर आप विकासशील देशों में 25 डॉलर या उससे अधिक के सूक्ष्म ऋण देने की अवसरों की पहचान कर सकते हैं। इन दोनों साइटों पर आपको यह मौक़ा मिलेगा कि आप जिनकी मदद करते हैं, उनकी प्रगति को देख सकें।

10. अधिक बार मदद लें : यदि आप चाहते हैं कि अन्य लोग भी देने की भावना से काम करें, तो सबसे आसान तरीक़ा है आप मदद मांगें। जब आप मदद मांगते हैं, तो आप हमेशा किसी पर बोझ नहीं डाल रहे होते। कुछ लोग देने की भावना रखने वाले होते हैं, ऐसे में आप उनसे मदद मांगकर उनके लिए अपने मूल्यों की अभिव्यक्ति का अवसर निर्मित कर रहे होते हैं। वे ख़ुद भी सम्मानित अनुभव करते हैं। पांच मिनट के उपकार का आग्रह करके आप किसी को अपेक्षाकृत बहुत कम बोझ देते हैं। यदि आप संतुलन बैठाने वाले से मदद मांगते हैं, तो आप इसे प्रतिफल चुकाने के अवसर के तौर पर देख सकते हैं। वेन और चेरिल बेकर का कहना है कि "लोग आग्रह करके और अन्य लोगों की मदद करके पारस्परिकता की चिंगारी शुरू कर सकते हैं। उदारता से मदद करें और बदले में कुछ पाने की नहीं सोचें, लेकिन अक्सर पूछें आपको क्या चाहिए।"